Braune Diplomaten

Historisches Forschungszentrum der Friedrich-Ebert-Stiftung
Reihe: Politik- und Gesellschaftsgeschichte, Bd. 77
Herausgegeben von Dieter Dowe und Michael Schneider

Sebastian Weitkamp

Braune Diplomaten

Horst Wagner und Eberhard von Thadden als Funktionäre der »Endlösung«

Bibliografische Information der Deutschen Bibliothek

Die Deutsche Bibliothek verzeichnet
diese Publikation in der Deutschen Nationalbibliografie;
detaillierte bibliografische Daten sind im Internet
unter *http://dnb.ddb.de abrufbar.*

ISBN 978-3-8012-4178-0
ISSN 0941-7621

Copyright © 2008 by
Verlag J. H. W. Dietz Nachf. GmbH
Dreizehnmorgenweg 24, 53175 Bonn
Lektorat: Dr. Stefan Schmauke
Reihengestaltung: Just in Print, Bonn · Kempken DTP-Service, Marburg
Umschlagfoto: Abbildung mit Otto Meissner, Horst Wagner, Joachim von Ribbentrop
und Adolf Hitler; Aufnahme von 1938 (Rechteinhaber nicht ermittelbar)
Satz: Kempken DTP-Service, Marburg
Druck und Verarbeitung:
fgb – freiburger graphische betriebe GmbH & Co. KG, Freiburg/Br.
Alle Rechte vorbehalten
Printed in Germany 2008

Besuchen Sie uns im Internet: *www.dietz-verlag.de*

Den Opfern

Inhaltsverzeichnis

Vorwort 11
Einleitung 13
    Diplomaten als Täter – das Auswärtige Amt und die »Endlösung« 22
    Die Abteilung Deutschland und der Sturz des
    Unterstaatssekretärs Martin Luther 28
    Forschung und Quellen 31

Erster Teil
Karrieren

I   Horst Wagner – Faktotum Ribbentrops 43
    1   Schulzeit und erste Studienzeit 43
    2   Suche nach Perspektiven 48
    3   Zweite Studienzeit 51
    4   Dienststelle Ribbentrop 53
    5   Auswärtiges Amt 58
        5.1 *»Büro Wagner«* – Sonderaufträge für den Reichsaußenminister 63
    6   Aufstieg des Außenseiters 67

II   Eberhard von Thadden – klassische Funktionselite
    und national-antisemitische Milieus 75
    1   Schul- und Studienzeit – DNVP 75
    2   Promotion, Referendariat, Zweitstudium – NSDAP und SA 78
    3   Dienststelle Ribbentrop – SS 85
    4   Auswärtiges Amt 91
        4.1 Zweifel an der »arischen« Abstammung 91
        4.2 Fronteinsatz und diplomatischer Auslandsdienst in Griechenland 96
    5   Judenreferent – die Frage der ideologischen Aufladung 98

Zweiter Teil
Innenansichten der Verbrechensbürokratie

I   Gruppe Inland II – *»ein vorbildlich nationalsozialistisch ausgerichtetes
    Werkzeug in den Händen des Herrn Reichsaußenministers«* 105
    1   Aufbau, Personal, Aufgaben 105
    2   Horst Wagner als Gruppenleiter und *»Verbindungsführer«*
        zum Reichsführer-SS 120
    3   Eberhard von Thadden als Stellvertreter und Judenreferent 134

| II | Die außenpolitischen Parameter der Vernichtungspolitik 1943 | 147 |

III	Die »*Gesamtabschirmung der Judenmaßnahmen*«	157
	1 Interventionen zu Gunsten jüdischer Personen	158
	2 Theresienstadt und Bergen-Belsen – Manöver zur Verschleierung der Verhältnisse in den Konzentrationslagern	187
	3 »*Feldscher-Aktion*« – Verhandlungen über die Ausreise jüdischer Kinder	209

IV	Die »*Unterstützung der Judenmaßnahmen*«	231
	1 »*Heimschaffung*« und Deportationen – Koordination zwischen Inland II und RSHA	233
	2 Propagandanetzwerke – »*Juden-Ausschuß*« und »*Antijüdische Auslandsaktion*«	250
	2.1 Die Tagung der Judenreferenten in Krummhübel 1944	275
	3 Der Fall der ungarischen Juden	287
	3.1 Im Sonderauftrag – Hezinger und von Thadden in Budapest	290
	3.2 Stopp und Wiederaufnahme der Deportationen	307
	3.3 Rettungsversuche	313

V	Anatomie eines Kriegsverbrechens – der Mord an General Maurice Mesny im Januar 1945	327
	1 Die »*Angelegenheit Br.*«	330
	2 »*So was können wir auch!*« – Reaktionen im Führerhauptquartier und Auswärtigen Amt	334
	Exkurs: Zum Begriff der Repressalie	336
	3 Auf der Suche nach dem Opfer	337
	4 Die Einschaltung des Auswärtigen Amtes	339
	5 Die Pläne im RSHA und Auswärtigen Amt	343
	6 Die Besprechung am 28. November 1944	346
	7 Bei einem Glas Cognac – die Besprechung am 4. Dezember 1944	346
	8 Ein »*sehr gut ausgedachter Mordplan*« – die Besprechung im Auswärtigen Amt am 13. Dezember 1944	351
	9 Ein neues Opfer und der Bericht an den Reichsführer-SS	355
	10 Das Gutachten der Rechtsabteilung des Auswärtigen Amtes	358
	11 »*Bonne chance et bon voyage!*« – der Mord an Maurice Mesny	360
	12 Der vergebliche Protest der Generäle	366

Dritter Teil
Nachkriegskarrieren

I   **Mesny in Nürnberg** 371
    1 Der Prozess gegen die Hauptkriegsverbrecher 372
    2 Die Fälle Wagner und von Thadden als Konkursmasse Nürnbergs 377

II **Flucht und Etablierung – Wege in die Nachkriegsgesellschaft** 387
    1 »*Aus den Nürnberger Klauen*« –
       Wagners Flucht 1948 nach Italien und Südamerika 387
    2 Exil und Rückkehr 390
    3 In die Arme der Bundesrepublik – von Thaddens Neuanfang 1949 401
    4 Freundschaftsdienste – Wagners Prozesse 407
       4.1 Komplex »Mesny« 409
       4.2 Komplex »Endlösung« 417
       4.3 Rückkehr der Vergangenheit –
            von Thadden als Zeuge und Beschuldigter 426
       4.4 Medizinische Verjährung 432

    Exkurs: Der AA-Komplex 440

Unparallele Leben – eine Schlussbetrachtung 445
    Horst Wagner, Eberhard von Thadden und die »Endlösung« 445
    Rechtfertigungen – der Umgang mit Schuld 456

Anhang
    Abkürzungsverzeichnis 468
    Dienstgrade der SS mit Äquivalenzen der Wehrmacht (Heer) 471
    Amtsbezeichnungen im Auswärtigen Dienst mit
    Äquivalenzen der allgemeinen Verwaltung 471
    Geschäftsverteilungsplan des Auswärtigen Amtes Herbst 1943 472
    Abbildungsnachweis 473
    Quellen- und Literaturverzeichnis 473
    Personenregister 483
    Angaben zum Autor 491

Vorwort

Der vorliegenden Studie liegt die 2007 vom Fachbereich Geschichte an der Universität Osnabrück angenommene Dissertation zu Grunde, die nach der Auswertung der relevanten Bestände in den Bundesarchiven Berlin (mit Außenstelle Dahlwitz-Hoppegarten), Koblenz, Ludwigsburg und Freiburg, dem Politischen Archiv des Auswärtigen Amtes sowie dem Schweizer Bundesarchiv in Bern entstanden ist. Darüber hinaus wurden Bestände aus dem Hauptstaatsarchiv Düsseldorf (Zweigstelle Schloss Kalkum) berücksichtigt sowie den Staatsarchiven Dresden und Nürnberg, den Instituten für Zeitgeschichte (München) und Judaistik (Münster), dem Archiv des Landtages des Landes Nordrhein-Westfalen sowie der Staats- und Universitätsbibliothek Göttingen und dem Archiv der Georg-August-Universität in Göttingen.

Den Mitarbeitern dieser Institutionen möchte ich meinen Dank aussprechen, insbesondere Herrn Dr. Gerhard Keiper (Politisches Archiv des AA). Auch seien gerade diejenigen miteinbezogen, die in den Lesesälen ansprechbar und hilfsbereit waren wie Frau Kaulitz (BA Berlin/Dahlwitz-Hoppegarten) oder der unermüdliche Magaziner im Bundesarchiv Ludwigsburg, der alle meine Wünsche schnell und entgegenkommend erfüllte.

Für hilfreiche Kritik und Anregungen möchte ich mich bei Prof. Dr. Klaus J. Bade und apl. Prof. Dr. Jochen Oltmer bedanken. Zu besonderem Dank bin ich Hon.-Prof. Dr. Hans-Jürgen Döscher verpflichtet, der die Arbeit über Jahre förderte und stets mit wertvollem Rat begleitete.

Darüber hinaus haben viele andere mir mit Rat und Tat zur Seite gestanden, bei denen ich mich ebenfalls bedanken möchte. Hier sind zu nennen: Charlotte Heymel, Britta Meßmer, Ingrid Seedorff und Christine Weiß. Einen regen und interessanten Austausch zur Person Horst Wagners hatte ich mit der Autorin Gisela Heidenreich. Ferner konnte ich meine Ergebnisse mit Daniel Schmidt, Daniel Roth, Christian Braun und Michael Mayer konstruktiv diskutieren.

Die Studie wäre ohne die Förderung der Friedrich-Ebert-Stiftung, die mit einem Stipendium ihr Vertrauen in mich und meine Arbeit gesetzt hat, in dieser Form nicht möglich gewesen. Auch sie und ihre Mitarbeiter möchte ich in meinen herzlichen Dank einbeziehen.

Und nicht zuletzt möchte ich mich bei meiner Frau, meinen Eltern und meiner Schwiegermutter für ihre Unterstützung bedanken, durch die ich vor allem seit der Geburt unserer Tochter die notwendigen zeitlichen Freiräume zur Fertigstellung dieser Arbeit bekam.

Osnabrück, im November 2007   Sebastian Weitkamp

Einleitung

Das Auswärtige Amt (AA) wurde im Frühjahr 2005 von seiner Geschichte eingeholt, nachdem sich Bundesaußenminister Joschka Fischer entschlossen hatte, dass Diplomaten mit NS-Vergangenheit keinen Platz mehr in der amtseigenen Memorialkultur haben sollten. So verweigerte er dem 2004 verstorbenen Botschafter a. D. Franz Krapf in der Hauspost *internAA* den üblichen Nachruf, weil Krapf Mitglied der NSDAP, der SS und des Sicherheitsdienstes (SD) gewesen war. Der einschneidende Schritt Fischers provozierte Widerstände – vor allem bei ehemaligen Angehörigen des AA., von denen 128 am 9. Februar 2005 auf eigene Initiative eine großformatige Gedenkanzeige in der *Frankfurter Allgemeinen Zeitung* schalteten. Die Vorfälle wurden von den Medien aufgegriffen und erlangten eine bundesweite Beachtung, die schließlich dazu führte, dass das AA Ende des Jahres eine internationale Historikerkommission einsetzte, die die Geschichte des Amtes im »Dritten Reich« aufarbeiten soll.[1] Die Ergebnisse stehen noch aus.

Eine eigene, umfassende Darstellung war bis dahin unterblieben, obwohl sie schon 1970 vom damaligen Außenminister Walter Scheel angekündigt worden war.[2] Dabei hätte es genügend Anlässe für eine solche Institutionsgeschichte gegeben: So hatte der amerikanische Militärgerichtshof in Nürnberg 1949 im Prozess gegen den ehemaligen Staatssekretär Ernst von Weizsäcker und andere hohe Diplomaten eine nicht geringe Beteiligung der AA-Führung an der »Endlösung der Judenfrage« festgestellt. Wenige Jahre später war ein Untersuchungsausschuss des Deutschen Bundestages gebildet worden, um die bestehenden personellen Kontinuitäten zwischen dem ehemaligem Ribbentrop-Ministerium und dem bundesdeutschen Auswärtigen Dienst zu untersuchen. Diese Kontinuitäten waren von der DDR in agitatorischen Schriften stark hervorgehoben worden, um die Bundesrepublik als Staat zu diskreditieren, in dem weiterhin alte NS-Eliten den Ton angeben würden.[3] Mitte der 1960er-Jahre hatte in Frankfurt am Main der so genannte Diplomaten-Prozess stattgefunden, in dem unter anderem der ehemalige deutsche Gesandte in Sofia wegen der Unterstützung der Ju-

---

1 Vgl. Döscher, Hans-Jürgen, Seilschaften. Die verdrängte Vergangenheit des Auswärtigen Amtes, Berlin 2005, S. 18 ff.
2 Vgl. Geleitwort Walter Scheels, in: Auswärtiges Amt (Hg.), 100 Jahre Auswärtiges Amt 1870–1970, Bonn 1970, S. 8.
3 Vgl. Braunbuch. Kriegs- und Naziverbrecher in der Bundesrepublik. Staat, Wirtschaft, Armee, Verwaltung, Justiz, Wissenschaft, hg. vom Nationalrat der Nationalen Front des demokratischen Deutschland. Dokumentationszentrum der staatlichen Archivverwaltung der DDR, Berlin (Ost) 1965; Von Ribbentrop zu Adenauer. Eine Dokumentation über das Bonner Auswärtige Amt, hg. vom Ministerium für Auswärtige Angelegenheiten der Deutschen Demokratischen Republik, [Berlin Ost] 1961.

dendeportationen aus Bulgarien angeklagt worden war. Und schließlich konstatierte auch die Forschung, dass die Einbindung der Diplomaten in die NS-Vernichtungspolitik nahezu reibungslos verlaufen war.[4]

Das AA stellte sich in kleineren, von eigenen Archivaren verfassten Publikationen der Vergangenheit. Man vertrat die Lesart, das Amt sei nur durch einige wenige Abteilungen, die von Nationalsozialisten dominiert wurden, in die Verbrechen verstrickt gewesen. Im Gegenzug wurde der Widerstand gegen das Regime herausgestellt.[5] Diese vereinfachende und zugleich entlastende Interpretation wurde von Außenminister Fischer durchbrochen, der bereits in einer Gedenkrede am 19. Juli 2000 darauf hinwies, »*daß sich die weit überwiegende Zahl der Diplomaten*« mit dem Nationalsozialismus arrangierte und nur sehr wenige Kraft zum Widerstand gefunden hätten.[6]

Mit den Ereignissen des Jahres 2005 ist die Frage nach der nationalsozialistischen Vergangenheit des Auswärtigen Amtes und dessen Rolle im »Dritten Reich« wieder aktuell geworden.

Die von den NS-Behörden als »Endlösung« bezeichnete Vernichtung der jüdischen Bevölkerung während des Zweiten Weltkrieges war ein moderner, bürokratischer Prozess, bei dem fast die gesamte deutsche Gesellschaft auf die eine oder andere Weise einbezogen war. Gerhard Paul spricht diesbezüglich von einer »*arbeitsteilige[n] ollektivtat*«.[7] Es wurde keine Sonderbehörde geschaffen, welche die eskalierende Verfolgungs- und Vernichtungspolitik geleitet hätte. Die »Endlösung« wurde vielmehr mit dem zur Verfügung stehenden Verwaltungsapparat durchgeführt, in dem jedes Ressort seine Aufgabe erfüllte und sich mit anderen ergänzte. Insbesondere Raul Hilberg hat früh auf den bürokratischen Prozess als Spezifikum der »Endlösung« hingewiesen, in welchem viele kleine Initiativen auf allen Ebenen letztlich im Massenmord mündeten.[8]

---

4   Vgl. Browning, Christopher, The Final Solution and the German Foreign Office. A Study of Referat D III of Abteilung Deutschland 1940–1943, New York/London 1978; Döscher, Hans-Jürgen, SS und Auswärtiges Amt im Dritten Reich. Diplomatie im Schatten der Endlösung, Frankfurt/Main / Berlin 1991.

5   Vgl. Sasse, Heinz Günther, Zur Geschichte des Auswärtigen Amtes, in: Auswärtiges Amt (Hg.), Auswärtiges Amt 1870–1970, Bonn 1970, S. 23-46; Biewer, Ludwig, 125 Jahre Auswärtiges Amt. Ein Überblick, in: Auswärtiges Amt (Hg.), 125 Jahre Auswärtiges Amt, Bonn 1995, S. 87-103; Geleitwort Walter Scheels, in: AA (Hg.), 100 Jahre Auswärtiges Amt, S. 7.

6   Fischer, Joschka, Rede am 19. Juli 2000, in: Auswärtiges Amt (Hg.), Zum Gedenken an die Widerstandskämpfer gegen den Nationalsozialismus aus den Reihen des Auswärtigen Dienstes und an die Kollegen, die nach 1945 in Ausübung ihres Dienstes ihr Leben verloren haben, Berlin 32005.

7   Paul, Gerhard, Von Psychopathen, Technokraten des Terrors und »ganz gewöhnlichen« Deutschen. Die Täter der Shoah im Spiegel der Forschung, in: ders. (Hg.), Die Täter der Shoah. Fanatische Nationalsozialisten oder ganz normale Deutsche?, Göttingen 22003, S. 13-90, hier S. 15.

8   Vgl. Hilberg, Raul, Die Vernichtung der europäischen Juden. 3 Bde., Frankfurt/Main 1990, S. 56 ff. u. 1061 f. Ferner Adler, H. G., Der verwaltete Mensch. Studien zur Deportation der Juden aus Deutschland, Tübingen 1974.

Eine der obersten Zivilbehörden, deren besondere Rolle Hilberg anspricht, war das AA, welches mit seiner Zentrale und seinem internationalem Apparat der SS zuarbeitete und die Deportationen auf vielfältige Art vorbereitete, diplomatisch absicherte und unterstützte.[9] Dadurch war es eng mit der laufenden Vernichtung verbunden, und wie bei kaum einer anderen Zivilbehörde wird durch die Rolle des AA auch die europäische Dimension des Massenmords deutlich. Die Forschung hat herausgestellt, dass die Hilfe des AA die Effizienz der Vernichtung nicht unwesentlich steigerte. Christopher Browning führt sogar aus, die SS sei auf die Ministerialbürokratie und damit auch auf das AA angewiesen gewesen.[10] Besonders deutlich wurde dies auf der so genannten »Wannseekonferenz« im Januar 1942, bei der Reinhard Heydrich, Chef des Reichssicherheitshauptamtes (RSHA), die Federführung der SS sicherstellte und sich der Beihilfe der Zivilbehörden versicherte.

Als die außenpolitischen Kompetenzen des AA durch den Krieg zusehends schwanden, bot die »Judenpolitik« eine Möglichkeit, diesen Bedeutungsverlust zu kompensieren. Das Außenamt partizipierte zwar kaum an der Planung der »Endlösung«, aber nach deren Ingangsetzung beteiligte es sich sehr wohl an deren Ausführung.[11] Der überwiegende Teil der verfolgten und später ermordeten jüdischen Bevölkerung kam aus dem europäischen Ausland. Schon allein deshalb forderte das AA, welches das Ausland als ressorteigene Domäne verstand, vehement ein Mitspracherecht. Es sah sich nicht als bloßer Befehlsempfänger, sondern wollte mitgestalten, auch wenn dies mit unterschiedlichem Erfolg geschah. Das AA hatte den Anspruch, gleichwertiger Partner zu sein. Beide – SS und AA – betrieben so eine gleichförmige Ausrichtung in der Judenpolitik und kooperierten weitgehend reibungslos.

Den frühen Totalitarismuskritikern galt der »seelenlose Bürokrat« als Leittypus der Umsetzung der nationalsozialistischen Vernichtungspolitik. Theodor W. Adorno sprach von »*Normalungetümen*«[12], und Hannah Arendt prägte in ihrem Buch über den Jerusalemer Prozess gegen Adolf Eichmann, der im RSHA die Deportationen koordiniert hatte, den Begriff von der »Banalität des Bösen«.[13] Hilberg, der in seiner Arbeit vornehmlich die Verwaltungsabläufe des Nationalsozialismus untersucht, schreibt häufig nur von *den* Diplomaten. In seinem späteren Werk »Täter, Opfer, Zuschauer« treten sie dann ebenfalls deutlich hinter andere Tätergruppen zurück.[14] Für Browning waren sie teilweise »*unremarkable bureaucrats*« und sogar noch banaler als Eich-

---

9 Vgl. Hilberg, Vernichtung der europäischen Juden, S. 574 ff. u. Adler, Der verwaltete Mensch, S. 255 ff., 327 ff., 345 ff., 473 ff.
10 Vgl. Browning, Final Solution, S. 9.
11 Vgl. Browning, Christopher, Die Entfesselung der »Endlösung«. Nationalsozialistische Judenpolitik 1939–1942, München 2003.
12 Adorno, Theodor, Negative Dialektik, Gesammelte Schriften Bd. 6, Frankfurt/Main 1966, S. 282.
13 Arendt, Hannah, Eichmann in Jerusalem. Ein Bericht von der Banalität des Bösen, München 1964.
14 Vgl. Hilberg, Raul, Täter, Opfer, Zuschauer. Die Vernichtung der Juden 1933–1945, Frankfurt/Main 1997.

mann.[15] Aber in letzter Zeit fragt insbesondere die biografisch orientierte NS-Täterforschung nach der spezifischen Rolle der handelnden Personen und deren Sozialisationen und Überzeugungen.

Eine Untersuchung zum Führungspersonal der Referatsgruppe Inland II macht es möglich, diese Tendenz aufzugreifen. Es handelt sich dabei um den Vortragenden Legationsrat Horst Wagner und dessen Stellvertreter, Legationsrat I. Klasse Dr. Eberhard von Thadden. Ihnen oblag zwischen 1943 und 1945 die Sachbearbeitung der »Judenfrage« im AA, nachdem die zuvor damit befasste Abteilung Deutschland aufgelöst worden war. Die vorliegende Studie untersucht diese Arbeitseinheit und die Biografien derjenigen, die für die Kooperation mit der SS zuständig und dementsprechend an der der »Endlösung der Judenfrage« maßgeblich beteiligt waren.

Horst Wagner, geboren 1906, stammte aus kleinbürgerlichen Verhältnissen und gelangte 1936 in die »Dienststelle des Beauftragten für außenpolitische Fragen der NSDAP im Stab des Stellvertreters des Führers«, kurz »Dienststelle Ribbentrop« (DR). Als paradiplomatisches Instrument ermöglichte sie es Adolf Hitler, unter Auslassung des AAs Außenpolitik zu betreiben. Ihr stand der ambitionierte Joachim von Ribbentrop vor, der 1938 zum Reichsaußenminister (RAM) avancierte. Wagner wurde von v. Ribbentrop protegiert und wechselte ebenfalls ins AA. Anfang 1943 übernahm er die Gruppe Inland II. Er wurde zum Legationsrat I. Klasse und später zum Vortragenden Legationsrat befördert. Seine Mitgliedschaft in der SS, der er seit 1936 angehörte, begünstigte die Karriere. Parallel zum Aufstieg als Diplomat rückte er bis zum SS-Standartenführer auf und wurde 1943 persönlicher Verbindungsführer zwischen Ribbentrop und Reichsführer-SS Heinrich Himmler. Nach dem Krieg floh Wagner aus alliierter Haft und zog im Ausland eine Bilanz seiner Arbeit: *»Nach meiner […] Auffassung wird sich schwerlich ein lebender Mensch finden lassen, der so viele menschliche Wesen vor einem entsetzlichen Schicksal bewahrt hat, wie ich es getan habe, oder es zumindest versucht habe. Ich kann nicht sagen, ob ich mehrere Menschen oder mehrere Tausende gerettet habe.«*[16]

Eberhard von Thadden, geboren 1909, war Stellvertreter Wagners und gleichzeitiger Judenreferent. Er war bereits 1926 der Deutschnationalen Volkspartei (DNVP) beigetreten und wechselte kurz nach der Machtübernahme Hitlers in die NSDAP über. Im Jahr 1934 schloss er sein Jurastudium mit der Promotion ab und gelangte wenig später durch den bekannten Geopolitiker Albrecht Haushofer, der gute Kontakte zu führenden NS-Kreisen hielt, in die DR. Ende 1937 trat er dem Auswärtigen Dienst bei. Im Februar 1940 wurde er zum Legationssekretär und im Dezember 1941 zum Legationsrat ernannt. Die SS, der er wie Wagner seit 1936 angehörte, beförderte ihn unterdessen im November 1940 zum SS-Obersturmführer. Im Februar 1942 wurde

---

15 Browning, Final Solution, S. 34 u. 183.
16 Schreiben Wagners an Bundestagspräsident Hermann Ehlers vom 22.10.1953, in: Hauptstaatsarchiv (HStA) Düsseldorf, Ger.Rep. 237/32.

Thadden zur Wehrmacht eingezogen und an die Ostfront versetzt. Ende des Jahres kehrte er zum AA zurück, welches ihn nach Griechenland schickte, wo er mit Wirtschaftsfragen befasst war. Als Wagner zum Chef von Inland II ernannt wurde, forderte er Thadden als Mitarbeiter an, den er noch aus gemeinsamen Tagen bei der DR kannte und zu dem er ein freundschaftliches Verhältnis bewahrt hatte. Als Judenreferent hatte Thadden anschließend ständig persönlichen Kontakt zum Referat Eichmanns im RSHA. Im Mai 1944 machte das AA Thadden zum Legationsrat I. Klasse, während ihn die SS im November 1943 zum SS-Hauptsturmführer und im Januar 1945 zum SS-Sturmbannführer ernannte.

Die Sonderstellungen von Inland II und Wagner als Nahtstelle zur SS bzw. als alleinigem Verbindungsführer zwischen Ribbentrop und Himmler lassen es aussichtsreich erscheinen, detaillierte Aufschlüsse über die Kooperation zwischen AA und SS bei der Vernichtungspolitik in der zweiten Hälfte des Krieges zu bekommen. Die Referatsgruppe und ihr Führungspersonal bilden eine gut überschaubare Einheit, deren Analyse Informationen geben kann, warum seitens des AA anscheinend komplikationslos und engagiert der SS und der »Endlösung« zugearbeitet worden ist.

Die Ergebnisse werden dabei nicht primär in einer allgemeinen oder institutionsgeschichtlichen Betrachtung gewonnen, sondern in der NS-Täterforschung verortet, die direkt die Protagonisten in den Blick nimmt, in diesem Fall die Diplomaten Wagner und Thadden. Diese Forschung[17] setzte sich in den letzten Jahren kritisch mit der Darstellung auseinander, die an der »Endlösung« Beteiligten seien bloße Befehlsempfänger gewesen.[18] Dabei standen bisher Tätergruppen der direkt mit der Vernichtung befassten Organe im Fokus: die Angehörigen von Schutzstaffel, Polizei und Wehrmacht. Mit Wagner und Thadden werden nun zwei leitende Beamte eines Reichsministeriums beleuchtet, die zwar auch Mitglied der SS waren, aber ihre Karrieren im zivilen Bereich des traditionsreichen Auswärtigen Amtes machten. Beide arbeiteten der Vernichtung vonseiten einer Behörde zu, die mit dem Kaiserreich gegründet worden und nicht eine genuin nationalsozialistische Institution war wie etwa das RSHA.[19]

Die Amtsführung von Außenminister Ribbentrop stimmte mit der Vernichtungspolitik der SS überein. Die Frage ist jedoch, ob sich diese Linie auf der Ebene der sachbearbeitenden »Judenreferenten« fortsetzte, oder ob es gravierende Unterschiede zwischen den Diplomaten und den Männern im RSHA gab? Im Kontext dieser Studie rü-

---

17 Auf die Unschärfe des Begriffs wurde unlängst hingewiesen, vgl. Hördler, Stefan, Aspekte der Täterforschung. Eine kritische Bilanz, in: Frank, Petra/Hördler, Stefan (Hg.), Der Nationalsozialismus im Spiegel des öffentlichen Gedächtnisses. Formen der Aufarbeitung und des Gedenkens, Berlin 2005, S. 23-46.
18 Vgl. u. a. Lozowick, Yaacov, Hitlers Bürokraten. Eichmann, seine willigen Vollstrecker und die Banalität des Bösen, Zürich 2000; Cesarani, David, Adolf Eichmann. Bürokrat und Massenmörder, Berlin 2004.
19 Vgl. Wildt, Michael, Generation des Unbedingten. Das Führungskorps des Reichssicherheitshauptamtes, Hamburg 2002.

cken dabei die zwei offenen Fragen in den Mittelpunkt, die auch die aktuelle Forschung prägen: Welche Rolle spielte der Antisemitismus und wie sahen die individuellen Motive der Täter aus?[20] Auf beide soll mit der Untersuchung von Wagner und Thadden und ihrer Tätigkeit eine Antwort gefunden werden. Lassen sich aus ihren Lebensläufen mit den Instrumenten des Historikers politische Konstellationen oder persönliche Mentalitäten herausarbeiten, die auf eine mögliche Willfährigkeit gegenüber dem Nationalsozialismus schließen lassen, oder gibt es Momente, die auf eine Opposition Wagners und Thaddens zur NS-Politik hindeuten? Gleichzeitig muss geklärt werden, in welchem Beziehungsgeflecht die Personen agierten bzw. ob sie über Aktionsradien verfügten, um auf die eine oder andere Weise Einfluss zu nehmen. Waren sie nur Ausführende oder Verantwortliche? Dabei wäre grundlegend zu klären, ob sie überhaupt Kenntnis vom tödlichen Schicksal der Deportierten hatten.

Die Forschung sieht die Täter nicht mehr als »Objekte der Außensteuerung« (Gerhard Paul) oder »als verlängerten Arm ihrer Vorgesetzten« (Paul/Mallmann), sondern sie werden als individuelle Akteure aufgefasst, die in einem spezifischen Umfeld aus situativen, kulturell-biografischen und ideologischen Faktoren operierten. Hier möchte sich die vorliegende Abhandlung positionieren. Wagner und Thadden sollen nicht isoliert als bloße Personen analysiert werden, sondern in den Ablauf der Judenpolitik und das private wie dienstliche Milieu eingeordnet werden. Die biografische Herangehensweise ermöglicht es überdies, die Wege Wagners und Thaddens über 1945 hinaus zu verfolgen und ihre Neuanfänge in der Bundesrepublik nachzuvollziehen. Beide wurden dabei in juristischer wie gesellschaftlicher Hinsicht mit ihrer Beteiligung an den NS-Verbrechen konfrontiert. So leistet die Studie mit ihren Facetten, die durch den epochenübergreifenden, personenbezogenen Ansatz gespiegelt werden, einen Beitrag in vielfacher Hinsicht; etwa zur Täter- und Holocaust-Forschung sowie zur Geschichte des Auswärtigen Amtes im »Dritten Reich« und zum Umgang des NS-Erbes in der Bundesrepublik. Vor allem aber ermöglicht sie detaillierte Einblicke in die Bürokratie der nationalsozialistischen Vernichtungspolitik.

Die Studie hat drei Abschnitte. Der erste Teil verfolgt die Biografien Wagners und Thaddens bis zum Einritt in die Gruppe Inland II und konzentriert sich dabei auf Lebenssituationen, politische Überzeugungen und berufliche Werdegänge. Zum Bildungsgang Wagners liegen beispielsweise widersprüchliche Angaben vor.[21] Nach eigenen Angaben verfügte er über Abitur und einen Hochschulabschluss, aber daran bestehen Zweifel. Der Aufstieg Wagners erfolgte erst im Klima des Nationalsozialismus. Ribbentrop verhalf ihm zu seiner Stellung, denn der neue RAM war bereit, berufliche Qualifikationen hintanzustellen. So hatte er Reichsleiter Alfred Rosenberg im Mai 1939 seine Personalpolitik skizziert. Ribbentrop: »[...] *bin ich ja gerade vom Führer in dieses Amt eingesetzt worden, um die Reorganisation unseres auswärtigen Apparates*

---

20 Vgl. Paul, Täter der Shoah, S. 66.
21 Döscher weist auf Unstimmigkeiten hin, vgl. SS und Auswärtiges Amt, S. 265.

im nationalsozialistischen Sinne durchzuführen.« Er wolle das AA als *»schlagkräftiges nationalsozialistisches Instrument des Führers«* umgestalten, was aber Zeit benötige. In einem Ausleseprozess solle *»der rassisch und intelligenzmäßig beste Nachwuchs für das Amt aus dem ganzen deutschen Volke sichergestellt werden«*. Der Außenminister wollte die engen Einstiegskriterien des Auswärtigen Dienstes weiter aufbrechen und neue Richtlinien festlegen. Er bemerkte abschließend: »*Ich werde im übrigen hinsichtlich der Vorbildung des Nachwuchses ganz allgemein den entscheidenden Wert weniger auf Zeugnisse und Examina als auf die ganze Persönlichkeit und die charakterliche Eignung legen.*«[22] Diese Einstellung war Wagners Türöffner ins Auswärtige Amt. Thadden dagegen entsprach als promovierter Jurist ganz den Ansprüchen der traditionellen Diplomatenlaufbahn.

Im Hinblick auf die politische Sozialisation bleibt die Frage, ob die Mitgliedschaft Wagners und Thaddens in SS und NSDAP nur formelle Gründe hatte, oder ob sie als Ausdruck wirklicher Überzeugung verstanden werden muss. Wagner trat erst 1937/38 der NSDAP bei, Thadden aber bereits im April 1933. Die Forschung greift mitunter Aussagen ehemaliger Diplomaten auf, die in Thadden einen Mann des »alten« AA sahen.[23] Womit angedeutet werden soll, dass es sich bei dem Judenreferenten eigentlich nicht um einen NS-Parteigänger handelte. Der erste Teil der Studie will hier ansetzen und die Basis für die Grundfrage legen: Erfolgte die Kooperation bei der Vernichtung willig aus antisemitischem Denken, oder waren Wagner und Thadden entpolitisierte Rädchen im bürokratischen Getriebe, die ihre Anweisungen befolgten? Gab es einen mehr oder weniger virulenten Antisemitismus, einen Grad an ideologischer Politisierung oder waren beide nur Opportunisten?

Da zwei konkrete Biografien vorliegen, ist darauf verzichtet worden, einen verallgemeinernden, generationsgeschichtlichen Zugang zu suchen, der eher für Gruppenbiografien mit kleinen, homogenen Samples von Nutzen ist. Sicherlich können Wagner und Thadden der so genannten »Kriegsjugendgeneration« zugeordnet werden, die nicht selbst am Ersten Weltkrieg teilnahm, aber durch ihn und die Folgen geprägt wurde.[24] Andererseits war Thadden beispielsweise bei Ende des Krieges noch nicht einmal neun Jahre alt, und die Zugehörigkeit zu einer bestimmten Generation allein disponiert noch nicht für die Teilnahme am Massenmord. Dies war immer eine individuelle Entscheidung.[25] Bereits 1928 stellte der Soziologe Karl Mannheim fest, dass eine Generation zwar vor ein gemeinsames Problem gestellt sein kann, aber keine kol-

---

22 Brief Ribbentrops an Rosenberg vom 31.5.1939, in: Bundesarchiv (BA) Berlin, NS 8/168. Vgl. auch Döscher, SS und Auswärtiges Amt, S. 309 f.
23 Vgl. Hilberg, Vernichtung der europäischen Juden, S. 578. Hilberg bezieht sich auf eine Aussage von Staatssekretär Adolf Baron von Steengracht-Moyland, vgl. Der Prozeß gegen die Hauptkriegsverbrecher vor dem Internationalen Militärtribunal (IMT), X, S. 154.
24 Vgl. Wildt, Generation des Unbedingten.
25 Vgl. Schulz, Andreas, Individuum und Generation. Identitätsbildung im 19. und 20. Jahrhundert, in: Geschichte in Wissenschaft und Unterricht 52 (2001), S. 406-414.

lektive Antwort darauf gefunden werden muss.[26] So findet sich auch die neue politische Radikalität und die Suche nach einer aggressiven, technokratisch geprägten Moral des Völkischen, die Ulrich Herbert für diese Generation feststellt[27], bei Thadden zunächst einmal nicht.

Der zweite Teil der Studie stellt mit der Gruppe Inland II das Instrumentarium vor, welches sich die AA-Führung geschaffen hatte, um die Kooperation mit der SS wahrzunehmen. Zur Untersuchung der strukturellen Bedingungen ist es unerlässlich, auch institutionsgeschichtliche Aspekte zu berücksichtigen, die über die biografische Sicht hinausgehen. Geschildert werden die personelle Zusammensetzung des AA, die Handlungsräume, die Arbeitsabläufe und die Rollen, die die beiden Protagonisten darin spielten. Ein Seitenblick gilt den anderen Referenten der Gruppe und ihrer Sozialisation. Welcher Typus von Diplomat wurde hier eingesetzt?

Die von Inland II postulierte »Steuerung der Judenfrage« beinhaltete sowohl eine Tarnungspolitik gegenüber dem Ausland wie eine Unterstützung der laufenden Judenmaßnahmen durch Verhandlungen mit Stellen des In- und Auslandes. Ein Augenmerk wird demnach auch darauf liegen, wie Inland II mit den anderen Abteilungen des AA zusammenarbeitete. Ferner wird die außenpolitische Lage der Jahre 1943/44 in den Blick genommen, da Inland II unter einer außenpolitischen und militärischen Defensivstellung antrat. Trotz aller Geheimpolitik war spätestens im Jahre 1943 bei Neutralen und Kriegsgegnern die Kenntnis um den Massenmord zumindest schemenhaft vorhanden, und auch bei einigen deutschen Verbündeten wie zum Beispiel Bulgarien oder Rumänien wuchsen die Widerstände gegen die Deportationen.

Die Studie untersucht anhand einer Reihe von prägnanten Fallbeispielen, wie das politische Instrumentarium des AA funktionierte und wie die beiden Protagonisten in der Judenpolitik votierten. Diese Beispiele orientieren sich am Geschäftsverteilungsplan von Inland II und greifen neben einer allgemeinen Darstellung vor allem bisher unberücksichtigte Themen wie die antijüdische Auslandspropaganda des AA auf oder die britische Initiative zur Ausreise von jüdischen Kindern aus Osteuropa (Feldscher-Aktion). Wie sah das situative Verhalten aus? Wie beeinflussten mögliche politische Mentalitäten die Aufgabenführung? Und falls sich antisemitische Tendenzen konstatieren lassen, ist zu fragen, ob es unter dem Eindruck der massenhaften Vernichtung zu Zweifeln oder zu einer Radikalisierung dieser Tendenzen kam. Arbeiteten Wagner und Thadden willentlich und initiativ der Vernichtung zu oder versuchten sie, Menschen zu helfen, wie Wagner es nach dem Krieg für sich beanspruchte? Eichmann-Biograf David Cesarani berichtet immerhin, dass die ausländischen Eingaben zu Gunsten von Juden zu »*scharfen Auseinandersetzungen*« zwischen Thadden und Eichmann geführt hät-

---

26 Vgl. Mannheim, Karl, Wissenssoziologie. Auswahl aus dem Werk, eingeleitet und herausgegeben von Kurt H. Wolff, Neuwied ²1970, S. 562 f.
27 Vgl. Herbert, Ulrich, Best. Biographische Studien über Radikalismus, Weltanschauung und Vernunft; 1903–1989, Bonn 1996.

ten.²⁸ Die rückblickenden Urteile ehemaliger Kollegen fielen bemerkenswert unterschiedlich aus. Sie sahen Thadden wohlwollend als kompetenten Diplomaten alter Schule, wogegen Wagner als höriger Gefolgsmann Ribbentrops gebrandmarkt wurde, was mit der eingangs erwähnten langjährigen Selbsteinschätzung des AA zu tun hat. Aber kann es so simpel sein, dass die NS-Neulinge die Verbrechen zu verantworten hatten und die herkömmlichen Karrierediplomaten nur benutzt wurden und folgen mussten?

Den Abschluss des zweiten Teils bildet ein Fall abseits der Judenpolitik: die Ermordung des französischen kriegsgefangenen Generals Maurice Mesny. Als Hitler im November 1944 vom Tod des in französischer Gefangenschaft befindlichen deutschen Generals Friedrich von Brodowski erfuhr, befahl er, zur Vergeltung einen französischen General zu töten. In der Folge arbeiteten Wehrmacht, RSHA und AA eng bei der Planung zusammen. Im Januar 1945 brach ein als Wehrmachtssoldaten getarntes SS-Kommando auf, um den Auftrag auszuführen. Der Mord an Mesny, dessen Aufarbeitung immer noch ein Desiderat ist, verdeutlicht an einem bemerkenswerten Fall, wie die deutsche Bürokratie mit aller Akribie ein Verbrechen und dessen Vertuschung plante und ausführte. Wagner war durch seine Immediatstellung zwischen Ribbentrop und Himmler stark in den Vorfall involviert, was zeigt, dass Inland II nicht nur mit der ideologisch motivierten Judenvernichtung befasst war, sondern sich auch an anderer NS-Gewaltpolitik beteiligte. Später kam dem Fall Mesny mit der Anklage gegen Wagner eine strafrechtliche Bedeutung vor dem Hintergrund der deutsch-französischen Nachkriegsbeziehungen zu.

Der dritte Teil der Studie verfolgt die Viten über das Kriegsende hinaus. Anders als bei vielen NS- oder SS-Funktionären, die sich 1945 das Leben nahmen, getötet oder hingerichtet wurden, bietet sich bei Diplomaten in der Regel die Möglichkeit, die Lebenswege weiter zu erforschen. Die Betrachtung der weiteren Lebenswege rückt nach den Verbrechen die zwingende Frage nach der Strafverfolgung in den Blick. Während Wagner aus der Nürnberger Haft nach Südamerika floh, arrivierte sich Thadden Anfang der 1950er-Jahre in der Bundesrepublik. Wagner hingegen konnte sich im Ausland keine Existenz aufbauen und kehrte schließlich nach Deutschland zurück. Er knüpfte Kontakte zu alten Kollegen und ließ sich von dem FDP-Politiker und ehemaligen Amtsangehörigen Ernst Achenbach juristisch vertreten, der ihm auch sonst in jeder Hinsicht unter die Arme griff. Das fortschreitende Verfahren gegen den ehemaligen Gruppenleiter, in welchem der engagierte Jurist und ehemaligen US-Ankläger Robert M. W. Kempner als Nebenkläger auftrat, legten die Verstrickung des AA in die »Endlösung« weiter offen und brachten auch Thadden in Bedrängnis, gegen den später ebenfalls ermittelt wurde. Thadden starb jedoch 1964 bei einem Autounfall, und Wagner schaffte es mithilfe seiner Anwälte, den Prozess wegen der Beihilfe zur Judenvernichtung bis zu seinem Tode 1977 zu verzögern. Lange zuvor hatte es Achenbach

---

28 Cesarani, Adolf Eichmann, S. 178.

bereits mit juristischer Finesse geschafft, dass sein Mandant auch wegen der Beihilfe am Mesny-Mord straffrei blieb.

In der Zeit der jungen Bundesrepublik zwang die Vergangenheit unweigerlich alle Akteure zu Positionierungen. Zu welchen Selbstreflexionen führten die gemachten Anschuldigungen bei den beiden Protagonisten? Wie banden sich Wagner und Thadden in die westdeutsche Gesellschaft ein und wie reagierte die bundesrepublikanische Wirklichkeit auf sie? Das neue AA war bereits durch die Wiederverwendung von Diplomaten mit NS-Vergangenheit in die Kritik geraten.[29] Eine Dekade später wurde es mit dem Fall Wagner konfrontiert, der Ermittlungen gegen weitere Ex-Diplomaten nach sich zog. Wie stellte sich das AA zum Prozess gegen den ehemaligen Gruppenleiter? Ebenfalls ist zu fragen, wie die deutsche Justiz auf die strafrechtliche Herausforderung dieses ungewöhnlichen Täterkreises der Diplomaten reagierte.[30] Die Personen Wagner und Thadden lassen hier wiederum eine detailreiche Fallstudie erwarten. So schließt der dritte Teil dieser Studie nicht nur die Biografien der in ihr behandelten Personen ab, sondern auch den Kreis von Verbrechen und Strafverfolgung.

Diplomaten als Täter – das Auswärtige Amt und die »Endlösung«

Zum besseren Verständnis der Vorgänge zwischen 1943 und 1945 sei kurz skizziert, warum und auf welche Art und Weise das AA überhaupt mit der »Endlösung« befasst war. Da Inland II die direkte Nachfolgeinstitution der im Frühjahr 1943 aufgelösten

---

29 Vgl. allgemein Döscher, Seilschaften; ders., Verschworene Gesellschaft. Das Auswärtige Amt unter Adenauer zwischen Neubeginn und Restauration, Berlin 1995 u. Brochhagen, Ulrich, Nach Nürnberg. Vergangenheitsbewältigung und Westintegration in der Ära Adenauer, Berlin 1999, S. 220 ff.

30 Auf die juristischen Rahmenbedingungen der Verfolgung von NS-Verbrechen kann nur am Rande eingegangen werden. Von 1945 bis 1964 wurden von 12.882 Angeklagten nur 5.445 verurteilt und in fast 700 Fällen wurde das Hauptverfahren nicht eröffnet, vgl. Bundesjustizministerium (Hg.), Die Verfolgung nationalsozialistischer Straftaten im Gebiet der Bundesrepublik Deutschland seit 1945, Bonn 1964, S. 43 ff. Das Strafmaß lag bei der Großzahl auf zeitigen Freiheitsstrafen. Es gab bis 1964 76 lebenslängliche Zuchthaus- und 114 Geldstrafen. Von den Alliierten wurden 806 Todesurteile ausgesprochen, von denen 486 vollstreckt wurden. Der hessische Generalstaatsanwalt Fritz Bauer beklagte sich über die abweisende Haltung der Bundesbürger. Nach Umfragen sei der Auschwitz-Prozeß nur von 60% der Befragten wahrgenommen worden, von denen 39% die Vergangenheit ruhen lassen wollten. In den 1950er-Jahren hätten die Behörden »müde und lustlos verfolgt«, vgl. Bauer, Fritz, Im Namen des Volkes. Die strafrechtliche Bewältigung der Vergangenheit, in: Hammerschmidt, Helmut (Hg.), Zwanzig Jahre danach. Eine deutsche Bilanz 1945–1965, München 1965, S. 301-314, hier S. 304. Vgl. in Auswahl Freudiger, Kerstin, Die juristische Aufarbeitung von NS-Verbrechen, Tübingen 2002; Steinbach, Peter, Nationalsozialistische Gewaltverbrechen in der deutschen Öffentlichkeit nach 1945. Einige Bemerkungen, Fragen und Akzente, in: Steinbach, Peter/Weber, Jürgen (Hg.), Vergangenheitsbewältigung durch Strafverfahren? NS-Prozesse in der Bundesrepublik Deutschland, München 1984. S. 13-39; Götz, Albrecht, Bilanz der Verfolgung von NS-Straftaten, Köln 1986.

Abteilung Deutschland unter Unterstaatssekretär Martin Luther war, ist es unerlässlich, einen kurzen Blick auf die Vorläuferinstitution zu werfen.

In der Kriegspolitik des Deutschen Reiches zeichneten sich zwei große Ziele ab. Es sollten alle Kräfte zur Niederschlagung des militärischen Feindes und zur Vernichtung der jüdischen Bevölkerung Europas aufgebracht werden. Der Genozid wurde für die Nationalsozialisten zum Akt der Staatsräson. Das AA stellte eine der wichtigsten Institutionen dar, über die die deutsche Führung Einfluss auf die besetzten und verbündeten Staaten bei der Durchsetzung der rassepolitischen Ziele nehmen konnte. In der Folge beteiligte sich das AA mit seinen diplomatischen Vertretungen an der Erfassung, Enteignung und Internierung der nichtdeutschen, jüdischen Bevölkerung. Über die Diplomaten wurden Verhandlungen mit fremden Regierungen geführt, um letztere zur »Aussiedlung« ihrer Juden zu bringen. In den abhängigen Satellitenstaaten wie etwa in Kroatien konnte das AA den größten Einfluss entfalten. Aber auch in den besetzten Gebieten wie Frankreich oder Serbien, die unter Militäroberbefehl standen, oder in den so genannten »Reichskommissariaten« (z. B. Norwegen oder Niederlande) stellte es eine Autorität dar.[31]

Das Engagement in »Judenfragen« kompensierte die sich abzeichnende institutionelle Schwäche des AA. Mit dem Kriegsausbruch fielen zahlreiche Arbeitsfelder der Diplomatie aus, was zu einem schleichenden Bedeutungs- und Prestigeverlust führte. Während Außenminister Ribbentrop seine Stellung in der NS-Herrschaft bis zuletzt dadurch behaupten konnte, dass er ständig am Hofe Hitlers anwesend war, versuchte Luther in Berlin in den ersten Kriegsjahren den abnehmenden Stellenwert zu egalisieren, indem er mit feinem Gespür für die steigende Bedeutung der »Judenfrage« Kompetenzen an seine Abteilung Deutschland zog und Initiativen auf diesem Gebiet entwickelte.[32] Das Feld, auf dem die essenzielle Grundlage der nationalsozialistischen Weltanschauung – der Antisemitismus – umgesetzt wurde, bot die Aussicht, Autoritäten und Befugnisse aufzubauen. Die unter der Ägide Luthers geschaffenen Zuständigkeiten verschafften dem AA nicht nur ein exklusives Machtmonopol, sondern auch eine Unentbehrlichkeit in der Kriegsmaschinerie. Dies wurde in den späteren Kriegsjahren noch deutlicher: Je mehr die klassischen Funktionen der Diplomatie eingeengt wurden, desto stärker wurden die Bemühungen des AA bei der Judenverfolgung.[33]

---

31 Vgl. Hilberg, Vernichtung der europäischen Juden, S. 571 ff. u. Browning, Final Solution, S. 88 ff.
32 Vgl. ebd., S. 181; auch Seabury, Paul, Die Wilhelmstraße. Die Geschichte der deutschen Diplomatie 1930–1945, Frankfurt/Main 1956, S. 186 f.
33 Der berechtigten These, das AA sei im Laufe des Krieges zur »*Bedeutungslosigkeit*« herabgesunken, kann nur insoweit entsprochen werden, daß der Einfluß auf außenpolitische Vorgänge größtenteils schwand. Vernachlässigt wird aber die Bedeutung bei der Durchsetzung der Judenvernichtung und anderer Kriegsmaßnahmen. Vgl. Michalka, Wolfgang, »Vom Motor zum Getriebe«. Das Auswärtige Amt und die Degradierung einer traditionsreichen Behörde 1933 bis 1945, in: ders. (Hg.), Der Zweite Weltkrieg. Analysen Grundzüge Hintergründe, München 1990, S. 249–259, hier S. 257. Vgl. in ähnlicher Form Krüger, Peter, »Man läßt sein Land nicht im Stich, weil es

Initiativen kamen allerdings nicht nur von Luther in Berlin, sondern wurden auch von vereinzelten Missionen entwickelt. So verlangte zum Beispiel bereits im Jahr 1940 der Botschafter im besetzten Paris, Otto Abetz, die Forcierung der Judenverfolgung in Frankreich. Dies geschah noch, bevor Sicherheitspolizei oder Wehrmacht derartige Schritte forderten.[34] Ein Jahr später, im Sommer 1941, insistierte auch der Gesandte in Belgrad, Felix Benzler, in diese Richtung. Ehe sich die Besatzungspolitik von SS und Wehrmacht damit befasste, wollte er bereits Deportationen in die Wege leiten lassen.[35] Bemerkenswert dabei ist, dass Benzler im Gegensatz zu Abetz kein NS-Quereinsteiger, sondern bereits seit 1919 Diplomat war.

Begünstigt wurde die Mittäterschaft durch die personellen Umstrukturierungen nach 1938, als Ribbentrop das AA immer stärker in das Fahrwasser der SS manövrierte. So bedankte sich zum Beispiel der Vortragende Legationsrat und SS-Oberführer Rudolf Likus aus dem Persönlichen Stab des RAM im Februar 1942 beim SS-Personalhauptamt, *»für die so prachtvoll glatte Erledigung der Personalienangelegenheiten«*. Ribbentrop habe sich *»gleichfalls über die wohlwollende Berücksichtigung so verhältnismäßig vieler Herren seines Auswärtigen Dienstes gefreut«*.[36] Wichtige Positionen wurden mit Beamten besetzt, die sich eher durch politische Linientreue und Bindung zur NSDAP oder SS auszeichneten als durch Ausbildung und diplomatische Erfahrung. Aber auch traditionelle Berufsdiplomaten, die vor 1938 ins Amt gekommen waren, nahmen die »Judenmaßnahmen« hin, unterstützten oder sanktionierten sie, bedingt durch Neigung, Karrierismus oder Sorge um Ansehen und Status.[37]

Der gemeinsame Kompetenzanspruch von AA und RSHA in »Judenangelegenheiten« bildete die Grundlage für die Zusammenarbeit. Leiter des Judenreferats D III war Legationssekretär Franz Rademacher, seit 1933 Parteimitglied und seit Dezember 1937 im AA, der auch außerhalb des Amtes für einen *»wirklich guten Kenner der Judenfrage«* gehalten wurde.[38] Rademacher, der es als Deutschlands Pflicht ansah, den Sieg über Frankreich zur Lösung der *»Judenfrage in Europa«* zu nutzen[39], war maßgeblich an der Ausarbeitung des »Madagaskarplanes« beteiligt, der seit Juni 1940 von AA und RSHA vorangetrieben wurde.[40] Der Plan erwog, Juden aus dem deutschen Einflussgebiet auf die Insel des französischen Kolonialreiches zu deportieren und dort anzusie-

---

eine schlechte Regierung hat« – Die Diplomaten und die Eskalation der Gewalt, in: Martin Broszat/Klaus Schwabe (Hg.), Die deutschen Eliten und der Weg in den Zweiten Weltkrieg, München 1989, S. 180-225

34 Vgl. Lambauer, Barbara, Opportunistischer Antisemitismus. Der deutsche Botschafter Otto Abetz und die Judenverfolgung in Frankreich (1940–1942), in: VfZ 53 (2006), S. 241-273.
35 Vgl. Browning, Final Solution, S. 56 f.
36 Schreiben Likus an SS-PHA vom 9.2.1942, in: BA Dahlwitz, ZB 6968/1-387.
37 Vgl. Döscher, SS und Auswärtiges Amt, S. 310.
38 Schreiben Wurms an Rademacher vom 5.6.1940, in: Politisches Archiv des AA (PA AA), Inland II A/B, R 99388. Paul Wurm war Redakteur des Pressedienstes *Antijüdische Weltliga*.
39 Aufzeichnung Rademachers vom 3.7.1940, in: Akten zur deutschen auswärtigen Politik (ADAP), Serie D, Bd. X, Nr. 101.

deln. Hinter vorgehaltener Hand hoffte man, dass sie im dortigen ungünstigen Klima an Epidemien sterben würden.[41] Fünf Jahre zuvor hatte sich noch Propagandaminister Joseph Goebbels öffentlich darüber beklagt, dass man die Juden nicht »*wegschieben*« könne, da man »*keine Insel*« besitze, wohin man sie verfrachten könne.[42] Als aber der Sieg über England ausblieb, musste das Vorhaben wegen der ungesicherten Schifffahrtsrouten fallen gelassen werden.

Die Behandlung der »Judenfrage« erreichte mit dem Überfall auf die Sowjetunion im Juni 1941 eine neue Stufe der Radikalität. Das RSHA stellte der Abteilung D die Einsatzgruppenberichte zu, die über den tausendfachen Massenmord an Juden und Russen minutiös Auskunft gaben. Nach dem Umlauf im AA trugen die Berichte 22 Unterschriften der beteiligten Beamten und eine noch größere Zahl konnte sie einsehen. Durch Luther erfuhren Ribbentrop und andere von der systematischen Tötung.[43]

Im November 1941 lud dann Heydrich hohe SS-Führer und Staatssekretäre zu einer Besprechung. An diesem als »Wannsee-Konferenz« in die Geschichte eingegangenem Treffen im Januar 1942 nahm auch Luther als Vertreter des AA teil. Bei der Tagung wurde nicht die eigentliche Durchführung der »Endlösung« beschlossen, dazu waren die Mordaktionen schon zu weit fortgeschritten. Es sollten vielmehr alle entscheidenden Dienststellen und Reichsbehörden über den Genozid unterrichtet sowie ihre Tätigkeiten bei der weiteren Ausführung koordiniert werden, wobei Heydrich seine eigene Federführung sicherstellen wollte.[44] Für den Bereich des AA wurde vorgeschlagen, dass in Zukunft »*bezüglich der Behandlung der Endlösung in den [...] besetzten und beeinflußten europäischen Gebieten [...] die in Betracht kommenden Sachbearbeiter des Auswärtigen Amtes sich mit dem zuständigen Referenten der Sicherheitspolizei und des SD besprechen*« sollten.[45]

»*Da nunmehr erfreulicherweise die Grundlinie hinsichtlich der praktischen Durchführung der Endlösung der Judenfrage festgelegt ist und seitens der hieran beteiligten Stellen völlige Übereinstimmung herrscht*«, schrieb Heydrich anschließend an Luther, könnten Folgebesprechungen stattfinden, um die »*organisatorischen, technischen und*

---

40 Vgl. Jansen, Hans, Der Madagaskarplan. Die beabsichtigte Deportation der europäischen Juden nach Madagaskar, München 1997, S. 320 ff.; auch Döscher, SS und Auswärtiges Amt, S. 215 ff. und Browning, Final Solution, S. 35 ff.
41 Vgl. Jansen, Madagaskarplan, S. 364 f.
42 Goebbels. Reden 1932–1945, hg. von Helmut Heiber, Bindlach 1991, Rede vom 16.9.1935 vor Gau- und Kreispropagandaleitern (Nr. 27), S. 246.
43 Vgl. Browning, Final Solution, S. 74.
44 Vgl. Breitman, Richard, Himmler und die Vernichtung der europäischen Juden. Der Architekt der »Endlösung«, Paderborn 1996, S. 301 ff. Zur Wannsee-Konferenz vgl. Tuchel, Johannes, Am großen Wannsee 56-58. Von der Villa Minoux zum Haus der Wannsee-Konferenz, Berlin 1992, S. 110 ff. u. Roseman, Mark, Die Wannsee-Konferenz. Wie die NS-Bürokratie den Holocaust organisierte, München 2002.
45 Protokoll der Wannsee-Konferenz, in: PA AA, Inland IIg 177.

materiellen Voraussetzungen zur praktischen Inangriffnahme der Lösungsarbeiten« zu erörtern.[46] Im Sommer 1942 strich Luther heraus, dass er die Zuständigkeit des AA für ausländische Juden eingefordert habe, was ihm von Heydrich zugebilligt worden sei. Das RSHA habe bisher alle Maßnahmen »*in reibungsloser Zusammenarbeit mit dem Auswärtigen Amt durchgeführt*«.[47] Damit war das AA endgültig zum engen Komplizen beim Massenmord an den europäischen Juden geworden.

Die auftauchenden Fragen bei der Behandlung der ausländischen Juden waren vielfältig. Bereits bei den 1941/42 anlaufenden Deportationen der deutschen jüdischen Bevölkerung war unklar, was mit den ausländischen Juden im Reich geschehen solle. Die SS war geneigt, diese Menschen einzubeziehen, was aber aus diplomatischer Rücksicht vorerst unterblieb. Das Problem stellte sich aus deutscher Sicht aber auch bei Ländern, die unter Kontrolle des Reiches waren, da sich dort nicht nur einheimische Juden aufhielten, sondern auch solche aus Drittstaaten, teilweise sogar mit angloamerikanischen Nationalitäten. Als richtungsweisend kann ein Schreiben Fritz-Gebhardt von Hahns gelten, der im Referat D III und später kurz bei Inland II A arbeitete. Er schrieb im Mai 1943 an Eichmann:

»Das Auswärtige Amt muß darauf bedacht sein, daß sich aus den geplanten Judenmaßnahmen keine außenpolitischen Komplikationen ergeben. Hiermit ist jedoch zu rechnen, wenn ausländische Staatsangehörige jüdischer Rasse abgeschoben werden, ohne daß den fremden Regierungen Gelegenheit gegeben wurde, ihre im deutschen Machtbereich ansässigen Staatsangehörigen jüdischer Rasse vollzählig zu erfassen.«[48]

Die Zuständigkeit des AA erstreckte sich nicht auf Juden mit Staatsangehörigkeiten, die von Deutschland nicht mehr anerkannt wurden, wie etwa die polnische. Auch Juden mit der wertlosen Zugehörigkeit zum Protektorat Böhmen und Mähren wurden wie deutsche Juden behandelt, d. h., sie wurden zumeist umgebracht. Die für das AA relevanten Gruppen gliederten sich in vier Kategorien:
1. *Deutsche Juden.*
Hier waren die Aktivitäten gering. Ausnahmen bildeten Einsprüche ausländischer Personen oder Organisationen zu Gunsten deutscher Juden.
2. *Einheimische Juden in Ländern, die mit Deutschland verbündet waren.*
Juden in den verbündeten Staaten waren dem direkten Zugriff entzogen. Das AA übte deshalb einen variierenden Druck auf die Regierungen aus, ihre Juden auszuliefern (z. B. in Rumänien). Dies geschah mit unterschiedlichem Erfolg.

---

46 Schreiben Heydrichs an Luther vom 26.1.1942, in: ebd.
47 Aufzeichnung Luthers vom 21.8.1942, in: ebd. Vgl. ferner Browning, Final Solution, S. 102 ff.
48 Schreiben Hahns an Eichmann vom 25.2.1943, in: PA AA, Inland II A/B, R 9940.

3. *Juden in Ländern, die von Deutschland besetzt waren.*
In den besetzten Ländern war die deutsche Handhabe total, was zu hohen Deportationszahlen führte (z. B. in den Niederlanden). Die einheimischen Juden wurden in der Regel deportiert. Die Heimatregierungen der sich dort aufhaltenden fremden Juden wies das AA – sofern es sich um neutrale oder mit Deutschland verbündete Staaten handelte – in so genannten »Heimschaffungs-Aktionen« an, ihre Juden innerhalb bestimmter Fristen aus den besetzten Ländern zurückzuziehen, andernfalls erfolge die Deportation. Verbündete Nationen wurden dabei unter Druck gesetzt, ihre betroffenen Juden einfach den Deutschen zu überlassen, was teilweise geschah. Angehörige der Kriegsgegner wurden getrennt interniert. Staatsangehörige neutraler Länder wurden aus außenpolitischen Gründen nach Ablauf der Fristen nicht in die Vernichtung geschickt, sondern ebenfalls interniert, in Einzelfällen wurde die Ausreise genehmigt.
4. *Ausländische Juden in Deutschland.*
Wie unter Punkt 3 erfolgten in Deutschland »Heimschaffungs-Aktionen«. Das Vorgehen war identisch.

Die vier skizzierten Kategorien stellen die Grundgruppen dar, für die das AA und Inland II zuständig waren. Das äußerst heterogene, internationale Beziehungsgeflecht des Deutschen Reiches führte aber überall zu Sonderwegen und Ausnahmeregelungen. Veränderungen waren jederzeit möglich, sobald ein Gebiet unter deutsche Kontrolle geriet, wie zum Beispiel der Machtraum des ehemaligen Achsenpartners Italien nach 1943.

Die Querverbindungen zwischen AA und SS waren auch sonst zahlreich. Die deutschen Missionen bauten in den verbündeten Staaten u. a. so genannte »Judenberater« in ihren Apparat ein, welche eine judenfeindliche Politik nach deutschem Vorbild lancierten und gegebenenfalls Erfassung und Abtransport leiteten. In ähnlicher Funktion agierten teilweise auch die Polizei-Attachés der SS bei den diplomatischen Vertretungen.[49] So bleibt festzuhalten, dass die Beihilfe des AA bei der Vernichtung der europäischen Juden durch vorbereitende und abschirmende Maßnahmen eine nicht zu unterschätzende Tragweite hatte.[50]

---

49 Vgl. Weitkamp, Sebastian, SS-Diplomaten. Die Polizei-Attachés und SD-Beauftragten an den deutschen Auslandsmissionen, in: Braun/Mayer/Weitkamp (Hg.), Deformation der Gesellschaft? Neue Forschungen zum Nationalsozialismus, Berlin 2008, S. 49-74.
50 Vgl. Döscher, SS und Auswärtiges Amt, S. 310 f.

Die Abteilung Deutschland und der Sturz des Unterstaatssekretärs Martin Luther

Seit Mai 1940 existierte die Abteilung Deutschland, die aus der Fusion der Referate »Partei« und »Deutschland« entstanden war. Ihr Leiter war Unterstaatssekretär Martin Luther, der aus der DR kam und 1938 in den Auswärtigen Dienst eintrat. Er war ein ausgesprochener Protegé Ribbentrops und machte infolgedessen eine ungewöhnliche Karriere.[51] Sein Aufstieg und die Bildung der Abteilung war Teil einer Politik Ribbentrops, die sich zum Ziel gesetzt hatte, den von Hitler als »reaktionär« betrachteten traditionellen Beamtenkörper auszuhöhlen und nach parteiideologischen Ansichten umzuformen.[52]

Auf dieser Grundlage baute Luther seine Einheit immer weiter aus; 1942 umfasste sie 12 Referate und 190 Mitarbeiter. Nicht zuletzt durch die Bearbeitung der »Judenfrage« konnte er erhebliche Wirkung auf politische Vorgänge ausüben. Seine wachsenden Kompetenzen und Einflussmöglichkeiten überstiegen die eigentliche Stellung eines Unterstaatssekretärs und ließen ihn zumindest aus der Sicht hoher NS-Funktionäre zeitweise als zweiten Mann hinter Ribbentrop erscheinen.[53] In internen Angelegenheiten des AA, z. B. der Personalpolitik, traf er bedeutende Entscheidungen.[54] Seine zunehmenden Machtbefugnisse ermutigten ihn Anfang 1943 den Versuch zu unternehmen, Ribbentrop zu stürzen.[55] Der Auslöser war – nach der Erinnerung Rademachers – die Möglichkeit eines Kompromissfriedens mit der UdSSR im Herbst 1942. Die jungen Diplomaten um Luther, insbesondere Legationsrat Walther Kieser, hätten auf Versäumnisse der Außenpolitik Ribbentrops hingewiesen und für einen Ausgleich mit der Sowjetunion votiert, der aber mit Ribbentrop nicht zu machen gewesen sei. Als

---

51 Vgl. Döscher, Hans-Jürgen, Martin Luther. Aufstieg und Fall eines Unterstaatssekretärs, in: Smelser/Syring/Zitelmann (Hg.), Die braune Elite II. 21 weitere Biographische Skizzen, Darmstadt 1993, S. 179-192; Browning, Christopher, Unterstaatssekretaer Martin Luther and the Ribbentrop Foreign Office, in: Journal of Contemporary History 12 (1977), S. 313-344.

52 Ribbentrops Vorgehen fand die Zustimmung Hitlers: »*Der Chef* [Hitler] *betonte, das Auswärtige Amt sei in Deutschland vor Ribbentrops Zeit ein wahrer Schuttplatz der Intelligenz gewesen. Wer für einen Beruf nicht geeignet gewesen sei, habe dort ebenso ein Unterkommen gefunden wie wahre Heerscharen von Juden.* [...] *Ribbentrop habe wirklich recht, wenn er auf eine Erneuerung des Auswärtigen Amtes dringe*«, Picker, Henry, Hitlers Tischgespräche im Führerhauptquartier, Frankfurt/Main / Berlin 1993, S. 423. (Die Edition Pickers ist stellenweise kritisiert worden, vgl. Jochmann, Werner (Hg.), Hitler. Monologe im Führerhauptquartier 1941–1944. Aufgezeichnet von Heinrich Heim, München 2000, S. 16 ff.) Juden waren allerdings im AA seit 1871 bis auf Ausnahmen praktisch ausgeschlossen, vgl. Döscher, SS und Auswärtiges Amt, S. 32. Dagegen bezeichnete aber schon 1925 Rosenbergs Zeitschrift *Weltkampf* das AA, dessen Geist »*verseucht*« sei, als judenfreundlich und »*Schrittmacher der Revolution*« von 1918, vgl. *Weltkampf* 2 (1925), S. 545.

53 Vgl. Schellenberg, Walter, Hitlers letzter Geheimdienstchef, Berlin 1986, S. 251 f.

54 Vgl. Döscher, Martin Luther, S. 182 f.

55 Vgl. Döscher, SS und Auswärtiges Amt, S. 256 ff.; Browning, Final Solution, S. 110 ff.; Höhne, Heinz, Der Orden unter dem Totenkopf. Die Geschichte der SS, Augsburg 1997, S. 482 ff.

neuen Außenminister habe man Botschafter Friedrich Werner Graf von der Schulenburg ins Gespräch gebracht.[56] Wichtiger Faktor des Komplotts wurde der Chef des SD-Ausland, SS-Standartenführer Walter Schellenberg, durch den Luther und Himmler in Kontakt kamen. Schellenberg verfolgte eigene Ziele. Aufgrund des Zweifrontenkrieges und der Defensivstellung Deutschlands sei er sich *»mehr und mehr klar darüber,* [daß es notwendig sei,] *Deutschland vor dem Schlimmsten zu bewahren und durch einen Kompromiß rechtzeitig aus dem Krieg hinauszumanövrieren«*.[57] Da Ribbentrop willfährig die Vorgaben Hitlers erfüllte, arbeitete Schellenberg ebenfalls auf einen Sturz Ribbentrops hin. Er wandte sich an Luther, um dessen Differenzen mit Ribbentrop zu nutzen. Der Unterstaatssekretär sollte belastendes Material gegen den RAM sammeln.[58] Dieses Anliegen fiel bei Luther *»auf fruchtbaren Boden«*[59], denn er war ungehalten über Ribbentrops Verschwendung offizieller Gelder zu privaten Zwecken und der starren Haltung in der Außenpolitik.

Darüber hinaus bot sich für Luther die Gelegenheit, sein gespanntes Verhältnis zur SS zu glätten und *»sich bei Himmler gegen die ständigen Verleumdungen seitens der SS zu rehabilitieren und seine Beziehungen zu diesem zu verbessern«*.[60] Luther hatte in der Vergangenheit versucht, hohe SA-Führer in wichtige Positionen im AA und in den osteuropäischen Missionen unterzubringen. In der Folge war es zu Rivalitäten mit der Schutzstaffel gekommen, die ihren Einfluss auf die Außenpolitik und Osteuropa unterwandert sah. Zu guter Letzt war Luther durch private Schiebereien in Bedrängnis geraten, deren illegale Einzelheiten langsam zu Ribbentrop durchsickerten. Um sich zu schützen, so sah es jedenfalls Staatssekretär Gustav Adolf Baron Steengracht von Moyland, habe Luther sich zum Angriff auf den Außenminister entschlossen.[61]

Im Februar 1943 scheiterte die geplante Palastrevolution. Luther hatte ein diskreditierendes Memorandum zusammengestellt, welches Ribbentrop Amtsunfähigkeit attestierte. Doch der zögerliche Himmler versagte jetzt seine Unterstützung, wahrscheinlich auf Betreiben von SS-Obergruppenführer Karl Wolff und eingedenk der Prestigestellung Ribbentrops bei Hitler.[62] Schließlich erfuhren Hitler und Ribbentrop von dem Vorgang, und Luther musste die Konsequenzen tragen. Er wurde mit drei Mitarbeitern, unter ihnen Rademacher, verhaftet. Die Kollegen wurden zum Front-

---

56 Vgl. Transkript eines Tonbandinterviews Rademachers vom 13.7.1959, in: Institut für Zeitgeschichte (IfZ), NL Behm, Bd. 35. Vgl. ferner Aussage Reichels vom 5.11.1962, in: HStA Düsseldorf, Ger.Rep. 237/28.
57 Schellenberg, Hitlers letzter Geheimdienstchef, S. 328.
58 Schellenberg hatte *»allen Ernstes auf die Nachfolge Ribbentrops spekuliert«*, vgl. Gisevius, Hans-Bernd, Bis zum bitteren Ende, Zürich 1954, S. 578.
59 Schellenberg, Hitlers letzter Geheimdienstchef, S. 347 f.
60 Ebd., S. 348. Vgl. auch Döscher, Martin Luther, S. 187.
61 Vgl. Aussage Steengrachts vom 16.5.1963, in: HStA Düsseldorf, Ger.Rep. 237/28 u. Browning, Unterstaatssekretaer Martin Luther, S. 336 ff.
62 Vgl. Schellenberg, Hitlers letzter Geheimdienstchef, S. 349 f.

dienst bei der Waffen-SS abkommandiert, während Luther als privilegierter Häftling in das Konzentrationslager (KL) Sachsenhausen kam. Ulrich von Hassell, seit 1938 als Botschafter zur Disposition gestellt, vermerkte erstaunt, dass der unbeliebte Luther sich absurderweise noch Sympathien bei denen erworben habe, die ebenfalls nicht mit Ribbentrop zufrieden gewesen waren.[63] Selbst nach dem Krieg trieb die Affäre seltsame Blüten, als ein Amtsangehöriger im Entnazifizierungsverfahren als entlastend angab, er habe zur »*Widerstandsgruppe Luther*« gehört.[64]

Obwohl Luther im entscheidenden Moment von Himmler fallen gelassen wurde, hielt die SS doch ihre schützende Hand über ihn und seine Mitarbeiter, für die der erzürnte Ribbentrop das Todesurteil gefordert hatte. Der Häftling Luther arbeitete im Lagerbüro, durfte Zivil tragen und wohnte in einem Sonderblock. 1945 verliert sich seine Spur. Bei Räumung des Lagers soll er vom Kommandanten Entlassungspapiere erhalten haben.[65] Dagegen gab seine Frau an, ihr Gatte sei am 21. April aus dem KL geflüchtet und später von einer Patrouille der Roten Armee aufgegriffen worden. In russischem Gewahrsam habe Luther dann am 12. oder 13. Mai 1945 nach einer Vernehmung einen Herzschlag erlitten.[66] Dies bestätigte teilweise ein Mitgefangener, der mit Luther und weiteren Gefangenen in der Prenzlauer Allee in einem Keller inhaftiert gewesen war, wo der ehemalige Unterstaatssekretär angeblich nach Herzproblemen verstarb.[67]

Im Februar 1943 wurde die Abteilung D aufgelöst. Um aber die »Judenangelegenheiten« und die wichtige »Verbindung zum Reichsführer-SS« zu bewahren, sah Ribbentrop davon ab, diese Referate anderen Abteilungen anzugliedern und integrierte sie in der neu geschaffenen Referatsgruppe Inland, die er sich zur besseren Kontrolle direkt unterstellte. Inland unterteilte sich in zwei Untergruppen. Inland I unter SA-Brigadeführer Ernst Frenzel übernahm die Verbindung zur NSDAP und ihren Gliederungen sowie die Behandlung von ausländischen Arbeitskräften und kirchlichen Fragen. Inland II unter SS-Sturmbannführer Wagner wurde mit Judensachen und der Kooperation mit der SS und dem RSHA beauftragt.

Im Zuge des 1943er Revirement wurde auch der seit 1938 amtierende Staatssekretär Ernst von Weizsäcker durch Steengracht ersetzt. Der Nachfolger war aus der DR ins AA gekommen und ein alter Weggefährte Ribbentrops. Der aufmerksame Beobachter Hassell urteilte über den Personalwechsel:

---

63 Vgl. Hassell, Ulrich v., Die Hassell-Tagebücher 1938–1944. Aufzeichnungen vom Anderen Deutschland, hg. von Friedrich Freiherr Hiller von Gaertingen, Berlin 1988, S. 397 f., Aufzeichnung vom 28.3.1943.
64 Schreiben hess. Landesministerium der Justiz (LMJ) vom 1.12.1949, in: HStA Düsseldorf, Ger. Rep. 192/37.
65 Vgl. Aussage Kurt H. vom 2.1.1960, in: BA Ludwigsburg, AR 563/60, Bd. 1.
66 Vgl. Aussage Irmgard Luthers vom 24.2.1949, in: IfZ München, NL Behm, Bd. 19.
67 Vgl. Aussage Karl P. vom 5.4.1949, in: ebd.

»Weizsäcker sollte wohl schon längst weg, weil er immerhin im Kleinen gelegentlich Widerstand versuchte. Sein Nachfolger ist unbedeutend, gänzlich unerfahren und eine reine Kreatur R[ibbentrop]s, der seine Karriere abgesehen von diesen Eigenschaften seiner sehr hübschen, ehrgeizigen, intelligenten, übrigens auch erstaunlich kultivierten Frau verdankt.«[68]

Für das AA bedeutete die Ernennung eine weitere Nazifizierung, denn der neue Staatssekretär sah die einzige Möglichkeit zur Wiedergewinnung des Einflusses auf die Regierungspolitik darin, »*stetig die persönlichen Beziehungen zu den führenden Persönlichkeiten der SS und der Parteiorganisation zu verbessern*«.[69]

Forschung und Quellen

Mit dem AA in der NS-Zeit befassen sich ausführlich drei Monografien. Die erste stammt von Paul Seabury aus dem Jahre 1956 und stützt sich weitestgehend auf das Dokumenten- und Zeugenmaterial der Nürnberger Prozesse. Seabury versucht damit, einen umfassenden Eindruck der deutschen Diplomatie von 1930 bis 1945 zu geben.[70]

Stark von Hilbergs institutioneller Sicht der »Endlösung« beeinflusst, untersucht 1978 der amerikanische Historiker Christopher Browning die Rolle Luthers und der Abteilung D und zeichnet minutiös die Grundlagen der Kooperation von AA und RSHA bei der sich entwickelnden Judenvernichtung in den Jahren 1940 bis 1943 nach.[71] Er geht dabei auf die Aktivitäten Luthers und Rademachers ein und beschreibt die Aktionen in den betroffenen Ländern. Für Browning waren Luther und die Diplomaten der Abteilung D in erster Linie macht- und karriereorientierte Bürokraten ohne Moral. Er zieht den Bogen aber nicht über das Jahr des Luthersturzes hinaus.

Die Verquickung von AA und SS ist von Hans-Jürgen Döscher Ende der 1980er-Jahre aufgezeigt worden.[72] Er belegt, dass ausgehend von der Kritik Hitlers am »reaktionären« und schwerfälligen AA deutliche Einflüsse der SS auf Politik und Personal zu verzeichnen waren. Häufig stiegen unter der Protektion Ribbentrops nicht diplomatisch-konsularisch ausgebildete Personen in entscheidende Positionen auf, zu denen sie hauptsächlich die Mitgliedschaft in der NSDAP oder der SS prädestinierte.

---

68 Hassell, Tagebücher, S. 406, Aufzeichnung vom 20.4.1943.
69 Zit. nach Seabury, Wilhelmstraße, S. 203.
70 Vgl. Anm. 18 (s. o. S. 17). Ferner Jacobsen, Hans-Adolf, Zur Rolle der Diplomatie im Dritten Reich, in: Schwabe, Klaus (Hg.), Das diplomatische Korps 1871–1945, Boppard am Rhein 1982, S. 171-199. Die zahlreichen Publikationen, die sich mit dem AA im Kontext des Widerstandes befassen, sind nur entsprechend herangezogen worden.
71 Vgl. Anm. 4 (s. o. S. 14).
72 Vgl. Anm. 4 (s. o. S. 14).

Döscher weist darauf hin, dass es aber falsch wäre, aus der Kritik der Nationalsozialisten zu schließen, es habe sich bei der diplomatischen Beamtenschaft um einen Hort des Widerstandes gehandelt. Immer wieder musste der Historiker feststellen, dass auch Beamte, die vor 1933 bzw. 1938 ins Amt gekommen waren, aus unterschiedlichsten Gründen NS-Maßnahmen unterstützten und befürworteten.

Obwohl die Studien Jahrzehnte zurückliegen, bleiben ihre Aussagen aktuell und unwidersprochen. Daran möchte die vorliegende Arbeit anschließen. Sie sieht sich mit ihrem Blick auf Inland II und die Jahre 1943 bis 1945 in gewisser Weise als Fortsetzung zum Werk Brownings, welches die Jahre 1940 bis 1943 untersucht. Die neuen Ergebnisse der biografischen Herangehensweise und der mikroskopischen Betrachtung der Gruppe Inland II, deren Wirken und deren Akteure hier erstmals zusammenhängend dargestellt werden, tragen zur weiteren Differenzierung und Detaillierung bei.

Aus der reichhaltigen Memoirenliteratur ehemaliger Amtsangehöriger sind Wagner, Thadden und Inland II nahezu ausgeblendet. Selbst Franz von Sonnleithner, der mit Wagner häufig im »Führerhauptquartier« zusammen war und mit ihm eine Duzfreundschaft unterhalten haben soll, erwähnt den Gruppenleiter mit keinem Wort.[73] Es kann nur vermutet werden, dass sich die Autobiografen nicht selbst kompromittieren wollten und deswegen nicht auf die inkriminierten Kollegen eingegangen sind. Nur zwei Werke geben Inland II etwas Raum. Dies sind die Erinnerungen von Georg Vogel und Gustav Adolf Sonnenhol, in denen erstaunlich positiv berichtet wird. So nimmt Vogel für sich in Anspruch, die Interventionen fremder Staaten während der Deportationen aus Griechenland fördernd aufgegriffen zu haben. Spanische Juden seien auf diese Weise durch lange Verhandlungen von Inland II mit internen Stellen gerettet worden.[74] Sonnenhol, zeitweise Referent von Inland II B, schildert, dass Wagner ihn tatkräftig unterstützt habe, Diplomaten nach dem Attentat vom 20. Juli 1944 vor Verfolgung zu schützen.[75]

Darüber hinaus werden Wagner, Thadden und Inland II in vielen Publikationen zur NS-Vernichtungspolitik am Rande erwähnt. Etliche Autoren haben die erhaltenen Aktenbestände von Inland II für ihre Darstellungen der »Endlösung« herangezogen, während über die Diplomaten selbst, abgesehen von Browning und Döscher wenig ausgesagt wurde. Gerade die Viten sind noch nicht ausreichend erforscht. Der ausführlichste Text zu Wagner und Thadden liegt bisher in Döschers Abhandlung vor.[76] Daneben verzeichnet einzig die »Enzyklopädie des Holocaust« zwei nennenswerte Einträge, die sich hauptsächlich auf die Veröffentlichung Döschers stützen.[77] Die we-

---

73 Vgl. Sonnleithner, Franz von, Als Diplomat im »Führerhauptquartier«, München 1989.
74 Vgl. Vogel, Georg, Diplomat unter Hitler und Adenauer, Düsseldorf 1969, S. 98.
75 Vgl. Sonnenhol, Gustav Adolf, Untergang oder Übergang? Wider die deutsche Angst, Stuttgart 1984, S. 106 ff.
76 Vgl. Döscher, SS und Auswärtiges Amt, 262 ff.
77 Vgl. Enzyklopädie des Holocaust. Die Verfolgung und Ermordung der europäischen Juden, hg. von Gutman/Jäckel/Longerich u. a., München 1998, S. 1512 f. u. 1403.

nigen Daten, die der Ergänzungsband zur Aktenedition zur deutschen auswärtigen Politik zwischen 1918–1945 macht, sind unzureichend, da sie teilweise auf Wagners zweifelhaften Angaben basieren.[78] Auch die Informationen zu Thadden im 2002 erschienenen »Lexikon des Holocaust« sind teilweise unrichtig und wenig präzise.[79]

Einige Aspekte der vorliegenden Arbeit waren bereits Thema von Veröffentlichungen. So publizierte Manfred Steinkühler einen Aufsatz zur Tagung der Judenreferenten in Krummhübel 1944, in welchem auch Quellenmaterial ediert ist.[80] Steinkühlers Aussagen und Material können im Kontext dieser Arbeit ergänzt und erweitert werden. Auch zum Fall Mesny existiert eine Anzahl von Beiträgen. Besonders Robert M. W. Kempner hat mehrere kurze Artikel dazu veröffentlicht.[81] Dabei greift er vor allem auf das Aktenmaterial und die Verhörprotokolle der Nürnberger Prozesse zurück. Seine Ausführungen sind jedoch kaum mehrere Seiten lang, stellenweise ungenau und bestehen zum großen Teil aus der Wiedergabe belastender Dokumente. Eine weitere Darstellung erfuhr das Thema in den 1970er-Jahren durch den ostdeutschen Autor Manfred Hecker in zwei kurzen Aufsätzen.[82] Die Dokumente der Nürnberger Prozesse reichert Hecker mit Material aus Dresdner Archiven an. Unterstützung und Informationen erhielt er auch durch Kempner.[83] Andere kurze Erwähnungen des Mesny-Falles finden sich in Werken, die im Zusammenhang mit dem Haupt-

---

78 Vgl. Ergänzungsband zu den Serien A–E. Gesamtpersonenverzeichnis. Portraitphotos und Daten zur Dienstverwendung. Anhänge, Göttingen 1995, S. 523, aus der Edition, Akten zur Deutschen Auswärtigen Politik. Aus dem Archiv des Auswärtigem Amtes. Baden-Baden 1950–1956, Frankfurt/Main 1961–1964, Bonn 1965, Göttingen 1969–1995. Auch biografische Daten zu Wagner aus der Forschungsliteratur sind leider fehlerhaft, vgl. Weinke, Annette, Die Verfolgung von NS-Tätern im geteilten Deutschland. Vergangenheitsbewältigung 1949–1969 oder: Eine deutsch-deutsche Beziehungsgeschichte im Kalten Krieg, Paderborn 2002, S. 450. Wagner war nie Mitglied der SA und sein Studium an der Hochschule für Politik in Berlin lässt sich nicht belegen. Ferner erfolgte der Eintritt ins AA nicht 1936, sondern 1938 und die Beförderung zum Vortragenden Legationsrat zeitigte sich nicht 1940, sondern 1943. In einer anderen Publikation wird Thadden als Leiter der »Abteilung Inland II« bezeichnet, vgl. Bornschein, Joachim, Gestapochef Heinrich Müller. Technikrat des Terrors, Leipzig 2004, S. 111.
79 Vgl. Benz, Wolfgang (Hg.), Lexikon des Holocaust, München 2002, S. 231. Thadden war z. B. weder Gruppenleiter, noch 1933 Mitarbeiter des AA. Eine Nennung Wagners verzeichnet das Lexikon nicht.
80 Vgl. Steinkühler, Manfred, »Antijüdische Auslandsaktion«. Die Arbeitstagung der Judenreferenten der deutschen Missionen am 3. und 4. April 1944, in: Linne, Karsten u. a. (Hg.), Patient Geschichte, Frankfurt/Main 1993, S. 256-279.
81 Vgl. Kempner, Robert M. W., Ermordung französischen Generals in Akten des Nazi-Aussenamtes enthüllt, in: *N.Y. Staats-Zeitung und Herold*, 5.12.1946; ders., Murder by Government, in: Journal of Criminal and Criminology 38,3 (1947), S. 235-238; ders., Der Mord an dem kriegsgefangenen französischen Generals Mesny. Interessantes Strafverfahren nach dem deutsch-französischen Abkommen, in: Die Mahnung, 1. April 1975; ders., Die Geschichte des Falles Mesny – ein Lehrstück über ein Staatsverbrechen, in: Recht und Politik 21 (1985), S. 125-126.
82 Vgl. Hecker, Manfred, Der Mord an General Mesny, in: Mitteilungsblatt der Arbeitsgemeinschaft ehemaliger Offiziere 3 (1971), S. 9-11, (4) 1971 S. 4-7.
83 Vgl. Schriftwechsel Hecker-Kempner, in: BA Koblenz, NL Kempner, Bd. 1107 bzw. 1465.

kriegsverbrecherprozess entstanden sind oder sich auf das dort vorgelegte Material stützen.[84] Die bisher ausführlichste Darstellung liefert das 1950 veröffentlichte Urteil im Wilhelmstraßen-Prozess.[85] Der Urteilstext bleibt eine ernsthafte Quelle, auch wenn sich dessen Intention auf die juristische Urteilsfindung beschränkt. Dagegen ist die Schilderung in den Memoiren des ehemaligen SS-Obergruppenführers Gottlob Berger mit Vorsicht zu verwenden.[86] Seine apologetischen Erinnerungen erweisen sich häufig historisch falsch und sind nahezu nutzlos. Der fragwürdigen Sichtweise Bergers, er selbst und andere Stellen hätten alles getan, um den Mord nicht auszuführen, schloss sich die Forschung teilweise an.[87] Im Fall Mesny regte überdies die aufsehenerregende Flucht des Generals Henri Giraud zu Spekulationen an. Giraud gelang Mitte 1942 die Flucht aus dem Lager Königstein. Giraud nahm später an, sein Kamerad sei deshalb als Opfer ausgewählt worden, weil er ihm zur Flucht verholfen habe.[88] Dieser Ansicht folgen weitere Autoren, die einen solchen Zusammenhang zumindest nicht ausschließen wollen.[89]

Ferner gehen einige Publikationen am Rande auf die außergewöhnliche Geschichte der Wagner-Prozesse ein, die die bundesdeutsche Justiz gegen den ehemaligen Gruppenleiter anstrengte. Bernhard Brunner beschränkt sich hierbei hauptsächlich auf das Verfahren wegen der Beihilfe zur Ermordung Mesnys, über welches er im Kontext der französischen Verfahren gegen deutsche Kriegsverbrecher einen guten Überblick gibt.[90] Dagegen skizziert Heinz Schneppen bei seiner Untersuchung zu Fluchtwegen von NS-Tätern auf wenigen Seiten Wagners Entkommen 1948 und des-

---

84 Vgl. Shirer, Wiliam L., The Rise and Fall of the Third Reich. A History of Nazi Germany, New York 1990, S. 1100; Heydecker, Joe J./Leeb, Johannes: Der Nürnberger Prozeß, Köln 1995, S. 346 f.
85 Vgl. Das Urteil im »Wilhelmstraßen-Prozeß«. Der amtliche Wortlaut der Entscheidung im Fall Nr. 11 des Nürnberger Militärtribunals gegen von Weizsäcker und andere, mit abweichender Urteilsbegründung, Berichtigungsbeschlüssen, den grundlegenden Gesetzesbestimmungen, einem Verzeichnis der Gerichtspersonen und Zeugen und Einführungen von Robert M. W. Kempner und Carl Haensel, Schwäbisch-Gmünd 1950, S. 67 ff. Ferner Weitkamp, Sebastian, »Mord mit reiner Weste«. Die Ermordung des Generals Maurice Mesny im Januar 1945, in: Richter, Timm C. (Hg.), Krieg und Verbrechen, Situation und Intention: Fallbeispiele, München 2006, S. 31-40.
86 Vgl. Chef KGW. Das Kriegsgefangenenwesen unter Gottlob Berger. Aus dem Nachlaß herausgeben von Robert Kühler, Lindhorst 1984, S. 50 ff.
87 Vgl. Rempel, Gerhard, Gottlob Berger – »Ein Schwabengeneral der Tat«, in: Smelser, Ronald/Syring, Enrico (Hg.), Die SS. Elite unter dem Totenkopf. 30 Lebensläufe, Paderborn 2000, S. 45-59, hier S. 55.
88 Vgl. Giraud, Henri H., Mes Evasions, Paris 1946, S. 86.
89 Vgl. Gribbohm, Günter, Die Flucht des Generals – Der Fall Giraud und die Folgen, in: Zeitschrift für neuere Rechtsgeschichte, 3./4. 20 (1998), S. 256-276, hier S. 266; vgl. ebenso Weber, Dieter: Festung Königstein, Leipzig 1974, S. 69 u. Falicon, Michel: Robert Kempner est venu enquêter à Nice sur l'assassinat du général Mesny, in: L'Espoir de Nice 257 (1946).
90 Vgl. Brunner, Bernhard, Der Frankreich-Komplex. Die nationalsozialistischen Verbrechen in Frankreich und die Justiz der Bundesrepublik Deutschland, Göttingen 2004.

sen anschließenden Aufenthalt im Ausland.[91] Die juristischen Akten im Hauptstaatsarchiv Düsseldorf (Zweigarchiv Kalkum) dazu nutzte er jedoch nicht. Eine erwähnenswerte persönliche Sicht der juristischen Aufarbeitung gibt Kempner, der im »Endlösungs«-Prozess als Nebenkläger gegen Wagner auftrat.[92]

Das Bild der nationalsozialistischen Täter hat in der Nachkriegszeit verschiedene Deutungen erfahren.[93] In den 1950er-Jahren herrschte eine Tendenz zur Dämonisierung vor. Die Verantwortlichen wurden als sadistische Kreaturen dargestellt, für die der Nationalsozialismus die geeignete Bühne für ihre Verbrechen darstellte. Besonders die Verbrechen in den Konzentrationslagern prägten das öffentliche Bewusstsein.[94] Diese simplifizierte Sicht, die gerne adaptiert wurde, da sie weite Teile der Bevölkerung indirekt exkulpierte, wurde Anfang der 1960er-Jahre erschüttert, als mit Adolf Eichmann einer der wichtigsten »Endlöser« in Israel vor Gericht stand. Es kann als sinnbildlich verstanden werden, dass das Urteil nicht der Schilderung der Anklage folgte, Eichmann sei ein Monster und fanatischer Nazi. Dieser Topos war passé. Vor allem aufgrund des einflussreichen Werks Hannah Arendts setzte sich nun die Deutung durch, dass es sich bei den Handelnden der Vernichtung um emotionslose, subalterne Bürokraten gehandelt habe, um stupide Beamte, die lediglich Weisungen befolgt hätten und nur darum besorgt gewesen wären, diese bestmöglich auszuführen.[95] Die Deutung der Verantwortlichen der Judenvernichtung geriet so in ein anderes Extrem: Die Täter wurden zu »normalen« Menschen. Damit wurden ideologische Faktoren ausgeblendet, und die Erkenntnissuche richtete sich stärker auf die institutionellen Abläufe des »Dritten Reiches«.

Erst in den 1980er-Jahren begann die Forschung, sich den Menschen in den Institutionen wieder direkter zuzuwenden. Es entstanden stärker personenbezogene Untersuchungen unter der allgemeinen Frage: »Wer waren die Nazis?« Besonderes Interesse wurde dabei den Partei- und SS-Eliten sowie dem Konzentrationslager-Personal entgegengebracht. Der Diskurs erfuhr abermals eine Wendung in den 1990er-Jahren, als sich Hilberg vom reinen Befehl–Gehorsam-Konstrukt abwandte und Eigeninitiative, Willen und Bereitschaft der Täter ins Spiel brachte.[96] Wenig später kam es zur Initialzündung einer neuen Perspektivsuche durch die äußerst kontrovers diskutierte

---

91 Vgl. Schneppen, Heinz, Odessa und das Vierte Reich. Mythen der Zeitgeschichte, Berlin 2007. Einige biografische Angaben sind leider unrichtig.
92 Vgl. Kempner, Robert M. W., Ankläger einer Epoche. Lebenserinnerungen, Frankfurt/Main 1986.
93 Einen Überblick gibt Paul, Täter der Shoah; ferner Paul, Gerhard/Mallmann, Klaus-Michael, Sozialisation, Milieu und Gewalt. Fortschritte und Probleme der neueren Täterforschung, in: Mallmann, Klaus-Michael/Paul, Gerhard (Hg.), Karrieren der Gewalt. Nationalsozialistische Täterbiographien, Darmstadt 2004, S. 1-32; Hilberg, Täter, Opfer, Zuschauer.
94 Vgl. etwa Kogon, Eugen, Der SS-Staat, Das System der deutschen Konzentrationslager, München [31]1995 oder Reitlinger, Gerald, Die Endlösung. Hitlers Versuch der Ausrottung der Juden Europas 1939–1945, Berlin [5]1979.
95 Vgl. Arendt, Eichmann in Jerusalem, S. 15 f., 139 ff., 326 f.
96 Vgl. Paul, Psychopaten, S. 37.

Publikation von Daniel Goldhagen, der ein ganzes Volk als Täter und »willige Vollstrecker Hitlers« begriff.[97] Dem Generalverdacht Goldhagens stellte Browning eine Detailstudie über das Wirken eines deutschen Polizeibataillons an der Ostfront entgegen.[98] Beide Werke veranlassten eine neue Debatte um Teilnahme und Schuld »ganz gewöhnlicher Deutscher« an der Endlösung. Die Ausstellung »Vernichtungskrieg. Verbrechen der Wehrmacht 1941 bis 1944« spitzte die Diskussion mit ihren hohen Besucherzahlen und der intensiven gesellschaftlichen Wahrnehmung weiter zu. Von da an war die direkte wie indirekte Beteiligung, die Kenntnis bzw. Tolerierung der Judenvernichtung durch weite Teile der nichtjüdisch-deutschen Bevölkerung unbestritten, und im öffentlichen Gedächtnis hatte sich durchgesetzt, dass der Genozid nicht Sache einiger Weniger gewesen war.[99]

In einer Vielzahl von Veröffentlichungen wandte sich die Wissenschaft nun dem neu zu erschließenden Feld zu. In Kollektiv-[100] oder Einzelbiografien[101] wurden Funktionseliten und das »Fußvolk« der Vernichtung studiert. Daneben untersuchten Tagungen und Workshops sowie eine Reihe wichtiger Sammelbände das Sujet.[102] Da-

---

97 Goldhagen, Daniel J., Hitlers willige Vollstrecker. Ganz gewöhnliche Deutsche und der Holocaust, Berlin ³1996.
98 Vgl. Browning, Christopher, Ganz normale Männer. Das Reserve-Polizeibataillon 101 und die »Endlösung« in Polen, Hamburg 1996.
99 Vgl. auch Longerich, Peter, »Davon haben wir nichts gewußt!«. Die Deutschen und die Judenverfolgung 1933–1945, München 2006. Ferner Lüdtke, Alf, Funktionseliten: Täter, Mit-Täter, Opfer? Zu den Bedingungen des deutschen Faschismus, in: ders. (Hg.), Herrschaft als soziale Praxis, Historische und sozial-anthropologische Studien, Göttingen 1991, S. 559-590, bes. S. 580 ff.
100 In Auswahl Banach, Jens, Heydrichs Elite. Das Führerkorps der Sicherheitspolizei und des SD 1936–1945, Paderborn 1998; Browning, Ganz normale Männer; Cüppers, Martin, Wegbereiter der Shoa. Die Waffen-SS, der Kommandostab Reichsführer-SS und die Judenvernichtung 1939–1945, Darmstadt 2005; Lozowick, Hitlers Bürokraten; Safrian, Hans, Eichmann und seine Gehilfen, Frankfurt am Main 1995; Segev, Tom, Die Soldaten des Bösen. Zur Geschichte der KZ-Kommandanten, Hamburg 1992; Wildt, Generation der Unbedingten; Welzer, Harald, Wie aus ganz normalen Menschen Massenmörder werden, Frankfurt/Main 2005.
101 In Auswahl Benz, Wigbert, Paul Carell. Ribbentrops Pressechef Paul Karl Schmidt vor und nach 1945, Berlin 2005; Black, Peter, Ernst Kaltenbrunner. Vasall Himmlers: Eine SS-Karriere, Paderborn 1991; Cesarani, Adolf Eichmann; Hachmeister, Lutz, Der Gegnerforscher. Die Karriere des SS-Führers Franz Alfred Six, München 1998; Herbert, Best; Müller-Tupath, Karla, Reichsführers gehorsamster Becher. Eine deutsche Karriere, Berlin 1999; Pätzold, Kurt/Schwarz, Erika, »Auschwitz war für mich nur ein Bahnhof«. Franz Novak – der Transportoffizier Adolf Eichmanns, Berlin 1994; Seeger, Andreas, »Gestapo-Müller«. Die Karriere eines Schreibtischtäters, Berlin 1996; Sereny, Gitta, Am Abgrund: Gespräche mit dem Henker. Franz Stangl und die Morde von Treblinka, München ³1997; Steur, Claudia, Theodor Dannecker. Ein Funktionär der »Endlösung«, Essen 1997.
102 In Auswahl Hirschfeld, Gerhard/Jersak, Tobias (Hg.), Karrieren im Nationalsozialismus. Funktionseliten zwischen Mitwirkung und Distanz, Frankfurt/Main 2004; Kaiser, Wolf (Hg.), Täter im Vernichtungskrieg. Der Überfall auf die Sowjetunion und der Völkermord an den Juden, Berlin 2002; Mallmann, Klaus-Michael/Paul (Hg.), Gerhard, Karrieren der Gewalt. Nationalsozialistische Täterbiographien, Darmstadt 2004; Paul, Gerhard (Hg.), Die Täter der Shoah. Fanatische Nationalsozialisten oder ganz normale Deutsche?, Göttingen 2003; Smelser/Syring/Zitelmann

bei konzentrierte sich das Forschungsinteresse meist auf Täter aus den Formationen von Militär, SS und Polizei sowie auf die dezidierte Betrachtung des Ostkrieges. Gleichzeitig drängte sich immer stärker die Suche nach der ideologischen Aufladung der Handelnden in den Vordergrund. Mit Blick auf die direkt am Mordgeschäft Beteiligten sind von der Forschung vier Täter-Kategorien benannt worden: die der Weltanschauungstäter, die der utilitaristisch Motivierten, die der Exzesstäter und die der einfachen Befehlsempfänger.[103] Es bleibt die Frage, ob sich Wagner und Thadden hier eindeutig zuordnen lassen.

Ferner sei darauf hingewiesen, dass in unserem Kontext der Begriff *Täter* in einem sehr weiten Sinne gebraucht wird. Er meint hier nicht bloß einen strafrechtlich verurteilten Verbrecher, sondern ganz allgemein eine Person, die in irgendeiner Weise an der Vernichtung der Juden beteiligt gewesen ist. Ferner wird der Begriff »Endlösung der Judenfrage« bzw. »Endlösung« als Synonym für die Vernichtung der europäischen Juden gewählt, denn die biblischen Konnotationen der vermehrt gebräuchlichen Bezeichnungen *Shoah* (Heimsuchung des jüdischen Volkes) und *Holocaust* (Brandopfer) abstrahieren den Völkermord ins Mythologische. Der Begriff »Endlösung«, wie er hier verwendet wird, ist dagegen wissentlich der Sprache der Täter entlehnt. Er kennzeichnet deren direkte Verantwortung und transportiert als nüchterner Terminus der NS-Bürokratie sowohl die Kaltblütigkeit, mit der die Vernichtung beschlossen wurde, als auch die moderne Rationalität, mit der sie umgesetzt wurde. Sicherlich erfuhr die »Endlösung« im Laufe der Zeit verschiedene Deutungen. So verstand man etwa in den 1930er-Jahren teilweise die Emigration als »Endlösung«. Aber dies waren nur vorübergehende, theoretische Aufladungen. Der Begriff kann im historischen Kontext nur in seiner letzten Konsequenz verstanden werden: als »End-Lösung«.

Die Studie kann auf einer breiten, äußerst guten Quellenlage aufbauen. Zu Wagners Person liegt im Bundesarchiv Berlin die umfangreiche SS-Personalakte vor. Seit Frühjahr 2007 sind auch Wagners Personalakten im Politischen Archiv des AA zugänglich, die jedoch zuvor bereits in Beständen der Justizbehörden einsehbar waren. Ähnlich gut verhält es sich mit den Quellen zu Thadden. Im Bundesarchivstandort Dahlwitz wurde in den Beständen der ehemaligen DDR-Staatssicherheit die Personalakte aus der DR gefunden.[104] Daneben existieren SS- und NSDAP-Unterlagen im Bundesarchiv Berlin. Personal- wie Geldakte im Politischen Archiv des AA (PA AA) sind zugänglich und wurden ausgewertet. Darüber hinaus sammelte die Staatsanwalt-

---

(Hg.), Die braune Elite II. 21 weitere Biographische Skizzen, Darmstadt 1993; Perels, Joachim/Pohl, Rolf (Hg.), NS-Täter in der deutschen Gesellschaft, Hannover 2002.
103 Vgl. Paul, Täter der Shoah, S. 61.
104 Vgl. BA Dahlwitz, ZD 7774, A7. Ferner Hollmann, Michael, Das »NS-Archiv« des Ministeriums für Staatssicherheit der DDR und seine archivische Bewältigung durch das Bundesarchiv, in: Mitteilungen aus dem Bundesarchiv 3 (2001), S. 53-62.

schaft Essen unterschiedlichstes und umfangreiches Material zu den Biografien, welches der Forschung zur Verfügung steht.

Das fast vollständige Fehlen von Selbstzeugnissen Wagners[105] und Thaddens wird mehr als kompensiert durch die vielseitigen Rechercheergebnisse der Strafverfolgungsbehörden, die sich in Archiven in Düsseldorf, Ludwigsburg, Koblenz, Berlin und München erhalten haben. Wie Wagner hat auch Thadden in Vernehmungen Hunderte Seiten gefüllt. Leider waren die Nachkommen beider nicht oder nur sehr eingeschränkt zu einer Befragung bereit. Dagegen finden sich in den Justizakten etliche Aussagen ehemaliger Kollegen zu Leben und Dienst von Wagner und Thadden, sodass diese deren eigenen Aussagen gegenübergestellt werden können.

Die ausführlichen Aktenbände der Justiz beinhalten nicht nur Dokumente zu den Biografien, sondern auch zu den Verbrechen und der allgemeinen Zeit- und Lebenssituation vor wie nach 1945. Der wichtigste Justizbestand zu den Wagner- und Thadden-Verfahren liegt im Hauptstaatsarchiv Düsseldorf.[106] Dabei handelt es sich größtenteils um unveröffentlichte Quellen. Die Bestände umfassen um die dreihundert Bände und enthalten eine Vielzahl fotomechanischer Kopien von Originalschriftstücken unterschiedlichster Provenienz, weshalb es sich in der Regel bei zitierten Dokumenten aus dem Hauptstaatsarchiv Düsseldorf um authentische Unterlagen handelt. Ergänzend konnten im PA des AA Akten aus der Nachkriegszeit eingesehen werden, die sich mit den Wagner-Prozessen beschäftigen. Ebenfalls herangezogen wurde der Nachlass Kempners im Bundesarchiv Koblenz. In ihm finden sich Verhörprotokolle, Korrespondenzen und andere Dokumente, die im Umfeld der Nachkriegsprozesse entstanden sind.

Zum Mesny-Fall ist der Schriftverkehr des AA aus den Jahren 1944/45 in einem schmalen, aber aussagekräftigen Band überliefert.[107] Die Dokumente finden sich bereits ediert in den Urkundenbänden des Nürnberger Hauptkriegsverbrecherprozess[108], als Kopien und Abschriften im Staatsarchiv Nürnberg[109] und im Nachlass Kempners.[110] In der vorliegenden Studie wurde ausschließlich auf die Originale Bezug genommen. Ansonsten ist das Material der SS und Wehrmacht zum Mesny-Mord gegen Ende des Krieges vernichtet worden. Nur die Verlegungsbefehle vom Dezember 1944 und Januar 1945 sind erhalten geblieben.

---

105 Die Liebesbriefe, die sich der in Nürnberg internierte Wagner mit einer anderen Internierten schrieb, sind unlängst in einer romanhaften Publikation erschienen, vgl. Heidenreich, Gisela, Sieben Jahre Ewigkeit. Eine deutsche Liebe, München 2007. Der Schriftwechsel ist insofern interessant, als er teilweise die konspirativen Verbindungen und Seilschaften erhellt, die Wagner während der Haft und auf der Flucht nutzte und zu denen es ansonsten kaum Informationen gibt.
106 Vgl. HStA Düsseldorf, Ger.Rep. 192, Ger.Rep. 237, Ger.Rep. 299.
107 Vgl. PA AA, Inland IIg 372, R 101060.
108 Vgl. IMT, XXXIV, PS-4059. Davon ausgehend auch die Veröffentlichung in Poliakov, Léon/Wulf, Josef (Hg.), Das Dritte Reich und seine Diener. Dokumente, Berlin 1956, S. 466 ff.
109 Vgl. Staatsarchiv (StA) Nürnberg, NG-37.
110 Vgl. BA Koblenz, NL Kempner, Bd. 1107.

Der neben den Justizakten wichtigste Bestand ist die Aktenüberlieferung des Auswärtigen Amtes. In einigen Fällen, in welchen die Schweiz als Schutzmacht amtierte – etwa bei der durch die britische Regierung 1943 erbetenen Ausreise jüdischer Kinder aus Osteuropa – wurde die Quellengrundlage durch Schriftstücke des Schweizer Außenministeriums aus dem Bundesarchiv in Bern erweitert.[111] Die Bestände der Gruppe Inland II, welche auch die Akten der Abteilung D beinhalten, sind fast komplett erhalten, was eine sehr dichte Darstellung der Abläufe innerhalb des AA ermöglicht. Im Gegensatz zu den häufig vernichteten Schriftstücken der SS konnte die Studie so direkt aus den Akten der Täter geschrieben werden.

---

111 Vgl. Schweizer Bundesarchiv Bern (SBA Bern), E 2200.56 -/3, Bd. 1 (Auswanderung von Juden (Kindern) ins Britische Reich), E 2001-02 -/15, Bd. 12 (Questions juives, Grande Bretagne-Allemagne 1942–45).

Erster Teil
Karrieren

I Horst Wagner – Faktotum Ribbentrops

1 Schulzeit und erste Studienzeit

> »Bei den Prüfungen erleidet so mancher junge Mensch, der sich nicht vorbereitet hat, wohltuende Enttäuschungen. Hat er aber allen Forderungen genügt, so beglückt ihn das Gefühl: Ich kann Gegenstände und Weiten überwinden. Es ist etwas Herrisches darum, ein Gefühl, das unser Volk braucht.«
>
> Horst Wagner 1927[1]

Johannes Fritz Ludwig Wagner, geboren 1876 in Thorn, entstammte einer Offiziersfamilie und heiratete 1901 in Allenstein die Tochter eines Gutsbesitzers. Seine Gattin brachte am 17. Mai 1906 in Posen ihren zweiten Sohn zur Welt: Horst Kurt Arnold. Er war das zweite von insgesamt drei Kindern. Drei Jahre zuvor war bereits ein Bruder geboren, 1909 sollte eine Schwester folgen. Vater Johannes Wagner war zu der Zeit Militärbeamter in Posen, der Hauptstadt der gleichnamigen preußischen Provinz. Die Familie war evangelisch-lutherisch geprägt, der Vater zudem Mitglied einer Freimaurerloge.[2] Als er von Posen nach Danzig versetzt wurde, begann Horst Wagner dort seinen Schulbesuch. Nach einer weiteren Versetzung als Amtsrat in die Veterinärinspektion des Berliner Reichskriegsministeriums schickte er seinen Sohn ab 1912 auf das Paulsen-Realgymnasium in Steglitz.

Zu Ostern 1918 verließ dieser die Schule, um in das Vorkorps des preußischen Kadettenkorps in Karlsruhe einzutreten. Nach der Auflösung der Kadettenschule mit Ende des Ersten Weltkrieges kehrte Wagner nach Berlin zurück, wo er ab 1920 erneut das Paulsen-Realgymnasium besuchte. Ehemaligen Lehrern ist er als intelligenter, sportlicher Junge in Erinnerung geblieben, der im Geschichtsunterricht ein »*lebhaftes Interesse für völkische Ideen*« an den Tag legte.[3] Doch seit Weihnachten 1920 verschlechterten sich die Leistungen stetig, sodass er 1922 nicht versetzt wurde. Dafür sollen mannigfache außerschulische Aktivitäten der Grund gewesen sein. Ein Jahr später ging der sechzehnjährige Wagner freiwillig mit Primareife von der Schule ab.[4]

---

1   Wagner, Horst, Um das Reichsjugendabzeichen, in: *Die Leibesübungen* 1 (1927), S. 19-20, hier S. 19.
2   Bis 1932 gehörte Johannes Wagner der Berliner Loge »Stern der Liebe« an, vgl. HStA Düsseldorf, Ger.Rep. 237/8.
3   Schreiben Rudolf S. [1958/59], in: ebd., Ger.Rep. 237/3. Vgl. ferner Wagner, Horst, Staat und Körpergefühl in der Weltgeschichte, in: *Die Leibesübungen* 12 (1929) [1. Teil], S. 285-287 u. (10) 1931 [2. Teil], S. 263-265.
4   Vgl. Bericht der Paulsenschule vom 10.2.1959, in: HStA Düsseldorf, Ger.Rep. 237/3. Dagegen gab Wagner an, keine »*fachlichen Schwierigkeiten*« gehabt zu haben, vgl. Aussage Wagners vom 16.12.1958, in: BA Koblenz, NL Kempner, Bd. 577.

Dies würde nach heutigem Schulsystem dem erweiterten Realschulabschluss entsprechen.

Anschließend war der junge Horst Wagner zunächst beruflich orientierungslos. Ein knappes Jahr lang versuchte er sich als Volontär bei einer Berliner Exportfirma, bevor er sich für eine Hochschulausbildung entschloss. Der von der Sporteuphorie jener Jahre Begeisterte schrieb sich zum Sommersemester 1924 zur Ausbildung zum diplomierten Turn- und Sportlehrer bei der Deutschen Hochschule für Leibesübungen (DHfL) ein.[5] Die DHfL stand unter der Trägerschaft des Deutschen Reichsausschusses für Leibesübungen und war erst 1920 als Privatschule in Berlin eröffnet worden. Sitz der Lehranstalt war das Deutsche Stadion in Charlottenburg, welches im Laufe der 1920er-Jahre durch den Bau des Trainingsgeländes »Deutsches Sportforum« erweitert wurde. Der Unterricht fand in Kooperation mit der Berliner Universität statt.[6] Der an der DHfL tätige Sportfunktionär Carl Diem, späterer Mitorganisator der Berliner Olympiade 1936, machte Wagner zu seinem Schützling.[7] Mitte der 1920er-Jahre kam es zu Spannungen zwischen Vater und Sohn, woraufhin Horst Wagner die elterliche Wohnung verließ und sich zeitweise im Wohnheim im Deutschen Stadion einquartierte.[8]

Die Studienlaufbahn ist nur schwierig zu rekonstruieren. Es besteht eine erhebliche Diskrepanz zwischen Wagners eigenen Angaben und dem tatsächlichen Werdegang. Wagners Darstellungen sind oft verfälschend und konnten häufig widerlegt werden.[9] Selbst Daten und Eintragungen, die er auf offiziellen Dokumenten hinterlassen hat, sind zum Teil widersprüchlich. Aus diesen Gründen muss zur Rekonstruktion der Studien- und Berufszeit auf die Aussagen Wagners als Quelle weitgehend verzichtet werden.

Für die Aufnahme des Vollstudiums war das Reifezeugnis (Abitur) einer neunstufigen Lehranstalt, d. h. eines Gymnasiums, Realgymnasiums oder einer Oberrealschule, erforderlich, über das Wagner nicht verfügte. Er nahm bei späteren Aussagen den

---

5   Vgl. Personalkarte der Universität Berlin für Wagner [1935–1937], in: HStA Düsseldorf, Ger.Rep. 237/4 u. Tätigkeitsbericht der DHfL vom SS 1925, in: ebd., Ger.Rep. 192/64.
6   Vgl. Diem, Carl, Der Deutsche Reichsausschuß für Leibesübungen und seine Hochschule, in: Diem/Sippel/Breithaupt (Hg.), Stadion. Das Buch von Sport und Turnen. Gymnastik und Spiel, Berlin 1928, S. 457-467, hier S. 464 ff.
7   Vgl. Aussage Maria K. vom 20.10.1959, in: HStA Düsseldorf, Ger.Rep. 237/27 u. Aussage Georg S. vom 21.11.1960, in: ebd., Ger.Rep. 237/28.
8   Vgl. Aussage Maria K. vom 20.10.1959, in: ebd., Ger.Rep. 237/7. Ferner weist die Immatrikulationskarte der Philosophischen Fakultät vom 13.11.1925 als Postadresse aus: »*Wohnung in Groß-Berlin: Charlottenburg 9* [;] *Postamt: Deutsches Stadion*«, vgl. ebd., Ger.Rep. 237/32. Das Deutsche Stadion war 1913 erbaut worden und gehörte mit einem Fassungsvermögen von 32.000 Personen zu den größten der Welt. Nach dem Abriss wurde an dem Platz das Olympiastadion errichtet.
9   Der Untersuchungsrichter kam zu dem Schluss: »*Der Angeschuldigte Wagner hat zu seiner Person stark widersprechende Angaben gemacht, die weitgehend frei erfunden sind*«, vgl. Handaktenvermerk Behms vom 9.2.1960, S. 1, in: ebd., Ger.Rep. 192/215.

Umstand für sich in Anspruch, dass er aufgrund einer besonderen sportlichen Begabung die Genehmigung erhalten habe, ohne Abitur zu studieren.[10] Diese Möglichkeit bestand tatsächlich, lässt sich aber für den Fall Wagner nicht belegen, da die Unterlagen der Hochschule nicht mehr vorhanden sind. Daher bleibt die Frage offen, ob Wagner überhaupt berechtigt war, ein Vollstudium zu absolvieren und ein Examen abzulegen.

Im November 1925 immatrikulierte sich Wagner an der Philosophischen Fakultät der Universität Berlin. Da er über kein Reifezeugnis verfügte, war das Studium auf den Zeitraum von vier Semestern beschränkt. Allerdings trug er sich im Wintersemester 1925/26 nur für eine einzige Vorlesung mit wirtschaftlichen Bezug Inhalt ein.[11] Danach ließ er sich bereits für das kommende Sommersemester beurlauben und nahm erst im Wintersemester 1926/27 wieder an verschiedenen Veranstaltungen teil. Er hörte unter anderem Vorlesungen zu »Marxistischer Geschichtsauffassung«, »Amerikanischer Verfassung und auswärtige Politik« sowie zur »Entwicklung des Zeitungswesens« und zum »Polizeirecht«.[12] Wagners akademisches Interesse erlahmte aber bereits im folgenden Semester wieder. Er belegte weder Veranstaltungen, noch ließ er sich beurlauben, sodass sein Name im Juli 1927 aus der Matrikel gelöscht wurde.

Während Wagner sein halbherziges Studium an der Philosophischen Fakultät mehr und mehr vernachlässigte, konzentrierte er sich auf seine Ausbildung an der DHfL. Dort will er im Dezember 1927 sein Diplom gemacht haben. Thema der Arbeit soll »Tennis von morgen« gewesen sein.[13] Allerdings treten im Zusammenhang mit dem nur noch in beglaubigter Abschrift bestehenden Diplomzeugnis einige Ungereimtheiten auf. Das Zeugnis weist lediglich eine Immatrikulation zwischen dem Sommersemester 1926 und dem Sommersemester 1927 aus.[14] Der angestrebte Abschluss verlangte aber nach der Verfassung der Hochschule ein ordentliches Studium von mindestens sechs Semestern[15], sodass die auf dem Zeugnis angegebenen drei Semester keinesfalls ausgereicht hätten. Zudem war Wagner nachweislich seit 1924 immatrikuliert und nicht erst seit 1926. Eine Karteikarte, die die Berliner Universität

---

10 Vgl. Aussage Wagners vom 16.12.1958, in: BA Koblenz, NL Kempner, Bd. 577.
11 Vgl. Anklageschrift gegen Wagner u. a., 29 Ks 1/60 vom 18.5.1960, S. 6, in: HStA Düsseldorf, Ger.Rep. 237/19.
12 Auskunft der Humboldt-Universität zu Berlin vom 13.2.1959, in: ebd., Ger.Rep. 237/4.
13 Die erste Arbeit über »Sport und Körpergefühl in der Weltgeschichte« sei nach dem Urteil des Rektors Carl Diem, »*völlig unbrauchbar*« gewesen, vgl. Handaktenvermerk Behms vom 9.2.1960, S. 2, in: ebd., Ger.Rep. 192/215. In zwei Teilen veröffentlichte Wagner später einen Artikel selben Namens, vgl. Wagner, Horst, Staat und Körpergefühl in der Weltgeschichte, in: *Die Leibesübungen* 12 (1929) [1. Teil], S. 285-287 u. (10) 1931 [2. Teil], S. 263-265.
14 Vgl. Diplomzeugnis Wagners vom 6.12.1927, in: HStA Düsseldorf, Ger.Rep. 237/32. Die erhaltene Abschrift des Zeugnisses ist der Universität Berlin 1935 von Wagner vorgelegt worden, als er sich für ein zweites Studium immatrikulierte.
15 Den sechs Semestern sollte zudem ein Praxisjahr folgen, vgl. Diem, Der Reichsausschuß und seine Hochschule, S. 466.

1935 bei Wagners zweitem Studium anlegte, zeigt eine Immatrikulation in der DHfL vom Sommersemester 1924 bis zum Wintersemester 1927/28.[16] So wunderte sich der ehemalige Protektor Diem später: »*Wenn er* [Wagner] *im Sommersemester 26 eingetreten ist, konnte er sich nicht bereits am 15.12.26 zur Abschlußprüfung melden. Dies bleibt für mich ein Rätsel.*«[17]

Eine weitere Auffälligkeit ist das Siegel, mit welchem die Abschrift des Zeugnisses versehen wurde.[18] Das Siegel weist die beglaubigende Dienststelle als die Veterinärabteilung der Heeresabteilung im Reichswehrministerium aus. Das war die Dienststelle, in der Wagners Vater als Amtsrat Dienst tat. Unter dem Siegel ist handschriftlich die unübliche Formulierung zu lesen »*Für richtige Abschrift*« anstatt des herkömmlichen »Für die Richtigkeit der Abschrift«. Eine Angabe, wann die Abschrift erfolgte, fehlt. Es kann nur spekuliert werden, dass es Horst Wagner sicherlich nicht unmöglich gewesen ist, in den zeitweiligen Besitz des Siegels zu kommen.

Ferner taucht der Name Wagners in den Abschlusslisten der Hochschule bis 1932 nicht auf. Ebenso sucht man eine Erwähnung seiner Arbeit im Verzeichnis der Diplomarbeiten in der Jubiläumsschrift »Die Deutsche Hochschule für Leibesübungen 1920–1930« vergebens.[19] Die Tätigkeitsberichte der Hochschule verzeichnen Wagner zwar 1924 unter der Matrikelnummer 526 als neuen Studenten, führen aber von 1926 bis 1928 seine Diplomarbeit nicht auf.[20]

An der Echtheit des Diplomzeugnisses bestehen demnach berechtigte Zweifel. Wagner hingegen behauptete sein Leben lang, einen solchen Abschluss zu besitzen. Bei einer Vernehmung im Dezember 1946 in Nürnberg gab er an, das Diplom 1929 gemacht zu haben.[21] Ende März 1947 wiederholte er diese Angabe.[22] In einem von Wagner unterschriebenen Fragebogen vom April 1947 trug er 1930 als Abschlussjahr ein.[23] Alle diese Angaben widersprechen dem auf der Abschrift angegeben Datum aus dem Jahr 1927.

Im Juni 1947 wiederum behauptete Wagner nicht nur, dass er angeblich 1929 sein Diplom bestanden habe, sondern auch 1924 das Abitur.[24] Beide Angaben sind falsch.

---

16 Vgl. Personalkarte der Universität Berlin für Wagner [1935–1937], in: HStA Düsseldorf, Ger.Rep. 237/4.
17 Schreiben Diems an Behm vom 10.8.1959, in: ebd., Ger.Rep. 237/6.
18 Vgl. Diplomzeugnis Wagners vom 6.12.1927, in: ebd., Ger.Rep. 237/32.
19 Vgl. Schiff, Alfred (Hg.), Die deutsche Hochschule für Leibesübungen 1920–1930, Magdeburg 1930, S. 122-129.
20 Vgl. Tätigkeitsberichte der DHfL vom SS 1925–WS 1926/27 u. den Band 1927–1928, in: HStA Düsseldorf, Ger.Rep. 192/64.
21 Vgl. Vernehmung Wagners vom 31.12.1946, in: IfZ München, ZS 1574 Horst Wagner.
22 Vgl. Vernehmung Wagners vom 31.3.1947, in: ebd. Wagner führte 1958 als Zeitpunkt seines Diploms das Jahr 1928 an, vgl. Aussage Wagners vom 16.12.1958, in: BA Koblenz, NL Kempner, Bd. 577.
23 Vgl. Anklageschrift gegen Wagner u. a., 29 Ks 1/60 vom 18.5.1960, S. 7, in: HStA Düsseldorf, Ger.Rep. 237/19.
24 Vgl. Vernehmung Wagners vom 19.6.1947, in: IfZ München, ZS 1574 Horst Wagner.

Wagner hat das Paulsen-Gymnasium schon 1923 ohne Reifezeugnis verlassen. Den Eintritt in die DHfL datierte er bei der Gelegenheit auf das Jahr 1925, was ebenfalls unrichtig ist.

Aus den genannten Gründen ist davon auszugehen, dass es sich also bei der vorliegenden Abschrift des Diplomzeugnisses um eine Fälschung handelt. Es kann mit Sicherheit angenommen werden, dass Wagner an der DHfL studiert hat; ein urkundlicher Beweis für einen Abschluss ist anhand der Quellenlage aber nicht zu erbringen.[25] Die offensichtliche Manipulation des Dokuments lässt eher darauf schließen, dass ein Examen aus unbekannten Gründen nicht erfolgreich abgeschlossen worden ist.

Geht man von einer Fälschung aus, hat Wagner vor dem Militärgerichtshof IV im Wilhelmstraßen-Prozess unter Eid falsche Aussagen gemacht. Er gab als Zeuge an: »*Nach dem Besuch des Realgymnasiums habe ich in Berlin an der Universität studiert, dann auch Vorlesungen gehört an der Hochschule für Politik und schließlich das Diplomexamen der Hochschule für Leibesübungen gemacht.*«[26] Kryptisch mag seine Antwort im Kreuzverhör erscheinen: »*Sie waren mit anderen Worten also Sportlehrer? – Ich möchte diese Frage verneinen.*«[27]

Doch nicht erst in den Nachkriegsprozessen hielt Wagner die Legende des bestandenen Diploms aufrecht. Sie begleitete ihn schon während seiner Laufbahn im »Dritten Reich«. Auf einem Formular zur Ernennung zum Legationssekretär im September 1938 findet sich das zweifelhafte Examen im Bildungsgang ebenso[28] wie auf dem Formular zur Ernennung zum Legationsrat I. Klasse.[29] Wagner gab das Diplomexamen auf dem Untersuchungsbogen zur Neueinstellung in die SS an[30] und im Oktober 1944 auf einem Personalbogen des AA.[31] Auch auf einem Fragebogen zur Führerkartei der SS-Personalkanzlei findet sich der Eintrag, er habe ein Diplom.[32] Darüber hinaus erwähnen die Dokumente der SS-Akte mehrfach, er habe Abitur. Obwohl er die Schule, wie erwähnt, ohne Abitur verließ, nutzte Wagner hier wahrscheinlich die Tatsache, dass ihm 1935 aufgrund einer Sondergenehmigung gestattet worden war, ohne Reifezeugnis an der Universität Berlin zu studieren.

---

25 Hier muss Döscher widersprochen werden, der anhand der wissentlich falschen Angaben Wagners davon ausgeht, dass ein Studienabschluss der DHfL vorliegen würde, vgl. Döscher, SS und Auswärtiges Amt, S. 265.
26 Vernehmung Wagners vor dem Militärgerichtshof Nr. IV am 3.3.1948, S. 2692, in: StA Nürnberg.
27 Ebd.
28 Vgl. Vorschlag zur Ernennung Wagners zum LS vom 2.9.1938, in: BA Dahlwitz, ZA 5, 274, 1-201.
29 Vgl. Vorschlag zur Ernennung Wagners zum LR I. Kl. vom 14.1.1942, in: ebd.
30 Vgl. Untersuchungsbogen für Neueinstellung in die SS vom 15.8.1936, in: BA Berlin, SSO Horst Wagner.
31 Abgedruckt in Döscher, SS und Auswärtiges Amt, S. 268 ff.
32 Vgl. Fragebogen zur Berichtigung der SS-Führerkartei, [1937], in: BA Berlin, SSO Horst Wagner. In Wagners SS-Stammrolle ist 1936 unter »*Erlernter Beruf*« vermerkt »*ohne*«. In der Stammrolle 1939 ist dort kein Eintrag.

2 Suche nach Perspektiven

Mit dem Verlassen der DHfL begann für Horst Wagner eine unstete Zeit. Er hatte kein geregeltes Einkommen[33] und hinterließ bei Bekannten einen heruntergekommenen Eindruck.[34] Obwohl er vorgeblich diplomierter Sportlehrer war, hat er nie als solcher gearbeitet. Dieser Beruf barg ihm zu viele wirtschaftliche Unwägbarkeiten und zu wenig soziales Prestige.[35] So versuchte er als Tennisspieler und Sportjournalist Fuß zu fassen und hielt sich im Umfeld einiger Berliner Tennisclubs auf. Im Jahr 1928 begann er, beim Club Rot-Weiß zu spielen. Da er aber keine befriedigenden Leistungen vorweisen konnte, kam es zu keiner Aufnahme in die Turniermannschaft und somit zu keiner Förderung durch den Verein.[36] Dennoch erschien Wagner im Büro des Vorstandsmitglieds Conrad W. und wollte an Turnieren an der Riviera teilnehmen, was sofort abgelehnt wurde. Das Vorstandsmitglied begründete dies mit der Aussage: »*Wagner entsprach keineswegs den Vorstellungen, die ich von einem Vertreter Deutschlands im Auslande hatte. Tennisspielen konnte er auch nicht.*« Im Hinblick auf die Fremdsprachen Englisch und Französisch habe Wagner gedacht, »*er könne sich so durchradebrechen*«.[37]

Wegen der schwachen Leistungen war Wagner bei Rot-Weiß keine Zukunft beschieden, und er wechselte zum Konkurrenten Blau-Weiß. Anfang der 1930er-Jahre wurde er dort Mitglied. »*Da er finanziell nicht in der Lage war, die Mitgliedsbeiträge zu bezahlen, schrieb er als Entgelt in unserer Club-Zeitung Sportberichte*«, erinnerte sich eine ehemalige Sekretärin.[38] Zu dieser Zeit nannte er sich Horst Maria Wagner.[39] Den Künstlernamen behielt Wagner lange Zeit bei, sodass er noch 1938 als Hauptschriftleiter der Publikationsreihe der Deutsch-Englischen-Gesellschaft als »*H. M. Wagner*« firmierte.[40]

Nicht zu belegen ist, dass Wagner die Bekanntschaft Joachim von Ribbentrops bei Blau-Weiß gemacht hat, wo auch ein Sohn und eine Tochter des späteren Reichsaußenministers Mitglieder waren. Daneben gehörte ebenfalls Heinrich Himmler zu den

---

33 Die Frage »*Von 1924 bis 1933 haben sie keine Stellung gehabt?*« verneinte Wagner, vgl. Vernehmung Wagners vom 19.6.1947, in: IfZ München, ZS 1574 Horst Wagner.
34 Vgl. Aussage Walter E. vom 29.9.1960, in: HStA Düsseldorf, Ger.Rep. 237/26.
35 Vgl. Wagner, Horst, Fragen des Sportlehrerberufes, in: *Die Leibesübungen* 3 (1931), S. 73-75.
36 Vgl. Aussage Roman N. [1959/1960], in: HStA Düsseldorf, Ger.Rep. 237/8. Der Zeuge bemerkte: »*Ich nehme an, daß ihm vielleicht für ein Jahr das Probespielen unentgeltlich gestattet war.*«
37 Vgl. Aussage Conrad W. [1959/1960], in: ebd. Der Zeuge sagte weiter: »*Wagner war auch ohne Mittel. [...] Er war auch sehr bescheiden gekleidet. Er wirkte ungepflegt.*« (Hervorhebung im Original).
38 Aussage Erna C. vom 2.12.1959, in: ebd. Die Zeugin weiter: »*Äußerlich machte er immer einen vernachlässigten und ungepflegten Eindruck. Sympathien errang er sich infolgedessen im Büro nicht. Die Sportberichte [...] waren rein sachliche Berichte ohne besonderen Wert.*«
39 Vgl. ebd.: »*Die Damen des Büros empfanden den Beinamen Maria irgendwie als zu dem Wesen Wagners passend. Er hatte ein ungewöhnlich weiches Wesen.*« Alle Beiträge Wagners in der Zeitschrift Die Leibesübungen sind unter »Horst M. Wagner« abgefasst.
40 *Deutsch-Englische Hefte* (1) 1938.

gelegentlichen Tennisgästen, aber auch hier lässt sich eine Verbindung nicht nachweisen. Sie erscheint in beiden Fällen unwahrscheinlich.[41]

Bei Blau-Weiß gehörte Wagner wie zuvor nicht zu den Spitzenspielern. Er trat nur in der »*dritten oder vierten Mannschaft*«[42] an und stellte sich zeitweise gegen Entgelt als Tennispartner zur Verfügung. Im Winter 1928/29 schaffte er es doch noch, an die Riviera zu kommen. (»*Wahrscheinlich hat ihn jemand im Auto mitgenommen.*«[43]) In Cannes hielt er sich »*während der ganzen Saison bei der* [jüdischen] *Familie L.*« auf und erteilte der Tochter Tennisunterricht.[44] Als beim »Butler-Cup« in Monte Carlo ein Spieler des deutschen Doppels ausfiel, sprang Wagner ein, blieb aber nur als mittelmäßiger Spieler in Erinnerung.[45] Seine Frustration über den erfolglosen Aufenthalt in Südfrankreich brachte er später in einem Artikel in der Zeitschrift *Die Leibesübungen* zum Ausdruck. Der Tennissport an der Riviera sei zu einer Eitelkeit verkommen. Dort habe sich »*ein Zustand des gegenseitigen Neides, der Mißgunst, des unfrohen Tennisspiels, der Überspitzung der Ichsucht*« entwickelt. Dagegen würden Spieler, zu denen Wagner sich offenbar selbst zählte, »*die den gesunden Ehrgeiz haben, gut und erfolgreich spielen zu wollen* […] *in den Hintergrund gedrängt*«.[46]

Wie im Tennissport konnte Wagner auch im journalistischen Fach kaum Erfolge vorweisen. Dass seine Auslandsaufenthalte, wie er selbst behauptete[47], von den Verlagen Mosse und Ullstein finanziert worden seien und er dem König von Schweden in Südfrankreich öfter als Tennispartner gedient habe, ist unglaubwürdig. Die Selbsteinschätzung, unter dem Namen Horst M. Wagner »*wohl mit einer der bekanntesten Leute der Sportpresse*« gewesen zu sein[48], konnte von Kollegen nicht nachvollzogen werden. Das sei »*mehr als Größenwahnsinn*«.[49] Ein zeitgenössischer Sportjournalist äußerte:

»Die Behauptung Wagners, zur Zeit der Olympischen Spiele 1936 ›in Berlin der Mann mit den meisten internationalen Sporterfahrungen gewesen zu sein‹, halte ich für eine glatte Frechheit. Zu meiner Zeit gehörte Wagner noch nicht einmal zu den besseren Sportjournalisten.«[50]

---

41 Schriftl. Mitteilung Rudolf von Ribbentrop an den Verfasser vom 19.2.2004.
42 Aussage Erna C. vom 2.12.1959, in: HStA Düsseldorf, Ger.Rep. 237/8.
43 Aussage Conrad W. [1959/1960], in: ebd.
44 Aussage Roman N. [1959/1960], in: ebd.
45 Vgl. Schreiben Deutscher Tennisbund vom 23.1.1959, in: ebd., Ger.Rep. 237/4.
46 Wagner, Horst, Lehren einer Tennis-Spielzeit, in: *Die Leibesübungen* 9 (1931), S. 241-242, hier. S. 241.
47 Vgl. Aussage Wagners vom 16.12.1958, in: BA Koblenz, NL Kempner, Bd. 577. Wagner verfasste nur ein achtzeiliges Gedicht, vgl. Wagner, Horst, Arbeitslied vom olympischen Feld, in: Berliner Illustrierte Zeitung (42) 1935.
48 Vernehmung Wagners vom 19.6.1947, in: IfZ München, ZS 1574 Horst Wagner.
49 Aussage Walther K. vom 21.1.1959, in: HStA Düsseldorf, Ger.Rep. 237/4.
50 Aussage Walther K. vom 27.7.1959, in: ebd., Ger.Rep. 237/6.

Ende 1932 bot sich Wagner beim »Reichskuratorium für Jugendertüchtigung« ein neuer Broterwerb. Das im September 1932 von Reichsinnenministerium und Reichswehr gegründete Kuratorium übernahm die vormilitärische Ausbildung von Wehrverbänden und Sportvereinen. Wagner sollte als Reitlehrer mitwirken, weshalb er einige Lehrgänge besuchte und 1933 für drei Monate eine Ausbildung bei der Reichswehr absolvierte. Um später bei der SS den fehlenden Wehrdienst zu kaschieren, verwies Wagner stets auf diese Zeit, obwohl sie keineswegs einer militärischen Grundausbildung gleichwertig war.

Unterdessen wurde das Kuratorium im Juli 1933 aufgelöst und durch die SA-Dienststelle »Chef Ausbildungswesen« (Chef AW) unter SA-Obergruppenführer Friedrich W. Krüger ersetzt. Dort erhielt Wagner im März 1934 einen Posten als Hilfsausbilder bei der Reiter-SA mit einem Monatsgehalt von 250,- RM.[51] Es war die erste regelmäßige Bezahlung. Unbescheiden erzählte er einem Freund, in leitender Stellung bei einer Reitschule zu arbeiten.[52] Wagners Versicherungskarte weist ihn sogar als »*Gruppenführer der SA*« aus.[53] Obwohl er für die SA arbeitete, war er nie Mitglied, auch wenn der Eintrag der Versichertenkarte vielleicht bewusst Konnotationen zum Rang eines SA-Gruppenführers herstellen wollte. Vermutlich wegen Etatproblemen entließ die SA Wagner bereits Ende 1934 wieder. Die Dienststelle Chef AW wurde kurz darauf im Januar 1935 aufgelöst.

In der Zwischenzeit bekam Wagner durch die Heirat seiner Schwester mit dem Sohn des SS-Oberführers Siegfried Taubert[54] Kontakt zu hohen SS-Kreisen. Vater Taubert, dessen Tochter den späteren Reichsarzt-SS Ernst Grawitz[55] ehelichte, übernahm 1937 als »Burghauptmann« das Kommando über Himmlers Prestigeobjekt der Wewelsburg, die der Reichsführer-SS zu einer Kult- und Ordensstätte ausbaute. Tauberts Sohn – Wagners Schwager – arbeitete als Offizier im Reichsluftfahrtministerium (RLM) und dürfte wesentliche Referenz dafür gewesen sein, als der erneut arbeitslose Wagner Anfang 1936 eine Anstellung als Hilfskraft im Pressereferat der Abteilung »Ziviler Luftschutz« fand[56], wo er Zeitungsartikel edierte. Der Vorgesetzte hielt ihn für einen »*ausgeprägten Nationalsozialisten*«.[57]

---

51 Vgl. BA Berlin, SSO Horst Wagner. SA-Unterlagen sind nicht überliefert.
52 Vgl. Aussage Georg S. vom 21.11.1960, in: HStA Düsseldorf, Ger.Rep. 237/28.
53 Versicherungskarte Wagners vom 19.5.1934, in: ebd., Ger.Rep. 192/193.
54 Taubert, Siegfried: geb. 11.12.1880; Offizier; SS seit 8.4.1931, SS-Nr. 23.128, SS-Ustuf. 12.6.1933, SS-Ostuf. 3.9.1933, SS-Hstuf. 9.11.1933, SS-Stubaf. 1.1.1934, SS-Ostubaf. 20.4.1934, SS-Staf. 4.7.1934, SS-Oberf. 15.9.1935, SS-Brif. 13.9.1936, SS-Gruf. 11.9.1938, SS-Ogruf. 30.1.1943; NSDAP seit 1.4.1931, Parteinummer 525.246, vgl. BA Berlin, SSO Friedrich Taubert.
55 Grawitz, Ernst Robert: geb. 8.6.1899; Internist; SS seit 29.3.1932, SS-Nr. 27.483, SS-Stubaf. 1.7.1933, SS-Ostubaf. 16.8.1933, SS-Staf. 10.5.1934, SS-Oberf. 20.4.1935, SS-Brif. 20.4.1937, SS-Gruf. 1.10.1941, SS-Ogruf. 20.4.1944, Reichsarzt-SS 1.4.1935, Geschäftsführender Präsident des Dt. Roten Kreuzes 1937; NSDAP seit 1.11.1931, Parteinummer 1.102.844, vgl. BA Berlin, SSO Ernst Robert Grawitz.

Bis dahin hatte Wagner seit fünf Jahren kaum ein geregeltes Leben geführt. Weder im Sport noch im Journalismus konnte er sich etablieren. Auf die Frage, womit er sein Geld in der Zeit verdient habe, erwiderte Wagner 1947, dass er »*viel eingeladen*« war.[58] Auch die Anstellungen als Hilfsreferent im RLM oder als Reitlehrer in der SA waren nur von kurzer Dauer und nicht gut bezahlt. In den Jahren 1934/35 zog er wieder zurück in die elterliche Wohnung nach Berlin-Steglitz. Im Sommer 1934 geriet seine private Situation zudem unter einen neuen beruflichen Erfolgsdruck. Bei einem Tennisturnier hatte er die bekannte Rot-Weiß-Spielerin Irmgard S. kennen gelernt und beide heirateten im Januar 1935 in Cottbus.

3 Zweite Studienzeit

Horst Wagner musste nun neue Anstrengungen unternehmen, um Ehefrau und einen gemeinsamen Haushalt zu versorgen.[59] Er wollte seine journalistische Karriere vorantreiben und hatte sich zusammen mit Diem bereits im Sommer 1933 um eine Ausnahmegenehmigung bemüht, um ohne Reifeprüfung an der Universität die junge, populäre Disziplin der Zeitungswissenschaften studieren zu können.[60] Bei seinem Antrag legte er auch das gefälschte Diplomzeugnis vor. Ende Februar 1935 erhielt Wagner einen positiven Bescheid des Reichs- und Preußischen Ministeriums für Wissenschaft, Erziehung und Volksbildung.[61] Er war zum ordentlichen Studium der Rechts- und Staatswissenschaften berechtigt, zu denen das Fach Zeitungswissenschaften gehörte.

Aus dem bürokratischen Vorgang konstruierte Wagner später die Legende, er habe damit die Reifeprüfung bestanden. Zunächst machte er seiner Ehefrau weis, die Sondergenehmigung sei ein nachträglich abgelegtes Abitur.[62] Im Jahr 1944 vermerkte er, 1935 vor einer Prüfungskommission gestanden zu haben[63] und erweckte damit den Anschein, sich einem Examen gestellt zu haben. Es handelte sich aber nur um eine Prüfungs*stelle*, die lediglich über seinen Antrag entschied.[64] Wagner hat nie eine Abiturprüfung abgelegt, weder 1923 noch 1935. Nach dem Krieg hielt er an der Lüge fest. Er steigert sie sogar noch. So wurde aus dem Abitur ein Begabtenabitur. Aber nach An-

---

56 Vgl. Anklageschrift gegen Wagner, 29 Ks 4/67 vom 22.2.1967, S. 18, in: HStA Düsseldorf, Ger.Rep. 192/19. Die Akten des RLM müssen als Kriegsverlust angesehen werden, sodass nähere Angaben nicht ermittelt werden konnten. Während des Krieges arbeitete auch Wagners Schwester im RLM.
57 Aussage Werner B. vom 23.11.1961, in: ebd., Ger.Rep. 237/ 26.
58 Vernehmung Wagners vom 19.6.1947, in: IfZ München, ZS 1574 Horst Wagner.
59 Wagner war inzwischen nach Berlin-Schmargendorf in die Doberanerstraße 5 gezogen.
60 Vgl. Dienstliche Äußerung Behms vom 6.3.1959, S. 16, in: HStA Düsseldorf, Ger.Rep. 237/4.
61 Vgl. Zulassungsbescheinigung für Wagner vom 26.2.1935, in: ebd.
62 Vgl. Aussage Irmgard Wagners vom 27.11.1959, in: ebd., Ger.Rep. 237/8.
63 Vgl. Personalbogen Wagners, abgedruckt in: Döscher, SS und Auswärtiges Amt, S. 268 ff.
64 Vgl. Zulassungsbescheinigung für Wagner vom 26.2.1935, in: HStA Düsseldorf, Ger.Rep. 237/4.

sicht des Untersuchungsrichters war das angeblich »*vor der Prüfungskommission des Preußischen Kultusministeriums*« abgelegte »*Begabtenabitur*«[65] eine reine Erfindung.[66]

Im Wintersemester 1935/36 belegte Wagner erste Vorlesungen, unter anderem »Staatsgefüge und Zusammenbruch des 2. Reiches«, »England in the 20th Century«, »Deutschland im Kampf um die Weltmeinung« und »Eléments du droit civil français«. Im folgenden Semester hörte er Veranstaltungen wie »Ausländisches Zeitungswesen«, »Volk und Führung in England«, »Englische und deutsche Freiheitsbewegung« oder »Griechentum und Deutschtum«.[67]

Wagners Schwiegervater erwartete eine Promotion, trug die Studienkosten[68] und gewährte auch sonst finanzielle Unterstützung. Es ist aber anzunehmen, dass Wagners Aussage, dem renommierten Professor Emil Dovifat eine Dissertation mit dem Thema »Die internationale Presse und ihre völkerpsychologischen Voraussetzungen« vorzulegen[69], erfunden ist. Auf die Dissertationspläne angesprochen äußerte Dovifat später, dass er sich nicht an Wagner und sein angebliches Promotionsthema erinnern könne. Aus der vorgelegten Zusammenstellung der Vorlesungen sei für ihn ein »*zielbewußtes Studium*« nicht zu erkennen.[70] Später gab Wagner an, von der Dissertation Abstand genommen zu haben, weil er »*stark beschäftigt durch* [seine] *Mitarbeit in der deutschen Sportpresse und in den Tageszeitungen*« gewesen sei.[71] Im Wintersemester 1936/37 ließ er sich beurlauben, weil sich neue berufliche Alternativen entwickelt hatten. Er kehrte nicht wieder an die Universität zurück, sodass seine Matrikelnummer im Juni 1937 gelöscht wurde.

---

65 Aussage Wagners vom 16.12.1958, in: BA Koblenz, NL Kempner, Bd. 577.
66 Vgl. Dienstliche Äußerung Behms vom 6.3.1959, S. 16, in: HStA Düsseldorf, Ger.Rep. 237/4.
67 Vgl. Aussage Wagners vom 16.12.1958, in: BA Koblenz, NL Kempner, Bd. 577.
68 Vgl. Aussage Irmgard Wagners vom 27.11.1959, in: HStA Düsseldorf, Ger.Rep. 237/8.
69 Vgl. Vernehmung Wagners vom 19.6.1947, in: IfZ München, ZS 1574 Horst Wagner.
70 Aussage Dovifats [1959/1960], in: HStA Düsseldorf, Ger.Rep. 237/8.
71 Vernehmung Wagners vom 19.6.1947, in: IfZ München, ZS 1574 Horst Wagner.

4 Dienststelle Ribbentrop

> »Wir halten uns einen großen Nachrichtenapparat, genannt Auswärtiges Amt, und man erfährt nichts! [...] So eine Gesandtschaft müßte vor allem ein halbes Dutzend junger Attachés haben, die sich sofort an einflußreiche Weiber heranmachen. Das ist der einzige Weg, etwas zu erfahren.«
>
> Adolf Hitler 1941[72]

> »... habe mich jahrelang bemüht, das Auswärtige Amt dem Führer näherzubringen.«
>
> Joachim von Ribbentrop 1946[73]

Erneut stellte Horst Wagner seine Zukunftspläne um und bewarb sich Anfang 1936 beim Auswärtigen Amt in Berlin als Wissenschaftlicher Hilfsarbeiter. Er hatte angeblich schon immer den Wunsch gehegt, in den Auswärtigen Dienst zu gehen.[74] »*Sein Ideal* [sei], *Deutschland im Ausland als Diplomat vertreten zu können*«, ließ er seinen Trauzeugen wissen.[75] Ein Kommilitone bescheinigte ihm dagegen eine »*buntscheckige Phantasie*«.[76] Angeblich wegen Vermögenslosigkeit scheiterte der Versuch.[77] Wagner blieb hartnäckig und »*hoffte nun auf dem Umweg über die Dienststelle Ribbentrop in das Auswärtige Amt zu kommen*«.[78] Die DR war am 1. Juni 1935 nach der Ernennung Joachim von Ribbentrops zum Sonderbotschafter für die deutsch-britischen Flottenverhandlungen aus dem »Büro Ribbentrop« (bestehend seit dem 24. April 1934) hervorgegangen[79] und bildete das Sprungbrett, über das Ribbentrop 1936 zum deutschen Botschafter in London und 1938 zum Reichsaußenminister avancierte.

Nach Wagners zweifelhaften Angaben wurde er aufgrund der Nichtmitgliedschaft in der NSDAP von der Dienststelle zuerst abgelehnt. Später jedoch sei man an ihn herangetreten mit der Bitte, die Betreuung »*ausländischer Ehrengäste der Reichsregie-*

---

72 Jochmann, Hitler. Monologe, S. 117.
73 Ribbentrop, Joachim von, Zwischen London und Moskau. Erinnerungen und letzte Aufzeichnungen. Aus dem Nachlass herausgegeben von Anneliese von Ribbentrop, Leoni am Starnberger See, 1953, S. 126.
74 Vgl. Aussage Irmgard Wagners vom 27.11.1959, in: HStA Düsseldorf, Ger.Rep. 237/8.
75 Aussage Georg S. vom 21.11.1960, in: ebd., Ger.Rep. 237/28.
76 Aussage Kurt Z. vom 20.10.1960, in: BA Ludwigsburg, AR 563/60, Bd. 1.
77 Vgl. Anklageschrift gegen Wagner u. a., 29 Ks 1/60 vom 18.5.1960, S. 8, in: HStA Düsseldorf, Ger.Rep. 237/19 u. Aussage Irmgard Wagners vom 27.11.1959, in: ebd., Ger.Rep. 237/8. Ein Einstellungsgesuch ist nicht aktenkundig. Nach Mitteilung des PA AA an den Verfasser vom 3.1.2001 erscheint eine Ablehnung wegen Vermögenslosigkeit sehr ungewöhnlich. Wagner gab 1957 an, damals hätte »*augenblicklich keine Möglichkeit zur Übernahme ins AA*« bestanden, vgl. Memorandum Wagners [1957], in: ebd., Ger.Rep. 237/32.
78 Aussage Irmgard Wagners vom 27.11.1959, in: ebd., Ger.Rep. 237/8.
79 Vgl. allgemein Jacobsen, Hans-Adolf, Nationalsozialistische Außenpolitik 1933–1938, Frankfurt/Main 1968, S. 252 ff.

rung« bei den Olympischen Spielen 1936 zu übernehmen.[80] In der Erinnerung seines späteren Kollegen Eberhard von Thadden halfen ihm familiäre Beziehungen, um tatsächlich aufgenommen zu werden. Der Stabschef des SD-Hauptamtes, Siegfried Taubert, der Schwiegervater von Wagners Schwester, soll ihn empfohlen haben.[81] Der Aussage Bernd Gottfriedsen, einem Mitarbeiter der Dienststelle, zufolge, habe Wagners Schwager aus dem RLM die Einstellung forciert.[82] Gottfriedsen und auch der Leiter des England-Referates Karlfried Graf von Dürckheim erwähnten rückblickend, Wagner habe sich oft und ungeduldig nach dem Stand einer möglichen Anstellung erkundigt.[83]

Tatsächlich wurde Wagner schließlich als Betreuer ausländischer Gäste der Olympischen Spiele eingestellt. Dabei handelte es sich höchstwahrscheinlich aber nicht um so hochrangige Vertreter wie den englischen Zeitungsmagnaten Lord Maxwell Beaverbrook mit Familie und einen englischen Minister, wie Wagner behauptete. Grundlage für diese Aussage könnte Wagners Anwesenheit auf der pompösen Olympiafeier Ribbentrops im Garten seiner Dahlemer Villa gewesen sein, zu der höchste Vertreter der Reichsregierung, der Wirtschaft und der internationalen Diplomatie geladen waren. Allerdings schaffte es Wagner, wie Thadden übrigens auch, nur in das dem Hauptzelt entfernteste Zelt, welches weitab der *haute volée* lag und für niedere Chargen vorgesehen war[84]

Wagners Arbeitsbereiche innerhalb der DR waren eher unbedeutend. Er war dem Hauptreferat III (Protokoll) zugeteilt[85] und übernahm auch zeitweise Protokollarbeiten im Hauptreferat I (Adjutantur).[86] In dieser Zeit lernte er Ribbentrop persönlich kennen. Später beschäftigte man Wagner im Referat England und im Hauptreferat VI (Presse und Archiv). Graf Dürckheim schickte ihn für drei Wochen nach Nordengland zum Besuch der dortigen Provinzpresse. Der Vorgesetzte stellte fest, dass Wagner kaum über Selbstwertgefühl verfüge, welches zudem ausschließlich von der Anerkennung seiner Leistungen im Rahmen der Aufstiegsmöglichkeiten abhänge.[87] Mitte 1937 soll Wagner versucht haben, die Leitung der angegliederten Deutsch-Englischen Gesellschaft (DEG) zu übernehmen, allerdings erfolglos.[88]

---

80 Aussage Wagners vom 16.12.1958, in: BA Koblenz, NL Kempner, Bd. 577. SS-Oberführer Siegfried Taubert habe angeblich für ihn gebürgt, vgl. Aussage Wagners vom 7.6.1962, in: ebd.
81 Vgl. Monatsbericht Behms vom 30.12.1961, in: HStA Düsseldorf, Ger.Rep. 192/214.
82 Vgl. Aussage Gottfriedsens vom 14.9.1960, in: ebd., Ger.Rep. 237/26 u. Mitteilung Gottfriedsens vom 24.6.1976, in: BA Koblenz, Kl. Erwerb., 838/1.
83 Vgl. Aussage Dürckheims vom 7.3.1961, in: HStA Düsseldorf, Ger.Rep. 237/26 u. Aussage Gottfriedsens vom 14.9.1960, in, ebd.
84 Vgl. Tischordnung der Feier am 11.8.1936, in: BA Koblenz, NL Ribbentrop.
85 Vgl. Jacobsen, NS-Außenpolitik, S. 300.
86 Vgl. Organisationsplan DR [1937/38], in: HStA Düsseldorf, Ger.Rep. 237/32.
87 Vgl. Aussage Dürckheims vom 7.3.1961, in: ebd., Ger.Rep. 237/26.

Abb. 1 Horst Wagner (1936)

Wie bereits umschrieben, stellte sowohl die Dienststelle Ribbentrop als auch das Außenpolitische Amt der NSDAP unter Alfred Rosenberg und die Auslandsorganisation (AO) des Gauleiters Ernst Wilhelm Bohle im polykratisch strukturierten NS-Herrschaftssystem eine Alternative der Nationalsozialisten dar, durch Umgehung des AA auf dem Feld der Außenpolitik tätig zu werden.[89] In dem folgenden Konkurrenzkampf der Parteistellen untereinander (und gegen das AA) um Kompetenzen und

---

88 Vgl. Aussage Thaddens vom 12.4.1962, in: ebd., Ger.Rep. 192/203. Die Gesellschaft spielte wie ähnliche andere als zwischenstaatliche Verbände im paradiplomatischen Raum eine wichtige Rolle, vgl. Jacobsen, NS-Außenpolitik, S. 289 f. u. Weitz, John, Hitler's Diplomat. Joachim von Ribbentrop, London 1992, S. 88 f.

89 Hitler dazu: »*Die deutsche Diplomatie sei aber so weltfremd, dass sie noch nicht einmal das Deutschtum im Ausland betreut, ausgerichtet und geleitet habe* [...] *und er* [Hitler] *deshalb zum Ärger des Auswärtigen Amtes die Auslandsorganisation habe schaffen müssen*«, Picker, Hitlers Tischgespräche, S. 176 f.

Machtpositionen konnte sich nur behaupten, wer sich der Gunst einflussreicher NS-Persönlichkeiten, nicht zuletzt Hitlers, versicherte.[90] Persönliche Bindungen spielten dabei eine fundamentale Rolle. Ribbentrop, der mit Himmler befreundet war, band sich eng an dessen SS[91], deren Bedeutung seit der Entmachtung der SA nach dem so genannten »Röhm-Putsch« im Juni 1934 stetig gestiegen war. Nicht zuletzt durch die guten Beziehungen zu Hitler und Himmler gelang es Ribbentrop 1938, aussichtsreiche Konkurrenten wie Rosenberg für die Nachfolge des Postens des RAM aus dem Feld zu schlagen. Für Ribbentrop war seine Anlehnung an die elitäre SS die Gelegenheit, seine Dienststelle im Kanon der Parteistellen aufzuwerten, während es für Himmler ebenfalls eine Machtausdehnung bedeutete.[92] Diese war für die Reichsführung-SS nicht uninteressant, da sie im Hinblick auf die nationalsozialistische Blut- und Boden-Ideologie eigene außenpolitische Vorstellungen verfolgte.[93]

Seine Affinität zur SS übertrug Ribbentrop auf seine Dienststelle und später auch auf das Auswärtige Amt. Er schlug Mitarbeiter bei Himmler zur Aufnahme in die SS vor; in der Folge mehrten sich die SS-Ränge unter seinem Personal. Im August 1936, nur wenige Monate nach seiner Anstellung, wurde Horst Wagner zunächst als SS-Anwärter geführt. Am 13. September 1936 trat er endgültig unter der Mitgliedsnummer 276.847 als SS-Oberscharführer in die Schutzstaffel ein. Am 9. November 1937 wurde er zum SS-Untersturmführer befördert.[94] Über die Beweggründe seines Beitrittes konnte nur wenig ermittelt werden. Vor dem Gerichtshof IV sagte Wagner 1948 aus: »*Dann wurde ich mit einer Reihe anderer Kollegen aufgefordert, in die SS zu gehen, da es von oben bekanntlich verboten wurde, daß junge Leute in Zivil zu Staatsveranstaltungen kamen, die wir besuchen mußten* [...].«[95] Aber nachdem sich das Regime 1936

---

90 Vgl. Kershaw, Ian, Hitlers Macht. Das Profil der NS-Herrschaft, München 1992, S. 248 f.; sowie grundsätzlich Broszat, Martin, Der Staat Hitlers, München [14]1995. Der frühere französische Botschafter in Berlin schreibt in diesem Kontext über Ribbentrop: »*Er überhäufte Hitler mit Schmeicheleien. Er war der Typ des vollendeten Höflings. [...] Nicht nur widersprach er niemals seinem Gebieter, erhob niemals einen Einwand; er teilte systematisch seine Ansicht, er war hitlerischer als Hitler*«, siehe François-Poncet, André, Botschafter in Berlin 1931–1938, Mainz 1962, S. 335.
91 Himmler nahm Ribbentrop im Mai 1933 in die SS auf. Es folgten schnelle Beförderungen bis zum SS-Ogruf. (1940), vgl. Döscher, SS und Auswärtiges Amt, S. 149 ff.
92 Vgl. ebd., S. 153 und S. 158; ferner Höhne, Orden unter dem Totenkopf, S. 256 ff.
93 Vgl. Ackermann, Josef, Himmler als Ideologe. Nach Tagebüchern, stenographischen Notizen, Briefen und Reden, Göttingen 1970, S. 171 ff. Zu Himmlers Einstellung zum AA auch Kersten, Felix, Totenkopf und Treue. Heinrich Himmler ohne Uniform. Aus den Tagebuchblättern des finnischen Medizinalrats Felix Kersten, Hamburg, [1952], S. 105 ff.
94 Vgl. SS-Stammrolle Wagners vom 13.9.1936, in: BA Berlin, SSO Horst Wagner.
95 Vernehmung Wagners vor dem Militärgerichtshof Nr. IV am 3.3.1948, S. 2693, in: StA Nürnberg. Der SS-Beitritt kann als wichtiger Schritt gewertet werden. Buchheim schreibt dazu: »*Alle jedoch, die der SS beitraten, verließen den Bereich, in dem man nur zur normalen staatsbürgerlichen Loyalität verpflichtet war und traten in den Bereich des Befehls in Weltanschauungssachen ein. Alle erteilten durch ihren Beitritt den ideologischen Konsens und erklärten sich bereit, mehr zu tun als ihre Pflicht*«, Buchheim, Hans, Befehl und Gehorsam, in: Buchheim/Broszat/Jacobsen/Krausnick (Hg.), Anatomie des SS-Staates, München 1999, S. 215-320, hier S. 312.

endgültig etabliert hatte, war nicht nur die Uniformfrage relevant. Vor allem versprach die Zugehörigkeit zu einer NS-Organisation, besonders zur aufstrebenden SS, einen bedeutsamen Karriereschub. Berufliche Qualifikationen – die Wagner nicht besaß – waren nicht mehr vonnöten, wenn man sich als zuverlässiger Gefolgsmann der NS-Ideologie auszeichnete und von Ribbentrop oder anderen hohen SS-Führern im AA protegiert wurde.

In der DR lernte Wagner auch Eberhard von Thadden kennen. Ihre Laufbahnen sollten von diesen Tagen an für lange Zeit miteinander verknüpft sein. Thadden war bereits seit Januar 1936 in der Dienststelle tätig und Mitarbeiter des England-Referates. Im August wurde auch Thadden SS-Mitglied, um – nach eigenen Angaben – als uniformierter Begleiter ausländischer Gäste beim Nürnberger Reichsparteitag fungieren zu können. Die Erklärung erscheint nicht ganz abwegig. Thadden und auch Wagner nahmen 1936 und 1937 an den Parteitagen in Nürnberg teil.[96] Beide traten am 13. September 1936, also im Laufe des Parteitages, offiziell der SS bei und hatten aufeinanderfolgende Nummern: Thadden 276.846, Wagner 276.847. Hieraus lässt sich ablesen, dass die Mitarbeiter der DR *en bloc* in die SS eintraten.

Die Zugehörigkeit zur SS hatte für Wagner Priorität. Erst ein knappes Jahr nach seinem Beitritt beantragte er auch die Mitgliedschaft in der NSDAP. Diese nahm ihn offiziell am 1. Mai 1937 mit der Mitgliedsnummer 5.387.042 auf.[97] Dabei ist jedoch der Eintritt vordatiert worden. Die Mitgliedskarte vermerkt einen Aufnahmeantrag vom 1. November 1937, und auf einem SS-Formular trug Wagner im November 1937 ein: »*noch nicht Mitglied*«.[98] Selbst im September 1938 erschien Wagner noch als »*Anwärter seit 1.6. 37 [sic]*«.[99] Eine Aufnahme in die NSDAP war also bis dahin noch nicht erfolgt. Die SS-Dienstalterliste vom 1. Dezember 1938 führt Wagners Parteinummer erstmalig auf[100], weshalb anzunehmen ist, dass eine faktische Aufnahme erst zwischen Oktober und Ende November 1938 erfolgte, auch wenn die Mitgliedskarte bereits am 30. April 1938 ausgestellt worden war, die den Eintritt auf das Datum der Anwärterschaft – Mai 1937 – vordatierte.

Als Anfang Februar 1938 Ribbentrop zum Reichsaußenminister ernannt wurde, übernahm er fast die Hälfte seiner Referenten ins AA. Unter diesen 28 Mitarbeitern befanden sich 20 SS-Führer, die in der Folgezeit, insbesondere während des Krieges, in Schlüsselfunktionen aufsteigen sollten.[101] Einer von ihnen war Horst Wagner.

---

96 Vgl. Aussage Thaddens vom 19.6.1962, in: HStA Düsseldorf, Ger.Rep. 192/203.
97 Vgl. NSDAP-Mitgliedskarte Wagners, in: ebd., Ger.Rep. 237/32 sowie Vorschlag zur Ernennung Wagners zum LR I. Kl. vom 14.1.1942, in: BA Dahlwitz, ZA 5, 274, 1-201.
98 Fragebogen zur Führerkartei der SS-Personalkanzlei, [9.11.1937], in: BA Berlin, SSO Horst Wagner.
99 Vorschlag zur Ernennung Wagners zum LS vom 2.9.1938, in: BA Dahlwitz, ZA 5, 274, 1-201.
100 Vgl. Dienstalterliste (DAL) der SS vom 1.12.1938, S. 369.
101 Vgl. Döscher, SS und Auswärtiges Amt, S. 153 f.

5   Auswärtiges Amt

> »Dann ist es jedenfalls richtig, daß Sie durch Ihre sportliche Laufbahn ins Auswärtige Amt gekommen sind und nicht auf Grund einer akademischen Abschlußprüfung, wie sie im allgemeinen für eine solche Stellung Voraussetzung ist? – Dieser Frage möchte ich in dieser Form widersprechen. […]«
> Horst Wagner im Kreuzverhör im Wilhelmstraßen-Prozess 1948[102]

Der Protegé Ribbentrops kam zunächst als Wissenschaftlicher Hilfsarbeiter in der Abteilung Protokoll unter[103], wo er später zeitweise das persönliche Protokoll Ribbentrops führte. Gleichzeitig blieb er Referent der Dienststelle Ribbentrop[104], bei der er Anfang 1938 noch den Posten des Hauptschriftleiters der »Deutsch-Englischen Hefte«, dem Organ der DEG, übernommen hatte. Angesichts des zukünftigen Schattendaseins der DR versprach diese Aufgabe jedoch wenig Renommee, weshalb Wagner bereits im Juli 1938 die Leitung abgab, angeblich aus Gründen der mangelnden finanziellen und allgemeinen Unterstützung der Heftreihe.[105]

Wie die meisten Angehörigen der DR hatte Wagner bei seinem Eintritt in den Auswärtigen Dienst nicht die übliche diplomatisch-konsularische Prüfung abgelegt.[106] Noch in den Anfangsjahren des »Dritten Reiches« waren die Richtlinien für die Einstellung in den diplomatischen Dienst meist ein kaum zu überwindendes Hindernis für unqualifizierte Bewerber gewesen.[107] Anfang der 1920er-Jahre wurde festgelegt, dass für den Eintritt in den Auswärtigen Dienst das Abitur, ein abgeschlossenes Hochschulstudium, Kenntnisse in Völkerrecht und Geschichte sowie die Beherrschung von mindestens zwei Fremdsprachen als Grundvoraussetzung gelten sollten. Erst nach einer Vorbereitungs- und Weiterbildungszeit von zunächst anderthalb Jahren, später drei Jahren, erfolgte die Ernennung zum Legationssekretär.[108] Nach der Amtsübernahme Ribbentrops bröckelten die Beförderungsbestimmungen und die Einhaltung des Stellenplanes. Die Protektion Ribbentrops, der ebenfalls kein Abitur hatte[109], ermöglichte es Wagner, die Einstellungskriterien zu umgehen.

Am 2. September 1938 wurde Wagner offiziell Beamter, als er zum Legationssekretär ernannt wurde.[110] Während der Einarbeitung durchlief er in einer Art Prakti-

---

102 Vernehmung Wagners vor dem Militärgerichtshof Nr. IV am 3.3.1948, S. 2693, in: StA Nürnberg.
103 Vgl. Geschäftsverteilungsplan (GVPl.) vom 1.6.1938, in: ADAP, Serie D, Bd. II.
104 Vgl. Vorschlag zur Ernennung Wagners zum LS vom 2.9.1938, in: BA Dahlwitz, ZA 5, 274, 1-201.
105 Vgl. Schreiben Wagners [Juli 1938], in: HStA Düsseldorf, Ger.Rep. 237/32. Soweit eruiert werden konnte, wurde nur eine Nummer im März 1938 herausgegeben.
106 Vgl. Döscher, SS und Auswärtiges Amt, S. 266.
107 Vgl. Jacobsen, NS-Außenpolitik, S. 467.
108 Vgl. ebd., S. 266; Kühlmann, Richard von, Die Diplomaten, Berlin 1939, S. 99 ff.; ferner Kroll, Hans, Lebenserinnerungen eines Botschafters, Köln 1967, S. 21 f.
109 Vgl. SS-Personalakte Ribbentrops von 1939 bis 1944, abgedruckt in: IMT, XXXV, D-744.
110 Vgl. Vorschlag zur Ernennung Wagners zum LS vom 2.9.1938, in: BA Dahlwitz, ZA 5, 274, 1-201.

kum verschiedene Abteilungen. Wie bereits im RLM, wo man ihn für einen ausgemachten Nazi gehalten hatte, schien es dem Neuling auch hier opportun, eine eindeutige politische Haltung an den Tag zu legen. Einem Kollegen aus der Kulturpolitischen Abteilung gegenüber soll Wagner sich selbst als »*nationalsozialistischen Aktivist*« bezeichnet haben.[111] In der späteren Zeit als Verbindungsführer zu Himmler blieb Wagner dem SD-Führer Wilhelm Höttl bei Besprechungen als »*150% Scharfmacher*« im Gedächtnis.[112] Für Wagners tatsächliche ideologische Einstellung waren dies eher Übertreibungen, die aber zeigen, wie Wagner gelegentlich nach außen auftrat und wahrgenommen wurde.

Wagner blieb Mitarbeiter der Protokollabteilung, als Ribbentrop ihn gleichzeitig in seinen persönlichen Stab übernahm. In Einzelfällen erledigte er zweitrangige Korrespondenz zwischen Ribbentrop und der Schutzstaffel.[113] Die unmittelbare Nähe zum RAM bot Wagner Gelegenheit, an der Weltpolitik teilzunehmen. Auf dem Höhepunkt der Sudetenkrise war er Mitglied der Delegation Ribbentrops während der Gespräche Hitlers mit dem britischen Premierminister Neville Chamberlain in Bad Godesberg. Im mondänen Rheinhotel Dreesen hatte Wagner das Zimmer 105 in der Nähe der Räumlichkeiten Himmlers. Neben Ribbentrop und Hitler hatten dort auch Martin Bormann, Joseph Goebbels und Wilhelm Keitel Quartier bezogen.[114] Als später in der Folge des Münchener Abkommens zwischen Deutschland und Italien sowie in den Wiener Schiedssprüchen Gebietsverschiebungen in Osteuropa geklärt wurden, war Wagner bei diesen internationalen Anlässen ebenfalls anwesend.

Dass Ribbentrop auch nach Übernahme des AA an einer SS-orientierten Personalpolitik festhielt, veranschaulicht ein Brief vom 25. März 1938 an Himmler. Kurz nach der Ernennung zum Reichsaußenminister schlug Ribbentrop dem Reichsführer-SS gleich sieben seiner Beamten für die Aufnahme bzw. die Beförderung in der Schutzstaffel vor. Auffällig ist die Verteilung der Vorschläge. Die drei, die in die SS aufgenommen werden sollten (E. Kordt, v. Dörnberg, Brücklmeier), waren bereits Beamte des AA, bevor Ribbentrop RAM wurde. Die vier Herren, die Ribbentrop für Beförderungen vorsah (Hewel, Spitzy, Gottfriedsen, Leithe-Jasper), waren mit Ribbentrop ins AA gekommen.[115] Auf diese Weise verstärkte Ribbentrop den Einfluss seiner DR-»Veteranen«, während er den Einfluss der SS auf die Beamten des AA ausdehnte. Himmler stimmte allen Wünschen zu, nur die Beförderung von Reinhard Spitzy wurde abgelehnt, da der Österreicher bereits im Zuge des »Anschlusses« am 11. März 1938 befördert worden war.[116]

---

111 Aussage Granows vom 10.11.1961, in: HStA Düsseldorf, Ger.Rep. 237/26.
112 Aussage Höttls vom 8.12.1961, in: ebd., Ger.Rep. 237/27.
113 Vgl. Schreiben Wagners an die SS-Personalkanzlei vom 10.1.1939 und 11.4.1939, in: SS-Personalakte Ribbentrops von 1939 bis 1944, abgedruckt in: IMT, XXXV, D-744, S. 480 f.
114 Vgl. Personalien Horst Wagners, in: HStA Düsseldorf, Ger.Rep. 237/32.
115 Vgl. Schreiben Ribbentrops an Himmler vom 25.3. 1938, in: BA Dahlwitz, ZB 6968/1-387.
116 Vgl. Schreiben SS-PHA an Ribbentrop vom 1.4.1938, in: ebd.

Wagners Aufstieg im AA korrespondierte lose mit den raschen Beförderungen in der SS. Der Protegé des Außenministers wurde im Januar 1940 zum Legationsrat ernannt, zwei Jahre später zum Legationsrat I. Klasse.[117] Am 30. Januar 1939 war er zum SS-Obersturmführer ernannt worden.[118] Kurz nach Kriegsbeginn folgte am 10. September 1939 die Rangerhöhung zum SS-Hauptsturmführer und im Januar 1942 die Beförderung zum SS-Sturmbannführer.[119] Ein Indiz dafür, dass die SS-Führerschaft für Wagner großes Gewicht besaß, zeigt die Grußkarte zur Geburt der ersten Tochter im Jahr 1939. Der Öffentlichkeit gegenüber stellte er dort seinen SS-Rang »SS-Obersturmführer« dem »*Legationssekretär im Auswärtigen Amt*« voran.[120] Eine Reihe von Zeitzeugen behauptete, Wagner habe sich im Amt oft in SS-Uniform präsentiert. Verifizieren ließ sich diese Angabe aber nicht.

Abb. 2 Otto Meissner, Horst Wagner, Joachim von Ribbentrop, Adolf Hitler (1938; v. l. n. r.)

---

117 Vgl. Vorschlag zur Ernennung Wagners zum VLR vom 13.9.1943, in: BA Dahlwitz, ZA 5, 274, 1-201.
118 Zwei Tage später kam Wagners erste Tochter zur Welt, im Oktober 1940 folgte die zweite.
119 Vgl. BA Berlin, SSO Horst Wagner.
120 Geburtsanzeige vom September 1939, in: ebd.

Horst Wagner erfuhr einen steilen sozialen Aufstieg und seine finanzielle Situation veränderte sich sichtlich.[121] Nachdem er sich zuvor einen kleinen DKW-Wagen abgespart hatte, leistete er sich nun eine 2,3-Liter-Mercedes-Limousine und wechselte im Dezember 1941 mit seiner Familie von der seit April 1935 bewohnten Dreieinhalb-Zimmer-Wohnung in der Doberaner Straße in Berlin-Schmargendorf in eine Zehn-Zimmer-Wohnung in die Brandenburgische Straße 46 in Berlin-Wilmersdorf, die bereits im November 1938 von den jüdischen Vormietern verlassen worden war.[122] Zudem stellte die Familie ein Kindermädchen an. Es scheint jedoch, dass der neue Lebensstandard schneller wuchs als das Einkommen und die finanzielle Situation durch die Ausgaben stark strapaziert wurde.[123] Dennoch gab Wagner im privaten Bereich wie etwa 1940 im Tennisclub Blau-Weiß zu verstehen, dass er eine bedeutsame Stellung bekleide.[124] Vermutlich nach seiner Ernennung zum SS-Standartenführer im Januar 1944 belohnte Ribbentrop seinen Günstling mit der enormen Summe von 50.000 RM.[125] Wenig später erteilte Wagner einem Mittelsmann die Vollmacht, ein über tausend Quadratmeter großes Grundstück in Berlin Frohnau zu erwerben. Der Kauf erfolgte am 21. Juli für 10.000 RM.[126]

Im Jahr 1942 drohte der fehlende Kriegsdienst zum Hemmschuh für die SS-Karriere zu werden.[127] Um dem Frontdienst zu entgehen, bemühte Wagner sich, veranlasst durch seine Reiterfahrung und die Leitung eines Gestüts für Ribbentrop[128], um eine Versetzung zur Inspektion der SS-Reiterei. Er wäre darüber »*besonders erfreut*«, da er »*hoffe*«, seinen »*Fronteinsatz bei der SS-Reiterei erfüllen zu können*«.[129] Wagner war aber nicht sehr enthusiastisch, was den möglichen Kriegseinsatz betraf, auch wenn er einem Freund anvertraute, dass er ja leider nicht als »*einfacher Panzergrenadier*« an die Front könne.[130]

Nachdem Wagner Mitte Mai 1942 geraten worden war, in der Angelegenheit mit SS-Standartenführer Hermann Fegelein, dem Inspekteur für Reit- und Transportwe-

---

121 Mit den Beförderungen im AA verdoppelte sich sein Gehalt von 534,30 RM (1939/40) auf 941,82 M (1943), vgl. Mitteilung des PA AA an den Verfasser vom 10.10.2001.
122 Vgl. Schreiben Polizei Berlin vom 9.6.1959, in: HStA Düsseldorf, Ger.Rep. 237/8.
123 Vgl. Brief Luthers an Wagner vom 24.12.1942, in: ebd., Ger.Rep. 192/124.
124 Vgl. Aussage Roman N. [1959/1960], in: ebd., Ger.Rep. 237/8.
125 Vgl. Dienstliche Äußerung Behms vom 6.3.1959, S. 16, in: ebd., Ger.Rep. 237/4. Nähere Umstände ließen sich nicht feststellen. Daß Wagner über so hohe Summen verfügte, zeigt der Grundstückskauf über 10.000 RM und die Angabe der Gattin, daß sie »*1945 in Freienwalde 40.000,– DM* [sic] *verloren*« hätten durch »*Plünderung beim Einmarsch der Russen*«. Davon seien 30.000 RM Sparguthaben und 10.000 RM Pfandbriefe gewesen, vgl. Antrag auf Beihilfe für Tochter M. vom 10.11.1952 u. 22.5.1953, in: ebd., Ger.Rep. 192/63.
126 Vgl. Kaufvertrag vom 21.7.1944, in: ebd., Ger.Rep. 237/32.
127 Von einem SS-Ostubaf. wurde ein mindestens zweijähriger Truppendienst erwartet, vgl. Richtlinien zur Beförderungen von SS-Führer vom 15.11.1943, in: ebd., Ger.Rep. 192/216.
128 Siehe Erster Teil, Kap. I 5.1 (s. u. S. 63 ff.)
129 Schreiben Wagners an SS-PHA vom 8.9.1942, in: BA Berlin, SSO Horst Wagner.
130 Aussage Georg S. vom 21.11.1960, in: HStA Düsseldorf, Ger.Rep. 237/28.

sen im SS-Führungshauptamt, zu sprechen, bat Wagner dort erst Anfang September offiziell um seine Versetzung. Fegelein, der zugleich Himmlers Verbindungsmann zu Hitler war, hatte einigen Einfluss. Eine Zugehörigkeit zu Fegeleins Stab hätte Wagners Karrierechancen weiter gesteigert. Einen Monat später lehnte SS-Gruppenführer Gottlob Berger, Chef des SS-Hauptamtes, Wagners Gesuch mit den Worten ab: »*Wagner kann, wenn er zur Waffen-SS eingezogen wird, jederzeit seinen Fronteinsatz bei der SS-Reiterei erfüllen. Dies jedoch bedingt nicht, daß er auch [...] zur Inspektion der SS-Reiterei versetzt wird.*«[131] Die Aussicht auf die Tätigkeit bei der Inspektion hatte sich damit zerschlagen. Doch durch Wagners wachsende Bedeutung im AA wurde der fehlende Kriegsdienst nicht wieder ernsthaft thematisiert. Denn der Reichsführer-SS ermöglichte Ausnahmen von der Kriegsdienst-Voraussetzung bei Beförderungen, »*wenn sich der SS-Führer in einer wichtigen beruflichen Schlüsselstellung befindet*«.[132] Dies war bei Wagner der Fall. Er hat nie aktiv am Krieg teilgenommen. Seiner Gattin gegenüber war ihm dieser Umstand unangenehm. Wenn beide ins Kino gingen, »*richtete er es so ein, daß er die Wochenschau nicht mitsah, weil die Frontaufnahmen ihm peinlich waren*«.[133]

Abb. 3 Wagner Mitte stehend, wahrscheinlich aufgenommen anlässlich des Zweiten Wiener Schiedsspruches (1940)

---

131 Schreiben Bergers an SS-PHA vom 6.10.1942, in: BA Berlin, SSO Horst Wagner.
132 Vortragsnotiz Likus an Ribbentrop vom 25.3.1943, in: HStA Düsseldorf, Ger.Rep. 192/64.
133 Aussage Irmgard Wagners vom 27.11.1959, in: ebd., Ger.Rep. 237/8.

5.1 »Büro Wagner« – Sonderaufträge für den Reichsaußenminister

Kurz nach Kriegsbeginn nahmen die Planungen konkrete Züge an, im Rheinland ein AA-eigenes Gestüt einzurichten. Als ehemaliger Kavallerist sei Ribbentrop sehr an der Angelegenheit interessiert gewesen, und im Jahr 1940 wurde Wagner auf Vorschlag seines Freundes Baron Steengracht als Verwalter eingesetzt. Obwohl Wagner 1934 bei der SA nur spärliche Reiterfahrungen gesammelt hatte, gab er sich als Pferdekenner aus, und Steengracht hielt ihn folglich für den geeigneten Mann.[134] Der neue Verwalter kaufte zwar das Gestüt selbst für 74.000 RM, aber die tatsächlichen Eigentumsverhältnisse sind unklar. Es handelte sich *»offensichtlich um eine Schiebung zu Gunsten Ribbentrops«*.[135]

Das erworbene Haus Tanneck in der Nähe von Köln sollte zu einem Gestüt mit Rennstall aufgebaut werden, und dem AA zur Verfügung stehen. Der ehemalige Finanzminister Lutz Graf Schwerin von Krosigk äußerte sich 1959 dahingehend, dass das Gestüt von Ribbentrop auf »Führerbefehl« für nachrichtendienstliche Zwecke und zur Attachéausbildung errichtet worden sei.[136] Dies deckt sich mit dem Inhalt einer Unterredung zwischen Ribbentrop und Krosigk am 27. September 1941 in Berlin. Dort hieß es, der RAM *»wolle am liebsten mit einigen anderen Ressorts, z. B. dem Reichswirtschaftsministerium und vielleicht der Reichsführung SS [...] ein Gestüt und einen Rennstall aufbauen«*.[137] Ribbentrop möchte *»auch gerade den Reichsführer SS als Teilhaber [...] haben, damit neben den Angehörigen des Auswärtigen Amtes auch die SS, als neue Führerschicht Deutschlands, mit diesem Sport verwachse«.* »Im engen Einvernehmen mit dem SD« solle das Gestüt als Tarnung für das Nachrichtenwesen genutzt werden:

> »Bei den häufigen Reisen des Rennstalls in fremden Ländern erhalten immer eine Reihe wichtiger Nachrichtenmänner des Auswärtigen Amtes und des SD auf diese Weise Zugang zu Nachrichtenquellen, die ihnen sonst verschlossen wären. [...] [Die] Aufzeichnung des LR. Wagner, der sich um Gestüt und Rennbetrieb im Auftrage des RAM kümmere, zeige, daß voraussichtlich nach einer bestimm-

---

134 Vgl. Aussage Steengrachts vom 16.5.1963, in: ebd., Ger.Rep. 237/28.
135 Wagner behauptete 1941, dass er als Käufer für Ribbentrop fungiert habe. Nach dem Krieg versuchte er erfolglos, Ansprüche geltend zu machen, vgl. Handaktenvermerk Behm vom 9.2.1960, S. 5, in: ebd., Ger.Rep. 192/215.
136 Vgl. Aussage Schwerin-Krosigk vom 17.10.1959, in: ebd., Ger.Rep. 237/7. Er hielt es für *»denkbar [...], dass im Verhältnis zwischen Ribbentrop und Wagner aus einem solchen Einverständnis des Führers* [zur Errichtung des Gestüts] *ein Führerbefehl geworden wäre«.* (Hervorhebung im Original).
137 Niederschrift vom 29.9.1941 über die Rücksprache zwischen RAM und Reichsfinanzminister, in: ebd., Ger.Rep. 237/32.

ten Reihe von Jahren nur noch verhältnismäßig geringe Zuschüsse für Gestüt und Rennstall seitens des Reiches zu tragen sein würden«.[138]

Im besetzten Frankreich besorgte Wagner für den RAM »*zum Ärger der französischen Armee*« Vollblutpferde[139], auch aus jüdischem Besitz.[140] Bis zum Herbst des Jahres 1940 wurden mithilfe abkommandierter SS-Männer ungefähr neunzig Pferde beschlagnahmt, die auf verschiedene Gestüte verteilt wurden.[141] Im Laufe des Jahres hatte sich Wagner sogar eigene Rennfarben eintragen lassen[142] und zwei Rennpferde aus ehemals französischem Besitz starteten für ihn, allerdings mit mäßigem Erfolg. Später wurde Tanneck dem Gestüt Wiesenhof in Berlin-Dahlem angegliedert, welches als ausgesprochenes NS-Gestüt galt.[143] Die Zahl der auf den Wiesenhof-Gestüten beherbergten Tiere variierte zwischen zwanzig und über hundert.

Als Wirtschafter stellte Wagner den SS-Führer Heinz v. d. B.[144] mit dessen Frau ein. Dieser war von der SS an das AA als Kraftfahrer ausgeliehen und uk-gestellt. Wagner übernahm ihn zuerst in den Berliner Bürobetrieb und brachte ihn später auf Tanneck unter. Gelegentlich ermöglichte Wagner Verwandten aus Berlin Aufenthalte auf dem Gestüt, damit diese den Bombenangriffen entgehen konnten. Er selbst verbrachte dort nur wenig Zeit.

In den ersten Jahren sah Wagner in der übertragenen Aufgabe eine gute Chance des beruflichen Weiterkommens. Bis 1943 kümmerte er sich erheblich um das Gestüt. In AA-Kreisen nannte man ihn deshalb leicht abfällig »*Pferdewagner*«[145], während er seine Funktion selbst als »*Wiesenhofer Pferdedirektor*« bezeichnete.[146] Doch als späterer Gruppenleiter Inland II blieb dafür keine Zeit mehr, zumal dem Projekt infolge des Kriegsverlaufs keine wirkliche Bedeutung mehr zukam. Ein Jahr vor Kriegsende wurde das Areal teilweise geräumt. Die besten Tiere brachte man im April 1945 nach Lübeck, wo sie den britischen Truppen übergeben wurden.

Neben der Verwaltung des Gestüts war Wagner für die Beschaffung und Zustellung persönlicher Geschenke des RAM an Führer und Einheiten der Waffen-SS zu-

---

138 Ebd.
139 Sonnenhol, Untergang oder Übergang, S. 107.
140 Unter anderem Tiere der Familie Rothschild, vgl. HStA Düsseldorf, Ger.Rep. 192/63; vgl. ferner IMT, X, S. 345.
141 Vgl. Aussage Emil S. vom 27.11.1961, in: HStA, Ger.Rep. 237/28.
142 Die Jockeykleidung bestand aus goldgelb-blauen Ärmeln, Schnüren und Kappe. Die Farben waren gültig bis Ende 1942.
143 Vgl. ebd., Ger.Rep. 237/4.
144 Heinz v. d. B.: geb. 18.5.1910; Kaufmann u. Kraftfahrer; SS seit 13.5.1933, Nr. 86 811; SS-Ustuf. 9.11.1940, SS-Ostuf. 9.11.1943; Kraftfahrer bei RSHA 1935–1938, RFSS 1937, SS-HA 1936 u. 1941, Stab SS-PHA 1940–1941, AA seit 1938, vgl. BA Berlin, SSO Heinz v. d. B.
145 Aussage Paul O. Schmidts vom 2.6.1959, in: HStA Düsseldorf, Ger.Rep. 237/8.
146 Schreiben Wagners an Luther vom 20.12.1942, in: ebd., Ger.Rep. 192/124.

5.1 »Büro Wagner« – Sonderaufträge für den Reichsaußenminister

ständig, mit denen sich Ribbentrop als loyaler Gefolgsmann erweisen wollte. So konnte sich Himmler etwa zu Weihnachten 1943 bei Ribbentrop wieder für die »*so liebevoll und reichlich ausgesuchten und zusammengestellten Gaben*« für seine SS-Männer an der Front bedanken.[147] Doch auch bewährte Wehrmachtsbefehlshaber, wie der »Held von Narvik«, Generaloberst Eduard Dietl, und reguläre Truppenteile wurden mit Gaben bedacht, die sie sich in von Wagner bestimmten Mengen in den Lagerräumen in Berlin abholen konnten.[148]

Unterstützt durch den Gestütswirtschafter Heinz v. d. B. und einen Sekretär des AA, Emil S., organisierte Wagner die »*Liebesgaben*«, bei denen es sich in erster Linie um Nahrungsmittel, Alkoholika, Tabak, Schokolade sowie Wertgegenstände wie Silberbestecke und Uhren handelte, und verteilte sie an die SS. In Wagners Auftrag reiste Heinz v. d. B. nach Frankreich, Spanien, Portugal und Italien, um die Geschenke zu beschaffen.[149] Auf der Iberischen Halbinsel war er mit den »*örtlichen Verhältnissen*« und Transportmöglichkeiten besonders vertraut.[150] Auch Wagner war hierzu mit größeren Geldmengen öfter in seinem Mercedes mit Diplomatenkennzeichen nach Paris unterwegs.[151] Ferner unternahm er 1942 eine weite Reise nach Spanien und Portugal.[152] So genoss Wagner Vergünstigungen. Er konnte reisen und im Tresor seines Arbeitszimmers soll eine Speckschwarte gehangen haben.

Um die Sonderaufgaben von Berlin aus zu koordinieren, wurde das »*Büro Wagner*« eingerichtet, welches vier Zimmer in der Nähe des AA in der Behrenstraße 14–16 belegte, wo auch teilweise die Geschenke gelagert wurden. Einige weitere Zimmer unter der Adresse nutzte der Vortragende Legationsrat und SS-Oberführer Likus, der hier seit der Zeit der DR im Auftrage Luthers ein Verbindungsreferat zur SS unterhielt. Likus arbeitete seit 1934 für den SD und empfing dort auch seine Zuträger.[153]

Mit Dauer des Krieges wuchs der Vorrat stark an, sodass gegen Ende 1941 neue Depots gefunden werden mussten. Nachdem die Nutzung des Tanzsaales in Ribbentrops Amtssitz strikt abgelehnt worden war[154], verfiel man auf eine Turnhalle und später auf den Keller des AA-Nachwuchshauses in der Rauchstraße. In der Behrenstraße verblieb nur noch das Büro mit einem kleinen Lagerraum. Im November 1943 erhielt das Nachwuchshaus bei den ersten großen Luftangriffen auf Berlin einen Treffer. Mit Mühe und Not konnten einige Bestände an Tabak, Alkoholika und Schokolade gebor-

---

147 Brief Himmlers an Ribbentrop, o. D., in: PA AA, Inland IIg 7.
148 Vgl. ebd. u. Schreiben Luthers vom 7.11.1941, in: IfZ, NL Behm, Bd. 20.
149 Vgl. Aussage Hanna R. vom 25.2.1960, in: HStA Düsseldorf, Ger.Rep. 237/8 u. Aussage Martin H. vom 18.6.1959, in: ebd., Ger.Rep. 237/6.
150 Schnellbrief Thaddens an SS-FHA vom 29.10.1943, in: ebd., Ger.Rep. 192/128.
151 Vgl. Aussage Adalbert D. vom 25.2.1960, in: ebd., Ger.Rep. 237/8 u. PA AA, Geldakte Horst Wagner.
152 Vgl. ebd.
153 Vgl. Aussage Ilse Gräfin v. B. vom 20.6.1961, in: HStA, Ger.Rep. 237/26.
154 Vgl. Schreiben Luthers vom 27.10.1941 u. Ströbels vom 1.11.1941, in: IfZ München, NL Behm, Bd. 20.

gen werden. Danach lagerten die Gegenstände teilweise in der Wilhelmstraße, wo ein anderer Fahrer Wagners die Lager verwaltete. Dieser Mann unternahm wie Heinz v. d. B. Fahrten zur Beschaffung von Nahrungs- und Genussmitteln. Um sich Sympathien zu sichern, verschaffte Wagner seinen drei Mitarbeitern 1943 das Kriegsverdienstkreuz II. Klasse.[155] Zudem setzte er eine außerplanmäßige Beförderung des Gestütsverwalters Heinz v. d. B. zum SS-Untersturmführer durch.

Besonders anschaulich illustrieren einige Einträge in Himmlers Dienstkalender die Geschenkaktionen. Am 9. Oktober 1941 erstattete Wagner dem Reichsführer-SS (RFSS) im Führerhauptquartier bei Rastenburg gegen 17 Uhr 30 einen kurzen Bericht über seine Fahrt zur SS-Panzerdivision »Das Reich«, die in der Sowjetunion bei der Heeresgruppe Mitte eingesetzt war. Dort hatte er Geschenke Ribbentrops überreicht. Himmler bedankte sich für die »*Liebesgaben*« persönlich bei Ribbentrop, der nur fünf Minuten nach Wagner den RFSS besuchte.[156] Bei den Geschenken muss es sich in erster Linie um Alkohol gehandelt haben, denn noch am Abend sprach Himmler mit SS-Gruppenführer Oswald Pohl, Verwaltungschef im SS-Hauptamt, über »*Schnaps für die Truppe*«[157], und am nächsten Vormittag kam erneut die Verteilung von Wodka für die Waffen-SS bei einer Unterredung mit dem Stabschef des SS-Führungshauptamtes, SS-Gruppenführer Hans Jüttner, zur Sprache.

Das »Geschenkeverteilen« unterstützte indirekt auch Wagners SS-Karriere. Am 27. März 1943 bat der RAM um die bevorzugte Beförderung Wagners zum SS-Obersturmbannführer. Um den Makel des mangelnden Fronteinsatzes zu kompensieren, war auf dem Beförderungsvorschlag »*noch besonders vermerkt, daß SS-Sturmbannführer Wagner im bisherigen Verlauf des Krieges den Verbänden und Einheiten der Waffen-SS die ihr vom Herrn Reichsaußenminister zugedachten Liebesgaben unter oft schwierigsten Umständen besorgt und zugestellt hat*«.[158]

Im August 1943 wurde Heinz v. d. B. zum Fronteinsatz bei der Waffen-SS abkommandiert. Aber Thadden bat, die Zuteilung zum AA noch bis zum 6. Januar 1944 zu verlängern, da der RAM angeordnet habe, dass »*für ein Weihnachtsgeschenk von ihm an die kämpfenden Einheiten der Waffen-SS wie im Vorjahre wieder größere Mengen von Spirituosen, Weinen, Rauch- und Süßwaren beschafft werden*« sollten. Obwohl bereits ein »*erfreuliches Lager*« angelegt worden sei, sollten noch weitere Mengen im Ausland beschafft werden. Wagner, so hieß es weiter, nehme sich der Aufgabe »*intensiv*« an, doch eine Mithilfe sei unverzichtbar, da Heinz v. d. B. sich bereits als »*Aufkäufer und Organisator*« bewährt habe.[159] Das SS-Führungshauptamt entsprach dem Wunsch, und Anfang Januar 1944 konnte Himmler Ribbentrop wieder »*für die wie-*

---

155 Vgl. Schreiben Wagners an Steengracht vom 23.2.1943, in: PA AA, Inland IIg 11a.
156 Der Dienstkalender Heinrich Himmlers 1941/1942, hg. im Auftrag der Forschungsstelle für Zeitgeschichte in Hamburg, Hamburg 1999, S. 228. Vgl. ferner PA AA, Geldakte Horst Wagner.
157 Dienstkalender Heinrich Himmlers, S. 229.
158 Schreiben Likus an SS-PHA vom 27.3.1943, in: BA Berlin, SSO Horst Wagner.
159 Schnellbrief Thaddens an SS-FHA vom 29.10.1943, in: HStA Düsseldorf, Ger.Rep. 192/128.

der so liebevoll und reichlich ausgesuchten und zusammengestellten Gaben für meine SS-Männer an der Front [...] besten Dank sagen«.[160] Nach dem erfolgreichen Einsatz revanchierte sich das AA, indem es den Wunsch Heinz v. d. B.s, *»zum Fronteinsatz der Bosniaken-Division in Kroatien«* eingeteilt zu werden, *»wärmstens«* unterstützte.[161]

Im Oktober 1944 bedrohte der amerikanische Vormarsch ein Depot im Rheinland, wahrscheinlich handelte es sich um das Gut Tanneck. Thadden forderte zur Räumung den zur 13. Kroatischen SS-Division versetzten SS-Obersturmführer v. d. B. an, der die Aufgabe als *»in diesen Fragen langjährig versierter Mitarbeiter«* übernehmen sollte.[162] Doch der Bitte wurde nicht mehr entsprochen. Wenige Monate später fiel Heinz v. d. B.

6 Aufstieg des Außenseiters

Die persönliche Bindung zu Ribbentrop, die gemeinsame Zugehörigkeit zur SS und die Ausübung von »Sonderaufträgen« sowie der unbedingte Karrierismus und die daraus resultierende Willfährigkeit prädestinierten Wagner im Frühjahr 1943 für eine neue Aufgabe: Er übernahm im April 1943 auf Weisung des RAM die Gruppe Inland II.

Der Intimus Ribbentrops, Baron Steengracht, will den Vorschlag hierzu gemacht haben. Beide hatten nach der Luther-Affäre erfahren müssen, welches Potenzial die Intermediatstellung zwischen AA und Parteistellen barg, und so lag es auf der Hand, dass eine Verbindungsstelle auch weiterhin geführt werden musste. Um eine erneute Palastrevolution zu verhindern, schuf die AA-Führung als Ersatz für die Abteilung D zwei Nachfolgeeinheiten, die die Zusammenarbeit mit der NSDAP und der SS weiterführen sollten. Die Gruppen Inland I und II wurden bürokratisch von einer Abteilung zu Referatsgruppen »degradiert« und dem RAM direkt unterstellt. Später sollte sich zeigen, dass sie faktisch auch dem Staatssekretär unterstanden.

Inland I übernahm die Verbindung zu Partei und SA, während Inland II mit der SS kooperierte – auch auf dem Gebiet der »Endlösung«. Durch den ungebremsten Aufstieg der SS kam Inland II eine höhere Bedeutung zu. Für die Wahl des neuen Verantwortlichen bei Inland II war entscheidend, dass er keine eigenen Machtspiele verfolgte und dem RAM treu ergeben war. Steengracht sah in Wagner diesen *»leicht lenkbaren Mann«*, der keine Schwierigkeiten machen würde und Ribbentrop seit Jahren gut bekannt war.[163] Die Prognose bewahrheitete sich. Der neue Gruppenleiter agierte stets subaltern und seine politische Initiative ging selten über den Rahmen sachbezogener

---

160 Schreiben Himmlers an Ribbentrop vom 4.1.1944, in: ebd., Ger.Rep. 192/217.
161 Schreiben Thaddens an SS-FHA vom 11.1.1944, in: ebd., Ger.Rep. 192/128.
162 Schnellbrief Thaddens an SS-FHA vom 4.10.1944, in: ebd.
163 Aussage Steengrachts vom 16. u. 22.5.1963, in: ebd., Ger.Rep. 237/28.

Angelegenheiten und Weisungen hinaus. Trotz aller folgenden Versuche, Zuständigkeitsbereiche auszubauen, erreichte Inland II nicht die Machtfülle der Abteilung D. Wagner entwickelte keine großen Konzepte wie sein Vorgänger, lediglich beim Ausbau der eigenen Karriere bewies er auch weiterhin großen Ideenreichtum. Ehrgeizig und karrierebewusst zeigte er keine Skrupel, den neuen Posten als Leiter der Gruppe Inland II anzunehmen und engagiert an die Arbeit zu gehen.

Der Ernennung Wagners folgte ein neuerlicher Aufstieg in der SS-Hierarchie. Ribbentrop plante sogar, ihn einen Rang überspringen zu lassen. Allerdings teilte Likus mit, der bis 1943 den Kontakt zur SS hielt, dass das Überspringen eines Dienstgrades in der SS nicht gern gesehen werde.[164] Daraufhin erfolgte am 27. März 1943, wenige Tage bevor Wagner die Geschäfte am 1. April übernehmen sollte, der Vorschlag zur bevorzugten Beförderung zum SS-Obersturmbannführer mit Wirkung zum 20. April 1943. Gegen die Bedenken des SS-Personalhauptamtes wegen der konfessionellen Gebundenheit und des fehlenden Kriegsdienstes[165] nahm Himmler den Beförderungsvorschlag an.

In der Beamtenkarriere stieg Wagner am 14. September 1943 zum Vortragenden Legationsrat auf. Gern ließ er sich daraufhin als »*Herr Geheimrat*« anreden[166], was als Zeichen seines starken Karrieredranges verstanden werden kann. Dieser während des Kaiserreiches von den Vortragenden Legationsräten geführte Titel war seit 1918 nicht mehr gebräuchlich, fand aber weiterhin inoffizielle Verbreitung. Im Jahr 1943 untersagte Ribbentrop den Gebrauch endgültig[167], was Wagner aber nicht abhielt, den Titel zu führen.[168] Noch 1953 bezeichnete er sich in einem Brief an den Bundestagspräsidenten Dr. Hermann Ehlers als »*ehem. Geheimrat im Auswärtigen Amt*«.[169]

Wie reagierten die Kollegen auf den Aufstieg Wagners, der zuvor nur Handlangerdienste für den RAM ausgeführt hatte?

Unter den Kameraden aus der DR bestand im Amt ein besonderer Kontakt. Diese bildeten zwar keine isolierte Gruppe, aber die gemeinsame Herkunft aus der Parteidienststelle generierte einen eigenen *esprit de corps*. So forderte Luther Ende 1942 den ebenfalls aus der DR stammenden Baron Steengracht auf, im neuen Jahr mögen »*die alten Getreuen sehr fest zusammenhalten*«.[170] Zur genannten Gruppe kann auch Wag-

---

164 Vgl. Schreiben Likus an SS-PHA vom 26.10.1943, in: BA Berlin, SSO Horst Wagner.
165 Das SS-PHA machte darauf aufmerksam, dass Wagner bereits am 30.1.1942 befördert und »*im Kriege schon dreimal befördert*« worden sei. Ferner habe er »*nicht gedient*« und sei »*noch konfessionell gebunden*«, vgl. ebd.
166 Aussage Adalbert D. vom 25.2.1960, in: HStA Düsseldorf, Ger.Rep. 237/8.
167 Vgl. Rundschreiben Ribbentrops vom Mai 1943, in: ebd., Ger.Rep. 192/217.
168 Vgl. Schnellbrief Kaltenbrunners an Himmler vom 30.12.1944, in: PA AA: Inland IIg 372. Ferner Schellenberg, Hitlers letzter Geheimdienstchef, S. 421: »*Ribbentrop schickte sogleich seinen persönlichen Referenten, Geheimrat Wagner*«.
169 Schreiben Wagners an Ehlers vom 22.10.1953, in: HStA Düsseldorf, Ger.Rep. 237/32.
170 Brief Luthers an Steengracht vom 14.11.1942, in: ebd., Ger.Rep. 192/124.

ner gezählt werden. Mit Steengracht verband Wagner eine Duzfreundschaft und Gottfriedsen, ebenfalls aus der DR, war ein Freund der Familie. Luther sah sich und Wagner in »*alter Kameradschaft*« verbunden.[171] Mit Gespür für nützliche Mentoren versuchte der strebsame Wagner, sich gerade bei Luther anzubiedern. Er gratulierte zu verschiedenen Anlässen dem »*lieben und sehr verehrten Parteigenossen Luther*« und machte ihm zu Weihnachten 1942 alkoholische Geschenke.[172] Die entsprechenden Flaschen für den privaten Zweck zweigte Wagner allerdings aus dem Geschenkedepot des RAM ab. Ein wirklich enger Kontakt zwischen beiden lässt sich aber nicht nachweisen.

Im Umfeld der traditionellen Karrierediplomaten wiederholen sich besonders zwei Motive in der Einschätzung Wagners: Seine Geltungssucht und der nachträgliche Versuch, seine Person und Rolle zu bagatellisieren. Da sich diese Topoi bei einer ganzen Reihe verschiedener, teilweise nicht miteinander bekannter Zeugen wiederfinden, können sie als relativ gesichert gelten.

Insgesamt gesehen rief der Emporkömmling zumeist Ablehnung hervor. Die schon vor 1945 gebräuchliche, zynische Titulierung »*Botschafter Wagner*« karikierte das offensichtliche Geltungsstreben.[173] Fritz-Gebhardt von Hahn, seit 1937 im AA, »*teilte die verbreitete Animosität gegen Wagner wegen dessen außergewöhnlicher Karriere ohne entsprechende Vorbildung, die er als Schützling des Reichsaußenministers gemacht hatte.*«[174] Kollegen dachten ähnlich.[175] Die Vorzimmerdame des Gruppenleiters konstatierte: »*In Bezug auf die Wichtigkeit seiner Persönlichkeit neigte Herr Wagner zu Übertreibungen.*«[176] Eine andere Sekretärin hatte Schwierigkeiten mit »*dem anmaßenden Auftreten*«.[177] Inland II-Mitarbeiter Georg Ashton sah in der »*betont weltmännischen Haltung*« nur einen Bluff.[178] Und auch für Unterstaatssekretär Andor Hencke wollte Wagner in einem »*übertriebenen Geltungsbedürfnis*« stets als mehr erscheinen als er wirklich war.[179] Noch lange nach Kriegsende echauffierte sich Albrecht von Kessel in einem Telefonat mit dem Untersuchungsrichter Ulrich Behm. Letzterer teilte seinem Freund Robert M. W. Kempner danach mit:

---

171 Brief Luthers an Wagner vom 21.11.1942, in: ebd.
172 Schreiben Wagners an Luther vom 20.12.1942, in: ebd.
173 Vernehmung Thaddens vor dem Militärgerichtshof IV am 3.3.1948, S. 2748, in: StA Nürnberg.
174 Aussage Hahns vom 12.9.1962, in: HStA Düsseldorf, Ger.Rep. 237/27.
175 Vgl. Aussagen Grundherrs vom 28.9.1960 u. Granows vom 10.11.1961, in: ebd., Ger.Rep. 237/26 sowie Aussage Hahns vom 12.9.1962, in: ebd., Ger.Rep. 237/27 sowie Aussagen Rahns vom 3.8.1962 u. Schroeders vom 12.4.1961, in: ebd., Ger.Rep. 237/28.
176 Aussage Ilse Gräfin v. B. vom 20.6.1961, in: ebd., Ger.Rep. 237/26.
177 Aussage Hildegard K. vom 10.7.1948, in: BA Koblenz, Z 42 IV/7200.
178 Aussage Ashtons vom 18.8.1961, in: HStA Düsseldorf, Ger.Rep. 237/26. Vgl. auch Aussage v. Mirbachs vom 20.10.1964, in: ebd., Ger.Rep. 237/27.
179 Aussage Henckes vom 19.10.1960, in: ebd.

»Aber als ich als Untersuchungsrichter gegen Horst Wagner bekannt geworden war, rief er [A. v. Kessel] mich am 20.11.59 von Düsseldorf aus an, – und schimpfte auf Wagner, Ribbentrop und Genossen [...]. Im Laufe des Gesprächs fielen Bemerkungen wie: diese Schweine, diese Mörder, ekliger Kerl, schlechtes Produkt der Kadettenerziehung, mit der er angab (1938 im Protokoll), klaute für Ribbentrop die Pferde!«[180]

Ähnliche Meinungen teilten auch einige der neuen Diplomaten, die nach 1938 ins Amt kamen. Die meisten waren besser qualifiziert als Wagner, verfügten aber nicht über dessen Kontakte. So äußerte sich Gottfriedsen gegenüber dem Historiker Döscher, der sich nach dem Gespräch folgende Aussage über Wagner notierte: »*Aufgestiegener Subalterner, krankhaft ehrgeizig (daher skrupellos), kein Hochschulstudium, nicht mal Abitur [...] willfährig und Ribbentrop hörig. [...]*«[181] Dem 1939 in den Auswärtigen Dienst gelangten Sonnenhol fiel Wagner durch seine »*parvenuehafte Haltung unangenehm*« auf.[182]

Andere, wie Chefdolmetscher Paul O. Schmidt, bemühten sich, Person und Funktion Wagners im Amt herunterzuspielen. Wagner habe »*nicht gerade über einen weiten geistigen Horizont*« verfügt.[183] Für Hans Gmelin, zeitweise Pressereferent des Gesandten in der Slowakei, galt Wagner als »*unbedeutende Figur*«.[184] Auch Fritz Hesse, Quereinsteiger und Pressereferent Ribbentrops, hielt den Gruppenleiter für eine »*nicht sehr bedeutende, nicht sehr gebildete und politisch kaum beschlagene Persönlichkeit*«. Noch im Januar 1945 habe sich Kaltenbrunner beschwert, dass man einen so belanglosen Mann als Verbindungsführer eingesetzt habe.[185] Solche Aussagen verringerten in der unausgesprochenen Schlussfolge durch die Herabsetzung Wagners auch die Rolle des AA bei NS-Verbrechen.

In die Antipathie mischte sich Misstrauen, welches aus der engen Kooperation Wagners mit der SS entsprang: Einige hielten ihn gerüchteweise für einen Spitzel.[186] Besonders Botschafter Karl Ritter pflegte eine ausgesprochene Aversion:

»Ich habe in Herrn Wagner nie einen Beamten des Auswärtigen Amtes gesehen; für mich war er immer nur ein Spion Himmlers im Auswärtigen Amt, der Himmler zu berichten hatte, was im Auswärtigen Amt vorgeht, und über uns

---

180 Brief Behms an Kempner vom 31.8.1992, in: BA Koblenz, NL Kempner, Bd. 900.
181 Mitteilung Gottfriedsens vom 24.6.1976, in: BA Koblenz, Kl. Erwerb., 838/1.
182 Aussage Sonnenhols vom 11.9.1962, in: HStA Düsseldorf, Ger.Rep. 237/28.
183 Aussage Paul O. Schmidts vom 2.6.1959, in: ebd. Vgl. auch die Aussagen Altenburgs vom 21./22.10.1964 u. Gmelins vom 21.12.1961, in: ebd. Ger.Rep. 237/26.
184 Aussage Gmelins vom 21.12.1961, in: ebd.
185 Aussage Hesses vom 20.6.1961, in: ebd.
186 Vgl. Aussage Schroeders vom 12.4.1961, in: ebd., Ger.Rep. 237/28.

alte Beamte nicht nur zu berichten, sondern als Provokateur uns auch Fallen zu stellen [hatte].«[187]

Dieser Vorwurf lässt sich jedoch nicht belegen. Ritter empfand zwar schon vor 1945 wenig Sympathie für Wagner, doch intensivierte er seine Anschuldigungen nach Kriegsende, um Wagner zu diskreditieren, der als Belastungszeuge gegen Ritter aufgeboten war.

Daneben blieb Wagner einigen Kollegen aber auch positiv im Gedächtnis, wenn Diplomaten Verfolgung durch die Geheime Staatspolizei (Gestapo) oder andere SS-Stellen drohte.[188] So waren beispielsweise die Generalkonsuln in Bozen, Gustav Strohm, und in Casablanca, Theodor Auer, wegen defätistischer Äußerungen ins Visier der Staatsschutzbehörden geraten. Auer erwartete im August 1943 ein Prozess vor dem Volksgerichtshof. Dessen ehemaliger Untergebener Sonnenhol, nun Referatsleiter Inland II B, will sich für seinen alten Chef eingesetzt haben und sei hierbei von Wagner unterstützt worden.[189] Auer kam nicht vor Gericht, blieb aber bis Kriegsende in Haft. Im Falle Strohms habe nach Sonnenhols Darstellung Wagner sogar die Initiative ergriffen.[190] Der ehemalige Generalkonsul entging tatsächlich einem Verfahren und meldete sich 1944 »freiwillig« zum Dienst in der Rüstungsindustrie.[191] Sonnenhol resümierte vierzig Jahre später: »*Aber ich kann nicht über ihn* [Wagner] *klagen – bei allen hilfreichen Aktionen wirkte er mit.*«[192]

Die Akten der Gruppe Inland II zum Fall Auer lesen sich weit weniger konspirativ. Ribbentrop persönlich bemühte sich um eine angemessene Haftbehandlung, und Sonnenhol gab eine (nicht erhaltene) Leumundsaussage, nachdem er als Zeuge von Auer benannt wurde. Staatssekretär Steengracht war in erster Linie mit dem Fall befasst und ließ Himmler ein abmilderndes Gutachten zukommen, das in der Rechtsabteilung erstellt worden war.[193] Auch im Fall Strohm kann nach den Dokumenten von einer Initiative Wagners keine Rede sein. Die Zwistigkeiten zwischen Strohm und volksdeutschen Vertretern sowie der NSDAP in Tirol waren so gering, dass der RFSS Wagner gegenüber äußerte, er sehe keinen Anlass für ein Verfahren. Vorsorglich wurde Strohm dennoch vom Dienst suspendiert.[194] Wagner war mit beiden Fällen nur marginal befasst.

---

187 Vernehmung Ritters vor dem Militärgerichtshof IV am 14.7.1948, S. 12081, in: StA Nürnberg. Vgl. ferner Aussage Veesenmayers vom 29.5.1963, in: HStA Düsseldorf, Ger.Rep. 237/28.
188 Vgl. Aussage Altenburgs vom 21./22.10.1964, in: ebd. Ger.Rep. 237/26, Aussage Twardowskis vom 5.12.1961, in: ebd., Ger. Rep. 237/28.
189 Vgl. Aussage Sonnenhols vom 11.9.1962, in: ebd.
190 Vgl. ebd.
191 Vgl. Döscher, SS und Auswärtiges Amt, S. 38.
192 Sonnenhol, Untergang oder Übergang?, S. 107.
193 Vgl. allgemein Akte Auer, in: PA AA, Inland IIg 12.
194 Vgl. allgemein Akte Strohm, in: ebd., Inland IIg 14.

Auch an der politischen Zuverlässigkeit des ehemaligen Leiters der Kulturpolitischen Abteilung Fritz von Twardowski hegte der SD Zweifel, als dieser Anfang 1944 als Generalkonsul in Istanbul arbeitete. Die neutrale Türkei war eine Drehscheibe der Geheimdienste, und Twardowski war durch den Umgang mit Personen, die später des Landesverrats bezichtigt wurden, in Verdacht geraten.[195] Wagner sei in der Sache nach Aussage ehemaliger, »konventioneller« Kollegen sehr »*hilfsbereit und zuvorkommend*« gewesen.[196] Twardowski überstand den Krieg unbeschadet. Aber auch hier lassen die Akten eine ausgeprägte Retter-Rolle Wagners nicht erkennen. Die Landesverratsvorwürfe wurden zwischen dem AA-Personalchef Hans Schroeder und dem SD-Auslandschef Schellenberg ausgeräumt. Nachweislich setzten sich Steengracht, Staatssekretär und Gauleiter NS-Auslandsorganisation Erwin Bohle sowie Botschafter Franz von Papen für Twardowski ein.[197] Es gab zwar mindestens ein Gespräch zwischen Wagner und Kaltenbrunner, welches aber ausdrücklich von Ribbentrop angewiesen worden war. Twardowski half wesentlich der Umstand, dass die Vorwürfe des SD gegen das diplomatische Personal in der Türkei einen kräftigen Streit provozierten, in dem der RAM sich genötigt sah, die einwandfreie weltanschauliche Verlässlichkeit seiner Beamten und seines Ressorts verteidigen zu müssen. Denn als Hitler davon erfuhr, geriet auch Ribbentrop in die Schusslinie.[198]

Auch in der Folge des Umsturzversuchs vom 20. Juli 1944 wurde Jagd auf Abweichler in den Kreisen des AA gemacht. Hauptsächlich für die verhafteten Diplomaten Ulrich von Hassell und Graf von der Schulenburg gab es zeitweise Unterstützung seitens des AA. Schnell zeichnete sich jedoch ab, dass Hassell durch das Verfahren gegen den Mitverschwörer Carl Friedrich Goerdeler so schwer belastet war, dass eine Rettung aussichtslos erschien.[199] Bei Schulenburg hingegen lag die Anklage nicht derart klar. Hierin sah Wagners Untergebener Sonnenhol Möglichkeiten. In einem geheimen Schreiben informierte er seinen Vorgesetzten über Schritte, die man für den ehemaligen Botschafter unternehmen könne. Schulenburg habe »*zweifellos keine Kenntnis von dem Attentatsplan*« gehabt und sei lediglich durch die politische Entwicklung derart besorgt gewesen, dass er mit den Widerstandskreisen nur hypothetische Gespräche über einen Kompromissfrieden geführt habe. Es komme besonders darauf an, eine günstige Bewertung der Persönlichkeit zu erzielen, da die Sachlage nicht vollkommen überzeugend sei. Dies Vorgehen sei mit Steengracht abgesprochen und letztlich im »*Interesse des Amtes*«. Er bat Wagner darum, diese Punkte dem RAM vorzutragen, damit Ribbentrop persönlich eine vorteilhafte Beurteilung Schulenburgs abge-

---

195 Vgl. Akte Twardowski, in: ebd. u. ebd., Inland IIg 464.
196 Aussage Twardowskis vom 5.12.1961, in: HStA Düsseldorf, Ger.Rep. 237/28; vgl. auch Aussage Altenburgs vom 21./22.10.1961, in: ebd., Ger.Rep. 237/26.
197 Vgl. Akte Twardowski, in: PA AA, Inland IIg 14.
198 Vgl. allgemein ebd., Inland IIg 464.
199 Vgl. Aufzeichnung Wagners vom 31.8.1844, in: ebd., Inland IIg 59.

be.²⁰⁰ Eine Reaktion Wagners oder Ribbentrops lässt sich nicht nachweisen, aber das Schreiben Sonnenhols zeigt, wie sachliche Argumente eingesetzt werden konnten. Derartige Aufzeichnungen Wagners sind in den Akten nicht enthalten. Den Prozess gegen den ehemaligen Botschafter verfolgte Inland II B-Referent Rudolf Bobrik. Erst nach dem ausgesprochenen Todesurteil ließ Wagner die Frage, ob etwas unternommen werden könne, auf die Vortragsliste beim RAM setzen.²⁰¹ Doch Graf von der Schulenburg wurde am 10. November 1944 in Plötzensee hingerichtet. Wie in den anderen Fällen zeigte sich erneut, dass höhere Beamte eingeschaltet wurden.²⁰² Und Ribbentrop verfügte, dass sich Schroeder beim SD nach den genauen Anklageinhalten informierte.²⁰³

Sicherlich ist es schwierig, aus dem Aktenmaterial den Gehalt möglicher, konspirativ erfolgter Rettungsinitiativen herauszuarbeiten. Unzweifelhaft ist, dass Wagner als Verbindungsführer zur SS dienstlich mit den Fällen zu tun hatte und auch der Verhandlung gegen Ulrich von Hassell vor dem Volksgerichtshof beiwohnte.²⁰⁴ Doch hat sich in allen untersuchten Fällen gezeigt, dass sich die entscheidenden Hilfen durch andere Umstände ergaben oder die Vorwürfe von alleine fallen gelassen wurden. Die Akten zeigen, dass Wagner in diesen heiklen Angelegenheiten trotz seiner Verbindungsführerschaft meist nur peripher herangezogen wurde. Die wesentlichen Initiativen wurden durch andere ergriffen. Obwohl Wagner informiert war und die Fälle sowohl mit Himmler als auch mit Ribbentrop besprach, nutzte er seine Beziehungen nicht nachweislich zu Gunsten der Betroffenen. Als Zeuge in Nürnberg gab er sogar an, er sei so unbedeutend gewesen, dass er keine Möglichkeit gehabt habe, Berufskollegen vor dem Regime zu retten.²⁰⁵ Diese Sichtweise änderte sich schnell, als Wagner selbst unter Anklage stand, und er und seine Anwälte die obigen und ähnlichen Fälle als Verteidigungsargument auszunutzen suchten.²⁰⁶ Bei Wagners Schilderungen handelt es sich viel wahrscheinlicher um reine Legendenbildung, um sich positiv vor der Justiz zu präsentieren.

Doch woraus resultierten dann die entlastenden Aussagen von Zeitzeugen, die darüber hinaus kein sonderlich positives Bild vom Gruppenleiter Inland II zeichneten?

---

200 Schreiben Sonnenhols an Wagner vom 31.8.1944, in: ebd.
201 Vgl. Schreiben Wagners an BRAM vom 24.10.1944, in: ebd.
202 Auch der stellvertretende Personalabteilungsleiter hatte persönlichen Kontakt zum inhaftierten Schulenburg, vgl. Schreiben Bergmanns an RAM vom 29.8.1944, in: ebd.
203 Vgl. Schreiben Wagners an RAM vom 3.10.1944, in: ebd.
204 Vgl. Aussage Wagners vom 27.3.1962, in: BA Koblenz, NL Kempner, Bd. 577. Die Einlasskarte Wagners für die Verhandlung vom 7.9.1944 findet sich in: HStA Düsseldorf, Ger.Rep. 192/241. Den Bericht über die Verhandlung fertigte allerdings Sonnenhol am 7.9.1944 an, vgl. PA AA, Inland IIg 59.
205 Vgl. Vernehmung Wagners vor dem Militärgerichtshof Nr. IV am 3.3.1948, S. 2698, in: StA Nürnberg.
206 Vgl. Memorandums Wagners [1957], in: IfZ München, NL Behm, Bd. 17. Identisch mit dem HStA Düsseldorf, Ger.Rep. 237/32.

Einige Äußerungen lassen darauf schließen, dass Wagner schon vor 1945 versuchte, die versagte Anerkennung einiger Kollegen durch zur Schau getragene Hilfsbereitschaft zu erlangen. Der ehemalige Personalchef Schroeder sprach von einem guten Verhältnis zwischen den »Alten« und dem »*Protektionskind*« Ribbentrops, weil Wagner sich besonders nach dem 20. Juli um belastete Diplomaten bemüht habe.[207] Kritischer drückte es der vormalige Gesandte Rudolf Rahn aus, dem es schien,

> »daß Wagner sich einerseits aus echter Gutmütigkeit, zum anderen aber aus dem Bestreben heraus so verhalten hat, den alten Beamten des auswärtigen Dienstes damit zu gefallen. Er legte als ›Outsider‹ offenbar Wert darauf, in den Stamm der alten Beamten des AA aufgenommen zu werden.«[208]

So erwecken einzelne Fälle den Anschein, als ob sie konstruiert worden sind, um Dankbarkeit und Verpflichtungen hervorzurufen.[209]

Es bleibt der Eindruck, dass jene Kollegen, die über keine persönlichen Detailkenntnisse verfügten von Wagner tendenziös unterrichtet wurden und diese Informationen später kolportierten. Nach dem Krieg bat Wagner beispielsweise Auer mehrfach um Unterstützung, der dann 1957 ein Dankschreiben für die »*Intervention*« Wagners ausstellte, von der Auer allerdings erst 1952 durch Sonnenhol erfahren habe.[210] Später rückte Auer, mittlerweile Botschafter in Colombo, von seiner Stellungnahme ab und erklärte, Wagners Schilderung sei teilweise falsch.[211]

Sonnenhol konnte die Schattenspiele Wagners für eigene Zwecke nutzen. Er breitete in seinen 1984 erschienen Memoiren seine Rettungstaten vor der Leserschaft aus, um als ehemaliges NSDAP-Mitglied und SS-Führer die beachtliche Nachkriegskarriere in verschiedenen Ministerien, unter anderem als Botschafter in Südafrika und der Türkei, nachträglich zu applanieren. Das angebliche Rettertum Wagners schwächte dabei den negativen Ruf von Inland II ab, wo Sonnenhol zeitweise gearbeitet hatte.

Zusammenfassend kann gesagt werden, dass Horst Wagners ungewöhnliche Karriere von den Kollegen als solche wahrgenommen wurde. Um die daraus teilweise resultierende Isolierung zu überwinden, kokettierte er schon vor 1945 mit einer vermeintlichen Hilfe für einzelne Diplomaten bei drohenden Repressionen durch das Regime.

---

207 Aussage Schroeders vom 12.4.1961, in: ebd., Ger.Rep. 237/28. Ferner Aussage Twardowskis vom 5.12.1961, in: ebd. u. Aussage Altenburgs vom 21./22.10.1961, in: ebd., Ger.Rep. 237/26.
208 Aussage Rahns vom 3.8.1962, in ebd. Ger.Rep. 237/28.
209 Vgl. Aussage Picots vom 6.11.1962 u. Aussage Hesses vom 20.6.1961, in: ebd., Ger.Rep. 237/27; Aussage Auers vom 25.10.1962, in: ebd., Ger.Rep. 237/26. Ferner die Selbstdarstellung Hesses, Das Spiel um Deutschland, München 1953, S. 370 ff.
210 Brief Auers vom 12.1.1957, in: HStA, Ger.Rep. 237/3.
211 Vgl. Aussage Auers vom 25.10.1962, in: ebd., Ger.Rep. 237/26.

II Eberhard von Thadden – klassische Funktionselite und nationalantisemitische Milieus

1 Schul- und Studienzeit – DNVP

Teile der weit verzweigten Adelsfamilie von Thadden dienten seit Jahrhunderten den Landesherrn als Soldaten, so auch der 1869 in Danzig geborene, spätere Infanterieoffizier Arnold Hermann von Thadden. Im September 1901 heiratete er in Berlin die zehn Jahre jüngere Margarethe Marie Louise Epenstein, die am 17. November 1909 den Sohn Eberhard Hans Arnold zur Welt brachte, nachdem sie schon 1902 einen Sohn geboren hatte.[1] Die junge Familie folgte dem Vater an seine militärischen Dienstorte. Zwischen 1911 und 1913 lebte man in Magdeburg, bevor es ins westpreußische Thorn ging, wo der evangelisch getaufte Eberhard zu Ostern 1916 den Schulbesuch begann. Sein Vater wurde später als hervorragender Vorgesetzter mit Vorbildfunktion beschrieben. Er sei ein *»besonders vornehmer und soldatischer Charakter. […] In jeder Lebenslage sehr korrekt, mit ausgeprägtem feinem Taktgefühl«*.[2]

Nach dem verlorenen Weltkrieg verließ die Mutter mit ihren Söhnen Thorn, während der Vater noch als Generalstabschef des 22. Reservearmeekorps in der Ukraine stand. Vom Herbst 1919 bis Ostern 1920 schickte man Eberhard auf eine Privatschule in Braunfels an der Lahn, bevor er in die Quinta des Reform-Realgymnasiums in Weimar wechselte. Dorthin war die Familie gezogen, nachdem der Vater als Oberst im Januar 1919 seinen Abschied erhalten hatte. Sozial deklassiert und mit begrenzten wirtschaftlichen Möglichkeiten ausgestattet, lebte die Familie in bescheidenen Verhältnissen. Im politischen und wirtschaftlichen Krisenjahr 1923 ermöglichte das Rote Kreuz Eberhard von Thadden als Unterernährtem einen sechsmonatigen Erholungsaufenthalt in Norwegen.

Geprägt durch das konservativ-nationale Elternhaus trat der junge Thadden ungefähr 1924 der Bismarckjugend[3] bei. Die selbst postulierte Aufgabe der Jugendorganisation der DNVP war es, *»ihre Mitglieder zu Trägern und Vorkämpfern des nationalen*

---

1 Die folgenden Aussagen gründen sich, sofern nicht anders markiert, auf den handschriftlichen Lebenslauf Thaddens [Anfang 1936], in: BA Dahlwitz, ZD 7774, A7 und den handschriftlichen Lebenslauf vom 21.5.1948, in: BA Koblenz, Z 42 IV/7200. Beide sind ausführlich und genau. Da sich die Angaben mit anderen Daten decken, werden sie in der Regel als glaubwürdig erachtet.

2 Beurteilung Arnold v. Thaddens vom 1.5.1942, in: BMA (Bundesmilitärarchiv) Freiburg, Personalakte Arnold von Thaddens.

3 Vgl. Krabbe, Wolfgang, Die gescheiterte Zukunft der ersten Republik. Jugendorganisationen bürgerlicher Parteien im Weimarer Staat (1918–1933), Opladen 1995, S. 177 ff.

Gedankens zu erziehen«.⁴ Wie die Mutterpartei sagte man dem Parlamentarismus mit dem Ziel der Restauration einer expansiv ausgerichteten, altpreußischen Monarchie den Kampf an. Thadden blieb dieser politischen Linie treu und trat zwei Jahre später der DNVP selbst bei. Diese machte aus ihrer republikfeindlichen Haltung wenig Hehl und setzte sich für nationalistische Gesinnung, Restauration der Monarchie und stärkeren Einfluss der evangelischen Kirche auf den Staat ein. Von den gesellschaftlich-politischen Entwicklungen der Nachkriegszeit überfordert, trauerten die Deutschnationalen dem Glanz des untergegangenen Kaiserreiches nach. Für sie war Deutschland am Kriegsausbruch 1914 schuldlos und der »Dolchstoß« von 1918 eine historische Tatsache. Der Versailler Vertrag wurde folgerichtig als nationale Schande gesehen. Auf dem Gebiet des Antisemitismus vertrat die DNVP den radikalen Standpunkt des biologischen Rasseantisemitismus: *»Die Juden sind keine einheitliche Rasse, sondern eine Mischrasse [...], die sich durch lange Inzucht rassenmäßig befestigt [hat]. Da das deutsche Volk rassenmäßig in seiner Zusammensetzung vollkommen anders geartet ist, so ist die Judenfrage blutsmäßig eine Rassenfrage.«*⁵ So verpflichtete man sich zum Kampf »*gegen die Vorherrschaft des Judentums, die seit der Revolution in Regierung und Öffentlichkeit immer verhängnisvoller hervortritt«.*⁶ Verknüpft mit einer außenpolitischen Revanchepolitik, besonders gegenüber Frankreich, konnte das Programm 1924 über zwanzig Prozent der Wähler überzeugen. Eine ausgeprägte Tätigkeit innerhalb der Partei schien Thadden nicht zu entwickeln, jedenfalls blieb er in seiner späteren Göttinger Studentenzeit bei Mitbewohnern nicht politisch in Erinnerung.⁷

Zu Ostern 1928 legte er in Weimar das Abitur ab. Sein Reifezeugnis bescheinigte ihm Bestnoten in Fleiß und Betragen, während er in den fachlichen Leistungen allgemein »gut« bewertet wurde. Die Fremdsprachen Latein, Französisch und Spanisch wurden mit »genügend« abgeschlossen. Im Englischen konnte er seine guten Leistungen wiederholen. Entgegen den geistigen Fähigkeiten fielen seine körperlichen stark ab: Die Leibesübungen wurden mit »nicht genügend« bewertet, der schlechtesten Note.⁸

Bereits zu Schulzeiten hatte Thadden als Oberprimaner die großen Ferien in London verbracht und den Wunsch gehegt, in den diplomatischen Dienst zu gehen. Aber sein Vater war dagegen.⁹ Dieser schickte den Sohn für eine Kaufmannslehre nach Hamburg zur Exportfirma R. Petersen & Co. Doch der junge Lehrling wich nicht von

---

4 Politisches Handwörterbuch (Führer-ABC) [der DNVP], hg. von M. Weiß, Berlin 1928, S. 107.
5 Ebd., S. 290.
6 Ebd., S. 35. Zur Ausrichtung der DNVP allgemein vgl. Sontheimer, Kurt, Antidemokratisches Denken in der Weimarer Republik, München ⁴1994, S. 114 ff.
7 Vgl. Schreiben Göttinger NSDAP-Ortsgruppe Frankfurter Hof vom 25.6.[1937], in: BA Berlin, PK Eberhard von Thadden.
8 Vgl. Abschrift des Reifezeugnis Thaddens vom 1.3.1928, in: BA Dahlwitz, ZD 7774, A7. Die Abschrift ist nicht beglaubigt.
9 Vgl. Vernehmung Thaddens vom 1.4.1947, in: Archiv des Verfassers.

seinem ursprünglichen Plan ab und schrieb sich Ostern 1929 an der Universität parallel für ein Studium der Rechtswissenschaften ein. Nach Abschluss der zweijährigen Lehre hielt ihn wenig in der Hansestadt, und Thadden führte seine Studien vom Sommersemester 1930 bis zum Sommersemester 1931 in Freiburg weiter, wo er in Kontakt zum Verbindungswesen kam. Er trat der schlagenden Turnerschaft »Markomanno Albertia« bei, einer der damals größten Korporationen der Universitätsstadt.[10] Bei Konventen deutscher und österreichischer Bünde vertrat Thadden die Markomanno-Albertia mehrfach als Delegierter, auch als er später in Göttingen studierte.[11] Im Oktober 1935 reiste Thadden nach Frankfurt, wo sich die Turnerschaft unter dem allgemeinen Druck der Nationalsozialisten auf die studentischen Verbindungen auflöste. Wie in der DNVP begegnete Thadden auch im studentischen Leben antisemitischen Tendenzen. Jüdischen Deutschen stand die Mitgliedschaft in der Markomanno-Albertia zwar offen, doch schon 1929 fasste der übergeordnete Vertreter-Convent einen »*Judenbeschluß*«, woraufhin mindestens ein jüdisches Mitglied freiwillig aus der Turnerschaft austrat.[12]

Strebsam hielt Thadden an seinem Berufswunsch fest, und er besuchte in den Semesterferien mehrfach die Schweiz, wo er an einem Ferienkurs der Genfer Universität und der Völkerbundsommerschule teilnahm; ein Ferienkurs an der Pariser Sorbonne schloss sich an. Im Sommer 1931 hörte er Vorlesungen an der Akademie für Internationales Recht in Den Haag[13] und nutzte die folgenden zwei Monate für einen Sprachkurs und eine Anstellung als Volontär bei der Pariser Firma »Maison de la Presse étrangère«.[14]

1931/32 wechselte Thadden an die Universität Göttingen, wo er seine juristischen Studien abschloss. Einen Tag nach seinem dreiundzwanzigsten Geburtstag, am 18. November 1932, legte er am Oberlandesgericht Celle das Referendarexamen ab. Klausuren und Kolloquium bestand er mit der Note »voll befriedigend«.[15]

---

10 Vgl. Handschriftlicher Lebenslauf Thaddens vom 14.8.1938, in: BA Berlin, RS Eberhard von Thadden.
11 Vgl. Thadden, Eberhard v., Rede vor dem Coburger Pfingstkongreß studentischer Korporationen 1962, abgedruckt in: Steckeweh, Carl (Hg.), 100 Jahre Markomanno-Albertia 1879-1979. Geschichte der Turnerschaft Markomanno Albertia, Freiburg 1979, S. 219-222, hier S. 219.
12 Vgl. Wodtke, Heinz/Hofmann, Berthold, Die Turnerschaft Markomanno-Albertia in den Jahren 1919-1935, in: Steckeweh, 100 Jahre Markomanno-Albertia, S. 113-151, hier S. 133.
13 Vgl. Abschrift der Teilnahmebescheinigung der Akademie für Internationales Recht Den Haag vom 1.12.1931, in: BA Dahlwitz, ZD 7774, A7. Die Abschrift ist nicht beglaubigt.
14 Vgl. Handschriftlicher Lebenslauf Thaddens [Anfang 1936], in: ebd.
15 Vgl. Abschrift der Prüfungsbescheinigung Oberlandesgericht (OLG) Celle vom 21.11.1932, in: ebd. Die Abschrift ist nicht beglaubigt.

2   Promotion, Referendariat, Zweitstudium – NSDAP und SA

Thadden begann seinen anschließenden juristischen Ausbildungsdienst im März 1933 am Amtsgericht Einbeck bei Hannover. Dort erkannte er nach der Machtübernahme der Nationalsozialisten die Zeichen der Zeit. Die DNVP verlor in jeder Hinsicht deutlich an Substanz, und Thadden entschied sich, seiner bisherigen politischen Heimat den Rücken zu kehren und in die NSDAP überzutreten. Diese hatte jedoch einen Aufnahmestopp für Neumitglieder zum 1. Mai 1933 verhängt, um sich von Konjunkturrittern abzuschirmen. Mit Antrag vom 27. April 1933 trat Thadden noch kurz vorher unter der Mitgliedsnummer 3.184.501 ein.[16] Darüber hinaus schloss er sich der SA an. In beiden Organisationen bekleidete er keine Ämter. Mit der neuen politischen Lageeinschätzung stand Eberhard von Thadden nicht allein in der Familie. Sein älterer Bruder J. A. M. von Thadden hatte ebenfalls noch vor dem Aufnahmestopp das braune Parteibuch erworben (Mitgliedsnummer 2.634.543).[17]

Neben dem Ausbildungsdienst besuchte Thadden zum Zwecke der Promotion das völkerrechtliche Seminar des Göttinger Professors Herbert Kraus, der einen exzellenten Ruf innehatte und als weltläufig, polyglott und kompetent galt. Als Mitarbeiter des Auswärtigen Amtes hatte er 1917 an den Friedensverhandlungen von Brest-Litowsk und Versailles teilgenommen.[18] Thaddens Streben nach dem Auswärtigen Dienst dürfte die Wahl für den auf dem Gebiet des Völkerrechts bekannten Kraus als Doktorvater bestimmt haben. In der ersten Hälfte des Jahres 1933 schrieb Thadden die Dissertation mit dem völkerrechtlichen Thema »Domaine réservé« nieder, und Kraus nahm die Arbeit im Juli an.[19] Wenige Tage nach Erhalt der Arbeit verfasste Kraus sein Votum. Er dokumentierte zwar eine »*ausgesprochen juristische Begabung*«, bemängelte aber, dass bedingt durch die »*reichlich früh*« abgeschlossene Arbeit einige Punkte nicht eingehend genug behandelt worden seien bzw. gänzlich fehlten. Letztlich sei die Dissertation mit »magna cum laude« zu bewerten.[20]

In seinem Text versucht Thadden, den »vorbehaltenen Betätigungsbereich der Staaten« im Völkerrecht als deutschen Begriff neben dem traditionellen »domaine réservé« zu etablieren und diesen Bereich, auf dem sich ein Staat im Innern »*ohne Rücksicht auf das Bestehen anderer Staaten*« frei entfalten darf, zu konkretisieren. Auf Anraten Kraus' wurde die Arbeit 1934 unter dem deutschen Titel »Der vorbehaltene

---

16   Vgl. BA Berlin, SSO u. PK Eberhard von Thadden.
17   Vgl. ebd., PK Eberhard von Thadden. NSDAP- oder SS-Unterlagen haben sich weder im Falles des Bruders, noch zu anderen Familienangehörigen überliefert.
18   Vgl. Halfmann, Frank, Eine »Pflanzstätte bester nationalsozialistischer Rechtsgelehrter«. Die Juristische Abteilung der Rechts- und Staatswissenschaftlichen Fakultät, in: Becker/Dahms/Wegeler (Hg.), Die Universität Göttingen unter dem Nationalsozialismus. Das verdrängte Kapitel ihrer 250jährigen Geschichte, München 1987, S. 88-141, hier S. 101 f.
19   Vgl. Typoskript »Domaine réservé«, in: Universitätsarchiv (UA) Göttingen, Promotionsakte Eberhard von Thadden.
20   Vgl. Votums Kraus vom 10.7.1933, in: ebd.

Betätigungsbereich der Staaten (domaine réservé). Eine völkerrechtliche Untersuchung« veröffentlicht.[21] Die publizierte Fassung konzentriert sich auf völkerrechtliche Aspekte, doch Thadden macht in seinem Text auch prägnante, politische Aussagen. Neben einer deutlichen Kritik am Versailler Vertrag und dessen Folgen für Deutschland[22], bringt das neue Parteimitglied Hitler-Zitate und NS-Politparolen wie »Gemeinnutz vor Eigennutz« im Kontext der Arbeit unter.[23] Fasst man einige der Darlegungen zusammen, begreift Thadden die nationalsozialistische Herrschaft als eine Zeit, »*in der das Judenproblem für Deutschland in grundsätzlicher Art und Weise aufgerollt wurde*«[24], und in der die »*Abkehr vom Liberalismus im innerstaatlichen Leben die Forderung nach einem starken Volks(Rasse)staat mit sich*« bringt.[25]

Damit thematisiert der spätere Judenreferent des AA die neue Judengesetzgebung Deutschlands. Thadden greift hierfür die aktuelle Tagespolitik auf: Mit der Petition Franz Bernheims, eines in Oberschlesien ansässigen jüdischen Deutschen, protestierte die jüdische Öffentlichkeit im Mai 1933 beim Völkerbund gegen die ersten antijüdischen Gesetze und Aktionen. Man berief sich auf einen 1922 geschlossenen, deutschpolnischen Vertrag, der in Oberschlesien den Schutz vor Diskriminierung garantierte. Auf die Frage, ob nun der Völkerbund befugt sei, zu den antisemitischen Gesetzen, wie etwa jenem »Zur Wiederherstellung des Berufsbeamtentums«, Stellung zu nehmen, stellt Thadden fest: »*Sicherlich nicht ohne weiteres, denn die Behandlung der Staatsangehörigen durch den eigenen Staat, daher auch eine unterschiedliche Berechtigung und Verpflichtung deutscher Staatsangehöriger nach ihrer arischen und jüdischen Abstammung, gehört zu dem vorbehaltenen Betätigungsbereich Deutschlands.*«[26]

Für Interventionen, die die internen Belange eines Staates betreffen, zeigt Thadden wenig Verständnis. Der Auffassung, dass Kollektivinterventionen in der Lage sein sollen, Innenpolitisches zum Gegenstand internationaler Diskussionen zu machen, tritt er scharf entgegen. Dabei beweist er erneut Vertrautheit mit dem einschlägigen NS-Vokabular: »*Nach ihr [der o. g. Auffassung] würde z. B. der Völkerbund das Recht haben, wegen der judenfeindlichen Gesetzgebung des neuen Deutschland zu intervenieren, da durch die intensive Greuelpropaganda im Ausland ein allgemeines Interesse an diesen deutschen Gesetzesvorschriften entstanden ist, wie Fall Bernheim es deutlich zeigt.*«[27]

---

21 Vgl. Thadden, Eberhard v., Der vorbehaltene Betätigungsbereich der Staaten (domaine réservé). Eine völkerrechtliche Untersuchung, Göttingen 1934 u. Schreiben Thaddens an die Universität Göttingen vom 15.6.1934, in: UA Göttingen, Promotionsakte Eberhard von Thadden. Die nachstehenden Bemerkungen zur Dissertation folgen, sofern nicht ausdrücklich gekennzeichnet, der publizierten Fassung.
22 Vgl. Thadden, Betätigungsbereich der Staaten, S. 37, 77 f. 80.
23 Vgl. ebd., S. 15.f., 44, 67, 76 f. 79, 90.
24 Ebd., S. 15.
25 Ebd., S. 44.
26 Ebd., S. 15. Entgegen Thaddens Auffassung fügte sich das Deutsche Reich dem späteren Beschluss des Völkerbunds und setzte in Oberschlesien antijüdische Gesetze bis 1937/38 aus.
27 Ebd., S. 77.

Im Weiteren geht das neue NSDAP-Mitglied von einer »*Rassebedingtheit allen Rechts und einer starken Betonung der Zusammengehörigkeit aller Volksgenossen auch über die Staatsgrenzen hinaus*« aus.[28] Das jeweilige Landesrecht sei »*abhängig und bedingt von der Rasse eines Landes*«, ebenso wie »*Sitte und Moral [...] rassisch bedingt*« seien.[29] Zum Beweis dieser Aussage führt Thadden das Werk »Der Mythus des zwanzigsten Jahrhunderts« des NS-Ideologen Alfred Rosenberg an.[30]

Zum Abschluss spricht sich Thadden für ein zukünftiges Völkerrecht aus, welches unter der Prämisse der friedlichen Konfliktbewältigung, der gegenseitigen Toleranz des jeweils innerstaatlichen Eigenlebens, der völkischen Eigenart und der Gleichberechtigung untereinander ein internationales »*Streiterledigungssystem [...] zum Nutzen der ganzen Menschheit*« darstellen könnte.[31] Bei Konflikten sollen die »*Prinzipien der Humanität den Staaten in ihrem Handeln eine Art Schranke setzen*«.[32] Thadden übt den Spagat, die Existenz eines übergeordneten, gleichberechtigten Völkerrechts zwar anzuerkennen, dieses aber mit der nationalsozialistischen Weltanschauung zu vereinbaren, welche Staatsgrenzen in erster Linie nach Volksgrenzen sortiert und rassische Rechtsunterschiede macht.

Diese Konstruktion erklärt sich, wenn man das Typoskript der Dissertation von 1933 heranzieht. Thadden sah sich gezwungen, Einleitung und Schluss des Originaltextes zur Drucklegung komplett zu überarbeiten, denn die politischen Zeitläufte hatten seine eigentlichen Aussagen längst überholt. Anfänglich ging er von einem allgemein anerkannten, verpflichtenden Völkerrecht aus, in dem es in erster Linie galt, den Begriff des domaine réservé zu definieren. Alle Staaten, so schloss Thadden Mitte 1933, würden die domaine réservé »*uneingeschränkt zu berücksichtigen haben*«.[33] Doch inzwischen war Deutschland im Oktober 1933 aus dem Völkerbund ausgetreten und hatte seinen völkerrechtlichen Verpflichtungen eine klare Absage erteilt. Die neuen Machthaber ließen sich im »nationalen Erwachen« nur ungern Vorschriften von außen diktieren. Wollte Thadden die Aktualität seiner Arbeit wahren, musste er sich neu orientieren.[34] Er erweiterte die schon bestehenden Passagen zum rassisti-

---

28   Ebd., S. 5.
29   Ebd., S. 67.
30   Thadden führt das Kapitel »Das nordisch-deutsche Recht« als Beleg an. In diesem Abschnitt fordert Rosenberg unter anderem ein Verbot von Ehen bzw. geschlechtlichen Beziehungen zwischen »arischen« und jüdischen Deutschen sowie Verlust der Bürgerrechte für Juden, vgl. Rosenberg, Alfred, Mythus des 20. Jahrhunderts. Eine Wertung der seelisch-geistigen Gestaltenkämpfe unserer Zeit, München [11]1933, S. 578 ff.
31   Thadden, Betätigungsbereich der Staaten, S. 90 f.
32   Ebd., S. 82.
33   Typoskript »Domaine réservé«, S. 96, in: UA Göttingen, Promotionsakte Eberhard von Thadden.
34   Dass die Änderungen von Kraus initiiert worden sind, erscheint unwahrscheinlich. Wegen pazifistisch-demokratischer Haltung wurde er ab 1934 heftig attackiert und 1937 in den Ruhestand versetzt, vgl. Halfmann, Die Juristische Abteilung der Rechts- und Staatswissenschaftlichen Fakultät, S. 101 ff.

schen Jurisprudenzverständnis und belegte sie mit dem Werk Rosenbergs. Die oben zu diesem Punkt wiedergegeben Aussagen Thaddens finden sich in der Originalfassung nicht in dieser Form. Darüber hinaus berücksichtigte die neue Einleitung den deutschen Völkerbundaustritt und die »Rassebedingtheit allen Rechts«. Der Nationalsozialismus leugne das Völkerrecht nicht, es gelte jetzt vielmehr, den »vorbehaltenen Betätigungsbereich« in die neue internationale Lage als Hilfsmittel eines »Streiterledigungssystems« einzubauen. Im neu gefassten Schlussteil habe Deutschland für Thadden durch Völkerbundaustritt und bilaterale Verträge wie den deutsch-polnischen Vertrag vom Januar 1934 wieder den *»natürlichen Weg eingeschlagen, nämlich zu einer Verständigung von Staat zu Staat zu kommen durch direkte Verhandlungen unter Ausschaltung Dritter, die doch stets ihre eigenen Interessen nebenher weiterverfolgen [...]«*.[35] Hierbei komme dem »vorbehalten Betätigungsbereich« die Funktion zu, das Eigenleben der Staaten vor unberechtigten Eingriffen anderer Staaten zu schützen.

Es wäre irrig anzunehmen, Thaddens Adaption von NS-Ansichten sei aus opportunistischen Gründen der sich ändernden politischen Lage geschuldet. Lediglich Anfang- und Schlussteil wurden neu aufgesetzt sowie bestehende Passagen zur *»Rassebedingtheit allen Rechts«* erweitert. Alle übrigen hier zitierten Textausschnitte, z. B. zur Judengesetzgebung, finden sich bereits im Originaltyposkript der Dissertation. In Thaddens Ausführungen (im Original wie in der redigierten Druckfassung) lassen sich rasseantisemitische Ansichten konstatieren. Innenpolitisch stellte sich für ihn die Forderung nach einem *»Volks(Rasse)staat«*, und er erkannte ein deutsches *»Judenproblem«*, bei dessen *»Aufrollung«* er Interventionen fremder Staaten zurückwies und die Diskriminierung unter völkerrechtlichen Aspekten als legitim ansah. Die Anführungen von Hitler-Zitaten aus der Parteizeitung *»Völkischer Beobachter«*, von Rosenbergs grundlegendem Werk sowie das benutzte NS-Vokabular lassen den Schluss zu, dass Thadden dem tagespolitischen Geschehen nicht gleichgültig begegnete sowie den Lehren der Partei gegenüber affirmativ eingestellt war.

Am 27. Juli 1933 bestand Thadden die mündliche Prüfung mit der Note »gut«[36], doch die offizielle Verleihung des akademischen Grades musste warten, bis die Studie in gedruckter Form vorlag. Und die Publikation beim renommierten Verlag Vandenhoeck & Ruprecht verzögerte sich. Thadden konnte Abgabefristen nicht einhalten und musste die Universität mehrfach um Verlängerungen bitten. Einmal war er nicht der Lage, dem Verlag einen Aufschlag von 70 Reichsmark zur Terminhaltung zu zahlen.[37] Im Juni 1934 lagen die Exemplare schließlich vor, und Thadden ersuchte die Fakultät *»mit deutschem Gruß«* um eine rasche Zusendung der Urkunde, da er beabsich-

---

35   Thadden, Betätigungsbereich der Staaten, S. 91.
36   Vgl. Protokoll der Prüfung vom 27.7.1933, in: UA Göttingen, Promotionsakte Eberhard von Thadden.
37   Vgl. Schreiben Thaddens an Universität Göttingen vom 24.3.1934, in: ebd.

tige, in Kürze eine sieben Monate dauernde Auslandsreise anzutreten.[38] Kurz darauf wurde ihm die Doktorwürde mit der Gesamtnote »gut« verliehen.[39]

Die Dissertation erschien als zehnte Nummer in der von Kraus herausgegebenen Reihe »Abhandlungen aus dem Seminar für Völkerrecht und Diplomatie an der Universität Göttingen«. In derselben Reihe hatte bereits zwei Jahre zuvor ein anderer Doktorand Kraus' und späterer Diplomat seine Arbeit über Hegels Staatsphilosophie und internationales Recht publiziert: Adam von Trott zu Solz.[40] Doch im Gegensatz zu Thadden wählte Trott später den Weg in den Widerstand und bezahlte dies als Mitverschwörer des 20. Juli mit dem Leben.

Vor der angekündigten Auslandsreise wechselte Thadden im September 1933 nach Berlin, um seine Ausbildung fortzusetzen. Bis zum Herbst des folgenden Jahres durchlief er die Stationen der Staatsanwaltschaft, des Landgerichtes und einen Teil der Anwaltschaft. Wie in seiner Hamburger Zeit schrieb sich Thadden ebenfalls für ein paralleles Studium ein, diesmal an der Deutschen Hochschule für Politik (DHP).[41] Dort lernte er vor allem bei dem Dozenten Johann von Leers und später beim Geopolitiker Albrecht Haushofer.[42]

Thaddens Lehrer Leers verdient an dieser Stelle eine nähere Betrachtung. Aus dem AA bereits 1928/29 als Attaché ausgeschieden, unterrichtete er nach 1933 an der DHP, wo er für Außenpolitik und Auslandskunde verantwortlich war. Der stark antisemitisch eingestellte Leers hatte bis 1934/35, als Thadden sein Student an der DHP war, bereits Werke verfasst wie »Forderung der Stunde: Juden raus!« und »14 Jahre Judenrepublik«, in denen er besonders die Abschiebung der europäischen Juden in einen eigenen Staat außerhalb Europas propagierte. In dem zweiten Titel, einem Versuch, die Weimarer Republik als von intriganten Juden inszeniertes Zwischenspiel der deutschen Geschichte zu entlarven, stellt Leers dem Judentum im Falle einer Fortsetzung seines vermeintlichen »Rassekampfes« gegen Deutschland sogar die vollkommene Vernichtung in Aussicht.[43] In ähnlicher Diktion war Leers im selben Zeitraum erschienenes Buch »Juden sehen Dich an« gehalten, in dem Biografien von deutschen Juden aus Wirtschaft, Kultur und Politik vorgestellt wurden. Er forderte vom Judentum Dankbarkeit ein, da keiner der gezeigten »*Volksverbrecher,* [...] *trotzdem ihre*

---

38 Schreiben Thaddens an Universität Göttingen vom 15.6.1934, in: ebd. Woher die finanziellen Mittel für den langen Auslandsaufenthalt stammten, ist unklar.
39 Vgl. Promotionsurkunde Thaddens vom 27.7.1933, in: ebd.
40 Vgl. Trott zu Solz, Adam v., Hegels Staatsphilosophie und das Internationale Recht, Göttingen 1932.
41 Vgl. Eisfeld, Rainer, Ausgebürgert und doch angebräunt. Deutsche Politikwissenschaft 1920–1945, Baden-Baden 1991. Alle Unterlagen der Hochschule sind im Krieg vernichtet worden, sodass Thaddens Aussagen nicht verifiziert werden konnten.
42 Vgl. Aussage Thaddens vom 12.4.1962, in: HStA Düsseldorf, Ger.Rep. 192/203.
43 Vgl. Leers, Johann von, 14 Jahre Judenrepublik. Die Geschichte eines Rassenkampfes, Berlin 1933, S. 124 ff.

Verbrechen gen Himmel schreien«, nach 1933 hingerichtet worden sei. Dies sei »*echt germanische Duldsamkeit*« gegenüber den »*Teufeln in Menschengestalt*«.[44]

Später verfasste Leers Publikationen wie »Kriminalität des Judentums« (1936) oder »Die Verbrechernatur der Juden« (1944). Besonders das letztgenannte Werk bildet den konsequenten Höhepunkt Leerschen Denkens, in dem er den bereits 1933 vorgestellten Vernichtungsgedanken als Folge einer Notwehrhaltung erneut aufgreift. Aus der Antwort auf die Frage, ob Juden »erbkriminell« seien[45], zieht Leers in erstaunlicher Offenheit den Schluss:

»Genauso wie der Staat und das Volk berechtigt ist [sic], Erbkriminelle, die immer wieder Verbrecher erzeugen werden, aus ihrer Mitte auszutilgen, so ist auch die menschliche Gesellschaft, ist also die Bewahrerschaft dieses Erdballs, der sich heute in den konvulsivischen Krämpfen eines von den Juden herbeigesehnten und herbeiintrigierten Krieges windet, berechtigt – wenn unsere Frage bejaht werden muss –, das erbkriminelle Volk auszutilgen, ja es besteht sogar die Pflicht der Rechtsverfolgung hinter den Juden durch alle Länder hindurch, um sie zu vernichten und auszurotten, denn kein Volk braucht sich gefallen zu lassen, daß im Nachbarlande Verbrecher planmäßig geschützt und gehalten werden. Gelingt es, den erbkriminellen Charakter des Judentums nachzuweisen, so ist nicht nur jedes Volk moralisch berechtigt, die Erbkrmininellen auszutilgen, sondern jedes Volk, das dann noch Juden hält und Juden schützt, macht sich eines Gefährdungsdeliktes schuldig genau wie jemand, der ohne die gebotenen Vorsichtsmaßregeln die Zucht von Cholera-Bazillen betreibt.«[46]

Erneut mischen sich christlich-religiöse Diktion mit rassischem Antisemitismus, denn der Kampf gegen das Judentum, den »*aktiven Satanismus*«, sei »*heiligster Kampf*«.[47]

Leers Veröffentlichungen fügten sich nahtlos in den neuen Lehrplan der DHP ein, welcher nach der Machtübernahme der Nationalsozialisten um ideologische Inhalte wie »Rassenkunde«, »Rassenpflege« oder »Volkstumskunde«, erweitert wurde, und die teilweise Pflichtfächer für alle Prüfungen wurden.[48] Es kann aufgrund fehlenden Quellenmaterials nicht bestimmt werden, welchen Inhalt Leers Lehrveranstaltungen hatten und welche Rolle sein Antisemitismus dabei spielte. Ebenso wenig kann aus der schlichten Tatsache, dass Thadden Leers Schüler war, nicht zwingend abgeleitet werden, dass er sich auch mit dessen Anschauung identifizierte. Trotzdem dürfte Thaddens judenfeindliche Disposition durch den Einfluss Leers eher verstärkt als vermindert worden sein.

---

44 Leers, Johann von, Juden sehen Dich an, Berlin [1933/34], S. 4 f.
45 Leers, Johann von, Die Verbrechernatur der Juden, Berlin 1944, S. 169.
46 Ebd., S. 8.
47 Ebd., S. 169 f.
48 Vgl. Eisfeld, Deutsche Politikwissenschaft, S. 108 f.

Abb. 4 Eberhard von Thadden (etwa 1937)

Thaddens Zusatzstudium erfolgte vorausschauend mit dem Ziel, die Chancen auf die angestrebte Diplomatenkarriere zu vergrößern. Die DHP besaß vielfältige Beziehungen zur paradiplomatischen Organisation der Dienststelle Ribbentrop. Überschneidungen beider Institutionen gab es beispielsweise in den Personen der DHP-Dozenten und gleichzeitigen Ribbentrop-Beratern Fritz Berber und Albrecht Haushofer. Letzterer, Sohn des Geopolitikers Karl Haushofer, der in höchsten NS-Kreisen, insbesondere denen um Rudolf Heß geschätzt war, fungierte seit 1934 als Berater des ehrgeizigen Amateuraußenpolitikers Joachim von Ribbentrop. Da die DHP nach 1933 zur Kaderausbildung unterschiedlichster NS- und Staatsstellen genutzt wurde, versprach ein dortiges Diplom sowohl fachliches wie weltanschauliches Renommee.

Im Dezember 1934 trat Thadden den angekündigten Auslandsaufenthalt an. Er reiste nach Kairo, wo er bei Frau Dr. B. den zweiten Teil der Anwaltsstation absolvierte. Allerdings trat er zuvor aus dem heimischen SA-Sturm 12/1 in Charlottenburg aus. Nach eigenen Angaben habe ihm die übergeordnete Standarte unter Vorbehalt des Wiedereintritts dazu geraten, denn ein Auslandsurlaub könne ansonsten nicht bewilligt werden. Nach seiner Rückkehr habe er aber im Hinblick auf die zwei abzuleistenden Prüfungen – das DHP-Diplom und das Assessor-Examen – von einem Wiedereintritt Abstand genommen.[49] Er sollte aber auch in der Folgezeit von diesem Recht keinen Gebrauch mehr machen.

Er blieb mehrere Monate in Ägypten und reiste im April des folgenden Jahres zu einem Zwischenaufenthalt nach Palästina. Ohne konkret zu werden, gab Thadden später an, sich währenddessen dort »*rein persönlich*« mit der Judenfrage auseinandergesetzt zu haben.[50] Im Mai machte er sich über Syrien und die Türkei auf den Rückweg nach Deutschland. Dort ging die juristische Ausbildung am Amtsgericht Berlin-

---

49 Vgl. Handschriftlicher Lebenslauf Thaddens [Anfang 1936], in: BA Dahlwitz, ZD 7774, A7.
50 Vernehmung Thaddens vom 12.6.1946, in: SUB Göttingen, HSD, Nürnberger Prozessakten, IMT, Kommissionsprotokolle. Eine konkrete Intention ließ sich nicht erkennen.

Schöneberg und dem Reichsstand des Deutschen Handwerks weiter, währenddessen er seine schriftliche DHP-Abschlussarbeit mit dem von Leers gestellten Thema »Die politische Lage Ägyptens von Beginn der englischen Besetzung bis zur Jetztzeit« vorbereitete. Als Leers 1935 die Hochschule verlassen musste, wurde Albrecht Haushofer zum Prüfer der Arbeit.[51]

Eile bei der Fertigstellung war geboten, denn bereits im November 1935 rückte Thadden zu einem siebenwöchigen Kurs in das Referendarlager Jüterbog ein. Hier wurden die jungen Juristen in paramilitärischer Manier kaserniert und körperlich wie weltanschaulich gedrillt.[52] Am 19. Dezember 1935 endete der Kurs und noch am Tag der Entlassung legte Thadden das Diplomexamen an der DHP mit der Note »gut« ab. Zu Beginn des neuen Jahres 1936 begann er dann den letzten Abschnitt der Referendarsausbildung am Kammergericht Berlin.

3 Dienststelle Ribbentrop – SS

> »Herr Dr. von Thadden wird allgemein als zuverlässiger Nationalsozialist bezeichnet.«
> Zeugnis der Dienststelle Ribbentrop 1937[53]

Während Ribbentrop seit Mai 1935 als Hitlers Sonderbotschafter in London fungierte, expandierte dessen Dienststelle in personeller und finanzieller Hinsicht enorm. Der spätere Außenminister war fest entschlossen, seine Hausmacht zu vergrößern, und gerade für die auszubauende England-Abteilung wurden neue Mitarbeiter gesucht, da die Beziehung zu Großbritannien den wichtigsten Eckpfeiler in Ribbentrops außenpolitischer Konzeption bildete. Der 1935 überraschende und unter seiner Ägide vorangetriebene Abschluss des Flottenabkommens mit dem Vereinigten Königreich hatte für einen wichtigen Prestigegewinn bei Hitler gesorgt.

Um sich als Amateurunternehmen neben dem professionellen Instrument der auswärtigen Beziehungen, dem Auswärtigen Amt, zu behaupten, war die Qualifikation der neuen Mitarbeiter von entscheidender Bedeutung, um nicht in den Ruf des Dilettantismus zu geraten. Auf der Suche nach geeigneten Kräften für die England-Abteilung hielt Ribbentrop seinen Berater Albrecht Haushofer an, auf die Suche zu gehen. Haushofer war noch die Diplomarbeit seines ambitionierten Schülers Eberhard von Thadden in Erinnerung, und er brachte diesen in Vorschlag. Ribbentrop verfügte, dass der neue Mitarbeiter »*so rasch als möglich herangezogen werden möge*«.[54]

---

51 Vgl. Aussage Thaddens vom 12.4.1962, in: HStA Düsseldorf, Ger.Rep. 192/203.
52 Vgl. dazu auch die autobiografische Schilderung Sebastian Haffners, Geschichte eines Deutschen. Die Erinnerungen 1914–1933, München 2003, S. 295 ff.
53 Zeugnis Thaddens der DR vom 31.10.1937, in: BA Dahlwitz, ZD 7774, A 7.
54 Schreiben A. Haushofers an DR vom 4.5.1940, in: ebd.

Auch Thadden war interessiert und erschien am 22. Januar 1936 zum Vorstellungsgespräch, aber er zögerte bei dem Treffen mit Haushofer und Ribbentrop, eine Anstellung vor seinem Assessorexamen anzunehmen, worauf sich der Sonderbotschafter »*sehr abfällig über die Juristen*« äußerte.[55] Ribbentrop bestand darauf, dass »*die Arbeit der Dienststelle vorgehen müsse*«.[56] Der Dienst solle sofort angetreten werden. Thadden beugte sich der Bedingung zu Ungunsten eines zeitigen Abschlusses des Assessordienstes. Angeblich vierundzwanzig Stunden nach dem Gespräch, offiziell zum 1. Februar, wurde Thadden als Mitarbeiter aufgenommen. Die DR zahlte ihm monatlich 250,- RM brutto.

Auch wenn das Dickicht der vielen außenpolitischen Organisationen und Institutionen nicht immer leicht zu durchschauen war, erscheint vor dem Hintergrund von Thaddens Erfahrungen und Ambitionen dessen spätere Aussage unglaubwürdig, er habe erst nach der Einstellung erfahren, dass die DR mit dem AA nicht verbunden war, und Haushofer ihm eigentlich eine Stelle im Auswärtigen Dienst in Aussicht gestellt habe.[57] Thadden sagte später, er habe sich nach dem DHP-Examen beim AA zur Aufnahme in den Auswärtigen Dienst beworben.[58] Eine solche Bewerbung ist jedoch nicht aktenkundig, und es scheint wahrscheinlicher, dass er sich lediglich über Chancen und Modalitäten einer Bewerbung informierte, da ihm die Personalabteilung geraten habe, zuerst das Referendariat abzuschließen. Obwohl es nicht seinem von Akkuratesse geprägtem Naturell entsprach, dürfte die Aussicht, in der DR sofort und ohne Assessorexamen außenpolitische Erfahrungen sammeln zu können, den Ausschlag gegeben haben.

Die DR war mit Arbeit überlastet, und Thadden konnte nicht daran denken, nebenher die Assessorausbildung weiterzuverfolgen, auch wegen seiner »*starken Inanspruchnahme in der Dienststelle zur Zeit der Rheinlandbesetzung*«, die sich im März 1936 ereignete.[59] Erst über ein halbes Jahr später, im August 1936, füllte Thadden den Personalbogen der DR aus, unterzeichnete die Verpflichtung zur Geheimhaltung und legte als Reichsangestellter das Gelöbnis auf Adolf Hitler ab. Auf dem Personalbogen gab Thadden die Tätigkeit als Gerichtsreferendar mittlerweile als »*Nebenbeschäftigung*« an.[60] Als persönliche Referenzen konnte er fünf Parteigenossen anführen: zwei Juristen, einen Arzt, den Kreisleiter von Erfurt und einen SA-Sturmführer aus Jüterboger Zeiten.

Thadden erfüllte alle Erwartungen, und Ribbentrop übertrug dem qualifizierten Untergebenen ab Juli 1936 die Geschäftsführung der Deutsch-Englischen Gesellschaft, die sich als »*Mittlerin deutschen und englischen Gedankengutes auf allen Ge-*

---

55 Aussage Thaddens vom 12.4.1962, in: HStA Düsseldorf, Ger.Rep. 192/203.
56 Schreiben A. Haushofers an DR vom 4.5.1940, in: BA Dahlwitz, ZD 7774, A7.
57 Vgl. Aussage Thaddens vom 12.4.1962, in: HStA Düsseldorf, Ger.Rep. 192/203.
58 Vgl. Vernehmung Thaddens vom 19.6.1947, in: IfZ München, ZS 359/1 Eberhard v. Thadden.
59 Schreiben Thaddens an AA/Pers. vom 5.1.1938, in: PA AA, Geldakte Eberhard von Thadden.
60 Personalbogen Thaddens vom 24.8.1936, in: BA Dahlwitz, ZD 7774, A7.

bieten des Lebens« sah.⁶¹ Zu einem Zeitpunkt, als Ribbentrop als Botschafter in London weilte, war dies durchaus ein Zeichen von Anerkennung und eine aussichtsreiche Karriereposition. Ab dem September 1936 wurde Thaddens Gehalt auf 350,- RM, ab Januar 1937 auf 400,- RM aufgestockt.⁶² Zu dieser Zeit bezog der minder qualifizierte Wagner bereits 500,- RM, die in erster Linie aus dem engen Kontakt zu Ribbentrop resultierten.⁶³

Als Geschäftsführer bemühte sich Thadden, die Verbindungen der Gesellschaft durch Zweigstellen in Heidelberg, Köln, Bremen, München und anderen Städten zu erweitern sowie einen deutsch-englischen Jugendkreis auszubauen. Dabei oblag ihm der ständige Kontakt zum britischen Pendant, der Anglo-German Fellowship in London, mit dem er einen Austausch an Vortragenden aus Politik, Kultur und Wirtschaft einleitete.⁶⁴ Dazu betrieb man unter anderem in der Berliner Bendlerstraße 30 ein Clubhaus, in dem sich ausländische Gäste und NS-Prominenz wie Arthur Seyss-Inquart bei Aufenthalten in der Reichshauptstadt einquartierten. Ohne Wissen der DEG wurde das rege Clubleben später teilweise vom SD für nachrichtendienstliche Zwecke gebraucht.⁶⁵

In der DR lernte Thadden auch seinen späteren Vorgesetzten Wagner kennen, beide duzten sich seitdem.⁶⁶ Freunde wollen sie nicht gewesen sein, aber »*lange Bekannte*«.⁶⁷ Wie Wagner betreute auch Thadden bei der Olympiade ausländische Gäste, was ihm das Olympiaehrenzeichen II. Klasse eintrug. Kurz nach den Spielen setzte Thadden die Betreuung britischer Gäste fort, diesmal während des »Parteitages der Ehre« im September in Nürnberg. Wie bereits geschildert, legte Ribbentrop seinen Mitarbeitern einen Eintritt in die SS nahe, so auch dem jungen Thadden. Zum 13. September 1936 trat er als Untersturmführer in die Eliteorganisation unter der Nummer 276 846 ein. Nach dem Krieg rechtfertigte er sich damit, dass Ribbentrop den Eintritt verfügt habe, da Thadden als einfacher Parteigenosse über keine Uniform verfüge, die er zur Betreuung während des Parteitages tragen könne. Er sei daher »*ungewollt Uniformträger der SS geworden*«.⁶⁸ Den Gedanken, statt dessen durch Wiedereintritt in die SA die braune Uniform überziehen zu können, schien Thadden nicht erwogen zu haben. So stieß die forcierte Übernahme in die prestigeträchtige SS auf keinerlei Widerstand. Anders als Wagner jedoch sah Thadden seine Aufstiegschancen nicht ausschließlich in der neuen Ordnung des NS-Systems. Vorgeblich »*heimlich*« meldete er sich zur As-

---

61 *Deutsch-Englische Hefte* (1) 1938, S. 11.
62 Vgl. DR-Personalakte Thaddens, in: BA Dahlwitz, ZD 7774, A7.
63 Vgl. Weihnachtsgratifikationsliste DR [1936], in: HStA Düsseldorf, Ger.Rep. 192/219.
64 Vgl. Handschriftlichen Lebenslauf Thaddens vom 21.5.1948, in: BA Koblenz, Z 42 IV/7200 u. *Deutsch-Englische Hefte* (1) 1938, S. 10 f.
65 Vgl. Aktennotiz Garbens an Likus/Büttner vom 6.3.1939, in: IfZ München, NL Behm, Bd. 21.
66 Vgl. Aussage Thaddens vom 12.4.1962, in: HStA Düsseldorf, Ger.Rep. 192/203.
67 Vernehmung Thaddens vom 11.4.1947, in: IfZ München, ZS 359/1 Eberhard von Thadden.
68 Handschriftlichen Lebenslauf Thaddens vom 21.5.1948, in: BA Koblenz, Z 42 IV/7200.

sessorprüfung an[69], um seine juristische Ausbildung noch erfolgreich abzuschließen, was am 19. März 1937 geschah. Dennoch hatte sich sein Abschluss durch die Arbeit bei der DR um fast ein Jahr verzögert.

Abb. 5 Betriebsausflug der Dienststelle Ribbentrop im Mai 1937 (Thadden hintere Reihe stehend 8. v. l., Wagner hintere Reihe stehend Mitte)

Mit den rauen Gepflogenheiten einer Parteidienststelle kam der Sohn einer konservativen Offiziersfamilie mit klassischem Ausbildungsweg zunehmend schlechter zurecht. Als Geschäftsführer der DEG geriet er in die Konkurrenzkämpfe der Parteisatrapen. Seit Ende November 1936 stand die Frage einer Zusammenarbeit mit der Nordischen Gesellschaft hinsichtlich einer gemeinsam auszurichtenden Studienreise durch Großbritannien bzw. Skandinavien im Raum. Doch diese ähnlich wie die DEG strukturierte Gesellschaft unterstand dem Außenpolitischen Amt Alfred Rosenbergs, und Mitgliedern der DR war ein Kontakt zum Rivalen angeblich verboten. Dementgegen hatte der Präsident der DEG, Herzog von Sachsen-Coburg und Gotha, Thadden nun angewiesen, Verhandlungen aufzunehmen. Auf der Suche nach einer Entscheidung reiste Thadden zu Ribbentrop nach London, wo er sich allerdings während seines neuntägigen Aufenthalts kein Gehör verschaffen konnte und vergebens antichambrierte.[70] Ohne Weisung nach Berlin zurückgekehrt, glaubte Thadden das Schreiben der Nordischen Gesellschaft nicht beantworten zu können.

Als sich Ribbentrop kurz darauf ebenfalls in Berlin aufhielt, geriet ihm ein Prospekt der Nordischen Gesellschaft über die geplante Reise in die Hände, in dem auch der Name des Herzogs von Coburg als Teilnehmer genannt wurde. Erbost habe Ribbentrop Thadden ins Hotel Kaiserhof einbestellt und ihm eine »*lautstarke Szene*« gemacht. Der Sonderbotschafter bemängelte fehlendes Durchsetzungsvermögen bei seinem Mitarbeiter, weshalb er den Hinweis auf die nutzlose Londonreise sinngemäß mit

---

69 Aussage Thaddens vom 12.4.1962, in: HStA Düsseldorf, Ger.Rep. 192/203.
70 Vgl. Schreiben Thaddens an DR vom 17.2.1937, in: BA Dahlwitz, ZD 7774, A7.

den Worten quittiert haben soll: »*Wenn Sie nicht die Ellenbogen haben, um sich [...] bis zu mir durchzuboxen, dann kann ich sie nicht gebrauchen.*«[71] In der Folge stellte Thadden seinen Posten zur Disposition[72], doch Ribbentrop behielt ihn zunächst als Geschäftsführer.

Die Zurechtweisung bewirkte bei Thadden ein nachhaltiges Umdenken. Die Abkehr von SA und DR sind Indizien dafür, dass er trotz des ideologischen Konsenses mit der Wirklichkeit der plebejischen SA und der amateurhaften DR nicht zurechtkam. Am 1. April 1937 beantragte er einen zweiwöchigen Erholungsurlaub für eine Reise nach Dalmatien, der genehmigt und sogar verlängert wurde. Eine knappe Woche vor Reiseantritt teilte Thadden der DR in einem kurzen Schreiben mit, seine Personalpapiere beim AA eingereicht zu haben.[73] Da Ribbentrop sein Einverständnis gegeben hatte[74], erfolgte der Abgang in beiderseitigem Einvernehmen. Nach Thaddens Darstellung soll Ribbentrop zuerst von »*Verrat*« gesprochen haben, aber dann seinem Mitarbeiter doch keine Steine in den Weg gelegt haben, da er »*im Grunde genommen ein ganz ordentlicher Mann*« sei.[75]

Thaddens Bewerbung beim Auswärtigen Dienst hatte Erfolg. Die Personalabteilung teilte mit, der junge Assessor sei zur kommissarischen Beschäftigung beabsichtigt, wobei es die Dringlichkeit der Einstellung unterstrich.[76] Es schien jedoch, als wolle die Parteikanzlei einen gut ausgebildeten Mitarbeiter aus ihren Reihen nur ungern entlassen, und man fragte das AA, »*aus welchen Gründen außer auf dem üblichen Wege über die Attachélaufbahn noch ständig Beamte für den höheren Dienst als Anwärter einberufen werden.*«[77] Das AA begründete die kurzfristige Einberufung durch das Ausscheiden von Diplomaten in den Warte- oder Ruhestand, worauf die Parteikanzlei dem Übertritt am 18. September 1937 zustimmte. Der Vorgang erweckt den Eindruck, als habe Thadden Fürsprecher im AA gehabt.

Auf der Suche nach einem neuen DEG-Geschäftsführer brachte sich der mittlerweile gute Bekannte Horst Wagner selbst ins Spiel, der Thadden bat, ihn vorzuschlagen. Doch Ribbentrop lehnte angeblich ab, da Wagners Gattin für diese gesellschaftliche Position »*nicht geeignet sei*«. Ein Argument, welches Thadden erstaunte, da Frau Wagner später zu Frau Ribbentrop »*ein ganz besonders gutes Verhältnis hatte*«.[78] Als neuer Verantwortlicher wurde der Jurist und SS-Untersturmführer Gert H. Schlottmann[79] eingesetzt, und Anfang 1938 konnte man – auch im Rückblick auf Thaddens

---

71 Aussage Thaddens vom 12.4.1962, in: HStA Düsseldorf, Ger.Rep. 192/203.
72 Vgl. Schreiben Thaddens an DR vom 17.2.1937, in: BA Dahlwitz, ZD 7774, A7.
73 Vgl. Schreiben Thaddens an DR vom 13.4.1937, in: ebd.
74 Vgl. Schreiben Thaddens an DR vom 22.10.1937, in: ebd.
75 Aussage Thaddens vom 12.4.1962, in: HStA Düsseldorf, Ger.Rep. 192/203.
76 Vgl. Schreiben AA/Pers. vom 5.6.1937, in: PA AA, Personalakte Eberhard von Thadden.
77 Schreiben Parteikanzlei (Helms) an AA/Pers. (Prüfer) vom 30.8.1937, in: ebd.
78 Aussage Thaddens vom 12.4.1962, in: HStA Düsseldorf, Ger.Rep. 192/203.
79 Schlottmann, Gert Hartwig: geb. 16.2.1913; Jurist; AA seit 1938, Pers. Stab RAM; SS seit 5.11.1933 (Bewerber), SS-Nr. 247.973, SS-Strm. 10.12.1934, SS-Ustuf. 30.1.1939, SS-Ostuf. 30.1.1942;

Arbeit – ein positives Fazit der DEG-Arbeit ziehen: Prominenten britischen Politikern, Industriellen und Intellektuellen sei durch die organisierten Reisen und Vorträge ein reger Austausch ermöglicht worden.[80]

Zum 18. Oktober 1937 wurde Thadden als Attaché ins AA einberufen. Um Schlottmann einzuarbeiten, verschob Thadden den Dienstantritt im Einvernehmen mit dem AA auf den 1. November 1937.[81] Beim Ausscheiden stellte die DR ihm ein hervorragendes Zeugnis aus: Man habe ihn

> »als einen wesentlich über dem Durchschnitt befähigten und erfahrenen Menschen mit unbedingt lauterem Charakter kennen gelernt. Er ist sehr gewandt, arbeitsfreudig und strebsam. Sein allgemeines Wissen, verbunden mit einer guten Auffassungsgabe befähigen ihn, sich schnell in das ihm zugewiesene Gebiet einzuarbeiten. Durch seine guten Umgangsformen und seine Sprachkenntnisse hat er es besonders verstanden, mit Ausländern, Engländern, zu verkehren. Auf dem Gebiet der Betreuung von Ausländern hat er der Dienststelle wertvolle Dienste geleistet. Herr Dr. von Thadden wird allgemein als zuverlässiger Nationalsozialist bezeichnet. [...]«.[82]

Für die vorliegende Studie bleibt festzuhalten, dass Thaddens Status während der Zeit in der DR aufgrund seiner Qualifikation über dem seines späteren Vorgesetzten Wagner lag. Thadden verfügte schnell über ein eigenes Arbeitsgebiet und bekleidete nach wenigen Monaten die Position des DEG-Geschäftsführers, auf der ihn Ribbentrop zunächst trotz Rücktrittsgesuchs beließ. Aber es deutete sich an, dass der konservative, in geregelten Bahnen denkende Thadden im Gegensatz zum subaltern agierenden Wagner Probleme mit den flexiblen Anforderungen eines Parteimenschen wie Ribbentrop hatte.

NSDAP seit 1.5.1937, Parteinummer 4.575.476, vgl. BA Berlin, SSO, RS u. PK Gert H. Schlottmann. Er wurde später in den Auswärtigen Dienst übernommen. Dort taucht er in Schriftstücken stellenweise als »Gerd Schlottmann« auf. Nicht zu verwechseln mit Henning Rudolf E. Schlottmann (WHA Rundfunkabteilung). Dieser arbeitete später als Anwalt in der Kanzlei Ernst Achenbach.
80 Vgl. *Deutsch-Englische Hefte* (1) 1938, S. 10 f.
81 Vgl. Schreiben Thaddens an DR vom 22.10.1937, in: BA Dahlwitz, ZD 7774, A7.
82 Zeugnis Thaddens der DR vom 31.10.1937, in: ebd.

4 Auswärtiges Amt

Thaddens erste Tätigkeiten verliefen zunächst in unauffälligen Bahnen. Als Attaché begann er in der Politischen Abteilung im Referat V, zuständig für Polen und Russland, wo ihn die Danzig-Frage und die deutsche Minderheit in Polen beschäftigten.[83] Im Gegensatz zu Wagner absolvierte Thadden die reguläre Attachéausbildung, die er Ende April 1939 mit der diplomatisch-konsularischen Prüfung erfolgreich abschließen konnte. Anschließend besuchte er im Mai 1939 ein dreiwöchiges »Reichslager der NSDAP« in Bad Tölz für Beamtenanwärter und absolvierte im Spätsommer desselben Jahres zusätzlich eine zweimonatige militärische Ausbildung beim Artillerieregiment 48 in Güstrow, die er als Unteroffiziersanwärter beendete.[84] Im Januar 1940 versetzte man ihn als Wissenschaftlichen Hilfsarbeiter in die Personalabteilung, wo er die Akten der höheren Beamten bearbeitete. Kurz darauf erfolgte die Ernennung zum Legationssekretär.[85] Im Dezember 1941 folgte die Beförderung zum Legationsrat. Damit stellte sich erster bescheidener Wohlstand ein: Thadden, der bisher nur zur Untermiete gewohnt hatte, unter anderem im Clubhaus der DEG, zog mit Frau und Kind in ein Häuschen im Vorort Zehlendorf.

4.1 Zweifel an der »arischen« Abstammung

In den Zeitraum der ersten Jahre im Auswärtigen Dienst fiel eine bürokratische Farce, die die Absurdität des nationalsozialistischen Rassedogmas im Allgemeinen und den rassischen Elitegedanken der SS im Besonderen vor Augen führt: Das SS-Rasse- und Siedlungshauptamt hatte in der Ahnenreihe des SS-Untersturmführers Eberhard von Thadden einen »*jüdischen Ururgroßelternteil*« festgestellt.[86]

Was war geschehen? In einem Akt üblicher SS-Bürokratie forderte im November 1937 das SS-RuSHA eine Ahnentafel ein, um die »arische« Abstammung zu überprüfen.[87] Beim Eintritt in die SS war zunächst auf einen solchen Nachweis verzichtet worden. Im Februar 1938 erbat Thadden die entsprechenden Formulare.[88] Der junge SS-Führer und Attaché dürfte nicht mit ernsthaften Schwierigkeiten gerechnet haben,

---

83 Vgl. Aussage Thaddens vom 18.5.1961, in: BA Koblenz, B 305/977; ebenso GVPl. vom 1.6.1938, in: ADAP, Serie D, Bd. II.
84 Vgl. PA AA, Personalakte Eberhard von Thadden.
85 Vgl. Vorschlag zur Ernennung Thaddens zum LS vom 8.2.1940, in: BA Dahlwitz, ZD 7774, A7. Angeblich soll Ribbentrop eingedenk des Zwistes die Beförderung blockiert haben, vgl. Handschriftlicher Lebenslauf Thaddens vom 21.5.1948, in: BA Koblenz, Z 42 IV/7200.
86 Dieser Vorgang ist bereits kurz vorgestellt worden, vgl. Döscher, SS und Auswärtiges Amt, S. 278-280. Da er für die vorliegende Studie unerlässlich ist, soll mit neuem Archivmaterial und in einem größeren Rahmen erneut darauf eingegangen werden.
87 Vgl. Schreiben Thaddens an SS-RuSHA vom 15.2.1938, in: BA Berlin, RS Eberhard von Thadden.
88 Vgl. ebd.

hatte er doch bei der Bewerbung zum Auswärtigen Dienst im Sommer 1937 den obligatorischen »Ariernachweis« ohne Probleme erbracht.[89] Den Vorgang ergänzte Thadden im April durch die Bitte, sich mit der Kunstgeschichtsstudentin Brigitte W. aus Halle an der Saale verheiraten zu dürfen.[90]

Im August schickten Thadden und seine Braut ihre genealogischen Unterlagen der SS zu und erhielten wenige Tage später die lapidare Auskunft, eine Genehmigung könne nicht erteilt werden, da der in Thaddens Ahnenliste auftauchende Name Epenstein auch von Juden benutzt werde.[91] Zum »Verhängnis« wurde Thadden sein Ururgroßvater mütterlicherseits, der sich als eigentlicher *»Schutzjude«* aus Polen nachträglich evangelisch habe taufen lassen.[92] Dagegen führte Thadden an, der fragliche Epenstein habe sich lediglich als Vater seines Großvaters ins Taufregister eintragen lassen. Bei dem tatsächlichen biologischen Erzeuger habe es sich um eine hochgestellte Persönlichkeit am preußischen Hofe gehandelt, wo die Mutter als Kammerzofe gearbeitet hätte. Später habe Epenstein die Mutter geheiratet und dessen Kind angenommen. Außer Erzählungen von Verwandten konnte Thadden keinen urkundlichen Beweis für seine Version beibringen, aber es gelang ihm, einen mächtigen Verbündeten auf das Feld der SS-Bürokratie zu führen: Generalfeldmarschall Hermann Göring.

Thaddens Urugroßvater war ein Verwandter jenes Hermann Epenstein, der als Arzt die Bekanntschaft des Vaters Görings gemacht und 1901 die junge Familie bei sich aufgenommen hatte. Epenstein wurde Patenonkel des späteren Reichsmarschalls, der seine Jugend in dessen Obhut verbrachte. Göring habe, so teilte Thadden der SS mit, der Familie Hermann Epenstein *»stets ein dankbares Andenken bewahrt«*.[93] So hätte Göring die Beziehung nicht bis in die Gegenwart aufrechterhalten, wenn er *»nicht auch von der unantastbaren Herkunft der Familie Epenstein überzeugt wäre.«*[94] Um jeden Zweifel einer arischen Herkunft zu zerstreuen, war Thadden bereit, ein Ölbild und einen Kupferstich der fraglichen Vorfahren zur physiognomischen Begutachtung zur Verfügung zu stellen. Auch würde er sich für eine körperliche Untersuchung bereithalten und bat das RuSHA um rasches Handeln, da *»der augenblickliche Zustand sowohl für mich persönlich wie dienstlich und meiner Braut gegenüber einfach unerträglich ist«*.[95]

---

89 Vgl. Schreiben AA/Pers. an Thadden vom 8.6.1937, in: BA Dahlwitz, ZD 7774, A7; ferner Vorschlag zur Ernennung Thaddens zum LS vom 8.2.1940, in: ebd.
90 Vgl. Schreiben Thaddens an SS-RuSHA vom 1.4.1938, in: BA Berlin, RS Eberhard von Thadden.
91 Vgl. Schreiben SS-RuSHA an Thadden vom 29.8.1938, in: ebd.
92 Gutachten Reichsstelle für Sippenforschung (RfS) an Oberstes Parteigericht (OPG) vom 24.10.1938, in: ebd.
93 Schreiben Thaddens an SS-RuSHA vom 15.11.1938, in: ebd.; vgl. ebenso Kube, Alfred, Pour le merité und Hakenkreuz. Hermann Göring im Dritten Reich, München 1987, S. 4 ff. Folgt man Kubes Ausführung war Hermann Epenstein jüdischen Glaubens.
94 Schreiben Thaddens an SS-RuSHA vom 15.11.1938, in: BA Berlin, RS Eberhard von Thadden.
95 Ebd.

4.1 Zweifel an der »arischen« Abstammung

Kurze Zeit darauf, Ende November 1938, leistete Göring direkte Schützenhilfe, der seine Stellungnahme zu dem Fall dem RuSHA prompt durch Eilboten zustellen ließ. Göring erläuterte in einem zweiseitigen Schreiben seine Sicht der Dinge: Der jüdische Epenstein sei mit Sicherheit nicht der Erzeuger von Thaddens Urgroßvaters gewesen, hierfür käme vermutlich der russische Fürst Balaschoff in Betracht. Epenstein habe sich nachträglich als Vater ausgegeben, um die Unehelichkeit des Kindes zu kaschieren. In der Familie Epenstein habe nicht »*der geringste Zweifel*« bestanden, dass sich die Sache so verhalten hätte. Er könne demnach die Darlegung Thaddens bestätigen. Für den Umgang mit dem jüdischen Hermann Epenstein fand Göring knapp drei Wochen nach den Novemberpogromen 1938 eine simple Rechtfertigung: »*Es lag also keinerlei Grund vor, in der damaligen Zeit irgendwie von dieser jüdischen Abstammung, falls sie gegeben gewesen wäre, Notiz zu nehmen, da vor dem Weltkriege in unseren Kreisen eine jüdische Frage gar nicht existierte.*«[96]

Thaddens Trumpfkarte stach, obwohl sie ein Schriftstück ohne jeglichen dokumentarischen Beweiswert darstellte. Nur zwei Tage, nachdem Göring sein Schreiben verfasst hatte, lag dem Stab Himmlers ein Entscheidungsgesuch des unsicher gewordenen RuSHA vor. Chefadjutant Wolff gab den Antrag »*auf eigene Verantwortung des Antragstellers*« frei.[97] Kurz vor Weihnachten erreichte das Paar die Nachricht per Telegramm. Die offizielle Bestätigung folgte im Januar 1939, und die Hochzeit wurde auf Mitte März festgesetzt.

Doch die Freude währte nicht lange, denn mit dem vermeintlichen Abstammungsmakel stand Eberhard von Thadden nicht allein in der Familie. Gegen seinen Bruder, Mitglied der NSDAP, ermittelte die Partei wegen desselben »Tatbestandes«. Bei J. A. M. von Thadden hatte man im Oktober 1938 ebenfalls den jüdischen Vorfahren entdeckt und konstatiert, dass J. von Thadden »*nicht frei von jüdischem Bluteinschlag*« sei.[98] Ein Parteigerichtsverfahren wurde angestrengt, und die Gauleitung Berlin ersuchte am 15. Dezember 1938 die SS um Auskunft, wie dort der Fall Eberhard von Thadden liege, denn J. von Thadden berief sich schon zu diesem Zeitpunkt darauf, dass sein Bruder den Beweis einer nicht-jüdischen Abstammung erbracht habe.[99] So nahmen die Ereignisse hinter den Kulissen weiter ihren Lauf. Obwohl die Freigabe bereits erteilt war, forderte das SS-RuSHA Anfang 1939 von der Reichsstelle für Sippenforschung (RfS) das Erbgutachten des Bruders J. an. Anscheinend wollte man sich in »Rassedingen« nicht blamieren.

Das belastende Gutachten versetzte die SS wegen der Freigabe nachträglich in ein Dilemma, und das RuSHA reichte den Fall kurzerhand an den Reichsführer-SS zur

---

96 Schreiben Görings an SS-RuSHA vom 29.11.1938, in: ebd.
97 Schreiben Chef RuSHA an Stab RFSS vom 2.12.1938, darauf Freigabestempel vom 8.12.1938, unterschrieben von Wolff, in: ebd. Dies bedeutete, dass im Falle der Bestätigung des »Erbmakels« die Kinder dieser Ehe keine Mitglieder der SS werden konnten.
98 Gutachten RfS an OPG NSDAP vom 24.10.1938, in: ebd.
99 Vgl. Schreiben Gauleitung Berlin an SS-Sicherheitshauptamt vom 15.12.1938, in: ebd.

Entscheidung weiter.[100] Himmler verfügte daraufhin im Februar 1939 den Ausschluss Eberhard von Thaddens aus der SS.[101] Der im AA für SS-Personalangelegenheiten zuständige Diplomat und SS-Führer Likus erhielt die Anweisung, Thadden den eigenen Austritt aus der SS nahezulegen, auch der Antrag auf Heiratsgenehmigung habe sich logischerweise erledigt.[102] Thadden erinnerte sich später, Likus habe ihn persönlich aufgesucht und erklärt, er müsse aus Amt und SS wegen seiner »*nicht völlig arischen Abstammung*« ausscheiden.[103]

Der junge Attaché und SS-Führer war – die anscheinend nutzlose Genehmigung der SS in Händen – in einer verzweifelten Lage. Thadden bangte um Stellung und um Zugehörigkeit zur NSDAP wie zur SS. Seine Verlobte hatte von den Verzögerungen offensichtlich genug. Ratlos antwortete er Likus: »*Meine Braut, die ich vorgestern schweren Herzens von dem neuen Schlag unterrichtete, ist entschlossen, die Heirat nicht aufzuschieben, sondern am 10.3., also in 3 Tagen, steigen zu lassen. Obwohl etwa 60 Gästen abzusagen wäre, kann ich mich dazu noch nicht entschließen, wenn ich damit rechnen muß, nach meiner Rückkehr* [von der Hochzeitsreise] *brotlos auf der Straße zu sitzen.*«[104] Eine Aufzeichnung der Umstände legte er bei. Auf Wunsch wolle er den Brief Görings nachreichen.

Likus schaltete unterdessen Himmler ein, der ein Machtwort im Verwaltungschaos sprach. Erbost kritisierte der Reichsführer-SS die Bearbeitung des RuSHA als »*unerhört leichtfertig*«. Ihm sei lediglich mitgeteilt worden, Thadden besitze einen jüdischen Ururgroßelternteil. Die Freigabe durch Wolff sei nicht zur Sprache gekommen und der Brief Görings »*völlig ignoriert*« worden. Zudem datiere das Gutachten der RfS vom Oktober 1938, weswegen der Brief Görings aus dem November dort gar keine Berücksichtigung gefunden haben könne. Eine neue Stellungnahme des RuSHA sei erforderlich und die verfügte Entlassung Thaddens solle aufgehoben werden. Zudem verlangte Himmler den Namen des Sachbearbeiters.[105]

Ungeachtet der laufenden Vorgänge heiratete man am 10. März 1939 ohne gültige Genehmigung der SS. Nach Thaddens Erinnerung habe die SS ihm am Tag der Eheschließung telefonisch mitgeteilt, seinem Verbleib in der SS stünde nichts im Wege und der Reichsführer wünsche alles Gute. Vor Aufregung über den angekündigten Anruf sei er auf dem Weg zum Apparat sogar gestürzt und habe sich die Hand verletzt.[106]

---

100 Vgl. Schreiben SS-RuSHA an RfS vom 1.2.1939, in: ebd.
101 Vgl. Undatierte Marginalie Himmlers auf Schreiben SS-RuSHA vom 24.2.1939, in: ebd.
102 Vgl. Schreiben Chefadjutant RFSS an Likus vom 28.2.1939, in: HStA Düsseldorf, Ger.Rep. 192/219.
103 Aussage Thaddens vom 26.4.1962, in: ebd., Ger.Rep. 192/203.
104 Schreiben Thaddens vom 6.3.1939 an Likus, in: IfZ München, NL Behm, Bd. 21.
105 Schreiben Himmlers an Chef SS-RuSHA vom 14.3.1939, in: BA Berlin, RS Eberhard von Thadden.
106 Vgl. Aussage Thaddens vom 26.4.1962, in: HStA Düsseldorf, Ger.Rep. 192/203.

4.1 Zweifel an der »arischen« Abstammung

Der Chef des RuSHA, SS-Gruppenführer Günther Pancke, musste derweil die Vorwürfe seines Dienstherrn bestätigen. Zwar habe man den Brief Görings im eigenen Gutachten herangezogen[107], es aber dann versäumt den Reichsführer davon zu unterrichten. Pancke bat um Entschuldigung. Im Mai 1939 teilte das RuSHA dem mittlerweile seit fast zwei Monaten verheirateten Thadden mit, der Fall sei erneut geprüft und genehmigt worden.

Doch damit war die Angelegenheit für die Familie von Thadden noch nicht erledigt. Da sich SS- und NSDAP-Apparat zunächst sicher waren, eine jüdische Abstammung festgestellt zu haben, war die persönliche Diffamierung perfekt. Um völlige Klarheit zu schaffen, veranlasste Eberhard von Thadden trotz aller vorliegenden Bescheinigungen im Frühjahr 1940 eine rassekundliche Untersuchung und ein neues Gutachten der RfS.[108] Dieser Schritt geschah wohlgemerkt zu einem Zeitpunkt, an dem die Heirat ein Jahr zurücklag und mittlerweile ein Sohn geboren war. Das AA hatte Thadden im Februar 1940 zum Legationssekretär ernannt[109] und eine Entlassung war alles andere als real. Auch eine Beeinträchtigung der SS-Laufbahn ist aus den Akten nicht ersichtlich: Himmler hatte die Ehe nicht nur frei gegeben, sondern genehmigt. Ferner sollte Thadden zum 9. November 1940 zum SS-Obersturmführer befördert werden, wozu kein weiteres Gutachten der RfS benötigt wurde. Weder vonseiten des AA noch der SS bestand weiterhin Klärungsbedarf.

Dennoch fanden sich Thadden selbst, sein Bruder und deren Mutter in der Poliklinik für Erb- und Rassepflege in Charlottenburg zu einer körperlichen Begutachtung ein. Bei dem Termin wurde »*Lichtbildmaterial von 5 zu überprüfenden Generationen*« vorgelegt.[110] Ein Gutachten wurde im Juli 1940 erstellt, aufgrund dessen die RfS die Gebrüder Thadden von jeglichem »*jüdischen Bluteinschlag*« freisprach.[111] Der Vorgang war endgültig abgeschlossen.

Die Episode ist aus verschiedenen Gründen bemerkenswert. Erstens lässt sich ihr entnehmen, dass persönliche Beziehungen den Vorwurf der »Judenabstammung« entkräften konnten; und sie zeigt, wie groß in der SS die Diskrepanz zwischen ihrem elitärem Ordensanspruch und der tatsächlichen Auslegung der Richtlinien war. Ob ein genealogischer »Erbmakel« wirklich vorlag oder ob die klitterhafte Version Thaddens und Görings den Tatsachen entsprach, ist dabei letztlich irrelevant. Zweitens könnte sich aus der Episode teilweise erklären, warum Thadden später die Judenmaßnahmen vorantrieb. Es könnte sein, dass er seine weltanschauliche Loyalität demonstrierte, um dem Verdacht der jüdischen Abstammung entgegenzuwirken. Ein solcher Verdacht scheint in SS-Kreisen bestanden zu haben. Nach Thaddens Aussage soll Eichmann bei

---

107 Vgl. Ahnentafel-Gutachten des SS-RuSHA vom 1.12.1938, in: BA Berlin, RS Eberhard von Thadden.
108 Vgl. Aussage Thaddens vom 26.4.1962, in: HStA Düsseldorf, Ger.Rep. 192/203.
109 Vgl. PA AA, Geldakte Eberhard von Thadden. Er bezog monatlich 530 Reichsmark.
110 Schreiben RfS an OPG NSDAP vom 10.9.1940, in: BA Berlin, RS Eberhard von Thadden.
111 Ebd.

einer Besichtigung des Ghettos Theresienstadt den Diplomaten mit ironischem Unterton darauf angesprochen haben: Auf Thaddens Frage nach Paul Eppstein, einem Mitglied der jüdischen Lagerverwaltung, habe sich Eichmann erkundigt, warum sich Thadden für den Mann interessiere, sei denn nicht auch Thaddens Mutter eine geborene Eppstein (eigentlich Epenstein).[112] Drittens hat Thadden dennoch nicht versucht, sich nach dem Krieg darauf zu berufen, er habe deshalb unter einem erhöhten Anpassungsdruck durch das Regime gestanden. Gegenüber alliierten Vernehmungsbeamten äußerte er sich nur zögernd und unwillig dazu.[113] Viertens war der Familie von Thadden der Gedanke an jüdische Vorfahren offenbar sehr unangenehm. Obwohl NSDAP, SS und AA keine Zweifel mehr hegten, veranlasste sie aus eigener Initiative ein zusätzliches Gutachten, um sich ein für alle Mal von dem Verdacht freisprechen zu lassen.

4.2 Fronteinsatz und diplomatischer Auslandsdienst in Griechenland

Im Rahmen der Kriegsanstrengungen wurde Eberhard von Thadden im Februar 1942 zur Wehrmacht eingezogen. Er kämpfte als Panzerjäger bei der 267. Infanteriedivision, die als Teil der 4. Panzerarmee im Mittelabschnitt der Ostfront eingesetzt war. Er wurde verwundet und ins Lazarett Ilsenburg gebracht. Für seinen Einsatz beförderte man ihn zum Unteroffizier und verlieh ihm das Eiserne Kreuz II. Klasse.[114] Ab Oktober 1942 stand er bis zur vollkommenen Genesung wieder dem AA zur Verfügung.

Auch der Vater war für die Armee reaktiviert worden. In den Jahren 1940 und 1941 führte er nacheinander zwei Frontlager für Kriegsgefangene. Von Juli 1941 bis zum Sommer 1942 war Arnold von Thadden bei der Kriegsgefangenen-Bezirkskommandantur Bialystok eingesetzt, zuletzt als Generalmajor z. V.[115] Im Sommer 1942 wurde er in die Führerreserve des Wehrkreises IX versetzt. Der Chef des Oberkommandos der Wehrmacht (OKW), Generalfeldmarschall Wilhelm Keitel, dankte ihm für die »*vortrefflichen Dienste*«.[116]

Das Auswärtige Amt beorderte Eberhard von Thadden im Oktober 1942 ins besetzte Griechenland, wo er in Athen in der Dienststelle des Gesandten Hermann Neubacher arbeitete, dem Sonderbeauftragten für Wirtschaftsfragen in Südosteuropa. Neubachers Versuche, die griechische Wirtschaft zu reorganisieren, waren eng ver-

---

112 Vgl. Aussage Thaddens vom 24.5.1962, in: HStA Düsseldorf, Ger.Rep. 192/203.
113 Vgl. Vernehmung Thaddens vom 11.4.1947, in: IfZ München, ZS 359/1 Eberhard von Thadden.
114 Vgl. BA Berlin, SSO Eberhard von Thadden u. Aussage Thaddens vom 21.5.1948, in: BA Koblenz, Z 42 IV/7200. Die Angabe, Thadden habe Frontdienst in der Waffen-SS geleistet, die sich zuweilen in Verhörprotokollen findet, ist unrichtig.
115 Vgl. Mitteilung des BMA Freiburg an den Verfasser vom 24.6.2005.
116 Schreiben Keitels an Arnold von Thadden vom 9.8.1942, in: BMA Freiburg, Personalakte Arnold von Thadden.

knüpft mit Ausbeutung und Enteignung zum Zwecke der deutschen Kriegswirtschaft.[117] In den folgenden Monaten reiste Thadden zwischen Athen, Rom, Bukarest und Berlin hin und her, und im Februar 1943 war er im Gefolge Neubachers, als im Führerhauptquartier Wolfsschanze mit der Wehrmacht wegen Fragen der Besatzungskosten verhandelt wurde. Genaue Details zur Tätigkeit Thaddens fehlen aber. Nach eigener Aussage sei er mit der Sicherstellung der Versorgung der Bevölkerung beauftragt gewesen.[118] Einen indirekten Eindruck von den antijüdischen Maßnahmen erhielt er ebenfalls. In einem Athener Lokal habe man ihn auf Dieter Wisliceny aufmerksam gemacht, einen Mitarbeiter Eichmanns, der die Deportationen aus Griechenland in die Vernichtungslager regelte, die seit März 1943 anliefen.[119]

Das teure Leben im besetzten Land griff Thaddens Finanzen an. Es herrschte Inflation, und die Preise waren so hoch, dass er Schulden machen musste. Da er über kein Eigenkapital verfügte, bat er das Amt um Unterstützung.[120] Unter knappen Geldmitteln litt Thadden nicht erst in Griechenland. 1934 konnte er für die fristgerechte Publikation seiner Dissertation dem Verlag einen Zuschuss nicht zahlen. Und im Dezember 1939 hatten die Eheleute Thadden einen Sohn bekommen, dessen komplizierte Geburt Arztkosten nach sich zog, die die Eltern nicht ohne Weiteres bezahlen konnten. Thadden hatte sich damals an das AA mit der Bitte um ein Notstandsdarlehen gewandt. Er selbst, schrieb er, verfüge über kein Vermögen, seine Frau nur über ein geringes. Es seien sogar Darlehen bei Verwandten aufgenommen worden.[121] Aus der seit Jahren latent angespannten finanziellen Situation herauszukommen, war nach Einschätzung einer Mitarbeiterin die »*Triebfeder*« für Thaddens Ehrgeiz, im AA »*weiterzukommen*«. Ihr gegenüber habe er geäußert, seine Frau sei wohlhabend, während er nur das Gehalt habe. Er hoffe, seine Position durch Beförderungen und Gehaltserhöhungen zu »*verbessern*«.[122] Umso frustrierender war es später, bei der eigenen Qualifikation den Parvenü Wagner als Vorgesetzten zu bekommen.[123]

---

117 Vgl. Aly, Götz, Hitlers Volksstaat. Raub, Rassenkrieg und nationaler Sozialismus, Bonn 2005, S. 274 ff. Aly geht irrigerweise davon aus, Thadden sei als Judenreferent in Griechenland tätig gewesen, woraus er u. a. einen direkten Zusammenhang zwischen Ausbeutung und Deportation herstellt, vgl. S. 281 f. Ebenso muss die Darstellung zurückgewiesen werden, Thadden habe dort Deportationen organisiert, vgl. Aly, Götz/Gerlach, Christian, Das letzte Kapitel. Der Mord an den ungarischen Juden 1944–1945. Frankfurt/Main, 2004, S. 187, 219 f. Thadden war erst seit April 1943 Judenreferent und wurde dafür extra aus Griechenland abgezogen. Es gibt keinen Hinweis, dass er sich dort schon zuvor mit Judenpolitik befasste, auch wenn er im Rahmen seiner wirtschaftlichen Aufgaben Kenntnis von der Ausbeutung der jüdischen Bevölkerung gehabt haben dürfte.
118 Vgl. Aussage Thaddens vom 18.5.1961, in: BA Koblenz, B 305/977.
119 Vgl. ebd.
120 Vgl. Schreiben Thaddens an AA/Pers. vom 11.11.1942, in: PA AA, Geldakte Eberhard von Thadden.
121 Vgl. Schreiben Thaddens an AA/Pers. vom 11.1.1940, in: ebd.
122 Aussage Hildegard K. vom 10.7.1948, in: BA Koblenz, Z 42 IV/7200.
123 Vgl. Vernehmung Thaddens vom 11.4.1947, in: IfZ München, ZS 359/1 Eberhard von Thadden.

5 Judenreferent – die Frage der ideologischen Aufladung

Im März 1943 wurde Thadden nach Berlin zurückbeordert. Bei der Zwischenlandung in Wien teilte man ihm mit, er solle sich nach Fuschl bei Salzburg begeben, dem Quartier des RAM. Dort eröffnete ihm Wagner auf einem Spaziergang, auf seine Veranlassung hin gekommen zu sein. Der Verlauf des Gespräches lässt sich nur anhand späterer Aussagen der Beteiligten rekonstruieren. Übereinstimmend ist festzuhalten, dass Wagner als Leiter der neuen Referatsgruppe Inland II Thadden als Referenten vorgesehen und angefordert hatte.[124]

Wagner war sich zweifelsohne bewusst, dass der Referent Inland II A eine wichtige Funktion ausüben würde. Er wäre nicht nur Stellvertreter, sondern auch mit dem Kontakt zur SS und der Bearbeitung der »Judenfrage« beauftragt. Wagner brauchte dazu einen »*guten Juristen*«.[125] Wegen seiner eigenen mangelhaften Ausbildung würde der zukünftige Gruppenleiter ohne einen fähigen Mitarbeiter die anstehende Aufgabe kaum meistern können. Die Qualifikationsfrage bestätigte auch Inland II-Referent Eberhard Reichel. Wagner sei auf Thadden angewiesen gewesen, denn »*aufgrund der Vorbildung Wagners war dieser nicht in der Lage, größere Arbeiten zu formulieren, und er brauchte also den guten Juristen Thadden [...]*«.[126] Die Vorzimmerdame des Gruppenleiters stellte fest, Thadden sei Wagner »*intellektuell weit überlegen*« gewesen[127], und Reichel äußerte pointiert, bei einem Fortgang Thaddens sei »*Wagner praktisch nicht in der Lage, seinen Posten zu bekleiden*«.[128]

Ferner verfügte Thadden über einen guten beruflichen Leumund unter Kollegen und Vorgesetzten. Wenngleich er als Mensch für leicht spröde, wenig verbindlich und distanziert gehalten wurde, bescheinigte man ihm hohe fachliche Fähigkeiten sowie eine fleißige, aber manchmal zu penible Arbeitsweise.[129] Der Leiter der Personalabteilung, Hans Schroeder, hielt ihn für einen »*außerordentlich befähigten Beamten*«[130] und dessen Vertreter Helmut Bergmann notierte 1944 handschriftlich in Thaddens Personalakte, dieser sei »*weit über dem Durchschnitt befähigt und auch hervorragend tüchtig*«.[131] Es verwundert also nicht, wenn Wagners Vorzimmerdame später angab, Thad-

---

124 Vgl. Aussage Thaddens vom 20.11.1951, in: HStA Düsseldorf, 192/12 u. Aussage Wagners vom 20.3.1963, in: BA Koblenz, NL Kempner, Bd. 578.
125 Aussage Wagners vom 20.3.1963, in: ebd.
126 Aussage Reichels vom 5.2.1952, in: HStA Düsseldorf, Ger.Rep. 192/12.
127 Aussage Ilse Gräfin von B. vom 20.6.1961, in: ebd., Ger.Rep. 237/26.
128 Aussage Reichels vom 5.2.1952, in: ebd., Ger.Rep. 192/12.
129 Vgl. Aussage Altenburgs vom 21./22.10.1964, in: ebd., Ger.Rep. 237/26; Aussage Reichels vom 5.2.1952, Aussage Henckes vom 9.2.1952, Aussage Melchers vom 20.2.1952, alle in: ebd., Ger.Rep. 192/12; Aussage Grundherrs vom 23.5.1948, Aussage Albrechts vom 27.1.1949, Aussage Hildegard K. vom 10.7.1947, alle in: BA Koblenz, Z 42 IV/7200.
130 Aussage Hans Schroeders vom 1.2.1952, in: HStA Düsseldorf, Ger.Rep. 192/12
131 Marginalie Bergmanns auf Notiz Pers. vom [Feb.] 1944, in: PA AA, Personalakte Eberhard von Thadden.

5 Judenreferent – die Frage der ideologischen Aufladung

den habe innerhalb der Gruppe die Hauptlast der Arbeit getragen.[132] Darauf deutet ebenfalls die Zahl der von ihm bearbeiteten Vorgänge in den Referaten Inland II A/B hin, die 1943 über 42%, 1944 gut 40% der Gesamtvorgänge in Inland II ausmachten.[133]

Wagner selbst habe Thaddens »*fachliche und charakterliche Qualitäten*« so hoch eingeschätzt, dass er die angebliche Antipathie Ribbentrops gegen Thadden außer Acht lassen wollte.[134] Auch Thaddens Einwand, er habe in der Vergangenheit Probleme mit der SS bzw. dem RuSHA gehabt, soll Wagner nicht gelten gelassen haben.[135] Folgt man Thaddens Aussage, so habe Wagner ihm freigestellt, sich ein Referat auszusuchen, doch später habe er nur Inland II A unbesetzt vorgefunden, sodass er die Judenangelegenheiten übernehmen musste.[136] Wagners Angaben hierzu bleiben vage; ihm sei es in erster Linie um einen kompetenten Vertreter gegangen.

Nach Wagners Darstellung habe Thadden Sorge geäußert, vielleicht wieder als Soldat an die Front zu müssen. Wagner habe daraufhin auf die uk-Stellung der Inland II-Mitglieder hingewiesen.[137] Thadden nahm schließlich die Stelle an, obwohl er wenig erbaut war vom zugedachten Arbeitsfeld. Dies bestätigten mehrere ehemaligen Kollegen einhellig.[138] Gegenüber dem Inland II-Referenten Emil Geiger habe Thadden geäußert, die zugedachten Aufgaben seien nicht seine Materie.[139] Die zuständige Sekretärin hatte den Eindruck, dass ihm die Arbeit »*nicht sehr sympathisch*« sei.[140] Obwohl es keinen dokumentarischen Beleg gibt, existieren Nachkriegsaussagen, dass Thadden in der Folgezeit mit dem Gedanken spielte, seinen Posten abzugeben.[141] Er selbst habe auf eine Anstellung in der Politischen Abteilung gehofft. Dies untermauerten Geiger[142] und der ehemalige Leiter der Politischen Abteilung Hencke, der aber zugleich feststellte, dass Thadden für Wagner unentbehrlich gewesen sei.[143] Insgesamt gibt es zu diesem Plan nur vage Formulierungen. Nach dem Krieg sagte Thadden, er habe 1944 daran gedacht, den Mitarbeiter Adolf Hezinger als neuen Judenreferenten einsetzen zu lassen.[144] Die Ablösung durch Hezinger dürfte aber weniger weit gediehen sein, als es

---

132 Vgl. Aussage Ilse Gräfin von B. vom 20.6.1961, in: HStA Düsseldorf, Ger.Rep. 237/26.
133 Vgl. Schreiben Thaddens an Wagner vom 15.1.1945, in: ebd.
134 Vgl. Aussage Wagners vom 20.3.1963, in: BA Koblenz, NL Kempner, Bd. 578.
135 Vgl. Aussage Thaddens vom 20.11.1951, in: HStA Düsseldorf, 192/12.
136 Vgl. ebd.
137 Vgl. Aussage Wagners vom 20.3.1963, in: BA Koblenz, NL Kempner, Bd. 578.
138 Vgl. Aussage Henckes vom 19.10.1960, in: HStA Düsseldorf, Ger.Rep. 237/27; Aussage Steengrachts vom 25.1.1952, Aussage Schroeders vom 1.2.1952, Aussage Bobriks vom 2.2.1952, Aussage Reichels vom 5.2.1952, Aussage Geigers vom 7.2.1952, alle in: ebd., Ger.Rep. 192/12; Aussage Gottfriedsens vom 14.9.1960, in: ebd., Ger.Rep. 237/26.
139 Vgl. Aussage Geigers vom 7.2.1952, in: ebd., Ger.Rep. 192/12.
140 Aussage Hildegard K. vom 10.7.1948, in: BA Koblenz, Z 42 IV/7200.
141 Vgl. Aussage Thaddens vom 20.11.1951, in: HStA Düsseldorf, 192/12.
142 Vgl. Aussage Geigers vom 7.2.1952, in: ebd.
143 Vgl. Aussage Henckes vom 9.2.1952, in: ebd. u. Aussage Henckes vom 19.10.1960, in: ebd., Ger.Rep. 237/27.
144 Vgl. Aussage Thaddens vom 12.4.1962, in: ebd., Ger.Rep. 192/203.

Thadden nach Kriegsende glauben machen wollte. So war der Schritt anscheinend nicht mit Wagner abgesprochen, der Hezinger als persönlichen Assistenten behalten wollte.

Zusammenfassend ist hierzu Folgendes zu bemerken: Inland II genoss im AA wegen der zugeteilten Aufgaben keinen guten Ruf. Wie noch zu sehen sein wird, war Thadden nicht der Einzige gewesen, der mit dem Gedanken an eine Versetzung spielte. Es gab im Sommer 1944 Versuche, Hezinger stärker einzubinden, der in Thaddens Abwesenheit bei Inland II A zeitweise die »Judensachen« bearbeitet hatte. Diese Versuche zielten aber nicht darauf, eine Ablösung zu bekommen, sondern eine zusätzliche Arbeitskraft. Thadden selbst hatte wegen der Arbeitsbelastung einen zusätzlichen Mitarbeiter angefordert.[145] Die Personaldecke war dünn und das Judenreferat ständig überarbeitet. Eine Ablösung durch Hezinger dürfte eher ein Gedankenspiel gewesen sein, das nach dem Krieg instrumentalisiert wurde. Sollte Thadden wirkliche Skrupel besessen haben, so haben sie, das werden die kommenden Kapitel zeigen, seine Arbeitsmoral nicht belastet.

Nach Wagners Ansicht kam ein Ausscheiden Thaddens »gar nicht in Betracht«. »Arbeitsleistung und Geschick, mit dem Herr von Thadden seine Arbeit erledigte«, hätte Hezinger nicht aufbringen können.[146] Zudem lagen »die Judensachen bei [Thadden] in guten Händen«.[147]

Es ist festzuhalten, dass die Besetzung des Judenreferenten nicht auf eine antisemitische Grundhaltung Thaddens zurückzuführen ist. Er war bis dahin mit der »Judenfrage« dienstlich nicht näher in Berührung gekommen.[148] Seine Wahl wurde eindeutig durch die persönlichen Bande und mehr noch durch die fachlichen Qualitäten bestimmt, aufgrund derer Wagner den Kollegen anforderte. Der Gruppenleiter war mangels eigener diplomatischer Ausbildung auf Thadden angewiesen, um die Funktion seiner Arbeitseinheit sicherzustellen. Zwar ist mit hoher Wahrscheinlichkeit anzunehmen, dass Thadden die Materie seines Arbeitsfeldes wenig zusagte, doch als pflichtbewusster Beamter verblieb er auf dem Posten.

Im persönlichen Bereich muss dagegen konstatiert werden, dass Thadden bis dato mannigfach mit judenfeindlichen Positionen in Berührung gekommen war, da er sich seit seiner Jugend fast ausschließlich in nationalistisch-antisemitischen Milieus aufhielt. Als Mitglied der DNVP war er Mitglied einer ausgesprochen judenfeindlichen Partei. Nach Übertritt in die NSDAP gehörte er einer Partei und als SS-Führer einer Organisation mit noch weit schärferen antisemitischen Ansichten an. An der DHP begegnete er dem aggressiven Rasseantisemitismus seines Lehrers Johann von Leers, und er begegnete der »Judenfrage«, als er sich aus eignem Antrieb auf einer Palästina-

---

145 Vgl. Aussage Thaddens vom 15.3.1963, in: ebd.
146 Aussage Wagners vom 20.3.1963, in: BA Koblenz, NL Kempner, Bd. 578.
147 Ebd.
148 Die Deportationen dürften ihm nicht verborgen geblieben sein. Sachlich war er nicht damit befasst.

reise damit auseinandersetzte. Er wurde mit den NS-Rasseparametern konfrontiert, als man bei ihm als SS-Führer einen jüdischen Erbanteil entdeckt hatte und er um Heirat, Anstellung und SS-Führerschaft fürchten musste. Dass Thadden die vermeintliche Wissenschaftlichkeit der NS-Rassebiologie ernst nahm, kann angesichts des von ihm veranlassten Gutachtens vorausgesetzt werden.

Eigene Aussagen Thaddens zum Antisemitismus sind spärlich. Eine Ablehnung der Novemberpogrome 1938 will er in der Bevölkerung hauptsächlich wegen der Zerstörung großer Sachwerte und der schlechten Presse verspürt haben.[149] Im Text der Dissertation lassen sich aber eindeutig rassistische Positionen ausmachen. Thadden folgte dem NS-Prinzip, Moral und Recht seien rassebedingt. Er verteidigte die judenfeindliche Gesetzgebung gegen Interventionen des Auslandes und unterschied klar zwischen »arischen« und jüdischen Deutschen. Die Gewichtung dieser Aussagen ist nicht unerheblich, da für Thadden keinerlei Notwendigkeit bestand, in der völkerrechtlichen Arbeit derartige Positionen zu thematisieren – dies geschah aus eigener Initiative. Das NS-Vokabular schliff sich selbst nach Kriegsende erst langsam ab. Bei einer Aussage im Jahr 1951 sprach er immer noch von »*Rassezugehörigkeit*« und Staatsangehörigen, »*die jüdischer Rasse sind*«.[150]

So lässt sich ein mindestens latenter Antisemitismus konstatieren. Diese Tendenz wurde durch das konservative Milieu, aus dem Thadden als Sohn einer Offiziersfamilie stammte, gefördert. Das Elternhaus empfand den verlorenen Krieg eine mentale Fraktur, was die soziale Desintegration in die Republik zur Folge hatte. Seit seinem 15. Lebensjahr war Thadden einschlägig politisch interessiert. Die Hinwendung zu nationalistischen Anschauungen wird durch Mitgliedschaften in Bismarckjugend, DNVP und NSDAP deutlich. Der Familienkreis war ähnlich antidemokratisch strukturiert: Der Bruder trat ebenfalls der NSDAP bei. Das Korporationswesen, die strenge Juristenausbildung – die seit Kaisers Zeiten darauf angelegt war, Rechtsvertreter im Geiste absoluter Staatshörigkeit heranzubilden[151] – sowie das Referendarlager Jüterbog und das »Reichslager der NSDAP« in Bad Tölz dürften bestehende totalitär-ideologische Bindungen intensiviert haben.

Es wäre demnach falsch, anzunehmen, bei Thadden handle es sich um den »*neutralen Fachbeamten*«, den Kollegen in ihm sahen.[152] Er war nicht frei von ideologischer Aufladung, und die weltanschaulich-moralische Einstellung, mit der er 1943 im Ju-

---

149 Vgl. Vernehmung Thaddens vom 12.6.1946, in: SUB Göttingen, HSD, Nürnberger Prozessakten, IMT, Kommissionsprotokolle.
150 Aussage Thadden vom 20.10.1951, in: HStA Düsseldorf, Ger.Rep. 192/12; ebenso Aussage Thaddens vom 1.12.1951, in: ebd.
151 Vgl. Müller, Ingo: Furchtbare Juristen. Die unbewältigte Vergangenheit unserer Justiz, München 1989, S. 17 ff.
152 Aussage Grells vom 1.2.1952, in: HStA Düsseldorf, Ger.Rep. 192/12; vgl. ebenso Aussage Steengrachts vom 25.1.1952, in: ebd. u. Aussage Hildegard K. vom 10.7.1947, in: BA Koblenz, Z 42 IV/7200.

denreferat antrat, war inhaltlich antisemitisch ausgerichtet. Im nächsten Abschnitt ist zu untersuchen, inwieweit sich das Amalgam von national-konservativem Werdegang, preußischem Beamtenpflichtbewusstsein und persönlichem Antisemitismus auf die Arbeitsweise auswirkte. Verschärfte sich die judenfeindliche Disposition oder kam es im Zuge der Einblicke in den Vernichtungsapparat zu einer oppositionellen Haltung? Lässt sich konstatieren, ob Thadden im Rahmen der Möglichkeiten hemmend oder fördernd auf die Vorgänge einging?

Dieselbe Frage stellt sich auch für Gruppenleiter Wagner. Kam es bei ihm zu einem inneren Paradigmenwechsel, zu einer wie auch immer gerichteten Politisierung des bisher Unpolitischen, oder blieben Ehrgeiz und Opportunismus weiter die bestimmenden Impulse? Um einer Antwort näher zu kommen, wird als Nächstes ein Blick auf das Instrumentarium der Gruppe Inland II geworfen, bevor die außenpolitischen Parameter als äußeres Bedingungsgeflecht der Judenpolitik ermittelt werden. Die Einordnung in den Apparat des AA trägt mitunter institutionsgeschichtliche Züge, ist aber für das weitere Verständnis der Handlungsspielräume notwendig.

Zweiter Teil
Innenansichten der Verbrechensbürokratie

I   Gruppe Inland II –
»ein vorbildlich nationalsozialistisch ausgerichtetes Werkzeug in den Händen des Herrn Reichsaußenministers«

1   Aufbau, Personal, Aufgaben

> »Bei Inland II ist die außerordentlich große Zahl von geheimen Reichssachen durch Reichsführer-SS, Obergruppenführer Kaltenbrunner, SD und Abwehr hervorzuheben. Der Bürobetrieb erfordert daher besondere Auswahl des Personals und besonders sorgfältige Bearbeitung.«
>
> Übersicht und Aufgaben der Gruppe Inland II[1]

Bereits die Bezeichnung »Inland« lässt erkennen, dass die Referatsgruppe nicht nach außenpolitischen, sondern stärker nach innenpolitischen Erwägungen eingerichtet worden war. Sie sollte mit der SS korrespondieren und kooperieren, welche eine Fülle von Zuständigkeiten auf dem polizeilichen, militärischen und völkischen Sektor an sich gezogen hatte. Dies kann als weiterer Ausdruck dafür gelten, dass sich das AA im Laufe des Krieges zur Rückgewinnung verlorener außenpolitischer Kompetenzen nun an innenpolitischen Machtträgern orientierte. Nach Ansicht einer Sekretärin Thaddens war Inland II »*offensichtlich dazu bestimmt, innerhalb des Amtes eine Zelle zu bilden, die die Interessen der SS im Auswärtigen Amt besonders wahrzunehmen hatte. Insbesondere war es Wagner, der durch seine enge Verbindung zu Himmler und der SS dies gewährleisten sollte*«.[2]

Die Zusammenarbeit umfasste alle Gebiete, auf denen sich AA- und SS-Angelegenheiten trafen. Wichtigster Bestandteil war die Unterstützung und diplomatische Absicherung der von der SS durchgeführten Judenverfolgungen und -deportationen in Europa. Weitere Arbeitsgebiete waren daneben: Werbung für die internationalen Einheiten der Waffen-SS, Spionage, Polizei- und Sicherheitspolitik sowie Volkstumsfragen. Die Vielseitigkeit der Berührungspunkte verdeutlicht ein Organisationsschema, welches Personal und Aufbau von April 1943 bis Mai 1945 zusammenfasst.[3] Da-

---

1   Übersicht über die Aufgaben der Gruppe Inland II [Jan. 1945], in: PA AA, Inland IIg 1.
2   Aussage Hildegard K. vom 10.7.1947, in: BA Koblenz, Z 42 IV/7200.
3   Wiedergegeben sind die wichtigsten Aufgabenfelder. Die diplomatischen Ränge zeigen den Rang zu Beginn der Tätigkeit bei Inland II. Für Vollständigkeit siehe GVPl. vom September 1943, in: ADAP, Serie E, Bd. VI, S. 617; Übersicht über die Aufgaben der Gruppe Inland II [Jan. 1945], in: PA AA, Inland IIg 1 u. PA AA, Inland II A/B, R 100305. Vgl. ebenso die Organisationsskizze des AA im Anhang.

bei ist zu beachten, dass das Sonderreferat Inland II S erst im Spätsommer 1944 eingerichtet wurde, während die Referate A bis D die Geschäftsverteilung von 1943 darstellen, die bis Kriegsende fast unverändert blieb:

Gruppe Inland II: Gruppenleiter LR I. Kl. Horst Wagner	
»Pers. Referent«: Adolf Hezinger (Feb.–Sept. 1944), Eduard Mirow (Sept. 1944–Anfang 1945)	
Inl. II A: LR Dr. v. Thadden	Verbindung zum Reichsführer-SS, insbesondere Pers. Stab, Verbindung zum SS-Hauptamt (Allgemeine SS und Allgemeine Angelegenheiten der Waffen-SS), Judenfragen, Freimaurer, Ausbürgerung, Sonderaufträge
Inl. II B: VK Geiger (Sonnenhol: Juli–Okt. 1944, Bobrik: Nov. 1944–Feb. 1945, Werz: Feb –Mai 1945)	Verbindung zum Chef der Sicherheitspolizei und des SD, zur Ordnungspolizei, zu den Polizeiattachés und SD-Beauftragten, Auslandsreisen, Polizeiliche Ermittlungen und Auskünfte, Emigrantentätigkeit, Sabotage, Attentate
Inl. II C: LR Dr. Reichel	Verbindung zum Reichskommissar für die Festigung deutschen Volkstums, Deutsche Volksgruppen im Ausland, Fremde Volksgruppen im Reich, Freiwilligenwerbung für die Waffen-SS
Inl. II D: vertretungsweise Dr. Reichel	Volksdeutsche Wirtschaftsfragen, Einsatz der Volksgruppen für Kriegsaufgaben, Wirtschaftsfragen fremder Volksgruppen, Umsiedlungen von Volksdeutschen und Fremdstämmigen
Sonderreferat Inl. II S: LR Dr. v. Thadden	Verbindung zum RSHA Amt VI und Amt Mil, Personalangelegenheiten und politische Zusammenarbeit mit dem Geheimen Deutschen Meldedienst, Zusammenarbeit mit den Briefprüfstellen und der abwehrmäßigen Überwachung des Auslands-Telegramm- und Fernsprechverkehrs, Abwehrbeauftragter des AA

Die Expansion der Abteilung D hatte dazu geführt, dass sie schließlich räumlich in den ehemaligen Gesandtschaften Norwegens bzw. der Tschechoslowakei residierte. Inland II bezog nur die Büros der ehemaligen norwegischen Gesandtschaft in der Rauchstraße 11. Das im sachlichen Stil errichtete Gebäude im Bezirk Tiergarten war kurz nach seiner Fertigstellung zu Beginn des Jahres 1940 nach dem deutschen Einmarsch in das skandinavische Land beschlagnahmt worden. Das AA übernahm die komplette Möblierung, und Martin Luther residierte im luxuriösen Arbeitszimmer des Gesandten. Nun richtete sich Wagner dort ein, dem es allerdings missfiel, nicht im Zentrum der Macht, in der Wilhelmstraße zu arbeiten. Zunächst ergebnislos bat er um Büros im Stammsitz des AA und in der Nähe Ribbentrops.

Um den Kontakt mit den im Raum Berlin verteilten Stellen von AA, NSDAP und SS zu gewährleisten, wurden Inland I und II jeweils ein Kraftwagen mit Fahrer und ein gemeinsam verfügbares Krad mit Fahrer zur Verfügung gestellt. Den Wagen mit

Diplomatenkennzeichen musste Wagner abgeben. Das »Büro Wagner« für die Sonderaufträge des RAM blieb unabhängig davon motorisiert und mit Fahrer und Benzinzuteilung ausgestattet.

Bei einem schweren Luftangriff Ende November 1943 wurde die Rauchstraße 11 schwer getroffen, sodass Inland II in das ehemalige Reichspräsidentenpalais in der Wilhelmstraße 73 umziehen musste. Das Palais hatte sich Ribbentrop zum persönlichen Dienstsitz umbauen lassen. Dort wurde jetzt im so genannten Ballsaal ein Großraumbüro eingerichtet, um auch andere ausgebombte Referate des Amtes aufzunehmen. Wagner besaß zwar ein eigenes kleines Büro, aber Inland II A musste fast offen arbeiten. Mit der Maßgabe, man könne so keine ausländischen Diplomaten empfangen und geheime Reichssachen vertraulich bearbeiten, bemühten sich Wagner und Thadden um andere Ausweichbüros.[4] Insbesondere könnten streng vertrauliche Inhalte beim Diktieren leicht von Dritten abgehört werden. Etwa im Spätsommer 1944 kehrte Inland II in die Rauchstraße zurück, wo die Referenten Reichel und Sonnenhol sogar zeitweise wohnten. Gegen Ende des Jahres zog mindestens Wagners Büro in die traditionelle Adresse der Wilhelmstraße 76 ein. Damit wird zweierlei deutlich: Zum einen existierte nicht nur eine sachliche, sondern auch eine räumliche Kontinuität zwischen Abteilung D und Inland II, zum anderen symbolisierte die Verlegung in den Amtssitz Ribbentrops die Bedeutung der Gruppe als spezielles Ministerinstrument.

Im Laufe des Jahres 1943 wurden verschiedene Stellen des AA in den Wintersportort Krummhübel im Riesengebirge ausgelagert. Darunter auch Teile von Inland II, die fortan im Haus Flora logierten. Die Referenten und ihre Büros verblieben jedoch in Berlin, sodass wie bei allen evakuierten Stellen ein täglicher und aufwändiger Kurierdienst betrieben werden musste, um den Dienst aufrecht zu halten. Ende Januar 1945 wurde das AA aufgefordert, die Quartiere in Krummhübel militärischen Einheiten und Flüchtlingen zu überlassen. Es konnte nicht mit Sicherheit festgestellt werden, wohin die Stellen von Inland II erneut evakuiert wurden, aber die Umgebung von Salzburg ist am wahrscheinlichsten (☞ siehe *Abb. 6, S. 108*).

Im Mai 1943 betrug der gesamte Personalstand inklusive Schreibkräften, Amtsgehilfen und Pförtnern 55 Mitarbeiter, zehn davon waren höhere Beamte, d. h. ein Legationsrat I. Klasse (d. i. Wagner als Leiter, ab Sept. 1943 VLR), drei Legationsräte, ein Konsul, ein Vizekonsul, ein Regierungsrat und drei Wissenschaftliche Hilfsarbeiter.[5] Besonders eng arbeiteten die Referate Inland II A und B zusammen. Hier waren dreizehn Mitarbeiter plus zwei höhere Beamte eingesetzt. Nicht nachzuvollziehen ist die Tatsache, dass Inland II C im Gegensatz dazu alleine über insgesamt neun Mitarbeiter plus vier höhere Beamte verfügte. Dabei bearbeiteten Inland II A und B beispielsweise 1944 fast doppelt so viele Eingänge wie Inland II C.[6] Dieses personelle Missverhältnis

---

4 Vgl. PA AA, Inland II A/B, R 100404.
5 Vgl. allgemein PA AA, Inland IIg 15 u. HStA Düsseldorf, Ger.Rep. 192/126.
6 Vgl. Übersicht über die Aufgaben der Gruppe Inland II [Jan. 1945], in: PA AA, Inland IIg 1.

Abb. 6 Rauchstraße 11 (Aufnahme etwa 1942)

blieb bis Kriegsende bestehen. Am schwächsten war Inland II D besetzt, welches ebenfalls von Reichel geführt wurde und nur über fünf Mitarbeiter verfügte. Später musste Inland II S neben Thadden als Leiter mit nur zwei Arbeitskräften auskommen.

Durch die Rekrutierungswellen im Zuge der Kriegsanstrengungen sank der Gesamtpersonalstand kontinuierlich, und im November 1944 machte Wagner auf die kritisch werdende Situation aufmerksam. Er versuchte ergebnislos, einen neuen Sachbearbeiter zugeteilt zu bekommen.[7] Bis zum März 1945 war die Gesamtzahl auf fünfunddreißig Mitarbeiter gesunken, wobei allerdings die Zahl der höheren Beamten nahezu unverändert blieb. Eine Prüfung des Rechnungshofs kam zu dem Schluss, der Personalstand sei trotz aller Kriegsanstrengungen unbedenklich, da Inland II eine Entlastung des Amtes darstelle.[8]

---

7 Vgl. Schreiben Wagners an StS vom 17.11.1944, in: ebd., Inland IIg 11a.
8 Vgl. »Überprüfung des Auswärtigen Amtes« durch Rechnungshof vom März 1945, in: HStA Düsseldorf, Ger.Rep. 192/217.

1 Aufbau, Personal, Aufgaben

Das Arbeitspensum der verhältnismäßig kleinen Stelle war enorm. Für die Jahre 1943 und 1944 stellte Thadden die Zahl der eingegangenen Vorgänge zusammen[9]:

	1943	1944
Inl. II geheime Reichssache	557	852
Inl. II Geheim	3.406	2.924
Inland II A/B	9.753	8.106
Inland II C	5.301	4.393
Inland II D	4.046	3.444
Inland II S	–	526
Gesamt	**23.063**	**20.245**

Bei der Aufstellung war ausdrücklich die eingehende Post des RSHA, ungefähr dreißig bis vierzig Eingänge täglich, nicht berücksichtigt, ebenso wenig wie die Mitzeichnung oder Kenntnisnahme der Vorgänge anderer Abteilungen, die sich ebenfalls in derselben Größenordnung befanden. Thadden konnte trotz des kriegsbedingt nachlassenden Geschäftsverkehrs aller Reichsbehörden kaum einen Rückgang bei Inland II feststellen, was die Gesamtzahlen beider Jahre verdeutlichen. Während die Eingänge der Einzelreferate zurückgingen, erhöhte sich die Zahl der geheimen Reichssachen, dazu kamen 526 Eingänge des neuen Referats Inland II S. Auffällig ist zudem, dass sich die Sektoren der Sicherheitspolitik (Inland II A/B) und der Volkstumspolitik (Inland II C/D) quantitativ fast die Waage hielten.

Das Führungspersonal bildeten Wagner und die vier ihm unterstellten Referenten. Zwischen 1943 und 1945 arbeiteten abgesehen vom Gruppenleiter insgesamt sechs verschiedene Diplomaten bei Inland II[10]: Legationsrat Thadden, Vizekonsul Emil Geiger[11], Legationsrat Eberhard Reichel[12], Legationssekretär Gustav Adolf Sonnen-

---

9   Vgl. Aufstellung Thaddens vom 15.1.1945, in: PA AA, Inland IIg 11a.
10 Ausgenommen sind Helmut Triska und Fritz-Gebhardt von Hahn, die nur kurz eingesetzt waren.
11 Geiger, Emil: geb. 29.10.1903; Verwaltungsbeamter; SS-Aufnahmeantrag Okt. 1944, SD seit spätestens 1941; NSDAP seit 1.3.1935, Parteinummer 3.604.785, Stellvertr. Leiter Landesgruppe Frankreich der NSDAP-AO; AA seit 1.6.1928, bei Vertretungen in Sofia und Beirut, 1939 KS in Paris, 1940 Konstanza, 1941 Trölleborg/Schweden, Antrag vom 22.12.1943 zum KS I. Kl., vgl. BA Berlin, PK Emil Geiger; BA Dahlwitz, ZA VI 87, A 3; Döscher, Auswärtiges Amt und SS, S. 281 ff.
12 Reichel, Eberhard: geb. 13.02.1909; prom. Jurist und Regierungsrat; SS seit 15.2.1938, SS-Nr. 290.599, SS-Ustuf. 11.9.1938, SS-Hstuf. 1.12.1939, SS-Stubaf. 20.4.1940, SD seit März 1937, hauptamtlicher SD-Führer März 1937–Mai 1938, ab November 1939 bei Sipo Stuttgart/München; NSDAP seit 1.10.1930, Parteinummer 332.766; Wehrmacht April–Juni 1940, AA seit 18.2.1941, LS 30.8.1941, LR 15.12.1942, LR I. Kl. 27.9.1944, vgl. BA Berlin, SSO, PK Eberhard Reichel; BA Dahlwitz, ZA V 193, S. 102 u. ZR 920, A 145.

hol[13], Legationsrat Rudolf Bobrik[14] und Konsul Luitpold Werz[15]. Davor hatten Geiger und Reichel bereits in der Abteilung D gearbeitet. Bobrik war zuvor in Spanien eingesetzt, wo er Kontakte zum SD hatte.[16] Der Altersdurchschnitt lag 1944 bei nicht einmal sechsunddreißig Jahren und war damit relativ niedrig.

Bis auf einen SA-Führer (Bobrik) gehörten drei der SS an (Thadden, Reichel, Sonnenhol). Geiger war zwar kein SS-Mitglied, arbeitete aber seit spätestens 1941 für den SD und stellte noch im Oktober 1944 eine SS-Bewerbung. Lediglich Werz besaß weder SA- noch SS-Zugehörigkeit. Alle waren zwischen 1930 und 1935 der NSDAP beigetreten, zwei sogar Jahre vor der Machtübernahme (Sonnenhol 1931, Reichel 1930). Vier der sechs Referenten waren Berufsbeamte, die vor 1938 ins Amt gekommen waren (Thadden, Geiger, Bobrik, Werz). Wie bereits mit Schumburg und Rademacher wurde das »Judenreferat« wieder von einem Berufsdiplomaten geleitet: Eberhard von Thadden. Fünf der sechs Referenten waren promovierte Juristen (bis auf Geiger), was zeigt, dass Inland II – abgesehen vom Gruppenleiter – nicht mit nationalsozialistischen Amateuren besetzt wurde. Vielmehr weist das Personal zwei entscheidende Kriterien auf: hohe berufliche Qualifikation in Kombination mit diplomatischer Erfahrung sowie feste ideologische Ausrichtung im Sinne des Regimes.

Die Leitung hatte im Gegensatz dazu ein eindeutiger NS-Karrierist inne, der seinen opportunistischen Aufstieg den Zeitläuften und der Gunst Ribbentrops verdankte. So setzte sich mit Inland II eine Strukturwandlung im AA fort, die unter der Ägide des neuen RAM auf eine Nazifizierung zielte. Diplomatische Laien, die mit dem Vertrauen und den Meriten des Regimes ausgestattet waren, besetzten zunehmend Leitpositionen im Amt (z. B. Paul K. Schmidt als Leiter der Nachrichten- und Presseabteilung, Franz Alfred Six als Leiter der Kulturpolitischen Abteilung oder Baron Steengracht als Staatssekretär). Bei der Überschaubarkeit von Inland II wird besonders deutlich, dass sich ein Exponent dieser Nazifizierung, Horst Wagner, des traditionellen Apparats bediente, in dem mittlerweile eine junge, kompetente und ideologisierte Diplomatengarde tätig war, die die verordnete NS-Politik entweder durch innere Bereitschaft unter-

---

13   Sonnenhol, Adolf: geb. 25.1.1912; prom. Jurist; HJ 1929–30, Goldenes Ehrenzeichen; SA seit 1930; SS seit 9.11.1939, SS-Nr. 347.149, SS-Ustuf 9.11.1939, SS-Ostuf 20.4.1941; NSDAP seit 1.6.1931, Parteinummer 545.961, Schulungsredner in NSDAP und NS-Studentenbund; AA seit 1.6.1939, LS 12.3.1941, 1940/41 Paris, 1942–44 Casablanca, Vichy u. Tanger, 1944/45 Genf, vgl. BA Berlin, PK, RS Adolf Sonnenhol; BA Dahlwitz, ZA VI 298 u. ZA 7370, A 8; Döscher, Auswärtiges Amt und SS, S. 287.

14   Bobrik, Rudolf: geb. 16.6.1909; prom. Jurist, Justizdienst 1932–35; SA seit Juni 1933, SA-Stuf. 31.1.1938, SA-Ostuf. 9.11.1943; NSDAP seit 1.5.1933, Parteinummer 2.286.164; Wehrmacht 1943/44; AA seit 1.4.1936, LS 4.10.1939, Amtsbezeichnung LR 21.9.1944, 1937 Salamanca, 1938 San Sebastian, 1939 Madrid, 1941 San Sebastian, 1945 Kopenhagen, vgl. BA Berlin, PK Rudolf Bobrik u. Auskunft des AA an den Verfasser vom 29.4.1999.

15   Werz, Luitpold: 9.9.1907; prom. Jurist; NSDAP seit 1.10.1934, Parteinummer 2.873.248; AA seit 8.5.1933, LS 18.10.1937, 1934/35 Barcelona, 1935/36 Sydney, 1936/39 Pretoria, 1939–44 Laurenco Marques, vgl. BA Berlin, PK Luitpold Werz; BA Dahlwitz, ZA 5, 274, 1-201.

16   Vgl. Telegramm Heberleins vom 6.6.1942, in: PA AA, Inland IIg 103.

stützte oder wenigstens durch hohe Anpassungsfähigkeit mittrug. Hypothetisch kann Inland II so in Funktionsweise und Personalstruktur als Prototyp einer durch den Krieg nicht mehr zum Abschluss gelangten Destrukturierung des Auswärtigen Amtes gelten. Gefördert wurde dies durch die Gemütslage des RAM, von der Hassell im April 1943 berichtete: »*Ribbentrop ist jetzt ganz rabiat geworden. Er haßt das ganze alte AA. Diels [...] erzählte neben tollen Dingen, [...], daß R[ibbentrop] gesagt hätte (an Hitler), es komme im auswärtigen Dienst nur auf die Gesinnung an, er wolle 40 SS-Leute, 40 SA-Leute und 40 HJ-Führer haben und das Amt neu besetzen.*«[17]

Die Referatsgruppe genoss keinen guten Ruf. Nachdem Geiger im Sommer 1944 nach der Versetzung nach Barcelona Inland II B verließ, gab es Probleme, einen Nachfolger zu finden. Dazu trugen sowohl der kriegsbedingte Personalmangel wie der Aufgabenbereich bei. In rascher Folge rückten Sonnenhol (Juli bis Oktober 1944), Bobrik (November 1944 bis Februar 1945) und Werz (Februar bis Mai 1945) nach. Für Sonnenhol habe die Zeit bei Inland II zu der »*bedrückendsten und traurigsten*« seines Lebens gehört.[18] Dabei wäre ein Dienst an der Front noch weitaus bedrückender gewesen. Die Reichsführung-SS hatte bereits im Sommer 1943 den fehlenden Wehrdienst des SS-Obersturmführers Sonnenhol angemahnt. Da der Diplomat Sonnenhol in Tanger unabkömmlich war, verblieb man derart, dass der Dienst in der Waffen-SS baldmöglichst nachgeholt werde.[19] Die uk-Stellung bei Inland II B verhinderte dies. Im Herbst 1944 erreichte es Sonnenhol dann, sich mit einem Propagandaauftrag nach Genf versetzen zu lassen, wogegen Wagner erfolglos »*schwerste Bedenken*« erhob.[20] Um den wankenden Mitarbeiter zum Bleiben zu überreden, versprach Wagner eine Beförderung, wobei er gleichzeitig mitteilte, Ribbentrop dränge ansonsten auf eine Versetzung zur Truppe.[21] Doch alle Überzeugungskünste halfen nicht, Sonnenhol ging in die Schweiz.

Hemmungen plagten auch Sonnenhols Nachfolger Bobrik, der »*sehr ungern überhaupt in diese ganze Gruppe eingetreten*« sei. Auf die Frage nach dem Grund antwortete er einem Vernehmungsbeamten: »*Weil sie ein Fachgebiet betraf, mit dem ich nichts zu tun haben wollte. [...] Diese Verbindung zu den Ämtern des Reichssicherheitshauptamtes und zu Himmler waren mir unsympathisch.*«[22] Bei dieser Aussage darf jedoch nicht vergessen werden, dass Bobrik bereits lange vor seiner Zeit bei Inland II für den SD arbeitete und damit seit Jahren eine Verbindung zum RSHA unterhielt, die er

---

17 Hassell, Tagebücher, S. 405 f., Aufzeichnung vom 20.4.1943.
18 Sonnenhol, Untergang oder Übergang?, S. 106; vgl. auch Aussage Thaddens vom 26.4.1962, in: HStA Düsseldorf, Ger.Rep. 192/203.
19 Vgl. Schreiben Reichsführung-SS an Steengracht vom 7.6.1943, in: PA AA, Inland II A/B, R 100311. Sonnenhols SS-Führerschaft war einer der Gründe, für die Einsetzung als Referent Inland II B, vgl. Schreiben Thaddens an Wagner vom 26.5.1944, in: ebd., Inland II A/B, R 100305.
20 Schreiben Wagners vom 9.9.1944, in: ebd., Inland IIg 11a.
21 Vgl. Sonnenhol, Untergang oder Übergang?, S. 113; auch Schreiben Wagners an AA/Pers. vom 29.7.1944, in: PA AA, Inland II A/B, R 100305.
22 Vernehmung Bobriks vom 27.5.1947, in: IfZ München, ZS 832 Rudolf Bobrik.

jetzt den Alliierten gegenüber als »*unsympathisch*« bezeichnete. Die SD-Zugehörigkeit dürfte zudem seine Einsetzung als Polizei-Referent begünstigt haben. Bobrik ging Anfang 1945 dienstlich nach Kopenhagen. Wie schon bei Sonnenhol erhob Inland II auch hier Bedenken, und Thadden machte vergeblich auf die Nachteile aufmerksam, die die hastigen Personalwechsel für die kontinuierliche Referatsarbeit bedeuteten.[23]

Bei allem persönlichen Unbehagen Einiger war Inland II im gesellschaftlich-diplomatischen Verkehr normal integriert. Im Hotel Adlon etwa stand der Referatsgruppe wie den übrigen Abteilungen ein eigener Tisch bei den monatlichen Diplomaten- und den wöchentlichen »Herrenfrühstücken« zur Verfügung.[24] Es bestand die Möglichkeit, Gäste dorthin einzuladen, und Wagner und Co. machten davon Gebrauch.[25] Die Teilnahme von Ausländern war üblich, denn die Zusammenkünfte waren Teil des inoffiziellen Kontakts. In umgekehrter Richtung wurden auch Mitglieder von Inland II von ausländischen Diplomaten eingeladen, beispielsweise im Sommer 1944 vom Schweizer Gesandten Hans Frölicher. Thadden vertrat hierbei den Gruppenleiter und regte an, Wagner möge eine Gegeneinladung aussprechen, da »*die Tatsache einer Einladung nur an Gruppe Inl. II*« eine »*besonders liebenswürdige und nette Geste*« seitens der Schweizer darstelle.[26] Auf eigene Weise wird so transparent, dass Inland II sowohl im AA wie bei den ausländischen Vertretungen als eigenständige Einheit begriffen und akzeptiert wurde.

Diese Eigenständigkeit war keinesfalls eindeutig, denn offiziell handelte es sich nur um eine Referatsgruppe, nicht um eine eigene Abteilung, und die Leitung oblag anfangs lediglich einem Legationsrat I. Klasse. Deshalb erschließt sich die Bedeutung von Inland II als Arbeitseinheit erst auf den zweiten Blick. Der Gruppenleiter war für »*die persönliche Verbindung zu den SS-Obergruppenführern und Hauptamtschefs der SS, ferner die Behandlung aller grundsätzlichen Fragen, die die großgermanische Reichsidee betreffen*« zuständig.[27] Aus dem politischen Gewicht hinter dieser Formulierung resultierte sowohl die außergewöhnliche Stellung Wagners als auch die außerordentliche Behandlung der Referatsgruppe. Für Staatssekretär Steengracht bildete der Kontakt zu den inneren Reichsstellen einen der »*Lebenskreise*« des AA. Insbesondere Inland II führe »*kriegswichtige Arbeiten*« durch, zu denen er die Werbung für die Waffen-SS, die nachrichtendienstliche Ausnutzung des SD und die »*Bekämpfung von Spionage und Defaitismus* [sic]« zählten.[28]

---

23 Vgl. Schreiben Thaddens an Wagner vom 9.1.1945, in: PA AA, Inland IIg 11a.
24 Vgl. Schreiben Dörnbergs an Wagner vom 24.6.1944, in: ebd., Inland IIg 1.
25 Vgl. Schreiben Thaddens an AA/Prot. (KS Heinecke) vom 28.11.1944, in: ebd., Inland IIg 11a.
26 Schreiben Thaddens an Wagner vom 25.7.1944, in: ebd.
27 Übersicht über die Aufgaben der Gruppe Inland II, [Jan. 1945], in: ebd., Inland IIg 1.
28 Vortragsnotiz Steengrachts vom 19.7.1944, in: ebd. Dokument ist identisch mit Nürnberger Dokument NG-3512.

1 Aufbau, Personal, Aufgaben

Inoffiziell wurde Inland II deshalb wie eine Abteilung behandelt. Wagner beschäftigte zeitweise einen persönlichen Referenten[29], was eigentlich nur Abteilungsleitern zustand. Zudem nahmen Wagner, sein Vertreter Thadden oder auch Geiger an den morgendlichen Abteilungsleiterbesprechungen teil, den so genannten »Morgenandachten«. Ein Schreiben der Personalabteilung von Ende 1944 belegt dies: »*Auf Weisung des Herrn RAM werden die Leiter der Gruppen Inland I und II wie Abteilungsleiter zu allen Besprechungen der Abteilungsleiter herangezogen.*«[30] Ende 1944 wurde sogar Wagners Beförderung zum Gesandten I. Klasse verhandelt, die aber nicht mehr zu Stande kam. Dabei wäre eine Ernennung konsequent gewesen, da Beamten dieser Rangstufe Abteilungen leiteten. Zudem konferierte Inland II selbst mit ausländischen Diplomaten und schickte eigene Bevollmächtigte mit Sonderaufträgen ins Ausland. Steengracht bestätigte sogar, dass die fremden Vertreter Wagner »*besonders frequentiert*« hätten.[31] Es muss aber auch festgestellt werden, dass sich fremde Botschafter oder Gesandte bei politischen Gesprächen in der Regel direkt an den Staatssekretär bzw. den Unterstaatssekretär und Leiter der Politischen Abteilung wandten und nicht persönlich mit Inland II verhandelten. Dies entsprach den Gepflogenheiten.

Dies alles zeugt von einer gewissen Zwitterexistenz der Gruppe Inland II. Zwar hatten Ribbentrop und Steengracht eingedenk der Lutheraffäre eine neue Abteilung vermeiden wollen, doch zeigte sich, dass die Kooperation mit der SS derartige Relevanz besaß, dass Inland II de facto zur inoffiziellen neunten Abteilung des AA mutierte.[32]

Intern wie extern musste Inland II dafür kämpfen, dass die tatsächlichen Verhältnisse auch zur Kenntnis genommen wurden. Schon wenige Wochen nach Dienstantritt machte Thadden einen Kollegen darauf aufmerksam: »*Die Gruppen* [Inland I und II]

---

29 Hierbei handelte es sich von Februar bis September 1944 um Adolf Hezinger, geb. 3.2.1905; Kaufmann; HJ 8.2.1934–30.3.1937; SS seit 1.1.1940, SS-Nr. 347.190, SS-Hstuf. 1.1.1940; NSDAP seit 1.5.1933, Parteinummer 1.565.338, 1937–1940 Gauhauptstellenleiter bei Landesgruppe Italien; AA seit 1930, Angestellter an den Missionen Florenz und Rom, ab Jan. 1940 Beamter, später KS I. Kl., 1940/41 Teheran, vgl. BA Berlin, SSO Adolf Hezinger; Vernehmung Hezingers vom 15.12.1947, in: IfZ München, ZS 923 Adolf Hezinger; Personalien Inland II, in: PA AA, Inland IIg 15 u. Akte Dienstbetrieb Inland II, in: ebd., Inl. II A/B, R 100304.
Von September 1944 bis mindestens Januar 1945 folgte Eduard Mirow, geb. 3.3.1911; Jurist; SA-Mitglied; SS-Bewerber seit Sept. 1944, später SS-Ustuf.; NSDAP seit 1.7.1931, Parteinummer 549.764, Leiter der NSDAP-AO im pers. Referat von Gauleiter Bohle 1937/1938; Wehrmacht Aug. 1940–Sept. 1944, Uffz. 1.1.1943, EK I u. II, Infanteriesturmabzeichen bronze, Verwundetenabzeichen silber; AA seit Mai 1938, LS 1941, vgl. BA Berlin, RS u. PK Eduard Mirow; Döscher, SS und AA, S 276.
30 Schreiben AA an Reichsfinanzministerium vom 9.12.1944, in: PA AA, Personalakte Horst Wagner. Der später korrigierte Wortlaut heißt: »[...] *haben die Leiter der Gruppen Inland I und II die Stellung von Abteilungsleitern und werden bei allen Besprechungen der Abteilungsleiter wie diese herangezogen.*«.
31 Affidavit Steengrachts, o. D. [1948], in: HStA, Ger.Rep. 237/2.
32 Die 1943 vorgenommene Strukturreform sah acht Abteilungen vor: Protokoll, Personal, Politische, Handelspolitische, Recht, Kulturpolitische, Nachrichten und Presse sowie Rundfunkpolitische.

haben also praktisch die gleiche Stellung wie die Abteilungen.«[33] Nach außen war das Amt aber keineswegs bereit, Inland I und II über Gebühr öffentlich zu machen. Als das Periodikum »Jahrbuch für Auswärtige Politik« 1943 neben den acht Abteilungen keinen Hinweis auf Inland I und Inland II enthielt[34], ließ der selbstbewusste Wagner den Herausgeber Professor Friedrich Berber erbost wissen, dass er über den Lapsus Ribbentrop Meldung machen werde.[35] Prompt musste Wagner von Berber erfahren, dass von offizieller Seite ausdrücklich mitgeteilt sei, anstelle der aufgelösten Abteilung D keine Nennung der Folgeeinheiten vorzunehmen.[36] Damit gaben sich die Verantwortlichen von Inland II nicht zufrieden. Sie erarbeiteten einen Vorschlag für den Band des Jahres 1944. Thadden skizzierte die Aufgaben: »*Angelegenheiten der SS, insbesondere der Waffen-SS, Volkstumspolitik, Judenfrage*«.[37] Die Nennung der »Judenfrage« schien einem unbekannten Zensor anscheinend nicht geeignet. Der Begriff wurde später ausgestrichen. Doch die Mühe war vergebens, der 1944er-Band erschien nicht mehr.

Die zurückhaltende Linie der AA-Führung hielt Wagner nicht davon ab, sich um die Erweiterung seiner Befugnisse zu bemühen. Schon im Sommer 1943 zielte die Führung von Inland II auf die volksdeutschen und europäischen Verbände der Waffen-SS als weiteres Betätigungsfeld. Man regte an, Verbindungsbeauftragte zu den Einheiten zu entsenden, die in ständigem Kontakt mit Inland II stehen sollten, um eine bessere Steuerung der Volksgruppenpolitik zu gewährleisten und Ansätze für »*die Bildung von Erneuerungsbewegungen in einzelnen Ländern Europas*« zu ermöglichen.[38] Das System solle ähnlich dem der AA-Vertreter bei den Wehrmachtsteilen funktionieren. Himmler und Ribbentrop verständigten sich persönlich über die Modalitäten. Als Kandidaten sollten jüngere AA-Beamte eingesetzt werden, die ansonsten nicht für den Kriegsdienst freigegeben werden konnten. So würde ihnen Gelegenheit gegeben, sich bei einem mehrwöchigen Einsatz in der Waffen-SS zu bewähren und Auszeichnungen zu erwerben. Zudem sollten die Verbindungsleute Informations- und Nachrichtenaufgaben übernehmen. Seitens der SS bestünde ein erhebliches Interesse an der Verbindungsmaßnahme.[39] In den nächsten Wochen gaben einige Abteilungen des AA Anregungen und nannten potenzielle Verbindungsführer, so die Rechts- und die Rundfunkpolitische Abteilung. Die Politische und die Personalabteilung wollten wegen Personalmangels keine Beamten freigeben. Letztlich scheiterte das Projekt; zumindest gibt es keine Anhaltspunkte, dass es so umgesetzt worden wäre wie ursprünglich geplant. Die Etablierung der Verbindungsführer hätte Inland II zweifellos gestärkt und die Beziehungen zwischen AA und Waffen-SS intensiviert.

---

33 Schreiben Thaddens an Schwager vom 21.4.1943, in: PA AA, Inland II A/B, R 100311.
34 Vgl. Jahrbuch für Auswärtige Politik 9 (1943), hg. von Friedrich Berber, Berlin 1943, S. 177.
35 Vgl. Schreiben Wagners an Berber vom 28.12.1943, in: PA AA, Inland II A/B, R 100322.
36 Vgl. Schreiben Berbers an Wagner vom 3.1.1944, in: ebd.
37 Schreiben Thaddens an Inland II vom 26.4.1944, in: ebd., Inland II A/B, R 100304.
38 Aufzeichnung Thaddens vom 10.6.1943, in: ebd., Inland IIg 7.
39 Vgl. Aufzeichnung Wagners vom 25.6.1943, in: ebd.

1 Aufbau, Personal, Aufgaben

Zu Beginn des Jahres 1944 versuchte Wagner vergeblich, die Verbindungsbefugnisse auf die Dienststellen auszudehnen, die dem RFSS als Reichsinnenminister unterstanden.[40] Doch Mitte des Jahres konnten neue Kompetenzen gewonnen werden. Hitler hatte verfügt, dass ein einheitlicher deutscher Nachrichtendienst unter Himmler zu schaffen sei. Der Fortbestand der militärischen Abwehr sollte zwischen Wehrmacht und SS geregelt werden, was sich dergestalt auswirkte, dass das OKW kaum noch Einfluss nehmen konnte und der SD de facto die Abwehr übernahm. Der sich im Sommer etablierende Dienst markierte den Schlusspunkt eines langjährigen Kampfes um die Kontrolle der Auslandsspionage, in dem schließlich die Schutzstaffel triumphierte.[41] Nicht von Erfolg gekrönt war allerdings Wagners sofortiger Versuch, sich zum »*persönlichen Nachrichtenreferenten*« des RAM zu machen. Er hatte die Gelegenheit nutzen wollen, die Auslandsinformationen des neuen Meldedienstes als exklusiver Verbindungsmann Ribbentrop laufend und direkt vorzutragen.[42]

Die Neuorganisation von Abwehr und SD nahm Zeit in Anspruch, und im AA dauerte es bis zum November 1944, bis alle Fragen geklärt waren. Dann übernahm Inland II auch Abwehr- und militärische Angelegenheiten, soweit diese durch die SS wahrgenommen wurden.[43] Die Kooperation mit den umstrukturierten RSHA-Ämtern VI und Mil wurde Inland II B entzogen und dem neu geschaffenen Sonderreferat Inland II S übertragen. Leiter war der ohnehin schon überlastete Thadden, der in Zukunft auch als Abwehrbeauftragter des AA firmierte.[44] Im Endstadium des Krieges kam es allerdings nicht zu entscheidenden Aktivitäten.

Neben den Expansionsversuchen führte Inland II gleichzeitig einen steten Kampf gegen jede Einschränkung der eigenen Befugnisse. Nahmen gelegentlich andere Abteilungen Kontakt zur SS auf, verteidigte Wagner eifersüchtig sein Feld mit hartnäckigem Erinnern an seine Zuständigkeiten. So machte er etwa im Januar 1944 den Staatssekretär darauf aufmerksam, dass aller Schriftverkehr mit der SS nur über Inland II laufen möge.[45] Und als sich beispielsweise im November desselben Jahres die Presseabteilung in einigen Fällen eigenmächtig an das RSHA gewandt hatte, bat Wagner den Gesandten Paul K. Schmidt umgehend um Beteiligung. Inland II wende sich selbst auch nicht direkt an das Propagandaministerium, sondern an die AA-Presseabteilung.[46] Als 1944 die Deportationen aus Ungarn liefen, nahm der in Budapest arbeitende Reichsbevollmächtigte Edmund Veesenmayer mit der Politischen Abteilung Kontakt auf, weil Juden in die Slowakei flüchteten. Aus Sicht Veesenmayers »*würde es die hiesige Arbeit erheblich erleichtern, wenn nunmehr auch in der Slowakei gründlich ge-*

---

40 Vgl. Schreiben Wagners an Steengracht vom 21.2.944, in: ebd., Inland IIg 11a.
41 Vgl. Black, Kaltenbrunner, S. 212 ff.
42 Vortragsnotiz Wagners vom 21.2.1944, in: PA AA, Inland IIg 62.
43 Vgl. Hauserlass Steengrachts vom 16.11.1944, in: HStA Düsseldorf, Ger.Rep. 192/126.
44 Vgl. Schreiben Wagners an StS vom 17.10.1944, in: PA AA, Inland IIg 1.
45 Vgl. Schreiben Wagners an StS vom 25.1.1944, in: ebd., Inland IIg 6.
46 Vgl. Schreiben Wagners an Paul K. Schmidt vom 2.11.1944, in: ebd.

gen die Juden vorgegangen würde«.⁴⁷ Die Politische Abteilung stimmte einem Treffen Veesenmayers mit dem deutschen Gesandten Hanns Elard Ludin im slowakischen Preßburg zu. Hierin sah Wagner seine Kompetenzen ebenfalls beschnitten. Im Einvernehmen mit Steengracht drängte er, dass Inland II »*eingeschaltet werden müsse*«.⁴⁸ Der Gruppenleiter konnte sich behaupten und reiste später ebenfalls nach Preßburg, um mit Ludin in »*Judenangelegenheiten, Verhältnis zur SS*« zu konferieren.⁴⁹

Besonders wehrte sich Inland II gegen die Ansicht, man sei eine Poststelle, die nur die Anliegen zwischen AA und SS weiterleite. Wagner und Thadden drängten bei mehreren Gelegenheiten darauf, auch politisch konstruktiv und sachlich zu arbeiten. Beispielsweise verlangte ein Führererlass vom 25. Juli 1944, die Behörden zu durchkämmen, um entbehrliche Kräfte zur Front freizugeben.⁵⁰ Im September hatte Botschafter Emil von Rintelen eine Aufzeichnung angefertigt, in der er Inland I und II nur als »*Verbindungsreferate*« charakterisierte.⁵¹ Dagegen sprach sich Thadden – vielleicht den drohenden Schützengraben vor Augen – vehement aus. An Rintelen schrieb er am 2. Oktober 1944: »*Es ist nicht so, daß Gruppe Inland II eine Zusammenfassung von Verbindungsreferaten ist. Vielmehr ist es in vieler Beziehung sachbearbeitende Stelle, z. B. [wird] [...] die Steuerung der Judenfrage [...] federführend nicht bei der Politischen Abteilung, sondern bei Inland II behandelt.*«⁵² Der postulierte Anspruch, im AA für die »*Steuerung der Judenfrage*« verantwortlich zu sein, war durchaus berechtigt. Einen Tag später war der im Feldquartier weilende Wagner verständigt und teilte Rintelen mit, dass er »*die Art der Erwähnung der Gruppe Inland II persönlich nur als Diffamierung der Arbeit dieser Gruppe oder der mit dieser Gruppe zusammenarbeitenden SS als Gesamtheit ansehen*« könne.⁵³ Der Personalstand blieb unangetastet.

Einen empfindlichen Dämpfer musste Wagner Ende 1944 hinnehmen. Der RAM wollte die Arbeit der traditionellen Abteilungen wieder hervorheben und die Bereiche zurückdrängen, die am stärksten in die Vernichtungspolitik involviert waren, um bei eventuellen Friedensverhandlungen keine Angriffsfläche für alliierte Ressentiments zu bieten. Ribbentrop wies deshalb Inland II Anfang November 1944 an, keine direkten Verhandlungen mehr mit ausländischen Diplomaten und Missionen zu führen. Diese Aufgabe sollte nun wieder der Politischen Abteilung vorbehalten bleiben. Wagner protestierte sofort und führte aus, dass Inland II »*innerhalb des Auswärtigen Amtes*« für »*politische und wirtschaftliche Volkstumsaufgaben, Judenfragen, Ausbürgerungsangelegenheiten, Werbung für die Waffen-SS, Umsiedlungen*« verantwortlich sei und auf diesen Gebieten, »*genau wie früher die Abteilung Deutschland*«, die Be-

---

47 Telegramm Altenburgs an Ludin vom 16.6.1944 (NG-2261), in: StA Nürnberg.
48 Schreiben Thaddens an AA/Pers. vom 5.7.1944 (NG-2261), in: ebd.
49 Schreiben Wagners an RAM vom 10.11.1944, in: PA AA, Inland IIg 15.
50 Vgl. Hauserlass Steengrachts vom 28.7.1944, in: HStA Düsseldorf, Ger.Rep. 192/126.
51 Vgl. Döscher, SS und Auswärtiges Amt, S. 289 ff.
52 Schreiben Thaddens an Rintelen vom 2.10.1944, in: PA AA, Inland IIg 1.
53 Schreiben Wagners an Rintelen vom 3.10.1944, in: ebd.

sprechungen mit den ausländischen Vertretern immer selbst geführt habe.⁵⁴ Da die Politische Abteilung »mit der Materie« nicht vertraut sei, ihre Referenten »*auf den Spezialgebieten von Inland II die erforderliche Sachkenntnis nicht besitzen können*« und die Gefahr bestehe, »*daß sich fremde Diplomaten wieder verstärkt über den Umweg des gesellschaftlichen Verkehrs unmittelbaren Kontakt mit inneren Stellen suchen*«, bat Wagner aus Gründen der Effizienz darum, den Angehörigen von Inland II wieder den Verkehr mit ausländischen Diplomaten zu gestatten. Wagner unterteilte seine Aufgaben bei der Selbstdarstellung in »*2 Sektoren*«: Zwar sei man einerseits nur eine Kontaktstelle zur SS. Doch auf »*bestimmten Arbeitsgebieten innerhalb des Auswärtigen Amtes*«, unter anderem in »Judenfragen«, obliege Inland II die »*federführende Sachbearbeitung*«.⁵⁵

Ribbentrop nahm die Anordnung nicht zurück und versuchte eine Entwicklung rückgängig zu machen, die er selbst herbeigeführt hatte. Er ließ Wagner wissen, den Arbeitsgebieten, »*die Inland II federführend bearbeitet (Volkstumsaufgaben, Judenfragen […])*«, komme jetzt »*eine solche politische Bedeutung*« zu, »*daß sie nur im Einvernehmen mit der Politischen Abteilung behandelt werden können, um die einheitliche politische Linie zu gewährleisten*«.⁵⁶ Gegen Ende des Krieges sollte die Politische Abteilung die Behandlung der Judenfrage übernehmen. Doch Wagner wollte sich mit dem Affront nicht abfinden und suchte im Staatssekretär einen Verbündeten. Der Gruppenleiter klagte, er habe bereits fremde Diplomaten abweisen müssen und es sei zu »*kränkenden Auswirkungen für meine Herren*« gekommen.⁵⁷ Doch auch dieser Vorstoß war vergeblich.

Ribbentrop ging sogar noch weiter und versuchte, die Verbindung zu den Parteistellen stärker zu kontrollieren. Er verfügte am 22. November 1944, »*täglich und laufend*« über alle wichtigen Dinge bei Inland I und II unterrichtet zu werden. Hierfür sollten die beiden Gruppenleiter dem Chef des Persönlichen Stabes, Gesandten Franz von Sonnleithner, berichten. Über Sonnleithner würden dann laufend Richtlinien und Weisungen an die Gruppen zurückgehen.⁵⁸

Um nicht weiteres Terrain zu verlieren, bat Wagner den Staatssekretär, während der Morgenandachten darauf hinzuweisen, dass der gesamte Verkehr des AA mit inneren Stellen über Inland I und II zu gehen habe und keine Verhandlungen mit der SS ohne einen Vertreter von Inland II laufen mögen.⁵⁹ Kurz zuvor hatte Thadden im Auftrage Wagners in einem Zirkular beanstandet, dass Schreiben an SS-Führer oder Himmler nicht Inland II zur Kenntnis vorgelegt worden seien.⁶⁰

---

54 Vortragsnotiz Wagners vom 17.11.1944, in: ebd.
55 Ebd.
56 Schreiben BRAM an Wagner vom 20.11.1944, in: ebd.
57 Schreiben Wagners an Steengracht vom 1.12.1944, in: ebd., Inland II A/B, R 100304.
58 Verfügung Ribbentrops vom 22.11.1944, in: ebd., Inland IIg 1.
59 Vgl. Schreiben Wagners an Steengracht vom 9.1.1945, in: ebd., Inland IIg 11a.
60 Vgl. Zirkular Thaddens vom 11.12.1944, in: ebd., Inland IIg 2.

Ungeachtet aller Befugnisdiskussionen und Statusfragen legte Wagner Wert darauf, dass seine Arbeitseinheit relevanter war als es offizielle Geschäftsverteilungspläne suggerieren mochten. Für ihn war es eine selbstständige Abteilung.[61] Die Sichtweise übertrug sich. Selbst Unterstaatssekretär Hencke sandte 1943 ein Schreiben an die »*Abteilung Inl. II*«.[62] Sonnenhol erwähnt in seinen Memoiren mehrfach die »*Inlandabteilung*« und den »*Abteilungsleiter Wagner*«.[63] Und er war nicht der einzige, der Inland II als Abteilung im Gedächtnis behielt, Hezinger und Bobrik ging es ebenso.[64] Eine Sekretärin Thaddens sprach später ausschließlich von der »*Abteilung Inland II*«.[65]

Zu Weihnachten 1944 schickte Wagner Weihnachtsgrüße an die Mitarbeiter der ausgelagerten Stellen von Inland II. In schwülstigen Worten gab er dabei eine Selbsteinschätzung und wünschte sich,

»daß Gruppe Inland II in das neue Jahr als eine in ihrer Siegeszuversicht und ihrer gesamten Haltung vorbildliche Arbeitseinheit hervorgehen muß, da Inland II wie kaum eine andere Dienststelle des Auswärtigen Amtes an kriegswichtigster Stelle ihre Arbeit zu leisten hat«. Er appellierte, »der Verpflichtung, die sich aus der gesamten Stellung der Gruppe Inland II ergibt, stets eingedenk zu sein, damit wir im kommenden Jahr noch mehr das sind, was wir im vergangenen Jahr schon waren, nämlich ein vorbildlich nationalsozialistisch ausgerichtetes Werkzeug in den Händen des Herrn Reichsaußenministers«.[66]

Nach Kriegsende lesen sich die Aufzeichnungen über Arbeitsfelder und Befugnisse unter dem Druck der alliierten Strafverfolgung vollkommen anders. Nun erschien Inland II nur in der Funktion eines technischen Verbindungsreferates ohne eigene Befugnisse. Wagner sah sich als eine Art Postbote. Er sei nur Leiter einer »*Durchgangs- und Kontrollstelle*« gewesen, die »*überhaupt keine selbständigen Möglichkeiten*« habe, sondern nur für »*die Entgegennahme von Interventionen und die Weitergabe derselben*« zuständig gewesen sei.[67] Seiner Gruppe »*oblag es in erster Linie, den Schriftverkehr*

---

61 Vgl. Vernehmung Thaddens vor dem Militärgerichtshof IV am 3.3.1948, S. 2747, in: StA Nürnberg.
62 Schreiben Henckes an Inl. II vom 2.7.1943, in: PA AA, Inland IIg 174a.
63 Sonnenhol, Untergang oder Übergang?, S. 106 f., 109, 113; Vgl. ferner Aussage Grells vom 1.2.1952, in: HStA Düsseldorf, Ger.Rep. 192/12 u. Vernehmung Thaddens vom 12.6.1946, in: SUB Göttingen, HSD, Nürnberger Prozessakten, IMT, Kommissionsprotokolle. Auch in der Forschungsliteratur ist von einer »Abteilung Inland II« zu lesen, vgl. Black, Kaltenbrunner, S. 176, 201 u. Hilberg, Vernichtung der europäischen Juden, S. 575, 718.
64 Vgl. Aussage Hezingers vom 23.2.1961, in: HStA Düsseldorf, Ger.Rep. 237/27 u. Vernehmung Bobriks vom 27.5.1947, in: IfZ München, ZS 832 Rudolf Bobrik.
65 Anklageschrift gegen Wagner, 29 Ks 4/67 vom 22.2.1967, S. 61 ff., in: HStA Düsseldorf, Ger.Rep. 192/19.
66 Schreiben Wagners vom 21.12.1944, in: ebd., Ger.Rep. 192/127.
67 Vernehmung Wagners vom 28.5.1947, in: BA Koblenz, NL Kempner, Bd. 1107.

und die Festsetzung von Terminen usw. zwischen den sachlich zuständigen Stellen des Amtes und den entsprechenden inneren Dienststellen zu vermitteln [...]«.[68] Und da »*Inland II eben eine Verbindungsstelle war*«, sei er, Wagner, »*von den wichtigen und grundsätzlichen Sachen, z. B. die auf höherer Ebene liefen, [...] nicht unterrichtet*« gewesen.[69] Im Nürnberger Zeugenstand bekräftigte er seine Ansicht, dass Inland II »*nie bei den sachlichen Erörterungen [...] eingeschaltet*« gewesen sei.[70] Auch in den Ausführungen der Legationsräte Thadden und Bobrik blieb Inland II nur als »*Verbindungsreferat*« im Gedächtnis.[71] Von einer Sachbearbeitung war keine Rede mehr. Dabei hatten sich Wagner und Thadden noch 1944 in entschiedener Weise gegen die Darstellung als Verbindungsreferat gewehrt. Sie hatten die Sachbearbeitung der »Judenfrage« entschieden für sich reklamiert, während sie sie jetzt vehement abstritten.

Als »*Durchgangsreferat*« mit geringer »*Durchschlagskraft*« charakterisierte es auch der ehemalige Personalchef Schroeder.[72] Später allerdings rückte er von seiner Einschätzung aus dem Jahr 1947 ab. Wagner habe ihn im Nürnberger Zeugentrakt kurz vor dessen Verlegung um die Erklärung gebeten, und unter dem zeitlichen Druck habe er, Schroeder, nicht recht über die Arbeitsgebiete nachgedacht.[73]

Der Aussage, eine Kontaktstelle zur SS gewesen zu sein, ist zuzustimmen, ebenso wie der Aussage, Inland II habe nicht selbstständig agieren können, sondern nur im Rahmen von Direktiven. Es ist aber zu erkennen, dass neben der Kommunikation mit der SS immer auch die Kooperation stand, und die Verbindung in »*Volkstumsaufgaben, Judenfragen, Umsiedlungen*« zeitigte direkte Auswirkungen. Verbindende und sachbearbeitende Tätigkeit gingen synchron und endeten in gegenseitiger Zusammenarbeit.

---

68 Vernehmung Wagners vom 31.12.1946, in: IfZ München, ZS 1574 Horst Wagner.
69 Ebd.
70 Vernehmung Wagners vor dem Militärgerichtshof IV am 3.3.1948, S. 2695, in: StA Nürnberg.
71 Vernehmung Thaddens vor dem Militärgerichtshof IV am 3.3.1948, S. 2746, in: ebd. u. Vernehmung Bobriks vor dem Militärgerichtshof IV am 7.9.1948, S. 20054, in: ebd.
72 Aufzeichnung Schroeders vom 16.7.1947, in: BA Koblenz, NL Kempner, Bd. 1350.
73 Vgl. Aussage Schroeders vom 12.4.1961, in: HStA Düsseldorf, Ger.Rep. 237/28.

2 Horst Wagner als Gruppenleiter und »Verbindungsführer« zum Reichsführer-SS

> »Als Beamter will er [der Diplomat] Karriere machen, hat den Ehrgeiz, befördert zu werden, ihn verlangt es nach dem Ordensbändchen. Der Attaché will Legationssekretär, dieser wieder Legationsrat, am besten I. Klasse werden. Der Wunschtraum des Letzteren ist der Gesandte, und diesen bewegt nur eines, nämlich Botschafter zu werden und damit im Range eines Ministers zu stehen. Das alles läßt sich nur durchführen, wenn man seinen Vorgesetzten genehm ist.«
> Äußerung Heinrich Himmlers 1941[74]

Das enge Verhältnis zu Ribbentrop erforderte, dass Wagner seinem Mentor kaum von der Seite wich. Und da der Außenminister am »Hofe« Hitlers weilte, so oft er konnte, verbrachte auch Wagner die meiste Zeit im Umfeld der Führerhauptquartiere.[75] Hielt sich der »Führer« bei Rastenburg in Ostpreußen auf, logierte Ribbentrop im acht Kilometer entfernten Barockschloss Steinort. Wie den RAM-Sonderzug nannte man auch das Feldquartier dort: »Westfalen«. Die meisten Diplomaten bewohnten das Gästeheim »Jägerhöhe«, ein zu den olympischen Winterspielen 1936 errichtetes Sporthotel am Schwenzaitsee. Führte Ribbentrop die Geschäfte von Schloss Fuschl aus, quartierte Wagner sich im nahen Salzburg ein. Der Gruppenleiter war nahezu ununterbrochen im Einsatz; lediglich im Herbst 1943 fehlte er zwei Wochen wegen einer Fußverletzung und im Frühjahr 1944 meldete er sich zu einem Kuraufenthalt nach Krummhübel ab.

Die ständige Präsenz Wagners in der Entourage Ribbentrops ist der auffälligste Gegensatz zur Arbeitsweise des Vorgängers Luther. Der Unterstaatssekretär verblieb in Berlin und führte von der AA-Zentrale aus die Geschäfte, was ihm schließlich eine nahezu autarke, einflussreiche Position verschaffte. Dagegen war Wagners Stellung derart von Ribbentrop abhängig, dass er sich fast ununterbrochen in dessen Umgebung aufhielt. Während der häufigen Abwesenheit des Gruppenleiters übernahm Thadden die Geschäfte in Berlin.

An den jeweiligen Standorten verfügte Wagner über eine Schreibkraft und seit Beginn 1944 teilweise auch über einen Assistenten. Dieser erinnerte sich, »*daß Wagner ständig jemanden um sich herum brauchte. Das ging so weit, daß ich ihn z. B. in Salzburg zu begleiten hatte, wenn er eine Stunde spazieren gehen wollte*«.[76] Wichtiges bearbeite Wagner in den Feldquartieren, wohin er sich die Akten schicken ließ, meist durch Kurier oder den Assistenten. Letzterer kümmerte sich auch sonst um die Schriftstücke, denn der Vorgesetzte »*hielt unter seinen Sachen nicht besonders gut*

---

74 Zit. nach Kersten, Totenkopf und Treue, S. 107.
75 Vgl. allgemein PA AA, Geldakte Horst Wagner.
76 Aussage Hezingers vom 23.2.1961, in: HStA Düsseldorf, Ger.Rep. 237/27.

2 Horst Wagner als Gruppenleiter und »Verbindungsführer« zum Reichsführer-SS

Ordnung.«[77] Durch die Absenz von der Zentrale war es für Wagner schwierig, informiert zu bleiben. Schon kurz nach Amtsantritt bemühte er sich, im großen Umfang Auslandspressematerial zu bekommen: »*Es liegt weiterhin im Interesse einer guten Steuerung der Arbeit meiner Gruppe auf dem Gebiet der Volksgruppenminderheiten, Juden und Judenpolitik, [...] wenn ich durch laufende Kenntnis [...] über die politisch zur Diskussion stehenden Probleme mich bestens unterrichten kann.*«[78] Der RAM gestattete zwar nicht die ständige, uneingeschränkte Unterrichtung Wagners, entschied aber, im Einzelfall entsprechendes Material freizugeben.[79] Das hieß dessen ungeachtet, dass Wagner einen großen Überblick über die Auslandspresse hatte, womit sich sein Informationshorizont erheblich erweiterte.

Der ehrgeizige Wagner hatte rasch erkannt, dass die SS eine unverzichtbare Machtbasis für ihn bedeutete. Schon in den ersten Monaten bemühte sich der Gruppenleiter, mit ihrer Hilfe sein Ressort zu festigen. Zunächst sollte er als Verbindungsführer nur einseitig vom AA aus in Richtung SS operieren. Eigenmächtig war Wagner aber bestrebt, diese Eingleisigkeit aufzuheben. Während des Antrittsbesuchs bei SS-Obergruppenführer Berger, Chef des SS-Hauptamtes, äußerte Wagner den »*Wunsch, zum alleinigen Verbindungsführer des Reichsführer-SS zum Auswärtigen Amt ernannt zu werden*«.[80] Daraufhin besprach sich Berger mit Himmler, der dem Anliegen zustimmte. Mit Schreiben vom 22. Mai 1943 teilte Berger Wagner die Entscheidung mit, und am 28. Mai informierte das SS-Hauptamt alle anderen Hauptämter, daß SS-Sturmbannführer Horst Wagner zum »*alleinigen Verbindungsführer Reichsführer-SS – Auswärtiges Amt bestimmt*« worden sei.[81] Diese Personalunion hatte SA-Führer Luther nicht erreicht.

Der Vorstoß war jedoch ohne Rücksprache mit Ribbentrop erfolgt. Dieser hatte Einwände und wollte lediglich die einseitige Verbindungtätigkeit vom AA zur SS zulassen. Grund hierfür war, dass Ribbentrop, der zuvor noch die Bindung zur SS gefördert hatte, seit Kriegsbeginn über das Ausmaß besorgt war, in dem die SS das Amt mittlerweile infiltriert hatte. In einem Schreiben an die Abteilungsleiter verbat sich Ribbentrop 1941 entschieden, bei der Personalpolitik des Amtes von einer »*SA-Politik*« oder »*SS-Politik*« zu sprechen, dies sei »*törichtes Geschwätz*«.[82] Streitpunkt waren unter anderem die Polizei-Attachés und die in großer Zahl eingebauten SD-Agenten in den Auslandsmissionen.[83] Die SS-Vertreter wurden in den besetzten oder verbündeten Ländern ohne Absprachen außenpolitisch tätig und belasteten das Verhältnis.[84]

---

77 Ebd.
78 Schreiben Wagners an StS vom 25.6.1943, in: PA AA, Inland IIg 2.
79 Vgl. Schreiben BStS an Wagner vom 30.6.1943, in: ebd.
80 Schreiben Wagners an Steengracht vom 25.6.1943, in: ebd., Inland IIg 7.
81 Schreiben Bergers vom 28.5.1943, in: BA Berlin, SSO Horst Wagner.
82 Schreiben Ribbentrops an die Abteilungsleiter vom 8.6.1941, in: IfZ München, NL Behm, Bd. 18.
83 Vgl. Weitkamp, SS-Diplomaten.
84 Vgl. allgemein PA AA, Inland II g 7; Black, Kaltenbrunner, S. 207; Ribbentrop, Zwischen London und Moskau, S. 128 ff.

Auch wenn die Schutzstaffel Ausdruck von Ribbentrops politischer Überzeugung war, hatte er sie auch als Vehikel benutzt, um seine Position zu stärken. Jetzt sah er sein Ressort zunehmend unterminiert.

Wagners Plan geriet ins Stocken. Der RAM glaubte, mit einer eingleisigen Verbindung des AA zur SS würden die Interessen des AA besser vertreten, da im beiderseitigen Fall ein Loyalitätskonflikt drohe. Um die gewonnenen Privilegien nicht wieder zu verlieren, unternahm Wagner einen geschickten Schachzug: Er wandte sich in der Sache nicht an Ribbentrop, sondern an Staatssekretär Steengracht und verfasste Ende Juni 1943 eine Aufzeichnung, in der er sich selbst von der Verfügung Himmlers überrascht zeigte. Die Verbindungstätigkeit von der SS zum AA sollte sich ursprünglich auf Auszeichnungen und Beförderungsangelegenheiten von SS-Führern im Auswärtigen Dienst beschränken. Hierzu habe er im Gespräch mit Berger nur angeregt, »*bei Aushändigung der Ernennungsurkunden bei Beförderungen von SS-Führern, die dem Auswärtigen Amt angehören, bei Verleihung des SS-Ringes und bei Verleihung des SS-Degens nicht eine formlose Übersendung mit Feldpost vorzunehmen, sondern die Urkunden bzw. Ringe und Degen* [Wagner] *zuzustellen, damit die Aushändigung in etwas feierlicher Form durchgeführt werden könne*«.[85] Weiterhin beschrieb Wagner die vermeintlich vertrackte Lage so: Sollte der RAM bei der Einschränkung bleiben, sei »*damit zu rechnen*«, dass die SS einen hauptamtlichen SS-Führer als Verbindungsführer zum AA benennen würde. In diesem Fall könne Wagner nicht mehr direkt mit Himmler und hohen SS-Führern verkehren, sondern müsste sich an diesen Verbindungsführer wenden. Damit sei die »*Stärke der Stellung des Verbindungsführer des Auswärtigen Amtes*«, der »*nicht genötigt ist, die Wünsche des Auswärtigen Amtes bei unteren Instanzen vorzubringen*«, verspielt.[86] Wagner bat Steengracht, eine Entscheidung herbeizuführen. Ribbentrop konnte sich den Argumenten nicht verschließen und erhob keine weiteren Einwände. Ganz entgegen Wagners eigener Darstellung aus dem Jahre 1947, nach welcher er angeblich »*bei der SS keine Funktion und keine Leitung*«[87] gehabt habe, übte er damit eine tatsächliche SS-Führerfunktion aus.

Den persönlichen Antrittsbesuch beim RFSS unternahm Wagner am 20. April 1943 in Bad Reichenhall, wo er über seine Tätigkeit als Verbindungsmann sprach. Der Reichsführer sagte zu, dass Berger alle »*Angelegenheiten*« an Wagner weiterleite.[88] Abends fuhr Himmler weiter nach Fuschl, wo er den Geburtstag Hitlers im Kreis der Familie Ribbentrop feierte. Zwei Monate später traf sich der neue Verbindungsführer mit Himmler erneut in dessen Feldquartier Bergwald bei Berchtesgaden zum gemeinsamen Mittagessen. Es war ein ausgedehntes Treffen, bei welchem man am Nachmit-

---

85 Schreiben Wagners an Steengracht vom 25.6.1943, in: PA AA, Inland IIg 7.
86 Ebd.
87 Vernehmung Wagners vom 19.6.1947, in: IfZ München, ZS 1574 Horst Wagner.
88 Notizen Wagners für 20.4.1943, in: PA AA, Inland IIg 7. Die Notizen zu den Besprechungen mit Himmler sind stichwortartig und kurz, sodass sich Hintergründe erst durch andere Dokumente erschließen.

2 Horst Wagner als Gruppenleiter und »Verbindungsführer« zum Reichsführer-SS

tag noch anderthalb Stunden zusammen verbrachte.[89] Wagner konferierte bereits zwei Tage später wieder für eine Stunde in Berchtesgaden mit dem RFSS.[90]

Es kann nicht mit endgültiger Sicherheit gesagt werden, wie oft sich Wagner und Himmler zu Besprechungen trafen. Wagners Notizen sind teilweise undatiert und Himmlers Terminkalender verzeichnet nicht alle Treffen, die in den Akten Wagners stehen. Wahrscheinlich sprach man sich ungefähr ein- bis zweimal im Monat. Vom April 1943 bis Ende 1944 lassen sich ungefähr zwanzig bis dreißig persönliche Zusammenkünfte rekonstruieren, vermutlich lag die tatsächliche Zahl höher. Insbesondere zwischen Mai und August 1944 häuften sich die Besprechungen. Grund waren die Besetzung Ungarns und die Geschehnisse des 20. Juli.

Immer wieder stimmten Ribbentrop und Himmler auch ihre antijüdischen Maßnahmen über Wagner ab. Zum Beispiel trug Ribbentrop Wagner im April 1943 auf, die »*Rumänischen Judenfragen*« auch mit Steengracht zu besprechen[91] und im Mai 1944 notierte sich der Verbindungsführer: »*Rumänien: Judenfrage sehr dringlich. An Erledigung aber nicht vor 2 Monaten zu denken. RAM spricht über Widerstand Marschalls.* [Regierungschef Marschall Ion Antonescu]«. Wagners Stichpunkte zeigen ferner, dass über die Ausreise jüdischer Kinder und die Einrichtung eines antijüdischen Ausschusses im AA beraten wurde. Nach der Besetzung Ungarns berichtete Wagner Ribbentrop von der »*Meldung und Sicherstellung von Juden neutraler und feindlicher Staatsangehörigkeit durch besonderen Beamten Inland II*«. Später wurden Terminfragen beim »*Abtransport*« aus Ungarn zwischen Wagner und Himmler erörtert. Im Juli 1944 fragte Wagner bei Himmler an, ob ein »*Führererlaß*« für die Judenmaßnahmen in Bulgarien vorliege. Leider ist die Antwort nicht dokumentiert.

Vor Wagner hatten verschiedene Diplomaten die Verbindung in ähnlicher Form wahrgenommen. Der erste war Emil Schumburg, seit 1926 im AA, der im Sonderreferat Deutschland arbeitete und es ab Oktober 1939 leitete. Spätestens seit Anfang 1938 begann die Verbindungstätigkeit, die in erster Linie mit Polizeiangelegenheiten befasst war.[92] Wie wenig diese Verbindungsführerschaft definiert war, zeigte sich nach der Einrichtung des Sonderreferats »Partei« Ende 1938. Dessen Leiter war Luther. Er sollte den Kontakt zu NSDAP-Stellen, also auch zur SS halten. Doch nach dem Geschäftsverteilungsplan behielten Schumburg und das Referat Deutschland die Kompetenzen im Polizeibereich bei, was auch bis zum Mai 1940 so blieb. Dies barg einen gewissen Widerspruch in sich, da der Reichsführer-SS ab Juni 1936 auch Chef der deutschen Polizei war. Luther scherte sich wenig um den Geschäftsverteilungsplan und versuchte, Schumburg aus der SS-Polizei-Verbindung zu drängen und diese ins eigene Ressort einzugliedern. Er wollte statt des Konkurrenten lieber einen eigenen

---

89 Vgl. Terminkalender Himmlers am 16.6.1943, in: IfZ München, NL Himmlers, F 37/1.
90 Vgl. Terminkalenders Himmlers am 18.6.1943, in: ebd.
91 Vgl. im Folgenden generell die Notizen Wagners, in: PA AA, Inland IIg 7.
92 Vgl. Döscher, SS und AA, S. 126 f.

Mann auf dem Posten sehen, weshalb Ribbentrop zu Beginn des Jahres 1939 anordnete, SS-Hauptsturmführer Walter Büttner solle Schumburg als Verbindungsführer ablösen.[93] Doch die Reichsführung-SS war nicht im Bilde über die Vorgänge im AA. Himmler lehnte die von Luther gewünschte Beförderung Büttners ab und zeigte sich vom Wechsel, über den er nicht unterrichtet worden sei, erstaunt.[94]

Nach diesem *faux pas* übertrug Ribbentrop seinem alten Schulfreund Likus die Verbindungsgeschäfte, und Himmler reagierte jetzt hocherfreut, da er den SS-Standartenführer »*menschlich als auch dienstlich schätze*«.[95] Bei der Zusammenlegung der Referate Partei und Deutschland zur Abteilung D im Mai 1940 übernahm Likus das Referat II, was den Kontakt zur SS verdienstlichte. Schumburg wurde kaltgestellt. Likus hielt sich allerdings häufig in der Entourage Ribbentrops auf, sodass SS-Sturmbannführer Picot, der eine hohe Identifikation mit der Schutzstaffel an den Tag legte, als Vertreter aushalf[96]. Bei Reisen ins Ausland oder in die besetzten Gebiete wollte Picot beispielsweise »*als SS-Führer und nicht in der Uniform des Auswärtigen Amtes auftreten*«.[97]

Insgesamt ist festzuhalten, dass es eine umfassende Verbindungsführerschaft erst mit der Einrichtung der Abteilung D gab und Likus hierbei persönlichen Zugang zum RAM und RFSS hatte. (Zuvor unterschied man im AA noch zwischen den Partei- und Polizeiaufgaben.) Die inhaltliche Gestaltung blieb aber auf SS-Personalangelegenheiten der AA-Angehörigen beschränkt. Eine inhaltliche Sacharbeit erfolgte nicht oder nur oberflächlich. Dass der Verbindung eher eine untergeordnete Rolle zukam, lässt sich daran ablesen, dass sich Luther nicht selbst dieser Aufgabe widmete, sondern einer der Referatsleiter. Folgt man einer Aufzeichnung Picots vom Februar 1941, wurden die Geschäfte der SS-Verbindung aufgrund des Kräftemangels nur unzureichend wahrgenommen. Picot forderte deshalb einen jungen SS-Führer als Bürokraft an, was ihm aber von der Reichsführung-SS versagt wurde.[98] Mit Inland II war dann ab April 1943 eine ganze »Abteilung« ausschließlich mit der Verbindung beauftragt, die vorher nur als Referat im Rahmen der Abteilung D existierte. Zuständigkeiten und Kompetenzen wurden umfassender festgelegt und geschäftsmäßig erfasst. Wagner nahm die Aufgabe wesentlich ernster als Likus und agierte ausdrücklich als *alleiniger* Verbindungsführer zwischen Ribbentrop und Himmler.

Die Kontaktpunkte der Verbindungsführerschaft fasst ein Schreiben der Personalabteilung vom Dezember 1944 folgendermaßen zusammen:

»In dieser Eigenschaft hat Wagner unmittelbar und selbständig Verhandlungen als ständiger Verbindungsmann des Herrn RAM zum Reichsführer SS und allen

---

93 Vgl. Schreiben Luthers an Lorenz vom 17.1.1939, in: BA Berlin, SSO Walter Büttner.
94 Vgl. Schreiben an Lorenz vom 1.2.1939, in: ebd.
95 Schreiben Himmlers an Ribbentrop vom 11.2.1939, in: ebd., SSO Rudolf Likus.
96 Vgl. ebd., SSO Werner Picot u. Döscher, SS und AA, S. S. 210 f.
97 Schreiben Picots an SS-PHA vom 19.11.1941, in: BA Berlin, SSO Werner Picot.
98 Vgl. Schreiben [Picots] an Luther vom 7.2.1941, in: PA AA, Inland II A/B, R 100318.

2 Horst Wagner als Gruppenleiter und »Verbindungsführer« zum Reichsführer-SS

Dienststellen der SS, insbesondere auch zu deren Leitern wie SS-Obergruppenführer Berger, dem Chef des SS-Hauptamtes, SS-Obergruppenführer Jüttner, dem Befehlshaber des Ersatzheeres, und SS-Obergruppenführer Kaltenbrunner, dem Chef der Sicherheitspolizei und des SD, zu führen.«[99]

Nur bei sehr wichtigen Anlässen kam es vor, dass die Interessen des AA bei den SS-Stellen von höherrangigen Diplomaten, etwa dem Staatssekretär oder einem Botschafter, vertreten wurden. Wagners direkter Kontakt zu Himmler blieb hiervon unberührt. Für den Leiter der Kulturpolitischen Abteilung, SS-Brigadeführer Franz A. Six, wurde die Tätigkeit Wagners durch den Machtzuwachs Himmlers immer wichtiger.[100]

RSHA-Chef Kaltenbrunner[101] gehörte zu den von Wagner am häufigsten frequentierten SS-Führern. Als rangniederer Beamter suchte Wagner den SS-Obergruppenführer stets in dessen Büro im Prinz Albrecht-Palais auf. Um einen besseren Kontakt zu gewährleisten, erhielt der Diplomat einen SD- und einen RSHA-Ausweis, der zum Zutritt des Gebäudes berechtigte.[102] Noch weniger als bei Himmler lassen sich hier konkrete Angaben zu Anzahl oder Inhalt der Besprechungen machen. Die Akten legen nahe, dass sich beide ungefähr einmal in der Woche sahen. Dabei konnten die Inland II-Referenten ihrem Gruppenleiter Hinweise und Vorgänge zur Besprechung mitgeben.[103] Einen äußerst missgünstigen Zeitgenossen fand Wagner im SD-Führer Wilhelm Höttl, der kurz nach dem Krieg einen Bericht für die Amerikaner verfasste und den Gruppenleiter wenig sympathisch charakterisierte: *»Das vom SD gesammelte Material war dem SS-Obersturmbannführer Geheimrat Wagner als Vertreter des SD zum Auswärtigen Amt vorzulegen. Wagner war einer der zweifelhaftesten und widerwärtigsten Charaktere innerhalb des SD, […].«*[104] (☛ siehe *Abb. 7*, S. 126)

Die Bedeutung der SS-Verbindung steigerte sich stetig. Sie hatte als Teil eines Sonderreferats begonnen, war dann als eigenes Referat eingebettet in eine Abteilung, bevor sich bei Inland II ein hauptamtlicher Verbindungsführer, vier Referate und anfangs 55 Mitarbeiter ausschließlich den gemeinsamen Arbeitsgebieten von SS und AA widmeten. Im potenziellen Loyalitätskonflikt neigte Wagner allerdings eher den In-

---

99 Schreiben AA an Reichsfinanzministerium vom 9.12.1944, in: PA AA, Personalakte Horst Wagner. In Ausnahmefällen ließ Wagner sich von Thadden vertreten, vgl. Aussage Hildegard K. vom 10.7.1947, in: BA Koblenz, Z 42 IV/7200.
100 Vgl. Aussage Six' vom 22.12.1961, in: HStA Düsseldorf, Ger.Rep. 237/28.
101 Kaltenbrunner, Ernst: geb. 4.10.1903 in Österreich; prom. Jurist; Chef RSHA seit 30.1.1943; SS seit 31.8.1931, SS-Nr. 13.039, SS-Hstuf. 25.9.1932, SS-Staf. 20.4.1936, SS-Oberf. 20.4.1937, SS-Brif. 12.3.1938, SS-Gruf. 11.9.1938, SS-Ogruf. 21.6.1943; NSDAP seit 18.10.1930, Parteinummer 300.179, vgl. BA Berlin, SSO Ernst Kaltenbrunner .
102 Vgl. Schreiben Thaddens an Wagner vom 22.3.1944, in: PA AA, Inland II A/B, R 100311 bzw. Inland II A/B, R 100305.
103 Vgl. Notiz Reichels vom 5.5.1943, in: ebd., Inland IIg 9.
104 Bericht Höttls »Der Sicherheitsdienst und das Reichssicherheitshauptamt« vom 9.7.1945, in: HStA Düsseldorf, Ger.Rep. 192/241.

Abb. 7 SS-Obergruppenführer Ernst Kaltenbrunner (etwa 1944)

teressen des AA zu als denen der SS.[105] Selbstverständlich war er daran interessiert, eine gute Zusammenarbeit zu gewährleisten und bemüht, den Wünschen des RFSS nach Möglichkeit nachzukommen. Er bewegte sich dabei aber nicht außerhalb des Rahmens von Ribbentrops Weisungen. Sein Mentor blieb die letzte Instanz. Ging der RAM auf politische Vorschläge oder Anregungen Wagners nicht ein, akzeptierte dieser in der Regel die Entscheidung. Auffällige Ausnahmen bildeten Vorgänge, durch die Wagner die eigene Karriere zu forcieren gedachte. Seine treue Gefolgschaft er-

---

105 Vgl. dagegen Döscher, SS und Auswärtiges Amt, S. 274.

2 Horst Wagner als Gruppenleiter und »Verbindungsführer« zum Reichsführer-SS

wuchs aus dem Wissen, dass die Protektion des RAM essenziell war. Rintelen charakterisierte Wagners Verhalten gegenüber Ribbentrop mit dem Ausdruck Gefügigkeit[106] und Hencke sah in Wagner keinen Exponenten der SS im AA.[107]

Die neue Aufgabe führte Wagner unter anderem im Oktober 1943 in seine Heimat Posen, die Hauptstadt des Warthegaus. Dort fand eine SS-Gruppenführertagung statt. Der Gruppenleiter reiste in einem Wagon der SS ins ehemalige Polen, wo der Reichsführer eine berühmt-berüchtigte, dreistündige Rede über SS-Moral hielt. Himmler führte unter anderem aus:

> »Ich meine jetzt die Judenevakuierungen, die Ausrottung des jüdischen Volkes. […] Von euch werden die meisten wissen, was es heißt, wenn 100 Leichen beisammenliegen, wenn 500 daliegen oder wenn 1000 daliegen. Dies durchgehalten zu haben und dabei – abgesehen von menschlichen Schwächen – anständig geblieben zu sein, das hat uns hart gemacht. Dies ist ein niemals geschriebenes und niemals zu schreibendes Ruhmesblatt unserer Geschichte.«[108]

Wagner räumte später ein, zur fraglichen Zeit vor Ort gewesen zu sein und sogar ein gemeinsames Essen mit den SS-Führern eingenommen zu haben. Er bestritt aber, die Rede gehört zu haben. In seiner Schilderung sei er lediglich auf der Durchreise zur Wolfsschanze gewesen und habe sich in Posen nur kurz vor oder nach der Rede im Auftrage Ribbentrops mit dem RFSS besprochen. Dann sei er am Abend abgereist.[109]

Nach Himmlers Terminkalender war die Rede zwischen 17 Uhr 30 und 21 Uhr angesetzt. Das gemeinsame Essen fand erst anschließend statt.[110] Zwischen Rede und Essen hatte Himmler zweifellos keine Zeit für eine Besprechung mit dem Verbindungsführer, sodass Wagner diese vor 17 Uhr 30 gehabt haben muss, nur um anschließend Stunden außerhalb des Saales zu warten und später ein Abendessen mit den übrigen SS-Führern einzunehmen. Diese Version wirkt konstruiert. Zudem widerspricht sich Wagner mit einer eigenhändig ausgefüllten Reisekostenabrechnung vom Dezember 1943. Hier hatte er eingetragen, sich in Posen zwischen dem 4. und 8. Oktober 1943 aufgehalten zu haben. Als Grund der Reise hatte er »*Dienstgeschäft Tagung RFSS*«

---

106 Vgl. Aussage Rintelens vom 8.10.1964, in: HStA Düsseldorf, Ger.Rep. 237/28.
107 Vgl. Aussage Henckes vom 19.10.1960, in ebd., Ger.Rep. 237/27.
108 Rede Himmlers am 4.10.1943, in: IMT, XXIX, PS-1919, S. 123 ff. Die akustisch aufgezeichnete Rede weicht leicht von der redigierten, gedruckten Fassung ab, vgl. Breitman, Himmler, S. 318 f. Himmler sagte z. B. »menschliche Ausnahmeschwächen«, anstatt »menschliche Schwächen«, ferner sei es ein »niemals genanntes« bzw. »zu nennendes Ruhmesblatt unserer Geschichte«. Er hielt zwei Tage später in Posen eine Rede mit ähnlichem Inhalt vor den Reichs- und Gauleitern, vgl. Heinrich Himmler. Geheimreden 1933–1945 und andere Ansprachen, hg. von Bradley F. Smith und Agnes Peterson, Frankfurt/Main 1974, S. 162 ff.
109 Vgl. Anklageschrift gegen Wagner, 29 Ks 4/67 vom 22.2.1967, S. 86, in: HStA Düsseldorf, Ger.Rep. 192/19.
110 Vgl. Terminkalender Himmlers am 4.10.1943, in: IfZ München, NL Himmler, F 37/1.

eingetragen. Der Abrechnung zufolge fuhr Wagner danach von Posen nach Ostpreußen weiter, wo sich Ribbentrop aufhielt. Auf der Abrechnung ist ausdrücklich »*Westfalen*«, Ribbentrops Feldquartier, als Ziel und »*Vortrag RAM*« als Grund für die zweite Reise angegeben. Dort verbrachte Wagner eine knappe Woche, bevor er nach Berlin zurückkehrte.[111]

SS-Obergruppenführer Berger, der ebenfalls bei der Tagung anwesend war, gab an, dass alle Verbindungsführer von Himmlers Stab eingeladen worden waren.[112] Zwar taucht Wagners Name nicht auf der überlieferten Tischordnung auf, aber dies ist nicht verwunderlich, da dort nur SS-Prominenz vom Brigadeführer aufwärts Platz nahm.[113] Ein Obersturmbannführer würde die Rede von anderer Stelle verfolgt haben. Letztlich ist es nicht nachvollziehbar, dass sich Wagner als Verbindungsführer fünf Tage beim »*Dienstgeschäft Tagung RFSS*« aufhielt, ohne diese wichtige Rede verfolgt zu haben, die die zentrale Veranstaltung bildete. Dass Wagner Gast eines handverlesenen Kreises war, spricht dabei für die Bedeutung, die ihm in der SS wie auch im AA zukam.

Wagner war noch nicht wieder aus Ostpreußen zurück, als bereits seine Beförderung zum SS-Standartenführer zur Sprache kam. Sollte er nicht wieder rechtzeitig in Berlin sein, wolle Thadden diese mit dem SS-PHA persönlich besprechen.[114] Am 26. Oktober bat Steengracht im Auftrage Ribbentrops offiziell um die Beförderung.[115] Das SS-Amt machte wie schon im März 1943 expressis verbis auf die ungewohnt rasche Folge der Beförderungen aufmerksam und bat um eine Entscheidung des Reichsführers.[116] Doch Himmler erteilte Mitte November den Befehl, Wagner außerplanmäßig zum 1. Januar 1944 zum Standartenführer zu ernennen.[117] Es ist offensichtlich, dass Wagners Teilnahme an der Tagung die ungewöhnliche Beförderung forcierte und das auffallende Datum des 1. Januars 1944 erklärt.

Horst Wagner hatte damit den Höhepunkt seiner SS-Laufbahn erreicht. Die dienstliche wie persönliche Bindung zur Schutzstaffel war enger denn je. Er verstand es, sich in den Adjutanturen Himmlers und Kaltenbrunners Freunde zu machen und nutze auch sonst jede Gelegenheit, um die Bande zu festigen. Im Juni 1944 bat er zum Beispiel SS-Hauptamtschef Berger, eine allgemeine Anweisung zu geben, dass Inland II jede Publikation der SS in zwei Exemplaren zugesandt werden möge: »*Die Arbeit meiner Gruppe* [...] *ist so eng mit der SS verflochten, daß es sowohl in meinem Interesse und dem meiner Mitarbeiter als auch aus rein sachlichen Gründen dringend wün-*

---

111 Reisekostenabrechnung Wagners vom 2.12.1943, in: PA AA, GELD-Akte Horst Wagner (auch in HStA Düsseldorf, Ger.Rep. 237/32).
112 Vgl. Aussage Bergers vom 15.12.1959, in: HStA Düsseldorf, Ger.Rep. 237/11.
113 Vgl. Tischordnung, o. D., in: BA Berlin, NS 19/1794.
114 Vgl. Schreiben Thaddens an Wagner vom 13.10.1943, in: PA AA, Inland IIg 16.
115 Vgl. Schreiben Steengrachts an SS-PHA vom 26.10.1943, in: BA Berlin, SSO Horst Wagner.
116 Vgl. Schreiben SS-PHA an Stab RFSS vom 4.11.1943, in: ebd. Wagner war zudem erst 37 Jahre alt. Für SS-Staf. war ein Mindestalter von 40 Jahren vorgesehen, vgl. Richtlinien zur Beförderungen von SS-Führer vom 15.11.1943, in: HStA Düsseldorf, Ger.Rep. 192/216.
117 Vgl. Schreiben Stab RFSS an SS-PHA vom 16.11.1943, in: BA Berlin, SSO Horst Wagner.

schenswert ist.«[118] Im Herbst desselben Jahres verfasste Wagner den Plan einer AA-eigenen Sicherheitstruppe, denn »*wie die Ereignisse des 20. Juli gezeigt haben*«, sei das Amt inneren Unruhen schutzlos ausgeliefert. Deshalb sollten Stoßtrupps gebildet werden, wobei man auf die dem AA angehörigen SS-Führer zurückgreifen könne. Wagner selbst sollte dabei als Stoßtruppführer fungieren, der durch Kaltenbrunner informiert Alarm auslösen könne, woraufhin Einzelgruppen »*unter einem verantwortlichen Unterführer (z. B. SS-Brigadeführer Six [...], SS-Standartenführer Rühle)*« die erste Verteidigung verschiedener Einrichtungen übernehmen würden. Inland II könnte über die Waffen-SS ein entsprechendes Kontingent an Waffen und Munition bereitstellen.[119] Der abenteuerliche Plan wurde jedoch nicht umgesetzt.

Dass die Kooperation nicht immer harmonisch lief, zeigen die nachrichtendienstlichen Beziehungen zum SD, dessen Agenten seit Kriegsbeginn verstärkt in vielen Auslandsmissionen eingebaut wurden. Die verdeckt arbeitenden SD-Leute unterstanden dem RSHA, benutzten die diplomatische Tarnung des AA, operierten ansonsten aber weitgehend autonom und unkontrolliert. Ribbentrop, in Zuständigkeitsfragen »*mimosenhaft empfindlich*«[120], war um die Integrität seines Ressorts besorgt. Er fürchtete, die SS werde hinter seinem Rücken außenpolitisch tätig und hegte wachsende Ressentiments. In der Abteilung D wurde ein Dossier zusammengestellt, das einige Konfliktpunkte konkretisierte. So fühlte sich das AA bei der Aufstellung dänischer Waffen-SS-Verbände hintergangen und über einen Besuch spanischer Offiziere beim Ordnungspolizeichef SS-Oberstgruppenführer Kurt Daluege nicht informiert. Der SD-Beauftragte in Agram habe sich in kroatische Innenpolitik eingemischt, und der SD-Beauftragte in Bukarest habe gegen den Gesandten und seinen Nachfolger intrigiert.[121] Dagegen boten die gleichfalls eingesetzten, offiziell arbeitenden Polizei-Attachés der SS kaum Anlass zur Kritik. Sie konnten unter Ausnutzung des diplomatischen Apparates unter anderem der »Endlösung« ungestört zuarbeiten.[122] Nicht wenige Missionschefs sprachen sogar von einem guten, ungetrübten Verhältnis.[123] So dürfen die Misstöne nicht überbewertet werden, denn im Grunde herrschte Konsens. Die auftretenden Spannungen wurden von der persönlichen Arbeitsweise der SS-Vertreter verursacht und nicht von ihrer Institution.

Dies galt auch für die Lage in der Türkei im Jahr 1944. Im Januar wechselte ein Mitarbeiter der militärischen Abwehr, Kurt Vermehren, zu den Briten über. Es stellte sich heraus, dass die Gruppe um Vermehren bereits seit Monaten Kontakt zur Feind-

---

118 Schreiben Wagners an Berger vom 30.6.1944, in: PA AA, Inland IIg 6.
119 Vortragsnotiz Wagners vom 3.11.1944, in: ebd., Inland IIg 7.
120 Speer, Albert, »Alles, was ich weiß«. Aus unbekannten Geheimdienstprotokollen vom Sommer 1945. Mit einem Bericht »Frauen um Hitler« von Karl Brandt, herausgegeben von Ulrich Schlie, München ²2000, S. 188.
121 Vgl. PA AA, Inland IIg 7.
122 Vgl. Weitkamp, SS-Diplomaten.
123 Vgl. Bericht Inland II vom 26.10.1943, in: PA AA, Inland IIg 62 u. allgemein Inland IIg 61.

seite hatte, und der SD rollte den Verratsfall nun auf. Das AA wurde darin verwickelt, da Personal in Istanbul, darunter auch Generalkonsul Twardowski, Kontakt zur Vermehren-Gruppe hatte. Die SS-Führung hielt die Gelegenheit für günstig, den Nachrichtendienst der Wehrmacht zu diskreditieren. Gezielt informierte RSHA-Chef Kaltenbrunner Hitler Anfang Februar 1944 über das Versagen des Militärs.[124] Als sich die Abwehr nur wenige Tage später einen erneuten *faux pas* in Spanien erlaubte, war das Maß voll, und Hitler übertrug am 12./13. Februar der SS zu wichtigsten Teilen die Aufgaben der Abwehr. Zwei Wochen später legte Kaltenbrunner den Finger in die Wunde, als er dem »Führer« über Fegelein ein zwanzigseitiges Dossier zukommen ließ, welches den Vermehren-Fall und die Folgen ausführlich beschrieb.[125] Dabei geriet auch das AA in die Schusslinie, und Ribbentrop sah sich veranlasst, ebenfalls ein langes Schreiben an Hitler aufzusetzen, in dem er alle Schuld von sich wies. Der RAM übernahm sowohl für den »*von mir aufgebauten neuen Beamtenapparat*« sowie für die »*herangezogenen Beamten des alten Auswärtigen Amtes*« die volle Verantwortung und konterte, indem er darauf verwies, dass ein Nachrichtendienst ein Instrument der außenpolitischen Führung sein solle und niemals ein Konkurrenzunternehmen.[126] Die Eingabe seines Außenministers erreichte Hitler aus unbekannten Gründen nicht, und schließlich musste Botschafter Papen dem »Führer« persönlich die Linientreue der Diplomaten in der Türkei versichern.[127] Kaltenbrunner hingegen hatte Ribbentrops Brief erhalten und beschwerte sich seinerseits über die mangelnde Unterstützung durch den diplomatischen Apparat: »*So hat z. B. der Herr Verbindungsführer, Vortragender Legationsrat Wagner, seit 6.8.1943 einen Antrag in der Tasche, der unser Begehren auf Einbau von nur 47 Personen in nur 11 Vertretungen des Deutschen Reiches beinhaltet.*«[128]

Das Duell zwischen Kaltenbrunner und Ribbentrop wurde nicht nur schriftlich ausgetragen. Wagner hatte persönliche Treffen mit Himmler und Kaltenbrunner in der Sache. Schon im Februar 1944 hatte er dem RFSS zur Übernahme der Abwehr gratuliert und die Vermehren-Affäre besprochen, die bis in den Sommer ein Thema blieb.[129] Im Juni folgte ein langes Gespräch mit Kaltenbrunner, in dem versucht wurde, die Brüche in der Zusammenarbeit zu kitten. Kaltenbrunner stellte klar, dass keine Zweifel in der Frage der außenpolitischen Führung bestünden und der SD ein Hilfsmittel sei. Wagner gewann »*den Eindruck, daß bei einer Anerkennung der beiderseitigen Aufgaben und Interessen die Voraussetzung für eine Zusammenarbeit gegeben ist*«.[130] Um sich versöhnlich zu geben, riet Kaltenbrunner dem RAM, den persönli-

---

124 Vgl. Bericht Kaltenbrunners vom 7.2.1944, in: ebd., Inland IIg 464.
125 Vgl. Schreiben Kaltenbrunners an Fegelein vom 26.2.1944, in: ebd.
126 Notiz Ribbentrops an Hitler vom 13.3.1944, in: ebd.
127 Vgl. Notizen Wagners für 20.4.1943, in: ebd., Inland IIg 7.
128 Schreiben Kaltenbrunners an Ribbentrop vom 20.4.1944, in: ebd., Inland IIg 464.
129 Vgl. Vortragsnotizen Wagners, in: ebd., Inland IIg 7.
130 Aufzeichnung Wagners vom 1.7.1944, in: ebd., Inland IIg 1.

2 Horst Wagner als Gruppenleiter und »Verbindungsführer« zum Reichsführer-SS

chen Schutz nicht zu vernachlässigen und sich vor Attentätern in russischen Diensten in Acht zu nehmen. Der beunruhigte RAM beauftragte Wagner sofort, zwei abgerichtete Polizeihunde für die Feldquartiere Fuschl und Steinort vom SD anzufordern, die er allem Anschein nach auch bekam.

Dass die Spionage auch Vorteile hätte bringen können, zeigt der Fall Cicero, der sich zur selben Zeit wie die Vermehren-Affäre abspielte. Ein Kammerdiener des britischen Botschafters in der Türkei ließ den Deutschen geheime Dokumente seines Dienstherrn über einen Mittelsmann zukommen. Zwar teilten sich SD und AA die kostbaren Informationen, aber nicht ohne eifersüchtiges Gerangel, weshalb ihre politische Sprengkraft verpuffte. Dabei ließ sich der SD bei der kostspieligen Beschaffung der Informationen vom AA unter die Arme greifen. Bei einem Treffen zwischen Himmler und Wagner im Februar 1944 kam die Geldfrage zur Sprache, woraufhin Wagner kurz darauf beim Büro des RAM anfragte, ob das AA »*nicht dem SD finanziell beispringen sollte und zwar mit einem Devisenbetrag*« in Höhe von 250.000 bis zu 300.000 RM.[131] Nur zwei Tage später lag eine Zahlungsanweisung vor, den SD über den Gruppenleiter Inland II mit 250.000 RM in Gold zu subventionieren, was zweifellos dem schmal kalkulierten SD wichtige Mittel zur Verfügung stellte. Hier hatte sich der Kontakt zum AA für die SS »ausgezahlt.« Der Kammerdiener profitierte von dem Betrag übrigens nicht, er wurde mit gefälschten Pfundnoten entlohnt.

Bei allen Schwierigkeiten im Einzelnen sahen Ribbentrop und Himmler die allgemeine Zusammenarbeit für unerlässlich an. Aber die Divergenzen trieben Ribbentrop sogar am Silvesterfeiertag 1943 um, als er dem SS-Chef in einem persönlichen Brief neben besten Neujahrswünschen einen Konflikt zwischen der Pariser Botschaft und der SS schilderte. Ansonsten, schrieb Ribbentrop seinem Duzbruder Himmler, wolle er sich jedoch nicht beschweren, denn er habe »*neulich bei einer Besprechung in Berlin erneut einen ausgezeichneten Eindruck von Deinen Mitarbeitern gehabt*«, und im Übrigen wolle sich für die Unterstützung in der Frankreichpolitik bedanken. Seine Diplomaten seien instruiert, »*im engsten Einvernehmen und in bester Kameradschaft mit den Herren der Polizei zusammenzuarbeiten. […] Ich halte vielmehr diese engste Zusammenarbeit für geradezu unerläßlich und bin sicher, daß durch eine klare Situation bezüglich der Verantwortlichkeiten das gute Einvernehmen zwischen unseren Herren draußen nur noch gefördert wird*«.[132] Die Politik des RAM war also eher darauf ausgerichtet, die Beziehungen weiter auszubauen, als sie wirksam einzudämmen. Himmlers Antwort kam dem entgegen. Der SS-Chef habe Anweisung gegeben, »*die im Jahre 1943 so schön angelaufene und bewährte gemeinsame Arbeit unter stärkster Beachtung der gegebenen Richtlinien in diesem neuen entschiedenen Jahr 1944 weiter*

---

131 Schreiben Wagners an BRAM vom 22.2.1944, in: ebd., Inland IIg 464. Vgl. zum Cicero-Fall allgemein Black, Kaltenbrunner, S. 202 ff.
132 Brief Ribbentrops an Himmler vom 31.12.1943, in: ebd., Inland IIg 7.

zu pflegen und sie noch besser und herzlicher zu gestalten.«[133] Daß dies bisweilen nur warme Worte waren, zeigten die Ereignisse in der Türkei 1944.

Für Wagner war die Disharmonie zwischen SD und AA nicht bedrohlich. Sein Selbstbewusstsein stieg rapide, und entsprechend präsentierte er sich, z. B. seiner Gattin gegenüber: Im Frühjahr 1944 reiste er mit ihr für einige Tage ins slowakische Preßburg, wo er den Pressereferenten der Gesandtschaft, Hans Gmelin, besuchte. Frau Wagner erzählte später stolz, ihr Mann werde bald die dortige Gesandtschaft übernehmen und den Gesandten Ludin ablösen.[134] Das war reines Wunschdenken, und Ludin blieb im Amt.

Im Sommer 1944 geriet Wagners rasante AA-Karriere langsam ins Stocken, und er brachte sich mit verschiedenen Schreiben bei Ribbentrop in Erinnerung. Im August bat er, ihn »*eine Zeitlang*« für den Kriegsdienst freizugeben, auch wenn er »*im Augenblick schlecht zu entbehren sei*«. Wagner begrüße es, »*wenn gerade einer der ältesten Mitarbeiter des Herrn Reichsaußenministers, zu denen ich mich mit Stolz zählen kann, an die Front kommen würde*«.[135] Das Schreiben diente freilich nicht dazu, tatsächliches Engagement für den Kriegsdienst zu zeigen; es bot vielmehr Gelegenheit, eine neue Beförderung zur Sprache zu bringen. Während seiner Abwesenheit schlug der Gruppenleiter nämlich vor, für die Verbindung zur SS einen »*möglichst ranghohen Beamten*« auszuwählen, denn seine Position sei eigentlich nicht rangmäßig adäquat besetzt. Dabei scheine ihm die »*Verbindungstätigkeit zur SS vom außenpolitischen Standpunkt mit die wichtigste zu sein*«. Es sei »*menschlich verständlich, daß unsere Missionschefs sowie die Obergruppenführer der SS lieber mit einem etwa gleichrangigen Herrn verhandeln*«. Als zentraler Satz kann gelten: »*Ich darf auch erinnern, daß mein Vorgänger in meiner Diensttätigkeit Unterstaatssekretär gewesen ist.*«[136] Wagner hoffte, dass Ribbentrop ihn lieber befördern als an die Front schicken würde. Doch eine Beförderung blieb aus. Allerdings verweigerte der Minister auch die Frontverwendung.

Daraufhin verfasste Wagner ein weiteres Schreiben: Gerade beim Heranrücken der Fronten müsse die Außenpolitik eine Kooperation mit »*den inneren Kräftekonzentrationen*« suchen. Die Zusammenarbeit mit der Reichsführung-SS werde »*täglich an Bedeutung gewinnen*«, und bei der Fülle von neuen Funktionen Himmlers – wie die Übernahme von Ersatzheer und Innenministerium – reiche ein Beamter seiner Rangstufe nicht mehr aus. Wagner wörtlich: »*Da aber gerade auf diesem Gebiet nur eine Arbeitsvergrößerung stattfindet, [...] halte ich es für meine Pflicht, diese Frage noch einmal aufzuwerfen, obgleich ich mir über die Eigenartigkeit meines Vorschlages, mich zu befördern, wenn kein anderer älterer ranghöherer Beamter genommen werden soll,*

---

133 Brief Himmlers an Ribbentrop vom 4.1.1944, in: ebd.
134 Vgl. Aussage Gmelins vom 21.12.1961, in: HStA Düsseldorf, Ger.Rep. 237/26.
135 Schreiben Wagners an Ribbentrop vom 11.8.1944, in: PA AA, Inland IIg 15.
136 Nachträglich von Wagner durchgestrichen.

2 Horst Wagner als Gruppenleiter und »Verbindungsführer« zum Reichsführer-SS

bewußt bin.« Er argumentierte, die Verbindung zum OKW werde schließlich von einem Botschafter gehalten und die frühere Verbindung zur SS sei durch einen Unterstaatssekretär wahrgenommen worden. Er glaube, dass »*eine gewisse Erhöhung unserer Durchschlagskraft unbedingt notwendig ist*«.[137]

Dieser letztere Hinweis dürfte bei Ribbentrop auf fruchtbaren Boden gefallen sein, und Wagners geschicktes Manöver brachte tatsächlich den Durchbruch. Der Minister wies Personalleiter Schroeder im September 1944 mündlich an, die Beförderung Wagners zum Gesandten I. Klasse und Ministerialdirigenten vorzubereiten und das Verfahren möglichst zu beschleunigen.[138] Anfang Dezember 1944 erbat das AA die Zustimmung des Reichsfinanzministeriums. Um den Vorschlag zu begründen, wurde angeführt, Wagner habe »*unmittelbar und selbständig Verhandlungen als ständiger Verbindungsmann des Herrn RAM zum Reichsführer SS und allen Dienststellen der SS, [...] zu führen*«. Ferner umfasse die Gruppe Inland II »*fünf, zum Teil recht umfangreiche Referate*«. Die »*Wichtigkeit und die besondere Verantwortung des Aufgabengebietes, das Herrn Wagner übertragen ist,*« rechtfertige die Ernennung, obwohl Wagner erst im letzten Jahr befördert worden sei.[139] Im Januar 1945 lagen neben der Zustimmung des Finanzministeriums auch positive Bescheide des Innenministeriums und der Parteikanzlei vor. Die Ernennungsurkunde war Ribbentrop schon im September 1944 zur Zeichnung vorgelegt worden, allerdings gelangte sie aus dem Ministerbüro bis Anfang Januar 1945 nicht an die Personalabteilung zurück. Der Verbindungsoffizier des OKW zum AA, Werner von Geldern-Crispendorf, sagte später aus, Hitler habe die Urkunde unterzeichnet, aber Ribbentrop habe sie nicht ausgehändigt.[140] Aus unbekannten Gründen geschah dies bis Kriegsende nicht, sodass die ersehnte Beförderung ausblieb. Es dürften vermutlich dieselben Gründe gewesen sein, die Ribbentrop schon dazu brachten, Wagner den Kontakt zu ausländischen Diplomaten zu untersagen und die »Behandlung der Judenfrage« der Politischen Abteilung anzugliedern. Der RAM wollte angesichts der drohenden Niederlage nicht jenen Stellen im Amt weiteres Gewicht verleihen, die hauptsächlich die verbrecherischen NS-Maßnahmen getragen hatten.

Als Wagner des ungeduldigen Wartens überdrüssig wurde und erfuhr, dass die Urkunde vorlag, verbreitete unter Kollegen er im März 1945 eigenmächtig seine Ernennung und ließ sich als »Herr Gesandter« titulieren. Thadden, der keine Zweifel hegte, gratulierte herzlich.[141] Als die Realität Wagner später einholte, beklagte er sich noch nach dem Krieg, dass die Beförderung nicht ausgesprochen worden war.[142]

---

137 Schreiben Wagners o. D. [Aug./Sept. 1944], in: ebd., Inland IIg 1.
138 Vgl. Schreiben AA/Pers. an Ribbentrop vom 6.1.1945, in: PA AA, Personalakte Horst Wagner.
139 Schreiben AA an Reichsfinanzministerium vom 9.12.1944, in: PA AA, Personalakte Horst Wagner (auch in HStA Düsseldorf, Ger.Rep. 192/60). Als fünftes Referat war Inland II S gemeint.
140 Vgl. Aussage Geldern-Crispendorfs vom 19.12.1961, in: HStA Düsseldorf, Ger.Rep. 237/26.
141 Vgl. Aussage Thaddens vom 19.6.1962, in: ebd., Ger.Rep. 192/203.
142 Vgl. Mitteilung Gottfriedsens vom 24.5.1976, in: BA Koblenz, Kl. Erwerb., 838/1.

3 Eberhard von Thadden als Stellvertreter und Judenreferent

> »Judensachen waren auch innerhalb der Gruppe Inland II stets mit einem Schleier des Geheimnisses umgeben.«
> Aussage Ferdinand G., Inland II C[143]

Am 7. April 1943 trat Eberhard von Thadden seinen Dienst bei Inland II an und bezog das Zimmer 62 in der Rauchstraße 11, Dienstanschluss 110013/662. Er fungierte in Doppelfunktion sowohl als Leiter des Referats Inland II A, welches für »Judenfragen« zuständig war, wie auch als stellvertretender Gruppenleiter. Rademacher arbeitete seinen Nachfolger ein und war noch einige Zeit für Rückfragen erreichbar, bevor er endgültig zur Marine versetzt wurde. Um eine gründliche Einweisung und die korrekte Erledigung der laufenden Vorgänge zu gewährleisten, blieb Legationssekretär Fritz-Gebhardt von Hahn[144], der zuvor bei D III mit »Judensachen« betraut war, noch bis Mitte Mai 1943 bei Inland II A.

Hahn, Parteigenosse seit 1933, war 1937 ins AA eingetreten, nachdem er als persönlicher Referent von Gauleiter Bohle für die NS-Auslandsorganisation gearbeitet hatte. Über den Modus der Sprachenprüfung fertigte Hahn einen geheimen Bericht für den Gauleiter an, der zu diesem Zeitpunkt noch nicht als Staatssekretär ins AA berufen war. Hahn sah die Prüfung als Mittel des Amtes an, unliebsame Bewerber grundlos abweisen zu können und so das Mitspracherecht der Partei beim Bewerbungsverfahren zu unterlaufen. Er war nicht so sehr an einem polyglotten Auftreten der Neudiplomaten interessiert als vielmehr daran, dass »*der Bewerber nicht nur das Wesen der nationalsozialistischen Weltanschauung und die Aufgabe der Bewegung klar erkannt hat und dies auch anderen Volks- und Parteigenossen durch Wort und Tat mitteilen kann*«.[145] Hahn wurde im Februar 1940 zur Marine eingezogen und im Juni 1940 in Holland von einem deutschen Wachsoldaten angeschossen, weil er nicht auf dessen Warnruf reagiert hatte. Während der langen Genesungsphase stellte er sich zeitweise wieder dem Amt zur Verfügung. Mit Unterbrechungen arbeitete er seit Dezember 1941 unter Rademacher und danach mit Thadden bei Inland II A. Im März 1943 bezeichnete er sich selbst als »*Sachbearbeiter für Judenfragen*« und bemängelte das fehlende Verständnis der Berufsbeamten im Ausland für die »*Notwendigkeit einer alsbaldigen endgültigen europäischen Lösung der Judenfrage*«.[146] Bohle nahm die Anregung

---

143 Aussage Ferdinand G. vom 25.10.1962, in: HStA Düsseldorf, Ger.Rep. 237/26.
144 Hahn, Fritz-Gebhardt von: geb. 18.5.1911; Volljurist; SA seit 1933; NSDAP seit 1.4.1933, Parteinummer 1 800 960, persönlicher Referent des Gauleiters der NSDAP-AO; Wehrmacht Feb. 1940 bis Kriegsende, zeitweise Arbeitsurlauber beim AA, Leutnant; AA seit 25.3.1937, LS 21.12.1940, vgl. Anklage gegen Adolf H. Beckerle u. Fritz-Gebhardt von Hahn vom 23.12.1965, in: BA Koblenz, NL Kempner, Bd. 1112.
145 Zit. nach ebd., S. 24 ff.
146 Schreiben Hahns an Bohle vom 4.3.1943, in: PA AA, Inland II A/B, R 99356.

gerne auf und wollte über die NSDAP-AO Abhilfe schaffen.[147] Als Ende Mai 1943 der Arbeitsurlaub auslief, nahm Hahn wieder den Dienst bei der Marine auf. Das kurze Arbeitsverhältnis zu Thadden war eher frostig und von wenig Sympathie geprägt.

Neben Hahn blieb ebenfalls nur für wenige Wochen Konsul und SS-Obersturmbannführer Walter Pausch[148] bei Inland II A. Er hatte zuvor bei D III gearbeitet und gewährleistet zwischen dem 6. März und 13. April 1943 den Ablauf im Judenreferat. Anschließend wechselte Pausch kurz zu Inland I und später an die Vertretung in Triest.

Die »Behandlung der Judenfrage« machte den größten Teil der Arbeit Thaddens aus. Vorgänger Luther hatte in der Judenpolitik trotz aller Autarkie der Abteilung D noch stets zusätzlich die Politische Abteilung eingeschaltet, doch diese Vorgehensweise wurde nicht fortgeführt.[149] Hielt Inland II eine Angelegenheit für bedeutsam, wurde die Politische Abteilung zwar herangezogen, doch die vorige, permanente Abstimmung übernahm man nicht. Insgesamt handelte Inland II A selbstständiger als das Vorgängerreferat D III. (☞ siehe *Abb. 8*, S. 136)

Thadden standen zwei Mitarbeiter und drei Sekretärinnen zur Verfügung. War er abwesend, wurde er meist von Adolf Hezinger vertreten. In der Regel bekam Inland II A alle Arbeitsanweisungen von Wagner. Es zeigte sich aber, dass Thadden als stellvertretender Gruppenleiter und Judenreferent bei der häufigen Abwesenheit Wagners sehr selbstständig handeln konnte. In untergeordneten Fällen hatte Thadden eigene Entscheidungsbefugnis.[150] Normalerweise wurde Wagner erst eingeschaltet, wenn ein Fall erforderte, ranghöhere Beamte hinzuzuziehen. Wagner erhielt dann wiederum Anweisungen von Ribbentrop, konnte aber in kleineren Angelegenheiten selbstständig entscheiden. Die bürokratischen Abläufe und Dokumente legen offen, dass Wagner als Vorgesetzter für die Bearbeitung der Judenpolitik bei Inland II formell verantwortlich war, aber nur selten eingriff. Dieses Feld überließ er Thadden, der in den meisten Fällen die Linienführung im Rahmen seiner Möglichkeiten bestimmte und entsprechende Schriftstücke aufsetzte, die Wagner nur noch abzeichnete. Die Paraphierung erfolgte teilweise nachträglich, da Wagner die Akten oft erst später vorgelegt wurden. Die eigentliche Verantwortlichkeit lag somit bei Thadden und nicht beim Gruppenleiter. Dabei muss erwähnt werden, dass Wagner Thaddens Linie generell zustimmte.

In Abwesenheit Wagners repräsentierte Thadden die Gruppe auch auf den morgendlichen Direktorenbesprechungen und regelte den Dienstbetrieb. Unter anderem

---

147 Vgl. Schreiben NSDAP-AO (Spahn) an Hahn vom 31.3.1943, in: ebd.
148 Pausch, Walter: geb. 3.8.1905; prom. Jurist; LS 1937, VK Kalkutta 1938, VK Bozen 1940, K im Referat D III 1943, K Triest 1944; SS seit 20.4.1936, SS-Nr. 276.291, SS-Ustuf. 20.4.1936, SS-Ostuf. 13.9.1936, SS-Hstuf. 12.9.1937, SS-Ostubaf. 20.4.1941; NSDAP seit 1.10.1932, Parteinummer 1.332.769, vgl. Döscher, SS und AA, S. 169; DAL 1.12.1938, S. 126 u. 1.10.1944, S. 13.
149 Vgl. Hilberg, Vernichtung der europäischen Juden, S. 577.
150 Vgl. Aussage Thaddens vom 18.5.1961, in: BA Koblenz, B 305/977.

Abb. 8 Eberhard von Thadden (etwa 1940)

stellte Thadden sicher, dass Wagner nach einer Rückkehr die wichtigsten Vorgänge und Weisungen in einer speziellen Mappe vorfand und ständig informiert blieb. Da Wagner auch in den Feldquartieren dienstliche Angelegenheiten erledigte, kann nicht gesagt werden, dass er die laufenden Aufgaben seiner Gruppe vernachlässigte. Er versuchte im Gegenteil, gerade wegen seiner häufigen Abwesenheit die Berliner Geschäfte so weit als möglich selbst zu führen, was aber nur unzureichend gelang. Auch behielt sich der Gruppenleiter aus persönlicher Eitelkeit den direkten Kontakt zu hohen SS-Führern vor, auch wenn Thadden über zu verhandelnde Fragen teilweise besser informiert war. Leichte organisatorische »Reibungsverluste« waren die Folge.

In der Frage, wer als Jude zu definieren sei, zog Inland II A die deutschen »Nürnberger Gesetze« von 1935 und ihre Folgebestimmungen heran. Die Legislative anderer Staaten in diesem Punkt sei nach Thaddens Ansicht »*sehr unvollständig*«. Besonders auf dem Balkan gebe es zunehmend Möglichkeiten, eine »*Edelariereigenschaft*« zu erlangen.[151] So forcierte Inland II etwa die Abberufung eines rumänischen Attachés aus Brüssel. Obwohl der Diplomat nach rumänischem Gesetz kein Jude war, erkundigte sich Thadden bei der deutschen Protokollabteilung, ob der »*Edelrumäne*« nicht gegen einen »*Blutsrumänen*« ersetzt werden könne, da es sich nach deutschen Gesetzen um einen Nichtarier handle.[152] Eine Abberufung sei »*dringend wünschenswert*«.[153] Die Protokollabteilung brachte die Anregung bei den rumänischen Behörden vor, die dem Wunsch nachkommen wollten.

Die Berührungspunkte zwischen der Judenpolitik der SS und dem AA waren vielseitig. Auf der einen Seite stand die Abschirmung der »Endlösung« gegenüber Interventionen von Drittstaaten. Das AA verlangte eingeschaltet zu werden, sobald bei den Deportationen Juden neutraler oder so genannter »feindstaatlicher« Staatsangehörigkeit betroffen waren. Sie wurden in der Regel getrennt interniert. Beim AA wurden zudem ständig Vertreter ausländischer Missionen vorstellig, die sich für die Freilassung von jüdischen Personen einsetzten. Inland II A oblag die Behandlung dieser Proteste und Eingaben wegen »*der angeblichen oder tatsächlichen Einbeziehung ausländischer Staatsangehöriger in unsere Judenmaßnahmen*«.[154] Nicht selten wurde die Bearbeitung der Eingaben mit der Behauptung, die Akten seien angeblich durch Bombentreffer vernichtet worden, verschleppt. In anderen Fällen wurde der intervenierenden Stelle anheimgestellt, sich nach Kriegsende erneut nach dem Verbleib zu erkundigen, da augenblicklich keine Nachforschungen angestellt werden könnten.

Thadden und seine Mitarbeiter trugen ferner Sorge, dass das Ausland nach Möglichkeit über die antijüdischen Maßnahmen und das tödliche Schicksal der Betroffenen wenig erfuhr. Der Terminus »*angebliche Greueltaten*« entwickelte sich zum allgemeinen Sprachgebrauch, wenn es darum ging, die entsprechenden Meldungen im Ausland zu dementieren. Oberstes Ziel war es, die Vernichtung mit allen Mitteln zu verheimlichen. Aus diesem Grund ging man etwa gegen den Ungarn Reszö Sillei vor, der seit 1930 als Korrespondent in Warschau arbeitete. Als er samt Frau und Kind 1943 nach Ungarn zurückkehren wollte, versuchte die Sicherheitspolizei (Sipo), die Heimreise zu verhindern. Als jüdischer Journalist verfüge Sillei »*zweifellos über äußerst gute Beziehungen zum internationalen Judentum*«. Er habe sich wiederholt »*abfällig*« über die deutsche Judenverfolgung geäußert. Die Gestapo glaube nun, er werde in Ungarn »*in unsachlicher und Deutschland abträglicher Weise berichten*«. Obwohl er im Besitz eines gültigen Passes war und eine Reiseerlaubnis der ungarischen Gesandtschaft in Berlin hatte, beabsichtige man, den Reporter samt Familie in ein Konzentrationslager zu bringen.[155] Thadden forschte nach und stellte fest, dass

---

151 Schreiben Thaddens an AA/Pol IV b vom 3.5.1943, in: PA AA, Inland II A/B, R 99336.
152 Vgl. Schreiben Thaddens an AA/Prot. (Smend) vom 2.6.1943, in: ebd., Inland IIg 176.
153 Notiz Thaddens vom 2.7.1943, in: ebd.
154 Übersicht über die Aufgaben der Gruppe Inland II, [Jan. 1945], in: ebd., Inland IIg 1.
155 Schreiben CdS (Kryschak) an Thadden vom 15.7.1943, in: ebd., Inland IIg 209.

Sillei von der ungarischen Gesandtschaft nicht als »*rückkehrberechtigter Jude*« bezeichnet worden sei. Er hatte deshalb auch keinerlei Bedenken gegen das Vorgehen der Gestapo.[156]

Zudem betrieb das AA im großen Stil eine strategische Desinformations- und Legitimationspropaganda, welche sowohl die Tatsache der Judenvernichtung vernebeln als auch die Deportationen als notwendige Kriegsmaßnahme legitimieren sollte. Dabei wurde mit der sicherheitspolitisch notwendigen Isolierung der jüdischen Bevölkerung argumentiert.

Weiterhin gewährleistete Inland II A eine »*Unterstützung der Judenmaßnahmen*«. Was sich hinter dem bürokratischen Euphemismus verbarg, war Thadden bewusst: »*die allgemeinen Judenmaßnahmen – Abschiebung in die Ostgebiete*«.[157] Hierzu bedurfte es der ständigen »*Abstimmung mit dem Reichssicherheitshauptamt und den Gesandtschaften, um die Durchführung der Judenmaßnahmen zu fördern unter gleichzeitiger Berücksichtigung der außenpolitischen Belange*«.[158] Dies hieß nichts anderes, als dass das AA bemüht war, die Deportationen ohne das Risiko schwerwiegender Friktionen mit verbündeten und neutralen Mächten ablaufen zu lassen. Das RSHA war dabei durchaus bereit, die Anliegen und Anregungen des AA bei seinen Operationen zu berücksichtigen. Nach Gesprächen mit Gestapo-Chef Heinrich Müller hielt Wagner beispielsweise in einer Vortragsnotiz fest:

> »Er [Müller] habe volles Verständnis für die Stellungnahme des Auswärtigen Amtes, daß eine gegen den Willen bzw. ohne Wissen der albanischen Regierung durchgeführte Aktion [zur Deportation] verletzend wirkend würde und schwere Komplikationen in Albanien hervorrufen könnte. Er würde daher dem Wunsch des Auswärtigen Amtes entsprechend Maßnahmen in Albanien erst in Angriff nehmen lassen, nachdem zu gegebenem Zeitpunkt nochmals Fühlung mit dem Auswärtigen Amt zwecks Stellungnahme und gegebenenfalls Fühlungnahme mit der albanischen Regierung genommen worden ist.«[159]

Die Arbeitstreffen mit Eichmann, dem Judenreferenten des RSHA oder dessen Mitarbeitern – zumeist Rolf Günther, Ernst Moes, Fritz Wöhrn oder Otto Hunsche – wurden von Thadden, in einigen Fällen auch von Wagner wahrgenommen und liefen telefonisch oder persönlich ab. Entweder suchte Eichmann die Büros von Inland II auf, oder Thadden fuhr zu ihm in die Kurfürstenstraße 116 oder zum RSHA in die Prinz-

---

156 Schreiben Thaddens an CdS vom 3.8.1943, in: ebd. Über das Schicksal der Familie konnte nichts in Erfahrung gebracht werden.
157 Schreiben Thaddens an dt. Bot. Fasano vom 29.3.1944, in: ebd., Inland IIg 176.
158 Übersicht über die Aufgaben der Gruppe Inland II, [Jan. 1945], in: ebd., Inland IIg 1.
159 Aufzeichnung Wagners vom 22.10.1943, in: ADAP, Serie E, Bd. VII, Nr. 54, vgl. dazu Seeger, »Gestapo-Müller«, S. 139.

Albrecht-Straße; »*gewöhnlich kamen jedoch die SS-Sachbearbeiter ins Auswärtige Amt*«, wie sich eine Sekretärin erinnerte.[160]

Abschirmung und Unterstützung der »Endlösung« werden in den folgenden Kapiteln noch detaillierter dargestellt. Als richtungsweisend kann aber schon jetzt ein Schreiben an Eichmann gelten, in dem Thadden im Sommer 1943 versicherte: »*Das Auswärtige Amt ist in jeder Weise bestrebt, gerade auf dem Gebiet der allgemeinen Judenpolitik den Wünschen der zuständigen inneren Stellen, soweit es irgendwie außenpolitisch vertretbar ist, Rechnung zu tragen.*«[161] Der Judenreferent konnte sich später an keinen Fall erinnern, bei dem es zum Streit zwischen AA und RSHA gekommen sei.[162]

Es muss deutlich hervorgehoben werden, dass Inland II die »Judenfrage« nicht im Verborgenen bearbeitete, sondern in vielen Fällen mit anderen Stellen des Amtes agierte. Kurz nach Dienstantritt stellte Thadden eine Liste auf, in die er diejenigen Abteilungen und Referate eintrug, mit denen Inland II A hauptsächlich zusammenarbeitete[163]:

Politische Abteilung	UStS Hencke	Ref. II (Westeuropa) GK Auer
		Ref. III (Spanien) BR Schumburg
		Ref. IV Ges. Heinburg
		Ref. V (Osteuropa) Ges. von Tippelskirch
		Ref. VI (Skandinavien) Ges. von Grundherr
		Ref. VII (Orient) LR Melchers
		Ref. IX (Amerika) Ges. Reinebeck
Rechtsabteilung	Leitung vakant, später Ges. Albrecht	Ref. I (Völkerrecht) VLR Conrad Roediger
		Ref. V (Fremdenpolizei) VLR Gustav Roediger
		Ref. IX (Ausl. Eigentum) VLR Schiffner
Handelspolitische Abteilung	Min. Dir. Wiehl	Gruppe III (Spanien u. a.) VLR Sabath
		Gruppe IVa (Ungarn u. a.) VLR Hudeczek
		Ref. IVb (Griechenland u. a.) VLR Junker

Die Aufstellung stellt eine Momentaufnahme vom April des Jahres 1943 dar. In späterer Zeit entwickelten sich zudem vielfältige Kontakte zur Kultur- und Rundfunkpolitischen Abteilung wie zur Presseabteilung. Von einer isolierten judenpolitischen Arbeit von Inland II kann keine Rede sein.

Neben der Judenpolitik bearbeitete Thadden die allgemeinen SS-Angelegenheiten im AA, wozu auch SS-Personalsachen zählten. Um stets über die SS-Politik informiert zu sein, forderte er vom Eher-Verlag die laufende Zusendung der Zeitschrift

---

160 Aussage Hildegard K. vom 10.7.1947, in: BA Koblenz, Z 42 IV/7200.
161 Schnellbrief Thaddens an Eichmann vom 10.7.1943, in: PA AA, Inland IIg 177.
162 Aussage Thaddens vom 18.5.1961, in: BA Koblenz, B 305/977.
163 Vgl. Aufstellung Thaddens vom 20.4.1943, in: PA AA, Inland II A/B, R 100303.

»Das Schwarze Korps« und der SS-Leithefte sowie aller weiteren SS-Publikationen an. So dürften über die ideologischen Motive von Himmlers Organisation keine Zweifel bestanden haben.

Die Dienstobliegenheiten des Referatsleiters Inland II A waren zeitintensiv und vereinnahmend. Hezinger erinnerte sich: »*Thadden war immer überarbeitet. Er sprang von morgens bis abends.*«[164] Nur zu Weihnachten 1943 und 1944 fuhr Thadden für einige Tage zur evakuierten Familie nach Halle an der Saale. Seit 1941 hatte es keinen Urlaub mehr gegeben, als er im Sommer 1944 eine Kurgenehmigung erhielt und die Personalabteilung um ein paar freie Tage bat. Wagner befürwortete den Antrag »*wegen der übernormalen dienstlichen Inanspruchnahme*«.[165] Von Ende Juli bis Mitte August konnte sich der Judenreferent daraufhin im pommerschen Kolberg entspannen, während Hezinger die Geschäfte in Berlin führte. Abschließend bemühten sich Wagner und Thadden, Hezinger als ständige Kraft bei Inland II zu etablieren, was angesichts der dünnen Personaldecke eine dringend benötigte Entlastung bedeutet hätte. Aber Hezinger zog es vor, sich zum Frontdienst bei der Waffen-SS versetzen zu lassen.

Thadden erfüllte seine Aufgaben mit Bravur. Schon im Sommer 1943 betrieb der Gruppenleiter deshalb eine Beförderung, mit der er Thadden motivierte und Inland II aufwertete. Aus dem Feldquartier legte Wagner der Personalabteilung in einem Schreiben seine Beweggründe dar. Eine Beförderung sei zweckmäßig,

»da das Referat auch vom Standpunkt des Amtes als außergewöhnlich umfangreich anzusehen ist. Der täglich zu bearbeitende Arbeitsanfall ist besonders groß. Ferner bedürfen die einzelnen Gebiete, z. B. die Judenpolitik, einer ganz besonders geschickten Arbeitsweise und eines ausgeprägten Verhandlungsgefühls gegenüber den ausländischen Staaten […] Die Vielseitigkeit des Gebiets setzt geistige Wendigkeit und ein Eingehen auf die mitunter außerordentlich verzwickten Probleme voraus, für die es eine regelrechte Schulung innerhalb des Amtes nicht gibt, sondern bei denen das Können und die Einsatzfähigkeit des Beamten maßgebend ist.«[166]

Die Angelegenheit zog sich in die Länge. Noch Anfang 1944 hatte die Personalabteilung Einwände, es gäbe zu viele Beamte, die zuerst berücksichtigt werden müssten. Doch es gab einen Fürsprecher. Der zweite Mann der Personalabteilung, Gesandter Bergmann, kannte Thadden aus der Tätigkeit bei der Politischen Abteilung und hielt die Beförderung für gerechtfertigt, »*weil v. Thadden nach meiner Ansicht weit über dem Durchschnitt befähigt und auch hervorragend tüchtig ist*«.[167] Kurze Zeit später

---

164 Vernehmung Hezingers vom 15.12.1947, in: IfZ München, ZS 923 Rudolf Bobrik.
165 Marginalie Wagners auf Schreiben Thaddens an AA/Pers. vom 13.7.1944, in: PA AA, Personalakte Eberhard von Thadden.
166 Schreiben Wagners an AA/Pers. vom 22.8.1943, in: ebd.
167 Marginalie Bergmanns auf Schreiben AA/Pers. vom Feb. 1944, in: ebd.

3 Eberhard von Thadden als Stellvertreter und Judenreferent

ging die Sache an den Minister, dem die Personalabteilung mitteilte, dass Thadden sich bei Inland II mit außergewöhnlich guten Leistungen bewährt habe.[168] Dem verschloss sich Ribbentrop nicht und mit Wirkung zum 1. Mai 1944 wurde Eberhard von Thadden zum Legationsrat I. Klasse ernannt. Das Gehalt erhöhte sich auf 794 RM und der Höhepunkt seiner Beamtenkarriere war erreicht.

Wagner unterstützte nicht nur die Beamten-, sondern auch die SS-Karriere Thaddens. Wenige Monate nach Schaffung von Inland II vermerkte er, es sei »*dienstlich wünschenswert*«, wenn die Referatsleiter Thadden und Reichel in naher Zukunft eine Rangerhöhung erfahren würden.[169] Dementsprechend wurden beide am 9. November 1943 zum SS-Hauptsturmführer bzw. SS-Obersturmbannführer ernannt. Im Dezember 1944 erwirkte Wagner in einem Gespräch mit Himmler die nächste Rangerhöhung des Judenreferenten: »*Der maßgebliche Grund hierfür*« sei, dass Thadden »*fast ausschließlich mit Dienststellen der SS zu tun hat, deren Angehörige überwiegend in höheren Diensträngen stehen*«.[170] Der Vorschlag wurde umgesetzt und die Rangerhöhung zum SS-Sturmbannführer mit Wirkung zum 30. Januar 1945 ausgesprochen. Diese Ernennung schien Thadden wenige Jahre später vergessen zu haben, als er sich in Gefangenschaft nur als SS-Hauptsturmführer ausgab.[171]

Angesichts der intensiven Beziehungen zur SS in »Judenangelegenheiten« stellen sich zwei Fragen:
1. Welche persönliche Einstellung hatte Thadden zu seiner Tätigkeit, und
2. Was wusste er vom tödlichen Schicksal der Deportierten?

Im vorigen Kapitel ist bereits eine latent rasse-antisemitische Einstellung festgestellt worden. Wie sich diese Disposition im Laufe des Krieges und der Tätigkeit als Judenreferent entwickelte, lässt sich neben zeitgenössischen, amtlichen oder halbamtlichen Dokumenten auch an Aussagen nachweisen, die Thadden nach dem Krieg machte. Diese Aussagen sind als glaubwürdig einzustufen, da sie teilweise den alliierten Strafverfolgungsbehörden gegenüber gemacht worden sind, und Thadden fürchten musste, wegen Verbrechen gegen die Menschheit angeklagt zu werden.

Erste Einblicke in sein Seelenleben gewährte Thadden 1946, als er sich im Zuge des Hauptkriegsverbrecherprozesses freiwillig als Zeuge der Verteidigung der SS zur Verfügung stellte. Auf die Deportationen angesprochen sagte er, er sei der Auffassung gewesen, »*daß nach dem einmal begonnenen Kampf gegen das Judentum, jeder Jude der gegebene Bundesgenosse der Feindstaaten war und infolgedessen für die Dauer des Krieges isoliert werden mußte.*« Als nachgefragt wurde, wie dies gemeint sei, antwortete Thadden:

---
168 Vgl. Schreiben von AA/Pers. an RAM vom 16.2.1944, in: ebd.
169 Vermerk Thaddens vom 25.6.1943, in: ebd., Inland IIg 16.
170 Schreiben Wagners an SS-PHA vom 18.12.1944, in: BA Berlin, SSO Eberhard von Thadden.
171 Vgl. Handschriftlicher Lebenslauf Thaddens vom 21.5.1948, in: BA Koblenz, Z 42 IV/7200 u. Vernehmung Thaddens vom 21.7.1947, in: IfZ München, ZS 359/2 Eberhard von Thadden.

»Ich war für eine Lösung der Judenfrage in einer evolutionären Form. Die Form, in die die Sache durch gewisse Maßnahmen gekommen war, mußte meines Erachtens eine Opposition der Juden auslösen und deshalb ergab sich aus der Gegnerschaft, die die Juden nun haben mußten, daß Sicherheitsmaßnahmen gegen diese nun feindlich gewordenen Elemente unumgänglich waren.«[172]

Im Jahr 1951 rechtfertigte sich Thadden im Ermittlungsverfahren gegen ihn mit den Worten:

»Ich habe in den gesamten Maßnahmen zur Abschiebung der Juden in die Ostgebiete stets nur eine Sicherungsmaßnahme gesehen. Jeder Jude konnte im Kriege nur die eine Hoffnung haben, nämlich daß der Krieg für das 3. Reich verloren ginge, und es erschien mir daher für eine Selbstverständlichkeit, daß jeder Jude der ideale Ansatzpunkt für feindlichen [sic] Nachrichtendienst war und daß jeder Jude an den Kriegsanstrengungen sabotierte, wo er nur konnte. Ich hätte mich jedenfalls, wenn ich Jude gewesen wäre, so verhalten. Eine Überwachung von Hunderttausenden von Juden in Deutschland und in den besetzten Gebieten war im einzelnen selbstverständlich nicht möglich. Ich habe daher die Abschiebungsmaßnahmen stets als eine kriegsbedingte Sicherungsmaßnahme und Notlösung gesehen.«[173]

Später kehrte das Sicherheitsmotiv wieder. Bezüglich der rumänischen Juden sagte er:

»Ich hätte mich, falls die politische Lage die Einbeziehung der rumänischen Juden in die Deportationen nach dem Osten ermöglicht hätte, dem dann mit Sicherheit an uns herangetragenen Wunsch, die Zustimmung der rumänischen Regierung zur Preisgabe ihrer Juden zu erwirken, aufgrund meiner damaligen Einstellung auch nicht widersetzen wollen. Wie ich bereits mehrfach erwähnt habe, betrachtete ich während des Krieges die Juden in ihrer Gesamtheit als ein Element des Widerstandes gegen Deutschland. Es entsprach daher meiner Überzeugung, daß die Juden während des Krieges in Lagern untergebracht und unter Bewachung gehalten werden müßten.«[174]

So hatte sich eine selbst generierte Kausalkette ergeben. Für Thadden stand fest, dass Juden subversive Elemente waren, die mit dem Feind in Verbindung standen und gegen das Reich arbeiteten. Daraus resultierte die Notwendigkeit der Deportation und

---

172 Vernehmung Thaddens vom 12.6.1946, in: SUB Göttingen, HSD, Nürnberger Prozeßakten, IMT, Kommissionsprotokolle.
173 Aussage Thaddens vom 22.11.1951, in: HStA Düsseldorf, Ger.Rep. 192/12.
174 Aussage Thaddens vom 26.4.1963, in: ebd., Ger.Rep. 192/203.

Konzentration aus Sicherheitsgründen. Ein Verhörbeamter brachte die Stringenz metaphorisch auf den Punkt:

> »[Thadden]: Ich war in dem Augenblick, wo die Judensachen in Deutschland so weit gegangen waren, daß jeder Jude zwangsläufig ein Feind Deutschlands sein mußte, allerdings der Auffassung, daß eine Internierung der Juden notwendig war. Die extremen Judensachen habe ich nicht gutgeheißen.
> Frage: Das heißt, wenn man einen Hund so lange schlägt, bis er beißt, muß man ihm einen Maulkorb anlegen?
> [Thadden]: Ja, Sie haben recht.
> Frage: Mit der Internierung waren Sie also einverstanden?
> [Thadden]: Mit der Internierung war ich einverstanden.«[175]

Ohne die eigenen antisemitischen Auffassungen der Vorkriegszeit hätte sich für Thadden eine derartige zirkuläre Begründung vielleicht nicht ergeben, aber es fiel ihm so umso leichter, das jüdische Feindstereotyp der NS-Ideologie zu adaptieren. Unter dem Eindruck des Krieges verschärfte sich die judenfeindliche Einstellung und mischte sich mit den pragmatischen Aspekten zu einer willigen Mittäterschaft. Thadden gab zu, ein Interesse an den Deportationen gehabt zu haben, weswegen er an der tödlichen Konsequenz der Transporte eine Mitverantwortung trägt. Die »Abschiebemaßnahmen« fanden seine persönliche Zustimmung, und es keimten keinerlei Zweifel an deren Notwendigkeit. Die nüchterne Rationalität des vermeintlichen Sicherheitsproblems kaschierte dabei den inneren Antisemitismus. Als akademisch Gebildeter und trockener Jurist nahm Thadden die suggerierte Wissenschaftlichkeit der judenfeindlichen NS-Rassepolitik ernst, und die Ausschaltung der jüdischen Bevölkerung erschien ihm als Akt der Vernunft.

Diese Denkweise lief zwangsläufig auf eine größtmögliche Unterstützung der SS hinaus, um der drohenden »Gefahr« Herr zu werden. Dagegen machte der ehemalige Kollege Altenburg Thaddens gewissenhaftes Beamtentum und eine peinlich genaue Einstellung dafür verantwortlich, dass der Judenreferent keine Opposition gegen die Judenpolitik ausgeübt habe.[176] Thadden war in der Tat ein penibler Arbeiter, aber Obrigkeitsdenken *und* Antisemitismus waren der Grund, warum Thadden als Judenreferent reibungslos funktionierte.

Relativ offen hatte Thadden nach dem Krieg sein Einverständnis mit den Deportationen kundgetan. Was wusste er jedoch vom Massenmord an den Deportierten?[177] Diese Frage darf nicht allein auf die Person des Judenreferenten beschränkt bleiben,

---

175 Vernehmung Thaddens vom 24.7.1947, in: IfZ München, ZS 359/2 Eberhard von Thadden.
176 Vgl. Aussage Altenburgs vom 21./22.10.1964, in: HStA Düsseldorf, Ger.Rep. 237/26.
177 Zur Kenntnis der »Endlösung« vgl. Döscher, SS und AA, S. 243 ff. u. ders., Seilschaften, S. 37 ff. Ferner Adler, Der verwaltete Mensch, S. 472 ff.

sondern muss auch im Hinblick auf seinen Vorgesetzten beantwortet werden. Wagner hat nach dem Krieg in sturer Apologetik jedwedes Wissen um den Massenmord verneint. Er habe nur an den Zweck des Arbeitseinsatzes geglaubt, obwohl er während der Posener Rede Himmlers gehört haben musste, was unter »Evakuierung« zu verstehen war, als der Reichsführer-SS ausführte: »*Ich meine jetzt die Judenevakuierungen, die Ausrottung des jüdischen Volkes.*«[178]

Offener zeigte sich dagegen Thadden, auch wenn er den Alliierten gegenüber zunächst vorgab, erst nach 1945 von der planmäßigen Ausrottung erfahren zu haben. Später in den 1960er-Jahren korrigierte er seine Version. Aus der Auslandspresse habe er Informationen gewonnen: »*Daß in den Ostgebieten Übergriffe gegen Juden vorgekommen sind, war uns aus verschiedenen Meldungen geläufig und mußte auch Wagner bekannt sein.*«[179] Im Oktober 1944 habe er »*schon mit der Möglichkeit einer massenweisen Vernichtung der Juden im Osten*« gerechnet.[180] Dann, im April 1945, habe ihm Eichmann die Wahrheit gesagt.[181] Damals habe sich Eichmann auf die Bemerkung Thaddens, die deutschen Verluste würden auf fünfeinhalb Millionen Tote geschätzt, an seinen Stellvertreter Rolf Günther gewandt und gesagt: »*Was meinst Du? Die jüdischen Verluste werden noch höher sein.*«[182] Damit sei für Thadden die Sache klar gewesen. Die Wahrscheinlichkeit, dass sich diese Szene so abgespielt hat, ist gegeben, denn es sind ähnliche Äußerungen Eichmanns belegt.[183] Trotzdem dürfte die Variante, dass Thadden erst gegen Ende des Krieges von der Vernichtung erfahren habe, nur ein Teil der Realität sein, die sich aus anderen Quellen erschließen muss.

Die Kollegen wussten annähernd Bescheid. Hahn, der Thadden seinerzeit eingewiesen hatte, sagte von sich, er habe durch die Beschäftigung im Judenreferat »*naturgemäß einen umfassenderen Einblick in die Judenmaßnahmen des Dritten Reiches, als das bislang der Fall gewesen war. Mehr und mehr zeichnete sich für mich in dieser Zeit ab, daß die Vernichtung der europäischen Juden an höchster Stelle beschlossen sein mußte*«.[184] Damit erscheint es fragwürdig, dass Thadden nicht zu diesem Schluss gekommen sein will. Sogar Thaddens Sekretärin wusste, was mit den Juden geschah, die den Deutschen überlassen wurden: »*das bedeutet Liquidierung in den Ostgebieten*«.[185] Auch andere Mitarbeiter machten sich wenig Illusionen. Ferdinand G. von Inland II C meinte, dass es ganz im Sinne der Staatsführung gewesen sei, wenn eine große Zahl Menschen an den harten Lebensbedingungen in den Lagern zu Grunde ging.[186] Für das

---

178 Rede Himmlers am 4.10.1943, in: IMT, XXIX, PS-1919, S. 145.
179 Aussage Thaddens vom 19.7.1962, in: HStA Düsseldorf, Ger.Rep. 192/203.
180 Aussage Thaddens vom 25.3.1963, in: ebd. Vgl. ebenso Aussage Thaddens vom 26.6.1962, in: ebd.
181 Vgl. Aussage Thaddens vom 18.6.1964, in: ebd., 192/14; ebenso Aussage Thaddens vom 18.5.1961, in: BA Koblenz, B 305/977.
182 Aussage Thaddens vom 24.5.1962, in: HStA Düsseldorf, Ger.Rep. 192/203.
183 Vgl. Vernehmung Dieter Wislicenys, in: IMT, IV, S. 412.
184 Aussage Hahns vom 12.9.1962, in: HStA Düsseldorf, Ger.Rep. 237/27.
185 Aussage Hildegard K. vom 10.7.1947, in: BA Koblenz, Z 42 IV/7200.
186 Vgl. Aussage Ferdinand G. vom 25.10.1962, in: HStA Düsseldorf, Ger.Rep. 237/26.

3 Eberhard von Thadden als Stellvertreter und Judenreferent

Mitwissen der anderen Abteilungen des AA mag die Aussage Kessels stehen, der zum oppositionellen Kreis um Staatssekretär Weizsäcker zählte. Kessel und sein Umfeld gingen von einem Massenmord an den Juden aus:

> »Wir stellten uns vielmehr vor, daß die deportierten Juden in großen Lagern unter harter Arbeit und mangelhafter Ernährung gleichsam zu Tode gearbeitet werden würden. [...] Mindestens seit 1941 war nach meiner Auffassung allen höheren Beamten des Auswärtigen Amtes bekannt, daß die Juden planmäßig auf die eine oder andere Weise physisch ausgerottet werden sollten.«[187]

Dabei hatten Wagner und Thadden Zugang zu ausländischen Presseorganen, und Inland II A erhielt fast ausnahmslos alle Meldungen, in denen in irgendeiner Form über Judenmaßnahmen berichtet wurde. Zudem erhielten beide regelmäßig den »Braunen Freund«, den »Seehausdienst« und die Meldungen des DNB (Deutsches Nachrichtenbüro) sowie des APB (Allgemeines Pressebüro). Im »Braunen Freund« wurden abgehörte Gespräche ausländischer Diplomaten und abgefangene Telegramme zusammengefasst. Der von der Rundfunkabteilung herausgegebene »Seehausdienst« und die Meldungen der Pressebüros enthielten ausländische Presseartikel. Diese Nachrichtenquellen vermittelten einen Eindruck von der Dimension der »Endlösung«. Im November 1944 beispielsweise erfuhren Wagner und Thadden durch eine APB-Meldung, dass im Ausland ein Bericht herausgegeben worden war, nach dem in Auschwitz fast 1,8 Millionen Juden vergast worden seien. Thadden leitete die Meldung an das RSHA weiter, um zu zeigen, wie gut das Ausland unterrichtet war.[188] Die Beispiele ließen sich in langer Reihe fortsetzen, aber weder Wagner noch Thadden wollen daraus zur Einsicht gekommen sein, dass die mit ihrer Hilfe Deportierten geplant und massenhaft getötet wurden. Für den Leiter Inland II A seien die stumpfen Dementi Eichmanns zuverlässiger gewesen »*als eine Schweizer Bullevard-Zeitung* [sic]«.[189] Und dennoch ließ Thadden nach dem Krieg durchblicken, dass er allmählich von der Korrektheit der angeblichen »Greuelmeldungen« überzeugt gewesen sei.[190] Er behauptete, vom tödlichen Charakter der »Endlösung« könne in Deutschland nur gewusst haben, wer zu Eichmanns Leuten gehörte oder die Auslandspresse verfolgte.[191] Dazu zählte er gewiss selbst.

In einem anderen, kuriosen Vorgang bewies Thadden, wie kaltschnäuzig er mit seinem Wissen umging. Am 18. April 1944 hatte Legationsrat Braun im Garten seiner Wohnung ein Flugblatt aus dem Referat Pol. VIII, dem Ostasienreferat, gefunden, in

---

187 Aussage Kessels vom 4.5.1964, in: ebd., Ger.Rep. 237/27.
188 Vgl. Schnellbrief Thaddens an Günther vom 28.11.1944, in: PA AA, Inland II A/B, R 99337.
189 Vernehmung Thadden vom 11.4.1947, in: IfZ München, ZS 359/1 Eberhard von Thadden.
190 Vgl. Aussage Thaddens vom 26.6.1962, in: HStA Düsseldorf, Ger.Rep. 192/203.
191 Vgl. Vernehmung Thaddens vom 12.6.1946, in: SUB Göttingen, HSD, Nürnberger Prozeßakten, IMT, Kommissionsprotokolle.

dem sich US-Präsident Franklin D. Roosevelt persönlich an das deutsche Volk wandte und eine harte Strafverfolgung aller Kriegsverbrecher ankündigte:

> »Eines der furchtbarsten Verbrechen, die jemals die Geschichte verzeichnet hat, ist die massenweise systematische Abschlachtung der Juden in Europa. Die Nazis haben schon vor dem Kriege mit diesem Verbrechen begonnen; sie haben es während des Krieges verhundertfacht. Durch die Ereignisse der letzten Tage droht jetzt Hunderttausenden von Juden, die in Ungarn und dem Balkan Zuflucht vor Hitlers Verfolgung gefunden haben, die Ausrottung. [...] Alle, die an der Verschickung von Juden in den Tod nach Polen [...] mitwirken, sind im gleichen Maße schuldig wie die Henker der Verschickten. Und keiner, der schuldig ist, wird seiner Strafe entgehen.«[192]

Am 20. April 1944 übermittelte Braun das Flugblatt an Inland II, wo es bei Geiger landete, dem Referenten von Inland II B. Wegen des Inhalts legte er den Vorgang Inland II A vor und vermerkte dabei handschriftlich: »*Flugblätter sind Chef Sipo bekannt. H. LR. v. Thadden* [,] *H. Roosevelt droht Ihnen!!*« Daraufhin zeichnete Thadden den Akt mit den zynischen Worten ab: »*Ich fühle mich geehrt*«.[193] Später tat Thadden den Vorfall als Scherz unter Kollegen ohne jede Bedeutung ab.[194]

Trotz aller gegenteiligen Beteuerungen muss konstatiert werden, dass Wagner und Thadden mit Bestimmtheit vom Genozid wussten. Spätestens nach ihrem Eintritt in die Gruppe Inland II konnte aufgrund des täglichen Umgangs mit Eichmann und der SS, den bearbeiteten Vorgängen und den Pressemeldungen kein Zweifel mehr daran bestehen. Der Zeitpunkt der Erkenntnis dürfte sowohl für Thadden wie für Wagner wesentlich früher gelegen haben als der von Thadden benannte Oktober 1944.

---

192 Amerikanisches Flugblatt vom 24.3.1944, in: PA AA, Inland II A/B, R 100140.
193 Marginalien Geigers und Thaddens auf Schreiben Brauns an Inland II vom 20.4.1944, in: ebd.
194 Vgl. Aussage Thaddens vom 6.6.1962, in: HStA Düsseldorf, Ger.Rep. 192/203.

II Die außenpolitischen Parameter der Vernichtungspolitik 1943

> »Ich erwähne die Judenverfolgung nicht einfach nur, um Greuelgeschichten zu erzählen, sondern weil diese Form von kaltblütiger, systematischer Grausamkeit [...] uns das Wesen des Faschismus – das, wogegen wir kämpfen – vor Augen führt.«
>
> George Orwell, Radiokommentar am 12. Dezember 1942[1]

Gemäß der »*praktischen Durchführung der Endlösung*« wurde Europa »*vom Westen nach Osten durchkämmt*«.[2] Dies bedeutete, dass bei der Gründung der Gruppe Inland II 1943 die Juden in den besetzten Teilen Westeuropas bereits zum Großteil von der Maschinerie erfasst waren.[3] In den Reichskommissariaten Norwegen und Niederlande, in den besetzten Gebieten wie Luxemburg, Belgien, Frankreich und Griechenland führte Inland II die laufenden Operationen fort, die unter der Ägide der Abteilung D begonnen worden waren. Diese Aktionen bereiteten verhältnismäßig wenig Probleme, da die Deutschen die vollziehende Gewalt in den genannten Räumen waren und es keinen ernsthaften Widerstand gab.

Gegen Ende 1942 intensivierten SS und AA die Bemühungen, auch die jüdische Bevölkerung in den Vasallenstaaten einzubeziehen. Dazu zählten die von den Deutschen installierten Regime in der Slowakei und Kroatien sowie die mit dem Reich verbündeten Staaten Italien, Ungarn, Bulgarien und Rumänien. Hier hatte sich die deutsche Führung im Hinblick auf die gegenseitigen Beziehungen und den Respekt nationaler Souveränitäten darauf beschränkt, »Judengesetzgebungen« zu lancieren. Darüber hinaus übten sie relative Zurückhaltung. Unterstaatssekretär Luther hatte seinerzeit selbst dafür plädiert, Länder, in denen mit Schwierigkeiten zu rechnen sei, vorerst zurückzustellen.[4]

Im Zuge dieser Anstrengungen hatte das AA auf Wunsch des RSHA kroatische, rumänische und slowakische Stellen erfolgreich dazu bewegen können, ihre jüdischen Staatsangehörigen, die sich außerhalb ihrer Heimatländer im deutschen Machtgebiet befanden, der SS zu überlassen. Bulgarien stimmte sogar anfangs einer Deportation

---

1 Orwell, George, Von Pearl Harbour bis Stalingrad. Die Kommentare zum Krieg, hg. von W. J. West, Zürich 1993, S. 206 f.
2 Protokoll der Wannsee-Konferenz, in: PA AA, Inland IIg 177.
3 Vgl. Hilberg, Vernichtung der Juden, S. 570 ff.
4 Vgl. Protokoll der Wannsee-Konferenz, in: PA AA, Inland IIg 177. Eine Übersichtsdarstellung über die Entwicklung der Verfolgung gibt Longerich, Peter, Politik der Vernichtung. Eine Gesamtdarstellung der nationalsozialistischen Judenverfolgung, München 1998, S. 491 ff., 517 ff., 546 ff., 556 ff. Ferner Adler, Der verwaltete Mensch, S. 255 ff.

der in den bulgarisch besetzten Gebieten Thrakiens, Makedoniens und Ostserbiens lebenden Juden zu. Dazu notierte Wagner: »*Der Entschluß zur Aussiedlung nach den Ostgebieten kam erst nach mancherlei Widerstand zustande.*«[5] Nach diesem Teilerfolg startete die SS mit erneuter Hilfe des AA weitere Initiativen, um auch die einheimischen Juden anderer Verbündeter erfassen zu können. Besonders die Slowakei zeigte wenig Skrupel und stimmte der »Evakuierung« von 52.000 Juden zu, wobei es dem Reich noch einen Unkostenbetrag von 500 Reichsmark pro Person zahlte.[6] Kroatien verhielt sich ähnlich kooperativ. Aber nicht alle Achsenmächte offenbarten ein derartiges Engagement. Besonders Italien, welches Südfrankreich und Teile des Balkans und Griechenlands besetzt hielt, sträubte sich gegen die Deportation der dortigen jüdischen Bevölkerung. Da das AA auch in Ungarn mit Hemmungen rechnete, fragte man dort gar nicht erst an.[7]

Stellenweise wuchs der Widerstand gegen die deutschen Maßnahmen, die häufig als Eingriffe in interne Befugnisse empfunden wurden. Obwohl gerade die osteuropäischen Achsenmächte partiell antisemitisch eingestellt waren, die Juden per Gesetz diskriminierten, teilweise internierten und zu harter Arbeit heranzogen, bestanden doch oft Hemmungen, eine Deportation zuzulassen, die der Tötung gleichkam. Es ist stark zu vermuten, dass die Führungskreise der Bundesgenossen Kenntnis über das Schicksal der Juden hatten. Im bulgarischen Parlament wurde beispielsweise ein »*Antrag eingebracht, die Judenaussiedlung einzustellen, da das Schicksal, das die Juden in den deutschen Ostgebieten erwarte, die elementarsten Gebote der Menschlichkeit verletze*«.[8]

Diese Erkenntnis setzte sich nicht nur bei den Achsenmächten durch, sondern auch bei den Kriegsgegnern. Zwar mangelte es bereits seit Beginn des Krieges 1939 nicht an Meldungen unterschiedlichster Provenienz über deutsche Grausamkeiten, doch es dauerte lange, bis man auf angloamerikanischer Seite die wirklichen Dimensionen des Massenmords begriff.[9] Im Laufe des Jahres 1942 konkretisierten sich die Informationen, und der Druck jüdischer Organisationen auf Großbritannien und die USA zur Rettung von Menschenleben wuchs.[10] Unter anderem machte die deutschsprachige Emigrantenzeitung *Aufbau* in New York Stimmung und versuchte, die

---

5 Aufzeichnung Wagners vom 3.4.1943, in: ADAP, Serie E, Bd. V, Nr. 275. An anderer Stelle heißt es: »*Bei allen Balkanstaaten hat sich in letzter Zeit die ablehnende Haltung gegenüber judenfeindlichen Maßnahmen versteift*«, vgl. Aufzeichnung Wagners vom 29.4.1943, in: ebd., Nr. 358.
6 Vgl. Aufzeichnung Luthers vom 21.8.1942, in: PA AA, Inland IIg 177.
7 Vgl. zur Haltung der Achsenpartner allgemein, Browning, Final Solution, S. 110 ff.
8 Aufzeichnung Wagners vom 3.4.1943, in: ADAP, Serie E, Bd. V, Nr. 275.
9 Vgl. Breitman, Richard, Staatsgeheimnisse. Die Verbrechen der Nazis – von den Alliierten toleriert, München 1999, S. 119 ff. u. Laqueur, Walter, Was niemand wissen wollte. Die Unterdrückung der Nachrichten über Hitlers »Endlösung«, Frankfurt/Main 1981.
10 Vgl. Laqueur, Walter/Breitman, Richard, Der Mann, der das Schweigen brach. Wie die Welt vom Holocaust erfuhr, Frankfurt/Main ²1987, S. 131 ff. u. Schubert, Günter, Der Fleck auf Uncle Sams weißer Weste. Amerika und die jüdischen Flüchtlinge 1938–1945, Frankfurt/Main 2003.

amerikanische Bevölkerung zu sensibilisieren. Unter der Schlagzeile »*Die Verschwörung des Schweigens*« kommentierte sie im Juli 1942 die passive Politik der Alliierten und sprach von der systematischen Vernichtung der Juden, der man Taten entgegensetzen müsse.[11] Nur wenige Tage später versammelten sich im Madison Square Garden an die 20.000 Bürger, um gegen den Massenmord zu protestieren und ihre Solidarität zu bekunden. Präsident Roosevelt und der britische Premier Churchill konnten den Druck nicht ignorieren und schickten Grußschreiben, die veröffentlicht wurden.[12]

Spätestens ab dem Winter 1942 prangerte die angloamerikanische Öffentlichkeit die Judenmorde weiter verstärkt an. Die Aktivitäten blieben den Deutschen nicht verborgen. Im Dezember konstatierte Goebbels fast täglich die neue Stoßrichtung der alliierten Medien. Am 9. Dezember notierte er unbeeindruckt in seinem Tagebuch:

> »Die Juden machen in der ganzen Welt mobil gegen uns. Sie berichten von furchtbaren Greueln, die wir uns angeblich in Polen gegen die jüdische Rasse zuschulden kommen ließen, und drohen nun auf dem Wege über London und Washington, alle daran Beteiligten nach dem Kriege einem furchtbaren Strafgericht zuzuführen. Das kann uns nicht hindern, die Judenfrage einer radikalen Lösung zuzuführen.«[13]

Am 17. Dezember kam es im britischen Unterhaus zu einer offiziellen Stellungnahme der Alliierten, in der man die Ermordung der Juden verurteilte. Die Erklärung, die von Hunderttausenden Getöteter in Polen sprach, wurde im Wortlaut über eine Woche mindestens einmal täglich gesendet.[14] Der britische Autor George Orwell kommentierte über die BBC: »*Mr. Anthony Eden hat namens der britischen Regierung feierlich gelobt, daß die Verantwortlichen für diese kaltblütigen Massaker – und zwar nicht nur die kleine Clique an der Spitze der Nazipartei, sondern auch die, die ihre Befehle letztlich ausgeführt haben – nach dem Krieg zur Rechenschaft gezogen werden.*«[15] Goebbels quittierte dagegen die Sitzung mit gewohnter Verachtung: »[...] *alle Unterhaus-*

---

11 »Die Verschwörung des Schweigens«, in: *Aufbau* 27 (1942) vom 3.7.1942.
12 Vgl. *Aufbau* 30 (1942) vom 24.7.1942.
13 Die Tagebücher von Joseph Goebbels, hg. von Elke Fröhlich, München 1987 ff., Teil II, Bd. 6, Eintrag vom 9.12.1942. Vgl. auch Einträge vom 5.12.1942; 12.12.1942; 13.12.1942: »*Die Frage der Judenverfolgungen in Europa wird von den Engländern und Amerikanern bevorzugt und in größtem Stil behandelt.*« 14.12.1942; 15.12.1942; 17.12.1942; 18.12.1942; 19.12.1942; 20.12.1942: »*Die Judenkampagne gegen uns geht mit verstärktem Ton weiter. Was die Juden nicht alles anstellen, um das Reich zu diskreditieren! Sie arbeiten großzügig und frech. [...]*«.
14 Vgl. Breitman, Staatsgeheimnisse, S. 211 ff. Ebenso Wasserstein, Bernard, Britain and the Jews of Europe 1939–1945, Oxford 1979, S. 169 ff. u. Laqueur, Walter, Was niemand wissen wollte, S. 277 ff.
15 Orwell, Von Pearl Harbour bis Stalingrad, S. 212. Gleichlautende Erklärungen wurden ebenfalls in Washington und Moskau abgegeben.

abgeordneten erhoben sich von ihren Plätzen, um dem Judentum eine stille Ovation zu bringen. Das paßt auch durchaus zum englischen Unterhaus. Dieses Parlament ist in Wirklichkeit eine Art Judenbörse. […]«[16]

Allerdings verfolgten Briten und Amerikaner den gegebenen Impuls mit wechselnder Intensität. Die im April 1943 einberufene Bermuda-Konferenz zur Lösung des Kriegsflüchtlingsproblems zeitigte keine Ergebnisse. Die USA waren nicht bereit, ihre Einwanderungsgesetze zu lockern, und so diente die Veranstaltung lediglich der Besänftigung der Öffentlichkeit. Schon die Subsumtion der Judenverfolgungen unter den allgemein gefassten Aspekt der Kriegsflüchtlinge zeigte, dass diese Frage keine Dominanz hatte.[17] So konnte die deutsche Mission in Istanbul der Zentrale melden, das *Australian Jewish Advisory Board* habe öffentlich angeprangert, dass die Vereinten Nationen zwar die Verfolgungen verurteilten, aber keine tatsächliche Hilfe leisten würden, wie die Bermuda-Konferenz gezeigt hätte,. Der Verfasser des Schreibens, der frühere Generalkonsul in Ottawa, Erich Windels, fügte hinzu, ihm habe damals der Leiter der Einwanderungsbehörde mitgeteilt, der Grund für die Einwanderungssperren liege bei den Einwanderern, diese seien in *»der Hauptsache doch Juden und die wollen wir nicht!«.*[18] Durch eine solche Aussage sah sich Thadden bestätigt, weshalb er das Schreiben der Kulturpolitischen, Rundfunkpolitischen und Politischen Abteilung zur Kenntnisnahme übermitteln ließ.

Trotz aller Unzulänglichkeiten blieb die Verurteilung und Bekämpfung der Nazi-Verbrechen wichtiger moralischer Bestandteil des Selbstverständnisses der Alliierten. Der deutschen Führung musste unterdessen klar sein, dass die Geheimhaltung versagt hatte. Ein außenpolitisches Fiasko bahnte sich an. Die ständigen Gerüchte um die Judenmorde reichten aus, um die wenigen verbliebenen Auslandsbeziehungen schwer zu belasten. Zudem konnte Deutschland nach der Niederlage von Stalingrad und dem sich abzeichnenden Rückzug vom afrikanischen Kontinent nicht mehr aus einer Position der Stärke heraus agieren wie noch zu Zeiten militärischer Erfolge. Insbesondere die osteuropäischen Verbündeten wie Bulgarien und Rumänien begriffen in erster Linie die Sowjetunion als Gegner und nicht die Westalliierten, zu denen man das Verhältnis nicht unnötig belasten wollte. Die Achsenverbündeten waren keineswegs bereit, sich auf Gedeih und Verderb an das moribunde Deutsche Reich zu binden, zumal die gegnerische Seite im Januar 1943 auf der Konferenz von Casablanca die Parole des *unconditional surrender* ausgegeben hatte. Für Deutschland hießen die Alternativen nun nur noch »Endsieg« oder bedingungslose Kapitulation, was auf ein Alles oder Nichts hinauslief.

Die deutsche Ausgangsbasis war Anfang 1943 also alles andere als günstig, um neue Initiativen in der »Judenfrage« voranzutreiben. Auf der einen Seite durfte kein

---

16 Tagebücher Goebbels, Teil II, Bd. 6, Eintrag vom 19.12.1942.
17 Vgl. Schubert, Der Fleck auf Uncle Sams weißer Weste, S. 184 ff.
18 Schreiben Windels vom 23.12.1943, in: PA AA, Inland II A/B, R 99372.

allzu großer Druck auf die Verbündeten ausgeübt werden, da man aus militärischen und ökonomischen Gründen auf ein gutes Verhältnis angewiesen war und kein Ausscheren aus der bröckelnden Allianz riskieren durfte. Auf der anderen Seite wollte man die zögerlichen Vasallen dahin lenken, der Deportation zuzustimmen. Schon um Anzeichen der Schwäche zu verhindern, konnte es von deutscher Seite nicht geduldet werden, dass sie sich dem deutschen Einfluss widersetzten. So bemängelte im Frühjahr 1943 der deutsche Gesandte in Bukarest, dass die rumänische Führung zwar zu Beginn des Krieges gegen Russland schonungslos gegen Juden vorgegangen sei, nun aber nicht mehr den Willen zeige, eine »*radikale Lösung der Judenfrage*« durchzuführen. Dabei seien weder wirtschaftliche noch humanitäre Gründe im Spiel, sondern opportunistische, da man das politische Verhältnis zu den USA und Großbritannien nicht belasten wolle.[19] Auch Thadden erinnerte sich: »*Je ungünstiger die militärische Lage war, insbesondere nach Stalingrad, desto weniger waren die uns befreundeten Länder bereit, die ursprünglich eingeschlagene Judenpolitik weiter zu verfolgen.*«[20]

Die militärische Defensive änderte nichts an dem Vernichtungswillen der NS-Spitze; im Gegenteil hat es den Anschein, als sei dieser durch die Vabanque-Situation eher angespornt worden. Am 24. Februar 1943, drei Wochen nach der Katastrophe von Stalingrad, ließ Hitler in München anlässlich der NSDAP-Gründungsfeier eine Proklamation verlesen, in der er prophezeite, der Krieg werde mit der »*Ausrottung des Judentums in Europa sein Ende finden*«.[21] Ribbentrops britischer Biograf Michael Bloch konstatiert für das Frühjahr 1944, der RAM »*seems to have been obsessed as never before with anti-semitism*«.[22] Das Ausland bemerkte die neue Intensität ebenfalls. Bern machte seinen Vertreter in Griechenland darauf aufmerksam, dass die deutschen Maßnahmen nach der Niederlage von Stalingrad weiter verschärft würden. Die Tendenz sei, das »*jüdische Element* [...] *vollständig auszuschalten*«.[23]

Hitler gedachte seine Vorhersage in die Tat umzusetzen. Im April 1943 kam es bei Salzburg zu einem Konferenzmarathon. Schon 1940 hatte der »Führer« das Barockschloss Kleßheim zum Gästehaus der Reichsregierung umbauen lassen und war von den Repräsentationsmöglichkeiten, die einer Großmacht würdig seien, begeistert.[24] Nun wollte er angesichts der deprimierenden Kriegslage das imponierende Ambiente für eindringliche Gespräche nutzen, deren Ziel es war, die wankenden Verbündeten auf weitere Kriegsanstrengungen einzuschwören. Über den ganzen Monat verteilt

---

19 Telegramm Killingers an RAM vom 31.3.1943, in: ADAP, Serie E, Bd. V, Nr. 268.
20 Vernehmung Thaddens am 12.6.1947, in: SUB Göttingen, HSD, Nürnberger Prozessakten, IMT, Kommissionsprotokolle.
21 Zit. nach Domarus, Max, Hitler. Reden 1932–1945. Kommentiert von einem deutschen Zeitgenossen, Wiesbaden 1973, S. 1992.
22 Bloch, Michael, Ribbentrop, London 2003, S. 437. Ebenso Browning, Final Solution, S. 175 ff.
23 Schreiben Division des Affaires étrangères du Département politique au Charge d'Affaire de Suisse a Athènes, in, Diplomatische Dokumente der Schweiz (DDS) 1848–1945. Bd. 14, Bern 1992, Nr. 341.
24 Vgl. Picker, Hitlers Tischgespräche, S. 252.

trafen sich Hitler und sein Außenminister mit den Vertretern der Vasallenstaaten. Die wichtigsten Gäste waren Mussolini, der rumänische Staatschef Ion Antonescu, der ungarische Reichsverweser Horthy sowie der slowakische Ministerpräsident Tiso und der kroatische Faschistenführer Pavelic.

Die Unterredungen erstreckten sich nicht nur auf militärstrategische, wirtschaftliche oder außenpolitische Inhalte, sondern betrafen auch judenpolitische. Beim Treffen Antonescus mit Ribbentrop fragte der Außenminister, ob das zunehmend zurückhaltender agierende Rumänien nicht Juden nach Russland schicken könnte. Antonescu erklärte sich bereit dazu, bat aber, sie nicht zu töten. Er habe bereits Deportationen rumänischer Juden gestoppt, da sie in Russland umgebracht worden seien.[25]

Mitte des Monats bearbeiteten Hitler und Ribbentrop den Ungarn Horthy gleich an zwei Tagen hintereinander und setzten ihn unter Druck. Am ersten Tag mokierte sich Hitler über die projüdische Einstellung im Donaustaat und votierte für ein kompromissloses Vorgehen, während Ribbentrop mahnte, jeder ungarische Jude sei eine Gefahr, da er im Kontakt zum britischen Secret Service stehe. Deutschland sei innerlich intakt, da es die Juden entfernt habe. Horthy rechtfertigte sich kleinlaut, er habe im Rahmen der Gesetze alles Erdenkliche getan.[26] Am folgenden Vormittag wurde der Ton rauer. Hitler machte die Juden für die Probleme in Ungarn wie z. B. den Schwarzmarkt verantwortlich. Horthy entgegnete, daß er nicht mehr wisse, was er machen solle, da er den Juden »*so ziemlich alle Lebensmöglichkeiten entzogen habe*«. Er könne sie ja nicht totschlagen. Auf diese Bemerkung antwortete Ribbentrop offenherzig, »*daß die Juden entweder vernichtet oder in Konzentrationslager gebracht werden müßten*«.[27] Hitler versuchte, Horthy den reinen Selbstschutz als Grund für das grausame Vorgehen darzulegen: Die Juden

> »seien eben reine Parasiten. Mit diesen Zuständen habe man in Polen gründlich aufgeräumt. Wenn die Juden dort nicht arbeiten wollten, würden sie erschossen. Wenn sie nicht arbeiten könnten, müßten sie verkommen. Sie wären wie Tuberkelbazillen zu behandeln, an denen sich ein gesunder Körper anstecken könne. Das wäre nicht grausam, wenn man bedenke, daß sogar unschuldige Naturgeschöpfe wie Hasen und Rehe getötet werden müßten, damit kein Schaden entstehe. Weshalb sollte man die Bestien, die [...] den Bolschewismus bringen wollten, mehr schonen?«[28]

Unmissverständlich wollten Hitler und Ribbentrop Horthy dazu bewegen, sein Zögern aufzugeben und sich dem Völkermord anzuschließen.

---

25 Vgl. Aufzeichnung Paul O. Schmidts vom 14.4.1943, in: ADAP, Serie E, Bd. V, Nr. 301.
26 Vgl. Aufzeichnung Paul O. Schmidts vom 18.4.1943, in: ebd., Nr. 315.
27 Aufzeichnung Paul O. Schmidts vom 18.4.1943, in: IMT, XXXV, D-736, S. 428.
28 Ebd.

Wenige Tage nach der Unterredung mit Horthy machte Hitler aus seiner Frustration keinen Hehl, als er sich gegenüber dem Slowaken Tiso über die ungarischen Skrupel beschwerte. Tiso verwies darauf, dass in der Slowakei keine Kriegsmüdigkeit herrsche, da man die Juden los sei. Das Treffen nahm rasch eine antiungarische Färbung an, während sich Hitler, Ribbentrop und Tiso in ihren antisemitischen Ansichten bestätigten.[29]

Die Bedeutung der Kleßheimer Gespräche für die weiteren Leitlinien der Judenpolitik hatte auch Wagner begriffen. Er beauftrage Thadden sogleich, Abschriften der Protokolle vom Treffen mit Horthy anzufordern.[30] Auch die Inhalte der anderen Gespräche waren bekannt, denn Thadden gab in einer Aufzeichnung fast wörtlich eine Passage aus der Unterredung mit Antonescu wieder: Rumänien habe seine Einwilligung zur Abschiebung der Juden zurückgenommen, da »*sie dort doch nur umgebracht würden*«. Diese »*Aufzeichnung über den gegenwärtigen Stand der Judenfrage*« fertigte Thadden im Mai 1943 an.[31] Er hatte sich inzwischen in sein neues Arbeitsfeld eingearbeitet und legte Wagner das vierseitige Dokument vor, dass als Gesprächsgrundlage für eine anstehende Unterredung zwischen Ribbentrop und Himmler in Fuschl dienen sollte. Die Situation in den verbündeten und besetzten Staaten war sowohl Ausgangsbasis als auch »Fahrplan« für die weiteren Schritte von SS und Inland II:

Die Maßnahmen in den besetzten Niederlanden, in Belgien, Norwegen, Serbien und Griechenland liefen weitgehend reibungslos und nach dem Muster der Behandlung der Juden in Deutschland. Neutrale und verbündete Staaten seien angehalten, ihre Juden aus den deutsch besetzten Gebieten zurückzuziehen. Für Kroatien und die Slowakei konstatierte Thadden eine weit reichende Judengesetzgebung und die Zustimmung für eine Auslieferung »*zum Arbeitseinsatz nach dem Osten*«. Allerdings wollte das klerikal-faschistische Regime Tisos Ausnahmen für Juden, die sich hatten taufen lassen. Mehr Schwierigkeiten bereiteten Dänemark, Ungarn, Rumänien und Bulgarien. Hier sei entweder keine oder nur eine unzureichende antijüdische Legislative installiert. Ungarn handhabe diese zu nachlässig, während sich in Rumänien zusehends Möglichkeiten ergäben, auf gesetzlichem Weg »*Blutrumäne*« zu werden. Eine Abschiebung lehne Ungarn zurzeit ab. Bulgarien habe lediglich die Juden aus Thrakien und Makedonien ausgeliefert, während eine deutsch-bulgarische Übereinkunft zur weiteren »*Abschiebung*« von 20.000 Juden aus Altbulgarien nicht umgesetzt worden sei. König Boris III. wolle die einheimischen Juden lediglich internieren und als Arbeitskräfte nutzen. Das RSHA berichte aber, dass in den Lagern kaum gearbeitet und die Bulgaren die Angelegenheit nicht sonderlich ernst nehmen würden. Rumänien habe wie Ungarn seine Juden nicht freigegeben und die Erlaubnis zurückgezo-

---
29 Vgl. Aufzeichnung Paul O. Schmidts vom 23.4.1943, in: ADAP: Serie E, Bd. V, Nr. 338.
30 Vgl. Aussage Thaddens vom 19.6.1962, in: HStA Düsseldorf, Ger.Rep. 192/203.
31 Aufzeichnung Thaddens »Über den gegenwärtigen Stand der Judenfrage« vom 24.5.1943, in: PA AA, Inland IIg 169a. Die weiteren Ausführungen sind ebenfalls alle dort entnommen.

gen, die im deutschen Machtbereich befindlichen rumänischen Juden zu deportieren. Sie sollten nach Rumänien zurückkehren. Gleichfalls zögere Antonescu mit der Verbringung von Juden ins besetzte Russland. Der deutsche Gesandte sehe keine Gelegenheit, der vom RSHA geforderten Forcierung der Judenpolitik nachzukommen. Das besetzte Frankreich habe der Deportation aller staatenlosen Juden zugestimmt und eine Judengesetzgebung begonnen, die in erster Linie die völlige Ausschaltung aus dem Wirtschaftsleben anstrebe. Deutscherseits wolle man der französischen Regierung nahelegen, den französischen Juden die Staatsbürgerschaft abzuerkennen, um die so staatenlos Gewordenen deportieren zu können.

Die größten Probleme seien in den italienisch besetzten Gebieten Frankreichs, Griechenlands und Kroatiens entstanden. Die Italiener behinderten die Maßnahmen der französischen Polizei bei gleichzeitiger Untätigkeit in der Sache. Im deutsch besetzten Nordgriechenland setzten sich italienische Stellen oft für Juden wegen deren »*Italienität*« ein. Es seien sogar Fälle bekannt, in denen der illegalen Ausreise von staatenlosen und griechischen Juden in italienischen Urlauberzügen Vorschub geleistet worden sei. Die Erfassung auf den griechischen Mittelmeerinseln laufe nur zögerlich, und in der adriatischen Küstenzone seien die Juden zwar interniert, würden aber von den Italienern zuvorkommend behandelt. Auslieferungsverhandlungen liefen bisher ohne Ergebnisse.

So kann konstatiert werden, dass der dogmatische NS-Antisemitismus 1943 noch stärker als zuvor ein Faktor der Außenpolitik geworden war. In den ersten Kriegsjahren wurde dies nicht so stark deutlich, da Deutschland als Herr über halb Europa fast ungehindert agieren konnte. Nach 1943 trat eine Wende ein, da die Vernichtungspolitik durch die teils zögerliche Haltung der Verbündeten an ihre Grenzen stieß. In der kommenden Zeit sollten der nachteilige Kriegsverlauf und die damit zwangsläufig verbundenen Auswirkungen auf die Achsenpartner das Tempo der Judenpolitik bestimmen.

Beispielsweise hatte Rumänien zu Beginn des Krieges der Deportation zugestimmt, im Laufe des Jahres 1943 aber stärker auf eine Auswanderung gedrängt, um nach Kriegsende in einem günstigen Licht zu erscheinen. Obwohl die Regierung Antonescu die Verantwortung für etwa 420.000 in den Jahren 1941/42 getötete jüdische Menschen trug, widerstand sie in den letzten Kriegsjahren den deutschen Offerten, auch die verbliebenen auszuliefern. Der deutsche Gesandte beschwerte sich im Sommer 1944, dass Rumänien mit jüdischen Organisationen verhandele und der deutsche »Judenberater« völlig kaltgestellt sei.[32]

Ebenso blieb die jüdische Gemeinde Bulgariens in Teilen verschont, da der deutsche Druck nicht ausreichte, die Freigabe zu erpressen. Anfängliche Internierungen und geplante Deportationen scheiterten zum Schluss an innenpolitischen Widerständen. Um die Monatswende März/April 1943 konferierten Ribbentrop und König

---

32   Vgl. Kempner, Robert M.W., Eichmann und Komplizen, Zürich 1961, S. 396.

Boris III. miteinander. Dabei kam als erstes die »Judenfrage« zur Sprache. Der Monarch war lediglich gewillt, »*bolschewistisch-kommunistische Elemente*« unter der jüdischen Bevölkerung abzuschieben, während er gedachte, den Großteil zu internieren und für Straßenbauarbeiten heranzuziehen. Ribbentrop quittierte die Absage mit der lapidaren Bemerkung, dass nur die »*radikalste Lösung*« die richtige sei.[33] Wagner sah sich im August 1943 gezwungen, Kaltenbrunner mitzuteilen, dass diese »*Radikallösung*« immer unwahrscheinlicher werde. Bulgarien fürchte sich vor den Feindmächten. Erst eine »*neue Aktivierung der deutschen Kriegführung*« könne Impulse bringen.[34]

Die diplomatische Zurückhaltung wurde im Falle Italiens und Ungarns schließlich obsolet. Italien wechselte 1943 die Seiten und wurde daraufhin von Wehrmacht und SS besetzt, ebenso die italienisch okkupierten Zonen auf dem Balkan, in Südfrankreich und Griechenland. Ein halbes Jahr später kamen die Deutschen einer ähnlichen Situation zuvor, als sich der Vorgang in Ungarn zu wiederholen drohte. Nun waren die dortigen Juden schutzlos.

Damit kann zusammengefasst werden: In dem gespannten politischen Klima des schwindenden Einflusses operierten das AA und seine Auslandsvertretungen mit den verbündeten Staaten und den deutschen Satelliten, um möglichst weit reichende Judenaktionen zu gewährleisten. Aktionen zur Erfassung und Deportation wurden mit Stellen der SS, des RSHA und den lokalen Behörden abgestimmt und durchgeführt.[35] Dabei ist nicht zu vergessen, dass mit Beginn des Jahres 1943 sowohl im RSHA als auch im AA neue Kräfte eingesetzt waren. Inland II führte die Arbeit der »Architekten« der Kooperation zwischen AA und RSHA, Luther und Heydrich, zwar ununterbrochen weiter. Aber die Parameter der Judenpolitik hatten sich mittlerweile verschoben. Luther und Rademacher handelten im Zeichen des Sieges, als sie halfen, die Juden der besiegten Länder zu liquidieren. Ab 1943 galt es, die jüdische Bevölkerung der Vasallen für die Deportation frei zu bekommen, während gleichzeitig die deutsche Position aufgrund der militärischen Niederlagen stetig an Autorität verlor. Mit der alliierten Forderung nach bedingungsloser Kapitulation und der sich abzeichnenden Niederlage agierte Inland II ständig im Angesicht des Untergangs.

Nachdem die Strukturen von Inland II wie die außenpolitischen Rahmenbedingungen dargestellt wurden, bleibt die Frage, ob Wagner und Thadden im Bereich ihrer jeweiligen Möglichkeiten mäßigend oder fördernd gewirkt haben. Dafür lohnt es sich

---

33 Vermerk Rintelens vom 2.4.1944, in: ADAP, Serie E, Bd. V, Nr. 273.
34 Schreiben Wagners an Kaltenbrunner vom 31.8.1943 (NG-3302), in: StA Nürnberg.
35 Als Juden fremder Staaten ein Ausreiseultimatum gesetzt werden sollte, hatte das »*Durchführungskommando der SS in Zusammenarbeit mit dem deutschen Generalkonsulat in Salonik […] bereits örtliche Vorverhandlungen mit den Konsularvertretungen einzelner in Betracht kommender Staaten aufgenommen*«, vgl. Aufzeichnung Wagners vom 29.4.1943, in: ADAP, Serie E, Bd. V, Nr. 358.

mikroskopisch zu untersuchen, wie sich ihre Tätigkeit im Detail ausnahm. Es lassen sich konkrete Beispiele aufzeigen, die Aufschlüsse über ihre Handlungsspielräume und ihr situatives Verhalten geben, wodurch ihre innere Haltung zur »Endlösung« der »Judenfrage« abgelesen werden kann bzw. die geeignet sind, Handlungsspielräume festzulegen und das situative Verhalten zu untersuchen.

III Die »Gesamtabschirmung der Judenmaßnahmen«

> »**Diplomatie**, die – Die patriotische Kunst, gegen Bezahlung für sein Vaterland zu lügen.«
>
> Ambrose Bierce, 1911[1]

Von Beginn an war die deutsche Verfolgungspolitik gegen die Juden international beobachtet worden. Seit den ersten Kriegsjahren bemühten sich Fremdstaaten und überstaatliche Organisationen, Juden entweder aus dem deutschen Machtbereich herauszubringen oder wenigstens über die Situation in den Ländern und Lagern Auskunft zu erhalten. Die SS war generell nicht gewillt, in beiden Punkten Zugeständnisse zu machen. Dennoch musste sie Konzessionen zulassen, um den außenpolitischen Druck auf das Reich abzuschwächen, für den die aufkommende Kenntnis der Judenvernichtung sorgte. Ein probates Mittel, die Meldungen zu dementieren, war, sie pauschal als feindliche »Greuelpropaganda« abzustempeln. Die Verschleierung sollte bei Neutralen und Achsenpartnern vor Vertrauensverlusten schützen. Insbesondere durfte nicht riskiert werden, die kriegswirtschaftliche Unterstützung der politisch Unbeteiligten wie Spanien, Schweden, der Schweiz oder der Türkei zu verlieren. In einem selbst verfassten Geschäftsverteilungsplan schilderten die Diplomaten von Inland II die eigenen Aufgaben. Für Thaddens Referat liest sich dies im Hinblick auf die »*Gesamtabschirmung*« folgendermaßen:

> »Gesamtabschirmung der deutschen Judenmaßnahmen gegenüber Einsprüchen und Interventionen ausländischer Staaten. Einzelbeispiele: Laufende Behandlung einer großen Anzahl von Interventionen wegen angeblicher oder tatsächlicher Einbeziehungen ausländischer Staatsangehöriger in unsere Judenmaßnahmen; laufende Zurückweisung unberechtigter Interventionen neutraler Staaten zugunsten deutscher Juden oder Juden aus den besetzten Gebieten; [...] gemeinsam mit inneren Stellen laufende Überprüfung zahlreicher Interventionen, in denen unter Vorlage gefälschter oder neu ausgestellter Staatsangehörigkeitspapiere bei Juden innerhalb unseres Machtbereiches nachträglich eines Interventionsrecht eines Feindstaates oder neutralen Staaten konstruiert werden soll. Besichtigung von Judenlagern durch Vertreter ausländischer Staaten.«[2]

---

1 Bierce, Ambrose, Des Teufels Wörterbuch, o. O. 1996, 1. Auflage 1911, S. 25.
2 Übersicht über die Aufgaben der Gruppe Inland II [Jan. 1945], in: PA AA, Inland IIg 1.

Nun soll untersucht werden, wie die Abwicklung der »Gesamtabschirmung« im Einzelnen aussah. Freilich können im Rahmen dieser Studie nicht die in die Tausende gehenden Einsprüche fremder Staaten ausgewertet werden, um anhand absoluter Zahlen zu einem Schluss zu kommen. Die Tendenzen sowie das persönliche Verhalten und die Kompetenzräume Wagners und Thaddens sollten jedoch durch die folgenden Beispiele deutlich genug werden.

1 Interventionen zu Gunsten jüdischer Personen

Tägliche Arbeit von Inland II A war die Bearbeitung der ständig eingehenden Interventionen zu Gunsten von jüdischen Einzelpersonen oder Gruppen. Diese wurden von Verwandten eingereicht, die sich über den Verbleib ihrer Angehörigen erkundigten, aber auch von Drittstaaten, die sich bereiterklärten, tausende Juden aus den deutschen Einflussgebieten aufzunehmen. Die Behandlung der Interventionen beinhaltete die wichtige Funktion der Desinformation.

Die Suchanfragen wurden von Inland II A in der Regel an das zuständige Referat IV B 4 im RSHA oder die entsprechenden diplomatischen Missionen weitergegeben, die den Sachverhalt und den Verbleib der Personen untersuchten.[3] Insbesondere das RSHA zeigte sich bei den Ambitionen, so viele Juden als möglich zu erfassen, äußerst unkooperativ und verwies auf die große Kriegsbelastung, die eine intensive Recherche nicht zuließe. Bei Ausreisegenehmigungen, so kommentierte Thadden 1943, sei die SS »*außerordentlich hartleibig*«.[4] Prinzipiell nicht gestattet wurde jegliche Rückkehr von Juden, die bereits in Konzentrationslager deportiert waren.[5] Dies galt insbesondere, wenn es sich um die Todeslager in Osteuropa handelte. In diesen Fällen lehnte die SS die ausländische Anfrage schlicht ab oder gab vor, der Aufenthaltsort der jeweiligen Person könne momentan nicht festgestellt werden. Besonders zynisch nimmt sich in diesem Zusammenhang die Formulierung des RSHA aus, die Person sei zum Arbeitseinsatz »*vermittelt*« worden.[6] Waren die Personen bereits ermordet oder an den Folgen unmenschlicher Behandlung gestorben, wurden in einzelnen Fällen fingierte Todesursachen vorgeschoben, um keinen Verdacht zu erregen. Mehrheitlich ließ man die Intervenierenden jedoch über die Tatsachen im unklaren.

Im Oktober 1944 erkundigte sich beispielsweise eine schwedische Stelle beim AA nach dem Verbleib des norwegischen Juden Abel Nils Lahn und seiner jugendlichen

---

3   Vgl. allgemein ebd., Inland II A/B, R 99372.
4   Schreiben Thaddens an AA/Kult Pol IX vom 23.7.1943, in: ebd.
5   Vgl. Aussage Hildegard K. vom 10.7.1947, in: BA Koblenz, Z 42 IV/7200; ebenso Aufzeichnung Wagners vom 20.4.1943, in: ADAP, Serie E, Bd. V, Nr. 323 u. Kempner, Eichmann und Komplizen, S. 397 ff.
6   Vgl. beispielhaft PA AA, Inland II A/B, R 99394 u. R 99395. Ferner Adler, Der verwaltete Mensch, S. 267 ff. u. 345 ff.

Söhne Hermann und Oscar Elis, zu denen man zuletzt im Februar 1943 brieflichen Kontakt aus dem Lager Auschwitz-Monowitz gehabt habe. Thadden war zu diesem Zeitpunkt schon anderthalb Jahre Judenreferent und kannte den Gang der Dinge. Er schrieb dem »*lieben Kamerad Günther*« vom RSHA, er halte eine Antwort für zweckmäßig, »*so fern eine Auskunft etwa daß es ihnen gut geht, oder daß sie gesund sind, sich bedenkenlos erteilen läßt*«. Sollten allerdings Schwierigkeiten aufkommen, werde er, Thadden, die Anfrage mit Hinweis auf die mangelnde Legitimation der Schweden für norwegische Juden einfach zurückgeben.[7] Günther antwortete eine Woche später, alle drei Personen seien zum Arbeitseinsatz gebracht worden und ein Aufenthalt ließe sich nicht ermitteln. In Wirklichkeit waren der Vater und seine beiden Söhne bereits seit über einem Jahr tot. Dies war zwar Thadden nicht bekannt, aber er gab sich mit der lapidaren Antwort zufrieden und schrieb der schwedischen Gesandtschaft großzügig, das AA habe sich trotz mangelnder Legitimation der schwedischen Behörden bemüht, eine Auskunft zu erlangen, aber zu seinem »*Bedauern*« nur die Information bekommen, die Gesuchten seien beim Arbeitseinsatz. Näheres sei nicht zu erfahren gewesen, weil die Akten durch Bombenangriffe vernichtet seien.[8] Von einer solchen Ausrede war im Schreiben Günthers keine Rede; hier hatte es geheißen, man könne »*infolge vordringlicher Erledigung kriegswichtiger Aufgaben*« keine Ermittlungen anstellen.[9] Routiniert setzte Thadden die Floskel der verbrannten Akten hinzu, die auch in anderen Fällen gerne herangezogen wurde.

Die SS war bemüht, die Todesfälle in den Vernichtungslagern geheim zu halten. Als sich ein Portugiese 1943 über die deutsche Gesandtschaft in Lissabon nach dem Verbleib seiner deutschen, jüdischen Tanten erkundigte[10], teilte das RSHA kurzerhand mit, die beiden Frauen, seien bereits vor einem halben Jahr »*nach dem Osten abgeschoben worden*«. Ihr Aufenthalt sei »*im Augenblick*« unbekannt.[11] Das Schreiben lässt unerwähnt, dass die Gesuchten im Herbst 1942 in Treblinka umgebracht worden waren. In einem anderen Fall setzte sich die Apostolische Nuntiatur in Berlin für die Eheleute Jakob und Dina Lucas ein, deren Ausreise aus dem Ghetto Theresienstadt in die Schweiz bewerkstelligt werden sollte.[12] Thadden leitete die Intervention an Eichmann weiter und fügte hinzu, er könne dem Akt nicht entnehmen, warum man sich dort für die Personen einsetze, »*die offensichtlich Volljuden sind*«.[13] Eichmanns Vertreter Rolf Günther antwortet einen Monat später. Jakob Lucas sei im Ghetto bereits im Februar »*an Darmkatarrh*« verstorben, seine Gattin Dina im Juli an »*Wassersucht und Herzschwäche*«. Er riet, schlicht mitzuteilen, eine Ausreise sei »*aus grundsätzli-*

---

7 Schreiben Thaddens an Günther vom 27.10.1944, in: PA AA, Inland II A/B, R 99440.
8 Schreiben Thaddens an schwedischen Ges. Berlin vom 8.12.1944, in: ebd.
9 Schreiben Günthers an Thadden vom 6.11.1944, in: ebd.
10 Vgl. Schreiben dt. Ges. Lissabon (Huene) an AA vom 20.1.1943, in: ebd. Inland II A/B, R 99336.
11 Schreiben CdS (Günther) an AA vom 10.4.1943, in: ebd.
12 Vgl. Notiz apostolische Nuntiatur Berlin vom 15.9.1943, in: ebd.
13 Schreiben Thaddens an Eichmann vom 8.10.1943, in: ebd.

chen Erwägungen« nicht möglich.[14] Ohne Kommentar leitete Thadden die Aufforderung an die Politische Abteilung weiter. Diese wollte aber die Lüge der SS nicht an den Nuntius weitergeben und fragte bei Thadden nach, ob man nicht den wahren Sachverhalt schildern könne. Erst jetzt erklärte sich Inland II A einverstanden, drängte aber darauf, die Antwort nur mündlich zu geben.[15]

Aus außenpolitischen Erwägungen wurden Juden teilweise in Lager wie Theresienstadt bei Prag eingeliefert mit der Maßgabe, von einer weiteren Deportation in die Vernichtung zunächst abzusehen. Ende 1943 setzte sich ein Schweizer für einen jungen, jüdischen Chemiker und dessen Eltern ein, die aus Dänemark deportiert worden waren. Der »Bittsteller« war Offizier der Schweizer Armee und entstammte einer einflussreichen Familie. Carl Friedrich von Weizsäcker, ein Sohn des hohen Diplomaten Ernst von Weizsäcker, war dessen Schwiegersohn. Der Schweizer sprach persönlich beim deutschen Generalkonsul Carl Dienstmann in Zürich vor und bat um die Ausreise der Familie in die Schweiz. Dienstmann unterstützte den Vorstoß, weil die Familie des Schwiegervaters »*uns hier in vielen wichtigen Dingen sehr zu Gefallen ist*«.[16] Thadden zeigte sich weit weniger aufgeschlossen. Er riet, dem Gesandten mitzuteilen, die Judenaktion sei »*im Zuge der Lösung des gesamten Judenproblems für Europa*« erfolgt und z. B. durch Sabotageakte in Dänemark notwendig geworden. Die Richtlinien der SS seien so eng, dass selbst die Fürsprache eines Mitgliedes einer bedeutenden Dynastie nicht ausreiche, um eine Ausreisegenehmigung zu erreichen. Es könnten lediglich Verhandlungen mit dem RSHA aufgenommen werden, um zu erreichen, dass die Personen »*in dem mit besonderen Vorzügen ausgestatteten Lager Theresienstadt endgültig [...] verbleiben und nicht in die Ostgebiete zum Arbeitseinsatz überstellt [...] werden.*«[17] Was auch geschah. Der junge Chemiker wurde bei Kriegsende in Theresienstadt befreit.

In einem anderen Fall erbat die schwedische Gesandtschaft die Ausreise einer Jüdin. Thadden bemühte sich nicht, beim RSHA die Bitte durchzusetzen. Er fragte bei Eichmann nur nach, ob sie in Theresienstadt verbleiben könne, damit sie nicht weiter »*in die Ostgebiete ausgesiedelt werden würde*«.[18] Die SS gestand dies zu. Der schwedischen Gesandtschaft teilte Thadden mit, eine Ausreise könne aus »*grundsätzlichen Erwägungen*« nicht erfolgen, es sei aber Theresienstadt als endgültiger Aufenthalt zugewiesen.[19] Die Formulierung der »*grundsätzlichen Erwägungen*« wurde zur gebräuchlichen Phrase der Ablehnung. Die betagte Frau starb im Sommer 1944 im Alter von 77 Jahren in Theresienstadt.

Der Einsatz der schwedischen Gesandtschaft in Berlin rettete dagegen vermutlich der Familie von Benno Heß das Leben, welches Thadden zunächst leichtfertig aufs

---

14 Schreiben Günthers an Thadden vom 15.11.1943, in: ebd.
15 Vgl. Schreiben AA/Pol. an Thadden vom 13.12.1943 und Thaddens Marginalie, in: ebd.
16 Schreiben Dienstmanns an Hencke vom 13.12.1943, in: ebd., Inland II A/B, R 99414.
17 Schreiben Thaddens an Hencke vom 23.12.1943, in: ebd.
18 Schreiben Thaddens an Eichmann vom 26.2.1944, in: ebd., Inland II A/B, R 99439.
19 Schreiben Thaddens an schwedischen Ges. Berlin vom 17.4.1944, in: ebd.

Spiel gesetzt hatte. Die Familie, bestehend aus den Eltern und einer Tochter, wurde im niederländischen Lager Westerbork gefangen gehalten, hatte aber im Mai 1943 die schwedische Staatsangehörigkeit bekommen. Die Deportation in die Vernichtungslager stand kurz bevor, als die schwedische Gesandtschaft die Ausreise verlangte. Thadden prüfte den Fall und wies den Vertreter des AA in Den Haag, Otto Bene, an, der dortigen Sipo die Ausreise für den Fall nahezulegen, dass die Familie einflussreiche Kontakte in Schweden besitze. Andernfalls, so Thadden, *»bestehen keine Bedenken dagegen, daß Familie Hess so behandelt wird, als wenn sie die schwedische Staatsangehörigkeit nicht erworben hätte.«*[20] Dieser Satz hätte wahrscheinlich den Tod in Auschwitz bedeutet, denn der Befehlshaber der Sicherheitspolizei konnte keine solchen Kontakte feststellen und war bereit, nach Thaddens Vorschlag zu verfahren und die Familie zur Deportation freizugeben. Aber am 8. November intervenierten die Schweden erneut, anscheinend aber diesmal vor Ort in den Niederlanden. Um durch weitere Eingaben nicht in Erklärungsnöte zu kommen, entschloss sich die SS, die Familie Heß in das Ghetto Theresienstadt zu deportieren, wo sie aller Voraussicht nach den Krieg überleben würde. Thadden teilte der schwedischen Gesandtschaft daraufhin mit, man könne einer Ausreise nicht zustimmen, da die Einbürgerung nicht anerkannt werde, habe aber die Personen im Januar 1944 nach Theresienstadt gebracht. Ohne den wiederholten Einsatz der Schweden wäre die Familie Heß vermutlich in den Tod deportiert worden.

Der Fall beleuchtet die allgemeine Politik von SS und AA in Bezug auf die Anerkennung nachträglich verliehener Staatsangehörigkeiten. Schweden hatte angesichts der Deportationen aus den skandinavischen Nachbarländern Dänemark und Norwegen einige solcher Einbürgerungen vorgenommen. Reichsführer-SS Himmler wollte diese nicht anerkennen. Und auch Inland II und die Politische Abteilung schlugen im Konsens Ribbentrop vor, alle Interventionen zu Gunsten von Juden, deren Zertifikate nach dem 26. März 1943 ausgestellt waren, generell zurückzuweisen. Ferner lehnten beide Abteilungen eine Rückkehr von bereits deportierten norwegischen Juden ab, die von Schweden eingebürgert worden waren.[21] Wie am Fall Heß zu sehen, verfuhr das AA ganz im Sinne dieses Vorschlages.

Es war sehr schwierig, aber nicht unmöglich, Menschen auf »diplomatischem« Wege zu retten. Sofern man die ausländischen Einsprüche ernst nahm, bestand eine geringe Hoffnung, wenn Juden noch in den Durchgangslagern waren. Dort mussten sie bis auf Weiteres bleiben, oder sie wurden in Sonderlager wie Vittel in Frankreich, Liebenau, Laufen oder Bergen-Belsen gebracht, von wo aus eine Ausreise in einigen Fällen gestattet wurde. In einem Fall erlaubte die SS drei schwedisch-jüdischen Kindern aus dem niederländischen Lager Westerbork die Heimreise, als sich schwedische

---

20 Schreiben Thaddens an Bene vom 1.10.1943, in: ebd.
21 Vgl. Vortragsnotiz Wagners vom 11.11.1943, in: ebd., Inland IIg 203a.

Stellen vehement für ihre Staatsangehörigen einsetzten.[22] Dagegen kam es bei ähnlicher Sachlage nicht zu der Ausreise eines anderen schwedisch-jüdischen Geschwisterpaares, welches in Theresienstadt festgehalten wurde. Dieser Fall der Geschwister Bondy weist mehrere prägnante wie paradoxe Grundzüge der restriktiven Ausreisepolitik der SS auf, die vom AA weitgehend mitgetragen wurde.

Im Dezember 1942 überreichte die schwedische Gesandtschaft dem AA eine Liste mit Namen von Menschen, die aus Norwegen deportiert waren, aber die schwedische Staatsangehörigkeit oder sehr enge verwandtschaftliche Verhältnisse ins skandinavische Nachbarland besaßen. Die Liste wurde später erweitert, so daß sie etwa zwanzig bis dreißig Personen umfasste. Diejenigen, die eindeutig schwedische Bürger waren, wurden von der SS freigegeben.[23] Dies konnte aber den tragischen Tod der 1885 geborenen Martha Leimann nicht verhindern, die erst seit Kurzem wieder ihre alte schwedische Staatsbürgerschaft angenommen hatte. Auf dem Transport nach Deutschland sei sie angeblich schwer erkrankt und »*trotz ärztlicher Bemühungen*« verstorben, teilte Eichmann dem AA mit. Für den Tod machte der SS-Obersturmbannführer organisatorische Säumnisse verantwortlich. Wäre die Nachricht von der wiedererworbenen Staatsangehörigkeit schneller eingetroffen, hätte man von einer Deportation abgesehen.[24]

Auf der Liste waren auch die Gebrüder Heinrich und Alexander Bondy, geboren 1926 bzw. 1930. Die Mutter hatte nach ihrer Heirat mit einem schwedischen Schiffsbauingenieur im Dezember 1942 zusammen mit ihren Söhnen die schwedische Staatsbürgerschaft erhalten, aber während sich die Eltern in Göteborg aufhielten, waren die Kinder aus unbekannten Gründen von ihnen getrennt und nach Theresienstadt gebracht worden, wo man sie im Schülerheim einquartierte. Da die schwedische Einbürgerung erst nach der Einlieferung erfolgte, lehnte der Vertreter des AA (VAA) beim Reichsprotektor in Böhmen und Mähren eine Ausreise der Kinder zunächst ab.[25] Unterstaatssekretär Luther genehmigte jedoch die Ausreise der Kinder, da es schwedische Staatsangehörige waren.[26] Doch es traten Schwierigkeiten auf. Gegen die Zusage Luthers bekräftigte der VAA in Prag seine Ablehnung mit einem Schnellbrief an die Zentrale. Es bestünden »*größte Bedenken*«, einer Entlassung zuzustimmen, da hierdurch ein Präzedenzfall geschaffen werden könnte. Es war vermutlich D III-Sachbearbeiter Hahn, der auf dem Schreiben handschriftlich notierte, Unterstaatssekretär Ernst Woermann (Politische Abteilung) teile die Zweifel und rate zur dilatorischen Behandlung.[27] In ähnlicher Form unterminierte das RSHA die schwedischen Bemü-

---

22 Vgl. Notiz Rademachers vom 5.2.1943, in: ebd., Inland II A/B, R 99440.
23 Vgl. Schnellbrief Eichmanns an Rademacher vom 2.2.1943 u. Schreiben Günthers an Thadden vom 23.7.1943, beide in: ebd.
24 Schnellbrief Eichmanns an Hahn vom 1.3.1943, in: ebd.
25 Vgl. Schreiben VAA Prag an schwedischen Konsul Prag vom 30.12.1942, in: ebd. Ferner Browning, Final Solution, S. 156 ff.
26 Vgl. Notiz Rademachers vom 5.2.1943, in: PA AA, Inland II A/B, R 99440.
27 Vgl. Schnellbrief VAA Prag (Gerlach) an AA vom 23.2.1943, in: ebd.

hungen auf seine Weise, als Eichmann dem AA schrieb, hinter den Einbürgerungen stecke ein Plan zur Sabotage der deutschen Judenmaßnahmen. Ein Mitglied der schwedischen Gesandtschaft in Oslo habe der dortigen Sipo gesagt, die Regierung in Stockholm wolle »›den armen im Ausland lebenden Juden, die doch auch Menschen seien, ein Asyl‹« bieten. Eichmanns Absicht sei es jetzt, Juden, die »noch schnell in dieser tendenziösen Form eingebürgert werden«, trotzdem in die Transporte einzubeziehen.[28] Hahn war mit Eichmanns Plan einverstanden, und auch die Politische Abteilung hatte nur einen Einwand: Man solle die wenigen Fälle, in denen bereits eine Genehmigung ausgesprochen worden sei, »noch durchgehen lassen«.[29] Anschließend teilte die deutsche Gesandtschaft in Stockholm der schwedischen Regierung mit, die neuen Einbürgerungen könnten nicht mehr berücksichtigt werden.[30]

Abb. 9 Adolf Eichmann (etwa 1942)

---

28 Schnellbrief Eichmanns an Hahn vom 1.3.1943, in: ebd.
29 Schreiben AA/Pol IV an AA/D III vom 6.3.1943, beide in: ebd.
30 Vgl. Schreiben Thaddens an Eichmann vom 21.5.1943, in: ebd.

Da jedoch die Interventionen im Falle Bondy seit Monaten liefen und Luther sogar die mündliche gegeben hatte, hakte die schwedische Seite fast wöchentlich über die Missionen in Berlin und Prag nach. Mittlerweile war selbst der schwedische Außenminister darauf aufmerksam geworden. Eine Aufzeichnung des AA spricht davon, die Schweden würden »*alles daransetzen*«, eine für sie positive Entscheidung herbeizuführen.[31] Und eine handschriftliche Marginalie auf einer Verbalnote der Skandinavier in einem anderen Fall vermerkt: »[…]; *wir müssen den Schweden jetzt einmal etwas bieten, sonst bekommen wir keine Ruhe mehr.*«[32] Dagegen bestätigte der VAA in Prag sowohl im Falle Bondy wie bei anderen die Ablehnung jedweder Ausreise aus einem Ghetto. Er tat dies in Abstimmung mit dem »Zentralamt für die Regelung der Judenfrage in Böhmen und Mähren«., Ausgerechnet der ansonsten so rigorose Rademacher versuchte nun einzulenken, wobei er außenpolitische Gründe und die bereits erteilte Zusage anführte. Man könne der schwedischen Regierung auf keinen Fall klarmachen, ihre Staatsbürger seien nicht zurückzuführen, nur weil sie bereits in einem Lager seien. Die daraus folgenden »*propagandistischen Nachteile*« würden schwerer wiegen als eine Entlassung: »*Je schneller man die in Betracht kommenden Personen herausnimmt, desto geringer dürften die Nachteile sein.*«[33]

Nachdem Rademacher im Zuge der Luther-Affäre ausgeschaltet worden war, verfasste sein kommissarischer Vertreter Hahn eine Aufzeichnung für den Staatssekretär und schilderte die verfahrene Lage, um eine Weisung für das weitere Vorgehen zu bekommen. Bei einer Entlassung bestehe große Gefahr, der »*feindlichen Propaganda Augenzeugen über die Behandlung der Juden in Deutschland*« zuzuführen. »*Selbst Kinder sollten nicht entlassen werden, da ihnen zumindest angeblich erlebte Greuel eingeredet werden können.*« Dagegen könne aber auch eine Nichtfreilassung von der gegnerischen Agitation ausgenutzt werden. Die von D III favorisierte Lösung der dilatorischen Behandlung ließe sich nur schwer durchhalten, da die Schweden fortgesetzt auf eine Entscheidung drängten.[34] Hahns Argumentation legt die bürokratische Legitimationskrise der Tarnungspolitik offen. Warum durften keine Augenzeugen ausreisen, wenn es in den Lagern angeblich nichts Schlimmes zu sehen gab, wenn alle Gräuel erst eingeredet werden mussten? Und warum entließ man dagegen die Geschwister Kalter aus dem Lager Westerbork in die Freiheit, denen doch ebenfalls nachträgliche Schreckenserlebnisse hätten suggeriert werden können? Wieso lohnte es sich, die schlechte Presse für die Ausreiseverweigerung in Kauf zu nehmen, anstatt sich mit einer Ausreiseerlaubnis neutraler Bürger human zu geben? Der Grund war in jedem Fall ein- und derselbe: der Versuch, die »Endlösung« geheim zu halten.

---

31 Aufzeichnung Pauschs vom 5.4.1943, in: ebd.
32 Marginalie auf schwedische Verbalnote an AA vom 7.4.1943, in: ebd.
33 Telegramm Rademachers an VAA Prag vom März 1943, in: ebd. Es kann nicht sicher gesagt werden, ob das Telegramm abging, da Rademacher in diesen Tagen demissioniert wurde.
34 Aufzeichnung [Hahns] für StS vom 25.3.1943, in: ebd.

Seit April 1943 lag die Angelegenheit Bondy im Zuständigkeitsbereich des neuen Judenreferenten Eberhard von Thadden. Im Gegensatz zu Rademacher griff dieser die Ablehnung des VAA sowie des RSHA auf und eröffnete eine mögliche Lösung: Die Schweden beriefen sich zu Recht auf einen deutschen Erlass, der Drittstaaten eine Frist einräumte, bis zu der ihre Angehörigen aus dem deutschen Machtbereich in die Heimatländer zu übernehmen waren. Aus diesem Grund habe man der Ausreise in einigen Fällen bereits zugestimmt. Da nun aber die nachträglichen Einbürgerungen zahlenmäßig derart angestiegen seien, formulierte Thadden, müsse man den Erlass modifizieren und die Neueinbürgerungen nachträglich ablehnen. Die anfängliche Zusage für die Geschwister Bondy müsse zurückgenommen werden, um keinen Berufungsfall zu schaffen.[35] Damit gab Thadden nur den schon im März geäußerten Vorschlag Eichmanns wieder. Der Diplomat griff dabei die Überlegung Hahns auf: »*Es bestehen insbesondere die Bedenken, daß dem Auslande Tatzeugen für die Zustände in einem Ghetto zur Verfügung gestellt und deren angebliche Erlebnisse propagandistisch groß herausgebracht würden.*« Inland II teile diese Sorge.[36]

Der schwedische Diplomat Baron Göran von Otter suchte im April 1943 Thadden persönlich in der Bondy-Sache auf. Otter brauchte dazu fast nur über die Straße zu gehen, denn die schwedische Gesandtschaft lag in Sichtweite des Amtssitzes von Inland II in der Rauchstraße 10. Thadden erwiderte dem Schweden, man könne nachträgliche Einbürgerungen, die nur zum Zweck der Ausreise erteilt worden seien, nicht berücksichtigen. Vielleicht sei es aber möglich, für die Brüder Bondy eine Ausnahme zu machen. Man wolle sehen.[37] Hinter den Kulissen suchte Thadden dagegen eher nach Argumenten gegen eine Freilassung, wofür er den Hinweis des VAA in Prag aufgriff, die beiden Brüder seien zum Zeitpunkt der Deportation Protektoratsangehörige gewesen. Möglicherweise könne man schwedische Verfahrensfehler bei der Einbürgerung geltend machen.[38]

Doch der konstante schwedische Druck änderte die ablehnende Haltung des AA. Im Juni 1943 reiste Thadden zu einer Inspektion des Lagers Theresienstadt, welche im nächsten Kapitel detaillierter behandelt wird. An dem Ort, an dem die Kinder seit Monaten gefangen gehalten wurden, traf der Diplomat mit Eichmann zusammen und beide berieten sich. Der Fall Bondy schien eine Wendung zum Besseren zu nehmen, denn ein Ergebnis der Unterredung war, dass man mit Rücksicht auf außenpolitische Belange und die erteilte Zusage nun doch eine Ausreise ins Auge fasste, und auch für einige andere Fälle. Dagegen zählte Thadden wiederum vier Fälle auf, die vonseiten des AA endgültig abzulehnen seien. Eichmann und Thadden kamen überein, dass die Bondy-Brüder vor der endgültigen Heimkehr nach Schweden aus Theresienstadt

---

35 Vgl. Schreiben Thaddens an Wagner vom 14.4.1943, in: ebd.
36 Aufzeichnung Thaddens für StS vom 19.4.1943, in: ebd.
37 Vgl. Vermerk Thaddens vom 21.4.1943, in: ebd.
38 Vgl. Schreiben Thaddens an AA/R vom 2.7.1943, in: ebd.

nach Bergen-Belsen zu überführen seien, wo die Ausreise weitere drei Monate verzögert würde, »*bis die Eindrücke, die die betreffenden Juden in Theresienstadt gehabt haben, nicht mehr allzu frisch sind*«.[39] Die SS bat aber davon abzusehen, der schwedischen Seite schon einen verpflichtenden Bescheid über die Ausreise zu geben. Die Idee, die Kinder zunächst in Bergen-Belsen zu internieren weist indirekt auf die schreckliche Realität der Judenpolitik hin, denn ein solcher Quarantäneaufenthalt zur emotionalen Abschwächung der Erfahrungen des Lagers Theresienstadt dürfte kaum nötig gewesen sein, wenn doch alle Meldungen über Grausamkeiten in deutschen Lagern nur alliierte Gräuelpropaganda waren.

Trotz der Zusage der SS geschah in den folgenden drei Monaten nichts. Erst als Thadden nachfragte, ob bereits eine Überstellung nach Bergen-Belsen erfolgt sei, reagierte Eichmann. Er hatte sich plötzlich dagegen entschieden und gab an, beide Kinder seien nicht nur Schweden, sondern gleichzeitig Protektoratsangehörige, die das Gebiet nicht verlassen dürften.[40] Nun musste Thadden groteskerweise seine eigene Begründung entkräften, hatte er doch anfangs selbst die fragliche Staatsangehörigkeit als Argument verwendet. Bei einem Besuch bei Gestapo-Chef Müller erhielt Thadden die Zusage, man wolle den Wünschen des AA bezüglich der Bondy-Ausreise nachkommen. Mit Verweis auf die Zusage Müllers schrieb Thadden erneut an Eichmann, um eine Ausreise in die Wege zu leiten, »*gegebenenfalls unter Zwischenschaltung eines ›Quarantäne-Aufenthaltes‹ in Bergen-Belsen*«, und um »*in gewissem Umfang zur Beruhigung der Atmosphäre beizutragen*«. Die Staatsangehörigkeitsfrage sei vom AA vor allem deswegen aufgeworfen worden, »*um den Schweden gegenüber eine Motivierung für die hinhaltende Behandlung der Angelegenheit zu haben und gegebenenfalls, [...] den Boden vorzubereiten für eine unpolitische Erklärung der späteren Verweigerung*«.[41]

Fast vier Monate nach dem Treffen mit Müller verfasste Thadden im Februar 1944 eine Verbalnote für die schwedische Seite, in der er bekannt gab, die Brüder Bondy seien nach Bergen-Belsen verlegt worden und eine Ausreise stünde in Aussicht. Doch es bestehen Zweifel, ob eine Verlegung tatsächlich stattgefunden hat[42], denn das Gedenkbuch der Theresienstädter Opfer führt zumindest Alexander Bondy auf, der das Ghetto nicht überlebte. Über das Schicksal seines Bruders Heinrich fehlt jede Spur.

Nichtsahnend versuchten die Schweden, weiterhin Fortschritte zu erzielen. Im Oktober 1944, fast zwei Jahre nach der ersten Demarche im Fall Bondy, hatte die schwedische Gesandtschaft in Berlin immer noch nicht aufgegeben. Thadden sagte in einem Gespräch mit einem schwedischen Diplomaten wissentlich die Unwahrheit, als er meinte, die Akten seien durch Bombentreffer vernichtet und müssten erst rekonstruiert werden. Dabei lagen die Dokumente vollständig vor. Weiterhin log er, es gehe

---

39 Schreiben Thaddens an Eichmann vom 12.7.1943, in: ebd.
40 Vgl. Schreiben Eichmanns an Thadden vom 1.10.1943, in: ebd.
41 Schreiben Thaddens an Eichmann vom 1.11.1943, in: ebd.
42 Der BdS in Prag unterrichtete jedenfalls den VAA von einer Verlegung, vgl. Schreiben VAA Prag (Luckwald) an AA vom 23.3.1944, in: ebd., Inland II A/B 99439.

es den Kindern gut, aber »*Quarantaine-Bestimmungen*« würden die endgültige Genehmigung erschweren.[43] Die Gesandtschaft machte erneut um die Weihnachtsfeiertage 1944 auf die Angelegenheit aufmerksam. Danach verliert sich der Fall der Gebrüder Bondy in den Akten.

Eine derartige jahrelange Hartnäckigkeit ausländischer Diplomaten stellt allerdings eine Ausnahme im Kontext der Interventionen dar. Die Ausdauer der Schweden gründete sich im Wesentlichen darauf, dass Luther seinerzeit der Ausreise der Brüder Bondy zugestimmt hatte. Der Fall liege deshalb »*besonders unglücklich*«, wie Wagner im Januar 1945 an Müller schrieb.[44] In Abstimmung mit dem RSHA und dem VAA hatte das AA die Ausreise der beiden Jugendlichen verhindern können. Dabei war die bereits 1943 erteilte Erlaubnis ignoriert und in einem Akt der Rechtsbeugung die neutrale Staatsbürgerschaft nicht anerkannt worden, obwohl die Brüder Monate vor dem Fristende, bis zu welchem schwedische Bürger aus dem deutschen Machtbereich zurückkehren durften, namhaft gemacht worden waren. Unter anderem sorgten die Politische Abteilung und die Diplomaten Hahn und Thadden dafür, dass schwedische Neueinbürgerungen nicht mehr anerkannt wurden, womit sie letztlich einer Aufforderung Eichmanns entsprachen, welcher fürchtete, die Praxis der Neueinbürgerung könnte um sich greifen. Sowohl Hahn und Thadden als auch die Dienststelle des VAA in Prag sprachen sich gegen eine Ausreise aus, um zu verhindern, dass das Ausland etwas über die Lebensverhältnisse in Theresienstadt erfuhr. Erst als die schwedische Gesandtschaft permanent auf die Ausreise drängte, lenkte das AA aus außenpolitischer Rücksichtnahme ein, doch die SS weigerte sich und benutzte dabei die Argumente, die das AA zuvor selbst gegen eine Ausreise geliefert hatte.

In ähnlicher Form vollzogen sich auch zwei Rettungsversuche der türkischen Gesandtschaft. Im Oktober 1942 wurde ein türkischer Botschaftsrat beim AA vorstellig, der folgenden Sachverhalt schilderte: Bei der türkischen Botschaft sei seit sechzehn Jahren eine deutsche Jüdin als Dolmetscherin und Sekretärin angestellt. Ihr Gatte, ebenfalls Jude, wohne mit ihr im Botschaftsgebäude. Nun sollten beide in den nächsten Tagen deportiert werden. Der Botschafter wolle sich nicht »*zum Beschützer der Juden*« machen, sehe sich aber »*moralisch schwer belastet*«, wenn er der Deportation zustimme. Er würde es begrüßen, wenn das Ehepaar im Einvernehmen mit dem AA mit türkischen Pässen in die Türkei ausreisen dürfe.[45] Legationsrat Kurt Otto Klingenfuß von der Abteilung D erwirkte bei Eichmann, dass die Gestapo das Ehepaar unbehelligt ließ.[46] Doch vonseiten der Türkei kam es zu Verzögerungen, denn eine Ausstellung von Pässen an ausländische Juden war verboten, aber das Kabinett stimmte ausnahmsweise zu.[47] Die Pässe lagen erst im Mai 1943 vor. Mittlerweile war Thadden

---

43 Schreiben Thaddens für StS vom 12.10.1944, in: ebd., Inland II A/B, R 99440.
44 Schnellbrief Wagners an Müller vom 13.1.1945, in: ebd., Inland IIg 211.
45 Schreiben o.V. an Woermann vom 1.10.1942, in: ebd. Inland II A/B, R 99356.
46 Vgl. Aufzeichnung Klingenfuß vom 2.10.1942, in: ebd., Inland IIg 169a.
47 Vgl. Schreiben Melchers an Hencke vom 19.5.1943, in: ebd., Inland II A/B, R 99356.

der Judenreferent, der es nun übernahm, Eichmann zu bitten, dem Wunsch entgegenzukommen. Er schrieb: »*das Auswärtige Amt hält es für politisch dringend wünschenswert* […]«.[48] Himmler erteilte kurz hierauf die Genehmigung und regte an, darauf zu dringen, dass sich das Ehepaar im Ausland loyal gegenüber dem Reich verhalte. Thadden, der die Undurchführbarkeit des naiven Ansinnens sofort begriff, wehrte ab und meinte, dass es dafür keinerlei Garantien geben könne.[49] Dessen ungeachtet konnte das Paar in die Türkei ausreisen.

Der Vorgang hatte allerdings indirekt ein dramatisches Nachspiel, denn die Eheleute waren nicht die einzigen jüdischen Angestellten der türkischen Botschaft. Dort waren noch zwei weitere Jüdinnen als Sekretärinnen angestellt. Da diese keine Pässe erhalten hatten, war die SS schnell bei der Hand, sie zu »evakuieren«: »*Es ist beabsichtigt, diese Juden in die laufenden Evakuierungsmaßnahmen einzubeziehen.*«[50] Ein türkischer Botschaftssekretär versuchte, einen Aufschub zu erreichen, weshalb er sich an den Legationsrat I. Klasse Wilhelm Melchers aus der Politischen Abteilung wandte. Der Deutsche plädierte daraufhin bei Thadden für eine Zurückstellung vom Abtransport[51], dem zugestimmt wurde. Eine leichtsinnige Tat brachte dann jedoch zunächst die eine der beiden Frauen in arge Bedrängnis und hernach auch die andere.

Ende Februar 1944 waren beide Sekretärinnen nicht mehr zum Dienst erschienen, und die Türken gingen von einer Verhaftung aus. Man erbat Auskunft und wandte sich wieder an Melchers, der die Sache an Thadden weiterleitete. In einem Gespräch mit einem Gestapo-Beamten erfuhr der Judenreferent, dass beide Frauen an der Verbreitung defätistischer Schriften beteiligt gewesen sein sollen. Er bat Eichmann um Aufklärung. Wie sich herausstellte, war der Sachverhalt zutreffend. Eine der Sekretärinnen, Erna Hammerschmidt, hatte für einen deutschen Besucher der Botschaft ein Manuskript vervielfältigt, mit welchem sich der Deutsche, der ebenfalls der Gestapo ins Netz ging, bei neutralen Staaten für eine Beendigung des Krieges einsetzen wollte. Hammerschmidt habe sich daraufhin bei der Polizei zwecks einer Aussage melden sollen, wobei ihre Kollegin Ursula Lewin sie begleitete.[52] Beide wurden Tage später in ihren Wohnungen festgenommen, Lewin zusammen mit ihren Eltern. Nachdem die SS ein halbes Jahr zuvor noch einer Zurückstellung im Falle des jüdischen Paares hatte zustimmen müssen, nutzte sie nun die Gelegenheit, um der beiden Sekretärinnen habhaft zu werden.

Aus der Haft im Berliner Sammellager Schulstraße 78 schrieb Lewin verzweifelte Briefe, in denen sie die ihr bekannten deutschen Diplomaten Melchers und Georg

---

48 Schreiben Thaddens an Eichmann vom 25.5.1943, in: ebd.
49 Vgl. Vermerk Thaddens vom 2.7.1943, in: ebd.
50 Schreiben Günther an Thadden vom 9.8.1943, in: ebd., Inland A/B, R 99357.
51 Vgl. Schreiben Melchers an Inl. II (Thadden) vom 17.7.1943, in: ebd. Browning schreibt Melchers auch im Wesentlichen die allgemeine Rettung türkischer Juden zu, vgl. Browning, Final Solution, S. 156.
52 Vgl. Vortragsnotiz Thaddens für RAM vom 10.3.1944 u. Brief Lewins an Ripken vom 7.3.1944, beide in: PA AA, Inland II A/B, R 99483.

1 Interventionen zu Gunsten jüdischer Personen

Ripken um Hilfe anflehte. Die handgeschriebenen Seiten, die sich in Thaddens Akten finden, sind erschreckende Dokumente persönlichen Schicksals hinter der ansonsten nüchternen Sprache diplomatischer Schriftstücke. Lewin beteuert darin ihre Unschuld. Sie sei erst durch ihre Kollegin in eine »*böse Angelegenheit*« geraten.[53] Die Zeilen machen deutlich, dass die Juden ahnten, was geschehen könnte. Am 4. März 1944 schrieb sie an Ripken:

»[…] inzwischen aber haben meine Eltern und ich Nummern für den nächsten Transport nach dem Osten bekommen. Wahrscheinlich geht dieser bereits Mittwoch, d 8.3. (vielleicht sogar schon Dienstag) Wenn wir erst einmal fort sind, ist es für immer zu spät! […] Es ist _allerdringendst_ notwendig, daß schnellstens über das A.A. beim Reichssicherheits-Hauptamt interveniert wird. […] Nur muß eben so schnell gehandelt werden, damit wir nicht vorher evakuiert werden, denn das wäre dann irreparabel.«[54]

Drei Tage später schickte sie einen weiteren angstvollen Brief. Im Sammellager, »*unserer Leichenstätte*«, glaube man, dass in Kürze der Abtransport nach Theresienstadt beginne. Die Unterbringungsbedingungen und Verpflegung seien miserabel, die Eltern schwer krank. Sie selbst habe Fieber: »*Was man hier für Elend bei völlig unschuldigen Menschen sieht, geht über das Maß dessen, was man physisch und psychisch ertragen kann!*« Sie erbat erneut Hilfe und türkische Pässe, wobei sie den Fall des ausgereisten, jüdischen Paares ins Spiel brachte. Sie selbst habe mit der Angelegenheit der Kollegin nichts zu schaffen. Sie habe beim Lagerleiter versucht, eine Rückstellung zu erwirken, aber der SS-Hauptscharführer wolle den Sachverhalt nicht zur Kenntnis nehmen. Dabei hätten ihr die Gestapo-Beamten damals gesagt, sie sei von dem Fall nicht betroffen. Jetzt gehe es um Stunden. Sollte alles vergebens sein, denke man sogar an Selbstmord:

»Wenn nichts mehr helfen sein sollte, worauf wir noch immer hoffen, habe ich Herrn Koç [türk. Botschaftssekretär] gebeten, – und ich bitte Sie dringendst, diesen Wunsch zu unterstützen, uns als letzten Liebesdienst ein für uns drei ausreichendes Quantum Veronal zu beschaffen. Wir benötigen, um völlig sicher zu gehen, 3 x 25 = 75 Tabletten. Die müsste ich unbedingt haben, und er soll uns diese letzte Gnadenbitte nicht versagen. Er soll sein Gewissen damit nicht belasten, sondern im Gegenteil dann, wenn er uns diesen Wunsch nicht erfüllt! Nur rechtzeitig bitte. – Nochmals bitte ich Sie und Herrn Geheimrat Melchers um schnelle und wirksame Hilfe und danke Ihnen innig für alles, auch namens meiner Eltern!«[55]

---

53 Brief Lewins an Ripken und Melchers vom 27.2.1944, in: ebd.
54 Brief Lewins an Ripken vom 4.3.1944 (Hervorhebung im Original), in: ebd.
55 Brief Lewins an Ripken und Melchers vom 7.3.1944, in: ebd.

Doch Hilfe blieb aus. Am 9. März wandte sie sich in einem letzten Schreiben an die beiden deutschen Diplomaten. In der Nacht gehe der Transport nach Theresienstadt, von wo aus sie aber hoffe, durch die Erteilung türkischer Pässe zurückkehren zu können. Im Falle einiger Dänen sei dies schon geschehen. »*Nur die Pässe, die Pässe! Das ist unser A und O!*« Für die Zeit im Ghetto erbat sie Pakete mit Verpflegung.[56] Die Deportation wurde indes nicht aufgehalten, dafür war der Postweg der Briefe zu langsam. Der Zug ging termingemäß frühmorgens am 10. März vom Anhalter Bahnhof nach Theresienstadt ab.

Erna Hammerschmidt wurde dagegen als Straftäterin gesehen und in ein unbekanntes Konzentrationslager eingeliefert, was nahelegt, dass das RSHA beide Fälle unterschiedlich behandelte und im Falle Lewin die Möglichkeit nutzte, diese als angebliche Komplizin mit den Eltern zu deportieren.

Inland II erbat vom RAM eine Stellungnahme, und Thadden schlug vor, den Türken mitzuteilen, dass beide Jüdinnen wegen staatsfeindlicher Agitation verhaftet worden seien. Dabei sei es verwunderlich, dass deutsche Juden überhaupt die Möglichkeit hätten, bei der fremden Gesandtschaft eine solche Tätigkeit zu entfalten. Man würde deshalb nicht mit weiteren Schritten der Türken rechnen.[57] Thadden stieß damit bei Ribbentrop auf Zustimmung, der den Vorschlag genehmigte. Die Antwort solle jedoch freundlich gehalten sein und beinhalten, dass man so hätte verfahren müssen.[58]

In der Zwischenzeit waren die Briefe Lewins bei Inland II bekannt geworden. Ripken stellte Thadden nach Posteingang am 14. März bzw. 19. März die Originale zu. Er schilderte den Inhalt der Briefe und machte darauf aufmerksam, dass nach Lewins Darstellung die Gestapo-Beamten beim Verhör keinen Anlass zur Festnahme wegen Defätismus gesehen hätten, und dass die Frau sich selbst für unschuldig hielt. Die Lewin habe sich vor Monaten ohne Namensnennung und unter Verschweigen der Tatsache, dass sie Jüdin ist, als Sekretärin der türkischen Botschaft eingeführt und wegen der Erteilung von Pässen angefragt.[59] Die Beteuerungen Lewins schienen bei Thadden keine Resonanz zu finden. Für ihn waren beide Sekretärinnen unzweifelhaft Straftäterinnen, weswegen er nicht weiter beim RSHA nachfragte.

Einige Tage später empfing der Judenreferent den zuständigen türkischen Botschaftssekretär zu einem Gespräch, bei dem Thadden den von Ribbentrop genehmigten Vorschlag vorbrachte, allerdings die Vorwürfe gegen die Zustände in der Gesandtschaft unterließ. Damit hatte der Judenreferent Erfolg. Aus den Akten ist nicht ersichtlich, dass man sich weiterhin für die beiden Jüdinnen einsetzte, die jetzt als Kriminelle galten. Die Kriminalisierung von Personen war in der Regel ein wirksames Mittel, um die Zustimmung zur Deportation zu erreichen.[60] Gleichzeitig entzog man

---

56 Brief Lewins an Ripken und Melchers vom 9.3.1944, in: ebd.
57 Vgl. Vortragsnotiz Thaddens an RAM vom 10.3.1944, in: ebd.
58 Vgl. Schreiben BRAM (Altenburg) an Inl. II vom 20.3.1944, in: ebd.
59 Vgl. Schreiben Ripkens an Thadden vom 14.3.1944, in: ebd.
60 Vgl. Döscher, Auswärtiges Amt und SS, S. 239 ff.

die Opfer dadurch der Kontrolle internationaler Organisationen. Im Jahr 1942 verweigerte das AA dem IRK sowohl Auskünfte als auch die Zusendung von Hilfsgütern für französische deportierte Juden mit der Begründung, es handle sich um Verbrecher gegen die deutsche Besatzungsmacht.[61]

Thadden nutzte das Treffen, um auf weitere bei verschiedenen türkischen Missionen arbeitende Juden zu sprechen zu kommen. »*In vorsichtigster Form*« wies er darauf hin, ob es nicht möglich sei, die übrigen Juden in den Missionen in Prag und Wien zu ersetzen. Bereits vor sechs Monaten hätte die türkische Seite zugesagt, den fraglichen Mitarbeiter in Wien zu entlassen. Doch dieser wohne jetzt im Konsulatsgebäude und beziehe als Angehöriger des Konsularischen Korps Lebensmittelsonderzuteilung.[62] Der Botschaftssekretär wolle auf eine Klärung wirken, aber eine solche lässt sich den Akten nicht mehr entnehmen. Der Staatssekretär zeichnete den ganzen Vorgang mit.

Monate später legte Ripken Thadden einen neuen Brief Lewins vor, der leider nicht überliefert ist. Dabei bestritt Ripken entschieden, dass er in einem Briefwechsel mit der Frau stehe; ihm sei schließlich »*bekannt* [...], *daß sie Volljüdin*« sei. Auch habe er ihr, anders als im Brief erwähnt, keine Pakete zukommen lassen. Ripken lehne es ab, sich für die Frau bei der türkischen Gesandtschaft zu verwenden.[63] Thadden veranlasste sofort eine Untersuchung durch Eichmann, wie die anscheinend unwahren Inhalte der Briefe zu Stande gekommen sein könnten. Sollte Lewin tatsächlich unter Missbrauch von Ripkens Namen Pakete erhalten haben, wären das AA wie Ripken selbst an einer Unterbindung interessiert.[64] Ripken, Vortragender Legationsrat in der Handelspolitischen Abteilung, brachte schon einen Monat darauf weitere Briefe Lewins zur Kenntnis und bat Inland II, diese dem RSHA zuzuleiten und dort Ermittlungen zu veranlassen.[65] Die SS kam daraufhin zu dem Schluss, die Lewin habe beabsichtigt, mit den Schreiben darauf aufmerksam zu machen, Pakete empfangen zu können, weswegen sie »*unter Androhung schärfster Maßnahmen eindringlich verwarnt*« wurde und Schreibverbot erhielt.[66]

Ursula Lewin erlebte das Kriegsende wahrscheinlich nicht. Mit einem der letzten Transporte wurde sie am 28. Oktober 1944 von Theresienstadt nach Auschwitz deportiert, wo sich ihre Spur verliert.[67]

Das Zeugnis des Schweizer Diplomaten Hans Wilhelm Gasser, der während des Krieges von Berlin aus Ermittlungen nach dem Verbleib von Juden mit Pässen feindlicher oder neutraler Staaten betrieb, mag resümierend für den Umgang des AA mit In-

---

61 Vgl. Favez, Jean-Claude: Warum schwieg das Rote Kreuz? Eine internationale Organisation und das Dritte Reich, München 1994, S. 185, 326.
62 Schreiben Thaddens an AA/Prot. vom 24.3.1944, in: PA AA, Inland II A/B, R 99483.
63 Schreiben Ripkens an Thadden vom 13.7.1944, in: ebd., Inland A/B, R 99357.
64 Vgl. Schnellbrief Thaddens an Eichmann vom 14.7.1944, in: ebd.
65 Vgl. Schreiben Ripkens an Thadden vom 11.8.1944, in: ebd. Die Briefe sind nicht überliefert.
66 Schreiben CdS an Thadden vom 20.9.1944, in: ebd.
67 Der Verbleib ihrer Eltern sowie Erna Hammerschmidts konnte nicht ermittelt werden.

terventionen für jüdische Bürger stehen. Gasser stellte fest: »*Bei Nachforschungen bequemte sich die Inlandsabteilung* [sic] *des Auswärtigen Amtes ab und zu dazu, den Aufenthaltsort eines gesuchten Schutzbefohlenen anzugeben. Die meisten Angaben erhielten wir auf privatem Wege.*«[68] Sein Chef, der Schweizer Schutzmachtvertreter in Berlin, Peter Anton Feldscher, kam zu einem anderen Schluss. Während er den Beamten des AA zugutehielt, alles Erdenkliche getan zu haben, um nach Trägern von »Gefälligkeitspässen« zu forschen, hätten die anderen Behörden insgesamt kein großes Interesse gezeigt.[69] Nach den vorliegenden Dokumenten muss Feldschers Aussage, die aus der Unkenntnis der internen deutschen Vorgänge resultierte, als irrig zurückgewiesen werden. Nach außen entschuldigten die deutschen Diplomaten die unbefriedigenden Informationen in höflichem Ton mit der sperrigen Haltung der inneren Behörden und schoben die Schuld indirekt der SS zu, während sie selbst für sich in Anspruch nahmen, um eine Klärung bemüht zu sein. So hatte Feldscher selbst im Oktober 1944 bei der Rechtsabteilung Beschwerde geführt, es sei mühsam, wenn das AA auf Noten und Anfragen trotz öfteren Erinnerns nicht antworte. Vortragender Legationsrat Eduard C. G. Sethe sah die Vorwürfe als berechtigt an und war »*sichtlich peinlich berührt*«. Er mache aber interne Stellen für die Versäumnisse verantwortlich.[70] Unterschlagen wurde auf solche Weise, dass das AA kaum zugkräftige Initiativen zeigte, auf eine Ausreise hinzuarbeiten.

Nicht alle Interventionen entsprangen einem humanitären Bedürfnis. Einige wurden auf politischen Druck von internationalen Organisationen und Drittstaaten betrieben, wie das Beispiel Irlands zeigt. Anfang 1943 erkundigte sich ein nicht näher charakterisierter Ire »*beiläufig und völlig inoffiziell*« beim deutschen Gesandten Eduard Hempel, ob die Reichsregierung Juden die Ausreise gestatten würde, wenn andere Staaten sie aufnehmen würden. Der Deutsche äußerte seine Unwissenheit in der Frage, worauf sein Gegenüber vertraulich hinzufügte, »*daß Irland letzthin mehrfach, anscheinend von jüdischen Organisationen in England*« angegangen worden sei, eine Erklärung zur Aufnahme von Juden abzugeben. Der Ire ließ den Gesandten wissen, dass selbst die geringe Zuwanderung von Juden aus England seit Kriegsbeginn »*vielfach Unwillen erregt und Antisemitismus gefördert*« habe. Hempels Eindruck danach war, dass Irland kein wirkliches Interesse an der Übernahme von Juden habe.[71]

Fast ein Jahr lang passierte wenig in der Frage, bis eine Woche nach Jahresbeginn 1944 die irische Gesandtschaft dem AA ein unverbindlich gehaltenes Aide-mémoire

---

68 Abschlussbericht Gassers vom 26.5.1945, in: Schweizer Bundesarchiv (SBA) Bern, E 2001 (D) 02/11/12. Vgl. auch allgemein ebd., E 2200.56 -/3, Bd. 1.
69 Vgl. Bericht Feldschers vom 16.7.1945, in: ebd., E 2001 (D) 02/11/29. Der germanophile Schweizer Gesandte ging in Schutzmachtfragen von einer guten Unterstützung durch AA und Wehrmacht aus und machte Hitler für die Verbrechen verantwortlich, vgl. Frölicher, Hans, Meine Aufgabe in Berlin, Privatdruck Bern 1962, S. 59.
70 Aktennotiz Feldschers vom 24.10.1944, in: SBA Bern, E 2200.56 -/3, Bd. 1.
71 Telegramm Hempels vom 3.2.1943, in: PA AA, Inland IIg 169a.

zukommen ließ. Verschiedene Organisationen seien mit der Bitte an die Dubliner Regierung herangetreten, zweihundert jüdische Familien aus Polen aufzunehmen, die sich zurzeit im Lager Vittel in den Vogesen aufhielten. Man wäre an einer Stellungnahme der deutschen Führung zu einem solchen Ansinnen interessiert.[72] Das AA erbat weitere Details und die Angelegenheit zog sich zwei Monate hin. In der Zwischenzeit kamen die deutschen Diplomaten bei einer der täglichen Morgenbesprechungen auf das Thema zu sprechen, und Steengracht erteilte dabei Thadden die Weisung, sich erst einmal über die fragliche Legitimation der Iren Klarheit zu verschaffen. Damit zeichnete sich schon ab, dass es nicht zu einer uneingeschränkten Unterstützung der irischen Anfrage durch das AA kommen würde.

Im Januar 1944 erklärte eine Kommission unter SS-Führer Alois Brunner in Vittel die lateinamerikanischen Pässe, zumeist honduranische und paraguayanische, für ungültig, und auch die südamerikanischen Staaten erkannten die Legitimationen nicht an. Der Schweizer Schutzmachtvertreter in Berlin musste konstatieren, dass die Personen ausschließlich iberoamerikanische Papiere besessen hätten, die in der Tat »Gefälligkeitspässe« oder Fälschungen waren.[73] Dies brachte die Inhaber der Papiere in akute Gefahr. Jüdische Organisationen erbaten von den USA und Großbritannien Druck auf die entsprechenden Staaten, die Pässe anzuerkennen. Inland II war gut über die internationalen Vorgänge informiert. Auch Institutionen wie das Internationale Rote Kreuz oder der Vatikan bemühten sich um die Internierten. Vermutlich war es Thadden, der einen Entwurf erstellte, in dem er folgerichtig resümierte, der eigentliche Zweck der irischen Anfrage stehe »*im Zusammenhang mit den Bestrebungen jüdischer Stellen, eine möglichst große Anzahl von Juden aus Europa hinauszuziehen*«. Deshalb schlage Inland II vor, eine Prüfung der Angelegenheit erst vorzunehmen, falls sich Irland bereit zeige, die Juden einzubürgern. Vorher könne man nicht von einer ausreichenden Legitimation der irischen Regierung ausgehen.[74]

Im März 1944 suchte der irische Geschäftsträger den Judenreferenten persönlich in dessen Büro auf, und Thadden erörterte die Legitimationsfrage. Der Deutsche wollte wissen, zu welchem Zweck die Juden nach Irland übernommen würden. Sei dies eine gastliche Aufnahme bis Kriegsende, eine Einbürgerung oder nur eine Durchgangsstation auf dem Weg nach Palästina? Er ließ durchblicken, dass Juden mit Beziehungen zum irischen Inselstaat anders geprüft würden als solche ohne. Der Ire war erstaunlich ahnungslos und entgegnete, die Angelegenheit sei vermutlich humanitär begründet und durch das Rote Kreuz angestoßen worden. Er müsse sich über die Zusammenhänge erst selbst erkundigen.[75]

---

72 Vgl. Aide-mémoire der irischen Ges. Berlin vom 6.1.1944, in: ebd., Inland II A/B, R 99401.
73 Vgl. Bericht Feldschers vom 16.7.1945, in: SBA Bern, E 2001 (D) 02/11/29.
74 Vortragsnotizentwurf von Inland II o.V o. D., in: PA AA, Inland II A/B, R 99401.
75 Vgl. Schreiben Thaddens an AA/Pol. vom 16.3.1944, in: ebd.

Erst nach über einem Monat suchte der irische Geschäftsträger den deutschen Judenreferenten erneut auf und teilte mit, man wolle die Juden nur bis Kriegsende aufnehmen und engere Beziehungen zu ihnen bestünden nicht. Der Ire machte keinen Hehl daraus, »*daß die Irische Regierung in der Frage sehr von den Anglo-Amerikanern bedrängt werde*«.[76]

So unmotiviert das irische Hilfegesuch war, so verhalten war das deutsche Entgegenkommen. Aufgrund der seichten Haltung der Iren hoffte Thadden, die Bitte schnell zu den Akten legen zu können. Nach dem Gespräch teilte Thadden seinem Minister mit, dass die irische Gesandtschaft insgeheim schon mit einer negativen Antwort rechne, aber durch ausländischen Druck die Angelegenheit weiterverfolge. Er schlug vor, »*in betont liebenswürdiger Form*« zu antworten, dass der Bitte nicht entsprochen werden könne. Obwohl Thadden bereits wusste, dass keine verwandtschaftlichen oder ähnlichen Beziehungen zwischen den fraglichen Personen und der irischen Seite bestanden, riet er dazu, erst eine Stellungnahme abzugeben, falls dennoch solche reklamiert würden.[77] So blieben die diplomatischen Formen gewahrt. Im Büro des Ministers kam die Idee auf, von den Iren eine Gegenleistung zu verlangen. Man dachte dabei an deutsche Militärinternierte. Falls später kein Interesse mehr an einem Austausch bestehen sollte, wäre es möglich, die zu erbringende Gegenleistung als Grund des Scheiterns anzuführen.[78] Damit waren die Juden, deren Aufnahme in Irland zur Debatte stand, in den Augen der AA-Führung endgültig zu einer bloßen Verhandlungsmasse geworden.

Thadden wies jedoch den Schacher um Militärinternierte energisch zurück: »*Vielmehr geben wir der Feindseite nur die Möglichkeit, uns auf das schärfste anzuprangern, weil wir von den Iren einen Völkerrechtsbruch verlangen und Juden gegen Soldaten auswechseln wollen.*« Bei Gruppenleiter Wagner plädierte er dafür, den Iren eine Absage zu erteilen und diese mit der mangelnden Legitimation zu begründen, da ein Eigeninteresse des irischen Staates in der Sache nicht vorliege. Seines Erachtens sei eine »sehr freundlich gehaltene, aber klare und eindeutige Ablehnung [...] das einzig Richtige.«[79]

Erst jetzt wurde die Stellungnahme des RSHA in der Sache bekannt. Und sie zeigt, dass Thadden mit seinen Vorschlägen in vorauseilendem Gehorsam gehandelt hatte, denn erwartungsgemäß lehnte auch die SS eine Erfüllung des irischen Wunsches entschieden ab. Zudem ließ das RSHA Thadden wissen, dass ein großer Teil der jüdischen Familien aus Polen seit Anfang Mai 1944 aus Vittel »*zum Arbeitseinsatz in die Ostgebiete abtransportiert worden*« sei.[80] Dies entsprach den Tatsachen. Im Februar, Mai und August 1944 wurden die verbliebenen Juden nach Drancy und von dort nach Au-

---

76 Notiz Thaddens vom 27.4.1944, in: ebd.
77 Vortragsnotiz Thaddens an RAM vom 28.4.1944, in: ebd.
78 Vgl. Schreiben BRAM (Brenner) an Wagner vom 5.5.1944, in: ebd.
79 Vgl. Scheiben Thaddens an Wagner vom 15.5.1944, in: ebd.
80 Schreiben Thaddens an BRAM vom 15.5.1944, in: ebd.

schwitz deportiert. Dabei hatte Thadden den irischen Diplomaten noch Ende April darüber informiert, dass Vittel ein Internierungslager sei, aus dem keine weiteren Verlegungen stattfinden würden.[81]

Ribbentrop konnte sich mit der von Inland II favorisierten, glatten Ablehnung hingegen »*nicht ohne weiteres befreunden*«.[82] Ihm schwebte nach wie vor eine quid-pro-quo-Regelung vor, und er wollte die irische Anfrage mit der so genannten Feldscher-Aktion verknüpft sehen, bei der es um die Ausreise bzw. den Austausch von etwa fünftausend jüdischen Kindern ging. Hätten Wagner und Thadden humanitäre Ziele verfolgt, wäre es ein Leichtes gewesen, sich den Standpunkt des Reichsministers zu eigen zu machen und wenigstens auf eine einstweilige Zurückstellung der Juden von der Deportation zu drängen. Doch stattdessen hatte Thadden bereits mehrfach für eine klare Absage plädiert. Kurz darauf entschied Ribbentrop, die Anfrage ruhen zu lassen, es sei denn, die Iren kämen von sich aus darauf zurück.[83]

Aber bereits eine Woche später wurde der irische Geschäftsträger wieder bei Thadden vorstellig, persönlich wie telefonisch. Er fragte, ob eine Entscheidung gefallen sei und wo sich die Familien befänden. Die erste Frage ließ Thadden unbeantwortet. Der zweiten begegnete er wider besseres Wissen um die Deportation absichtlich falsch und hinhaltend. Thadden flüchtete sich in die Ausrede, es sei noch keine Namensliste vorgelegt worden, weshalb eine Recherche unmöglich gewesen sei.[84] Wagner brachte das Nachhaken der Iren beim RAM vor, der wieder entschied, die Sache dilatorisch zu behandeln. Die irische Gesandtschaft solle mit dem Argument abgespeist werden, man warte den Bescheid interner Stellen ab.[85]

Die Iren hatten in der Tat noch keine Personenliste vorgelegt, was den Eindruck verstärkt, dass die Angelegenheit dort selbst nicht mit Nachdruck bearbeitet wurde. Mittlerweile war über ein halbes Jahr vergangen, und erst im Sommer 1944 erkundigte sich die irische Gesandtschaft nach dreizehn Angehörigen einer Familie, die mit südamerikanischen Pässen von Vittel nach Drancy gebracht worden seien.[86] Die SS gab vor, die Familie in keinem der Lager ausfindig machen zu können. Zwischenzeitlich setzte das AA die Iren davon in Kenntnis, dass nur 77 einzelne Juden in Vittel festgestellt werden konnten und sich keine zweihundert Familien dort befänden. Da diese bereits zum Großteil deportiert waren, wollten die Iren nun ihre Intervention auf Juden mit südamerikanischen Pässen ausdehnen.[87] Zwei Wochen später reichte man dazu eine Liste von Familien nach. Thadden leitete sie zur Prüfung an das RSHA wei-

---

81 Vgl. Schreiben Thaddens vom 27.4.1944, in: ebd.
82 Schreiben BRAM (Brenner) an Wagner vom 19.5.1944, in: ebd.
83 Vgl. Schreiben Wagners an Thadden vom 27.5.1944, in: ebd.
84 Vgl. Schreiben Thaddens an Wagner vom 8.6.1944, in: ebd.
85 Vgl. Schreiben Wagners an Thaddens vom 19.6.1944, in: ebd.
86 Vgl. Schreiben irische Ges. Berlin an AA vom 21.7.1944, in: ebd.
87 Vgl. Schreiben irische Ges. Berlin an AA vom 31.7.1944, in: ebd.

ter. Durch die schwierige militärische Lage im September 1944 sah sich die SS jedoch nicht in der Lage, eine Nachprüfung vorzunehmen.

Die deutsche Position fand in der irischen Diplomatie einen gewissen Anklang. Ende Oktober 1944 suchte der irische Geschäftsträger Thadden mit einem anderen Anliegen auf. Im Auftrag seiner Regierung erkundigte er sich, ob tatsächlich die Absicht bestünde, die Juden der Lager Birkenau und Auschwitz zu liquidieren, bevor sie der vorrückenden Roten Armee in die Hände fielen. Der Ire sei sich vollkommen klar darüber, dass weder er noch seine Regierung legitimiert seien, eine solche Frage zu stellen, aber der Druck jüdischer Organisationen und der Amerikaner sei ausgesprochen stark. Thadden wehrte empört ab, hier läge ein »*typisch jüdisches Manöver*« vor, »*denn diese Greuelnachricht sei von den Juden erst erfunden und in die Weltpresse lanciert worden, um diese dann zum Anlaß zu nehmen, diplomatische Schritte auf diese Nachricht zu stützen. Mehr zu sagen zu diesen Greuelnachrichten erübrige sich*«. Beruhigt durch diese Aussage verabschiedete sich der irische Diplomat, auch er habe in der Sache gleich den Versuch der Alliierten gesehen, den Deutschen etwas unterzuschieben.[88] Pflichtgetreu informierte Thadden noch am selben Tag Eichmann über den Vorfall. Später gab er zu, dass er bereits zum Zeitpunkt des Gesprächs »*mit ziemlicher Sicherheit*« von massenhaften Tötungen ausgegangen war.[89]

Entweder hatte Thadden sehr überzeugend gewirkt, oder der irische Vertreter wollte glauben, was er hörte. In jedem Fall bezog sich das irische Außenministerium gegenüber den USA auf diese Aussage. Die Ermittlungen über die mögliche Ermordung der Insassen in Auschwitz hätten ergeben, dass es sich einzig und allein um Gerüchte und Erfindungen handle: »[...] *such a rumor is pure invention devoid of all foundation* [...]«.[90]

Wie bereits geschildert, wurde im November 1944 Inland II der direkte Kontakt zu ausländischen Diplomaten untersagt, weshalb sich der irische Geschäftsträger nun an die Politische Abteilung wandte. Diesmal erkundigte er sich nach dem Verbleib von 16.000 litauischen Juden aus der Gegend von Kaunas. Doch wie bereits Inland II sah sich auch die Politische Abteilung nicht geneigt, die Sache zu bearbeiten, da es sich nicht um irische Staatsangehörige handelte. Dies nahm der irische Diplomat

»verständnisvoll zur Kenntnis und meinte, er könne sich solche Anfragen auch nur so erklären, als daß irgendwelche einflußreichen Juden de Valera [irischer Regierungschef] bäten, ihnen zu Ohren gekommene Gerüchte zu verifizieren. Er könne sich vorstellen, daß de Valera sich auch gegenüber diesen Kreisen nicht dem Vorwurf eines mangelnden humanitären Interesses aussetzen wolle, das

---

88 Schreiben Thaddens an Eichmann vom 25.10.1944, in: ebd.
89 Aussage Thaddens vom 26.6.1962, in: HStA Düsseldorf, Ger.Rep. 192/203.
90 Telegramm EPD an schweizerischen Ges. Berlin vom 25.1.1945, in: SBA, E 2200.56 -/3, Bd. 1.

dann auch möglicherweise propagandistisch von seinen Feinden gegen ihn ausgenutzt werde [...]«.[91]

Mit wahrscheinlich nicht allzu viel Bedauern ließ der irische Geschäftsträger Cremin im Dezember 1944 den Schweizer Gesandten Frölicher wissen, er werde nicht mehr von Thadden von der »*Abteilung Inland II*« empfangen, weshalb keine Möglichkeit mehr bestehe, in Judensachen weiter zu insistieren.[92] Dennoch versuchte Cremin Tage später dem zweiten Mann der Politischen Abteilung, dem Gesandten Otto von Erdmannsdorff, ein Aide-mémoire zu übergeben, in dem sich Dublin den Schweizer Maßnahmen bei der Rettung von Juden aus dem KL Bergen-Belsen anschließen wolle. Doch auch Erdmannsdorff verweigerte die Entgegennahme, weil die fraglichen Personen keine Iren seien. Obwohl erneut erfolglos, zeigte der Ire Nachsicht und bemerkte, »*daß de Valera gezwungen sei, sich derartigen Schritten aus humanistischen Gründen anzuschließen, da ihm wiederholt von den Amerikanern seitens der Opposition der Vorwurf der Judenfeindlichkeit gemacht worden sei*«.[93] Inland II wurde unterrichtet.

Die diplomatische deutsch-irische Posse des Jahres 1944 ist in mehreren Punkten aufschlussreich. Sie zeigt, wie die deutsche Seite eine mögliche Rettung der Juden an zwischenstaatlichen Formalitäten scheitern ließ und wie wenig auch der irischen Regierung daran gelegen war. Beide Seiten hatten kein wirkliches Interesse an einem Zustandekommen, folgten aber den diplomatischen Gepflogenheiten zur Wahrung der Form. Während Deutschland seiner Politik treu blieb, begnügte sich Irland mit harmlosen Interventionen, um ein Engagement nachzuweisen zu können. Dennoch hätte man seitens des AA die halbherzigen Versuche aufgreifen können, um zu versuchen, einige Menschen zu retten oder sie wenigstens möglichst lange vor einer Deportation in die Todeslager zu bewahren. Selbst Ribbentrop war einem Austausch zeitweise nicht abgeneigt, doch Inland II ließ die Gunst des Ministers ungenutzt. Und letztlich ist es bezeichnend, wie Thadden den irischen Diplomaten lange über die bereits deportierten Juden aus Vittel wider besseres Wissen im Unklaren ließ. Das RSHA wurde erst in einem späten Stadium und dann nur peripher eingeschaltet. Irische und deutsche Diplomaten machten die Sache in erster Linie unter sich aus. Die SS teilte erst fünf Monate nach der Intervention die stereotype Entscheidung mit, dass man nicht gewillt sei, Juden ins Ausland zu entlassen. Thadden hatte sich dafür bereits früher ausgesprochen. Im AA zeichneten Wagner, Staatssekretär Steengracht und die Politische Abteilung den ganzen Vorgang mit. Keiner nutzte die Gelegenheit im humanitären Sinne. Für den Staatssekretär war die Angelegenheit schon bald durch das Argument der mangelnden Legitimation erledigt, und ähnlich wie Inland II machte auch

---

91 Schreiben AA/Pol. (Weber) an StS vom 28.11.1944, in: PA AA, Inland II A/B, R 99401.
92 Aktennotiz Frölichers vom 12.12.1944, in: SBA, E 2200.56 -/3, Bd. 1.
93 Schreiben Erdmannsdorffs an BRAM vom 18.12.1944, in: PA AA, Inland II A/B, R 99401.

die Politische Abteilung ab November 1944 keine Anstalten, den Iren in irgendeiner Form entgegenzukommen.

Nachdrücklicher, aber letztlich ebenso vergebens bemühten sich die USA und die Schweiz um die in Vittel Internierten. Schon im Februar 1944 richtete die Schweiz eine Note an das AA, in der festgestellt wurde, Juden aus dem Schweizer Mandatsbereich seien nach Drancy gebracht worden und man erbitte deren Entlassung.[94] Sechs Wochen später sprach Feldscher die AA-Rechtsabteilung auf die Sache an. Aber deren stellvertretender Leiter Sethe »*fand wieder Ausflüchte*«: Drancy sei ein französisch verwaltetes Lager, weshalb man wenig tun könne.[95]

Etwa seit August 1944 versuchte die Schweizer Gesandtschaft den Verbleib von 163 Juden zu klären, von denen man annahm, sie seien aus Vittel nach Bergen-Belsen deportiert worden. Die USA forderten eine Einweisung in ein Internierungslager unter der Kontrolle des IRK.[96] Das AA teilte Feldscher mit, es seien keine Juden nach Bergen-Belsen gebracht worden. Danach spielte das AA auf Zeit. Sethe teilte Feldscher mit, die 163 Juden und weitere 51 seien in Vittel im September von amerikanischen Truppen befreit worden. Der Schweizer erbat danach aus Bern Beweise, um die Behauptung zu widerlegen, da er sicher war, dass die Juden zuvor abtransportiert worden seien.[97] Wenige Tage später suchte Feldscher ein neues Gespräch mit Sethe und kritisierte die »*von den deutschen Stellen praktizierte Taktik des tauben Ohrs*«. Zudem hätten sich keine fraglichen Juden in US-Gewahrsam gefunden. Es sei mit einem Protest der USA zu rechnen, da das AA am 11. Mai des Jahres formell zugesichert habe, keine Personen mit umstrittenen Papieren aus Internierungslagern zu deportieren. Sethe bekräftigte diese Erklärung und mutmaßte, die Deportationen seien auf Geheiß interner Stellen vorgenommen worden. Er gab zu, die Verzögerung der Angelegenheit sei mittlerweile »*wirklich untragbar*«. Da alles darauf deute, dass sich die Personen in Bergen-Belsen befänden, so der Schweizer weiter, wolle man den Besuch durch die Schutzmachtabteilung beantragen. Sethe verwies dazu an Inland II.[98]

Legationssekretär Max König von der Schweizer Schutzmachtabteilung begab sich tags darauf zu Thadden und bekräftigte, dass die lateinamerikanischen Staaten die Pässe anerkennen würden. Das folgende Gespräch sei an dieser Stelle aus den Aufzeichnungen Königs skizziert:

»Darauf fragte Herr von Thadden, was wohl die Welt dazu sagen würde, wenn Deutschland plötzlich erklärte, alle Neger in Amerika seien deutsche Staatsange-

---

94 Vgl. Note schweizerischen Ges. Berlin vom 11.2.1944, in: SBA Bern, E 2001-02 -/15, Bd. 12.
95 Schreiben Feldschers an AFI vom 21.3.1944, in: ebd.
96 Vgl. Schreiben Pury an Feldscher vom 2.10.1944 u. Note US-Ges. Bern vom 23.9.1944, beide in: SBA Bern, E 2200.56 -/3, Bd. 1.
97 Vgl. Schreiben Feldschers an AFI vom 18.10.1944, in: ebd.
98 Aktennotiz [Feldschers] vom 24.10.1944, in: ebd. Die Urheberschaft Feldschers ist nicht eindeutig.

hörige, und Deutschland protestiere gegen die Discriminierung der Neger in den Vereinigten Staaten. Es fiel mir natürlich nicht schwer, diesen schiefen Vergleich zu zerpflücken, indem ich ausführte, dass die Neger in Amerika als amerikanische Bürger anerkannt sind, während die in Frage stehenden Juden deutscherseits als staatenlos behandelt werden. Ausserdem haben die Neger keine deutschen Papiere, während es umgekehrt der Fall ist. Ferner wollen die Neger gar nicht nach Deutschland gehen, während die mit ibero-amerikanischen Papieren ausgestatteten Personen nach Lateinamerika gehen wollen und hierzu auch die Möglichkeit haben, sofern man sie in Deutschland zum Austausch zulässt. Ein telefonischer Anruf befreite Herrn von Thadden von der Stellungnahme zu diesen Argumenten.«[99]

Den anschließenden Wunsch Königs, Bergen-Belsen besuchen zu dürfen, schlug Thadden ab. Das würde »*niemals bewilligt*« werden, da sich keine schweizerischen Schutzbefohlenen dort befänden. Zudem habe er, Thadden, das Lager besichtigt, und es sei »*ein gutes Lager*« und vollkommen in Ordnung. König entgegnete, dies sei zu prüfen und eine Weigerung leiste der verbreiteten Meinung von der unmenschlichen Behandlung der Juden Vorschub. Dieses Argument überzeugte Thadden, und er wollte sehen, ob bei der SS zu bewirken sei, dass König sich davon überzeugen könne, dass diese »*Behauptungen lügenhaft seien*«.[100] König hatte schon eine vorgefertigte Note in der Tasche, in der er auf offiziellem Wege um Besuchserlaubnis für Bergen-Belsen bat, aber König entschloss sich auf Ratschlag Thaddens, sie vorerst nicht zu überreichen. Erst wenn dessen Bemühungen erfolglos seien, solle man den schriftlichen Weg gehen.[101]

Die Taktik Königs darf nicht nachträglich den Eindruck erwecken, die Schweiz habe ernsthaft ausländische Meldungen widerlegen wollen. Um überhaupt eine Zusage zu erhalten, bediente sich die Schweizer Gesandtschaft aller Argumente, die »*zweckdienlich*« erschienen.[102] Aber aus der Besichtigung wurde ebenso wenig etwas wie aus einer Rückkehr der Deportierten. Im Dezember prüfte das AA die Besuchserlaubnis immer noch, und es behielt sich die Frage »*unter mancherlei Vorwänden gänzlich offen*«, wie Feldscher notierte. Von einem RSHA-Beamten sei unter der Hand zu erfahren gewesen, die Judenfrage bilde augenblicklich den »*Gegenstand allgemeiner Erwägungen*«.[103] Damit könnte die sich in der SS zunehmend verbreitende Auffassung gemeint sein, Juden zum Kriegsende als Geiseln zu benutzen.

Unterdessen kursierten Meldungen, die besagten, die Vittel-Internierten seien nach Auschwitz-Birkenau deportiert worden. Bei den Schweizern wurde nun erwo-

---

99 Aktennotiz Königs vom 24.10.1944, in: ebd.
100 Ebd.
101 Vgl. Marginalie Königs auf Not schweizerischer Ges. Berlin vom 23.10.1944, in: ebd.
102 Schreiben Feldschers an Pury vom 25.1945, in: ebd.
103 Schreiben Feldschers an AFI vom 9.12.1944, in: ebd.

gen, um eine Besuchserlaubnis für Auschwitz selbst zu ersuchen. Man hoffe so, eine Bestätigung zu bekommen, ob die Deportierten sich dort aufhielten. Es müsse dem AA begreiflich gemacht werden, wie unnütz es sei, sich »*weiterhin über diese Angelegenheit in einen bald lächerlich wirkenden Schleier der Unwissenheit zu hüllen*«.[104] Obwohl die Schweizer hartnäckig blieben, hatten sie keinen Erfolg, denn die deutsche Seite schob wie üblich fadenscheinige Argumente vor.

Die geschilderten Fälle haben bereits den Blick auf die Bedeutung der ausländischen Pässe gelenkt. Diese Legitimationen, die auf unterschiedlichen Wegen verteilt wurden, erwiesen sich als Sand im Getriebe der deutschen Verfolgungsbürokratie. Unter den Dokumenten waren viele der so genannten *Promesas* lateinamerikanischer Länder, die dem Inhaber versicherten, er würde in Kürze einen regulären Pass erhalten. Wagner konstatierte zu Beginn 1944: »*In dem Bestreben, den deutschen antijüdischen Maßnahmen eine möglichst große Anzahl von Juden zu entziehen, werden z. Zt. an einzelne Lager oder jüdische Vertrauensleute Tausende von überwiegend mittel- und südamerikanischen Pässen für die in Judenlagern sitzende jüdische Familien übersandt.*«[105]

Die Personaldokumente wurden zum Zankapfel zwischen dem RSHA und der Rechtsabteilung des AA. Während die SS versuchte, die Papiere abzufangen und nicht anzuerkennen, sprach sich die Rechtsabteilung dagegen aus, um eine möglichst große Anzahl von Austauschobjekten zu erreichen. Die Dienststelle Himmlers schickte noch im April 1943 einen Erlassentwurf zur Bearbeitung an die alte Adresse des Referats D II, Rauchstraße 27. Die inzwischen eingerichtete Gruppe Inland II leitete das Schreiben an die Rechtsabteilung weiter. Der Entwurf, der bei der Gestapo erstellt worden war, drehte sich um die einheitliche Behandlung von Juden, die im Generalgouvernement mit gefälschten Papieren aufgegriffen wurden. Im Anschreiben heißt es:

»Die Länge und die Härte des Krieges machen es notwendig, den im Generalgouvernement immer häufiger werdenden unkontrollierbaren Manipulationen der Juden zur Verschleierung ihrer wirklichen und zum Erwerb einer vorgetäuschten Staatsangehörigkeit mit aller Schärfe entgegenzutreten. [...] So ist es keine Seltenheit, daß Juden, denen es gelang, mit Hilfe verfälschter oder unrechtmäßig erworbener Papiere aus den Ghettos zu entkommen, mit monatlichen Unterstützungen von mehreren tausend Zlotys seitens der zuvor erwähnten Gegnerkreise [polnischer Widerstand, Fallschirmagenten] bedacht werden.«[106]

---

104 Notiz o.A. vom 5.1.1945, in: ebd.
105 Vortragsnotiz Wagners für RAM vom 4.2.1944, in: PA AA, Inland II A/B, R 99402. Die Notiz ist von Thadden verfasst und von Wagner unterzeichnet.
106 Schreiben RFSSuChdPol an AA/D II (Geiger) vom 8.4.1943, in: ebd., Inland IIg 169a.

Der beigefügte Entwurf vom 31. März 1943 machte sich diese Kriminalisierung der Juden zu Nutze und verwies auf die gefährdete Sicherheit des Reiches. Der SS ging es um zweierlei: Erstens wollte sie im Generalgouvernement generell keine ausländischen Pässe anerkennen, die seit September 1939, also nach Auflösung des polnischen Staates, ausgegeben worden waren. Zweitens sollten Juden, die mit gefälschten Legitimationen oder Ersatzpapieren ergriffen wurden, wie Straffällige behandelt werden.[107] In beiden Fällen würde der diplomatische Schutz der Personen entfallen und eine Deportation in die Vernichtungslager konnte ungehindert erfolgen. Die in Vielzahl ausgeteilten Papiere vornehmlich südamerikanischer Staaten stellte die SS vor ein organisatorisches und außenpolitisches Problem. Das RSHA wollte sich unter Verzicht auf diplomatische Rücksichtnahme eine rechtliche Handhabe verschaffen, um fremde Legitimationen zumindest im Generalgouvernement für nichtig zu erklären. So begründete das RSHA den Erlass damit, dass sich Juden durch die Annahme fremder Staatsbürgerschaften der Verfolgung zu entziehen versuchten. Derartige Juden seien grundsätzlich »*verdächtig, für die polnische Widerstandsbewegung zu arbeiten, mit Banden in Verbindung zu stehen oder als Nachrichten- und Sabotageagenten eine Feindmacht zu unterstützen*«.[108] Als Beleg führte man an, dass der BdS Krakau eine jüdische Fälscherwerkstatt aufgedeckt habe, in der südamerikanische Papiere gefälscht worden seien. Präsumtiv behauptete die SS, die Drittstaaten würden die Legitimationen nicht anerkennen, selbst wenn sie echt wären, da sie über private Beziehungen zu Stande gekommen seien.

Der Vortragende Legationsrat Gustav Roediger aus der Rechtsabteilung pflichtete der Gestapo bei. Bis zum Beweis des Gegenteils sei davon auszugehen, dass die Pässe in der Regel nicht rechtmäßig ausgestellt wurden. Ein Pass allein könne zudem zu keiner neuen Staatsbürgerschaft verhelfen. Roediger regte an, den Erlass so abzufassen, dass Papiere nicht anerkannt würden, wenn die Person sich nicht auch nachweislich über eine gewisse Zeit in dem jeweiligen Land aufgehalten habe. Die Rechtsabteilung glaube nicht, dass auf den Erlass Beschwerden fremder Staaten folgen würden.[109]

Der stellvertretende Leiter der Rechtsabteilung, Vortragender Legationsrat Sethe, und der für Austauschaktionen zuständige Legationssekretär Johann Gottfried Ivo Theiss (R IV b) sprachen sich jedoch dagegen aus. Sie äußerten, dass es im Interesse der Austauschprogramme »*unbedingt verhindert*« werden müsse, dass Juden, deportiert würden, selbst wenn der Erwerb der Papiere Anlass zur Skepsis gebe.[110] Der zuständige Referatsleiter, Konsul I. Klasse Gustav Adolf Sakowsky, gab zu bedenken, dass man sich eine Anzahl Geiseln für Austauschaktionen verschaffen wolle, und dass die ausländischen Staaten nur Interesse an denjenigen Juden zeigen würden, die entspre-

---

107 Vgl. Erlassentwurf vom 31.3.1943, in: ebd.
108 Ebd.
109 Vgl. Schreiben Roedigers an Inl. II vom 29.4.1943, in: ebd.
110 Schreiben Sethe/Theiss an Inland II vom 18.6.1943, in: ebd.

chende Papiere vorweisen könnten. Gegenüber Thadden sprach er sich dafür aus, Juden mit zweifelhaften Pässen zur individuellen Überprüfung nach Bergen-Belsen zu überführen.[111] Wenig später äußerte Sakowsky, Bergen-Belsen solle ein regelrechtes »*Prüfungslager*« werden.[112]

Solche Vorstellungen liefen den Zielsetzungen der SS und Inland II diametral entgegen. Thadden vertrat die Auffassung des RSHA und neigte dazu, die Gültigkeit der Pässe allgemein abzulehnen. Er stieß sich an dem Passus, der die Prüfung der Staatsangehörigkeit beinhaltete. Dadurch entstehe der Eindruck, dass schon das einfache Vorlegen eines Passes automatisch eine Prüfung nach sich ziehe. Als penibler Beamter hatte Thadden keinerlei Verständnis für den zwielichtigen Weg, auf dem die Juden an ihre Legitimationen kamen. Für ihn war es gleich, ob ein Pass gefälscht war oder ob ein echter Pass durch Bestechung den Besitzer gewechselt hatte:

> »Inl. II A sieht aber die Bestechung von Beamten fremder Konsulate als unlautere Machenschaft an und rund 90% aller Gefälligkeitspässe, die heute polnischen Juden zugehen, verdanken einem solchen Bestechungsmanöver ihren Ursprung. Nach diesseitiger Auffassung ist es nur wünschenswert, den zuständigen inneren Stellen deutlich genug zu erkennen zu geben, wie sehr diesseits diese Form des Zustandekommens von Gefälligkeitspässen mißbilligt wird.«[113]

Mitte Juli 1943 schickte Thadden die Änderungswünsche an die SS zurück und verwies auf den Wert der »Gefälligkeitspaß«-Inhaber als potenzielle Austauschobjekte. In diesem Kontext schlug er die Änderung einer Passage vor, um die Inhaber von ausländischen Papieren, welche nach dem September 1939 erworben wurden, bis auf Weiteres nach Bergen-Belsen zu überführen.[114] Die SS befolgte den Wunsch, und im Sommer 1943 trafen Juden aus Polen mit so genannten *Promesas* in Bergen-Belsen ein. So schien es zunächst, als habe sich die Meinung der Rechtsabteilung durchgesetzt. Doch die SS war nur selten bereit, die »Gefälligkeitspässe« anzuerkennen. Der Plan der Rechtsabteilung wurde später von der SS unterlaufen, die ab August 1943 in eigener Regie die Prüfungen vornahm. Nach einer Dokumentenkontrolle gab sie etwa 1.800 der 2.500 Austauschjuden aus Polen aus Bergen-Belsen zur Vernichtung frei, danach wurden etwa weitere 350 Menschen dieser Gruppe nach Auschwitz deportiert.[115]

---

111 Vgl. Schreiben Sakowskys an Thadden vom 13.7.1943, in: ebd.
112 Schreiben Sakowskys an Inland II A vom 16.7.1943, in: ebd. Der Begriff wurde nachträglich gestrichen.
113 Schreiben Thaddens an AA/R IV vom 14.7.1943, in: ebd.
114 Schreiben Thaddens an RFSSuChdPol vom 19.7.1943, in: ebd.
115 Vgl. Kolb, Eberhard, Bergen-Belsen. Vom »Aufenthaltslager« zum Konzentrationslager 1943–1945, Göttingen 1996, S. 27 f.

1 Interventionen zu Gunsten jüdischer Personen

Für Gruppenleiter Wagner waren Juden als »Faustpfand« der einzig mögliche Grund für eine Anerkennung der Pässe. Ansonsten sah er ausländische Papiere als Torpedierung der SS-Politik: »*Die Masseneinbürgerungen stellen zunächst lediglich einen Versuch der Feindseite dar, die Durchführung der deutschen Judenmaßnahmen wenigstens für einzelne jüdische Gruppen zu verzögern, und zwar in der Erwartung, daß die militärische Entwicklung in absehbarer Zeit die Rettung des Judentums in Europa mit sich bringt.*«[116] Er erbat vom RAM Weisung, wie die ausländischen Dokumente in Zukunft zu behandeln seien, während Thadden den »*lieben Kamerad Eichmann*« anhielt, dasselbe bei Himmler zur Sprache zu bringen.[117] Letztlich kam jedoch keine grundsätzliche Regelung hinsichtlich der Anerkennung der Pässe zu Stande.

Nachdem der Schweizer Gesandte Feldscher in Berlin feststellen musste, dass die Deutschen keinerlei Anstalten machten, die ausländischen Legitimationen en gros anzuerkennen, verlegte sich seine Abteilung zunehmend auf eine Austausch-Politik, um die Juden frei zu bekommen. Dies schien ihm der einzige Weg, überhaupt Erfolge verbuchen zu können, da AA und SS hier eine gewisse Gesprächsbereitschaft signalisierten. Als im Laufe des Jahres 1944 die Möglichkeiten eines Austausches von Juden aus Bergen-Belsen erörtert wurde, äußerte Thadden Bedenken. Ein Austausch könne leicht als Präzedenzfall für die unklare Behandlung der Passfrage gewertet werden. Er drängte darauf, »*bei den Anglo-Amerikanern [...] mit allem Nachdruck*« klarzustellen, dass sich eine Anerkennung nur auf die direkte Austauschgruppe beziehe und keine allgemeine Entscheidung darstelle, von der andere Juden profitieren könnten.[118] Vor der Entscheidung Ribbentrops wolle er lieber erst die Himmlers abwarten. Aber zu einer umfassenden Regelung kam es bis Kriegsende nicht. Dennoch teilte Thadden Eichmann im Februar 1944 mit, man habe etwa Schweden gegenüber »*mehrfach betont*«, dass auf Neueinbürgerung oder Wiedererwerb der schwedischen Staatsangehörigkeit keine Rücksicht genommen werden könne.[119]

Die Schutzstaffel und Inland II bewiesen allerdings eine erstaunliche zweckorientierte Flexibilität bei der Anerkennung von Pässen, wenn dafür mit Devisen gezahlt wurde. In einer nebulösen, nicht mehr ganz rekonstruierbaren Aktion schickte Inland II im Sommer 1943 den Wissenschaftlichen Hilfsarbeiter Reinhold Boehm nach Warschau. Das Wirtschafts- und Verwaltungshauptamt der SS war an der geheimen Mission beteiligt. Ziel war die »*Regelung von Devisenfragen für im Warschauer Ghetto einsitzende ausländische Juden*«, wie es Thadden nannte.[120] Man wollte die Not der Gefangenen ausnutzen und sie für die rettenden Pässe zahlen lassen. Boehm traf sich mit dem Mittelsmann Adam Zurawin, der ihm Passanträge mit Lichtbildern, einen Um-

---

116 Vortragsnotiz Wagners für RAM vom 4.2.1944, in: PA AA, Inland IIg 169a.
117 Schreiben Thaddens an Eichmann vom 22.2.1944, in: ebd.
118 Schreiben Thaddens an Wagner vom 24.8.1944, in: ebd., Inland II A/B, R 99402. Das Schreiben wurde von Albrecht paraphiert.
119 Schreiben Thaddens an Eichmann vom 26.2.1944, in: ebd., Inland II A/B, R 99439.
120 Schreiben Thaddens an AA/Pers. vom 28.8.1943, in: ebd., Inland II A/B, R 100311.

schlag mit Geldnoten sowie einige Bankanweisungen für Guthaben auf Schweizer Konten übergab.[121] Nachdem er sich zwischen dem 1. und 6. Juli in Warschau aufgehalten hatte, reiste er zurück nach Berlin, wo er das Kuvert bei Inland II gegen Quittung abgab. Am 23. Juli fuhr Boehm weiter nach Bern. Allerdings holte er den Umschlag zuvor wieder bei Inland II ab; aus welchen Gründen ist nicht erklärlich. In der Schweizer Hauptstadt, in der der Emissär eine Woche blieb, kam es zu mehreren Treffen mit Alfred Silberschein, einem Repräsentanten des World Jewish Congress. Boehm händigte Silberschein, der bereits am Freikauf von slowakischen Juden beteiligt war, die Anträge aus. Daneben liefen Verhandlungen mit einem unbekannten Schweizer Privatmann, der sich aber weigerte, auf die Bankanweisungen hin etwas zu unternehmen. Boehm brach die Kontakte ab und verließ die Schweiz. Kurz darauf wurde er zu einer Dolmetscherkompanie der Waffen-SS eingezogen. Thadden wertete das Unternehmen als Fehlschlag und legte Wert darauf, dass über die beiden Reisen kein offener Aktenvorgang entstand.[122] Höchstwahrscheinlich hing die Mission Boehms mit den im Warschauer Hotel Polski festgesetzten Juden zusammen, die sich dort nach der Räumung des Ghettos sammelten.[123] Das Hotel wurde für die Verfolgten zum verheißungsvollen Tor zur Freiheit, da sich dort ein schwunghafter Handel mit Promesas und anderen Papieren entwickelt hatte, an dem die Gestapo reichlich Anteil nahm. So war Zurawin ein jüdischer Gewährsmann der Deutschen. Doch die Hoffnung war in den meisten Fällen trügerisch. Die Mehrzahl wurde nach Bergen-Belsen deportiert und später von dort in die Vernichtung.

Die südamerikanischen Staaten verhielten sich bei der Anerkennung der ausgegebenen Pässe teilweise sehr zögerlich. So hatte etwa die paraguayanische Regierung erklärt, alle von einem Konsul in Bern ausgestellten Papiere seien falsch, und man behalte sich eine Anerkennung ausdrücklich vor. Diese wiederum sei in »*nur in ganz wenigen Fällen*«, wie ein Schweizer Diplomat feststellte, erteilt worden.[124] Erst auf Drängen der USA sei beschlossen worden, die Dokumente befristet bis Kriegsende als gültig zu erachten. Doch die deutsche Seite betrachtete die nachträgliche Erklärung mit dem Argument, die Träger der Pässe seien keine Paraguayer, sondern in der Mehrheit Juden aus Polen, für nichtig. Die paraguayanische Schutzmacht Spanien habe sich danach bei den Deutschen nicht wieder für diese Juden verwendet.[125] Die USA übernahmen verstärkt die Nachforschungen zu Inhabern iberoamerikanischer Papiere, nach der Beurteilung Feldschers »*augenscheinlich auf Wunsch von gewissen inoffiziellen Stellen in Amerika wie des ›War Refugee Board‹ und der ›Jewish Agency‹*«. Die Deutschen sollten sie als Teil einer Austauschgruppe behandeln. Allerdings geschah der

---

121 Vgl. Aussage Boehms vom 24.2.1961, in: BA Ludwigsburg, 563 AR 60, Bd. 1.
122 Schreiben Thaddens an Wagner vom 1.10.1943, in: PA AA, Inland II A/B, R 100311.
123 Vgl. Wenck, Alexandra Eileen, Zwischen Menschenhandel und »Endlösung«: Das Konzentrationslager Bergen-Belsen, Paderborn 2000, S. 147 ff.
124 Aktennotiz Feldschers vom 31.10.1944, in: SBA Bern, E 2200.56 -/3, Bd. 1.
125 Vgl. ebd.

Vorstoß eher halbherzig. Für einen Austausch im Januar 1945 legten die USA eine Quote von nur 75 »Gefälligkeitsausweisträgern« fest.[126]

Als die militärische Macht der Achse schwand, setzten sich die Alliierten nachdrücklicher für die Passinhaber ein. Die Gesandtschaft der Schweiz hatte dem AA auf Ersuchen der US-Regierung eine Note zukommen lassen, in der davor gewarnt wurde, die Inhaber von südamerikanischen Pässen zu deportieren. Man werde die deutsche Führung zur Rechenschaft ziehen, falls diese Leute nicht in Internierungslagern unter Aufsicht des IRK untergebracht würden.[127] Der empörte Ribbentrop wies an, dem Schweizer Gesandten die Note mit der Erklärung zurückzugeben, man sehe die USA nicht als legitimiert an, für die übrigen amerikanischen Staaten zu sprechen, und man werde Noten, die Drohungen enthielten, in Zukunft wegwerfen.[128] Der zweite Mann der Rechtsabteilung, Sethe, gab Feldscher daraufhin persönlich das Dokument zurück. Der Schweizer behauptete, er sehe die USA sehr wohl als legitimiert an und fühle sich verpflichtet, auch weiterhin derartige Noten zu übermitteln, was Sethe zu der lapidaren Bemerkung veranlasste, »*daß er dann gegebenenfalls mit einer entsprechenden Behandlung (Papierkorb) zu rechnen habe*«.[129] Wagner und Thadden wurden davon unterrichtet.

Dass Thadden geneigt war, die ausländischen Legitimationen nicht anzuerkennen, belegt der Fall einer deutschen Jüdin, die wahrscheinlich erst nach ihrer Deportation in Theresienstadt auf unbekanntem Wege die kubanische Staatsbürgerschaft erworben hatte, später aber angab, diese bereits seit 1939 zu besitzen. Für die fast siebzigjährige Katharina Wach intervenierte der Schweizer Gesandte in einem Privatschreiben an Steengracht, in dem er auf die Wahrung der kubanischen Interessen durch die Schweiz hinwies.[130] Später richtete die Gesandtschaft eine offizielle Demarche an das AA. Da die Frau durch die Schwester Verbindungen zum schwedischen Hof hatte, unterstützte zudem die schwedische Gesandtschaft das Unterfangen. Die Rechtsabteilung sprach sich bei Ribbentrop dafür aus, die alte Dame in ein Internierungslager zu überstellen, um sie für Austauschzwecke zu verwenden.[131] Doch der Judenreferent war anderer Meinung. Er zweifelte die kubanische Staatsbürgerschaft mit schwachen Argumenten an und entfachte eine juristische Diskussion. Dem Schweizer Diplomaten entgegnete er in einer Besprechung, dass es ausgeschlossen sei, »*jede beliebige Einbürgerung widerspruchslos zu akzeptieren. Was denn wohl Schweizer Stellen sagen würden, wenn wir einen in der Schweiz lebenden Schweizerbürger ohne sein Wollen und Wissen zum Reichsdeutschen machen würden und im Hinblick auf diese unfreiwillige Einbürgerung sich seinetwegen mit schweizerischen Stellen in Verbindung*

---

126 Bericht Feldschers vom 16.7.1945, in: ebd., E 2001 (D) 02/11/29.
127 Vgl. Abschrift US-Note vom 18.10.1944, in: PA AA, Inland II A/B, R 99402.
128 Vgl. Schreiben BRAM an Albrecht vom 26.10.1944, in: ebd.
129 Schreiben Sethes an RAM vom 31.10.1944, in: ebd.
130 Vgl. Schreiben Albrechts an RAM vom 19.2.1944, in: ebd.
131 Vgl. ebd.

*setzten«.*¹³² Thadden konstatierte anschließend zwar, dass es mit Sondergenehmigung möglich sei, die Frau in ein Austauschprogramm aufzunehmen, teilte aber dessen ungeachtet die Auffassung der SS, die davon ausging, dass der Pass rückdatiert worden war. Den intervenierenden Stellen solle deshalb geantwortet werden, eine Freilassung sei ausgeschlossen, da die Frau die Einbürgerung verschwiegen habe und, laut Thadden, »*nunmehr die Folgen dieses Verschweigens selbst tragen müsse*«.¹³³ Obwohl die Rechtsabteilung die Jüdin weiter für einen deutsch-amerikanischen Austausch zurückhalten wollte¹³⁴, schloss sich Ribbentrop dem Vorgehen von Inland II an und beschloss, »*die Ablage*« der Sache.¹³⁵ Katharina Wach überlebte wahrscheinlich nicht, ihr Schicksal in Theresienstadt ist ungeklärt. Auch wenn eine Ausreise nicht sicher gewesen wäre, hätte die Chance bestanden, die Jüdin wenigstens in ein Internierungslager zu überstellen. Aber Thadden konnte gegen die Gesuche zweier Gesandtschaften und die Auffassung der eigenen Rechtsabteilung seinen Standpunkt durchsetzen.

Ein letzter zu schildernder Einzelfall lenkt das Augenmerk auf die Kooperation von Inland II mit den anderen Abteilungen des AA. Im Sommer 1943 unterrichtete der Sofioter Gesandte Adolf Heinz Beckerle die Zentrale davon, dass der spanische Gesandte Palencia zwei jüdische Jugendliche adoptiert habe, mit denen er nach Spanien zurückzukehren wolle. Die beiden Mädchen, Klodi Léon Arié (21 Jahre) und Renée Léon Arié (16 Jahre), waren die Kinder des hingerichteten Juden Léon Arié, der als angeblicher Schieber zum Tode verurteilt worden war.¹³⁶ Beckerle erkundigte sich, ob er den beantragten Reisesichtvermerken durch Deutschland und Frankreich stattgeben solle. Die Anfrage landete auf Thaddens Schreibtisch. Der Judenreferent verfasste eine Notiz für die Politische Abteilung. Inland II A halte es für »*dringend wünschenswert, daß den beiden Kindern [...] der Transitsichtvermerk durch das Reich versagt wird, obwohl die beiden Genannten auf Grund der Adoption durch den Spanischen Gesandten Palencia spanische Diplomatenpässe führen*«. Er rege an, über die deutsche Botschaft in Madrid den spanischen Stellen mitzuteilen, dass die Durchreise nicht genehmigt werden könne: »*[...] die Genehmigung durch das Reich für die Kinder eines durch den Strang hingerichteten jüdischen Großschiebers, die nur durch die uns völlig* [später gestrichen] *unverständliche Adoption durch den Spanischen Gesandten die spanische Staatsangehörigkeit erworben hätten, sei uns unzumutbar.*«¹³⁷ Gesandter Erich Heberlein, Leiter des Spanienreferats (Pol III), stimmte mit Thadden vollkommen überein. Man schließe sich »*Inland II A in allen Punkten an*«. Es dürften kaum Probleme entstehen, die Durchreise zu versagen, schrieb Heberlein, da selbst das spa-

---

132 Schreiben Thaddens an AA/R. vom 10.2.1944, in: ebd.
133 Schreiben Thaddens an Albrecht vom 1.3.1944, in: ebd.
134 Vgl. Scheiben Albrechts an RAM vom 4.3.1944, in: ebd.
135 Schreiben BRAM an Thadden und Albrecht vom 20.3.1944, in: ebd.
136 Vgl. Schreiben Beckerles an AA vom 4.8.1943, in: ebd., Inland IIg 206.
137 Schreiben Thaddens an Heberlein vom 12.8.1943, in: ebd.

nische Außenministerium das Vorgehen seines Gesandten missbillige.[138] Eine knappe Woche später ging ein Telegramm an Madrid, das im Wesentlichen Thaddens Einwände wiedergab. Wenig später reiste Palencia mit seiner Gattin und den beiden Adoptivkindern von Sofia nach Bukarest. Beckerle fürchtete, der Spanier versuche von dort aus, Reisevisa zu erhalten. Thadden handelte rasch und wies die Gesandtschaft in Bukarest per Telegramm an, die Sichtvermerke nicht zu erteilen.[139] Danach verliert sich die Spur der Geschwister Arié. Ihr Verbleib konnte nicht geklärt werden.[140]

Dieser Fall zeigt einmal mehr die Bereitschaft Thaddens, selbst günstige Ausreisemöglichkeiten nachhaltig zunichtezumachen. Der Judenreferent musste damit rechnen, dass den Geschwistern in Bulgarien unter Umständen der Tod drohte. Der Fall zeigt zudem, dass auch seitens anderer Abteilungen mitunter Konsens über das Vorgehen von Inland II herrschte. Heberlein, dem eine NSDAP- oder SS-Mitgliedschaft nicht nachzuweisen ist, hatte keine Bedenken, sich der Stellungnahme Thaddens anzuschließen. Er wurde 1944 an die Botschaft Madrid versetzt, wo er mit seiner Gattin im Juni vom Polizei-Attaché SS-Sturmbannführer Paul Winzer in einer Geheimaktion entführt und nach Berlin zurückgebracht wurde. Die SS fürchtete, Heberlein könne zu den Alliierten überlaufen. Zudem bezichtigte sie den Gesandten, er habe einem in Spanien untergetauchten Regimegegner geholfen. Bis Kriegsende blieb Heberlein mit Wissen des AA in mehreren Konzentrationslagern inhaftiert.[141] Dies lässt darauf schließen, dass Heberlein eigentlich kein williger Erfüllungsgehilfe war, aber Kooperation und Opposition lagen fast untrennbar beieinander.

2 Theresienstadt und Bergen-Belsen – Manöver zur Verschleierung der Verhältnisse in den Konzentrationslagern

Um die ausländischen Meldungen über die Vernichtung als bloße Propaganda zu diskreditieren und die Welt von einer integren und legitimen deutschen Judenpolitik zu überzeugen, planten Himmler und die SS mit Unterstützung des AA ein Täuschungsmanöver: Das Ghetto Theresienstadt sollte als Kulisse für die Besichtigung einer unabhängigen Kommission dienen.

In den ersten Jahren des Zweiten Weltkrieges hatten die Deutschen die Stadt in der Nähe Prags zum Judenghetto umgebaut. Das Lager sollte verschiedene Funktionen erfüllen. RSHA-Chef Heydrich hatte bereits auf der »Wannsee-Konferenz« 1942 verfügt, Theresienstadt als »Altersghetto« für Juden einzurichten, die entweder über 65

---

138 Schreiben Heberleins an Inl. II A vom 13.8.1943, in: ebd.
139 Vgl. Telegramm Wagners vom 28.8.1943, in: ebd. Das Telegramm wurde von Thadden aufgesetzt und von Wagner abgezeichnet.
140 Vgl. Schreiben IRK an ZStl. Ludwigsburg vom 15.1.1973, in: BA Ludwigsburg, AR 875/65.
141 Vgl. Weitkamp, SS-Diplomaten.

Jahren alt waren oder Auszeichnungen im Ersten Weltkrieg erhalten hatten.[142] Daneben wurden Personen eingeliefert, deren Schicksal aufgrund einer gewissen Prominenz im Ausland beobachtet wurde. Zwar kann das Ghetto als »privilegiert« im Gegensatz zu anderen KL gelten, es blieb aber eine Durchgangsstation in die Vernichtung. Insgesamt wurden etwa 141.000 Menschen nach Theresienstadt deportiert, von denen 33.500 dort starben, weitere 88.000 wurden in die Tötungslager gebracht. Von ihnen überlebten nur ungefähr 3.500. Im Laufe der Zeit wurde mit dem Ghetto ein weiterer Zweck verfolgt. Nach Eichmanns Meinung wollte Himmler mit Theresienstadt ein »*Aushängeschild*« haben. Der Judenreferent der SS fasste dessen Intention folgendermaßen zusammen:

> »Er wollte damit eben einen kleinen Beweis in der Hand haben, denke ich mir, wenn irgendwelche besonderen Stellen des Auslandes bei ihm vorsprachen über Judentötungen usw., daß er hätte sagen können: ›Das stimmt ja gar nicht, gehen Sie nach Theresienstadt.‹ Und dann hätten sich diese Leute gesagt: ›Na ja, so schlimm wie die Presse schreibt oder die Propaganda sagt, scheint es ja doch nicht zu sein.‹«[143]

Eine Besichtigung war noch im Herbst 1942 vehement abgelehnt worden, als der Vertreter des IRK in Berlin, Dr. Roland Marti, in einem Gespräch mit Sethe auf einer Besichtigung beharrte: »*J'ai insisté tout particulièrement sur la nécessité de voir Theresienstadt, grand camp ou ne se trouvent que des vieillards ou des malades.*«[144] Doch der Deutsche habe jeden Besuch in Theresienstadt oder einem anderen Judenlager »*nettement refusée*«.[145]

Während dem IRK zunächst ein Besuch verwehrt blieb, nahm Thadden das »Vorzeigeghetto« persönlich in Augenschein. Am Nachmittag des 18. Juni 1943 rief Eichmann persönlich in der Dienststelle des Deutschen Roten Kreuzes (DRK) an und bat, einen Mitarbeiter zu der anberaumten Besichtigung am 28. Juni zu entsenden.[146] Einen Tag später stellte Thadden einen Antrag auf Dienstreise nach Prag vom 27. bis zum 29. Juni zwecks »*Besichtigung des Ghettos Theresienstadt gemeinsam mit Vertretern der Parteikanzlei und des Roten Kreuzes*«.[147] Wagner genehmigt den Antrag.

---

142 Vgl. Protokoll der Wannsee-Konferenz, in: PA AA, Inland IIg 177.
143 Lang, Jochen von, Das Eichmann-Protokoll. Tonbandaufzeichnungen der israelischen Verhöre, hg. von Jochen von Lang, Wien 1991, S. 168. Vgl. auch Cesarani, Adolf Eichmann, S. 194 ff.
144 Schreiben Martis an IRK Genf vom 1.10.19142 (Annexe 8), in: Documents Du Comité International de La Croix-Rouge Concernant Le Ghetto De Theresienstadt, hg. vom Komitee des Internationalen Roten Kreuzes (Archiv), Genf 1990.
145 Schreiben Martis an IRK Genf vom 7.11.1942, in: ebd.
146 Vgl. Notiz DRK [o. D.], in: BA Berlin, R 58/89. Ebenso Kárný, Miroslav, Besuch im Ghetto, Die Geschichte eines fatalen Berichts, in: Patient Geschichte, hg. von Karsten Linne u. a., Frankfurt/Main 1993, S. 280-296.
147 Reiseantrag Thaddens vom 19.6.1943, in: PA AA, Geldakte Eberhard von Thadden.

Am 28. Juni trafen sich die Herren morgens um 9 Uhr in Prag in der Dienststelle des örtlichen Befehlshabers des SD in der Kastanienallee 19 zu einer Einführung. Die kleine Kommission bestand aus dem Diplomaten Thadden, dem Chef des Auslandsdienstes des DRK, Walther Hartmann, dessen Stellvertreter Heinrich Niehaus und einem Vertreter der Kanzlei des Führers, SA-Oberführer Werner Blankenburg. Die Leitung übernahmen Eichmann und der SS-Standartenführer Friedrich Sowa. Vermutlich nahm auch Rudolf Kröning an der Führung teil. Kröning war im RSHA im Amt IV F für die im Reich lebenden Ausländer zuständig und kooperierte mit Eichmann kontinuierlich bezüglich der ausländischen Juden.[148] Im Ghetto angekommen, erläuterte Eichmann im SD-Kasino den Zweck der Besichtigung. Die Ergebnisse des Besuchs sollten überstaatlichen Organisationen wie dem IRK zugänglich gemacht werden. Daneben sei angedacht, den Wünschen dieser Stellen nach einer Besichtigung von Ghettos nachzukommen.[149] Es handelte sich also um eine Art Testlauf für Theresienstadt als »Mustersiedlung«.

Die kleine Delegation wurde sodann im Lager herumgeführt und konnte Bank, Krankenhaus, Bäckerei, Apotheke, Essensausgabe, Kaffeehaus, Verwaltung, Krematorium, Post, Schwimmbad und industrielle Produktionsstätten in Augenschein nehmen. Der Eindruck war im Großen und Ganzen positiv. Allerdings fiel die Überbelegung des Ghettos negativ auf, da es statt der üblichen Belegung von 25.000 Personen mit 43.000 Internierten hoffnungslos überfüllt war. Die Unterkünfte seien der Kommission deshalb nur sporadisch gezeigt worden. Die Begehung war verhältnismäßig kurz, und man machte sich bereits gegen 14 Uhr auf den Weg zurück nach Prag. DRKler Hartmann resümierte, die SS habe die Teilnehmer »*ganz besonders kameradschaftlich und verständnisvoll*« aufgenommen und schickte eine Kopie seines Berichts an das RSHA.[150]

Besser dokumentiert ist der zweite Besuch Thaddens im Sommer 1944. Die Vorgeschichte dieser Besichtigung, die zur informatorischen Farce für das Ausland werden sollte, begann im Herbst 1943. In Dänemark war eine groß angelegte Judenaktion durchgeführt worden, doch durch das couragierte Eingreifen des einheimischen Widerstandes, der dänischen und schwedischen Behörden und sogar einiger Besatzungsorgane konnte die Durchführung konterkariert werden. In der Folge gelang es vielen, über die Ostsee nach Schweden zu entkommen.[151] Trotzdem konnten etwa fünfhundert Juden verhaftet und deportiert werden. Doch die Dänen zeigten große Anteilnahme an dem Schicksal ihrer Landsleuten. Der Reichsbevollmächtigte für Dänemark, SS-Obergruppenführer Werner Best, besprach sich Anfang November mit Eichmann, um den Druck niedrig zu halten. Eichmann gab die Zusage, dass die däni-

---

148 Vgl. Aussage Thaddens vom 24.5.1962, in: HStA Düsseldorf, Ger.Rep. 192/203 u. Vernehmung Thaddens vom 18.6.1947, in: IfZ München, ZS 359/1 Eberhard von Thadden.
149 Vgl. Bericht Hartmanns vom 30.6.1943, in: BA Berlin, R 58/89.
150 Notiz DRK [o. D.], in: ebd.
151 Vgl. Herbert, Best, S. 360 ff. u. 371 f.

schen Juden in Theresienstadt verbleiben und nicht weiter in den Osten deportiert würden. Ein Besuch durch das Dänische Rote Kreuz und die dänische Verwaltung wurde in Aussicht gestellt. So genannte »Halbjuden« und Personen in »Mischehe« sollten zurückkehren dürfen.[152] Unterstaatssekretär Hencke begrüßte einen Tag später während der Direktorenbesprechung Eichmanns Vorschläge und ersuchte Inland II, möglichst schnell eine Entscheidung des RSHA herbeizuführen.[153]

Daraufhin setzte das Dänische Rote Kreuz alle Hebel in Bewegung und trat sowohl an die deutsche Schwesterorganisation wie an Best mit der Bitte heran, die fortgeschafften Dänen besuchen zu dürfen. Schon am 4. November sicherte das RSHA dem Deutschen Roten Kreuz daraufhin eine generelle Erlaubnis zu.[154] Die SS war sich der propagandistischen Notwendigkeit der Aktion zur Geheimhaltung der Vernichtung voll bewusst.

Das dänische Außenministerium unterstützte das Vorhaben beim Reichsbevollmächtigten Best, der die Demarche an das AA weiterleitete und bemerkte, mögliche Besuche würden »*in Dänemark sehr beruhigend wirken*«.[155] Das Telegramm landete schließlich auf Thaddens Schreibtisch, der eine Vorlage beim RAM für unnötig hielt, denn die SS hatte bereits für Anfang 1944 einen Besuch genehmigt. Best wurde davon unterrichtet.[156]

Gleichzeitig fragte Thadden bei Eichmann an, ob man Entgegenkommen zeigen könne und eine Vorverlegung des Termins möglich sei.[157] Doch dazu sah Eichmann keine Veranlassung, der an einem Termin im Frühjahr 1944 festhielt.[158] Seine sture Haltung zielte auf bloßen Zeitgewinn, denn die SS musste das Ghetto entsprechend maskieren. Im Februar 1944 trafen sich Thadden und Eichmann, der den Diplomaten darüber in Kenntnis setzte, dass man vor Mai keine Besichtigung wünsche. Eichmann führte unter anderem einen schlichten botanischen Grund hierfür an: Das RSHA hielt einen Besuch »*aus optischen Gründen erst nach › Verschönerung der Landschaft durch Grünwerden der Bäume‹*« für sinnvoll.[159] Das AA folgte der Bitte und hielt den dänischen Gesandten in dieser Frage solange hin.[160]

Gleichzeitig mit dem Bemühen um die Besuchserlaubnis machten sich die dänischen Behörden für die Rückführung einiger Verschleppter stark. Die Akten legen nahe, dass tatsächlich fünf Deportierte aus Theresienstadt wieder in die Heimat zurückkehren durften, die vonseiten Dänemarks als »Judenmischlinge« namhaft gemacht

---

152 Vgl. Telegramm Bests vom 3.11.943, in: ADAP, Serie E, Bd. VII, Nr. 75.
153 Vgl. Schreiben Geigers an Wagner vom 4.11.9143, in: PA AA, Inland IIg 9.
154 Vgl. Schreiben DRK (Hartmann) an Eichmann vom 12.5.1944, in: BA Berlin, R 56/89.
155 Telegramm Bests vom 19.11.1943, in: PA AA, Inland II A/B, R 99414. Vgl. ferner Kárný, Besuch im Ghetto, S. 282 ff.
156 Vgl. Schreiben Thaddens an BRAM vom 22.11.1943, in: PA AA, Inland II A/B, R 99414.
157 Vgl. Schreiben Thaddens an Eichmann vom 22.11.1943, in: ebd.
158 Schreiben Eichmanns an Thadden vom 14.12.1943, in: ebd.
159 Vgl. Aufzeichnung Thaddens für Wagner vom 7.6.1944, in: ebd.
160 Vgl. Schreiben Thaddens an Eichmann vom 25.2.1944, in: ebd.

2 Theresienstadt und Bergen-Belsen – Manöver zur Verschleierung der Verhältnisse

worden waren. Doch das RSHA zeigte sich nicht gewillt, weitere Konzessionen zu machen. Den übrigen Eingaben begegnete es mit der gewohnten Verzögerungstaktik und dem willkommenen Anlass, dass Akten bei Bombenangriffen vernichtet worden seien. »*Was im übrigen leider auch zutreffend ist*«, wie Thadden notierte.[161] Mit dem gleichen Argument lehnte das RSHA es ab, den Dänen eine vollständige Liste der Deportierten zukommen zu lassen. Im Januar 1944 wurde ein Mitglied der dänischen Gesandtschaft bei Thadden vorstellig, um sich nach verschiedenen Einzelpersonen zu erkundigen, die angeblich irrtümlich deportiert worden seien.[162] Thadden entschuldigte die Verzögerungen mit dem Hinweis auf die verbrannten Akten.[163]

Mit beachtenswerter Courage beharrten die Dänen auf dem Thema. Während eines Routinebesuchs bei Unterstaatssekretär Hencke im Februar 1944 kam der dänische Gesandte »*wie stets*« auf die Repatriierung der versehentlich als Volljuden deportierten Personen zu sprechen, was Hencke obligatorisch mit den vernichteten Akten beantwortete, die erst rekonstruiert werden müssten.[164] Hencke insistierte daraufhin bei Inland II wegen einer beschleunigten Rückführung der möglicherweise fälschlich Deportierten.

Das dänische Außenministerium wurde auch bei Best vorstellig, um die Sache in Bewegung zu halten. Schon um sich die Besatzungsaufgaben zu erleichtern, befürwortete der Reichsbevollmächtigte einen Besuch in den Lagern, »*weil hierdurch die in Dänemark umlaufenden, durch eine Reihe von Todesfällen dänischer Häftlinge ausgelösten oder verstärkten Gerüchte über unmenschliche Behandlung in den deutschen Konzentrationslagern widerlegt werden könnten*«.[165] Thadden ließ die deutsche Gesandtschaft in Kopenhagen kurz darauf wissen, daß Himmler dem Anliegen für die zweite Maihälfte stattgegeben hatte. Allerdings halte das AA eine dänische Kommission, die mit dem Abteilungschef Frants Hvass vom Außenministerium und dem Präsidenten des Dänischen Roten Kreuzes Helmer Rosting besetzt sei, für zu hochkarätig. Man wünsche sich ein Mitglied der dänischen Gesandtschaft in Berlin (nicht den Gesandten) und einen niederen Vertreter des Roten Kreuzes.[166] Best sprach sich aber weiterhin für Hvass aus, um »*beruhigende Feststellungen zu verbreiten und damit den hier erstrebten politischen Zweck dieses Besuches zu verwirklichen*«.[167]

Anfang April vertröstete Hencke den dänischen Gesandten erneut, diesmal auf Mai. Der ausländische Diplomat war enttäuscht, da die Termine bereits im Januar und März aufgeschoben wurden.[168] Im Mai brachte der Gesandte Hvass als Verstärkung

---

161 Schreiben Thaddens an Hencke vom 4.1.1944, in: ebd.
162 Vgl. Notiz dänischer Ges. Berlin vom 19.1.1944, in: ebd.
163 Vgl. Schreiben Thaddens an Eichmann vom 16.2.1944, in: ebd.
164 Schreiben Henckes an Inl. II vom 18.2.1944, in: ebd.
165 Telegramm Bests vom 27.3.1944, in: ebd.
166 Vgl. Telegramm Thaddens vom 3.4.1944, in: ebd.
167 Telegramm Bests vom 4.4.1944, in: ebd.
168 Vgl. Schreiben Henckes an Inl. II vom 3.4.1944, in: ebd.

für das Gespräch mit Hencke mit. Hvass drängte darauf, dass der Termin in der zweiten Monatshälfte zugesichert worden sei. Ohne das konkrete Datum zu kennen, versuchte der verlegene Hencke die Dänen auf Ende Mai hinzuhalten.[169]

Im April 1944 ergriffen die Schweden die Gelegenheit, sich an einer Besichtigung zu beteiligen. Nicht näher definierte Kreise der Gesandtschaft in Berlin brachten zum Ausdruck, dass man es sehr begrüßen würde, wenn einem Vertreter des Schwedischen Roten Kreuzes die Teilnahme gestatten würde. Dadurch könne den »*Greuelmeldungen*« im Schweden begegnet werden, die durch emigrierte dänische Juden kolportiert würden.[170] Das Ansinnen lag vollkommen auf Thaddens Linie, und er empfahl Eichmann wärmstens, die Schweden teilnehmen zu lassen.

In diesen Monaten versuchte auch das DRK mehrfach, einen Besichtigungstermin zu bekommen. Der stellvertretende Chef des Auslandsdienstes Niehaus wies das RSHA darauf hin, dass die Besichtigung eines Judenlagers nach den sich verstärkenden, ausländischen Anfragen opportun sei. Doch er wurde von der SS gleichfalls bis zum »*Eintritt der günstigen Jahreszeit*« hingehalten.[171]

Am 17. Mai schließlich erreichte Thadden das Schreiben der Dienststelle Eichmanns, dass Himmler den Besuch von Dänen und Schweden für Anfang Juni genehmigt habe. Zu der Gruppe werde noch ein Vertreter des IRK und Heinrich Niehaus stoßen.[172] Die Verzögerung auf Juni kam durch die erst spät ins Auge gefasste Teilnahme des IRK zu Stande. Davon versprach sich die SS, dass es bei einem einzigen, umfassenden Besuch bleiben würde, um Theresienstadt nicht ständig für ausländische Besuchergruppen camouflieren zu müssen.[173] Gleichzeitig wollte die SS den Kreis der Beteiligten möglichst klein halten. SS-Hauptsturmführer Ernst Moes vom Stab Eichmanns teilte dem DRK mit, dass man am liebsten nur einen Vertreter des IRK in der Delegation sehen wolle.[174]

Es traten weitere kleine Verzögerungen auf, da sich die beteiligten Organisationen nicht sofort auf einen gemeinsamen Termin festlegen ließen. Zudem wünschte Gestapochef Müller, sich zuvor selbst ein Bild von dem Ghetto zu machen. Zwischenzeitlich war die SS sogar geneigt, den Besuch ganz abzusagen, falls sich herausstellen sollte, dass es sich bei den alliierten Landungen in der Normandie am 6. Juni 1944 tatsächlich um die erwartete große Invasion handelte.[175]

---

169 Vgl. Schreiben Henckes an Inl. II vom 12.5.1944, in: ebd.
170 Schreiben Thaddens an Eichmann vom 6.4.1944, in: ebd.
171 Schreiben Niehaus an CdS vom 14.3.1944; vgl. auch Schreiben vom 26.4. u. 12.5.1944, alle in: BA Berlin, R 58/89.
172 Vgl. Schreiben CdS an Thadden vom [15.5.]1944, in: PA AA, Inland II A/B, R 99414 u. Schreiben CdS an Niehaus vom [15.5.]1944, in: BA Berlin, R 58/89.
173 Vgl. Aufzeichnung Thaddens für Wagner vom 7.6.1944, in: PA AA, Inland II A/B, R 99414.
174 Vgl. Aktennotiz DRK vom 14.6.1944, in: BA Berlin, R 58/89.
175 Vgl. Aufzeichnung Thaddens für Wagner vom 7.6.1944, in: PA AA, Inland II A/B, R 99414.

2 Theresienstadt und Bergen-Belsen – Manöver zur Verschleierung der Verhältnisse

Der schleppende Fortgang erzürnte besonders die Politische Abteilung des AA. Zumal ihr Leiter Hencke bis dato mehrfach in die peinliche Bredouille geraten war, beim dänischen Gesandten gemachte Zusagen revidieren zu müssen. Hencke brachte in einer Direktorenbesprechung das Thema aufs Tapet und bat Staatssekretär Steengracht, die Angelegenheit mit Kaltenbrunner persönlich zu besprechen und auf eine sofortige Terminfestsetzung zu bestehen, »*da sich Gr. Inland II beim RSHA anscheinend nicht durchsetzen könne*«. Hencke hielt die Erfüllung des Anliegens für unbedingt erforderlich, da die Sache durch die »*unzähligen Interventionen und die sich immer erneut hinhaltenden Antworten des AA*« für die Dänen zur »*Prestigefrage*« geworden sei.[176] Nach dem indirekten Tadel zog Thadden, der nun an den Rand seiner Befugnisse stieß, seinen Vorgesetzten Wagner hinzu, damit dieser selbst Verhandlungen mit Kaltenbrunner aufnehme. Aber Eichmann setzte kurz darauf den Termin für den 23. Juni 1944 fest und informierte das DRK und Thadden.[177] Dadurch wurde eine Besprechung mit Kaltenbrunner obsolet.

Thadden stand als Vertreter des AA in der Besucherkommission fest. Anfang Juni reichte er für den 22. bis 26. Juni einen Dienstreiseantrag nach Prag zur »*Besichtigung des Judenlagers Theresienstadt*« ein.[178] Er erbot sich darüber hinaus, die Dänen und Schweden persönlich von Berlin nach Theresienstadt zu begleiten.[179] Eine Rückbegleitung fiel allerdings aus, da Thadden von Prag direkt zu einer Tagung nach Frankfurt am Main weiterreisen würde.[180]

Nach einem dreiviertel Jahr Vorlaufzeit fand der Besuch schließlich am 23. Juni 1944 statt. Anwesend waren vonseiten Dänemarks Hvass und Eigil Juel Henningsen vom Gesundheitsministerium, der anstatt Helmer Rostings das Dänische Rote Kreuz repräsentierte. Für den eigentlich vorgesehenen Marti, Chef der IRK-Delegation in Berlin, wurde ersatzweise Dr. Maurice Rossel bestimmt, da Marti sich durch eine Reise nach Genf verhindert sah.[181] Deutscherseits nahm ein gewisser von Heydekampf als Abgeordneter des DRK teil, der kurzfristig Heinrich Niehaus ersetzte. Dazu kam eine SS-Korona: der Befehlshaber der Sicherheitspolizei (BdS) in Prag, Erwin Weinmann sowie Eichmanns Mitarbeiter Rolf Günther und Ernst Moes. Die Führung übernahm Lagerkommandant SS-Obersturmführer Karl Rahm, begleitet von den SS-Führern Hans Günther und Gerhard Günnel, die in der Prager »Zentralstelle für jüdi-

---

176 Aufzeichnung Thaddens für Wagner vom 7.6.1944, in: ebd.
177 Vgl. Schreiben Eichmanns an Thadden vom 13.6.1944, in: ebd. u. Schreiben Eichmanns an Niehaus vom 13.6.1944, in: BA Berlin, R 58/89.
178 Reiseantrag Thaddens vom 1.6.1944, in: PA AA, Geldakte Eberhard von Thadden.
179 Vgl. Schreiben Thaddens an Wagner vom 14.6.1944, in: PA AA, Inland II A/B, R 99414.
180 Dabei handelte es sich vermutlich um eine antijüdische Tagung der Dienststelle Rosenberg, zu der Thadden aber nicht erschien.
181 Vgl. Schreiben DRK an AA vom 16.6.1944, in: ebd.

sche Auswanderung« arbeiteten.[182] Thadden behauptete später, Eichmann sei ebenfalls anwesend gewesen, was aber nicht bestätigt werden kann.

Die Schweden hingegen hatten von einer Beteiligung wieder Abstand genommen, da am Wochenende des 23. bis 25. Juni das traditionelle *midsomar* gefeiert wurde, das schwedische Sommersonnenwendefest. Sie entschuldigten sich damit, dass wegen der Festlichkeiten niemand die Gesandtschaft verlassen könne.[183] Der Verweis auf den Feiertag wirkt angesichts der Bedeutung der Besichtigung auf den ersten Blick als fadenscheinige Ausrede. Es kann nur angenommen werden, dass man sich nicht vor den deutschen Propagandakarren spannen lassen wollte.

Die SS-Führung war in den vergangenen Monaten nicht untätig geblieben und hatte den Besuch der Kommission generalstabsmäßig vorbereitet, und der Rundgang war nach einem minutiös ausgefertigten Drehbuch geplant. Den Ausländern sollte eine perfekte Illusion vorgeführt werden, die zufriedene Bewohner einer autonomen, gut versorgten und prosperierenden Stadt zeigte. Ende 1943 hatten die Vorbereitungen unter Lagerführer Rahm begonnen, der sich auch der jüdischen Insassen hierfür bediente. Mit großem Aufwand waren Straßen ausgebessert, Rasen ausgelegt und Rosenstöcke gepflanzt worden. Man hatte einen Musikpavillon gebaut und Parkbänke installiert, es gab Terrassen mit Kaffeetischen und Sonnenschirmen, die Kurortatmosphäre schaffen sollten. Es waren Spielplätze und ein Kindergarten entstanden. Die Häuser waren teilweise neu verputzt und gestrichen worden, häufig reichte ein Schild über der Tür, um aus ihnen eine Schule, eine Bäckerei, eine Bibliothek oder eine Feuerwehrwache zu machen. Es existierten nun ein Theater und eine Lesehalle. Einige Wohnungen waren mit schicken Möbeln, Bildern und Teppichen wohnlich ausgestattet worden, um die Täuschung zu perfektionieren. Der Name »Ghetto« war gegen »jüdisches Siedlungsgebiet« getauscht und die Insassen waren zu Einwohnern geworden. Die Grußpflicht gegenüber der Lager-SS entfiel.[184] Die SS hatte sich auch der leisen Kritik des DRKs beim Besuch im Sommer 1943 angenommen. Um diesmal die Überbelegung des Ghettos zu reduzieren, hatte sie Tausende in die Todeslager deportiert.

Am 23. Juni 1944 konnte die Vorstellung beginnen, und sie lief wie geplant. Der Älteste des Judenrates, Paul Eppstein, gab eine kurze Einführung, woran sich ein fast sechsstündiger Rundgang bei strahlendem Sonnenschein anschloss. Die SS überließ es Eppstein, die meisten der geschönten Informationen zu geben. Die Besucher durften fotografieren und mit den Juden sprechen. Die Dänen nahmen Kontakt zu ihren

---

182 Zit. nach Berichts Rossels [vom 23.6.1944], in: Kárný, Miroslav, Maurice Rossels Bericht über seine Besichtigung des Theresienstädter Ghettos am 23. Juni 1943, in: Theresienstädter Studien und Dokumente, hg. von Kárný/Kemper/Kárná, Prag 1996, S. 276-320, hier S. 285 u. 302. Der Text liegt hier in einer vollständigen und kommentierten Fassung vor. Vgl. ferner DRK-Bericht vom 27.6.1944, in: BA Berlin, R 58/89.
183 Vgl. Schreiben Thaddens an StS vom 12.10.1944, in: PA AA, Inland II A/B, R 99414.
184 Vgl. Adler, H. G., Theresienstadt 1941–1945. Das Antlitz einer Zwangsgemeinschaft. Geschichte, Soziologie, Psychologie, Tübingen ²1960, S. 165 ff. u. S. 180.

2 Theresienstadt und Bergen-Belsen – Manöver zur Verschleierung der Verhältnisse

Landsleuten auf, stellten zwar einen verständlichen psychischen Druck fest, schöpften aber keinen tieferen Verdacht. Das Orchester spielte im Musikpavillon Stücke von Verdi, im Theater wurde Shakespeare gegeben und auf dem Südberg fand vor Publikum ein Fußballspiel statt.[185] Thadden stellte seit seinem Besuch im letzten Sommer fest, dass mit dem neuen Schwimmbad und den Kindereinrichtungen weitere Fortschritte gemacht worden seien.[186] Besonderes Augenmerk richtete der deutsche Diplomat auf das Krematorium, weil Gerüchte im Ausland wähnten, dort würden sechstausend Juden täglich verbrannt. Dieser Ort sei auch besichtigt worden, so Thadden später, aber bei den wenigen Muffeln habe er sich eine Leistung von sechstausend Leichen nicht vorstellen können. Er hätte bei Eichmann um andere Lagerbesichtigungen gebeten mit dem Argument, »*daß uns die Propaganda im Ausland über die angebliche Verbrennung von Juden politisch sehr unerwünscht ist und wir deshalb an einem Besuch von Auschwitz usw. sehr interessiert seien.*«[187] Eichmann habe abgelehnt, da dort V-Waffen gebaut würden.[188]

Am Abend gab der Staatssekretär des Reichsprotektorats von Böhmen und Mähren, Karl Hermann Frank, der seit Sommer 1943 die faktische Macht im Protektorat ausübte, einen Empfang auf dem Hradschin. Bei dem Abendessen wurde Thadden zwischen Eichmanns Stellvertreter Günther und Hvass platziert. Am nächsten Tag folgte eine Führung durch die Sehenswürdigkeiten Prags. Der Judenreferent war an einer zuvorkommenden Behandlung der Gäste interessiert und schlug Wagner vor, Hvass und Juel Henningsen nach deren Rückkehr in Berlin zum Frühstück einzuladen.

Hvass nutzte den Besuch, um der SS eine Liste mit 481 Namen jüdischer Bürger mit der Bitte zu übergeben, deren Verbleib zu recherchieren. Das RSHA stellte anschließend fest, dass nur 295 von ihnen Dänen waren und 135 Personen deutsche Emigranten. Kleinere Kontingente seien Juden aus Böhmen und Mähren, die nicht nachgeprüft werden könnten. Fünfzehn Dänen und acht Emigranten seien bereits verstorben.[189] Thadden übergab später in Berlin Hvass die Antwort der SS. Der Däne zeigte sich von der raschen Erledigung überrascht und wollte wissen, welche der 295 Personen nun dänische Staatsbürger seien. Diese detaillierte Information hatte die SS nicht weitergegeben. Thadden verhielt sich wenig kooperativ und entgegnete, dies müssten die Dänen selbst herausfinden.[190]

Die Theresienstädter Inszenierung verfehlte ihren Zweck nicht. IRK-Vertreter Rossel zog ein positives Fazit: »Wir möchten sagen, dass unser Erstaunen ungeheuer

---

185 Zit. nach Berichts Rossels [vom 23.6.1944], in: Theresienstädter Studien und Dokumente, S. 285 ff. Vgl. auch Adler, Theresienstadt, S. 173 ff.
186 Vgl. DRK-Bericht vom 27.6.1944, in: BA Berlin, R 58/89.
187 Vernehmung Thaddens vom 11.6.1946, in: SUB Göttingen, HSD, Nürnberger Prozessakten, IMT, Kommissionsprotokolle.
188 Aussage Thaddens vom 22.11.1951, in: HStA Düsseldorf, Ger.Rep. 192/12.
189 Vgl. Schreiben Günthers an Thadden vom 27.6.1944, in: PA AA, Inland II A/B, R 99414.
190 Vgl. Schreiben Thaddens an Eichmann vom 29.6.1944, in: ebd.

groß war, im Ghetto eine Stadt zu finden, die ein fast normales Leben lebt, wir haben es schlimmer erwartet.«[191] Das DRK fasste den Besuch ähnlich zusammen: »Auf sämtliche Herren war der Gesamteindruck der Siedlung sehr gut, besonders waren sie über das gute Aussehen der Siedlungsbewohner und die überall herrschende Sauberkeit angenehm berührt.«[192] Auch Thaddens Erinnerung war unbeschwert. Er sah keinen Anlass zur Kritik. Es hätte eine gute ärztliche Versorgung gegeben, daneben Altenheime und Kinderhorte. Die Gäste der Badeanstalt seien gut genährt gewesen.[193]

Die Reaktionen der Besucher lagen ganz im Sinne der SS-Führung, und auch Thadden dürfte mit Befriedigung das Dankesschreiben von Rossel zur Kenntnis genommen haben, in dem sich der Schweizer persönlich für die Durchführung des Unternehmens bedankte: »*Die Reise nach Prag wird uns in bester Erinnerung bleiben, und es freut uns, Ihnen nochmals versichern zu dürfen, daß unser Bericht über den Besuch von Theresienstadt für Viele eine Beruhigung bedeuten wird, da die Lebensbedingungen zufriedenstellend sind.*«[194] Rossel legte zwei Sätze von Fotografien bei, von denen Thadden einen an die schwedische Gesandtschaft weiterleitete. Der andere wurde nach Weisung Wagners dem Staatssekretär vorgelegt. Zwei weitere Sätze gingen vom IRK an das RSHA. Thaddens Erleichterung ist in seiner Antwort an Rossel spürbar. Er gratulierte, dass die Aufnahmen so gut gelungen seien, und er werde sie gelegentlich verwenden, »*wenn mich Ausländer erneut auf angebliche Greuel in Theresienstadt ansprechen.*«[195] Von dieser Ankündigung machte Thadden auch Gebrauch, als ihn im Oktober 1944 der schwedische Legationssekretär Otter aufsuchte, der sich für einzelne Juden in Theresienstadt einsetzte. Der Deutsche erwiderte, dass es den Juden dort nicht schlecht gehe, was der Besuch der Kommission bewiesen hätte. Wohl verbittert über die damalige Absage der Schweden schob Thadden nach, es sei ja Gelegenheit gegeben worden, sich davon selbst zu überzeugen. Wenn man dies aufgrund eines schwedischen Feiertages versäumt habe, »*sei das schließlich nicht unser Fehler*«.[196] (☞ Siehe *Abb. 10* bis *12*).

Auch das DRK leitete einen Bericht an das RSHA weiter und legte eine Zusammenfassung des Rossel-Berichts bei. Der Verfasser, wahrscheinlich von Heydekampf, kritisierte aber, dass der Schweizer das Ghetto als »*Endlager*« bezeichnet habe, was in Genf bezweifelt würde, da in vielen Fällen eine Weiterverlegung vorgekommen sei. Der DRK-Delegierte vermerkte noch die besondere Bedeutung der Lageraufnahmen. Viele Kreise in der Schweiz hätten erst nach Vorlage der Bilder, vor allem von den Kindergärten und den spielenden Kindern, dem Bericht des IRK Glauben geschenkt.[197]

191 Zit. nach Berichts Rossels [vom 23.6.1944], in: Theresienstädter Studien und Dokumente, S. 296.
192 DRK-Bericht vom 27.6.1944, in: BA Berlin, R 58/89.
193 Vgl. Vernehmung Thaddens vom 11.6.1946, in: SUB Göttingen, HSD, Nürnberger Prozessakten, IMT, Kommissionsprotokolle.
194 Schreiben Rossels an Thadden vom 1.7.1944, in: PA AA, Inland II A/B, R 99414.
195 Schreiben Thaddens an Rossel vom 26.7.1944, in: ebd.
196 Schreiben Thaddens an StS vom 12.10.1944, in: PA AA, Inland II A/B, R 99439.
197 Schreiben DRK »Judensiedlung Theresienstadt« [Heydekampf], o. D., in: BA Berlin, R 58/89.

2 Theresienstadt und Bergen-Belsen – Manöver zur Verschleierung der Verhältnisse

Abb. 10 Der Musikpavillon

Abb. 11 Ein Mitglied der jüdischen Lagerpolizei

Abb. 12 Jüdische Kinder mit Betreuerinnen

Der Kommissionsbesuch sprach sich im Ausland herum und führte sogar zu einem amateurhaften Rettungsversuch, als eine schwedische Journalistengattin nach Berlin reiste, die von dem Bericht des Dänischen Roten Kreuzes erfahren hatte und nun dem deutschen Diplomaten Rudolf Schleier von der Kulturpolitischen Abteilung eine Einreise dänischer Juden nach Schweden anbot. Schleier log sie an, er habe mit »Judenfragen« nichts zu tun, und Thadden leitete den Vorfall an Eichmann weiter, doch dabei blieb es.[198]

Die erhoffte große Propagandawirkung erzielte der Coup jedoch nicht. Die dänischen Berichte gelangten kaum über die Landesgrenzen heraus, und Rossels Bericht wurde vom IRK nicht veröffentlicht, da er viel zu günstig abgefasst war. Insbesondere die Feststellung, Theresienstadt sei ein »Endlager«, rief berechtigte Zweifel hervor.[199] Rossel ist später für seine Darstellung stark kritisiert worden, die erst 1990 erstmalig vollständig publiziert wurde. Trotzdem rückte er nicht von seinem Bericht ab und sagte noch 1979 in einem Interview: »*Auch heute würde ich ihn wieder unterschreiben.*«[200]

Thaddens dritter und letzter Besuch in Theresienstadt erfolgte am 6. April 1945, als er erneut im Beisein von IRK-Vertretern, Diplomaten und SS-Führern für etwa drei Stunden im Ghetto war.[201] Der Grund war abermals eine Täuschung über die Verhältnisse in den Konzentrationslagern, nun im Angesicht der Niederlage. Niemand wusste zu diesem Zeitpunkt, wie ein Frieden aussehen würde, aber es war eindeutig, dass der Judenmord eine untilgbare Hypothek sein würde. In Teilen der deutschen Administration und der SS herrschte selbst im April 1945 noch der absurde Plan vor, die Spuren zu beseitigen, um die »Endlösung« ungeschehen zu machen. Thadden sagte später: »*Der ganze Besuch im April 1945 war überhaupt vom Auswärtigen Amt in die Wege geleitet worden, um dieses Gerücht im Ausland mal ganz deutlich widerlegen zu können.*«[202] Im März hatten Mitglieder des IRK bei SS-Gruppenführer Müller wegen der Besichtigung der KLs vorgesprochen, der den Besuch in Theresienstadt genehmigte. Ähnlich wie Thadden hoffe Müller, »*dadurch einen Schlußstrich unter die feindliche Lügenpropaganda setzen zu können*«.[203]

Die Kommission bestand diesmal unter anderem aus den internationalen Rotkreuzlern Otto Lehner und Paul Dunant, Eichmann, Thadden und einem Schweizer

---

198 Vgl. Schreiben Schleiers an Thadden vom 13.7.1944 u. Schreiben Thaddens an Eichmann vom 14.7.1944, in: PA AA, Inland II A/B, R 99414.
199 Vgl. Adler, Theresienstadt, S. 178 f., S. 319 u. Karny, Besuch im Ghetto, S. 290.
200 Interview Rossels, abgedruckt in: Kárný, Miroslav, Als Maurice Rossel zu sprechen begann, in: Theresienstädter Studien und Dokumente, hg. von Kárný/Kemper/Niklas, Prag 2000, S. 164-191, hier S. 186.
201 Vgl. Aussage Thaddens vom 24.5.1962, in: HStA Düsseldorf, Ger.Rep. 192/203 u. Aussage Thaddens vom 25.5.1948, in: BA Koblenz, Z 42 IV/7200.
202 Vernehmung Thaddens vom 11.6.1946, in: SUB Göttingen, HSD, Nürnberger Prozessakten, IMT, Kommissionsprotokolle.
203 Internationales Komitee vom Roten Kreuz (Hg.), Die Tätigkeit des IKRK zu Gunsten der in den deutschen Konzentrationslagern inhaftierten Zivilpersonen (1939–1945), o. O. 1985, S. 97.

2 Theresienstadt und Bergen-Belsen – Manöver zur Verschleierung der Verhältnisse

Diplomaten. Rolf Günther führte die Gruppe im Ghetto herum.[204] Die SS tat alles, um die Illusion aufrecht zu halten und zeigte einige Szenen aus einem im Sommer gedrehten Propagandastreifen über das Ghetto, den man auf Wunsch des IRK auch in Gänze zukommen lassen würde.[205]

Anschließend gab es wieder einen Empfang auf dem Prager Hradschin, bei dem sich die Rot-Kreuz-Delegierten mit Eichmann und örtlichen SS-Potentaten weiter austauschen konnten. Die Hilfsorganisation interessierte sich besonders dafür, ob es sich bei Theresienstadt um ein Durchgangslager nach Auschwitz handele, da unter anderem aufgefallen war, daß der »Judenälteste« Eppstein dorthin deportiert worden war. Der BdS in Prag, SS-Oberführer Weinmann, antwortete, daß vor sechs Monaten die letzten Transporte mit etwa zehntausend Juden in den Osten abgegangen seien. Diese würden, so log Weinmann, beim Ausbau und in der Verwaltung von Auschwitz sowie bei Schanzarbeiten eingesetzt. Vermutlich seien sie der Roten Armee in die Hände gefallen, denn es bestehe kein Kontakt mehr zu den Deportierten.[206] Danach übernahm es Eichmann, die Neutralen zu täuschen. Die Juden seien in Theresienstadt im Hinblick auf Ernährung und medizinische Versorgung wesentlich besser gestellt als der deutsche Normalbürger. Himmler wolle den Juden hier in einem Modellfall die Möglichkeit geben, ein eigenes Gemeinwesen unter weitgehender Autonomie aufzubauen und einen »*Sinn für eine Rassegemeinschaft*« zu entwickeln. Der Reichsführer-SS verfolge jetzt einen gemäßigteren Kurs in der »Judenfrage«, den Eichmann zwar nicht ganz gutheiße, aber als Befehlsempfänger gehorsam umsetze.[207]

An diesem Tag will Thadden auch sein »Damaskuserlebnis« gehabt haben, als sich die IRK-Delegation für kurze Zeit etwas absetzte:

> »In dieser Pause unterhielt ich mich mit Eichmann beiläufig über die Kriegslage und bemerkte, daß unsere Verluste in diesem Kriege auf ungefähr 5½ Millionen Tote geschätzt würden. Eichmann entgegnete daraufhin zu Rolf Günther gewandt: ›Was meinst Du? Die jüdischen Verluste werden noch höher sein!‹ Diese Bemerkung machte mir schlagartig klar, daß die Juden in organisierter und geplanter Form massenweise getötet worden waren.«[208]

---

204 Vgl. Adler, Theresienstadt, S. 203 f. u. IKRK (Hg.), Tätigkeit in deutschen Konzentrationslagern, S. 128 f.
205 Vgl. Bericht Lehners vom 6.4.1945 (Annexe 25), in: Documents Concernant Le Ghetto De Theresienstadt. Ferner Margry, Karel, Der Nazi-Film über Theresienstadt, in: Kárný/Blodig/Kárná (Hg.), Theresienstadt in der »Endlösung der Judenfrage«, Prag 1992, S. 285-306.
206 Vgl. Bericht Lehners vom 6.4.1945 (Annexe 25), in: Documents Concernant Le Ghetto De Theresienstadt.
207 IKRK (Hg.), Tätigkeit in deutschen Konzentrationslagern, S. 99. Eichmann bestätigte später diese Darstellung im Wesentlichen, vgl. Lang, Eichmann-Protokoll, S. 171.
208 Aussage Thaddens vom 24.5.1962, in: HStA Düsseldorf, Ger.Rep. 192/203.

Das abschließende Urteil der IRKler fiel erneut positiv aus. Die Angaben Weinmanns und Eichmanns wurden kritiklos übernommen. Zwar wurde bemängelt, dass man keinen Insassen ohne Zeugen hätte sprechen können, aber darüber hinaus habe die Stadt durch neue bauliche Maßnahmen einen sehr freundlichen Eindruck gemacht. Die Wirtschaft der »Enklave« basiere auf einer Art »*Edelkommunismus*«, der hervorragend funktioniere. Die Krankenhäuser würden auf dem Niveau von Universitätskliniken arbeiten, und die Ernährungslage sei besser als die der deutschen Zivilbevölkerung. Einzige Sorge der Inhaftierten sei, in ein anderes KL deportiert zu werden. Lediglich die Filmszenen seien, so bemerkte man, »*natürlich mit leicht propagandistischem Einschlag*« gewesen.[209]

Gegenüber den Alliierten rechtfertigte sich Thadden später, er habe nach dem guten Eindruck des Ghettos Theresienstadt geschlossen, dass alle Judenlager ähnlich gut eingerichtet und ausgestattet seien. Dies soll ihm auch Eichmann bestätigt haben.[210] Bei der Aussage hatte der Diplomat anscheinend vergessen, dass er im Sommer 1943 noch ein anderes Lager besucht hatte, das eklatante Unterschiede zu Theresienstadt aufwies: Bergen-Belsen.

Die Entstehung des Lagers Bergen-Belsen war eng verknüpft mit den laufenden Austauschprogrammen zwischen Alliierten und Deutschen. Jüdische Personen mit angloamerikanischen Staatsangehörigkeiten gehörten, sofern sie in Internierungslagern untergebracht waren, in den Zuständigkeitsbereich der Rechtsabteilung (R IV, später R XIII B). Die Abteilung bemühte sich, die Identität möglichst vieler dieser Personen festzustellen, um sie in Austauschprogrammen zu verwenden, was mitunter zu divergierenden Auffassungen zwischen Rechtsabteilung und Inland II führte.

Zu Anfang des Krieges stand der Austausch von Juden gegen so genannte »Palästinadeutsche« im Vordergrund. Himmler hatte sich für diese kleine Gruppe zu interessieren begonnen, die im 19. Jahrhundert aus religiösen Gründen in den Nahen Osten emigriert war. Im Herbst 1941 und Winter 1942 kam es durch Vermittlung der Rechtsabteilung zu Austauschen von Angehörigen der Volksgruppe gegen Juden aus Polen, die Angehörige in Palästina nachweisen konnten oder palästinensische Pässe hatten.[211] Später versuchte das AA den Kreis zu erweitern, da die Alliierten in weit größerer Zahl über internierte Deutsche verfügten als das Deutsche Reich über internierte Alliierte. Um dem ungünstigen Zahlenverhältnis zu begegnen, wurde unter der Ägide

---

209 Bericht Lehners vom 6.4.1945 (Annexe 25), in: Documents Concernant Le Ghetto De Theresienstadt.
210 Vgl. Vernehmung Thaddens vom 11.4.1947, in: IfZ München, ZS 359/1 Eberhard von Thadden u. Aussage Thaddens vom 22.11.1951, in: HStA Düsseldorf, Ger.Rep. 192/12.
211 Vgl. Kolb, Bergen-Belsen, S. 21 ff. Ebenso Bauer, Yehuda, Freikauf von Juden? Verhandlungen zwischen dem nationalsozialistischen Deutschland und jüdischen Repräsentanten von 1933 bis 1945, Frankfurt/Main 1996, S. 166 ff.; Eine detaillierte Dokumentation der Austauschprogramme findet sich bei Wenck, Bergen-Belsen, S. 54 ff. S. 220 ff., S 238 ff.

2 Theresienstadt und Bergen-Belsen – Manöver zur Verschleierung der Verhältnisse

Ribbentrops erwogen, allgemein Juden gegen internierte Deutsche auszutauschen.²¹² Zunächst stimmte die SS zu, woraufhin das AA bat, 30.000 Juden zurückzuhalten.²¹³ Doch die Anweisung war nicht mehr uneingeschränkt umsetzbar. Der VAA beim Reichskommissar für das Ostland in Riga (Adolf Windecker) antwortete Thadden im Frühjahr 1943 offen:

»[…] Da bekanntlich viele tausend der hiesigen und reichsdeutschen Juden im Bereich von Riga im Verlauf der Zeit erschossen worden sind, scheint es sehr fraglich, ob irgendwelche Juden für Austauschzwecke in Frage kommen können, ohne dass auf diese Weise die hier erfolgten Exekutionen im Ausland gegen uns verwertet werden. Das Kontingent dieser auszutauschenden Juden könnte daher aus dem Ostland kaum aufgefüllt werden«.²¹⁴

Himmlers ambivalente Haltung zu den Austauschen wuchs im Laufe der Zeit. Zwar war er bestrebt, die in der Welt verstreuten Deutschstämmigen »heim ins Reich« zu holen, aber später rückte er mit Rücksicht auf eine pro-arabische Politik davon ab, Juden nach Palästina zu entlassen. Auch der im Berliner Exil lebende Großmufti von Jerusalem, Amin el-Husseini, der von den Deutschen (und besonders der SS) hofiert wurde, sprach bei Himmler und Wagner vor, um eine Ausreise von Juden dorthin zu unterbinden.²¹⁵ Trotz Himmlers Bedenken kam es im Sommer 1944 dennoch zu einem deutsch-palästinensischen Austausch, in dem 222 Juden mit Einwanderungszertifikaten für Palästina ausreisen durften.

Einige der Programme wurden von alliierter Seite initiiert, um Juden aus deutschem Gewahrsam frei zu bekommen, aber die Erfolge waren bescheiden.²¹⁶ Insgesamt wurde die Zahl von 30.000 nie realisiert. Letztlich wurden nur insgesamt 550 Juden während des Krieges ausgetauscht. Obwohl der tatsächliche Erfolg also dürftig war, hielt die Rechtsabteilung bis Kriegsende an der Austauschpolitik fest. Dieses Beharren hatte immerhin die Folge, daß mehrere tausend Personen – an die 4.000 Juden aus ganz Europa hielt die SS mit ihrer Geiselpolitik zurück – teilweise den Krieg überleben konnten. Schutzmachtvertreter Feldscher sah in der Internierung eine vorteilhafte Schutzfunktion.²¹⁷

---

212 Vgl. Schreiben von AA/R IV an Thadden vom 14.5.1943, in: PA AA, Inland IIg 174a.
213 Vgl. Schreiben Hahns an Eichmann vom 2.3.1943, in: ebd., Inland IIg 177.
214 Schreiben Windeckers an AA vom 5.4.1943, in: ebd. Thadden ging in seiner Antwort nicht darauf ein, vgl. Schreiben vom 10.5.1943, in: ebd.
215 Vgl. Schreiben Thaddens an Wagner vom 3.6.1944, in: ebd., Inland IIg 173.
216 Vgl. u. a. Schulze, Rainer, »Keeping very clear of any ›Kuh-Handel‹«: The British Foreign Office and the Rescue of Jews from Bergen-Belsen, in: Holocaust and Genocide Studies, V 19 N2, Fall 2005, S. 226-251; sowie SBA Bern, E 2200.56 -/3, Bd. 1 u. E 2001-02 -/15, Bd. 12. Ferner Adler, Der verwaltete Mensch, S. 276 ff.
217 Vgl. Feldscher an Chef de la Division des Intérêts étrangers du Département politique vom 18.5.1944, in: DDS, Bd. 15, Nr. 140.

Dies war jedoch nicht uneingeschränkt der Fall. Erstens verloren die Austauschprogramme ab 1944 zunehmend an Bedeutung, da sie die hochgesteckten Ziele nicht erfüllten, was hieß, dass auch zum Austausch vorgesehene Personen noch in den Tod deportiert werden konnten. Zweitens ging die SS bei ausländischen Juden, die zunächst aufgrund ihrer Staatsangehörigkeit verschont worden waren, immer mehr dazu über, diese Schutzfunktion aufzuheben, wie dies im Internierungslager Vittel oder in Bergen-Belsen der Fall gewesen war, wo die SS eine Reihe von lateinamerikanischen Pässen nach Prüfung nicht anerkannte.

Im Frühjahr 1943 wurde noch nach anderen Prämissen gehandelt. Um die in Aussicht gestellte Zahl von 30.000 Menschen bis zur Ausreise isoliert zu inhaftieren, mussten spezielle Lager geschaffen werden.[218] Himmler gab den Auftrag an das zuständige SS-Wirtschafts- und Verwaltungshauptamt (SS-WVHA), welches Kontakt zur Wehrmacht aufnahm. Die Armee trat daraufhin das Stammlager XI C/311 für russische Kriegsgefangene bei Bergen-Belsen größtenteils ab, nachdem bereits 90% der Russen unter Aufsicht der Armee an Hunger und Seuchen gestorben waren. Lediglich ein kleiner Lazarett-Teil blieb noch mit erkrankten Kriegsgefangenen belegt. Es kam zu einer chaotischen Aufbauphase, um das Lager für »Austauschjuden« herzurichten.

Die verschiedenen Funktionen des Lagers Bergen-Belsen zeichneten sich in den Aufbauphasen ab. In den ersten anderthalb Jahren wurden insgesamt fünf verschiedene Einzellager auf dem Gelände errichtet. Als erstes wurde ein Lager für 500 meist jüdische Gefangene errichtet, die aus anderen Konzentrationslagern nach Bergen-Belsen verlegt worden waren, um unter Zwangsarbeit weitere Lagerteile aufzubauen. Hierzu zählte zunächst das »Sonderlager« für Juden aus Polen, die im Juni 1943 eintrafen und ausländische Papiere besaßen. Des weiteren existierte später ein »Neutralenlager«, in welchem Juden neutraler Staatsangehörigkeit untergebracht wurden. Die Zustände hier waren besser als im übrigen Lager, es herrschte kein Arbeitszwang und die Verpflegung war reichlicher und Strafen seltener. Ferner wurde ein »Sternlager« aufgebaut, in welchem ausländische Juden festgehalten wurden, die man für weitere Austausche vorgesehen hatte und die ihre Zivilkleidung mit dem angenähten Judenstern tragen durften. Nach der deutschen Besetzung Ungarns kam ein Lagerteil für ungarische Juden hinzu, die von der SS später gegen Geldzahlungen ausländischer politischer und religiöser Organisationen in die Schweiz gebracht wurden. Ende 1944 löste der zuvor in Auschwitz eingesetzte, neue Lagerkommandant, SS-Hauptsturmführer Josef Kramer, das »Sternlager« auf, und die Insassen wurden wie KL-Häftlinge behandelt. In der Agonie des Reiches nahm die SS immer weniger Rücksicht auf die ineffektiven Austauschprogramme.

Die Inspektionsreise Thaddens wurde im Juni 1943 initiiert, als der RSHA-Beamte Rudolf Kröning den Diplomaten inoffiziell und vertraulich auf die Errichtung des Lagers Bergen-Belsen ansprach. SS-Obersturmbannführer Kröning führte im RSHA

---

218 Vgl. Schreiben Thaddens an Wagner vom 24.8.1944, in: PA AA, Inland II A/B, R 99401.

2 Theresienstadt und Bergen-Belsen – Manöver zur Verschleierung der Verhältnisse

das Referat II B 4 (später IV F), welches für die im Reich lebenden Ausländer zuständig war und sich unter anderem mit den Austauschprogrammen befasste. Ein solcher Austausch war für Juden mit fremden Pässen ins Auge gefasst worden, die aus polnischen Lagern nach Bergen-Belsen verlegt werden sollten. Nun äußerte Kröning gegenüber Thadden Bedenken, die er wegen der Bezeichnung »Zivilinterniertenlager« für Bergen-Belsen habe, denn dies könnte im völkerrechtlichen Rahmen die Forderung ausländischer Stellen nach sich ziehen, eine Besichtigung des Lagers zu fordern. Auch fürchtete er einen harten Arbeitseinsatz der eingewiesenen Juden. Ihm sei zwar versichert worden, »*diese Juden würden arbeitsmäßig nicht so scharf angefaßt werden, daß sie dabei draufgingen*«, aber Kröning war sich sicher, die Lager-SS werde sie zumindest »*sehr scharf anpacken*«.[219] Der Zweck, die Juden für einen späteren Austausch zu verwenden, werde dadurch erheblich gefährdet. Offenbar schien es beiden Gesprächspartner nichts Ungewöhnliches zu sein, dass Juden durch Zwangsarbeit ums Leben kommen konnten.

Es gibt keinen Hinweis darauf, mit welcher Intention Kröning seine Befürchtungen äußerte, aber er nahm sie sehr ernst. In Krakau fand wenig später in dieser Frage sogar eine Besprechung beim BdS statt, an dem auch ein Vertreter des AA teilnahm. Kröning bemühte sich anschließend um eine anständige Behandlung der fraglichen jüdischen Menschen. Die Betreffenden sollten möglichst rasch in einem Lager im Reich konzentriert werden. In einem Blitz-Fernschreiben vom 25. Juni 1943 an den Kommandeur der Sicherheitspolizei im Distrikt Warschau mahnte er an, dass »*alle Mißhandlungen, Fesselungen oder sonstigen Maßnahmen unterbleiben, die sich im Rahmen der zwischenstaatlichen Abkommen nicht rechtfertigen lassen*«. Die ausführenden Beamten seien »*in scharfer Form*« von der Maßgabe zu unterrichten und würden für Verstöße zur Verantwortung gezogen.[220] Kröning begründete die schonende Behandlung mit außenpolitischer Rücksichtnahme und möglichen Konsequenzen für im Ausland internierte Deutsche. Dies entsprach auch der üblichen Argumentationslinie des AA.

Thadden war durch die Befürchtungen Krönings alarmiert und wandte sich an die Rechtsabteilung. Ihm war das Vorhandensein des Austauschlagers neu, und Thadden fragte bei den Hausjuristen nach, ob sie Einzelheiten wüssten. In jedem Fall sollten sich die Referate R IV und Inland II A mit der Sache befassen. Thaddens Vorschlag wurde aufgegriffen, denn die Rechtsabteilung beauftragte den Judenreferenten damit, sich von den Bedingungen vor Ort einen Eindruck zu verschaffen.

Die Zeit drängte, denn in naher Zukunft sollten zwei Ausreiseaktionen stattfinden, bei denen Bergen-Belsen eine Rolle spielte. Erstens wurden dort die bereits erwähnten

---

219 Schreiben Thadden an R IV vom 12.6.1943, in: ebd., Inland II A/B, R 99336. Bis 1944 wurden Bergen-Belsen deshalb unter der Sonderbezeichnung »Aufenthaltslager« geführt, um unabhängigen Beobachtern die rechtliche Handhabe für eine Besichtigung zu verwehren.
220 Blitz-Fernschreiben Krönings vom 25.6.1943, in: ebd. Inland II A/B, R 41482. In dem Dokument ist von Juden mit westalliierter Staatsangehörigkeit die Rede, aber es ist offensichtlich, dass damit auch diejenigen mit Papieren von neutralen Staaten gemeint waren.

Juden aus Warschau eingeliefert. Zweitens war es als Auffanglager für spanischstämmige Juden vorgesehen, die aus Griechenland zwangsverschickt wurden, da sich die Franco-Regierung über deren weiteres Schicksal noch nicht im Klaren war.[221] Doch drei Tage bevor Thadden nach Bergen-Belsen reiste sprach deshalb ein spanischer Diplomat bei ihm vor und forderte die Rückkehr der etwa 600 spanischstämmigen Juden. Das AA war um die ordentliche Behandlung dieser womöglich frei zu lassenden Juden besorgt und fasste Bergen-Belsen als zwischenläufigen Internierungsort ins Auge, um die weiteren Gespräche mit der spanischen Regierung abzuwarten. Reklamierte sie nicht innerhalb der nächsten Monate die Ausreise, könne der Weitertransport in die Ostgebiete – also in die Vernichtung – doch noch erfolgen. Um bis dahin keine Zweifel an der einwandfreien Behandlung der Personen aufkommen zu lassen, wies Wagner in einem Geheimtelegramm die deutsche Vertretung in Saloniki an, dafür zu sorgen, dass die Juden schonend behandelt würden: »*Bitte auf örtliches Einsatzkommando dahingehend einzuwirken, daß Überführung nach Bergen-Belsen nicht in der sonst üblichen Art, sondern unter Wahrung der Form erfolgt, die bei evtl. späterer Ausreise einzelner Juden nach Spanien keinen Anlaß zur Greuelpropaganda bietet.*«[222] Zu diesem Zeitpunkt muss das AA noch angenommen haben, Bergen-Belsen würde als Austauschlager einen besseren Standard haben. Denn Wagners Anweisung hätte nur Sinn gehabt, wenn nicht nur der Transport, sondern auch die Unterbringung entsprechend gut war.

Am 30. Juli 1943 fuhr Thadden zur Besichtigung des »*Judenlagers*« und einer anschließenden Besprechung mit Kommandant SS-Hauptsturmführer Adolf Haas nach Bergen-Belsen.[223] Zu diesem Zeitpunkt entsprach das Lager einem im Ausbau begriffenen Provisorium. Der Judenreferent wurde begleitet von Kröning, der bereits einen Monat zuvor mit Thadden Theresienstadt besucht hatte. Der Diplomat stellte nach seinem Rundgang fest, dass sich das ehemalige Kriegsgefangenenlager aus vier Teilen zusammensetzte: einem für politische Häftlinge, einem verbliebenen Lazarett für russische Kriegsgefangene, einem Kleiderdepot der Waffen-SS und einem neuen Teil für jüdische Internierte, der zurzeit mit etwa 2.300 Juden aus Polen belegt war. Dazu kämen in Kürze weitere Transporte aus Polen und Griechenland, womit die Kapazitäten des Lagers erschöpft seien.[224]

Mit dem Gesehenen war Thadden keineswegs zufrieden. Der Lagerteil der Juden, so berichtete er später der Rechtsabteilung, grenze im Grundriss zu dicht an das Rus-

---

221 Vgl. auch Zweiter Teil, Kap. IV 1 (s. u. S. 233) u. Weitkamp, Sebastian, Der Besuch des Judenreferenten. Die Besichtigung des Lagers Bergen-Belsen durch den deutschen Diplomaten Eberhard von Thadden im Juli 1943, in: Hilfe oder Handel? Rettungsbemühungen für NS-Verfolgte, Bremen 2007, S. 50-67.
222 Schreiben Wagners an RSHA vom 26.7.1943, in: PA AA, Inland IIg 191.
223 Reisekostenrechnung Thaddens vom 14.9.1943, in: ebd., Geldakte Eberhard von Thadden.
224 Vgl. Bericht Thaddens an AA/R. vom 6.8.1943, in: ebd., Inland II A/B, R 99336. Der Bericht ist im Gegensatz zum Bericht vom 12.8. an das RSHA wenig bekannt. Eine Edition findet sich bei Weitkamp, Besuch des Judenreferenten.

senlager, in dem ausschließlich Tuberkulosekranke untergebracht seien. Zudem würden beide Parteien dieselben Sanitäreinrichtungen benutzen, was das Infektionsrisiko weiter erhöhe. Die Lagerkommandantur habe deshalb veranlasst, simple Waschbaracken und Latrinen im jüdischen Teil zu errichten, die aber erst in den nächsten Wochen fertig gestellt würden. Auch sei der Kontakt zu den politischen Häftlingen zu leicht möglich, da diese beim Kantinendienst und Latrinenbau eingesetzt seien. Die schwache Bewachung könne dies nicht unterbinden. Die Baracken selbst seien einwandige Sommerbaracken mit einfacher Verglasung, die aber aus Sicht der SS-Leitung mit einem Ofen versehen im Winter ohne Bedenken zu belegen seien. Zur Arbeit würden die Juden nicht herangezogen, und obwohl genügend Platz vorhanden war, trieben sie keinen Sport oder Ähnliches. Nach Lagerleiter Haas ergingen sie sich »*ausschließlich im Faulenzen und Minnespiel*«.[225] Die zur Verfügung stehenden Geldsummen seien beachtlich: vier Millionen Zloty und ca. zwei Millionen Reichsmark hätten die jüdischen Insassen angemeldet. Auch seien in der Kantine schon 26.000 Reichsmark an Marketenderware umgesetzt worden. Die Schränke würden nicht genutzt, da die Juden aus Angst vor gegenseitigen Diebstählen auf ihren Koffern schliefen.

Thadden urteilte abschließend, das Lager sei derzeit zum Austauschzweck »*völlig ungeeignet*«. Doch die Kritik an den mangelhaften Sanitäreinrichtungen, an dem Kontakt zu Tuberkulosekranken und an den nicht ausreichenden Unterkünften erfolgte nicht aus humanitärer Intention, sondern in Verbindung mit der Hauptsorge, die dem galt, was die Entlassenen im Ausland berichten könnten. Den Insassen würde durch die Gesellschaft zu tuberkulösen Russen und politisch Subversiven »*geradezu Material für Greuelpropaganda in die Hand*« gespielt, urteilte Thadden.[226] Und hinsichtlich der Mitteilung von Haas, dass bereits fast alle der ca. 20.000 Russen gestorben seien, reagierte der Diplomat nicht schockiert, sondern er sorgte sich, dass sich dies herumsprechen würde. Nur bei einer Verbesserung der sanitären Anlagen, einer Kapazitätenvergrößerung sowie der Entfernung der Russen und übrigen KL-Häftlinge wäre es nach Thaddens Meinung überhaupt tragbar, zum Austausch Bestimmte hier einzuquartieren.

Einige Tage nach Rückkehr ließ Thadden der Rechtsabteilung einen Bericht zukommen, in dem er darauf verwies, dass Kröning seine Ansichten im RSHA unterstützen wolle. Danach diktierte Thadden seiner Sekretärin einen zweiten Bericht für Eichmann, in dem er die Kritik verkürzt wiederholte. Der Austauschzweck sei durch den Zustand des Lagers »*geradezu gefährdet*«, ließ er Eichmann wissen.[227] Thadden mahnte, dass zur Unterdrückung antideutscher Propaganda eine »*tunlichst unverzügliche Räumung des Russen- und Konzentrationslagers dringend geboten*« sei.[228] Wagner zeichnete den Bericht ab.

---

225 Bericht Thaddens an AA/R. vom 6.8.1943, in: PA AA, Inland II A/B, R 99336.
226 Ebd.
227 Schreiben Thaddens an Eichmann vom 12.8.1943, in: ebd.
228 Ebd.

Thaddens Beanstandungen wurden jedoch kaum beachtet. Die Baracken und die Verpflegungslage blieben schlecht. Allein im Laufe des Jahres 1944 kamen über dreihundert Menschen aus dem »Sternlager« ums Leben. Bei einem Austausch im Januar 1945 starben drei Menschen auf dem Transport in die Schweiz, die übrigen waren stark unterernährt. Die Schweizer, die den Zug in Empfang nahmen, waren entsetzt. Ihnen sei schlagartig klar geworden, warum sie sich als Schutzmachtvertreter nicht über die Zustände in den deutschen Lagern hatten informieren dürfen.[229]

Thadden hingegen deckte die menschenunwürdigen Verhältnisse, die er gesehen hatte. Gegenüber dem Schweizer Diplomaten König meinte er 1944: »*Er* [Thadden] *sei kürzlich in Bergen-Belsen gewesen und habe feststellen können, dass die Insassen sehr human behandelt werden, und dass Bergen-Belsen ein gutes Lager sei.*«[230] In seinen Vernehmungen durch die Alliierten behielt Thadden das Lager ebenfalls in freundlicher Erinnerung. Zwar entsann er sich der todkranken Russen, aber der jüdische Teil sei in einem »recht guten Zustand« gewesen. Deshalb habe er in seinem Bericht keine Bedenken wegen des Aufenthalts dort geäußert[231] – eine nachweisliche Lüge.

Doch die deutsche Desinformationspolitik zeitigte gegenüber den Neutralen nicht den gewünschten Erfolg. Auch nach dem Besuch von Theresienstadt im Sommer 1944 trugen das IRK und einige neutrale Staaten immer wieder den Wunsch an die deutsche Regierung heran, weitere Lager besichtigen zu können. Besonders das Lager Auschwitz stand im Mittelpunkt des Interesses, da der Name im Ausland immer bekannter wurde, die Vorgänge dort aber unklar blieben. Ende 1944 insistierte der Schweizer Gesandte Frölicher bei Staatssekretär Steengracht persönlich auf der Frage. Ein durch das IRK abgegebener Bericht über die Besuche bei Polen, die aus Warschau evakuiert wurden, habe »*zur Beruhigung in der ganzen Welt beigetragen*«. Der Emissär knüpfte daran die Bitte, auch das KL Auschwitz-Birkenau inspizieren zu lassen, um »*gegebenenfalls auch über diese Lager Bericht zu geben, die zu einer Entgiftung der Atmosphäre beitragen würden*«.[232] Der Deutsche blieb unverbindlich und fragte bei Inland II nach. Die Antwort Thaddens fiel erwartungsgemäß negativ aus. Eine Erlaubnis sei nur durch Himmler möglich, aber eine Anfrage so gut wie aussichtslos. Die generelle Schwierigkeit bestehe in der geheimen Fertigung der Wehrmacht in den Judenlagern, die vor Ausländern tunlichst verborgen bleiben müsse.[233] Steengracht verfügte, dass die Angelegenheit nicht weiter verfolgt werden solle.[234]

---

229 Vgl. Bericht Feldschers vom 16.7.1945, in: SBA Bern, E 2001 (D) 02/11/29.
230 Aktennotiz Königs vom 24.10.1944, in: ebd., E 2200.56 -/3, Bd. 1.
231 Vernehmung Thaddens vom 11.6.1946, in: SUB Göttingen, HSD, Nürnberger Prozessakten, IMT, Kommissionsprotokolle.
232 Schreiben Steengrachts an Inl. II vom 23.11.1944, in: PA AA, Inland II A/B, R 99337.
233 Vgl. Schreiben Thaddens an Steengracht vom 28.11.1944, in: ebd.
234 Vgl. Marginalie auf Schreiben Thaddens an Steengracht vom 28.11.1944, in: ebd.

2 Theresienstadt und Bergen-Belsen – Manöver zur Verschleierung der Verhältnisse

Bemerkenswerterweise setzte Thadden noch am selben Tag ein weiteres Schreiben an das RSHA auf. Per Schnellbrief informierte er Eichmanns Stabschef Rolf Günther über den Text eines amerikanischen Zeitungsartikels, den eine schwedische Tageszeitung publiziert hatte. Demnach lägen der US-Regierung Berichte über das Lager Auschwitz-Birkenau vor, wonach dort zwischen April 1942 und April 1944 1.765.000 Juden durch Gas getötet worden seien.[235] Thadden hätte sich daher denken können, dass einer Besichtigung von Auschwitz nicht nur angebliche Geheimprojekte der Wehrmacht im Wege standen. Zudem fiel die Depesche in eine Zeit, in der Thadden bereits etwas von den Massenmorden geahnt haben will. Allgemeine Bedenken äußerte er in seinem Schreiben für Steengracht jedoch nicht.

Gegenüber den eigenen Achsenpartnern erfüllten die Täuschungsmanöver einen anderen Zweck, denn die frisierten Informationen waren auch dazu gedacht, mögliche Zweifel bei den Verbündeten zu zerstreuen und sie zu einer Auslieferung der einheimischen Juden zu bewegen. Dies geschah beispielsweise im Fall des »Muster-Vasallen« Slowakei. Der Preßburger Gesandte Ludin beantragte im September 1942 eine Reise des slowakischen Journalisten Fritz Fiala nach Lublin, wo sich ein Lager für slowakische Juden befand. Der Reporter sollte von dem deutschen »Berater für Judenfragen« in Preßburg, Dieter Wisliceny, begleitet werden. Als Grund der Unternehmung gab Ludin die angeblichen Gräuelmeldungen an, die über die Deportation verbreitet worden seien. Ziel war es, die Reise propagandistisch zu verwerten.[236] Das AA stimmte den Propagandaplanungen zu, und Fiala tat, was man von ihm erwartete. Er schrieb eine ausführliche, apologetische Artikelserie für die Zeitschrift *Der Grenzbote*, die mit reichlich Bildmaterial versehen war. Die Serie wurde daneben in vier weiteren einheimischen Periodika und einer Pariser Zeitung abgedruckt sowie über die Agentur »Transkontinent-Press« verbreitet.[237]

Die Wirkung war allerdings begrenzt. Im März 1943 ließen die slowakischen Bischöfe einen Hirtenbrief von den Kanzeln verlesen, der die Verfolgung der Juden anprangerte. Daraufhin sei Ministerpräsident Vojtech Tuka an Ludin herangetreten und habe eingestanden, dass einige Geistliche so naiv seien, die Meldungen über Massenmorde ernst zu nehmen. Er sei dankbar, wenn man einer Kommission den Besuch von Judenlagern erlauben würde, um diese »*Greuelmärchen*« endgültig aus der Welt zu schaffen. Ludin wendete sich an die Zentrale und sagte, er würde eine Genehmigung begrüßen, da für ihn grundsätzlich »*die möglichst schnelle und vollständige Aussiedlung der Juden aus der Slowakei erwünscht ist*«.[238]

Eichmann war von dem Ansinnen keineswegs begeistert und erteilte eine Absage. Für ihn waren Aktionen wie die Theresienstädter Farce ein notwendiges Übel, aber

---

235 Vgl. Schnellbrief Thaddens an Günther vom 28.11.1944, in: ebd.
236 Vgl. Telegramm Ludins vom 1.9.1942, in: ebd., Inland IIg 205. Ebenso Laqueur, Was niemand wissen wollte, S. 190 f.
237 Vgl. Scheiben Eichmanns an Thadden vom 2.6.1943, in: PA AA, Inland IIg 205.
238 Schreiben Ludins an AA vom 13.4.1943, in: ebd.

letztlich interessierten ihn die außenpolitischen Bedenken wenig. Deshalb verwies er auf die Artikelserie Fialas und legte vorsorglich die entsprechende Ausgabe der Pariser Zeitung bei. Bei weiteren Skrupeln der Slowaken sei es möglich, den Postverkehr der deportierten Juden zur Einsichtnahme zu stellen. Doch dies war ein abgekarteter Vorschlag, denn die Post lief über den Polizeiattaché in der deutschen Gesandtschaft und war zensiert.[239]

So kamen gegen Ende des Jahres 1943 bei dem ansonsten sehr willfährigen Marionettenregime in Preßburg leichte Zweifel an der Haltung in der Judenpolitik auf. Bisher waren getaufte Juden von den Zwangsmaßnahmen ausgenommen worden. Im Ministerrat sei bemerkt worden, die Aufhebung der Ausnahmegenehmigung *»bedeute praktisch die Verhängung eines Todesurteils, denn mit der dann erfolgreichen Überführung in Judenlager außerhalb der Slowakei sei eine physische Liquidation verbunden«*. Tuka äußerte gegenüber dem deutschen Gesandten deshalb wieder den Wunsch, eine Kommission zur Besichtigung der KL zu entsenden, um gegenüber dem Ministerrat ein politisches Werkzeug in die Hände zu bekommen. Ludin unterstützte den Vorschlag erneut.[240] Thadden setzte Eichmann über die Bedenken der Slowaken in Kenntnis und bat um eine Stellungnahme des RSHA.[241]

Eichmann antwortete, der vom Einsatz in Griechenland zurückkehrende Wisliceny nehme in naher Zukunft als »Judenberater« in Preßburg die Gespräche mit der slowakischen Regierung wieder auf. Dann würden die Besichtigungen erörtert werden. Mit der Stellungnahme war Thadden nicht einverstanden und machte auf die Bedeutung einer Besichtigung als Grundlage für einen Abschluss der Abschiebeverhandlungen aufmerksam: Die Frage eines Besuches der Judenlager bilde *»geradezu eine entscheidende Vorbedingung für einen erfolgreichen Verlauf der Verhandlungen hinsichtlich des Abschubes weiterer Juden. Eine Verweigerung von Besuchen oder eine Hinausschiebung der Antwort würde die in Aussicht genommenen Verhandlungen ganz wesentlich erschweren, wenn nicht überhaupt unmöglich machen«*. Das RSHA müsse sich bei einer Ablehnung bewusst sein, *»daß Innenminister Mach selbst bei gutem Willen mit größten, wenn nicht unüberwindlichen Widerständen innerhalb des slowakischen Kabinetts gegen einen Abschub weiterer Juden in die Ostgebiete zu kämpfen haben wird.«* Eine Besichtigung würde die Skrupel am ehesten überwinden können.[242] Es ist bemerkenswert, wie offensiv das AA daran arbeitete, eine bessere Verhandlungsbasis in Sachen Deportationen zu erlangen. Thadden und Ludin drängten die SS, ihren Anregungen zuzustimmen, um die slowakischen Widerstände zu brechen. Der Judenreferent adressierte den Brief nicht wie üblich an Eichmann, sondern an den Chef der Sicherheitspolizei. Vielleicht hoffte Thadden, dass ein Vorgesetzter

---

239 Vgl. Schreiben Eichmanns an Thadden vom 2.6.1943, in: ebd.
240 Telegramm Ludins vom 22.11.1943, in: ebd.
241 Vgl. Schreiben Thaddens an Eichmann vom 30.11.1943, in: ebd.
242 Schreiben Thaddens an CdS vom 14.1.1944, in: ebd.

Eichmanns mehr Verständnis zeigen würde. Aber das RSHA blieb stur. Wagner musste Ludin daraufhin im Januar 1944 enttäuschen: Das AA zeige großes Unverständnis für die Haltung der SS, »*da Abschub-Verhandlungen durch Lagerbesichtigung wesentlich vereinfacht oder überhaupt erst ermöglicht würden*«.[243]

Thadden erfuhr kurz darauf von Eichmann, dass das RSHA Wisliceny Mitteilung gemacht habe, eine Inaugenscheinnahme der Lager im Generalgouvernement käme nicht in Betracht. Aber Eichmann hatte nun eine Alternative bereit: Im Februar 1944 waren die Vorbereitungen für die Mimikry Theresienstadts weit fortgeschritten. Deshalb schrieb er Thadden, dass keine Bedenken bestünden, eine slowakische Kommission dort herumzuführen. Mit dem Angebot glaube Eichmann, »*die an sich völlig unberechtigten Sorgen verschiedener slowakischer Regierungsmitglieder*« beseitigen zu können.[244] Aus unbekannten Gründen machten die Slowaken jedoch keinen Gebrauch davon. Ein Motiv dürfte gewesen sein, dass sich dort kaum slowakische Juden befanden.

Festzuhalten bleibt, dass Thadden und Ludin Eichmann eine realistische Möglichkeit aufzeigten, wie sich die Deportationen erleichtern ließen. Es kann nur vermutet werden, warum Eichmann nicht zugänglich war: Obwohl der AA-Vorschlag im Interesse der SS war, dürfte der Aufwand, die unmenschlichen Bedingungen der Vernichtungsmaschinerie zu kaschieren, größer gewesen sein als der indirekte Nutzen auf diplomatischem Parkett.

3 »Feldscher-Aktion« – Verhandlungen über die Ausreise jüdischer Kinder

> »Bei dieser Gelegenheit wäre erneut die Bereitwilligkeit der Reichsregierung zum Ausdruck zu bringen, der Rumänischen Regierung die ihr unerwünschten Juden abzunehmen und sie zum Arbeitseinsatz nach dem Osten zu verbringen.«
>
> Notiz von Inland II, Juni 1943[245]

Zu Beginn des Jahres 1943 mehrten sich die Eingaben von Drittstaaten, die bereit waren, Kontingente von Juden aus dem deutschen Machtbereich aufzunehmen bzw. deren Ausreise in weitere Länder logistisch und diplomatisch zu gewährleisten. Zunächst probierten es die Alliierten bei den Bündnispartnern Deutschlands und hofften auf Erfolge. Im April 1942 informierte die britische Gesandtschaft in Bern das Eidgenössische Politische Departement darüber, dass die Einwanderungsquoten für Kinder

---

243 Telegramm Wagners vom [Januar] 1944, in: ebd. Das Telegramm wurde von Thadden aufgesetzt und von Wagner abgezeichnet.
244 Schnellbrief Eichmanns an Thadden vom 7.2.1944, in: ebd.
245 Vortragsnotiz Inl. II vom 1.6.1943, in: ebd., Inland IIg 174a. Die Notiz ist von Thadden verfasst und auf Weisung Wagners von ihm unterzeichnet.

unter sechzehn Jahren aus allen besetzten Gebieten erweitert würden.[246] Drei Monate später baten die Briten die Schweizer, bei den deutschen Verbündeten entsprechende Gruppen ausfindig zu machen. In diesem Zuge gab es unter anderem Ende 1942 britisch-schweizerische Gespräche bezüglich einer möglichen Ausreise von 1.000 Waisenkindern aus dem unbesetzten Frankreich.[247] Aber die deutsche Besetzung Vichy-Frankreichs im November 1942 erschwerte die Situation. Der Plan wurde noch bis Anfang 1943 weiterverfolgt, aber dann auf Eis gelegt. Um die Jahreswende 1942/43 liefen dann erste Kontakte zu Rumänien und Ungarn, aber die Alliierten waren sich bewusst, dass ohne Zustimmung der deutschen Führung die Aktionen zum Scheitern verurteilt sein würden. Die verhandelten Kontingente aus Bulgarien, Ungarn und Rumänien waren sehr klein und umfassten manchmal nur wenige hundert Personen, manchmal nur einige Dutzend.[248] Thadden hielt im April 1943 fest, dass diese Ausreisen der Reichsregierung unerwünscht seien. Angesichts der niedrigen Zahlen ließen sie sich freilich nicht verhindern. Zukünftig müssten aber Missionen und Verbündete alles versuchen, damit solche Aktionen unterblieben.[249]

In diesen Kontext ist eine Episode aus den Jahren 1943/44 einzuordnen, in der Großbritannien die deutsche Regierung um die Freilassung von 5.000 jüdischen Kindern bat. Dies wurde im AA unter der Bezeichnung »Feldscher-Angelegenheit« zusammengefasst. Der Namensgeber war der schweizerische Diplomat Peter Anton Feldscher, der ab Frühling 1942 im Range eines Ministers (Gesandten) die eidgenössische Schutzmachtvertretung (SMV) in Berlin führte, die sich in der leerstehenden amerikanischen Botschaft am Pariser Platz in Berlin einquartiert hatte. Von dort aus nahm die Schweiz die Schutzmachtinteressen von 25 Staaten in Deutschland wahr. Die Abteilung Feldschers, der zeitweilig über 140 Mitarbeiter angehörten, unterstand zwar formal dem Gesandten Frölicher, handelte aber weitgehend autonom. Im Laufe des Jahres 1943 wichen die Schweizer wegen Bombengefahr in die Mark Brandenburg aus, während Feldscher mit einem Stab in Berlin verblieb.[250] Als Gewährsmann der britischen Interessen sollte Feldscher an den Ereignissen maßgeblich beteiligt werden.

Die erwähnte Erklärung vom 17. Dezember 1942 zu Gunsten der Juden hatte die Alliierten stärker als zuvor in politischen Zugzwang gesetzt. Wenige Tage später richtete das britische Kabinett einen Sonderausschuss unter Premierminister Anthony Eden ein, der Lösungen finden sollte, wie man Juden aus dem deutschen Machtgebiet

---

246 Vgl. Schreiben britischer Ges. Bern an EPD vom 21.4.1942, in: SBA Bern, E 2001-02 -/15, Bd. 12.
247 Vgl. allgemein ebd., E 2200.56 -/2, Bd. 1.
248 Vgl. u. a. Telegramm Werkmeisters vom 18.3.1943 u. Telegramm Killingers vom 24.3.1943, beide in: PA AA, Inland IIg 197a. Ferner Browning, Final Solution, S. 170fff.
249 Vgl. Schreiben Thaddens an dt. Bot. Ankara vom 14.4.1943, in: PA AA, Inland IIg 197a.
250 Vgl. Widmer, Paul, Die Schweizer Gesandtschaft in Berlin. Geschichte eines schwierigen diplomatischen Postens, Zürich ²1998, S. 264 ff. u. Frey, Dominique, Zwischen »Briefträger« und »Vermittler«. Die Schweizer Schutzmachttätigkeit für Großbritannien und Deutschland im Zweiten Weltkrieg, Lizentiatsarbeit Universität Bern, 2004, S. 23 ff.

herausbekommen könnte.[251] Um dem öffentlichen Druck v. a. von jüdischen und christlichen Organisationen zu begegnen, entschloss sich das Foreign Office zu einer »*generous gesture*«, und die Regierung Ihrer Majestät genehmigte die Aufnahme von jüdischen Kindern mit Begleitpersonen in Palästina.[252] Das IRK wollte durch die Bereitstellung von Schiffsraum Unterstützung leisten.[253]

Im Dezember 1942 erging die Bitte an die Schweizer, an Deutschland heranzutreten und zu sondieren, unter welchen »*arrangements*« eine Identifikation und Emigration von jüdischen Kindern – für die Staaten, in denen die Schweiz die britische Schutzmacht stelle – ablaufen könne.[254] Noch vor Jahresende 1942 streifte ein Mitarbeiter Feldschers im Berliner AA das Thema unverbindlich. Nach seiner persönlichen Einschätzung werde es wohl eher nicht zu einer Einigung kommen, da der Vorschlag der deutschen Politik diametral gegenüber stehe.[255]

Aber die britische Gesandtschaft in Bern hatte den Schweizern nur unklare Verhandlungspositionen mit auf den Weg gegeben, sodass das eidgenössische Außenamt erst weitere Konkretisierungen in Erfahrung bringen musste. Im April 1943 ließ die britische Seite verlauten, man wolle bei der deutschen Regierung nach »*exit possibilites*« für 10.000 jüdische Kinder aus Polen, Lettland und Litauen nachsuchen. Gleichzeitig möchte man Verhandlungen über die Ausreise aus der Tschechoslowakei, den Niederlanden, Belgien, Griechenland, Deutschland, Jugoslawien und Dänemark aufnehmen. Die Briten befürchteten Verzögerungen durch diese breit gefächerte Ausgangsbasis, nahmen sie aber in Kauf.[256] Doch schon wenige Tage später minimierte London die Zahl von 10.000 Kindern auf die Hälfte. Die 5.000 Personen sollten sich zu 85% aus Kindern unter sechzehn Jahren und zu 15% aus Erwachsenen zusammensetzen. Ein Grund für die Halbierung wurde nicht genannt.[257] Es kann nur spekuliert werden, dass die Briten entweder ein allzu großes, verbindliches Engagement scheuten oder durch die Verkleinerung die Erfolgschancen steigern wollten.

In den ersten Monaten des Jahres 1943 begann die britische Regierung, die Ausreisebemühungen öffentlich zu machen und politisch zu nutzen. Am 3. Februar gab Kolonialminister Oliver Stanley dem Unterhaus bekannt, dass Verhandlungen im Gange seien, die Auswanderung von 4.000 jüdischen Kindern und 500 erwachsenen Juden aus Bulgarien nach Palästina zu erreichen. Gleichfalls seien Abmachungen über die Aufnahme jüdischer Kinder aus Rumänien und Ungarn in Palästina zu treffen.[258] Eine ähnliche Erklärung des Außenministers Lord Halifax wurde bei einer Kundge-

---

251 Vgl. Breitman, Staatsgeheimnisse, S. 229 ff.
252 Wasserstein, Britain and the Jews, S. 179.
253 Vgl. Favez, Rote Kreuz, S. 258 ff.
254 Schreiben brit. Ges. Bern an EPD vom 10.12.1942, in: SBA Bern, E 2001-02 -/15, Bd. 12.
255 Vgl. Schreiben Feldschers an AFI vom 29.12.1942, in: ebd., E 2200.56 -/2, Bd. 1.
256 Vgl. Schreiben Saussures an SMV Berlin vom 19.4.1943, in: ebd.
257 Vgl. Schreiben brit. Ges. Bern an EPD vom 29.4.1943, in: ebd.
258 Vgl. Globereuter Morse-Meldung vom 3.2.1943, in: PA AA, Inland IIg 197a.

bung im New Yorker Madison Square Garden verlesen. Großbritannien werde in Palästina 29.000 Kinder aufnehmen, wenn die entsprechenden Vorkehrungen getroffen seien.[259] Im Mai 1943 erklärte Premier Eden im Unterhaus, in Palästina sei Platz für 30.000 Einwanderer. Trotz aller Transportschwierigkeiten wolle man unter anderem Kindern die Einreise ermöglichen. So könnten die Neutralen in der Flüchtlingsfrage entlastet werden. Eden dämpfte gleichzeitig sehr deutlich allzu hohe Erwartungen. Unmissverständlich machte er klar, dass die wirkliche Lösung nur in einem raschen Sieg der Alliierten liege, und ohne die Zustimmung der deutschen Führung sei nichts zu machen. So engagiere man sich nach »*Maßgabe unserer Kriegsanstrengungen und unserer Kraft*«.[260] Dies klang optimistisch, war aber letztlich eine Relativierung.

Auf deutscher Seite herrschte früh Ablehnung gegenüber den britischen Plänen. Schon im März 1943 formulierte Rademacher fünf Gegenargumente gegen die Aufnahme von Verhandlungen:
1. gemeinsame politische Linie der Achse könnte unterminiert werden,
2. Sonderverhandlungen könnten Präzedenzfälle schaffen,
3. den Alliierten könnte Propagandamaterial an die Hand gegeben werden,
4. eine Ausreise sei aus nachrichtendienstlichen Überlegungen unerwünscht,
5. eine Ausreise konterkariere die pro-arabische Achsenpolitik im Nahen Osten.[261]

Bei den Achsenpartnern war die Ablehnung weniger ausgeprägt. Schon im Winter 1942/43 hatte die rumänische Führung sich entschlossen, eine große Zahl Juden auswandern zu lassen.[262] Der zuständige Regierungsbeauftragte Radu Lecca stellte den Deutschen den Plan einer Aussiedlung in den Nahen Osten vor, den Luther vom AA entschieden ablehnte. Es müsse alles getan werden, so Luther, um die Rumänen an der Durchführung zu hindern, da man die Partner in den arabischen Ländern nicht brüskieren dürfe. Eine Ausreise von Juden, die generell Feinde Deutschlands seien, käme nicht infrage und widerspreche grundlegend der bisherigen Politik.[263] Doch trotz der eindringlichen Einsprüche ließ Rumänien von seinem Vorhaben nicht ab, da es sich den außenpolitischen Spielraum zu den Westalliierten offen halten wollte. Unterdessen hatte Eichmann Anfang März 1943 über geheime Quellen erfahren, dass jüdische Personen über Kontakte in Istanbul aussichtsreiche Gespräche darüber führten, 1.000 jüdische Kinder über Bulgarien und die Türkei nach Palästina zu bringen. Er bat das AA, dies nach Möglichkeit zu verhindern.[264] Killinger konnte aus Bukarest bestätigen, dass in der Tat kleinere Kontingente die Fluchtroute in den Nahen Osten nutzen würden.

Ende April 1943 bat Lecca bei Killinger um die endgültige Stellungnahme der deutschen Führung, die letztlich über Transit- und Ausreisegenehmigung zu entschei-

---
259 Vgl. Globereuter Morse-Meldung vom 2.3.1943, in: ebd.
260 »Die Flüchtlingsfrage im Unterhaus«, in: Neue Zürcher Zeitung vom 20.5.1943.
261 Vgl. Telegramm Rademachers vom 10.3.1943, in: PA AA, Inland IIg 209.
262 Vgl. allgemein Hilberg, Vernichtung, S. 850 ff.
263 Vgl. Telegramm Luthers vom 9.1.1943, in: ADAP, Serie E, Bd. V, Nr. 28.
264 Vgl. Schreiben Eichmanns an Hahn vom 3.3.1943, in: PA AA, Inland IIg 197a.

3 »Feldscher-Aktion« – Verhandlungen über die Ausreise jüdischer Kinder

den hatte. Es gehe um die Ausreise von 7.000 jüdischen Kindern im Alter bis zu acht Jahren nach Palästina. Regierungschef Antonescu habe dazu bei Besprechungen im Führerhauptquartier bereits die Genehmigung erhalten. Dies entsprach vermutlich nicht den Tatsachen. Der deutsche Gesandte fragte in der Zentrale nach, da die Anweisungen des »Judenberaters« der SS in Bukarest völlig anderslautend seien.[265] Durch einen Übertragungsfehler des Telegramms war in der Folge zunächst von 70.000 Juden die Rede. Wagner stellte diesen Fehler zwar später richtig[266], aber die sehr hohe Zahl dürfte die deutsche Ablehnung gefördert haben.

Ähnlich wie sein Vorgänger Luther urteilte Wagner, die Ausreise der Kinder würde »*im Widerspruch zu der bisher gradlinig verfolgten Politik, keine Juden mehr aus dem deutschen Machtbereich [...] herauszulassen*«, stehen. Er schlug vor, klarzustellen, dass Ribbentrop bei Gesprächen in der »Wolfsschanze« keine Zusage, sondern nur eine Prüfung in Aussicht gestellt habe. Diese würde noch andauern, und man könne so die nächsten Schritte aus Bukarest abwarten. Gleichzeitig hielt auch die Politische Abteilung eine Ausreise nach Palästina im Hinblick auf die Araberpolitik für inopportun.[267] Ribbentrop wies Wagner an, sich mit Himmler zu besprechen, wobei die judenpolitischen, nicht aber die außenpolitischen Aspekte im Vordergrund stehen sollten.

Fast zeitgleich mit der rumänischen Initiative wurde ein ähnliches Vorgehen in Bulgarien bekannt, wo Großbritannien durch die Schweizer Vertretung darüber verhandelte, 4.000 jüdische Kinder nach Palästina zu übernehmen.[268] Später war auch von 5.000 Kindern die Rede. Der deutsche Gesandte in Sofia, Adolf Heinz Beckerle, unterrichtete das AA im Februar 1943 davon. Er habe sich zunächst darauf beschränkt, der bulgarischen Regierung mitzuteilen, man habe deutscherseits mit der Auswanderung von Juden schlechte Erfahrungen gesammelt, da diese Juden im Ausland von der gegnerischen Propaganda benutzt würden.[269] Das AA wies seinen Sofioter Gesandten an, darauf hinzuwirken, die Bulgaren mögen das Angebot der Briten ablehnen. Die 5.000 Juden würden von den Briten zu »*5.000 Propagandisten gegen unsere antisemitischen Maßnahmen erzogen*«. Ein Nachgeben sei ein Zeichen der Schwäche und mit der deutschen Araberpolitik nicht vereinbar.[270] Beckerle erhielt daraufhin vom bulgarischen Ministerpräsidenten die Zusage, er werde sich dementsprechend verhalten und die Ablehnung mit dem Hinweis auf die Transportschwierigkeiten begründen.[271]

Aber die Haltung der bulgarischen Führung war wie die der rumänischen höchst ambivalent. Während sie den Briten eine Zusage gab, ließ sie gegenüber den Deutschen verlauten, die Ausführung an mangelnden Transportmöglichkeiten scheitern zu lassen.

---

265 Telegramm Killingers vom 30.4.1943, in: ebd., Inland IIg 174a.
266 Vgl. Vortragsnotiz Wagners für RAM vom 21.5.1943, in: ebd.
267 Vortragsnotiz Wagners für Ribbentrop vom 7.5.1943, in: ebd.
268 Vgl. Telegramm Beckerles vom 5.4.1943, in: ebd., Inland II A/B, R 99409.
269 Vgl. Telegramm Beckerles vom 4.2.1943, in: ebd., Inland IIg 197a.
270 Schreiben Hahns an Eichmann vom 8.2.1943, in: ebd.
271 Vgl. Telegramm Beckerles vom 16.8.1943, in: ebd.

Dieses Doppelspiel währte Monate, während derer bulgarische Stellen dem deutschen Gesandten versicherten, nur zum Schein mit der Schweiz und Großbritannien zu verhandeln, um nicht als unmenschlich dazustehen. Beckerle vermutete, die Regierung wolle nicht das »*Odium einer inhumanen Handlungsweise*« auf sich nehmen.[272] Thaddens Mitarbeiter, Konsul und SS-Obersturmbannführer Pausch, sprach gegenüber Eichmann von der »*Doppelzüngigkeit der bulgarischen Regierungsstellen*«.[273] Im April wurde der Schweizer Geschäftsträger wieder beim Sofioter Außenamt wegen der Ausreise der Kinder vorstellig, aber die bulgarische Regierung ließ den Gesandten Beckerle wissen, dass man den Vorschlag »*selbstverständlich abgelehnt habe*«.[274] Wenige Monate später sah sich Beckerle genötigt, dem dortigen italienischen Kollegen die ideologische Geschlossenheit der Achse zu demonstrieren: Bulgarien habe keineswegs vor, einer Ausreise zuzustimmen. Es sehe wie Deutschland in jedem Juden einen Feind, der »*naturgemäß innerlich im anderen Lager stehe*«.[275]

Mitte Mai 1943 kabelte Wagner nach Sofia, dass sich auch Großmufti Amin el-Husseini aus dem Berliner Exil gegen eine jüdische Einwanderung nach Palästina ausgesprochen habe.[276] Der Araber pflegte einen ausgeprägten Hass gegen Juden, die er »*am liebsten alle umgebracht sähe*«[277]. Er hatte sofort bei deutschen und italienischen Diplomaten Protest gegen die bulgarischen Pläne eingelegt.[278] In der Folgezeit setzte er alles daran, eine Ausreise durch Druck auf die deutsche Führung zu verhindern.[279] In Briefen an den deutschen, italienischen, rumänischen und ungarischen Außenminister warnte er davor, dem Feind wertvolle Kräfte zu liefern.[280] Den bulgarischen Minister forderte er auf, die im Lande weilenden Juden nach Polen zu schicken, wo sie unter »*starker Kontrolle*« stünden[281], was eine Anspielung auf den Völkermord war. In der Folge begriffen Himmler sowie Ribbentrop den Mufti und die von ihm repräsentierten arabischen Interessen zunehmend als Faktor bei der Feldscher-Aktion.

Großbritannien bereitete die Ausreise unterdessen weiter vor und ersuchte die Türkei um Transitvisa in den Nahen Osten und um die Freigabe der rumänischer Schiffe *Bessarabia* und *Transylvania*, die seit Kriegsausbruch in Istanbul auf Reede lagen.[282] Doch in einer Besprechung in Bukarest sagte der türkische Botschafter dem

---

272 Telegramm Beckerles vom 27.2.1943, in: ebd.
273 Schreiben Pauschs an Eichmann vom 7.4.1943, in: ebd., Inland IIg 176.
274 Telegramm Beckerles vom 14.4.1943, in: ebd., Inland IIg 169a.
275 Schreiben Beckerles an AA vom 12.7.1943, in: ebd., Inland IIg 174a.
276 Vgl. Telegramm Wagners vom 18.5.1943, in: ebd.
277 Aufzeichnung Melchers vom 6.8.1947, zit. nach: Kempner, Eichmann und Komplizen, S. 402.
278 Vgl. Aufzeichnung Henckes vom 12.5.1943, in: ADAP, Serie E, Bd. VI, Nr. 26.
279 Vgl. Gensicke, Klaus, Der Mufti von Jerusalem, Amin el-Husseini, und die Nationalsozialisten, Frankfurt/Main 1988, S. 151 ff. u. 159 ff.
280 Vgl. Mufti-Papiere. Briefe, Memoranden, reden und Aufrufe Amin al-Husainis aus dem Exil, 1940–1945, hg. von Gerhard Höpp, Berlin 2001, Dokumente Nr. 77, 78, 79, 80, 82, 83.
281 Ebd., Dokument Nr. 77.
282 Vgl. Telegramm Papens vom 10.5.1943, in: PA AA, Inland IIg 174a.

3 »Feldscher-Aktion« – Verhandlungen über die Ausreise jüdischer Kinder

Gesandten Killinger zu, seine Regierung werde ohne Zustimmung der Reichsregierung keine Schritte veranlassen.[283] Um die deutsche Ablehnung zu zementieren, plädierte Wagner bei den Gesandtschaften in Sofia und Bukarest noch am selben Tag dafür, man möge darauf dringen, den »*wertvollen Schiffsraum*« nicht zum Transport der Kinder zu nutzen.[284]

Im Mai 1943 nahm die britische Seite zum ersten Mal direkt Fühlung mit der deutschen Regierung auf. Die Schweizer Schutzmacht war sich der Eigenart der zu überbringenden Note bezüglich der Ausreise der Kinder bewusst, denn eine solche Anfrage stellte eine Novität im diplomatischen Verkehr dar. Man wolle den Auftrag aber aus Gründen der Humanität übernehmen und juristische Bedenken hintanstellen, wie Außenminister Marcel Pilet-Golaz den Leiter der Abteilung Fremde Interessen (AFI), Arthur de Pury, wissen ließ.[285] De Pury schien mit einer negativen Antwort der Deutschen zu rechnen (»*Le Département ne se fait aucune illusion au sujet du sort de la proposition britannique.*«[286]), schickte aber trotzdem Schutzmachtvertreter Feldscher zum stellvertretenden Leiter der AA-Rechtsabteilung Albrecht. Feldscher überbrachte die Demarche der britischen Regierung und erkundigte sich, ob man deutscherseits bereit wäre, 5.000 jüdischen Personen (85% Kinder und 15% Erwachsene) aus Polen, Litauen und Lettland nach Palästina ausreisen zu lassen. Daneben wünsche man eine Stellungnahme, ob ein ähnliches Vorgehen auch bei jüdischen Kindern aus Deutschland, Dänemark, den Niederlanden, Belgien, Griechenland und Serbien möglich sei.[287] Albrecht zeigte sich nicht abgeneigt und fragte, ob London eine »*angemessene Gegenleistung*« in Aussicht stelle. Albrecht war seit Jahren mit dem Zivilpersonenaustausch befasst und hatte auch eine konkrete Vorstellung. Die Gegenleistung könne aus Reichsdeutschen bestehen, die in Afrika festsaßen, unter anderem in den portugiesischen Kolonien. Er dachte an, die jüdischen Kinder als Sonderaustausch in die laufenden Verhandlungen des deutsch-britischen Zivilpersonenaustausches einzubeziehen und betonte, dass, selbst wenn es sich nur um Kinder unter sechzehn Jahren handle, die Gegenleistung ähnlich zahlenmäßig hoch sein müsste, da sechzehnjährige Jungen an der Flak eingesetzt werden könnten, weshalb der Austausch keineswegs militärisch unbedenklich sei.[288] So sah Albrecht in der britischen Note angesichts des zahlenmäßig ungünstigen Verhältnisses von Deutschen im Ausland gegenüber Briten in deutscher Hand eine willkommene Gelegenheit, endlich Profit aus der Sache zu schlagen.

Eichmann wurde informiert und konnte Thadden schon zwei Tage später die Stellungnahme Himmlers mitteilen: Eine reine Auswanderung von jüdischen Kindern müsse grundsätzlich unterbleiben. Eine Ausnahme könne gemacht werden, wenn für

---

283 Vgl. Telegramm Killingers vom 13.5.1943, in: ebd.
284 Telegramm Wagners an dt. Ges. Sofia und Bukarest vom 13.5.1943, in: ebd.
285 Vgl. Schreiben Pilet-Golaz an de Pury vom 3.5.1943, in: SBA Bern, E 2001-02 -/15, Bd. 12.
286 Schreiben de Purys an Feldscher vom 4.5.1943, in: ebd., E 2200.56 -/3, Bd. 1.
287 Vgl. Schreiben Albrechts an AA/R IV vom 12.5.1943 mit Anlage, in: PA AA, Inland IIg 174a.
288 Schreiben Feldschers an AFI vom 12.5.1943, in: SBA Bern, E 2001-02 -/15, Bd. 12.

die 5.000 Kinder aus den besetzten Ostgebieten im Austausch mit dem Schlüssel 4:1 20.000 Deutschen die Rückkehr ins Reich ermöglicht würde. Es werde jedoch Wert darauf gelegt, dass es sich um fortpflanzungsfähige Personen unter vierzig Jahren handle. Im Falle Bulgariens und Rumäniens solle ebenfalls eine Ausreise nur unter Voraussetzung einer entsprechenden Gegenleistung erfolgen. Die Verhandlungen müssten schnell geführt werden, da sich sonst durch die »*Judenmaßnahmen*« die Ausreise von »*5.000 Judenkindern aus den Ostgebieten [...] technisch nicht mehr werde bewerkstelligen lasse*«.[289] Diese Formulierung umschrieb zweifellos den fortschreitenden Massenmord.

Am gleichen Tag ließ das für die Austauschprogramme zuständige Referat R IV des AA Thadden wissen, dass man beabsichtige, sich durch die Juden ein neues Äquivalent bei den Austauschquoten zu schaffen, wobei die Demarche neue Möglichkeiten eröffne.[290] Allerdings sollte sich später zeigen, dass die Austauschmöglichkeiten in den anfangs in Aussicht gestellten portugiesischen Kolonien obsolet wurden. Denn bei den dort Internierten handelte es sich in erster Linie um Seeleute, die bereits in einen Sonderaustausch einbezogen waren.

Wagner fasste eine Woche nach der Notenübergabe der Schweiz die Abläufe für Ribbentrop zusammen und stellte summierend fest, alle Aktionen, auch die in Rumänien und Bulgarien, seien Teil einer britischen Politik, die versuche, eine große Zahl von jüdischen Kindern nach Palästina zu schaffen, um sie der »*angeblich drohenden Vernichtung zu entziehen*«. Inland II stelle sich hinter den Standpunkt des RFSS, dass eine Ausreise »*auf keinen Fall*« infrage komme. Um aber auf die Anfrage zu reagieren, schlug Wagner vor, mit der Gegenfrage zu antworten, ob England bereit sei, deutsche Internierte gegen die Kinder auszutauschen. Im Falle eines Scheiterns wäre es dann möglich, die Verantwortung »*der Gegenseite zuzuschieben*«. Mit Rücksicht auf die arabischen Interessen solle »*wenigstens formell*« der Wunsch geäußert werden, die Kinder nicht nach Palästina zu bringen. Alle drei Mächte – Deutschland, Rumänien und Bulgarien – müssten eine gleichmäßige Politik in der Angelegenheit wahrnehmen, wobei sich die Achsenpartner nach dem deutschen Vorgehen zu richten hätten. Eine direkte Gegenleistung für Bulgarien und Rumänien wäre allerdings schwierig zu konstruieren, weshalb der Austausch als »*gesamt-europäische Aktion*« aufgezogen werden solle. Die Leiter der Politischen und der Rechtsabteilung sowie der Staatssekretär wurden ins Bild gesetzt und paraphierten das Schreiben an Ribbentrop[291], der den Plänen zustimmte. Unter Berücksichtigung der Aspekte der Rechtsabteilung (Austausch) und der SS (arabische Interessen) hatte Inland II die Initiative ergriffen, die die Richtung der Feldscher-Angelegenheit in Zukunft maßgeblich bestimmen würde.

---

289 Schreiben Thaddens an Wagner vom 14.5.1943, in: PA AA, Inland IIg 174a.
290 Vgl. Schreiben von AA/R IV an Thadden vom 14.5.1943, in: ebd.
291 Vortragsnotiz Wagners für RAM vom 21.5.1943, in: ebd.

3 »Feldscher-Aktion« – Verhandlungen über die Ausreise jüdischer Kinder

Der rumänische Regierungschef beugte sich zunächst dem deutschen Druck.[292] Doch wurde die indifferente Haltung Bukarests weiter unterminiert. Das IRK war an Marschall Antonescu herangetreten und hatte einen Transport der Kinder auf Rotkreuz-Schiffen anstatt auf rumänischen Dampfern angeboten, und der Marschall zeigte sich in diesem Falle nicht abgeneigt. Inland II reagierte alarmiert und bat Ribbentrop um Erlaubnis, den Gesandten Killinger anweisen zu dürfen, er solle versuchen, den »*Abtransport von Juden aus Rumänien, auch wenn das Internationale Rote Kreuz den erforderlichen Schiffsraum zur Verfügung stelle, zu verhindern.*« Gleichzeitig zeigte der Gruppenleiter Inland II eine andere Möglichkeit auf, die Angelegenheit zu regeln. Der rumänischen Regierung solle erneut angeboten werden, ihr die »*unerwünschten Juden abzunehmen und sie zum Arbeitseinsatz nach dem Osten zu verbringen*«.[293] Wagners Vorschlag, den Thadden ausgearbeitet hatte, blieb zwar folgenlos, aber die Alternative hieß Vernichtung. Im April 1943 hatte Antonescu erwirkt, dass rumänische Juden im deutschen Machtbereich nicht mehr in den Osten deportiert, sondern nach Rumänien überführt wurden, wo sie der Kontrolle der SS entzogen waren. Diese Zurückhaltung war – so legen es die Akten nahe – Inland II ein Dorn im Auge. So empörte sich Thadden zum Beispiel 1944 gegenüber Eichmann, »*wie schonend rumänischerseits z. Zt. gegen das Judentum vorgegangen wird*«.[294]

Nicht alle deutschen Stellen in Rumänien waren an einer Unterbindung der Auswanderung interessiert. In einem aus heutiger Sicht bizarrem Vorgang sprach sich die Deutsche Amerika-Linie gegenüber dem AA dafür aus, Juden ausreisen zu lassen. Bei den schlechten wirtschaftlichen Verhältnissen sei die Reise nach Palästina von 2.000 Juden ein »*erhebliches Geschäft*«, an dem die Bukarester Filiale gerne verdienen würde. Nun seien die Vorbereitungen jedoch aus unbekannten Gründen ins Stocken geraten, weshalb die Reederei das AA bat, die Hindernisse auszuräumen. Doch Thadden musste die Gesellschaft enttäuschen, da an einem Transport der Juden nach Palästina kein Interesse bestehe.[295]

Im Sommer 1943 war Thadden mit dem Verlauf der Feldscher-Aktion zufrieden. Bisher hätte die deutsche Verzögerungs- und Blockierungspolitik Erfolge gezeigt, schrieb er dem Kollegen Melchers. Nur unbedeutende Gruppen seien nach Palästina gelangt. Britische Meldungen, in denen etwa von beabsichtigten 12.500 auswandernden Juden gesprochen werde, seien als »*propagandistische Zwecknachrichten*« zu beurteilen.[296]

Bei SS und AA hatten sich in dieser Zeit verschiedene Überlegungen herausgebildet, die für die weitere Vorgehensweise maßgebend sein würden. Während Inland II

---

292 Vgl. Schreiben Thaddens an CdS vom 25.6.1943, in: ebd.
293 Vortragsnotiz Inl. II vom 1.6.1943, in: ebd. Die Notiz ist von Thadden verfasst und auf Weisung Wagners von ihm unterzeichnet.
294 Schreiben Thaddens an Eichmann vom 4.2.1944, in: ebd., Inland II A/B, R 99394.
295 Schreiben Thaddens an dt. Ges. Bukarest vom 8.7.1943, in: ebd., Inland IIg 197a.
296 Schreiben Thaddens an Melchers vom 15.6.1943, in: ebd.

und die Politische Abteilung zunächst auf eine Ablehnung drängten, sprachen sich das RSHA und die Rechtsabteilung für einen Austausch aus. Inland II schloss sich später dieser Meinung an, um gegebenenfalls die Briten für ein Scheitern verantwortlich machen zu können. Ribbentrop und Himmler verständigten sich darauf, auch die Behandlung der Anfragen an Rumänien und Bulgarien offen zu halten. SS und AA machten auf die arabischen Interessen aufmerksam, deren Wahrung auch vom Großmufti angemahnt worden war. England solle sich deshalb bereiterklären, die Kinder nicht nach Palästina zu bringen. Ab Juni 1943 kam eine neue Komponente hinzu: Propaganda. Ribbentrop und Himmler war daran gelegen, dass die Sache »*auf breitester Basis propagandistisch ausgewertet werden solle*«, um sowohl die pro-arabische Haltung Deutschlands zu unterstreichen wie die pro-jüdische Haltung Großbritanniens anzugreifen.[297] Gerade Himmler bat, sich die Propagandamöglichkeit gegenüber den Arabern nicht entgehen zulassen.[298]

Wagner und Thadden fassten die unterschiedlichen Überlegungen zusammen und generierten daraus Vorschläge für die folgenden Schritte. Sie entschlossen sich zu einem Doppelspiel mit dem Ziel, in jedem Fall Kapital aus der Sache zu schlagen. Dabei war offensichtlich, dass die deutschen Austauschforderungen überzogen waren. Würden die Engländer ablehnen, wäre dies propagandistisch auszuschlachten; würden sie annehmen, bot sich die Rückkehr tausender Auslandsdeutscher und eine propagandistische Auswertung in dem Sinne, die Alliierten führten den Krieg nur für die Juden. Inland II entwarf eine Antwort für die Schweizer Schutzmacht, in der man sich grundsätzlich geneigt zeigte, den britischen Wunsch zu erfüllen, aber nur unter der Maßgabe, die Kinder nicht nach Palästina, sondern nach England zu übernehmen und dies durch Beschluss des Unterhauses zu bestätigen.

Auf diese Weise verkam die Feldscher-Demarche sehr schnell zum reinen Propagandaunternehmen. Das zeigt auch die Auswahl der Abteilungen, denen der Entwurf von Inland II zur Stellungnahme vorgelegt wurde: die Politische und Kulturpolitische Abteilung sowie die Rechts-, Rundfunkpolitische und Presseabteilung.[299] Das Anschreiben vermerkte ausdrücklich: »*Propagandisten sollen entscheiden, wie man die Sache als reine Propagandaangelegenheit aufziehen soll.*«[300]

Die Propagandisten taten dies und waren grundsätzlich mit dem Vorgehen einverstanden. Paul Karl Schmidt (Presseabteilung) erschienen die Formulierungen der Note funktional, um die späteren »*politischen Auswertungsmöglichkeiten*« zu gewährleisten.[301] Legationsrat Hans-Bernd von Haeften (Kulturpolitische Abteilung)

---

297 Aufzeichnung Wagners für UStS u. a. vom 25.6.1943, in: ebd., Inland IIg 174a. Das Schreiben wurde von Thadden aufgesetzt und von Wagner unterzeichnet.
298 Vgl. Schreiben [BRAM] an Thadden vom 14.10.[1943], in: ebd., Inland II A/B, R 99336.
299 Vgl. Aufzeichnung Wagners für UStS u. a. vom 25.6.1943, in: ebd., Inland IIg 174a. Vgl. zu Kult. Pol. allgemein Hachmeister, Gegnerforscher, S. 246 ff.
300 Entwurf Inland II o. D., in: PA AA, Inland IIg 174a.
301 Vermerk Paul K. Schmidts vom 1.7.1943, in: ebd.

3 »Feldscher-Aktion« – Verhandlungen über die Ausreise jüdischer Kinder

riet, den Wortlaut etwas zu ändern, um die Propaganda-Absicht nicht sofort zu verraten.[302] Unterstaatssekretär Hencke (Politische Abteilung) wollte den Regierungen Bulgariens und Rumäniens nur allgemeine Informationen zum weiteren Vorgehen geben, um die deutschen Agitationspläne vor den Verbündeten noch geheim zu halten.[303] Paul Otto Schmidt (Büro RAM) war zufrieden. Er halte den Vorschlag für »*ausgezeichnet*« und habe keine weiteren Anregungen.[304] Gesandter Rühle (Rundfunkpolitische Abteilung) riet zum sorgfältigen Umgang. Es dürfe der Feindseite nicht Gelegenheit gegeben werden, den Vorschlag als »*brutalen Erpressungsversuch oder ein zynisches Manöver*« hinzustellen. Zu bedenken sei, dass im Ausland selbst bei vielen Antisemiten »*erhebliche Gefühlswiderstände gegen harte Behandlung der Juden vorhanden sind*«.[305] Dem Vorschlag Rühles, die Kinder nicht zwangsläufig in England unterzubringen, widersprach Thadden später entschieden: »*Gerade die Forderung der Überführung nach England soll Großbritannien in Verlegenheit bringen. Sofern es diese Bedingung aber annimmt, steht zu hoffen, daß der Zuwachs von 5 000 Judenkindern den Antisemitismus in England weiterhin stärkt.*«[306]

Der Judenreferent sammelte die Reaktionen. Er hielt es für wünschenswert, wenn der Sachverhalt 48 Stunden nach der Antwort an die Schweiz durch Presse und Rundfunk veröffentlicht würde. Inland II formulierte neue Antworten an Feldscher, die sowohl die Wünsche Ribbentrops als auch Himmlers berücksichtigten.

Unter der höchsten Geheimhaltungsstufe »Geheime Reichssache« informierte indessen Wagner den Gestapo-Chef Müller über die Vorgänge. Himmler und Ribbentrop hätten sich über den Fortgang verständigt, und er selbst wolle Müller rechtzeitig darüber in Kenntnis setzen, dass in absehbarer Zeit die Möglichkeit bestehen könnte, Judenkinder gegen Deutsche auszutauschen. Dabei legte Wagner sehr prägnant die wirkliche Absicht offen:

>»Die beabsichtigte Antwort soll Großbritannien in die unbequeme Lage versetzen, mit all den zu erwartenden peinlichen Folgen, 5 000 Judenkinder im eigenen Land aufnehmen zu müssen, oder sich mit dem Odium zu belasten, daß die beabsichtigte Ausreisegelegenheit an ihrem Widerstand gescheitert ist. Außerdem wird die Antwort die Araber in ihrer Auffassung bestärken, daß die Achsenmächte ihnen gegenüber eine ehrliche und freundschaftliche Politik betreiben. Wenn es immerhin sehr unwahrscheinlich scheint, daß die Engländer unsere Bedingungen annehmen, so ist es doch nicht ausgeschlossen, daß es eines Tages zu einem Austausch zwischen Judenkindern und internierten Deutschen kommt.«[307]

---

302 Vgl. Schreiben Haeftens an Thadden vom 3.7.1943, in: ebd.
303 Vgl. Schreiben Henckes an Inl. II vom 2.7.1943, in: ebd.
304 Marginalie Paul O. Schmidts vom 29.6.1943 auf Aufzeichnung Wagners vom 25.6.1943, in: ebd.
305 Schreiben Rühles an Wagner vom 10.7.1943, in: ebd.
306 Aufzeichnung Thaddens vom 12.7.1943, in: ebd.
307 Schreiben Wagners an Müller vom 13.7.1943, in: ebd., Inland IIg 173.

Bei Himmler stießen Wagners Gedanken für die Antwort an die Schweiz auf Resonanz. Mit Rücksicht auf die »*arabische Mentalität*« regte der SS-Chef eine geringfügige Umformulierung an. Inland II wandelte daraufhin den Satz »*Da jedoch nach Auffassung der Reichsregierung Palästina zum arabischen Lebensraum gehört*« in »*Da jedoch die Reichsregierung ihre Hand nicht dazu bieten kann, daß ein so edles und tapferes Volk wie die Araber durch die Juden aus ihrem Heimatland Palästina verdrängt werden [...]*«. Himmler dachte pragmatisch und versprach sich von der schärferen Fassung ein Signal für »*eine verstärkte Sabotage-Tätigkeit national-arabischer Kreise im Nahen Osten*«.[308] Damit hatte er direkten Einfluss auf den diplomatischen Verkehr genommen.

Die zunehmenden Bemühungen der Alliierten und dem IRK ließen Inland II Nachforschungen anstellen. Wagner kam schließlich zu dem Schluss, dass sich die »Action Juive« hinter den Unternehmen verberge. Mit der Hilfe der Feindstaaten versuche sie, 30.000 bis 50.000 Juden aus dem deutschen Machtbereich zu bringen. Eine von Steengracht anberaumte Besprechung aller beteiligten Leiter habe ebenfalls einstimmig ergeben, dass den internationalen Anfragen »*trotz ihrer Vielfältigkeit ein einheitliches Vorgehen der Action Juive zugrunde liegt*«. Alle Gesuche, so Wagner, seien also in derselben Weise zu beurteilen.[309] Die Sache war damit endgültig zum Politikum geworden, bei dem es einzig und allein darum ging, die propagandistische und politische Nutzbarmachung in den Vordergrund zu stellen. Von einer Freilassung der Kinder war spätestens jetzt keine ernsthafte Rede mehr, da das Ganze als Operation der »jüdischen Weltverschwörung« stigmatisiert wurde. Und die deutschen Diplomaten durften sich bestätigt sehen. Im September 1943 gingen über die Gesandtschaft Lissabon amerikanische Pressemeldungen ein, in denen unter anderem US-Präsident Roosevelt und sein Außenminister Cordell Hull, die von NS-Seite stets als Exponenten eines verschwörerischen Weltjudentums gesehen wurden, bekundeten, dass ein Ende der Verfolgungen eng »*mit der Vernichtung des Nazisystems verbunden sei*«.[310]

Wagner sprach sich bei Ribbentrop dafür aus, die zwischenzeitliche Anfrage des IRK nach freiem Geleit für Transporte von Bulgarien nach Haifa rundweg abzulehnen. Um sich aber alle Optionen weiter offen zu halten, müsse man den Reichsführer-SS trotz aller Unwahrscheinlichkeit vorsorglich bitten, »*daß die gegebenenfalls erforderlichen Austauschobjekte zunächst nicht in die Ostgebiete evakuiert werden*«.[311] Doch der Außenminister verfügte im Juli 1943 erst einmal den Aufschub der Feldscher-Aktion. Nach außen jedoch wurde der diplomatische Ball weiter im Spiel gehalten. Im August konkretisierte Großbritannien das Angebot dahingehend, dass es eine Repatriierung von Deutschen als Gegenleistung ablehne, da diese über den Zivilper-

---

308 Schreiben Wagners [an BRAM] vom 12.8.1943, in: ebd. Das Schreiben wurde von Thadden aufgesetzt und von Wagner unterzeichnet.
309 Vortragsnotiz Wagners für RAM vom 21.7.1943, in: ebd., Inland IIg 174a.
310 Telegramm dt. Ges. Lissabon (Huene) vom 14.9.1943, in: ebd.
311 Vortragsnotiz Wagners vom 21.7.1943, in: ebd.

sonenaustausch erfolge.³¹² Mit dieser Absage bürdete die britische Regierung dem Vorhaben eine hohe Hypothek auf, denn niemand konnte in London ernsthaft glauben, die Deutschen würden 5.000 Juden einfach so ausreisen lassen. In der Zwischenzeit machte sich Bern dafür stark, Juden mit Einreisegenehmigungen für Palästina vorerst von den Deportationen auszunehmen, um sie später auszutauschen. So etwas kam für Thadden »*keinesfalls in Betracht*«. Das sei eine rein deutsche Angelegenheit, die mit der Schweiz nicht verhandelt zu werden brauche. Der Feindpropaganda würde nur die Chance eröffnet, sich als Wohltäter darzustellen, da man sich zu Gunsten der Juden engagiere.³¹³ Er schlug vor, eine solche Note nicht zu beantworten.

Die Vorgänge zogen mittlerweile größere internationale Aufmerksamkeit auf sich. Argentinien war bereit, 1.000 jüdische Kinder aufzunehmen, und das IRK wollte über 3.000 Kinder aus Frankreich und Belgien in den Nahen Osten bringen. Das IRK unterstützte ebenfalls die Unternehmen im südosteuropäischen Raum und fragte bei deutschen Stellen unter anderem an, ob man dem Transportschiff *Bella Cittá* Freigeleit gewähren würde. Inland II hielt davon nichts. Thadden schrieb an die Handelspolitische Abteilung, die für Schiffsfragen zuständig war: »*Inland II ist bisher stets bemüht gewesen, den Abtransport der Juden aus Rumänien auf diesem Wege zu verhindern [...]. Inland II kann daher nur stärkste Bedenken gegen die beabsichtigte Charterung des Dampfers äußern, sofern es sich um Judentransporte handelt.*«³¹⁴ Doch diesmal protestierte Inland II erfolglos. Im Mai 1944 meldete das Generalkonsulat Istanbul, dass mehrere bulgarische Motorsegler mit jüdischen Flüchtlingen eingetroffen seien. Mit der Eisenbahn habe man die Menschen weiter nach Syrien und Palästina gebracht. Insgesamt handle es sich um 846 Emigranten auf vier Schiffen, darunter auch die *Bella Cittá*.³¹⁵

Bis zum Oktober 1943 erfolgte keine Entscheidung Ribbentrops, weder zur Demarche des Gesandten Feldscher noch in den anderen Fällen. Mittlerweile befanden sich die Anfragen über neun Monate in der Schwebe, und es kamen die ersten Gerüchte auf, dass Rumänien und Bulgarien, die ihre Grenzen für Juden noch geschlossen hielten, durch die ausbleibende deutsche Stellungnahme in naher Zukunft eigene Initiativen entwickeln würden. So berichtete der Gesandte Beckerle aus Sofia von einem äußerst starken Druck der Alliierten auf die dortige Regierung³¹⁶, und Killinger beklagte aus Bukarest, dass die antijüdischen Maßnahmen mit Rücksicht auf die Westalliierten »*eingeschlafen*« seien. Den reichen Juden nähme man nur das Geld ab, während die ärmeren zum Arbeitsdienst eingezogen würden.³¹⁷

---

312 Vgl. Schreiben brit. Ges. Bern an EPD vom 26.8.1943, in: SBA, E 2200.56 -/3, Bd. 1.
313 Schreiben Thaddens an AA/R IV vom 1.10.1943, in: PA AA, Inland II A/B, R 99388.
314 Schreiben Thaddens an AA/Ha Pol XI vom 10.3.1944, in: ebd., Inland II A/B, R 99394.
315 Vgl. Schreiben Twardowskis an dt. Bot. Ankara vom 5.5.1944, in: ebd. Ferner Rohwer, Jürgen, Jüdische Flüchtlingsschiffe im Schwarzen Meer (1934–1944), in: Büttner, Ursula (Hg.), Das Unrechtsregime, Bd. 2, Hamburg 1986, S. 197-248.
316 Vgl. Vortragsnotiz Thaddens vom 21.12.1943, in: PA AA, Inland IIg 174a.
317 Telegramm Killingers vom 1.11.1943, in: ADAP, Serie E, Bd. VII, Nr. 72.

Verunsichert durch solche Meldungen bat Inland II den Staatssekretär, möglichst bald einen Entschluss des Außenministers herbeizuführen.[318] Ende Oktober übersandte Wagner die zu erteilende Antwort zur gefälligen Zustimmung und wies darauf hin, dass der RFSS sich davon einen Vorteil in arabischen Kreisen versprach. Die Aktion könne ferner den Effekt haben, dass der Antisemitismus durch den »*Zuzug Tausender Juden nach Großbritannien einen der Britischen Regierung unerwünschten neuen Auftrieb erhält*«. Erneut vertrat Wagner die Meinung, dass die Anfrage Großbritanniens nur Teil eines Großrettungsplans sei, durch welchen Zehntausende entkommen sollten. Anbei legte er eine zwölfseitige Anlage mit Einzelheiten. Gebetsmühlenartig plädierte er dafür, Bulgarien und Rumänien nahezulegen, eine Ausreise endgültig zu versagen. Eine Lösung sei, wenn überhaupt, darin zu suchen, jüdische Kinder gegen internierte Deutsche zu tauschen.[319] Doch Ribbentrop sah keinen Grund zur Eile. Er machte Vorgaben zum Text und erbat eine neue Fassung, während er sich mit dem skizzierten Vorgehen einverstanden erklärte, alle Anfragen pars pro toto zu behandeln.[320]

In den nächsten Tagen bestellte Ribbentrop den Gruppenleiter zu einem persönlichen Gespräch, bei dem man unter anderem auch auf die Feldscher-Angelegenheit zu sprechen kam. Die Propagandaauswertung, wies er Wagner an, solle im »*größten Stil erst im Augenblick erfolgen, in dem eine englische Reaktion erkennbar ist*«.[321] Ribbentrop genehmigte das generelle Vorgehen von Inland II und zeigte sich einverstanden, den Schweizern die Antwort mündlich zu geben. Allen anderen Staaten hingegen sei überhaupt keine Antwort zu erteilen. Nur Argentinien wurde eine gewisse Sonderstellung eingeräumt. Auch dort solle keine Reaktion erfolgen, es sei denn, die Südamerikaner kämen auf das Thema zurück. Im Gegensatz zu Großbritannien, Bulgarien oder Rumänien, die entweder verbündet oder verfeindet waren, hatte Argentinien als neutraler Staat eigentlich eine gute Ausgangsposition, um etwas zu bewegen. Seit 1943 regierte im Andenstaat eine Militärdiktatur, die einen zunehmenden anti-amerikanischen Kurs fuhr. Mit Rücksicht auf das argentinische Wohlwollen sinnierte Ribbentrop, dass man im Fall der Fälle keine Gegenleistung für die Kinder fordern könne.

Ausgerechnet die Argentinier kamen im Dezember als eine der ersten auf die Ausreise zurück. Als ein Botschaftssekretär bei Thadden persönlich »*in verschiedenen Judenangelegenheiten*« vorsprach, erkundigte er sich, ob denn eine Antwort beabsichtigt sei. Thadden vermied eine Stellungnahme und hatte den Eindruck, der Südamerikaner habe damit gerechnet. Obwohl die Argentinier von sich aus die Angelegenheit wieder zur Sprache gebracht hatten, sprach sich Thadden nachher trotz der Weisung Ribbentrops gegen eine offizielle Antwort aus. Reagiert solle erst werden, wenn die Argentinier schriftlich anfragten oder eine allgemeine Antwort an alle Staaten vorlä-

---

318 Vgl. Schreiben Inl. II an BRAM vom 12.10.1943, in: PA AA, Inland IIg 174a.
319 Vortragsnotiz Wagners für BRAM vom 28.10.1943, in: ebd.
320 Vgl. Schreiben BRAM (Sonnleithner) an Wagner vom 1.11.1943, in: ebd.
321 Besprechungsnotizen Wagners o. D., in: ebd., Inland IIg 7.

3 »Feldscher-Aktion« – Verhandlungen über die Ausreise jüdischer Kinder

ge.[322] Einen Tag später gab Ribbentrop neue Befehle: Argentinien solle sehr wohl eine Antwort erhalten und wegen des Drucks auf Bulgarien solle der »Führer« eingeschaltet werden.[323] Doch Thaddens Verzögerungstaktik zeitigte einen indirekten Erfolg. Im Januar 1944 brach Argentinien unter Druck der Alliierten die diplomatischen Beziehungen zu Deutschland ab, was die Sache obsolet werden ließ.

Wenige Tage nach Neujahr 1944 sandte Wagner den aktuellen Wortlaut der deutschen Stellungnahme an Himmler. Der Text enthielt selbstverständlich die Änderungen des RFSS und sah nun eine nicht konkretisierte Gegenleistung sowie eine nicht näher bestimmte Garantie vor, die Juden in England anzusiedeln:

> »Obwohl die Anfrage der Britischen Regierung wegen der Ausreisegenehmigung für 5 000 Juden nicht erkennen läßt, zu welchen Gegenleistungen man britischerseits bereit wäre, ist die Reichsregierung nicht abgeneigt, den englischen Wunsch im positiven Sinne zu erwägen und in entsprechende Verhandlungen einzutreten.
> Da jedoch die Reichsregierung ihre Hand nicht dazu bieten kann, daß ein so edles und tapferes Volk wie die Araber durch die Juden aus ihrem Heimatland Palästina verdrängt werden, könnten diese Verhandlungen nur unter der Voraussetzung aufgenommen werden, daß sich die Britische Regierung damit einverstanden erklärt, daß die Juden statt nach Palästina nach Großbritannien überführt werden, und daß sie ihnen dort die endgültige Niederlassung garantiert.«[324]

Wahrscheinlich bekam Feldscher die deutsche Antwort Ende Januar 1944 zunächst außerdienstlich. Anlässlich eines Diplomatenfrühstücks kam es zu einer kleinen Plauderei zwischen Feldscher und Albrecht. Der Deutsche deutete an, dass seine Regierung an Verhandlungen interessiert sei, aber die Juden nicht nach Palästina, sondern nur nach Großbritannien gehen dürften und ihre dortige Niederlassung zugesichert werden müsse. Nach Feldschers Eindruck kehrte Albrecht groß heraus, dass es schon ein sehr großes Zugeständnis sei, überhaupt Verhandlungen aufzunehmen.[325] Dessen ungeachtet sah der Schweizer Diplomat nach der langwierigen Sondierungsphase einen Durchbruch, den er sofort am 31. Januar über Telegramm nach Bern meldete. Das Schweizer Außenamt informierte daraufhin die britische Gesandtschaft.

Vermutlich am 1. Februar 1944 wurde die deutsche Antwort vom Gesandten Albrecht offiziell erteilt. Ein genauer Termin lässt sich nicht entnehmen. Für London war die Reaktion der Deutschen ein »*transparent political warfare manoeuvre*«, wel-

---

322 Vortragsnotiz Thaddens vom 20.12.1943, in: ebd., Inland IIg 174a.
323 Vgl. Besprechungsnotizen Wagners vom 22.12.1943, in: ebd., Inland IIg 7.
324 Schreiben Wagners an Stab RFSS (Grothmann) vom 6.1.1944 (Anlage), in: ebd., Inland IIg 174a.
325 Vgl. Telegramm Feldschers vom 31.1.1944 u. Schreiben Feldschers an AFI vom 1.2.1944, beide in: SBA Bern, E 2200.56 -/3, Bd. 1.

ches in der Form strikt zurückgewiesen wurde.[326] Die Regierung Seiner Majestät hatte bis dahin wenig Engagement gezeigt, ihrer Anfrage, auf deren Antwort man acht Monate gewartet hatte, Nachdruck zu verleihen. Die Zuwanderung von Juden nach Palästina war im Vereinigten Königreich mit Rücksicht auf die allgemeine Einwanderungspolitik wie auf die jüdisch-arabischen Spannungen nicht unumstritten. Zudem glaubte man angesichts des langen deutschen Zögerns nicht unbedingt an ein Gelingen der Operation. Das formale Aufrechthalten der Demarche erfüllte dennoch einen Zweck, da man dem innenpolitischen, philosemitischen Druck begegnen konnte. Vermutlich ließ man den Faden auch deshalb nicht abreißen.

Schutzmachtvertreter Feldscher setzte Albrecht am 8. März 1944 davon in Kenntnis, dass die britische Seite die Auswanderung jüdischer Kinder ohne Gegenleistung beabsichtige. Albrecht notierte sich danach, London sei bereit, die Kinder nach England zu übernehmen, wolle aber keinen Austausch vornehmen, da ein solcher nur als Austausch von Deutschen gegen Briten erfolgen könne.[327] Währenddessen drahtete der Schweizer nach Bern, die Einbürgerung in Großbritannien sei deutsche conditio sine qua non.[328] Selbstverständlich erhielt Thadden von der britischen Reaktion Kenntnis. Er vermutete, die Regierung Seiner Majestät wolle die Kinder später nach Palästina weiterreisen lassen, und hegte allgemein die Befürchtung, dass die Briten Deutschland auf Dauer für ein Scheitern der Aktion verantwortlich machen wollten. Daraus konstruierte er die nächsten Schritte, die eine baldige propagandistische »Ausschlachtung« vorsahen. Die britische Anfrage vom Mai 1943 sowie die deutsche Antwort könnten in einem Palästina-Weißbuch abgedruckt werden. Die neue britische Antwort solle als Weigerung der Briten ebenfalls publiziert und im folgenden Sinne kommentiert werden:

»Flucht in den Formalismus zur Vermeidung einer Ablehnung bei gleichzeitiger Vermeidung der Aufnahme von Juden in England, die man wegen des Antisemitismus im eigenen Lande befürchte. – Offensichtlich beabsichtigte Weiterschiebung der Juden aus England nach Palästina und Behandlung der Juden als nicht den Briten gleichwertig, somit als zweitrangig.«

Gleichzeitig sei Großbritannien zu verständigen, dass man die neue Antwort als Absage auffasse, da man keinen Austausch vorgeschlagen, sondern an allgemeine Gegenleistungen gedacht habe. Deutscherseits würden Juden als »*asoziale Elemente*« betrachtet, an denen England ein Interesse habe. Deshalb kämen als Tauschobjekte auch Personen infrage, die Großbritannien als »*asoziale*« betrachtet, an denen aber Deutschland ein Interesse habe wie Iren, Ägypter, Inder oder Araber. Thadden riet dazu, die Gespräche nicht abreißen zu lassen, um sie weiterhin agitatorisch verwerten zu können.[329]

---

326 Wasserstein, Britain and the Jews, S. 181.
327 Vgl. Schreiben Albrechts an AA/R XIII B u. Inl. II vom 8.3.1944, in: PA AA, Inland IIg 174a.
328 Vgl. Schreiben Feldschers an AFI vom 9.3.1944, in: SBA Bern, E 2001-02 -/15, Bd. 12.

3 »Feldscher-Aktion« – Verhandlungen über die Ausreise jüdischer Kinder

Inland II schickte ein Doppel der Vorschläge an alle beteiligten Abteilungen sowie an den Staatssekretär. Nach Rücksprache mit den Abteilungen plädierte Inland II bei Ribbentrop für eine endgültige Freigabe zur Propaganda, da die Verhandlungen als gescheitert anzusehen seien.[330] Dies wurde von Ribbentrop aber abgelehnt.

Die britische Regierung verspürte nun mehr Eile, verwarf aber weiterhin strikt die Möglichkeit eines Austausches und ließ die Schweizer Partner wissen: »*An exchange on the lines contemplated by the German Government cannot be considered.*«[331] Zurückkehrende Deutsche schienen als Preis der Rettung zu hoch und widersprachen der Prämisse, die Rettung der Juden könne nur in einem schnellen Sieg der Alliierten liegen. Bereits im April 1944 ließ London die Bitte um eine rasche und endgültige deutsche Stellungnahme wieder beim AA vorbringen. Aber bei verschiedenen Gelegenheiten musste Feldscher ohne Ergebnisse in sein Büro zurückkehren, nachdem ihn der Gesandte Albrecht in der Frage der jüdischen Kinder wieder und wieder vertröstet hatte.[332] Feldscher rechangierte unverdrossen zweimal wöchentlich in dieser und anderen Fragen im deutschen Außenamt. Das AA berief sich darauf, dass es selbst prinzipiell bereit sei, dem Unterfangen ohne britische Gegenleistung zuzustimmen, aber die Entscheidung sei von internen Stellen abhängig.[333]

Von der deutschen Antwort waren auch die Verbündeten Rumänien und Bulgarien in Kenntnis gesetzt worden. Gesandter Beckerle in Sofia drahtete, die bulgarische Regierung wolle bei ihrer Haltung bleiben, die Anfrage an technischen Schwierigkeiten scheitern zu lassen. Unterdessen antwortete Killinger, Marschall Antonescu wolle so viele Juden wie möglich aus dem Land bekommen, aber dabei auf »*radikale Maßnahmen*« verzichten, um ungünstige Folgen bei den Feindstaaten zu verhindern.[334] Bukarest lenkte damit ein und ließ eine Ausreise praktisch zu, bot aber keine Transportmöglichkeiten an. Als das IRK und die Türkei im April 1944 die *Tari* zur Verfügung stellten, sprach sich Inland II dafür aus, kein freies Geleit zu gewähren. Thadden stellte fest, der türkische Dampfer sei erst auf massiven Druck der Angloamerikaner freigegeben worden.[335] Überraschend stimmte Ribbentrop jedoch dem Transport von 1.500 Juden auf der *Tari* von Rumänien nach Palästina zu. Dies sei keine generelle Entscheidung wie im Fall der 7.000 rumänischen Juden, sondern ein einmaliges Entgegenkommen zu Gunsten des türkischen Außenministers. Doch nur wenige Stunden später zog Ribbentrop die Zustimmung aus ungeklärtem Grund zurück und widerrief alle eingeleiteten Maßnahmen.[336]

---

329 Vortragsnotiz Thaddens vom 29.3.1944, in: PA AA, Inland IIg 174a.
330 Vgl. Vortragsnotiz Inl. II vom 27.4.1944, in: ebd.
331 Schreiben brit. Ges. Bern an AFI vom 4.4.1944, in: SBA Bern, E 2200.56 -/3, Bd. 1.
332 Vgl. Schreiben Albrechts an Inl. II vom 15.4.1944, in: PA AA, Inland IIg 174a.
333 Vgl. Telegramm SMV an AFI vom 25.4.1944, in: SBA Bern, E 2001-02 -/15, Bd. 12.
334 Telegramm Killingers vom 16.2.1944, in: PA AA, Inland IIg 201.
335 Vgl. Vortragsnotiz Thaddens vom 6.4.1944, in: ebd., Inland IIg 176.
336 Vgl. Scheiben BRAM (Altenburg) an Thadden vom 21.4.1944, in: ebd.

Im März 1944 trafen sich Thadden und SS-Sturmbannführer Günther zu einer Besprechung, um die Ausreise der jüdischen Kinder aus Rumänien zu besprechen. Im Falle Bulgariens und Rumäniens bat der Stellvertreter Eichmanns, die Auswanderung nach Palästina »*mit allen Mitteln*« zu unterbinden.[337] Günther war unzufrieden und kritisierte einige Monate später die Maßnahmen des AA. Nachdem 1943/44 wenige tausend Juden über das Schwarze Meer und die Türkei in den Nahen Osten entkommen waren, mahnte er an, die Ausreise »*nicht nur theoretisch*« zu verhindern.[338] Das AA tat, was es konnte, aber letztlich bot sich kaum eine Handhabe gegen das Vorgehen der Verbündeten. Auch die deutsche Marine musste einräumen, dass es die Schiffe nicht aufhalten dürfe. Killinger in Bukarest resignierte ebenfalls und tat nichts gegen den offiziell von Antonescu genehmigten Dampferverkehr. Doch diese Rettungsaktionen liefen autonom und nicht in Zusammenhang mit der Feldscher-Aktion.

In dieser Angelegenheit bestätigte Jacques de Saussure, Adjunkt des AFI-Chefs de Pury, am 6. April 1944 der SMV in Berlin, dass die Briten keinerlei Gegenleistung erbringen würden. Die Ausreise solle »*à titre humanitaire et sans demander de compensation*« erfolgen. London sei aber bereit, die Kinder, wenn schon nicht in Großbritannien, dann in anderen Regionen des Empires (mit Ausnahme des Vorderen Orients) unterzubringen.[339] Spätestens Anfang Mai 1944 wurde Feldscher wieder bei Albrecht vorstellig und brachte die neue britische Position vor.[340] Thadden hielt nichts davon, da es gerade das Ziel sei, die antisemitische Stimmung im englischen Mutterland zu erhöhen. Der Judenreferent brachte dem RAM die britische Stellungnahme zur Kenntnis und bemerkte dabei, »*daß 5.000 Judenkinder, die für eine Ausreise in Betracht kämen, nur noch in dem Getto Litzmannstadt [Lodz] zur Verfügung ständen. Dieses Getto würde jedoch auf Weisung des Reichsführer-SS demnächst aufgelöst werden*«.[341] Die Frage, warum die Kinder danach nicht mehr zur Verfügung stehen würden, will sich Thadden nicht gestellt haben. Er sagte später aus, er habe dies »*nicht im entferntesten als einen Hinweis auf die Ermordung von Judenkindern*« verstanden. Er habe angenommen, die Kinder würden in Lager überführt, aus denen keine Ausreise gestattet sei.[342]

Himmler traf sich am 8. Mai 1944 in seinem Feldquartier Bergwald bei Berchtesgaden mit Wagner, als der SS-Chef unter anderem drängte, die Feldscher-Angelegenheit mit Rücksicht auf den Großmufti zu beschleunigen.[343] Drei Wochen später hielt sich Wagner in Salzburg auf, wo Ribbentrop im nahen Fuschl residierte. Der RAM hatte das Interesse an der Sache weitgehend verloren und teilte mit, dass augenblicklich

---

337 Schreiben Günthers an Thadden vom 31.3.1944, in: ebd., Inland IIg 201.
338 Schreiben Günthers vom 13.7.1944, in: ebd.
339 Schreiben Saussures an SMV Berlin vom 6.4.1944, in: SBA Bern, E 2200.56 -/3, Bd. 1.
340 Vgl. Schreiben Albrechts an Thadden vom 2.5.1944, in: PA AA, Inland IIg 174a.
341 Aufzeichnung Thaddens für RAM vom 5.5.1944, in: ebd.
342 Aussage Thaddens vom 10.12.1962, in: HStA Düsseldorf, Ger.Rep. 192/203.
343 Vgl. Besprechungsnotizen Wagners vom 8.5.1944, in: PA AA, Inland IIg 7.

3 »Feldscher-Aktion« – Verhandlungen über die Ausreise jüdischer Kinder

nichts mehr unternommen werden solle. Für den Fall, dass die Briten wieder aktiv würden, hatte bereits der Informationsbeauftragte Karl Megerle eine Propagandaauswertung skizziert, die sofort heranzuziehen sei.[344] Dieses Dokument liegt nicht vollständig in den Akten vor. Dass sich die Pläne des AA aber keinesfalls auf subtilem Niveau bewegten, sondern eher auf der Linie der aggressiven Goebbels-Agitation lagen, zeigt ein erhaltener Auszug, der die Propaganda-Intention des deutschen Doppelspiels festhält:

»Seitdem die britische Regierung wegen einer Ausreise von jüdischen Kindern bei der Reichsregierung anfragen ließ, hat sie unter dem Beifallsgeheul der jüdischen Kriegsanstifter und Kriegsverlängerer Zehntausende von deutschen unschuldigen Kindern durch Phosphor-, Spreng- und Brandbomben in qualvoller Weise umbringen lassen. Es wäre unter diesen Umständen eine starke Zumutung, daß die Reichsregierung Hilfestellung zur Sicherung jüdischer Kinder vor dem Bombenterror geben sollte, während gleichzeitig die jüdischen Hintermänner im Bombenkrieg eine Verschärfung desselben gegen die deutschen Kinder forderten. Trotzdem war die Reichsregierung seinerzeit bereit in der Hoffnung, hierdurch Tausende von in britischen und amerikanischen Interniertenlagern schmachtenden deutschen Frauen und Kindern die Möglichkeit einer Rückkehr in das Reich zu schaffen. Seitdem hat die britische Regierung nicht nur die Möglichkeit eines solchen Austausches ohne Begründung abgelehnt, sondern sie hat darüber hinaus den Bombenterror auf Deutschland verstärkt und ihn auch auf andere europäische Gebiete ausgedehnt. Weder die deutsche Bevölkerung noch die übrigen Völker Europas würden unter den heutigen Umständen noch eine Hilfeleistung deutscherseits zur einseitigen Rettung jüdischer Kinder verstehen. [...]«[345]

Thadden bemerkte dazu, der Entwurf bedürfe nach dem Beginn des Einsatzes deutscher Raketenwaffen gegen die Zivilbevölkerung in London eine Änderung, »*damit er besser in den Gesamtrahmen der vorgesehenen Aktion über die Notwendigkeit der Vergeltung hineinpaßt*«.[346] Megerles Ausführungen sollten im Rahmen eines anti-britischen Palästina-Weißbuches erscheinen.[347] Für ein solches Pamphlet hatte bereits im März 1944 Kurt Walz von der Kulturpolitischen Abteilung die Linienführung entworfen. Als zynischer Titel war unter anderem »Das britische Palästina-Weißbuch – ein Beitrag zur Lösung der Judenfrage?« im Gespräch. Das Werk sollte den Zionismus, die britische Einwanderungspolitik und den Widerstand der Araber schildern.[348]

---

344 Vgl. Schreiben Wagners an Thadden vom 27.5.1944, in: ebd., Inland IIg 174a.
345 Schriftstück o. D. o.V. [Auszüge von Entwurf Megerles], in: ebd.
346 Schreiben Thaddens an Megerle vom 20.6.1944, in: ebd.
347 Vgl. Aussage Thaddens vom 12.12.1962, in: HStA Düsseldorf, Ger.Rep. 192/203.
348 Entwurf Walz' vom 2.3.1944, in: PA AA, Inland II A/B, R 99388. In dem Entwurf findet sich kein Hinweis auf die Feldscher-Aktion. Diese wurde ca. einen Monat später integriert.

In der Zwischenzeit hatte auch Australien 300 jüdischen Kindern aus Frankreich Zuflucht in Aussicht gestellt, die über Spanien nach Übersee gehen sollten. Feldscher setzte im Juni 1944 das AA davon in Kenntnis, wo die Anfrage der laufenden Angelegenheit angehängt wurde. Aber bis zum Juli 1944 erhielt der Schutzmachtvertreter trotz mehrfacher Nachfrage in keinem der Fälle eine endgültige Antwort.[349]

Die Sache wurde immer weiter verschleppt. Im Juli 1944 sprach Himmler mit Wagner noch einmal über die Feldscher-Angelegenheit[350], aber im AA wurde nichts mehr unternommen. Hatte man sich anfangs noch mit der Schweiz über Modalitäten und Perspektiven ausgetauscht, ging man nun endgültig dazu über, die ständig rechangierende Schutzmacht nur noch abzuweisen. Für das AA ging es jetzt nur noch darum, ob man die Propagandamaschine einschalte oder nicht. Megerle schrieb deshalb an Wagner, eine Verwertung des Themas könne erst erfolgen, wenn alle Ausreiseanträge gleichermaßen im engen Einvernehmen mit den Verbündeten behandelt würden. Gerade nach dem Anlaufen der Deportationen in Ungarn im Sommer 1944 waren eine ganze Reihe solcher Anträge aus dem Ausland gestellt worden, die analog zur Feldscher-Aktion zu behandeln wären. Wagner und Thadden schlossen sich der Meinung an: Erst nach Erledigung der Ungarn-Aktion wolle man gegenüber den Schweizern Stellung nehmen.[351]

Anfang August 1944 schickte Feldscher seinen Mitarbeiter Soldati zu Sethe, um die Ausreise der 5.000 Kinder erneut zur Sprache zu bringen. Sethe entgegnete, die Antwort sei ein »*endgültiges ›Nein‹*«. Als aber der Schweizer bekräftigte, Großbritannien gewähre Niederlassung im Empire mit Ausnahme des Nahen Ostens, erklärte Sethe, der Vorschlag könne unter Umständen doch in Erwägung gezogen werden.[352] Im Berner Außenamt wurde die zwischenzeitliche Absage mit großer Überraschung aufgenommen, da Albrecht vor sechs Monaten noch ein Zustandekommen in Aussicht gestellt hatte. In Berlin solle nachgehakt werden, ob die Kinder unter Beachtung der deutschen Niederlassungsforderung ausreisen könnten.[353] Am 22. August brachte die Schutzmachtvertretung die Sache mit einer Demarche erneut zur Sprache, dann noch einmal am 30. September. Aber eine deutsche Antwort findet sich daraufhin in den Schweizer Akten nicht mehr.

So erzielte die Feldscher-Aktion nach anderthalb Jahren überhaupt kein Ergebnis. Eine Ausreise der jüdischen Kinder fand ebenso wenig statt wie eine propagandistische Auswertung durch die Deutschen. Daneben sabotierte Wagners und Thaddens Politik auch die übrigen Ausreisebemühungen aus Rumänien und Bulgarien, die im engen Kontext zur Feldscher-Sache standen. Obwohl kleinen Gruppen die Flucht ge-

---

349 Vgl. Schreiben brit. Ges. Bern an AFI vom 31.5.1944 u. Schreiben Soldatis an AFI vom 21.7.1944, in: SBA Bern, E 2200.56 -/3, Bd. 1.
350 Vgl. Besprechungsnotizen Wagners vom 11.7.1944, in: PA AA, Inland IIg 7.
351 Vgl. Vortragsnotiz Wagners vom 29.7.1944, in: ebd., Inland II A/B, R 99388.
352 Schreiben Feldschers an AFI vom 8.8.1944, in: SBA Bern, E 2001-02 -/15, Bd. 12.
353 Vgl. Schreiben Saussures an SMV Berlin vom 17.8.1944, in: ebd., E 2200.56 -/3, Bd. 1.

lang, konnte durch den deutschen Druck verhindert werden, dass aus den Staaten der osteuropäischen Verbündeten eine Ausreise im großen Stil stattfand. Weder bei Wagner, Thadden oder Ribbentrop hatte ein sichtbares Interesse bestanden, jüdischen Kindern die Ausreise und damit die Rettung zu ermöglichen. Die Hilfsangebote fremder Staaten sollten für die eigene Propaganda ausgenutzt und das Zustandekommen einer Einigung durch unerfüllbare Forderungen schon im Vorfeld verhindert werden. Die Feldscher-Angelegenheit wurde dabei nicht als das behandelt, was sie eigentlich war, nämlich eine Intervention zu Gunsten jüdischer Kinder. Maßgebende Kriterien waren spätestens ab Juli 1943 die propagandistische Verwertung sowie eine Einordnung in den Kontext der deutschen Nahostinteressen. Besonders Himmler, aber auch Ribbentrop wollten aus der Sache bei arabischen Kreisen politisches Kapital schlagen und versprachen sich eine Zunahme anti-britischer Tendenzen. Begünstigt wurden die deutschen Planspiele durch die zögerliche Haltung Londons, welches die Sache erst spät mit mehr Nachdruck verfolgte. Wagner hatte eine entscheidende Wende eingeleitet, als er die Interventionen als Teil eines von jüdischen Hinterleuten intendierten Plans deutete, tausende Juden aus dem deutschen Herrschaftsbereich zu befreien. Die in diesem Zusammenhang geäußerte Verschwörungsvermutung torpedierte eine ernsthafte Erwägung der Ausreise endgültig, die von der Rechtsabteilung zu Beginn noch als Austausche erwogen worden war.

Für die Frage nach Motiven und Handlungsspielräumen ist es nicht entscheidend, ob eine Freilassung realistisch gewesen wäre. Eine Chance hat sicherlich bestanden, sogar Ribbentrop hatte – wenn auch nur für Stunden – seine Zustimmung für eine begrenzte Ausreise gegeben. Die Demarche Feldschers bot im Einklang mit den rumänisch-bulgarischen Plänen die Gelegenheit, Menschen vor dem drohenden Tod zu retten. Mit Verweis auf eine günstige, außenpolitische Reaktion im Ausland hätte man sich für eine Ausreise oder einen Austausch einsetzen können. Aber im Konsens mit RSHA, Ribbentrop und Himmler unterbanden die Verantwortlichen von Inland II jedwede Ausreise und konzentrierten ihre Bemühungen auf den agitatorischen Nutzen. Die humanitäre Chance der Feldscher-Aktion wurde nicht nur nicht genutzt, sie wurde absichtlich zunichtegemacht.

Thadden gab in den 1960er-Jahren seine bizarre Selbsteinschätzung dazu ab. Während er »*nicht im entferntesten*« damit gerechnet habe, dass den Kindern der Tod drohe, sei es die »*ehrliche Absicht des AA*« gewesen, »*die Feldscheranfrage nicht im Sande verlaufen zu lassen, sondern der Aktion zum Erfolg zu verhelfen*«. Die Propagandapläne seien in erster Linie durch andere Institutionen wie die Rundfunk-, Presse- oder Kulturpolitische Abteilung erfolgt.[354] Dennoch hätten Wagner und er, wie alle beteiligten Stellen im AA, fest mit einem Gelingen gerechnet und mit »*Elan*« und »*Hartnäckigkeit*« dafür gearbeitet. Durch die Erwägung der Freilassung habe man versucht, »*der feindlichen Greuelpropaganda endlich einmal wirksam den Wind aus den Segeln*

---

354 Aussage Thaddens vom 10.12.1962, in: HStA Düsseldorf, Ger.Rep. 192/203.

zu nehmen«. Besonders die Sturheit, mit der Wagner über Wochen versucht habe, eine Stellungnahme des Ministers zu erreichen, habe Thadden damals bewundert, und er bewundere sie auch heute noch, zumal sich Wagner der Gefahr der Ungnade ausgesetzt habe.[355] Das sah der Gruppenleiter ähnlich, der bei Ribbentrop wie Himmler eine Ausreise gefördert haben will. Es sei keine Absicht gewesen, die Sache nur für Propagandazwecke zu missbrauchen. Auch er wolle nicht gesehen haben, daß den Kindern der Tod drohe.[356] Und Megerle bemerkte im März 1971: *»Ich glaube, sagen zu können, daß meine Beteiligung in dieser Frage zum Guten gedient hat.«*[357]

Gegen die Nachkriegsmeinungen von Wagner und Thadden erkannte der amerikanische Militärgerichtshof in Nürnberg 1949 im Handeln des AA *»die krasseste Perfiderie«*, die *»man sich vorstellen kann«*, woraufhin der angeklagte Ex-Staatssekretär Steengracht für schuldig erklärt wurde, die Feldscher-Angelegenheit wissentlich verschleppt zu haben.[358]

---

355 Aussage Thaddens vom 12.12.1962, in: ebd.
356 Vgl. Aussage Wagners vom 6.12.1962, in: BA Koblenz, NL Kempner, Bd. 578.
357 Vernehmung Megerles vom 4.3.1971, in: BA Ludwigsburg, AR 1082/65.
358 Urteil im Wilhelmstraßen-Prozess, S. 104.

IV Die »Unterstützung der Judenmaßnahmen«

> »Mein allgemeiner Eindruck [...] war, daß die SS bemüht war, soviel ausländische Juden wie möglich zu erfassen und zu deportieren, während meine Abteilung in ihrer Zusammenarbeit mit der SS versuchte, möglichst zu verhindern, daß sich aus dieser Tätigkeit der SS diplomatische Verwicklungen ergaben.«
>
> Sekretärin des Referats Inland II A[1]

Abschirmung und Unterstützung der Deportationen gingen fließend ineinander über, da nicht nur über den Verbleib jüdischer Menschen falsche Angaben gemacht wurden, sondern abgelehnte oder dilatorisch behandelte Einsprüche nicht selten eine Preisgabe zur Vernichtung bedeuteten.

In ihrem Ehrgeiz, möglichst viele Juden zu erfassen, machte die SS auch vor den Angestellten ausländischer Botschaften nicht halt. Im Januar 1943 wurde eine bei der Schweizer Schutzmachtabteilung angestellte »Protektoratsangehörige« in den Tod deportiert. Die Abteilung D III intervenierte zwar noch beim RSHA auf Druck der Schweizer, aber für die Frau kam jede Hilfe zu spät. Gesandter Alexander Freiherr von Dörnberg schrieb der Sipo, dass gegen die Anstellung von Juden bei Vertretungen neutraler Staaten nichts unternommen werden könne, aber er bot an, bei Mitgliedern des Dreimächtepaktes oder des Antikominternpaktes auf eine Entlassung der jüdischen Angestellten zu drängen. Dem Protokollchef musste klar sein, dass diese Menschen mindestens eine sehr unmenschliche Behandlung erwartete, denn er kannte den Fall der Protektoratsangehörigen.[2] Eichmann antwortete, er wäre dankbar, wenn das AA den thailändischen Gesandten bewegen könne, den dort beschäftigten deutschjüdischen Sprachlehrer zu entlassen. Für diese Tätigkeit dürften »*geeignete deutschblütige Kräfte zu Verfügung stehen*«. Außerdem vermute Eichmann, der Gesandte wolle den Lehrer »*vor Weiterungen*« schützen.[3] Die Protokollabteilung hatte keine Einwände[4], nur die Politische riet zu maßvollem Vorgehen, da »*das Rassenthema*« in Ostasien »*so heikel und labil*« sei. Man solle auf eine Entlassung hinwirken, aber danach nichts gegen den Lehrer unternehmen.[5] Der Fall ging an Inland II, wo ein nicht identifizierter Diplomat (es war weder Wagner noch Thadden) seine handschriftliche Meinung abgab. Er sprach sich gegen eine solche Regelung aus. In der Marginalie ist

---
1 Aussage Hildegard K. vom 10.7.1947, in: BA Koblenz, Z 42 IV/7200.
2 Vgl. Schreiben AA/Prot. (Dörnberg) an CdS vom 6.3.943, in: PA AA, Inland II A/B, R 99356.
3 Schreiben Eichmanns an AA vom 23.3.1943, in: ebd.
4 Vgl. Notiz AA/Prot. (Winter) vom 2.4.1943, in: ebd.
5 Scheiben AA/Pol. (Kolb) vom 8.4.1943, in: ebd.

zu lesen, der Sprachlehrer sei deutscher Jude, weshalb ihm keine Privilegien eingeräumt werden könnten. Eine Einbeziehung in die »*allgemeinen Judenmaßnahmen*« müsse erfolgen, »*ob er nun Sprachlehrer des thailändischen Gesandten ist oder nicht*«. Ein weiterer Diplomat, der ebenfalls nicht identifiziert werden konnte, stimmte ebenso für die Entlassung[6] wie Unterstaatssekretär Hencke.[7] So kam es, wie es kommen musste: Ende April unterbreitete der in der Protokollabteilung beschäftigte Legationsrat Hans von Winter einem thailändischen Diplomaten die Angelegenheit, die kurz darauf im Sinne Eichmanns gelöst wurde. Die thailändische Gesandtschaft teilte mit, der Hauslehrer sei entlassen. Winter informierte Thadden und stellte anheim, die Gestapo über die erfolgte Entlassung zu unterrichten[8], was zweifelsohne eine rasche Verhaftung des nun Schutzlosen zur Folge haben würde. Der Fall verliert sich danach in den Akten. Über den Verbleib des Mannes konnte nichts in Erfahrung gebracht werden. Bedeutsam aber ist, daß Inland II in den Fall nicht maßgeblich eingeschaltet war. Andere Teile des Amtes agierten genauso reibungslos im Sinne der SS. Während Hencke keine Bedenken hatte, entsprach die Protokollabteilung der Bitte Eichmanns, dem Hauslehrer den lebenswichtigen Schutz zu entziehen.

Aber es blieb nicht bei Einzelfällen. Inland II definierte seine Aufgaben diesbezüglich so:

> »Unterstützung der Judenmaßnahmen. Einzelbeispiele: Verhandlungen mit den ausländischen Staaten, deren Juden in die Judenmaßnahmen aus politischen Gründen nicht einbezogen werden können, wegen Heimschaffung dieser Juden zwecks Entfernung aus dem deutschen Machtbereich; Beratung und Unterstützung der ungarischen und slowakischen Judenmaßnahmen durch Erleichterung der Rückschaffung ausländischer Juden aus Ungarn und der Slowakei. […] Laufende Abstimmung mit dem Reichssicherheitshauptamt und den Gesandtschaften, um die Durchführung der Judenmaßnahmen zu fördern unter gleichzeitiger Berücksichtigung der außenpolitischen Belange. […] Laufende Behandlung der Interventionen ausländischer Missionen zugunsten deutscher Mischlinge, die bei den Missionen oder nachgeordneten Stellen derselben tätig sind oder die durch Eheschließung die ausländische Staatsangehörigkeit erworben haben. Unterstützung der anti-jüdischen Informationsarbeit im Rahmen von Inf. XIV.«[9]

Die Aufgaben zerfielen in drei miteinander verzahnte Bereiche:
1. Inland II förderte die Judenmaßnahmen durch eine Koordinierung von SS und der deutschen Gesandtschaften.

---

6   Vgl. Marginalien auf Schreiben AA/Pol. (Kolb) vom 8.4.1943, in: ebd.
7   Vgl. Schreiben Thaddens an AA/Prot. vom 14.4.1943, in: ebd.
8   Vgl. Schreiben Winters an Thadden vom 6.5.1943, in: ebd.
9   Übersicht über die Aufgaben der Gruppe Inland II [Jan. 1945], in: ebd., Inland IIg 1.

2. Im Rahmen der Desinformations- und Legitimationsstrategie unterstützte Inland II die Propagandaarbeit, um im Ausland eine Zustimmung zu den Maßnahmen zu erreichen. Hier verquickten sich erneut Abschirmung und Unterstützung.
3. Inland II war in den Deportationskontingenten für die Separierung von Juden verantwortlich, die aus verschiedenen Gründen doch nicht deportiert werden sollten. Die deshalb durchgeführten »Heimschaffungs-Aktionen« förderten die reibungslose Deportation der Verbliebenen.

Wie sahen diese Funktionen im Einzelnen aus?

1 »Heimschaffung« und Deportationen – Koordination zwischen Inland II und RSHA

Eine der Hauptaufgaben bestand darin, die jüdischen Staatsangehörigen neutraler, verbündeter oder feindlicher Staaten von den laufenden Maßnahmen auszunehmen und sie durch die SS isoliert internieren zu lassen. In der Regel machte Eichmann der Gruppe Inland II Meldung über Kontingente ausländischer Juden. Thaddens Referat klärte dann die auftretenden Fragen zwischen RSHA und den zuständigen ausländischen Missionen.[10]

Ab 1942 wurden in diesen »Heimschaffungs-Aktionen« neutrale und verbündete Länder angehalten, ihre im deutschen Machtbereich weilenden jüdischen Bürger innerhalb bestimmter Fristen in die Heimatstaaten zurückzuholen, ansonsten drohe eine Deportation in die »Ostgebiete«. Ein Schlüsseldokument dazu ist Kaltenbrunners Runderlass vom 5. März 1943, der in drei verschiedenen Ausgaben existiert, die jeweils an die Polizeiführer der besetzten Westgebiete, des Reichsgebiets sowie der besetzten Ostgebiete adressiert waren.[11] Dem Runderlass gingen umfassende Verhandlungen mit dem AA voraus. Im Januar 1943 fassten Eichmann und sein Mitarbeiter Otto Hunsche die Ergebnisse der Besprechungen in einem Entwurf zusammen. Demnach sollten Juden folgender Länder in die »Abschiebung« einbezogen werden, sofern sie sich im Reichsgebiet oder den besetzten Gebieten aufhielten:

Belgien	Griechenland	Luxemburg	Rumänien
Bulgarien	Kroatien	Niederlande	Serbien
Estland	Lettland	Norwegen	Slowakei
Frankreich	Litauen	Polen	Sowjetunion

---
10 Vgl. Aussage Hildegard K. vom 10.7.1947, in: BA Koblenz, Z 42 IV/7200.
11 Zum Runderlass vgl. auch Wenck, Bergen-Belsen, S. 83 ff. Ferner Browning, Final Solution, S. 67 ff. u. 154 ff.

Diese Staaten konnten oder wollten ihre Juden nicht schützen. Ebenfalls betroffen waren staatenlose Juden. Von der Vernichtung auszuschließen seien Personen angloamerikanischer, neutraler oder anderer verbündeter Nationalitäten. Ferner sah Eichmann vor, der Schweiz, Spanien, Portugal, Dänemark und Schweden Ultimaten für die »Heimschaffung« zu setzen. Danach erfolge eine Internierung.[12] Referat D III stimmte dem Entwurf zu. Die Vorgehensweise gegen Juden neutraler und verbündeter Staaten, zu denen noch Finnland und Italien hinzuzufügen seien, solle aber nach Ablauf der Fristen offen gehalten werden, um sich Spielräume zu lassen.[13] Auch die Leitung der Rechtsabteilung hatte keine Bedenken, wollte aber für Austauschzwecke doppelte Staatsbürgerschaften berücksichtigt sehen, sofern diese amerikanisch oder britisch seien.[14] Am 5. März ging das Zirkular an die Stellen der Sicherheitspolizei ab. Es enthielt alle Änderungswünsche des AA.[15]

Das Dokument ist ein »Fahrplan« der Vernichtungspolitik, da er erstmalig, umfassend und differenziert die unterschiedliche Behandlung von Juden verschiedener Nationalitäten im deutschen Machtbereich regelte. Dies ermöglichte der SS, Aktionen besser zu koordinieren und effizienter zu gestalten, da unter Mithilfe des AA Personengruppen definiert wurden, die deportiert werden konnten. Bereits vor der offiziellen Herausgabe des Erlasses informierte Rademacher einige deutsche Missionen über die getroffenen Entscheidungen, wobei er schon den späteren Text Kaltenbrunners wörtlich zitierte. Daneben informierte er über das bereits erwähnte Austauschprogramm, wonach 30.000 Juden niederländischer, belgischer, französischer, norwegischer und russischer Nationalität separiert werden sollten. In erster Linie kämen Personen in Betracht, die verwandtschaftliche, politische oder wirtschaftliche Verbindungen zum feindlichen Ausland besäßen.[16]

Aus Riga meldete darauf hin Adolf Windecker, VAA beim Reichskommissar Ostland, dass sich in seinem Zuständigkeitsbereich kaum Juden der genannten Staatsangehörigkeiten in Freiheit aufhielten und die Sipo jede Ausreise von bereits in Ghettos konzentrierten Juden verweigere, selbst wenn es sich um Angehörige der genannten Staaten handle. In den besetzten Gebieten der Sowjetunion lägen die politischen Verhältnisse ohnehin anders. Die einheimische Bevölkerung sei nach dem Einmarsch der deutschen Truppen »*in spontaner Aktion*« gegen die Juden vorgegangen, die an manchen Orten »*einer fast völligen Ausmerzung des Judentums gleichkommt*«. Die Überlebenden seien in Ghettos zusammengefasst, und eine Freilassung in die Heimatländer verbiete sich, da »*sonst der antideutschen Greuelhetze Vorschub geleistet werden würde*«.[17]

---

12 Vgl. Entwurf Eichmanns und Hunsches vom Januar 1943, in: PA AA, Inland IIg 177.
13 Vgl. Schreiben AA/D III (Hahn) an CdS vom 8.2.1943, in: ebd.
14 Vgl. Schreiben Albrechts an AA/D III vom 4.2.1943, in: ebd.
15 Vgl. Runderlasse Kaltenbrunners vom 5.3.1943, in: ebd.
16 Vgl. Schreiben Rademachers an Missionen in Paris, Brüssel, Den Haag, Prag vom 24.2.1943, in: ebd. Ein ähnliches Scheiben muss im März auch an andere Missionen geschickt worden sein.
17 Schreiben Windeckers an AA vom 5.4.1943, in: ebd.

In Wien kam es zu einer Flucht von dreißig rumänischen Juden in das rumänische Generalkonsulat, nachdem die Sipo im März 1943 begonnen hatte, Verhaftungen durchzuführen.[18] Die Rumänen fürchteten, deportiert zu werden. Die Aktion sorgte für Aufsehen, und die rumänische Regierung verlangte die Ausreise nach Rumänien.[19] Dabei hatte sich Bukarest noch im Sommer 1942 ausdrücklich am Schicksal der im Ausland weilenden rumänischen Juden desinteressiert gezeigt. Ribbentrop sah sich gezwungen, dem Wunsch nachzugeben und rumänische Juden fortan von den Deportationen auszunehmen. Wagner konnte dem RAM lediglich ausrichten, dass dessen Entscheidung nur noch für wenige, in Freiheit befindliche Juden gelten könne, da die bereits Deportierten nicht wieder frei gelassen würden.[20]

Das rumänische Veto war ein Rückschlag für die deutsche Vernichtungspolitik. Als SS-Sturmbannführer Friedrich Boßhammer von Eichmanns Referat IV B 4 mitteilte, dass man in Südfrankreich den jungen Ronetti Fildermann verhaftet habe, sah Thadden eine Möglichkeit, den illegalen Ausreisekanälen in Osteuropa auf den Grund zu gehen. Der Verhaftete war der Sohn von Wilhelm Fildermann, einer führenden Persönlichkeit des rumänischen Judentums, der sich über gesellschaftliche und politische Kontakte stark für seine jüdischen Landsleute einsetzte und dafür mitverantwortlich war, dass ab Herbst 1942 eine Auslieferung unterblieb. Nach Meinung des RSHA stehe der Sohn im Verdacht, an diesen Tätigkeiten beteiligt zu sein, weshalb man ihn nur ungern den Rumänen ausliefern würde. Thadden griff den Wink auf: »*Seine Überstellung nach Deutschland habe ich angeregt.*« Im Falle eines Protestes wolle man die Aktion mit der Untersuchung des Spionageverdachts rechtfertigen. Ferner bat Thadden Boßhammer, den Aufenthaltsort geheim zu halten. Von Eichmann erwirkte Thadden die Zusage, dass das AA in die Verhöre eingeschaltet würde, was auch geschah. Der Diplomat hoffte, Details über die jüdischen Organisationen in Rumänien zu erfahren, welche zum Anlass genommen werden könnten, »*durch eine diplomatische Demarche [...] die Judenfrage in Rumänien wieder in Fluß zu bringen*«.[21] Thadden setzte daraufhin Wagner, die Informationsstelle VI (Antijüdische Auslandsaktion) und die Politische Abteilung in Kenntnis. Inwieweit bei der Aktion konkrete Ergebnisse erzielt wurden, bleibt jedoch unklar.

Zu den von der »Heimschaffung« betroffenen Personen gehörte auch die deutsche Jüdin Hedwig Carlsson, die im September 1939 durch Heirat die schwedische Staatsbürgerschaft erhalten hatte. Die Ausreise verlief problemlos, aber die deutschen Stellen verlangten die so genannte »Reichsfluchtsteuer«, die auswandernden Juden in empfindlicher Höhe auferlegt war. Die schwedische Gesandtschaft intervenierte deshalb im Juli 1943 beim AA. Dort wägte Thadden die Argumente ab. Einerseits sei die

---

18 Vgl. Schreiben Hunsches an AA/D III vom 2.4.1943, in: ebd., Inland IIg 176.
19 Vgl. Verbalnote rum. Ges. Berlin an AA vom 12.4.1943, in: ebd.
20 Vgl. Vortragsnotiz Wagners vom 20.4.1943, in: ebd.
21 Schreiben Thaddens an Wagner vom 26.1.1944, in: ebd.

Zahlung unzumutbar, da es sich um eine erzwungene Auswanderung handle. Andererseits, so notierte Thadden, wäre die Frau »*als Jüdin deutscher Staatsangehörigkeit inzwischen längst in die besetzten Ostgebiete abgeschoben und ihr Vermögen im Interesse des Reiches sichergestellt worden. Die Zahlung der Reichsfluchtsteuer erscheint demgegenüber noch eine geringe Belastung.*«[22] Der Judenreferent machte das letzte Argument zu seinem und teilte den Schweden in einer Verbalnote mit, Frau Carlsson habe wohl oder übel die Steuer zu entrichten.

Wie die ausländischen Juden regelrecht »sortiert« wurden, veranschaulicht ein kurzer Vorfall aus dem Jahr 1943, als das Hafenviertel von Marseille von der Sipo durchsucht wurde. Die Verhaftungsaktion hatte 32 Spanier, 35 Italiener, 108 Türken, einen Iraker, einen Portugiesen, einen Rumänen, einen Schweizer und elf Ungarn ins Polizeihaftlager Compiègne gebracht. Die meisten von ihnen waren Juden. Der BdS ersuchte nun die deutsche Botschaft in Paris, die jeweiligen ausländischen Missionen zu benachrichtigen. Diplomat Rudolf Schleier von der Botschaft traf eine Vorentscheidung: Gegen die »*Abschiebung*« der Türken bestünden mit Rücksicht auf die Behandlung von Reichsdeutschen in der Türkei Bedenken. Bis auf den Iraker könnten alle Personen in die »Heimschaffungsaktionen« einbezogen werden. Die Spaniern seien bereits durch das spanische Generalkonsulat angefordert worden. Das ungarische Generalkonsulat habe sich bedeckt gehalten, weswegen die Festgenommenen möglicherweise zu denjenigen Juden gehören, an denen die ungarische Regierung desinteressiert sei: »*Insoweit käme eher Abschiebung nach dem Osten in Frage*«.[23] Schleier wollte sich das Vorgehen von der Zentrale sanktionieren lassen. Wenige Tage später antwortete ihm Wagner jedoch: Die »*Abschiebungsmaßnahmen*« sollten auf alle fraglichen Personen ausgedehnt werden, was man den jeweiligen Missionen mit »*Sicherheitsgründen*« zu erklären hätte.[24] Wagner und Thadden unterliefen hier in einem bemerkenswerten Vorgang einfach den »Heimschaffungs«-Erlass.

Anfang Juli 1943 waren die Fristen für die Neutralen und Verbündeten bereits mehrmals verlängert und Eichmann drängte Thadden, dass ein »*weiteres Entgegenkommen für nicht mehr vertretbar*« gehalten werde.[25] Italien, die Schweiz[26], Spanien, Portugal, Dänemark, Schweden, Finnland, Ungarn, Rumänien und die Türkei sollten nur noch bis Monatsende Zeit haben, um ihre jüdischen Staatsangehörigen zu repatriieren. Thadden versprach größtmögliche Unterstützung, wolle aber aus organisatorischen Gründen eine längere Frist gesetzt wissen.[27] Wagner wurde bei Ribbentrop vor-

---

22 Schreiben Thaddens vom 13.7.1943, in: ebd., Inland II A/B, R 99439.
23 Telegramm Schleiers vom 19.7.1943, in: ebd., Inland IIg 169a.
24 Telegramm Wagners vom 23.7.1943, in: ebd. Das Telegramm wurde von Thadden aufgesetzt und von Wagner abgezeichnet.
25 Schreiben Eichmanns an Thadden vom 5.7.1943, in: ebd., Inland IIg 177.
26 Vgl. Schreiben Frölichers an Division des Affaires étrangères du Département politique, in:, DDS, Bd. 14, Nr. 341 (Annexe II).
27 Vgl. Schreiben Thaddens an Eichmann vom 10.7.1943, in: PA AA, Inland IIg 177.

1 »Heimschaffung« und Deportationen – Koordination zwischen Inland II und RSHA

stellig und sprach sich ebenfalls dafür aus, die Frist großzügiger zu setzen, aber danach würden die Verbliebenen »*wie deutsche Juden behandelt werden*«.[28] Diese Forderung bedeutete nichts anderes, als sie anschließend in die Deportationen einzubeziehen. Der Gruppenleiter setzte den Wunsch Eichmanns nun um, denn Ribbentrop erklärte sich mit der Handlungsweise einverstanden. Thadden verständigte die deutschen Missionen und Vertreter über den Ablauf des Ultimatums, und das RSHA wies seinen Apparat an, alle bis dato verbliebenen Juden der neutralen oder verbündeten Staaten zu erfassen, aber nicht sofort in die Vernichtung zu schicken, sondern zunächst in die Lager Ravensbrück und Buchenwald.[29] Im Falle der Türkei zogen sich die Fristverhandlungen langwierig hin. Doch Wagner war bemüht, den SS-Vorgaben zu entsprechen und votierte gegen eine Nachfrist von vier Monaten, »*da diese Bitte sachlich ungerechtfertigt ist und nur als Verschleppungstaktik gewertet werden kann*«.[30]

Am Beispiel Griechenlands kann exemplarisch der Ablauf von »Heimschaffungs-Aktion« und Deportation sowie das Zusammenspiel von Inland II und RSHA in einem größeren Kontext aufgezeigt werden.[31] Das Land war nach seiner Besetzung 1941 zwischen den Achsenmächten Deutschland, Italien und Bulgarien aufgeteilt worden. Athen und das griechische Hauptland wurden von Italien gehalten, während Saloniki und Teile Nordgriechenlands von deutschen Truppen besetzt waren. Die im März 1943 einsetzenden Deportationen in der Saloniki-Zone wurden mit »*militärischen und sicherheitspolizeilichen Gründen*« legitimiert. Da aber zwischen fremdstaatlichen und griechischen Juden enge Beziehungen bestünden, plane man, alle noch am 15. Juni im Lande befindlichen Juden fremder Nationalität den griechischen Juden gleichzustellen, um eine vollkommene Sicherung des Gebietes zu gewährleisten.[32] Italien hingegen sah keine Notwendigkeit, die Juden in Zentral- und Südgriechenland zu deportieren bzw. den Deutschen auszuliefern. Diese Weigerung, die in der Regel auch in den anderen italienischen Besatzungszonen in Südfrankreich und dem Balkan galt, stieß den deutschen Deportationsspezialisten übel auf.[33]

Der Bevollmächtigte des Reiches in Athen, Gesandter I. Klasse Günther Altenburg, setzte seinen italienischen Kollegen im Januar 1943 von den geplanten »Evakuierungen« der Juden in Kenntnis und instruierte Eichmanns Emissär, SS-Sturmbannführer Rolf Günther, den kommenden Auftrag »*in engster Fühlungnahme mit dem Generalkonsulat* [in Saloniki] *durchzuführen*«.[34] Altenburg unterrichtete auch den

---

28 Vortragsnotiz Wagners vom 12.7.1943, in: ebd.
29 Vgl. Schnellbrief Müllers vom 23.9.1943, in: ebd.
30 Schreiben Wagners an StS vom 29.10.1943, in: ebd.
31 Vgl. Wenck, Bergen-Belsen, S. 167 ff.; Hilberg, Vernichtung der europäischen Juden, S. 737 ff. u. Browning, Final Solution, S. 136 ff. u. 161 ff.
32 Telegramm Thaddens vom 30.4.1943, in: PA AA, Inland IIg 209.
33 Vgl. Vortragsnotiz Luthers vom 22.10.1942, in: ebd., Inland IIg 192.
34 Telegramm Altenburgs vom 13.1.1943, in: ebd., Inland IIg 190. Verantwortlich für die Deportation zeigten sich später aber Alois Brunner und Dieter Wisliceny.

griechischen Ministerpräsidenten, von dem er keinen Widerstand erwarte.[35] Im März traf Rom die Entscheidung, wie mit den Juden in der italienischen Zone zu verfahren sei: Juden italienischer Staatsangehörigkeit waren den Juden in Italien gleichzustellen. Griechische Juden waren in Lagern auf den Ionischen Inseln oder in Italien zu internieren. Juden befreundeter oder neutraler Staaten wurden aufgefordert, das Land zu verlassen, ansonsten mussten sie damit rechnen, zwangsweise abgeschoben oder interniert zu werden.[36] Eichmann und das RSHA hielten die Maßnahmen für ungenügend, aber Thadden und Inland II sahen keine Möglichkeit, die Italiener zu härteren Methoden zu zwingen als zu jenen, die in Italien selbst angewandt wurden.

Zudem forderte Rom die Ausreise der in der deutschen Zone weilenden italienischen Juden in die eigene Besatzungszone. Dagegen regte sich erwartungsgemäß Widerstand. In der Saloniki-Zone lebten 281 italienische Juden. Italienische Stellen hatten bis zum April 1943 weitere 48, später 75 Fälle von Neueinbürgerungen geltend gemacht und stellten weitere in Aussicht. Zunächst vertrat Inland II A die Auffassung, die italienischen Juden wie die aus deutscher Sicht zweifelhaften Fälle von Einbürgerungen ausreisen zu lassen. Dagegen wollte Thadden später diejenigen, die erst in den letzten Wochen eine solche Bescheinigung erhalten hatten, in die Transporte einbeziehen.[37] Thadden erkannte, dass sich ansonsten eine Lücke im Netz der Verfolgung auftun konnte. Inland II unterrichtete das Generalkonsulat in Saloniki davon, dass nur Juden mit einwandfrei italienischer Staatsangehörigkeit von den Maßnahmen ausgenommen werden könnten. Neueinbürgerungen könnten »*keine Berücksichtigung mehr finden*«.[38] Doch der Versuch scheiterte. Die Italiener dachten nicht daran, klein beizugeben und bestanden auf der Anerkennung der Neueinbürgerungen, woraufhin Inland II beim Generalkonsulat auch auf die Ausnahme dieser Menschen hinweisen musste. Man wollte die Beziehungen zum Bündnispartner nicht belasten.

Intern arbeitete Inland II aber weiter gegen eine Anerkennung der Einbürgerungen. Wagner und Thadden äußerten gegenüber Unterstaatssekretär Hencke und Staatssekretär Steengracht, dass sie es für unvertretbar hielten, den Italienern entgegenzukommen, weil auch skandinavische Länder bemüht seien, »*einzelne Juden durch Neueinbürgerungen zur Ausreise aus dem deutschen Machtbereich zu verhelfen*«. Ein Präzedenzfall müsse verhindert werden. Ferner könne es als Zeichen der Schwäche gedeutet werden, »*wenn wir zulassen, daß die Italiener […] uns gegenüber geschäftlich besonders einflußreiche und wohlhabende Juden, die bisher nicht italienische Staatsangehörige waren, in Schutz nehmen können*«.[39] Neueinbürgerungen sollten deshalb kategorisch unbeachtet bleiben und die entsprechenden Juden seien zu deportieren. Inland II

---

35 Vgl. Telegramm Altenburgs vom 26.1.1943, in: ebd.
36 Vgl. Telegramm Mackensens vom 13.3.1943, in: ebd.
37 Vgl. Aufzeichnung Thaddens vom 22.4.1943, in: ebd.
38 Aufzeichnung Wagners vom 29.4.1943, in: ebd. bzw. Inland IIg 192. Die Aufzeichnung wurde von Thadden verfasst und von Hencke und Steengracht abgezeichnet.
39 Ebd.

konnte sich durchsetzen. Die Vertretungen in Rom, Athen und Saloniki wurden entsprechend verständigt.[40] Später machte die italienische Botschaft in Berlin darauf aufmerksam, dass aus Saloniki 23 Juden mit angezweifelten Staatsangehörigkeiten deportiert worden seien. Thadden bemerkte dazu lapidar, es habe sich ohnehin um Juden gehandelt, deren Staatsangehörigkeit nach der Entscheidung des Staatssekretärs nicht anerkannt worden wäre, weshalb eine Rückkehr aus den Ostgebieten nicht infrage käme.[41]

Der störrische Achsenpartner zeigte auch in Zukunft wenig Eifer bei der Verfolgung der Juden und machte logistische Schwierigkeiten für die ausstehende Internierung verantwortlich. Da aber in absehbarer Zeit die »*Bereinigung der Judenfrage*« in der deutschen Zone abgeschlossen sein werde, notierte Thadden, erscheine es unvertretbar, Juden in Südgriechenland zu belassen.[42] Er regte an, die dort internierten Juden in Baukompanien zusammenzuziehen, solange keine Möglichkeit zum Abtransport bestünde. Auf diese Weise könnten Festungsbauten und Eisenbahnlinien in Stand gehalten und die Besatzungskosten gesenkt werden.[43] Steengracht und Hencke zeigten sich mit der Initiative einverstanden und die Missionen in Rom und Athen wurden verständigt. Altenburg begrüßte den Plan ebenfalls. Gleichzeitig traten Fälle ein, in denen sich Juden mit italienischen Urlauberzügen des Militärs aus der Saloniki-Zone in den Süden retteten. Thadden reagierte umgehend und machte schwerste »*abwehrmäßige Bedenken*« geltend. Er wies die Botschaft in Rom an, die italienische Regierung zu bitten, die Ausreise in die Süd-Zone zu unterbinden.[44] Aber letztlich machte er sich wenig Illusionen, denn eine Kontrolle der Urlauberzüge war nicht möglich.

In Berlin wurde unterdessen Graf Cossato von der italienischen Botschaft bei Hencke vorstellig, der eine Aufzeichnung übergab, die ernste Beschwerden über das Vorgehen deutscher Stellen in Griechenland enthielt. Hencke sagte eine Prüfung der Vorwürfe zu, machte aber auch darauf aufmerksam, dass das Verbleiben von Juden in Griechenland eine große Gefahr darstelle.[45] Der Unterstaatssekretär teilte offenbar die Befürchtungen von Inland II. Schon einen Tag später erkundigte sich Cossato nach dem Stand der Überprüfung. Hencke konnte nur erwidern, dass sie in den Abteilungen bearbeitet würde. Dabei brachte der Deutsche zum Ausdruck, dass »*wir angesichts der notorischen Gefährlichkeit der Juden eine radikale Lösung für richtig hielten*«.[46] Nach den beiden Treffen verlangte der Staatssekretär eine Vorlage, die dem

---

40 Vgl. Telegramm Wagners vom [Mai] 1943, in: ebd., Inland IIg 190.
41 Vgl. Aufzeichnung Wagners vom 18.5.1943, in: ebd., Inland IIg 191. Die Aufzeichnung wurde von Thadden verfasst.
42 Telegramm Wagners vom 30.4.1943, in: ebd., Inland IIg 190. Das Telegramm wurde von Thadden aufgesetzt und von Wagner unterzeichnet.
43 Vgl. Telegrammentwurf Thaddens vom 15.5.1943, in: ebd.
44 Vgl. Telegramm Thaddens vom 3.5.1943, in: ebd.
45 Vgl. Schreiben Henckes an Steengracht vom 16.5.1943, in: ebd., Inland IIg 191.
46 Schreiben Henckes an Steengracht vom 17.5.1943, in: ebd.

RAM eine Entscheidung empfehle. Einen Tag später hatte Thadden eine vierseitige Aufzeichnung erarbeitet, die Wagner abzeichnete. Inland II schlug darin vor, »*den Italienern* [...] *dahin zu antworten, daß sich aus der Erkenntnis der Schädlichkeit des Judentums die unverzügliche Ausmerzung aller Juden in den von uns besetzten Gebieten aus sicherheitspolizeilichen und abwehrmäßigen Gründen als unumgänglich notwendig erwiesen habe*«. Die Erfahrung hätte gezeigt, dass Schwarzhandel, Wucher und Spionage in den geräumten Gebieten »*schlagartig verschwunden*« seien.[47] Hencke zeichnete die Aufzeichnung ab und nahm so Kenntnis von der »*Ausmerzung*« der Juden. Die Ausführungen wurden gerafft und einige Tage später Ribbentrop zur Information vorgelegt.

Anfang Juni 1943 legte Thadden den Entwurf einer Antwort an die Italiener vor, welche leichte Konzessionen enthielt. Hencke war mit dem Konzept einverstanden. Es verwies auf die »*Schädlichkeit aller Juden*« und die deshalb erforderliche »*radikale Sofortlösung der Judenfrage*«. Den fraglichen Fällen von 75 Einbürgerungen solle aber »*im Rahmen des Möglichen*« stattgegeben werden.[48] Noch am selben Tag ließ Thadden SS-Führer Günther wissen, dass man »*sehr zu meinem Bedauern*« den Italienern Zugeständnisse habe machen müssen.[49] Aber Italien habe die Einbürgerungen zur Prestigefrage gemacht, und Thadden bat um die Freilassung der betreffenden Menschen. Verfolgt man rückblickend die bisherige harte Argumentationslinie von Inland II, war das Bedauern wahrscheinlich echt.

Botschaftssekretär Lanza von der italienischen Botschaft nutzte später die Gelegenheit einer Besprechung mit Thadden und erinnerte an die 75 Fälle, die nach Thadden jedoch schon am 8. Juni frei gelassen worden waren. Ferner erkundigte sich Lanza nach dem Schicksal eines griechisch-jüdischen Advokaten und seiner Familie. Benito Mussolini habe persönlich dazu nachgefragt und verlange die Verschonung der Familie. Der Fall war bereits vorher Teil des diplomatischen Verkehrs gewesen, und Thadden wusste, dass die Personen entgegen deutscher Freistellungszusagen deportiert worden waren.[50] Der Judenreferent hielt den Italiener hin, die Nachforschungen liefen, man müsse sich gedulden. Anstatt das persönliche Interesse des Duce für eine Freilassungsinitiative zu nutzen und herauszustellen, notierte er intern, die Nennung des Duce »*dürfte der übliche Trick sein, mit dem zahlreiche Italiener ihren Wünschen Schwergewicht zu verleihen suchen*«.[51]

Im Juni 1943 besuchte der Reichsführer-SS den Duce. Thadden legte deshalb Wagner, der sich im Vorfeld des Treffens mit Himmler besprach, eine Aufzeichnung mit Themen vor, die Himmler anschneiden könne. Der Judenreferent hatte sechs Kritikpunkte zusammengefasst, die alle darauf abzielten, dass die antijüdischen Maßnahmen

---

47 Aufzeichnung Wagners vom 18.5.1943, in: ebd. Die Aufzeichnung wurde von Thadden verfasst.
48 Konzept Wagners vom 3.6.1943, in: ebd. Das Konzept wurde von Thadden verfasst.
49 Schreiben Thaddens an Günther vom 4.6.1943, in: ebd.
50 Vgl. Schnellbrief Thaddens an Eichmann vom 9.6.1943, in: ebd.
51 Vermerk Thaddens vom 17.6.1943, in: ebd.

nicht genug forciert wurden. Er bemängelte, dass sich Juden in den italienischen Zonen teilweise frei bewegten. Unter ihnen seien Emigranten aus Deutschland, die durch eine »*Antiachseneinstellung*« aufgefallen seien. Die vom Botschafter in Rom, Hans Georg von Mackensen, angemahnte und von Mussolini zugesagte »*unverzügliche Durchführung schärfster Sicherheitsmaßnahmen*« stünde noch aus.[52] Die Internierung verschiedener Gruppen auf den Ionischen Inseln und die Ausweitung der Judenmaßnahmen auf italienische Juden seien gleichfalls zugesagt, liefen allerdings nur schleppend. Ferner behindere der Achsenpartner die Deportation der kroatischen Juden auf dem Balkan. Der italienischen Reklamation einer Gruppe von etwa achtzig Juden aus Saloniki sei vom AA aus politischen Gründen zugestimmt worden. Da ein Teil bereits deportiert sei, riet Thadden dazu, »*abwehrmäßige Bedenken*« geltend zu machen, um eine Rückkehr nach Italien auszuschließen. Inwieweit Himmler die Punkte tatsächlich berücksichtigte, ist offen, Thadden war aber sichtlich daran interessiert, die Gelegenheit wahrzunehmen, um die Judenpolitik im Mittelmeerraum voranzutreiben. Wie bereits oben geschildert, war er überzeugt davon, dass Juden ein Sicherheitsrisiko darstellten, dem durch Internierung und Deportation begegnet werden müsste. Die Anmerkungen fanden deshalb seine persönliche Zustimmung und hätten zweifellos die Tätigkeit von Inland II A erleichtert, falls es Himmler gelungen wäre, dem Duce Zusagen abzuringen.

Wie Italien verlangte auch Spanien, dass seine Juden in Griechenland von den deutschen Maßnahmen verschont würden. Aber die spanische Regierung zeigte sich nicht bereit, die 600 spanischstämmigen Juden (Spaniolen) aus Saloniki auf der Iberischen Halbinsel aufzunehmen. Ein Mitglied der spanischen Botschaft in Berlin erklärte Thadden, man könne verstehen, dass die Juden aus Sicherheitsgründen nicht in Saloniki bleiben könnten, aber man könne gleichfalls nicht zulassen, dass Spanier »*in polnischen Lägern liquidiert würden*«.[53] Thadden beantwortete dies mit dem stereotypen Verweis auf die alliierte Gräuelpropaganda.

Die spanische Unschlüssigkeit verleitete Thadden zu dem Vorschlag, die Juden zunächst für einige Monate in ein spezielles Internierungslager (Bergen-Belsen) einzuweisen. In dieser Zeit könne die spanische Regierung den Fall überdenken. So wäre es ohne Probleme möglich, die Juden auf Wunsch Spaniens später wieder ausreisen zu lassen. Andernfalls sollten die Juden von dort in die Ostgebiete geschickt werden.[54] Weiterhin sei auf diese Weise sichergestellt, dass sich bei der Freilassung kein Anlass zu Beschwerden und »*unerwünschter Greuelpropaganda*« biete.[55] Das RSHA akzeptierte den Vorschlag, und Thadden unterbreitete ihn der spanischen Botschaft in Berlin. Die Spanier nahmen an. Inland II leitete die entsprechenden Maßnahmen ein.

---

52 Aufzeichnung Thaddens vom 8.6.1943, in: ebd., Inland IIg 169a. Alle weiteren Punkte ebd.
53 Aufzeichnung Thaddens vom 21.7.1943, in: ebd., Inland IIg 191. Vgl. ferner Wenck, Bergen-Belsen, S. 163 ff.
54 Vgl. Aufzeichnung Thaddens vom 21.7.1943, in: PA AA, Inland IIg 191.
55 Schnellbrief Thaddens an Eichmann vom 24.7.1943, in: ebd.

Wagner telegraphierte an die deutsche Botschaft in Madrid, dass eine Ausreise gestattet würde. Bliebe eine spanische Reaktion jedoch aus, erfolge der »*Abschub aus Sonderlager in Arbeitseinsatzlager der Ostgebiete*«.[56]

Am 3. August wurden 366 spanischstämmige Juden nach Bergen-Belsen verschleppt. (Andere flüchteten mit einem italienischen Urlauberzug nach Südgriechenland.) Die spanische Regierung überlegte, ob eine sukzessive Rückführung in Gruppen von je 25 Personen möglich sei, aber Thadden und die SS hielten dies aus logistischen und propagandistischen Gründen nicht für opportun. Die Ausreise würde sechs Monate in Anspruch nehmen und Begleitpersonal binden. Ein einmaliger Sammeltransport würde nach »*geraumer Zeit der propagandistischen Auswertung in Vergessenheit geraten*«.[57] Gleichzeitig lehnte das RSHA den Besuch eines spanischen Beamten in Bergen-Belsen ab.

Die Zweifel der spanischen Regierung wuchsen; auch durch äußeren Druck. Zwei Tage vor Sylvester 1943 kabelte der deutsche Botschafter in Madrid, Hans Heinrich Dieckhoff, an die Zentrale, die hiesige Anteilnahme sei »*offenbar zum großen Teil darauf zurückzuführen, daß amerikanische Botschaft in Madrid neuerdings in immer stärkerem Umfang sich in spanische Judenfrage einmischt und von der spanischen Regierung verlangt., daß sie sich für ihre Juden einsetzt [...] Es handelt sich hier viel weniger um eine spanische als um eine amerikanische Angelegenheit*«.[58] In der Folge forderte Spanien die Freilassung aus den neu besetzten Zonen in Griechenland und Südfrankreich. Offenbar hatte die deutsche Seite damit nicht gerechnet. Thadden wies in einem persönlichen Gespräch den zuständigen spanischen Botschaftssekretär auf die schwankende, »*eigenartige Haltung*« hin, und das Thema wurde in einer Direktorenbesprechung des AA ausführlich behandelt.[59] Die spanische Haltung brachte die deutsche Seite in Erklärungsnöte. Wagner musste der deutschen Botschaft in Madrid mitteilen, dass sich Spanien bis in den Februar 1943 an den im Ausland weilenden Juden »*desinteressiert*« gezeigt habe, weshalb bereits einige in Arbeitslager deportiert worden seien. Wegen geheimdienstlicher Bedenken im Hinblick auf die dort zu leistende Zwangsarbeit und der Zerstörung der Zentralkarteien durch Bombenangriffe sei eine Aufenthaltsfeststellung nicht möglich. Dabei habe die Reichsregierung alles Mögliche getan, um »*Weiterungen zu vermeiden*«. Für die Sachlage müsse die spanische Regierung Verständnis aufbringen.[60]

Unterdessen warteten die spanischen Juden in Bergen-Belsen auf die Fahrt in die Freiheit. Erst im Februar 1944 gingen zwei Transporte nach Cerbère ab, wo sie die spanisch-französische Grenze überschreiten sollten. Doch wie die deutsche Botschaft

---

56 Telegramm Wagners vom 26.7.1943, in: ebd. Das Telegramm wurde von Thadden aufgesetzt und von Wagner unterzeichnet.
57 Schreiben Thaddens an dt. Bevollmächtigten in Griechenland vom 19.8.1943, in: ebd.
58 Telegramm Dieckhoffs vom 29.12.1943, in: ebd., Inland IIg 176.
59 Schreiben Thaddens an StS, UStS Pol, Dg Pol vom 6.1.1944, in: ebd.
60 Fernschreiben Wagners an dt. Bot. Madrid vom [27.12.1943], in: ebd.

1 »Heimschaffung« und Deportationen – Koordination zwischen Inland II und RSHA

in Paris mitteilte, ließen die spanischen Behörden den ersten Transport sechsunddreißig Stunden an der Grenze warten. Inland II sah eine Chance, die Ausreise noch in letzter Sekunde scheitern zu lassen und telegraphierte an die Botschaft in Madrid, man solle keinen Druck auf die spanische Regierung wegen der Übernahme ausüben. Werde die Übernahme versagt, müsse der Transport »*in die Ostgebiete weitergeleitet werden*«. Diese Passage wurde später gestrichen und handschriftlich durch den knappen Terminus »*müßte* [...] *zurückgeleitet werden*« ersetzt.[61] Doch die Züge erreichten schließlich unbeschadet spanisches Territorium. Thadden interessierte sich für das weitere Schicksal der Insassen. Rolf Günther teilte ihm nicht ohne Empörung mit, die Juden des ersten Transports seien vom Sekretär der spanischen Berliner Botschaft mit viel Aufheben in einem geschmückten Saal empfangen und auch ärztlich versorgt worden. Über Portugal sei die Ausreise später nach Kanada gegangen.[62]

Alle Vorschläge, Italien in Griechenland zur Forcierung der Judenmaßnahmen zu bewegen, wurden hinfällig, als das faschistische System im Juli 1943 zusammenbrach und die Nachfolgeregierung unter Marschall Pietro Badoglio im September den Seitenwechsel zu den Alliierten vollzog. Im Anschluss besetzten deutsche Truppen die Okkupationszonen des ehemaligen Verbündeten im Mittelmeerraum und Italien selbst. Nachdem Juden auf diese Weise in den deutschen Machtbereich gelangten, gab es für sie jetzt kaum eine Rettung mehr. Die SS griff die Entwicklung dankbar auf. Am 16. Oktober 1943 kam es zu einem wichtigen Koordinierungstreffen zwischen Thadden und Gestapo-Chef Müller »*wegen der technischen Durchführung der Judenfrage in den neu besetzten Gebieten*«.[63] Thadden und das AA waren bemüht, hier rasch Tatsachen zu schaffen und rieten zu einer schnellen und umfassenden Erfassung und Deportation:

> »Grundsätzlich sei es uns erwünscht, wenn in diesen Gebieten die Judenfrage recht schnell einer Lösung zugeführt werden könne, doch müsse eine solche unbedingt jeweils schlagartig erfolgen, da sie sonst erhebliche politische Rückwirkungen mit sich bringe. Insbesondere müsse vermieden werden, daß antijüdische Aktionen sich über Monate hinziehen und durch die einzelnen Aktionen laufend der gegnerischen Propaganda erneuter Auftrieb gegeben werde.«[64]

---

61 Telegramm Wagners an dt. Bot. Madrid [Feb. 1944], in: ebd., Inland IIg 176. Das Telegramm wurde wahrscheinlich von Thadden aufgesetzt. Ob eine Absendung tatsächlich stattgefunden hat, ließ sich nicht zweifelsfrei ermitteln.
62 Schreiben Günthers an Thadden vom 26.6.1944, in: ebd.
63 Vortragsnotiz Wagners vom 22.10.1943, in: ebd., Inland II A/B, R 99336. Von dem Treffen existieren zwei Berichte: Einer von Thadden für Wagner vom 18.10.1943 und einer von Wagner für Ribbentrop vom 22.10.1943.
64 Schreiben Thaddens für StS vom 18.10.1943, in: ebd.

Müller konnte dem Wunsch aber nicht nachkommen, da er nicht über ausreichende Kräfte verfügte. Die Aktionen seien befohlen und müssten schlecht oder recht durchgeführt werden: »*Man könne daher nur das Beste herausholen, was in dieser Situation möglich sei*«. Danach stimmten beide das Vorgehen in den einzelnen Gebieten ab. Thadden riet dazu, Albanien vorerst auszusetzen. Das Land hatte seit 1939 zu Italien gehört und war erst seit Kurzem wieder unter einer eigenen Regierung. Müller sagte zu und hielt sich daran. (Erst als sich 1944 herauskristallisierte, dass Tirana keine deutschfreundliche Regierung einrichten würde, begann die SS mit den Deportationen aus Albanien.) In Kroatien sei wegen der militärischen Lage keine Großaktion möglich, in Südgriechenland laufe sie dagegen an. In Italien selbst wolle Müller die schwachen Polizeikräfte zunächst direkt hinter der Front im Süden einsetzen und später nach Norditalien wandern lassen. Sowohl Thadden wie Müller hatten wegen der Internierung der 8.000 Juden in Rom »*erhebliche Sorgen*«. Besonders Thadden warnte vor einem politischen Debakel, welches sich aus einer »*ungeschickt geführten Judenaktion vor den Toren der Vatikanstadt ergeben*« könne. In Südfrankreich halte sich eine große Zahl Juden auf, bei denen es sich – so Müller – um »*ein sicherheitspolizeiliches Problem erster Ordnung handele*«, dessen Lösung trotz geringer Kräfte unverzüglich in Angriff zu nehmen sei.[65] Der Diplomat stellte zufrieden fest, dass in den neuen Gebieten die bisherigen Richtlinien und Absprachen zwischen SS und AA eingehalten würden. Thaddens Schilderung der einvernehmlichen Besprechung erweckt nicht den Eindruck, als seien konträre Meinungen diskutiert worden.

Wagner fasste die Punkte für Ribbentrop zusammen und bat, die neutralen und verbündeten Staaten aufzufordern, ihre Juden bei Frist zurückzuziehen[66], damit die Deportationen beginnen könnten. Der Reichsaußenminister sagte zu. Doch Eichmann war an einer schnellen Ausweitung der Maßnahmen interessiert und nicht voll einverstanden. Um im Falle Griechenland und Italiens nicht erst eine »Heimschaffungs-Aktion« abwarten zu müssen, kriminalisierte er die ausländischen Juden und schob Sicherheitsbedenken vor. Eichmann unterrichte Thadden, einige Juden hätten sich »*nachweislich aktiv an den umstürzlerischen Tendenzen der Badoglioanhänger beteiligt.*« Eichmann schreckte dabei vor fadenscheinigen Argumenten nicht zurück: Jene Juden, denen eine aktive Beteiligung nicht nachzuweisen sei, hätten den Umsturz jedoch gutgeheißen. Da eine Überprüfung im Einzelfall nicht zu bewerkstelligen sei, bat der Gestapo-Mann einfach darum, alle ausländischen Juden (mit Ausnahme der zu internierenden angloamerikanischen) in den Osten zu schicken.[67]

Aber Inland II konnte trotz Eichmanns durchsichtiger Begründung eine derart pauschale Lösung nicht befürworten. Thadden bemühte sich, den Wünschen des RSHA weitgehend nachzukommen und sprach sich für eine grundsätzliche Internie-

---

65 Ebd.
66 Vgl. Vortragsnotiz Wagners vom 22.10.1943, in: ebd.
67 Schreiben Eichmanns an Thadden vom 15.11.1943, in: ebd., Inland IIg 177.

rung aller Juden aus. In einer geheimen Notiz an Hencke, Steengracht und Ribbentrop schrieb er, es sei »*unumgänglich notwendig [...] auf dem schnellsten Wege*« die ausländischen Juden aus Griechenland zu evakuieren. Eine »Heimschaffungs-Aktion« nach altem Muster könne aus organisatorischen und zeitlichen Gründen nicht durchgeführt werden. Inland II schlage deshalb vor, Juden neutraler oder verbündeter Nationalitäten zu internieren und sofort durch ihre Regierungen repatriieren zu lassen. Falls zuvor eine Überprüfung der Staatsangehörigkeit durch die Heimatländer gewünscht werde, übernehme man die Juden dafür in Sammellager nach Deutschland.[68]

Mit dieser Vorgehensweise wäre man in jedem Fall der Juden zunächst habhaft geworden. Ribbentrop sanktionierte die Taktik von Eichmann und Thadden[69], und Wagner kabelte nach Athen, daß spanische, portugiesische, schweizerische, schwedische, türkische, rumänische, ungarische, finnische und argentinische Juden wegen der Beteiligung am italienischen Umsturz zu internieren seien – »*unter Wahrung jeder möglichen Form*«.[70] Im gleichen Sinne wurden auch das RSHA und die Missionen in Madrid, Ankara, Lissabon, Bern, Stockholm, Bukarest sowie Budapest verständigt. Die Quellen legen nahe, dass die Internierung in den meisten Fällen stattfand, allerdings handelte es sich nur um wenige hundert Personen. Ende des Jahres 1943 hatten sich fast alle ausländischen Regierungen dahingehend geäußert, dass sie eine rasche Heimreise ihrer Staatsbürger wünschen. Besonders eindeutig äußerten sich Schweden und die Schweiz, die ihre Landsleute ausnahmslos und ohne Prüfung etwaiger Zweifelsfälle zurückforderten.[71] Den Wünschen wurde entsprochen. Eine »Heimschaffung« von slowakischen, kroatischen, bulgarischen, französischen, niederländischen, belgischen und norwegischen Juden aus Griechenland erfolgte nicht, da diese Länder mehr oder weniger freiwillig ihre Bürger den Deutschen überließen. Im Falle der argentinischen Juden zögerten die Deutschen, weil man Konsequenzen für die Deutschen in Argentinien fürchtete.[72]

Im Dezember griff Thadden eine Anregung des Bevollmächtigten des AA für den Südosten, Neubacher, auf, der bat, mit dem Abtransport der in Athen konzentrierten Juden noch zu warten, denn bisher hätten sich von etwa 8.000 Personen nach Aufforderung der Sipo nur 1.200 gemeldet. Die übrigen, so drahtete Neubacher, hielten sich versteckt oder seien geflohen. Die Gemeldeten seien überdies das »*uninteressanteste Kontingent*«. Nach dem Abtransport dieser Leute bestehe wenig Aussicht, an die Untergetauchten heranzukommen, die »*für uns politisch wesentlich interessanter seien*«.[73] Thadden leitete die Anregung per Schnellbrief an Eichmann weiter und besprach den

---
68 Vortragsnotiz Thaddens vom 20.11.1943, in: ebd.
69 Vgl. Schreiben Hilger an Inl. II vom 26.11.1943, in: ebd., Inland IIg 176.
70 Telegramm Wagners [Nov. 1943], in: ebd.
71 Vgl. Rundschreiben Thaddens vom 27.1.1944, in: ebd.
72 Vgl. Schreiben Thaddens vom 29.3.1944, in: ebd.
73 Schnellbrief Thaddens an Eichmann vom 2.12.1943, in: ebd., Inland IIg 190.

Vorschlag zwei Tage später mit ihm. Währenddessen konferierte Wagner mit Kaltenbrunner, welcher aber die Empfehlung der Diplomaten nicht aufgriff. Er sagte Wagner, der Abtransport werde durchgeführt.

Auf der Apenninen-Halbinsel selbst unterstützte die unter Mussolini neu gegründete Marionettenregierung in Norditalien die Deutschen nach Kräften, konnte aber keine nennenswerten Erfolge bei der Erfassung der Juden liefern. Wagner wies im Dezember 1943 die AA-Führung besorgt darauf hin, dass einer Vielzahl der Juden durch die langwierige Vorgehensweise Gelegenheit gegeben werde, sich in den Wäldern oder Dörfern zu verstecken, wo sie mit den geringen zur Verfügung stehenden Kräften nur schwerlich aufgespürt werden könnten.[74] Inland II schlage »*im Einvernehmen mit dem RSHA*« vor, den Faschisten zur »*beschleunigten Durchführung [...] und Anlage der Konzentrationslager [...] erfahrene Berater*« zur Seite zu stellen. Die Forderung des RSHA auf Auslieferung der bereits ghettoisierten Juden solle hingegen aufgeschoben werden, da sich die Internierung »*reibungsloser abwickeln lasse, wenn die Überführung in Konzentrationslager zunächst als die Endlösung und nicht als Vorstufe für die Evakuierung in die Ostgebiete erscheint*«.[75] Steengracht und Hencke zeichneten die Notiz ab, und Ribbentrop genehmigte die Vorschläge.

Zehn Tage später traf sich Thadden zu einer kleinen Konferenz mit SS-Sturmbannführer Boßhammer – in der Dienststelle Eichmanns für die politische Vorbereitung der »Endlösung« zuständig – sowie mit SS-Hauptsturmführer Theodor Dannecker. Die drei kamen zu dem Schluss, Botschafter Rudolf Rahn in Rom solle angewiesen werden, auf eine sofortige Konzentrierung der Juden in Italien zu drängen. Dagegen wurde der von Boßhammer favorisierte Plan verworfen, zeitgleich die »*Evakuierung*« bereits inhaftierter Juden zu verlangen. Das AA, so notierte Thadden, glaube, aufgrund seiner Erfahrungen annehmen zu können, dass eine zu früh gestellte Forderung nach Auslieferung den »*Erfolg der Erfassungsmaßnahmen wesentlich beeinträchtigen, wenn nicht gar vereiteln würde*«. Aus »*taktischen Gründen*« solle damit gewartet werden, bis alle Juden erfasst seien. Da italienische Dienststellen »*mangelnden Eifer*« an den Tag legten, hielte das AA die Überwachung durch deutsche Beamte im Rahmen einer Dienststelle eines offiziellen »Judenberaters« für dringend erforderlich.[76] Ein solcher »Judenberater« wurde zwar nicht entsandt, aber die Aufgaben übernahmen später die entsprechenden BdS. Durch derartige Ratschläge waren Wagner und Thadden in Italien an der Deportation von fast siebentausend Menschen beteiligt.[77]

---

74 Vgl. Vortragsnotiz Wagners vom 4.12.1943, in: ebd., Inland IIg 191. Die Notiz wurde von Thadden verfasst und von Wagner unterzeichnet.
75 Vgl. Vortragsnotiz Wagners vom 4.12.1943, in: ebd. Die Notiz wurde von Thadden verfasst und von Wagner unterzeichnet.
76 Schreiben Wagners an Müller vom 14.12.1943, in: ebd. Das Schreiben wurde von Thadden aufgesetzt und von Wagner unterzeichnet.
77 Vgl. Anklageschrift gegen Wagner, 29 Ks 4/67 vom 22.2.1967, S. 64, in: HStA Düsseldorf, Ger.Rep. 192/19, S. 3.

1 »Heimschaffung« und Deportationen – Koordination zwischen Inland II und RSHA

Beide unterstützten auf ähnliche Weise die Deportationen aus ganz Europa vom fernen Berlin aus. In keinem Fall wurden sie persönlich Zeuge einer Deportation. Für sie fanden die Transporte nach Auschwitz nur auf dem Papier statt. Um einen Eindruck von den Realitäten zu vermitteln, die sich hinter den nüchternen Dokumenten verbergen, sei an dieser Stelle beispielhaft die Aussage von Heinrich M. wiedergegeben, dem Mitglied eines Polizeiregiments, welches in Griechenland zur Partisanenbekämpfung eingesetzt war. Ende März 1944 hatte die SS in einer schlagartigen Aktion über 4.500 Juden in Athen und anderen Städten verhaftet, welche am Vormittag des 2. April 1944 nach Auschwitz verladen wurden, wo man die meisten nach der Ankunft direkt vergaste. Als Heimaturlauber begleitete Heinrich M. den Eisenbahnzug:

»[...] Die Urlaubsreise zu meiner Hochzeit trat ich Anfang April 1944 an. Bei meiner Einheit wurde mir bei Antritt des Urlaubs gesagt, daß ich als Urlauber einen Transport nach Deutschland zu begleiten hätte. Über die Art des Transports erfuhr ich nichts. Ich mußte mich bei der Standortkommandantur in Larissa melden. Insgesamt fanden sich dort 15–20 Urlauber der verschiedensten Einheiten aller Wehrmachtsteile zusammen. Am Morgen nach der Meldung wurden wir zum Bahnhof Larissa geführt, wo ich sah, daß etwa 1000 Juden in Güterwagen von der Gestapo verladen wurden. Nach Verladung der Juden wurden in jeden Waggon ca. 10 Ztr. Rosinen und Brot für 10 Tage Fahrt ausgegeben. Der Transport bestand aus Juden und Jüdinnen jeden Alters. Jeder Waggon erhielt noch einen Klosetteimer mit Chlorfüllung. In jeden Güterwagen kamen ca. 50 Personen. Sitzgelegenheiten gab es nicht. Die Juden hatten auch nicht so viel Platz, daß sie sich hätten hinlegen können. [...] Begleitet wurde der Transport von etwa 3 oder 4 Gestapoleuten. Ein leerer Güterwagen war für die Aufnahme von unterwegs verstorbenen Juden vorgesehen. [...] Bei Beginn der Fahrt wurden die Waggons mit Juden von außen abgeschlossen. Der Transport ging über Saloniki, Bulgarien, Ungarn und Polen nach Auschwitz. Die Fahrt dauerte ca. 8–10 Tage. Während der Fahrt wurden bei gelegentlichen Halten die Türen einzelner Waggons geöffnet, soweit dazu Zeit war. Bei dieser Gelegenheit wurden dann die Klosetteimer entleert. Die Juden konnten sich dann auch frisches Wasser holen. [...] Während der Fahrt starben nur wenige Juden. Am Ende der Fahrt haben keine 10 Leichen in dem dafür vorgesehenen Waggon gelegen. Ein Jude wurde schon bei der Abfahrt verrückt. Er tobte und war von Sinnen. Er aß Chlor. Die Gestapoleute sperrten ihn in den leeren Waggon. Ich habe dann auch gesehen, daß sie ihn durch einen Genickschuß töteten. Sonst habe ich keine Übergriffe wie Prügel oder dergl. erlebt. Der Transport endete auf einem Nebengleis im KZ Auschwitz. Empfangen wurde der Transport von SS-Kommandos und von jüdischen Häftlingskommandos. Die SS-Leute sperrten ab, während die jüdischen Häftlinge das Entladen der Waggons durchführten. Die griechischen Juden wurden in ruhiger Form ausgeladen. Sie mußten antreten und wurden dann in Richtung auf das Lager geführt. Vom Abstellgleis aus konnte man Baracken und einen höheren Schornstein sehen. Das Gepäck mußten die griechischen Juden liegenlassen. Es wurde ihnen gesagt, das Gepäck würde nachgebracht. Von dem deutschen Personal erfuhren wir, daß wir in Auschwitz waren. Diesen Namen hatte ich noch nie gehört. Wir fuhren dann mit dem leeren Güterzug weiter bis Kattowitz und konnten dann mit Normalzügen unsere Urlaubsorte erreichen. […]«[78]

Mit der »Heimschaffung« war die außenpolitische Vorbereitung der Deportationen eng verbunden. Dazu gehörten Propaganda und Gespräche mit lokalen Funktionären. Im Sommer 1944 war es unter anderem Edmund Veesenmayer, der solche Gespräche führte. Während Gesandter Ludin in der Slowakei aufgrund offiziellen Drucks abgehalten wurde, kam es mit Zustimmung Ribbentrops zu einer Reihe inoffizieller Treffen von Veesenmayer mit Staatspräsident Tiso, in denen der Deutsche ein klares Interesse an einer beschleunigten »*Bereinigung der slowakischen Judenfrage*« bekundete.[79] Thadden schien von dieser Geheimdiplomatie wenig angetan. Als Veesenmayer später ein Treffen mit Ludin anberaumen wollte, um Weiteres zu besprechen, vermerkte Thadden: »*Bei der sehr lauen Haltung der Slowaken in der Judenfrage seit einiger Zeit kann m. E. die Besprechung nur nutzen, um Ludin zu neuen Vorstössen zu veranlassen. Befürworte daher sachliche Aussprache sehr.*«[80] Den Wunsch nach weiteren Deportationsverhandlungen bekräftigte Thadden Ende September 1944 nach einem persönlichen Gespräch mit dem neuen slowakischen Gesandten in Berlin, Bohdan Galvánek. Da Wagner sich im Führerhauptquartier aufhielt, wurde der Slowake bei seinem Antrittsbesuch von Thadden empfangen. Recht schnell kamen beide Diplomaten auf die slowakischen Juden zu sprechen, wobei Galvánek sich für eine bedingungslose Lösung aussprach. Privat sei er der Auffassung, es werde in seinem Land erst Ruhe geben, wenn »*alle Juden ohne jeden Humanitätsdusel rücksichtslos ausgemerzt und abtransportiert seien*«. Die milde Anwendung der Judengesetze sei nur erfolgt, weil sich die alte Regierung bei den Alliierten habe anbiedern wollen. Thadden empfahl nach dem Gespräch, Ludin die Ausführungen zur Kenntnis zu geben, »*mit der Weisung, die Bereinigung der Judenfrage in der Slowakei – es handelt sich vermutlich noch um 20.000 getaufte oder mit Befreiungsschein ausgestattete Juden [–] mit der neuen slowakischen Regierung erneut aufzunehmen.*«[81] Doch Ribbentrop sperrte sich und wollte in der Richtung nichts veranlasst sehen.

Ludin kam das verordnete Stillhalten nicht gelegen. Als er wieder ermächtigt war, mit Tiso zu verhandeln, teilte der Deutsche diesem mit, er sei »*auf alle Fälle*« an einer radikalen Lösung interessiert. Etwaige Bedenken wegen ausländischer Interventionen wischte er mit der Forderung zur Seite, man solle sich darauf berufen, dass »*das Reich*

---

78 Aussage Heinrich M. vom 26.4.1960, in: ebd., Ger.Rep. 237/27.
79 Aktennotiz Veesenmayers für Sonnleithner vom 3.7.1944; vgl. ebenso Schreiben Wagners an Ludin vom 21.7.1944, beide in: PA AA, Inland IIg 205.
80 Marginalie Thaddens auf Telegramm Veesenmayers vom 19.7.1944, in: ebd.
81 Schreiben Thaddens an Wagner vom 27.9.1944, in: ebd.

1 »Heimschaffung« und Deportationen – Koordination zwischen Inland II und RSHA

vom slowakischen Staat eine radikale Lösung verlange.«[82] Diese Formulierung ging den sensibilisierten Diplomaten von Inland II zu weit. Sie bevorzugten eine weniger direkte Legitimationsstrategie. Im Einvernehmen mit der Politischen Abteilung legte man dem RAM nahe, man dürfe dem Reich nicht mit einer ungeschickten Sprachregelung die Alleinverantwortung übertragen. Da die Ende August 1944 ausgebrochenen Aufstände in der Slowakei eine starke jüdische Beteiligung gehabt hätten, möge man diese herausstreichen. Die »*Radikallösung*« erfolge im Interesse der Sicherheit.[83] Das Telegramm Ludins war in der Zwischenzeit dem im Führerhauptquartier weilenden Ribbentrop und Hitler selbst vorgelegt worden. Sie erklärten sich mit dem eindeutigen Vorgehen Ludins einverstanden. Aber das Büro des RAM setzte sich erstaunlicherweise darüber hinweg und erlaubte Inland II die differenzierte Antwort an Ludin, die einen Tag später nach Preßburg abging.[84] Damit hatten Wagner und Thadden sogar gegen eine Billigung Hitlers das eigene Vorgehen durchsetzen können.

Ludin befolgte den Rat von Inland II. Als im Januar 1945 ein Vertreter des IRK die slowakische Regierung und die deutsche Gesandtschaft um Zustimmung bat, ein Asyl für jüdische Kinder, Kranke und Greise einzurichten, enttäuschte ihn Ludin. Ohne Unterschied des Alters sei das Judentum an den Aufständen beteiligt gewesen, weshalb Gefahr bestünde, ein solches Asyl würde sofort zu einem neuen Widerstandsnest ausgebaut.[85]

Die Gruppe Inland II förderte die Judendeportationen nicht nur aus Italien, Griechenland und der Slowakei, sondern auch aus Ungarn, Frankreich, den Niederlanden und Dänemark. In ständiger Abstimmung mit den Auslandsmissionen und dem RSHA unterstützten Wagner und Thadden mithilfe anderer Abteilungen des AA den Genozid an den europäischen Juden. Die spätere Anklageschrift warf Wagner vor, als Helfershelfer an der Verschleppung und Ermordung von mindestens 356.624 Juden beteiligt gewesen zu sein[86]:

Ungarn	mind. 300.000 Personen
Slowakei	mind. 7.000
Griechenland	26.854
Italien	6.886
Frankreich	15.884

---

82 Telegramm Ludins vom 4.10.1944, in: ebd.
83 Vortragsnotiz Thaddens vom 5.10.1944, in: ebd.
84 Vgl. Schreiben BRAM (Reinebeck) vom 10.10.1944 u. Telegramm Wagners vom 11.10.1944, beide in: ebd. Das Telegramm wurde von Thadden aufgesetzt und von Wagner unterzeichnet.
85 Vgl. Telegramm Ludins vom 20.1.1945, in: ebd.
86 Vgl. Anklageschrift gegen Wagner, 29 Ks 4/67 vom 22.2.1967, S. 64, in: HStA Düsseldorf, Ger.Rep. 192/19, S. 3. Im Falle der Niederlande und Dänemark lautete der Vorwurf lediglich auf Freiheitsberaubung.

Nach dem Krieg sah Wagner die Rolle des AA ganz anders: »*Das Auswärtige Amt hatte in Judensachen keinerlei Kompetenz und entsprechend keine Initiative. Es gab dementsprechend keine Einschaltung des Auswärtigen Amtes in der Judenfrage [...]. Auf diese Maßnahmen hatte das Auswärtige Amt nicht den geringsten Einfluss und auch kein Recht dazu.*«[87] Diese Ansicht ist von Historikern nachhaltig widerlegt worden. Döscher hält dem entgegen: »*Die politische Durchsetzung und organisatorische Effizienz der euphemistisch ›Endlösung‹ genannten Vernichtung der Juden West- und Südosteuropas beruhten nicht zuletzt auf der ›diplomatischen‹ Vorbereitung, Mitwirkung und Abschirmung durch das Auswärtige Amt.*«[88]

2 Propaganda-Netzwerke – »Juden-Ausschuß« und »Antijüdische Auslandsaktion«

> »Es ist nicht unsere Aufgabe, zu den Massen zu sprechen, sondern denen, die zu den Massen sprechen, Material zu liefern.«
> Protokoll der »Antijüdischen Auslandsaktion« vom November 1943[89]

Bereits am 12. Dezember 1942 hatte Propagandachef Goebbels in seinem Tagebuch notiert:

»Die Greuelhetze bezüglich Polens und in der Judenfrage nimmt auf der Gegenseite abnorme Formen an. Wir werden, fürchte ich, doch mit dieser Sache auf die Dauer nicht durch Totschweigen fertig werden. Wir müssen schon irgend etwas antworten, wenn wir nicht Gefahr laufen wollen, hier allmählich zugedeckt zu werden.«[90]

Mit dieser Meinung stand er nicht allein. Um der aufkommenden Kenntnis der Judenmorde entgegenzuwirken, hielt es auch Ribbentrop für nötig, die antisemitische Auslandspropaganda zu intensivieren[91], um die deutsche Politik gegenüber dem Ausland sowohl zu legitimieren und zu marginalisieren, als auch um eine kooperative, antisemitische Stimmung zu erzeugen. Zunächst verliefen diese Ambitionen jedoch unübersichtlich und wenig zielgerichtet. Es ging darum, Grundlagenmaterial zu sammeln, welches im Ausland verbreitet werden konnte. Das AA legte Wert darauf, dass es sich dabei nicht um plumpe, plakative Agitation handelte, sondern um Hilfsmittel, die sich

---

87 Aussage Wagners [1961], in: BA Koblenz, NL Kempner, Bd. 581.
88 Döscher, Auswärtiges Amt und SS, S. 311. Vgl. ferner Browning, Final Solution; Hilberg, Vernichtung der europäischen Juden.
89 Besprechungsprotokoll vom 19.11.1943, verfasst von Mahr, in: PA AA, Inland A/B, R 99461.
90 Tagebücher Goebbels, Teil II, Bd. 6, Eintrag vom 12.12.1942.
91 Vgl. Schreiben Richter an Thadden vom 26.5.1943, in: PA AA, Inland II A/B, R 99336.

2 Propaganda-Netzwerke – »Juden-Ausschuß« und »Antijüdische Auslandsaktion«

wissenschaftlich und sachlich gaben. Im Medium Radio sah man eine der besten Möglichkeiten, die Meinungsbildung im neutralen und feindlichen Ausland zu beeinflussen.[92] Der RAM beauftrage deshalb im April/Mai 1943 den erfahrenen Historiker Prof. Adolf Mahr[93], einen Wissenschaftlichen Hilfsarbeiter (WHA) der Rundfunkpolitischen Abteilung, entsprechendes Material zu sammeln. Doch Mahr war ein viel beschäftigter Mann. In der Zwischenkriegszeit hatte er in Irland gearbeitet und war 1934 Direktor des Nationalmuseums in Dublin geworden. Seit April 1933 Parteimitglied, stieg er in eine führende Funktion in der irischen Sektion der NSDAP-Auslandsorganisation auf. Von November 1941 bis Kriegsende führte er unter der Schirmherrschaft des AA von Berlin bzw. Luxemburg aus die deutsche Radiopropaganda für die irische Insel.[94]

Gesandter Rühle, Leiter der Rundfunkpolitischen Abteilung, unterstützte mit Thadden die Arbeit und wandte sich an einschlägige Stellen wie die *Antijüdische Weltliga* in Nürnberg, den *Welt-Dienst* Alfred Rosenbergs[95] oder das »Reichsinstitut für Geschichte des neuen Deutschlands«[96] in München. Im Mai 1943 bat Thadden diese Organisationen, schnellstmöglich zu handeln. Die verstärkte Propagandaoffensive des Judentums gegen Deutschland und seine Bundesgenossen, schrieb er, mache eine Intensivierung der eigenen Agitation notwendig: »*An Hand von einwandfrei belegtem Tatsachenmaterial über die zersetzende Tätigkeit des Weltjudentums in Geschichte und Neuzeit soll die Öffentlichkeit in überzeugender Weise von der Notwendigkeit der deutschen Haltung in der Judenfrage aufgeklärt werden.*«.[97] Der Referatsleiter Inland II A forderte besonders Material zum südamerikanischen Raum und dokumentierte antisemitische Äußerungen von süd- oder nordamerikanischen Persönlichkeiten an. Die Adressaten sagten ihre Unterstützung zu und versprachen laufende Lieferungen an das AA. Das Reichsinstitut verwies auf die frühere enge Zusammenarbeit mit Thaddens Vorgänger Rademacher. Drei Wochen später traf ein großes Paket vom *Welt-Dienst* ein, das Unterlagen zum Raum Südamerika enthielt, unterteilt nach »*Verjudung, Bolschewismus, Freimaurerei, antijüdische Maßnahmen und Statistik*«.[98] Im

---

92 Vgl. Schreiben Thaddens vom 31.5.1943, in: ebd.
93 Mahr, Adolf: geb. 7.5.1887, Österreicher; Professor für Frühgeschichte; NSDAP seit 1.3.1933; AA seit 15.1.1940, WHA bei Kult.Pol., Rundfunkabt. 22.7.1941, vgl. Mitteilung des AA an den Verfasser vom 21.4.2005.
94 Vgl. O'Donoghue, David, Hitler's Irish Voices. The Story of German Radio's Wartime Irish Service, Dublin 1998.
95 Vgl. Bollmus, Reinhard, Das Amt Rosenberg und seine Gegner. Studien zum Machtkampf im nationalsozialistischen Herrschaftssystem, Stuttgart 1970, S. 121 f.
96 Vgl. Papen, Patricia von, Schützenhilfe nationalsozialistischer Judenpolitik. Die »Judenforschung« des »Reichsinstituts für Geschichte des neuen Deutschlands« 1935–1945, in: Fritz Bauer Institut (Hg.), »Beseitigung des jüdischen Einflusses …«. Antisemitische Forschung, Eliten und Karrieren im Nationalsozialismus, Frankfurt/Main 1999, S. 17-42.
97 Rundschreiben Thaddens vom Mai 1943, in: PA AA, Inland II A/B, R 99336.
98 Schreiben *Welt-Dienst* an Thadden vom 29.5.1943, in: ebd.

Gegenzug stellte Inland II A »*laufend*« Material zur Verfügung, welches im Bereich des AA anfiel und zur »*wissenschaftlichen Erforschung der Judenfrage*« geeignet war.[99] So entwickelte sich ein beiderseitiger Informationsfluss, bei dem Organisationen wie der *Welt-Dienst* oder die *Antijüdische Weltliga*, aber auch das RSHA an den Meldungen und Nachrichten partizipierten, die das AA über seinen diplomatischen Apparat erhielt. In umgekehrter Richtung war es dem Außenministerium möglich, die antisemitischen Dokumente der teilweise äußerst umfangreichen Archive der Partner, insbesondere der Rosenberg-Institutionen, zu nutzen.

Die einlaufenden Presseberichte vom *Welt-Dienst* gaben mitunter ausländische Artikel zur Judenvernichtung wieder. Diese wurden von Thadden an andere Abteilungen des AA zur Kenntnisnahme weitergeleitet. So traf beispielsweise im April 1944 eine Lieferung ein, die an die Politische- und die Rechtsabteilung weiterging und von Mitarbeitern beider Abteilungen abgezeichnet wurde. Unter den Artikeln war auch einer des jiddischen *Forwerts* aus New York, der im November 1943 detailliert über den Einsatz von Gaskammern und Krematorien im Lager Auschwitz berichtete. Thadden vermerkte für die Kollegen handschriftlich, das Material sei im Hinblick auf die »*Verquickung von jüdischer Greuelpropaganda mit Greuelgeschichten an Polen und Sowjet-Russen*« interessant.[100]

Gleichzeitig fungierte Inland II in Einzelfällen als eine Art Zensurstelle. So legte die Politische Abteilung einige einschlägige, für die Publikation im Ausland bestimmte Artikel zur Begutachtung vor. Thadden entschied: »*Inl. II ist grundsätzlich der Auffassung, daß der Veröffentlichung tatsächlicher Ergebnisse zur Judenfrage in anderen Ländern [...] Bedenken nicht entgegenstehen.*« Dennoch empfahl er leichte Änderungen. In Bezug auf die Slowakei sei es nicht opportun, davon zu sprechen, die »Lösung der Judenfrage« sei dort noch offen. Thadden wünsche sich statt dessen eine Formulierung wie »*Die Lösung der Judenfrage wurde durch Aussiedlung zahlreicher Juden erheblich gefördert.*«[101] Mit »*Aussieldung*« dürfte die Deportation in den Osten, nicht die Auswanderung gemeint gewesen sein.

Besonders eng gestaltete sich die Zusammenarbeit mit dem »Internationalen Institut zur Aufklärung der Judenfrage« und dem »Institut zur Erforschung der Judenfrage«. Beides waren Einrichtungen des Reichsleiters Rosenberg in seiner Funktion als »Beauftragter des Führers für die gesamte weltanschauliche Schulung und Erziehung der NSDAP«. Das »Institut zur Aufklärung der Judenfrage« mit seinem Organ *Welt-Dienst* unterstand dem Hauptamt »Überstaatliche Mächte« und orientierte sich stärker agitatorisch. Dagegen nahm das »Institut zur Erforschung der Judenfrage«, welches dem Hauptamt »Wissenschaft« angegliedert war, für sich in Anspruch, eine

---

99 Schreiben Thaddens an AA/Pr. (Platzer) vom 11.8.1943, in: ebd., Inland II A/B, R 99363.
100 Marginalie Thaddens auf Schreiben *Welt-Dienst* an Thadden vom 4.4.1944 u. beigefügter Artikel »Wie man das Geheimnis der Gasmorde der Nazi in den Konzentrationslagern entdeckte«, beide in ebd., Inland IIg 171.
101 Schreiben Thaddens an AA/Pol. vom 18.5.1943, in: ebd., Inland II A/B, R 99336.

2 Propaganda-Netzwerke – »Juden-Ausschuß« und »Antijüdische Auslandsaktion«

betont wissenschaftliche Auseinandersetzung mit dem Thema zu betreiben.[102] Bereits im März 1941 war es mit einer pompösen Einweihung eröffnet worden, an der unter anderem Rosenberg, die Gauleiter Jakob Sprenger, Fritz Sauckel und Friedrich Karl Florian sowie der Wehrmachtsgeneral Hermann Reinecke teilnahmen. An die Eröffnung schloss sich eine mehrtägige Tagung an, an der führende Vertreter aus Dänemark, Bulgarien, Deutschland, Rumänien, Ungarn, Norwegen (Vidkun Quisling), Belgien und den Niederlanden (Anton A. Mussert) teilnahmen.[103] Hieran lässt sich die internationale Ausrichtung des Instituts ablesen. anlässlich der Feierlichkeiten wurde am 28. März 1941 im gesamten deutschen Rundfunk Rosenbergs Ansprache zur »Judenfrage als Weltproblem« gesendet.[104] Im Fazit konstatierte die Tagung zwei Dinge: Erstens, dass die Judenfrage als Rassenfrage zu beurteilen sei, und zweitens, dass die Lösung des Problems in der gänzlichen Aussiedlung der Juden aus Europa liege.[105] Während der Tagung wurden allerdings auch noch deutlichere Töne angeschlagen, als der Vortragende August Schirmer, Herausgeber des *Welt-Dienstes*, das »*prophetische Wort*« Hitlers von der Vernichtung des Judentums aus der Reichstagsrede vom 30. Januar 1939 anführte.[106]

Das Institut war die erste Außenstelle der in Planung begriffenen »Hohen Schule der NSDAP«. Seine Hauptaufgabe lag darin, die politische Agitation der Partei in Kooperation mit freien Forschern, Hochschulen und Universitäten wissenschaftlich zu fundieren. Rosenberg wies während seiner Eröffnungsrede darauf hin, dass es mit der Machtübernahme der Nationalsozialisten erstmals möglich geworden sei, eine eigene Forschung auf dem Gebiet der Judenfrage zu etablieren, die nicht jüdischen Einflüssen ausgesetzt sei.[107]

Das Institut gab das vierteljährlich erscheinende Organ *Weltkampf – Die Judenfrage in Geschichte und Gegenwart* heraus, welches Rosenbergs seit 1924 existierende, gleichnamige Monatsschrift fortsetzte und im NS-Verlag Hoheneichen in München erschien. Herausgeber war der Institutsleiter und Historiker Dr. Wilhelm Grau, verantwortlicher Schriftleiter war der Greifswalder Historiker Prof. Peter-Heinz Seraphim, der 1938 das voluminöse Werk »Das Judentum im osteuropäischen Raum« ver-

---

102 Vgl. Bollmus, Amt Rosenberg, S. 122 f. Ferner Schiefelbein, Dieter, Das »Institut zur Erforschung der Judenfrage Frankfurt am Main«. Antisemitismus als Karrieresprungbrett im NS-Staat, in: Fritz Bauer Institut (Hg.), »Beseitigung des jüdischen Einflusses …«. Antisemitische Forschung, Eliten und Karrieren im Nationalsozialismus, Frankfurt/Main 1999, S. 43-72.
103 Vgl. Piper, Ernst, Alfred Rosenberg. Hitlers Chefideologe, München 2005, S. 477 ff. u. Potthast, Jan Björn, Das jüdische Zentralmuseum der SS in Prag, Gegnerforschung und Völkermord im Nationalsozialismus, Frankfurt/Main 2002, S. 169 ff.
104 Abgedruckt in *Weltkampf* 1/2 (1941), S. 64-72. Zur Organisation des *Welt-Dienstes* bzw. des *Weltkampf* besteht ein Forschungsdesiderat.
105 Vgl. Geleitwort von Wilhelm Grau, in: *Weltkampf* 1/2 (1941), S. 1-2.
106 Schirmer, August, Die politische Entwicklung der Judenfrage in Deutschland, in: *Weltkampf* 1/2 (1941), S. 73-77, hier, S. 77.
107 Vgl. Rosenberg, Alfred, Nationalsozialismus und Wissenschaft, in: *Weltkampf* 1/2 (1941), S. 3-6.

öffentlicht hatte. Ende Oktober 1943 legte Seraphim die Schriftleitung nieder. Sie wurde von dem Historiker Klaus Schickert übernommen, der seit Oktober 1942 als amtierender kommissarische Institutsleiter fungierte. Einige Nummern des Periodikums erschienen 1941 auch in rumänischer (Auflage 1.000 Exemplare) und 1942 in französischer Sprache (Auflage 2.000 Exemplare). Laut Schickert hätten die deutschen und fremdsprachigen Ausgaben »*großen Anklang*« gefunden.[108]

Der bereits erwähnte *Welt-Dienst* stellte eine Art antisemitischen Pressedienst dar. Er erschien ebenfalls in Frankfurt am Main und vertrat folgendes Credo:

> »Die stärkste Waffe des Juden im Ringen um die Errichtung seiner Weltherrschaft ist die Lüge. Die Wahrheit ist für die Erreichung seiner Ziele die schwerste Gefahr. Der ›Welt-Dienst‹ hat es sich zur Aufgabe gestellt, allen nichtjüdischen Völkern die dunklen Pläne und verbrecherischen Methoden des Judentums vor Augen zu führen, um dadurch die Völker über die Größe der jüdischen Gefahr aufzuklären. […].«[109]

Der Dienst wurde zu diesem Zwecke von Diplomingenieur Schirmer halbmonatlich in elf Sprachen herausgebracht. Später trat ein K. Richter als Herausgeber auf. Im Jahr 1944 erschien der *Welt-Dienst* sogar in 20 Sprachen und in einer Auflage von über 300.000 Exemplaren.[110] Zu Beginn des Jahres 1944 hatte der *Welt-Dienst* sogar die Papierbewilligung für eine halbe Million Exemplare bekommen.[111] Die anhängige Schriftenreihe des *Welt-Dienstes* schien ebenfalls erfolgreich gewesen zu sein. Richter meldete seinem Vorgesetzten Rosenberg, die Reihe sei nicht nur bereits vor Erscheinen vergriffen, es lägen auch Mehrbestellungen in Höhe von 250% vor.[112] Unter den Bestsellern waren Titel wie »Die englisch-amerikanische Rivalität in Palästina« von Heinz Ballensiefen, »Die jüdische Kriegshetze in den USA« von Erich Schwarzburg und »Der Jude als Weltparasit« von Schwarzburg und Emil Reiffer.

Das AA beteiligte sich an der Verbreitung des *Welt-Dienstes*, der im Ausland eine hohe Zahl von Bezugsstellen hatte.[113] In den einzelnen Ländern stellten mitunter die deutschen Missionen die Weitersendung sicher. Im Namen des AA orderte Thadden 3.500 Exemplare einer Ausgabe für arabische Verbindungsstellen.[114] Und die Mission in Madrid riet dazu, die *Welt-Dienst*-Sendungen über die Botschaft laufen zu lassen, da spanische Stellen, denen die Inhalte nicht genehm seien, diese abfangen würden, so-

---

108 Schreiben Schickerts an Thadden vom 30.12.1943, in: PA AA, Inland II A/B, R 99357.
109 Titelseite des *Welt-Dienst*es, in: ebd., Inland II A/B, R 99388.
110 Vgl. Piper, Alfred Rosenberg, S. 433. Ein anderer Herausgeber war Ulrich Fleischhauer.
111 Vgl. Schreiben Wagners vom 11.2.1944, in: PA AA, Inland II A/B, R 99337.
112 Vgl. Schreiben Richters an Rosenberg vom 25.4.1944, in: BA Berlin, NS 8/239.
113 Vgl. Aussage Hildegard K. vom 10.7.1947, in: BA Koblenz, Z 42 IV/7200.
114 Vgl. Schreiben Thaddens an *Welt-Dienst* vom 31.3.1944, in: PA AA, Inland II A/B, R 99337.

2 Propaganda-Netzwerke – »Juden-Ausschuß« und »Antijüdische Auslandsaktion«

fern sie äußerlich erkennbar wären.[115] Daneben schickte Thadden vierzig schwedische und einen Satz deutsche Ausgaben vom *Weltkampf* an die Gesandtschaft Stockholm zur Verteilung.[116] Das Rosenberg-Unternehmen führte auf die Frage nach einem Stützpunkt in Schweden den Stockholmer Gesandtschaftsrat Heinz Thorner als jemanden an, mit dem man gut zusammenarbeite.[117] Bereits im Dezember 1942 war über die Zentrale die aktuelle Nummer des *Weltkampfs* an die Missionen in Bern, Stockholm und Ankara gesandt worden.[118] Daneben bot der *Welt-Dienst* der Gesandtschaft in Stockholm Sammelsendungen von 400 Exemplaren des schwedischen Korrespondenzblattes an, aber die Mission, der zwar die deutsche Ausgabe bekannt war, wolle die schwedische Variante erst auf die Einsatztauglichkeit mustern. Nach Einsicht in die Probenummer wäre die Gesandtschaft für die laufende Zusendung von immerhin hundert schwedischen Exemplaren »*zur Verteilung an interessierte Persönlichkeiten dankbar*«.[119] Die Außenstelle des *Welt-Dienst* in Zagreb meldete 1942, die 3.000 Exemplare in kroatischer Sprache deckten nicht annähernd den Bedarf. Die Anregung, den Antisemiten-Katechismus des antijüdischen Autors Theodor Fritsch in die Landessprache übersetzen zu lassen, sei von der deutschen Gesandtschaft begeistert aufgenommen worden.[120] Den Kurierwegen kam dabei eine zentrale Bedeutung zu, da die Kontrollen der Gastländer teilweise sehr streng waren und die Sendungen über den normalen Postweg abgefangen zu werden drohten.

Die Medien gingen nicht ungeprüft ins Ausland. Thadden bestellte im Sommer 1944 elf einschlägige Broschüren, um sie an einem Wochenende »*zu studieren und zu sehen, ob und wie sie für unsere Arbeit nutzbar werden können*«.[121] Unter den bestellten Publikationen waren Titel wie »Der Jude als Weltparasit«, »Der jüdische Bolschewismus« oder »Die jüdische Kriegshetze in den USA«.

Im Gegenzug stellte der *Welt-Dienst* seine Informationen den Diplomaten zur Verfügung. Unaufgefordert übersandte er zum Beispiel im Februar 1944 einen Aktenvermerk, den ein Mitarbeiter des Einsatzstabes Rosenberg in Paris angefertigt hatte. Darin wurde über eine Zusammenkunft französischer Antisemiten berichtet, die über die Vertreibung der Juden aus Europa und etwaig zu bildenden Reservate sinniert hatten. Die Botschaft in Paris sei informiert, und zwei Diplomaten hätten beigepflichtet, dass von deutscher Seite jede Judenfeindlichkeit gefördert werde und dass man sich hierzu auch des religiös geprägten Antisemitismus bediene, »*um die Judenfrage warm*

---

115 Vgl. Schreiben dt. Bot. Madrid an AA vom 23.3.1944, in: ebd.
116 Vgl. Schreiben Thaddens an dt. Ges. Stockholm vom 5.1.1945, in: ebd.
117 Vgl. Schreiben Richters an Thadden vom 4.5.1944, in: ebd., Inland II A/B, R 99344.
118 Vgl. Schreiben »Institut zur Erforschung der Judenfrage« an D III vom 5.12.1942, in: ebd., Inland II A/B, R 99402.
119 Schreiben dt. Ges. Stockholm (Dankwort) an AA vom 20.11.1944, in: ebd.
120 Vgl. Schreiben vom 30.8.1942, in: BA Berlin, NS 15/344.
121 Schreiben Thaddens an Richter vom 2.9.1944, in: PA AA, Inland II A/B, R 99402.

zu halten«.[122] Thadden dankte für die Zusendung, deren Inhalt er interessiert wahrgenommen habe.[123] Nicht nur die Zentrale profitierte von der engen Verbindung zum *Welt-Dienst*, sondern auch die Missionen, zum Beispiel als Thadden die Pass-Angelegenheiten für einen Bibliothekar des *Welt-Dienstes* regelte, der aus den Beständen der Dienststelle Rosenberg eine Handbibliothek für die Pariser Botschaft zusammenstellte. Diplomat Peter Klassen hielt einen solchen Apparat für angebracht, um ihn für an der Judenfrage Interessierte zur Verfügung zu haben.[124]

Bei Auslandsreisen zur Erfassung antijüdischen Materials wurden die freien Institutionen vom AA in Pass- und Finanzierungsfragen unterstützt. Als beispielsweise der *Welt-Dienst* einen Mitarbeiter, den ehemaligen Wahlkonsul in Lima, Carl Dedering, nach Südosteuropa schicken wollte, um Kontakte und Vertriebsmöglichkeiten zu optimieren, wandte man sich ans AA, da man »*stark auf die Unterstützung des Auswärtigen Amtes angewiesen*«.[125] Thadden befürwortete eine Pass-Erteilung, da das AA »*an der Verstärkung der Judenpropaganda in diesen Ländern erheblich interessiert*« sei.[126] Gut ein halbes Jahr später unterstützte Inland II A eine Reise Dederings nach Kopenhagen und Oslo, die ähnliche Ziele verfolgte. Allerdings hielt es Thadden für angebracht, den Zweck der Reise (»*Antijüdische Propaganda*«) zu verschleiern, weshalb er die Pass-Stelle anwies, stattdessen anzugeben, man fahre zu Besprechungen mit der Dienststelle des Reichsbevollmächtigten.[127]

Gefördert wurde die Zusammenarbeit zwischen den Diensten Rosenbergs und dem AA durch die persönliche Bekanntschaft zwischen dem kommissarischen Leiter des »Instituts für die Erforschung der Judenfrage« Klaus Schickert und Eberhard von Thadden, die sich aus Studientagen kannten. Noch am selben Tag, an dem Schickert Ende Oktober 1943 das neue Amt antrat, kündigte er sich bei Thadden zu einem Antrittsbesuch an. Vier Tage später empfing der Diplomat den alten Kommilitonen und betonte, dass Inland II für seine Auslandsarbeit der richtige Ansprechpartner sei, da hier »*sämtliche Judenfragen*« behandelt würden, auch wenn dies in enger Abstimmung mit der Kulturpolitischen erfolge.[128] Schickerts eigene Ambitionen liefen darauf hinaus, so schrieb er Thadden einen Monat später, die deutsche antijüdische Forschung im Ausland bekannt zu machen, um in internationalen Akademikerkreisen Auseinandersetzungen mit der Judenfrage anzustoßen.[129] Die anschließende Zusammenarbeit lief gut, Thadden bezeichnete sie als »*erfreulich und positiv*«.[130]

---

122 Aktenvermerk vom 21.2.1944, in: ebd., Inland II A/B, R 99344.
123 Vgl. Schreiben Thaddens an Richter vom 16.3.1944, in: ebd.
124 Vgl. Schreiben Thaddens an AA/Paßstelle (Reimke) vom 10.2.1944, in: ebd.
125 Schreiben *Welt-Dienst* an Rademacher vom 29.3.1943, in: ebd.
126 Schreiben Thaddens an CdS vom 11.5.1943, in: ebd.
127 Schreiben Thaddens an AA/Paßstelle (Reimke) vom 29.1.1944, in: ebd.
128 Schreiben Thaddens an Six vom 2.11.1943, in: ebd., Inland II A/B, R 99363.
129 Vgl. Scheiben Schickerts an Thadden vom 30.12.1943, in: ebd., Inland II A/B, R 99357.
130 Schreiben Thaddens an StS vom 12.4.1944, in: ebd., Inland II A/B, R 99363.

2 Propaganda-Netzwerke – »Juden-Ausschuß« und »Antijüdische Auslandsaktion«

Schickert hatte 1937 das einschlägige Werk »Die Judenfrage in Ungarn. Jüdische Assimilation und antisemitische Bewegung im 19. und 20. Jahrhundert« publiziert[131], welches in chronologischer Abfolge den angeblichen Aufstieg des ungarischen Judentums im Zeichen der Assimilation aufzeigte. Dazu beschrieb er die vermeintliche Vormachtstellung der Juden in Wirtschaft, Politik und Kultur. Für den Zeitraum des 20. Jahrhunderts wurden besonders die legislativen Versuche berücksichtigt, die Juden wieder zu verdrängen. Schickert, der sich auf den Standpunkt des Rasse-Antisemitismus stellte, sah allerdings Schwächen in der ungarischen Weise, den Begriff »Jude« zu definieren, da religiöse Aspekte in der Definition enthalten waren.[132] Bezeichnenderweise war der Personenindex des Buches nach Juden und Nichtjuden getrennt. Die Schrift erschien 1943 in einer aktualisierten Auflage. Während jüdische Rezensenten in Ungarn das Buch als »*ganz gewöhnliche Propagandaschrift des deutschen Antisemitismus*« bezeichneten[133], war es für Thadden als »*Standardwerk auf diesem Gebiet für Ungarn anzusehen*«.[134] Die Gesandtschaft in Preßburg hatte ähnliche Ansichten und bat das AA wiederholt um ein Exemplar, das als »*Arbeitsunterlage*« dringend gebraucht würde.[135] Thadden nahm sich der Bitte an und veranlasste die Zustellung persönlich bei Schickert. In demselben Schreiben bedankte sich der Diplomat für ein eingegangenes Heft des *Weltkampfs*, an dessen Lektüre er sich machen wolle, sobald er von der Eröffnungstagung des internationalen Gästehauses des *Welt-Dienstes* zurück sei. Vorher fehle ihm die Ruhe.[136]

Im Sommer 1944 arbeitete die Essener Verlagsanstalt an einer dritten Auflage des Buches, wozu Schickert bat, die nötigen formellen Voraussetzungen für eine Forschungsreise nach Budapest zu schaffen. Thadden kam dem gerne nach und erwirkte eine Genehmigung des Staatssekretärs. Die Gesandtschaft wurde instruiert, dass Schickert im Auftrag des AA »*Besprechungen über die Intensivierung der wissenschaftlichen Arbeit auf antijüdischem Gebiet*« fortsetze.[137] Die Reise kam letztlich nicht zu Stande, da Reichsbevollmächtigter Veesenmayer mit Blick auf die laufenden Deportationen in Ungarn bat, die Entsendung Schickerts hintanzustellen.

Neben den vielfältigen Kontakten zu den genannten antijüdischen Institutionen konkretisierten sich im AA im Sommer 1943 die Planungen für einen eigenen antijüdischen Propagandaapparat. Um Mahr zu unterstützen, wurde spätestens im Juli 1943 ein so genannter »Juden-Ausschuß des Auswärtigen Amtes« ins Leben gerufen, an dem zunächst unter der Leitung des Professors die Presseabteilung und die Kulturpo-

---

131 Vgl. Schickert, Klaus, Die Judenfrage in Ungarn. Jüdische Assimilation und antisemitische Bewegung im 19. und 20. Jahrhundert, Essen ²1943.
132 Vgl. ebd., S. 281 f.
133 Ebd., S. 10.
134 Schreiben Thaddens an StS vom 8.6.1944, in: PA AA, Inland II A/B, R 99344.
135 Vgl. Schreiben dt. Ges. Preßburg an AA vom 25.2.1944, in: ebd., Inland II A/B, R 99449.
136 Vgl. Schreiben Thaddens an Schickert vom 8.3.1944, in: ebd.
137 Schreiben Thaddens an dt. Ges. Budapest vom 20.8.1944, in: ebd., Inland II A/B, R 99344.

litische Abteilung beteiligt waren, zudem die Gruppen Inland I und II und der Beauftragte für das Informationswesen und das England-Komitee. Die Zusammensetzung blieb variabel, beispielsweise entfiel später die Teilnahme von Inland I, wogegen die Rundfunkpolitische Abteilung neu hinzugezogen wurde. Aufgabe des Ausschusses war es, Propagandaaktionen im Ausland zu planen bzw. den organisatorischen und professionellen Ausbau des Ausschusses zu betreiben. Dabei trat das gebildete Konsortium nicht exekutiv in Erscheinung, es diente als internes Koordinations- und Informationsinstrument, während die Aktionen unter der Regie der beteiligten Abteilungen und Stellen ausgeführt wurden.

Steengracht machte das Amt Rosenberg auf den »Juden-Ausschuß« aufmerksam, weshalb sich der Dienstleiter »Überstaatliche Mächte«, Hans Hagemeyer, an Thadden wandte. Der Dienstleiter hatte Mitte 1942 den Posten übernommen und sah die »*Aktivierung der Judenbekämpfung*« als vorrangige Aufgabe an.[138] Zum Zeitpunkt des Besuchs bei Thadden hatte sich der Ausschuß noch nicht offiziell konstituiert, und Hagemeyer bat, eine Beteiligung des Amtes Rosenberg zu erwägen, falls der Rahmen über das AA hinausgehe. Man wäre »*außerordentlich interessiert*« daran. In einem Ferngespräch antwortete Thadden, Hagemeyer solle im Ausschuß kein Instrument »*für eine weltanschauliche Ausrichtung aller Dienststellen und Einrichtungen des antijüdischen Kampfes in Deutschland*« sehen, vielmehr stelle er »*lediglich unter Ausnutzung aller dieser Dienststellen und Einrichtungen das Material*« bereit, das für einen »*propagandistischen Einsatz in der Judenfrage in Betracht kommt*«, und er gebe Impulse für die Art des Einsatzes dieser Medien. Sollten weitere Behörden oder Ämter am Ausschuß beteiligt werden, sei aber eine Hinzuziehung des Amtes Rosenberg von Interesse.[139] Der »Juden-Ausschuß« geriet damit zum institutionellen Ereignis, indem Hagemeyer danach trachtete, Rivalen aus dem Feld zu schlagen. Er regte an, die »*Frei-Herumschwirrenden*« wie die *Antijüdische Weltliga* oder das »Institut für Geschichte des neuen Deutschland« nur zur Materialbeschaffung zu nutzen, sie aber ansonsten außen vor zu lassen. Für die weltanschauliche Planung und Ausrichtung stehe für ihn der »*Primat der Partei*« und damit die Beteiligung des Amtes Rosenberg fest. Über den praktischen Einsatz im Ausland habe das AA zu befinden, den Einsatz im Inland solle das Propagandaministerium koordinieren. Um die gewünschte Teilnahme zu erlangen, führte Hagemeyer an, sei bereits mit Kaltenbrunner über die Bildung einer ähnlichen »*Kampfgemeinschaft*« verhandelt worden. Aber eine Mehrzahl von Ausschüssen wäre »*dem Führer gegenüber nicht verantwortbar*«, weshalb Hagemeyer riet, den Ausschuss des AA um das Amt Rosenberg, das Propagandaministerium (Promi) und die SS zu erweitern. Thadden wolle die Anregungen weiterleiten, wiegelte aber gleichzeitig ab, da es hauptsächlich um Fragen der aktuellen Auslandspropaganda gehe und nicht um eine »*Gleichschaltung aller mit der Judenfrage befaßten*

---

138 Schreiben Hagemeyers vom 13.12.1943, in: BA Berlin, NS 8/239.
139 Aufzeichnung Thaddens für Mahr und Rühle vom 6.7.1943, in: PA AA, Inland IIg 169a.

2 Propaganda-Netzwerke – »Juden-Ausschuß« und »Antijüdische Auslandsaktion«

Stellen im Reich«.[140] In der Folge sollte sich zeigen, dass Hagemeyers Vorschläge fruchteten, denn die genannten Organisationen wurden in der Tat nur peripher beteiligt, während den Unternehmen des Rosenberg-Imperiums der Vorzug gegeben wurde. Eine Hinzuziehung des Promis unterblieb allerdings.

Gegen Ende des Jahres 1943 griff Ribbentrop die Angelegenheit aufgrund des wachsenden Engagements des Konkurrenten Rosenbergs verstärkt auf. Rosenberg hatte mittlerweile von Hitler selbst den Auftrag bekommen, im Ausland verstärkt die judenfeindliche Karte zu spielen. Das Amt des NS-Chefideologen plante deshalb einen großen, europäischen Kongress prominenter Judengegner. Steengracht gab daraufhin die Linie aus, das AA arbeite bereits auf dem Gebiet und behalte sich bei allen das Ausland betreffende Fragen ein Mitspracherecht vor.[141] Begründet wurde die Notwendigkeit des Kongresses damit, dass der Krieg gegen Deutschland von den Alliierten »*immer mehr zu einem Kreuzzug [...] entfacht wird, weil das deutsche Volk ›das Volk der Juden‹ zu vernichten gedenkt«*.[142] Dem müsse die deutsche Propaganda entgegentreten und die Auffassung widerlegen, der Nationalsozialismus sei im Rückzug begriffen. Es solle verstärkt herausgestrichen werden, dass die Gegenseite für das »*Weltjudentum*« kämpfe. Unter anderem hatten der holländische Faschistenführer Anton A. Mussert und der Großmufti von Jerusalem ihre Teilnahme zugesagt. Ribbentrop war neben Himmler, Goebbels und Generalgouverneur Hans Frank als Ehrengast geladen.

Eine Beteiligung des AA war unumgänglich, und Thadden stimmte sich im Dezember 1943 mit Dienstleiter Hagemeyer ab, in dessen Berliner Privatwohnung das Treffen stattfand. Für den Kongress, der im April in Prag stattfinden solle, läge eine Führergenehmigung vor; zweihundert Gäste aus In- und Ausland wolle man einladen. Als teilnehmender Vertreter des AA war Thadden berücksichtigt. Die abschließende Resolution werde die Parole ausgeben: »*Europa frei von Juden*«.[143] Thadden forderte die Beteiligung des AA ein und beäugte argwöhnisch die Partizipation des Propagandaministeriums. Im Januar 1944 kam es zu einer Besprechung zwischen Steengracht und Hagemeyer. Der Diplomat strich heraus, das sich das AA »*seit langem durch seinen Judenausschuß eingehend mit allen die Auslandsinformation betreffenden Problemen der Judenfrage befaßt habe*« und sicherte dem AA auf allen Gebieten ein Mitspracherecht. Er kritisierte die mögliche Beteiligung des Promis, weil die Einschaltung einer reinen Propagandastelle keinen großen Erfolg verspreche.[144] Der Kongress bedürfe eines wissenschaftlichen Anspruchs, welcher durch die Institute gewährleistet würde. Das Programm müsste auf außenpolitische Belange abgestellt sein, um keinen »*innenpolitischen Eintagserfolg*« zu erzielen, sondern eine »*außenpoliti-*

---

140 Ebd.
141 Vgl. Schreiben Megerles vom 18.11.1943, in: ebd., Inland II A/B, R 99337. Ebenso Potthast, Das Jüdische Zentralmuseum, S. 333 ff.
142 Bericht Hagemeyers vom 15.6.1944, in: IMT, XXVIII, PS-1752, S. 54.
143 Aufzeichnung Thaddens vom 16.12.1943, in: PA AA, Inland IIg 170.
144 Bericht [Wagners] vom 5.1.1944, in: ebd., Inland II A/B, R 99344.

sche propagandistische Dauerwirkung«.[145] Da Hagemeyer die Oberhoheit der Diplomaten anerkannte, hielt es Steengracht für »*sehr erwünscht*«[146], eine enge Kooperation des »Judenausschusses« mit der Dienststelle Rosenberg anzustreben und sie an der Aktionsstelle zu beteiligen.

Im Februar 1944 konstituierte sich im AA ein Arbeitsausschuss, der den Kongress vorbereiten sollte. Entsandt waren für das AA Abteilungsleiter Six und für das Amt Rosenberg Dienstleiter Hagemeyer. Das RSHA wolle man noch hinzuziehen, und es solle versucht werden, SS-Sturmbannführer Paul Dittel, den Nachfolger von Six im Amt VII, zu gewinnen. Bei der »*guten Harmonie*« zwischen Dittel und Six hätte man im Ausschuss einen Bundesgenossen. Zudem sei dies eine institutionelle Geste, die, so bemerkte Inland II, das RSHA als »*angenehm empfinden*« würde.[147]

Schließlich wurde von Rosenberg der 11. Juli 1944 als Termin und Krakau als Austragungsort festgelegt. Das Programm war mit dem AA abgesprochen und gebilligt worden. Eine Gästeliste des *Welt-Dienstes* umfasste 112 Namen aus Italien, Frankreich, Bulgarien, Russland, der Ukraine, den Niederlanden, Belgien, Rumänien, Ungarn, der Schweiz, Spanien, Portugal, Kroatien und Deutschland. Darunter waren der italienische Staatsminister Preziosi, die Faschistenführer aus den Niederlanden und Belgien, Mussert und Degrelle sowie der spätere ungarische Unterstaatssekretär László Endre. Als Teilnehmer aus der neutralen Schweiz waren unter anderem Nationalrat Hans Müller und der ehemalige Bundespräsident Jean-Marie Musy ins Auge gefasst worden, den die Liste als »*Freimaurer und Judengegner*« führte.[148] Sogar ein Auftritt der Berliner Philharmoniker unter Wilhelm Furtwängler wurde erwogen. Der Kongress fand jedoch nicht statt – infolge des Kriegsverlaufes und insbesondere wegen der alliierten Landung in der Normandie, fand der Kongress nicht statt.

Auch die Propagandapläne des AA stockten. Wegen anderweitiger Arbeitsauslastung Mahrs kam es zu keiner allzu großen Entfaltung des »Judenausschusses«. Der Professor wandte sich im November 1943 verzweifelt an den Gesandten Rühle und dessen Stellvertreter Kurt Georg Kiesinger: »*Ich arbeite mich zugrunde und komme dabei doch nicht nach.*« Es mangele an qualifizierten Kräften mit Erfahrung und journalistischem Können. Zudem könne er über die Bibliothek und Karteien wegen der ständigen Luftgefahr nur schlecht verfügen. Würde keine nennenswerte Unterstützung gefunden, müsse Mahr von seinem Posten zurücktreten, da er ihn dann nur ungenügend ausfüllen könne.[149] So war abzusehen, dass der »Judenausschuß«, der stets ein Provisorium geblieben war, umstrukturiert werden musste. Am Nachmittag des 19. November 1943 traf sich der »Ausschuß zur Aktivierung der antijüdischen Information« in der Wilhelmstraße 76, um in großer Runde die weitere Entwicklung zu be-

---

145 Bericht Wagners für RAM vom 5.1.1944, in: ebd., Inland A/B, R 99461.
146 Bericht [Wagners] vom 5.1.1944, in: ebd., Inland II A/B, R 99344.
147 Schreiben Inl. II vom 12.2.1944, in: ebd., Inland A/B, R 99461.
148 Gästeliste o. D., in: ebd.
149 Schreiben Mahrs an Rühle, Kiesinger, Timmler [Nov. 1943], in: ebd.

2 Propaganda-Netzwerke – »Juden-Ausschuß« und »Antijüdische Auslandsaktion«

raten. Fast die Hälfte der Anwesenden gehörte der Rundfunkpolitischen Abteilung an, die vom stellvertretenden Abteilungsleiter WHA Kiesinger, dem späteren Bundeskanzler, repräsentiert wurde. Daneben hatten die Presse- und Kulturpolitische Abteilung sowie das Ministerbüro und der Informationsbeauftragte Vertreter entsandt. Thadden verfolgte die Sitzung für Inland II.[150] Es wurde festgestellt, dass der neue Ausschuss über das Auswärtige Amt hinausgehen werde, aber Detailfragen noch nicht endgültig beschlossen seien. Unter anderem werde eine engere Anbindung an die Propagandaeinrichtung der Wehrmacht gesucht. Große Probleme bereite der Personalmangel, auf den besonders Mahr hinwies. Thadden berichtete, er habe zur Abhilfe bereits Schritte beim Reichssicherheitshauptamt unternommen, um zwei »*auf dem Gebiet der Judenfrage kompetente Herren*« zur Mitarbeit im AA freistellen zu lassen. Insgesamt wurde der unzureichende Kontakt zum RSHA bemängelt, aber Thadden versicherte, daß dieser »*über seine Person in jedem Einzelfall mühelos hergestellt werden kann*«. Eine Kooperation müsse aber stets über die »*Abteilung Inl. II*« laufen und könne nicht durch den Ausschuss selbst erfolgen. Die Materialbeschaffung solle vornehmlich über die Presseabteilung und die Auslandsmissionen laufen. Dabei wolle man sich im großen Stil die Praxis der so genannten »Rückzitierung« zu Nutze machen. Die Presseabteilung müsse Artikel in der neutralen Presse unterbringen, die dann »*aus solcher Quelle stammend frisiert, im Auslandsfunk wirkungsvoller zitiert werden können*«. Es sei nicht die Aufgabe, so hielt Mahr im Protokoll fest, »*zu den Massen zu sprechen, sondern denen, die zu den Massen sprechen, Material zu liefern*«.[151] Dieses Material müsse auf die einzelnen Volksmentalitäten zugeschnitten sein, weshalb eine Reihe ausländischer Journalisten und Schriftsteller zur Mitarbeit zu gewinnen sei. Zum Schluss der Sitzung wurde eingehend über die als nächstes geplante Aktion gesprochen, die »Antijüdische Woche«. Die Kulturpolitische Abteilung plane dazu: »*Schaufensterpropaganda mit geeignetem Bildmaterial, Filme wie ›Jud Süß‹ oder ›Die Rothschilds‹, Einsetzung von Rednern in den verschiedenen Ländern. […] Ferner Plakate, Broschüren, die z. T. bereits in verschiedene Sprachen übersetzt und auch schon erschienen sind.*«[152] Presse und Rundfunk sollten die Aktion entsprechend unterstützen.

Später reichte die Rundfunkpolitische Abteilung einen streng vertraulichen Entwurf nach, der weitere Einzelheiten der Aktion enthielt, die besonders die vermeintlich jüdische Kriegsschuld anprangern sollte. Anfang 1944 sollte eine Woche lang jeden Tag als zentrales Thema ein Rundfunkgespräch gesendet werden. Um dieses Gespräch würden sich ähnlich gelagerte Beiträge gruppieren. Die gewählten Topoi bedienten NS-typische Klischees, wie eine Zusammenfassung der Tagesüberschriften zeigt[153]:

---

150 Vgl. Besprechungsprotokoll vom 19.11.1943, verfasst von Mahr, in: ebd.
151 Ebd.
152 Ebd.
153 Vgl. Schreiben AA/Ru. [Dörries] vom 28.12.1943, in: ebd.

> 1. **Tag:** Die Judenfrage als Schicksalsfrage der Welt.
> 2. **Tag:** Die antijüdische Bewegung im angesprochenen Lande.
> 3. **Tag:** Jüdische Kriegshetze im angesprochenen Lande.
> 4. **Tag:** Die Juden während des Krieges (Sabotage, Verschwörung, Verbrechen).
> 5. **Tag:** Die jüdische Kriegsschuld in den Nachbarländern.
> 6. **Tag:** Der jüdische Blutrausch.
> 7. **Tag:** Die jüdischen Weltherrschaftspläne.

Wenige Wochen nach der Besprechung spannte Ribbentrop sein Organisationstalent Wagner ein, um die Neuformierung voranzutreiben. Der Minister übertrug ihm die vorübergehende Leitung und gab den Auftrag, eine effektive Einheit aufzubauen.[154] Bei einer der täglichen Direktorenbesprechungen wies der Gruppenleiter auf die von ihm wahrzunehmende Mobilisierung der Antijudenpropaganda hin und legte einen Organisationsplan zur Diskussion vor.[155] Wagner wollte eine Stelle schaffen, der die Leiter der Kulturpolitischen, der Presse- und der Rundfunkpolitischen Abteilung sowie von Inland II und dem Beauftragten für Informationswesen umfasse. Unter diesem Gremium sollten ein Geschäftsführer und ein Arbeitsstab walten, dem auch Fachleute außerhalb des AA angehören würden. Kaltenbrunner werde dafür zwei SS-Führer abstellen. Wegen der knappen Personalressourcen würde die Tätigkeit der Stabsmitglieder zusätzlich zur dienstlichen Haupttätigkeit erfolgen. Als Geschäftsführer forderte Wagner eine »*dynamisch-aktive Persönlichkeit mit Auslandserfahrung und propagandistischem Verständnis*«. Tiefere Kenntnisse »*auf dem Gebiet der Judengeschichte*« seien weniger vonnöten.[156]

Am 22. Dezember rief Ribbentrop den Gruppenleiter erneut zu einer persönlichen Besprechung, bei der der Kongress-Plan und der »Judenausschuß« zur Sprache kamen. Wagner durfte danach zufrieden in die Weihnachtsfeiertage gehen, denn sein Plan wurde ohne große Änderungen angenommen, und Thadden konnte zur konstituierenden Sitzung des neuen Ausschusses laden. Im neuen Jahr informierte Wagner auch Himmler persönlich vom Verlauf der Planungen.

Zur Gründung der »Informationsstelle X« kamen am 5. Januar 1944 der Staatssekretär, Wagner und die Leiter der beteiligten Abteilungen Six, Rühle und Paul K. Schmidt sowie einige andere Herren zusammen. Die Anwesenden skizzierten die wei-

---

154 Vgl. Besprechungsnotizen Wagners [Dez. 1943], in: ebd., Inland IIg 7.
155 Vgl. Schreiben Wagners an StS und Rühle vom 8.12.1943, in: ebd., Inland II A/B, R 99336.
156 Vorschlag Inland II [o. D.], in: ebd.

teren Pläne, darunter eine »*Stoßaktion*« in Rundfunk, Presse und Werbung[157], die auf die Initiative der Presseabteilung zurückging und von Ribbentrop kurz darauf genehmigt wurde. Es handelte sich um die bereits im »Judenausschuß« beschlossene »Antijüdische Woche«, woraus ersichtlich wird, dass die neue Informationsstelle eine stringente Fortsetzung des Ausschusses darstellte. Die neue Stelle war zunächst in der Kronenstraße beheimatet. Kurze Zeit nach der konstituierenden Sitzung benannte Ribbentrop die Stelle in »Informationsstelle VI (Antijüdische Auslandsaktion)« um, die ins Gebäude Karlsbad 8 zog, wo sich Wagners Adlatus Hezinger einrichtete, der unter anderem die »*gute Zusammenarbeit*« mit dem RSHA sicherstellte.[158]

Wie geplant bediente man sich bei den Agitationskampagnen der gängigen Praxis der »Rückzitierung«, d. h. man lancierte einen Artikel in der Auslandspresse unter Anonymisierung der deutschen Urheberschaft. Nach Erscheinen griff die deutsche Presse den Artikel auf und stellte ihn als vermeintlich unabhängige ausländische Meinung heraus.[159] Dabei ereignete sich bei der im Januar 1944 »*im Ausland gestarteten Stoßaktion zur Aufklärung über die Judenfrage*« eine peinliche Panne.[160] Das AA hatte von Kommentatoren eine Artikelserie schreiben lassen, die die angeblich führende Stellung des Judentums in verschiedenen Ländern zum Thema hatte. Regie führte die Presseabteilung, die Material zur Verfügung stellte und für die Verbreitung sorgte.[161] Einer der Artikel mit dem Titel »Schweden und die Judenfrage« behauptete, der schwedische Großindustrielle Wallenberg sei Jude.[162] Der stellvertretende Presseabteilungsleiter Gesandter Gustav Braun von Stumm wies die deutsche Botschaft in Madrid an, den Artikel zu lancieren. Im Verfahren der Rückzitierung gelangte die Meldung aus der spanischen Zeitung *Hierro* über das Deutsche Nachrichtenbüro in den *Völkischen Beobachter*, wo sie Himmler übel aufstieß. Um die guten Wirtschaftskontakte nach Schweden beunruhigt, wandte er sich sofort an Reichspressechef Otto Dietrich und stellte klar, dass »*die ganze Familie Wallenberg mit Juden nichts zu tun hat, daß im Gegenteil Wallenberg einer alten schwedischen, rein arischen Familie angehört und daß die Wallenbergs antibolschewistisch eingestellt sind*«.[163] Himmler verbitte sich in Zukunft jegliche Angriffe in diese Richtung. Dietrich war ahnungslos und

---

157 Schreiben Wagners an RAM vom 5.1.1944, in: ebd., Inland II A/B, R 99337. Vgl. ebenso Steinkühler, »Antijüdische Auslandaktion«, S. 256 f.
158 Stellungnahme Wagners vom [Juni 1944], in: PA AA, Inland II A/B, R 100305. Vgl. ferner Rudolph, Jörg, »Sämtliche Sendungen sind zu richten an: ...« Das RSHA-Amt VII »Weltanschauliche Forschung und Auswertung« als Sammelstelle erbeuteter Archive und Bibliotheken, in: Wildt, Michael (Hg.), Nachrichtendienst, politische Elite und Mordeinheit. Der Sicherheitsdienst des Reichsführer SS, Hamburg 2003, S. 204-240, hier S. 224 ff.
159 Vgl. Longerich, Peter, Propagandisten im Krieg. Die Presseabteilung des Auswärtigen Amtes unter Ribbentrop, München 1987, S. 185 ff. bzw. 299 ff.
160 Schreiben Wagners an Brandt vom [11.] Mai 1944, in: PA AA, Inland II A/B, R 99337.
161 Vgl. Aufzeichnung [Wagners] o. D., in: ebd.
162 Vgl. Schreiben Wagners an Brandt vom [11.] Mai 1944, in: ebd.
163 Schreiben Brandts an Wagner vom 2.5.1944, in: ebd.

antwortete, das AA habe ein Aufgreifen der spanischen Meldung angeraten. Um den Schaden gering zu halten, gab der *Völkische Beobachter* anschließend eine Berichtigung heraus. Danach wandte sich Himmler an Wagner, um die Hintergründe zu erfahren. Wagner versicherte dem Stab des Reichsführers, dass der Artikel vom AA in Auftrag gegeben worden war, dass aber die zur Verfügung gestellten Quellen nicht den geringsten Hinweis auf eine jüdische Abstammung enthalten hätten. Dies habe der Autor eigenmächtig hinzugesetzt, was dann bei der Veröffentlichung in Spanien bedauerlicherweise übersehen worden sei. Um auch hier den Schaden zu begrenzen, entschuldigte sich der Presseattaché der deutschen Gesandtschaft in Stockholm bei Wallenberg für das unkontrollierte Aufgreifen der Meldung, wobei die deutsche Urheberschaft geflissentlich verschwiegen wurde.[164] Intern schoben sich in der Folge die neue Infostelle und die Presseabteilung gegenseitig die Schuld für den Fehler zu.

Indessen trieb Wagner den Ausbau der Stelle voran. Dass dies auch angenehme Seiten haben konnte, zeigt eine Rechnung über 890,89 RM. Wagner hatte für den italienischen Staatsminister und »*Fachmann für Judenfragen*« Giovanni Preziosi im Nobelhotel Adlon ein Abendessen gegeben, dessen Preis fast so hoch war wie ein Monatsgehalt des Gruppenleiters.[165] Als Arbeitsessen erstattete das AA die Auslagen.

Zur Aufstockung des Personals der Propagandaeinheit wurden zeitweise Konsulatssekretär Ulrich Granow und Legationsrat Hans von Winter bei der Informationsstelle (Inf.) VI beschäftigt. Daneben stellte Kaltenbrunner wie angekündigt zwei hauptamtliche SS-Führer fürs AA ab. Das RSHA Amt VII (Weltanschauliche Forschung) richtete eine Zweigstelle im AA ein, die von SS-Hauptsturmführer Heinz Ballensiefen und seinem Vertreter, SS-Untersturmführer Georg Heuchert besetzt wurde und hauptsächlich der Materialbeschaffung diente.[166] Ballensiefen, der zeitweise im »Institut zur Erforschung der Judenfrage« beschäftigt war und auch im Rahmen des *Welt-Dienstes* publizierte, hatte 1940 zum RSHA gewechselt, wo er die antijüdische Propaganda weiter betrieb und in Europa entsprechendes »Forschungsmaterial« sammelte.[167] Der SS- und SD-Führer gab in Budapest eine antisemitische Zeitschrift heraus, die er selbst von der Ausrichtung her zwischen dem NS-Organ *Stürmer* und der SS-Zeitschrift *Das Schwarze Korps* einordnete.[168] Er war an drei Tagen im AA tätig und ließ sich ansonsten von Heuchert vertreten, der sämtliche organisatorischen Arbeiten mit den Diplomaten koordinierte.[169] Das Amt VII besaß in Schlesiersee im Kreis Glogau eine Zweigstelle, an der Dolmetscher tätig waren und wo sich eine so ge-

---

164 Vgl. Schreiben Wagners an Brandt vom [11.] 5.1944, in: ebd.
165 Schreiben Wagners an Schröder vom 20.1.1944, in: ebd., Inland II A/B, R 99363.
166 Vgl. Aufzeichnung Ballensiefens vom 3.1.1944, in: ebd., Inland II A/B, R 99337.
167 Vgl. Wildt, Generation des Unbedingten, S. 374 ff.
168 Vgl. Schreiben Thaddens an Wagner vom 8.6.1944, in: PA AA, Inland II A/B, R 99337.
169 Die hauptamtliche Zugehörigkeit von Heuchert konnte nicht restlos geklärt werden. Nach Steinkühler war er ab 1940 im AA tätig, allerdings weisen ihn zwei Dokumente in PA AA, Inland II A/B, R 99337 als SD bzw. RSHA-Vertreter aus.

2 Propaganda-Netzwerke – »Juden-Ausschuß« und »Antijüdische Auslandsaktion«

nannte »Judenbibliothek« befand, in der sich einschlägiges Material aus ganz Europa konzentrierte.[170] Hierher sandte Heuchert Teile des durch den Apparat des AA gesammelten Materials zur Auswertung und Katalogisierung. Es wurde propagandamäßig aufbereitet und zur Nutzung an das AA zurückgesandt. Durch die Zusammenarbeit gelangte das AA auch an antijüdisches Material, welches aus einem Ghetto in der Nähe Krakaus stammte. Dort bediente sich die SS jüdischer Wissenschaftler, um das Bibliotheks- und Pressematerial zu bearbeiten.[171] Ballensiefen richtete dort eine Übersetzungsstelle für jiddische und hebräische Dokumente ein. Die Krakauer Ergebnisse wurden nach Schlesiersee und dann nach Berlin gesandt.[172] Mit dieser Konstellation verfolgte die SS auch eigene Ziele. Man sah darin eine willkommene Gelegenheit, an diplomatisches Material der deutschen Missionen zu gelangen, denn gerade im neutralen Ausland arbeitete der SD-Apparat nicht sonderlich effektiv. Ballensiefen legte dem AA schon bald eine »Wunschliste« vor, dessen einzelne Posten er im Ausland zu beschaffen bat. Gleichzeitig forderte er, die Meldungen des AA-eigenen Radioabhördienstes zugeleitet zu bekommen, was auch teilweise geschah.[173] In der NS-Polykratie entstand damit eine Kooperation, aus der alle Seiten ihren Nutzen zogen.

Auch Rosenberg bestellte zwei Mitarbeiter als Teilzeitkräfte für die »*Antijüdische Auslandsaktionsstelle*«. Dabei handelte es sich um Hagemeyer und Schickert.[174] Letzterer sollte vor allem die Betreuung und Kontaktpflege zu antisemitischen Forschern und wissenschaftlichen Einrichtungen gleicher Couleur im Ausland übernehmen.[175] Damit war die Informationsstelle durch die personellen und sachlichen Überschneidungen ein Produkt des AA, des Amtes Rosenberg und des RSHA geworden.

Im Januar 1944 konnte Wagner die Ergebnisse seiner Aufbauarbeit Ribbentrop in einem langen Gespräch unter vier Augen unterbreiten. Der RAM verfügte, dass Wagner noch bis Mitte Februar 1944 die Leitung innehaben sollte und dann vom Gesandten I. Klasse Rudolf Schleier abzulösen sei.[176] In einem weiteren Gespräch genehmigte Ribbentrop zwei nicht näher charakterisierte Propagandaaktionen für den März.[177]

Die Kooperation mit dem »Institut zur Erforschung der Judenfrage« lief unterdessen ähnlich reibungslos wie während des Jahres 1943. Das AA förderte diverse

---

170 Vgl. allgemein Rudolph, RSHA-Amt VII.
171 Vgl. Potthast, Das jüdische Zentralmuseum, S. 319 f.
172 Vgl. Aufzeichnung Ballensiefens vom 3.1.1944, in: PA AA, Inland II A/B, R 99337.
173 Vgl. ebd.
174 Vgl. Schreiben Rosenbergs an Steengracht vom 19.2.1944, in: ebd., Inland II A/B,R 99363.
175 Vgl. Schreiben Thaddens an StS vom 12.4.1944, in: ebd.
176 Vgl. Schreiben Wagners vom 15.1.1944, in: ebd., Inland II A/B, R 99337. Schleier, Rudolf: geb. 31.8.1899; Kaufmann; NSDAP seit 1.12.1931, Frankreich-Referent in NSDAP-AO 1933–1935, Landesgruppenleiter Frankreich 1935–1939, Gauamtsleiter z. V. 1939; AA seit Mai 1940, Bot. Paris seit 20.11.1940, Amtsbez. GK 18.10.1940, WHA 3.2.1942, Amtsbez. Ges. 10.7.1941, Ges. I. Kl. 20.4.1943, Leitung Inf. XIV 24.3.1944, Wahrnehmung d. Aufgaben d. Dirigenten Kult.Pol. seit 21.4.1944, vgl. Auskunft des AA an den Verfasser vom 21.4.2005.
177 Vgl. Besprechungsnotizen Wagners vom 19.2.1944, in: PA AA, Inland IIg 7.

Auslandsaufenthalte Schickerts, die im Namen der Wissenschaft der antisemitischen Netzwerkbildung dienten. Im Dezember 1943 warb Schickert bei Thadden für eine Reise nach Südosteuropa, die ihn nach Wien, Preßburg, Agram, Budapest, Belgrad, Sofia, Saloniki, Bukarest und Jassy führen sollte. Zweck des mehrwöchigen Aufenthalts sei der Austausch mit ausländischen Wissenschaftlern, Reklame für das Institut, Vertrieb und Mitarbeiterwerbung für die Zeitschrift *Weltkampf* und der Aufbau einer Zusammenarbeit mit den »Deutschen Wissenschaftlichen Instituten«.[178] Inland II und die Antijüdische Auslandsaktionsstelle vermittelten Devisen und Dienstpässe für die Fahrten. Thadden unterstrich, dass seitens des Außenministeriums *»größtes Interesse«* an den Reisen bestehe.[179] Im November 1944 fuhr Schickert im ausdrücklichen Auftrag des AA erneut nach Preßburg, um dienstliche Geschäfte im *»Interesse des antijüdischen Kampfes«* zu erledigen.[180]

Eine ähnliche Kooperation mit antijüdischen Stellen hatte bereits unter Thaddens Vorgängern begonnen, doch Luther und Rademacher präferierten in Sachen Auslandspropaganda andere Institutionen. Zu ihrer Zeit wurde stärker die *Antijüdische Weltliga* gefördert, die eine Art Auslandsblatt des NS-Organs *Der Stürmer* darstellte und vom Nürnberger Gauleiter Julius Streicher unterstützt wurde. Der Leiter der *Weltliga* war Paul Wurm, der ähnlich wie Schickert antijüdische Kontakte im Ausland aufbaute. In Abstimmung mit dem AA gründete Wurm mit dem Nürnberger Kaufmann Konrad Wolf zum Schein die »Firma Konrad Wolf«; ein Import- und Exportunternehmen mit internationalen Niederlassungen, dessen Hauptzweck es war, als Tarnung für die Aktivitäten der *Weltliga* zu fungieren.[181] In gleicher Form operierte auch die »Nürnberger Europa Handelsgesellschaft m. b. H.« für die *Weltliga*.

Dass sich Wurm und Rademacher über das Schicksal der deportierten Juden im Klaren waren, zeigt ein halbamtlicher Brief vom Oktober 1941. Der Leiter der *Weltliga* schrieb dem Diplomaten offen und prophetisch: *»Auf meiner Rückreise aus Berlin traf ich einen alten Parteigenossen, der im Osten an der Regelung der Judenfrage arbeitet. In nächster Zeit wird von dem jüdischen Ungeziefer durch besondere Maßnahme manches vernichtet werden.«*[182] Es bestanden demnach bereits Ende 1941 keine Zweifel mehr über den Hintergrund der antisemitischen Propaganda. Wie gut Wurm über die Abläufe der »Endlösung« informiert war, bewies er auch bei anderer Gelegenheit. Im Sommer 1942 schmeichelte er Rademacher: *»Wenn Sie auch in der Öffentlichkeit nicht hervortreten, so wissen doch eingeweihte Kreise, daß Sie als Organisator in der Judenfrage im Ausland besonders aktiv sind.«*[183]

---

178 Vgl. Schreiben Schickerts an Thadden vom 30. 12. 1943, in: ebd., Inland II A/B, R 99357.
179 Schreiben Thaddens an Oberfinanzpräsidium Frankfurt vom 1.3.1944, in: ebd., Inland II A/B, R 99363.
180 Schreiben Thaddens an AA/R (Krieger) vom 23.11.1944, in: ebd.
181 Vgl. Vertrag zwischen Wurm und Wolf vom 30.4.1942, in: ebd., Inland IIg 173.
182 Schreiben Wurms an Rademacher vom 23.10.1941, in: ebd., Inland II A/B, R 99398.
183 Schreiben Wurms an Rademacher vom 27.6.1942, in: ebd.

2 Propaganda-Netzwerke – »Juden-Ausschuß« und »Antijüdische Auslandsaktion«

Im Jahr 1942 intensivierte Wurm die internationale Tätigkeit der *Weltliga*, wobei er sich auf die Unterstützung des Auswärtigen Dienstes verlassen konnte. Im Juni unterstützte das AA eine Reise Wurms nach Budapest und Preßburg. Rademacher informierte die Missionen, Wurm reise, »*um mit den antisemitischen Kreisen Fühlung zu nehmen zwecks Zusammenarbeit in der Antijüdischen Weltliga*« und bat, den Reisenden bei seiner Tätigkeit zu unterstützen, da ein »*besonderes Interesse*« bestehe, die einschlägigen Kreise durch die Privatinitiative Wurms zu erfassen.[184] Einen Monat später bereitete Rademacher eine Skandinavienreise Wurms nach Kopenhagen, Oslo und ins neutrale Stockholm mit derselben Absicht vor. Der Diplomat verschaffte Wurm wieder Empfehlungsschreiben für die entsprechenden Missionen und regelte die Passangelegenheiten. Für das schwedische Visum riet ein Mitarbeiter von D III, man solle als Reisegrund »*geschäftlich*« eintragen, um den eigentlichen Zweck zu kaschieren.[185] Die deutschen Auslandsvertretungen waren hingegen über die wahren Absichten Wurms im Bilde. Während die *Weltliga* in Helsinki und Kopenhagen bereits Gewährsleute und Informanten hatte, suchte Wurm in Stockholm die Kooperation mit schwedischen Antisemiten. Als Anlaufstelle diente die deutsche Gesandtschaft, wo es Besprechungen mit dem *Weltliga*-Vertrauten Gesandtschaftsrat Thorner und dem Mitarbeiter des Deutschen Akademischen Auslandsdienstes, einem Dr. Bauersfeld, gab. Vor dem entscheidenden Treffen mit dem antisemitischen schwedischen Autor Elof Eriksson musste Wurm allerdings wieder nach Deutschland zurück, sodass Thorner und Bauersfeld die Besprechung allein führten. Der Kontakt sei über Botschafter Friedrich Werner Graf von der Schulenburg zu Stande gekommen.[186]

In Abstimmung mit dem AA sandte auch die *Weltliga* Mitarbeiter ins Ausland, darunter den berüchtigten Karikaturisten des *Stürmers*, Philipp Rupprecht, genannt Fips.[187] Und Wurm sah sich daneben in der Lage, dem AA politische Ratschläge zu geben. Um Budapest vor der Zerstörung durch alliierte Bombenangriffe zu retten, empfahl er im Sommer 1944, die Juden in Budapest zu belassen, da man die Berechtigung habe, von den Juden »*die X fache Zahl der Opfer zu fordern, die der Angriff dem ungarischen Volk gekostet hat*«.[188]

Unter der Führung von Inland II nahm die Unterstützung der Liga zu Gunsten der Dienste Rosenbergs ab, was daran lag, dass dem AA das stereotype, vulgäre Material der Liga nicht zur Verbreitung im Ausland geeignet schien. Trotzdem wurden weiterhin kleinere Aktivitäten der Liga mit finanziellen und logistischen Mitteln gefördert. Doch der Kontakt war nicht mehr so eng wie zu Zeiten der Abteilung D.

---

184 Schreiben Rademachers an dt. Ges. Budapest und Preßburg vom 5.6.1942, in: ebd., Inland IIg 173.
185 Schreiben AA/D III vom 25.7.1942, in: ebd.
186 Vgl. Bericht Bauersfeld vom 17.9.1942, in: ebd., Inland II A/B, R 99402.
187 Vgl. Schreiben Wurms an Rademacher vom 3.6.1942, in: ebd., Inland IIg 173.
188 Schreiben Wurms an Thadden vom 29.3.1944, in: ebd., Inland II A/B, 99449.

In anderen Fällen sorgte das AA selbst für die Verteilung von entsprechendem Material an Ausländer. Beispielsweise sprach ein französischer Offizier bei Thadden vor und bat um Informationsmaterial zur »Judenfrage«. Der Mann, zeitweise Verbindungsmann zur Waffen-SS, galt als aussichtsreicher Anwärter auf einen Posten im französischen Judenkommissariat, weshalb Granow, Mitarbeiter von Inf. VI, die Bitte gerne erfüllte. Er wies Heuchert an, Schriften bereitzustellen, die »*in einfacher und klarer Weise unsere Ansichten über die verderbliche Rolle des Juden im Völkerleben und über seine Schuld an dem gegenwärtigen Kriege wiedergeben*«.[189] Nicht das AA, sondern das RSHA Amt VII stellte daraufhin eine Bücherliste zusammen, auf der sich Titel fanden wie Dieter Schwarz' »Das Weltjudentum«, Johann von Leers' »14 Jahre Judenrepublik«, Theodor Fritschs »Handbuch der Judenfrage« und Seraphims »Die Bedeutung des Judentums in Südosteuropa«.

Die Informationsstrukturen der beteiligten Institutionen funktionierten weitgehend reibungslos. Inf. VI besorgte sich fremdsprachige Texte und Bücher, die von den Mitarbeitern übersetzt und zur Information und weiteren Verwendung im AA in Umlauf gegeben wurden, so auch das Werk »The Jews in the War« des Amerikaners Israel Cohen.[190] Zusammen mit einer Schreibkraft erfasste Hezinger solche Texte und vervielfältigte sie.[191] Daraus wurde der so genannte »Tagesspiegel« erstellt, der die Meldungen in erster Linie um das Thema »Der Jude und der Krieg« gruppierte. Die wiedergegebenen Meldungen aus der Auslandspresse sollten dabei die Existenz einer jüdischen Weltverschwörung belegen. Ballensiefens Maxime dieses »Newsletters« war es, das »*parasitäre Dasein*« der Juden aufzuzeigen, die als industrielle Kriegsgewinnler und Schwarzmarkthändler am Leid der Völker verdienen würden. Zwangsläufig fiel dabei dem Judentum die Rolle des Kriegsanzettlers und Hetzers zu, welches die USA und England zum Krieg getrieben hätte, um letztlich einen »*jüdischen Weltstaat*« zu errichten.[192] Ein genauer Verteiler hat sich nicht erhalten, aber es ist mit großer Wahrscheinlichkeit anzunehmen, dass er sowohl im AA, in den Missionen wie in der SS verteilt wurde. In den Akten des AA fanden sich beispielsweise im Bestand der Handelspolitischen Abteilung, die faktisch nicht bei Inf. VI repräsentiert war, Exemplare des »Tagesspiegels«.[193]

Am 4. Februar 1944 kamen die Beteiligten der Informationsstelle zu einem Treffen unter dem Vorsitz Wagners zusammen. An der Sitzung nahmen auch Thadden, Hezin-

---

189 Schreiben Granows an Heuchert vom 25.1.1944, in: ebd., Inland A/B, R 99344. Granow wurde später zur Wehrmacht eingezogen.
190 Vgl. Unterlagenmaterial Nr. 20 der Inf. XIV vom 7.9.1944, in: ebd., Inland IIg 170. Zur Informationsbeschaffung vgl. auch Longerich, Propagandisten, S. 165 ff.
191 Vgl. Vernehmung Hezingers vom 15.12.1947, in: IfZ München, ZS 923 Rudolf Bobrik.
192 Aufzeichnung Ballensiefens vom 3.1.1944, in: PA AA, Inland II A/B R 99337.
193 Vgl. ebd., Inland IIg 170. Gesammelte Tagesreminiszenzen, Tagesspiegel und Einzelmeldungen aus den Jahren 1944/45 finden sich in PA AA, Inland IIg, R 100849a sowie in BA Berlin, NS 15/356 und 672.

2 Propaganda-Netzwerke – »Juden-Ausschuß« und »Antijüdische Auslandsaktion«

ger und die SD-Führer Ballensiefen und Heuchert teil. Einleitend wies Wagner daraufhin, dass es der »*Wunsch des Führers*« sei, dass die Arbeit des »*antijüdischen Auslandsinformationsdienstes*« intensiviert werde. Anschließend stellte Thadden ernüchtert fest, dass die bisherigen Aktionen in Dänemark und Rumänien aufgrund von Koordinationsproblemen nicht den gewünschten Erfolg erzielt hätten. (Details über die Aktionen sind nicht erhalten.) Man verständigte sich darauf, in nächster Zeit verstärkt die Judeneinwanderung nach Palästina aufzugreifen und im südosteuropäischen Raum die Juden als Wegbereiter Stalins und des Bolschewismus zu brandmarken.[194]

Wie Ribbentrop beschlossen hatte, übernahm Schleier im Februar 1944 die Inf. VI. Schleier hatte als Vertreter des deutschen Botschafters in Paris einschlägige Erfahrungen bei der Deportation der französischen Juden sammeln können.[195] Der zukünftige Leiter von Inf. VI war seit 1931 NSDAP-Mitglied und Mitte der 1930er-Jahre als Landesgruppenleiter der NS-Auslandsorganisation in Frankreich aktiv gewesen, bevor er anschließend in den Diplomatischen Dienst ging. Kurz vor Antritt des neuen Postens hielt sich Schleier noch auf der Bühlerhöhe zur Kur auf. Er hätte seinen Urlaub gern verlängert, doch Staatssekretär und Personalabteilung weigerten sich, und am 17. Februar 1944 trat er den Posten an. Steengracht hatte ihm mitgeteilt, dass »*die neue Aufgabe seinen vollen Einsatz erfordert*«.[196] Im Sommer 1944 wurde Schleier zusätzlich stellvertretender Leiter der Kulturpolitischen Abteilung. Ein Sympathieträger schien er nicht gewesen zu sein, wenn man den zeitgenössischen Äußerungen einer Mitarbeiterin Glauben schenkt: »*Von Schleier heißt es, er sei ein übler Kerl; seine Unternehmungen in Paris haben ihm einen schlechten Ruf eingetragen. So sieht er auch aus: ein fettes Walroß mit einem Hitlerbärtchen und Hornbrille* [...].«[197]

Mit dem Antritt von Schleier wurde die Einheit erneut umbenannt, diesmal in »Informationsstelle XIV (Antijüdische Auslandsaktion)«.[198] Zum Geschäftsführer unter Schleier bestellte man den Diplomaten und SS-Sturmbannführer Harald Leithe-Jasper[199], einen ehemaligen Mann der Dienststelle Ribbentrop, der zeitweise in der Presse- und Nachrichtenabteilung des AA beschäftigt war und nun Hezinger ablöste.

---

194 Vgl. Bericht der Sitzung vom 4.2.1944, in: PA AA, Inland II A/B, R 99337.
195 Vgl. Döscher, Auswärtiges Amt und SS, 240 ff.
196 Brief Schleiers an StS vom 5.2.1944, in: PA AA, Inland II A/B, R 99337.
197 Die Berliner Tagebücher der Marie »Missie« Wassiltschikow 1940–1945, hg. von George Vassiltchikov, o. O. 1996, S. 220.
198 Vgl. GVPl. vom 1.4.1944, in: ADAP, Serie E, Bd. VII, S. 697. Ebenso Affidavit Thaddens vom 21.6.1946, in: IMT, XLI, Rbb-319, S. 159 ff.
199 Leithe-Jasper, Harald: 18.5.1904, Österreicher, seit 17.2.1937 Deutscher; Redakteur; SS seit 31.12.1937, SS-Nr. 293.227; SS-Ostuf. 31.12.1937, SS-Hstuf. 20.4.1938, SS-Stubaf. 9.11.1940; NSDAP seit 28.1.1932, Parteinummer 896.181, Abteilungsleiter bei Landesleitung Österreich; DNB Berlin 1935–36; Militärdienst ab Nov. 1944; DR seit 1.1.1937; AA seit April 1938, LS 7.11.1938, Bot. Rom (Quirinal) 14.9.1940, GR 12.8.1940, Dienststelle Venedig d. Bevollmächtigten d. Großdt. Reiches bei d. ital. Nationalregierung Okt. 1943, Inf. XIV 22.2.1944, Prot. 11.5.1944, vgl. Mitteilung des AA an den Verfasser vom 21.4.2005; BA Dahlwitz, ZA V 274; DAL vom 1.10.1944, S. 49 u. DAL vom 1.12.1938, S. 142.

Zum Vertreter Schleiers wurde im Juli 1944 Hans von Winter gemacht. Aus den Arbeitseinheiten der Berliner Zentrale nahm jeweils ein Mitarbeiter den ständigen Kontakt zu Inf. XIV wahr. Beteiligt waren insbesondere die Kulturpolitische und Rundfunkpolitische Abteilung sowie die Presseabteilung. Der Vertreter von Inland II war Thadden.[200] Wie der »Judenausschuß« agierte Inf. XIV in der Regel nicht exekutiv; dies geschah über die beteiligten Abteilungen und Stellen. Inf. XIV war vielmehr Koordinations- und Dokumentationsstelle. Die neue Einheit wurde ins System des Auslandsinformationsdiensts des AA eingegliedert, der Anfang 1943 die aufgelöste Informationsabteilung ersetzt hatte. Unter dem »Beauftragen für Informationswesen« Megerle operierten bis zu siebzehn Informationsstellen, die sich zumeist nach geografischen Aspekten sortierten und in der Regel lose Diskussions- und Informationsforen darstellten.[201] Sie verfügten selten über eigenes Personal, so dass die drei Kräfte Schleier, Winter und Leithe-Jasper beachtlich waren.

Inf. XIV operierte als integrativer Bestandteil der Propagandamaschine des AA. Botschafter Emil von Rintelen, zeitweise mit Fragen des Auslandsinformationsdienstes betraut und selbst Leiter der Infostelle XI (Europadienst), wurde von Inf. XIV umgehend über eine am 14. April 1944 stattgefundene Sitzung informiert, an der unter anderem Schleier, Leithe-Jasper, Mahr, Thadden sowie Heuchert und Vertreter verschiedener AA-Stellen (Presseabteilung, Rundfunk- und Kulturpolitische Abteilung, Italien-Ausschuss, Frankreich-Komitee) teilgenommen hatten. Grund der Zusammenkunft war die zu erörternde Beeinflussung ausländischer Arbeiter und Kriegsgefangener. Man stimmte sich ab, dass man innerdeutschen Stellen, die bereits auf diesem Gebiet tätig waren, beratend zur Seite stehen und mit Material unterstützen wolle. Das OKW erbat beispielsweise um »*Steckbriefe jüdischer Wirtschaftsführer aus England und Amerika*« zum Zwecke einer Rundfunkkampagne bei amerikanischen Truppen.[202] Der Vertreter der Rundfunkpolitischen Abteilung berichtete, dass es besser sei, in die Heimatsender der ausländischen Arbeiter Propagandakommentare einzustreuen, als eigene Sender für diese Zielgruppe zu schaffen. Im Nachrichtenmaterial für das Ausland, besonders die USA, würden bereits mehrere antijüdische Meldungen platziert. Thadden brachte den Vorschlag, in »*Ferien-Lagern für bewährte ausländische Arbeiter in geeigneter Weise die jüdische Frage zur Sprache zu bringen*«.[203]

Ein wiederkehrendes Thema der Propagandapläne war auch die bereits geschilderte Feldscher-Aktion. Die Kulturpolitische Abteilung und Inf. XIV hatten im April 1944 auf Anregung von Inland II das Manuskript eines Weißbuches mit dem Arbeitstitel »Palästina – Machtprobe zwischen England und Juda« erstellt, in dem die Feldscher-Aktion als makelloser Beweis der »*einwandfreien deutschen Politik in der Ju-*

---

200 Vgl. Aussage Thaddens vom 11.2.1963, in: HStA Düsseldorf, Ger.Rep. 192/203.
201 Vgl. Longerich, Propagandisten, S. 67 f.
202 Sitzungsprotokoll vom 14.4.1944, in: PA AA, Inland II A/B, R 99337.
203 Ebd.

2 Propaganda-Netzwerke – »Juden-Ausschuß« und »Antijüdische Auslandsaktion«

denfrage gegenüber den Arabern hineingearbeitet ist«. Es war beabsichtigt, das Weißbuch als Publikation eines antijüdischen Instituts durch die Kulturpolitische Abteilung und die Missionen im Ausland zu verbreiten.[204]

Staatssekretär Steengracht teilte Ende April 1944 über Rundschreiben allen deutschen Missionen die Gründung der Stelle mit und mahnte an, gründlich und schnell umfassendes Material über jüdische und antijüdische Vorgänge zu übermitteln. Das durch Inf. XIV gesammelte Material werde ausgewertet und zur Wiederverwendung zurückgesandt. Steengracht verpflichtete die Missionen, das *»zugehende Material auf jede nur mögliche Weise zu verwerten«*.[205] Um die Arbeit wirkungsvoller zu gestalten, sollte in jeder diplomatischen Vertretung ein »Judenreferent« benannt werden, der den Kontakt mit Inf. XIV und die daraus resultierenden Maßnahmen koordiniere.

Ein Fernziel war es, ein »Jüdisches und antijüdisches Archiv des Auswärtigen Amtes« in Krummhübel aufzubauen, welches sich nach Personal- und Sachzusammenhängen gliedern und zusätzlich ein Bildarchiv beinhalten sollte. Hier würde weit reichendes Material aus Presse, Rundfunk und sonstiger Publizistik konzentriert, welches sowohl über jüdische wie antisemitische Politik und Personen Auskunft geben sollte.[206] Die Verwaltung übernahm ein Mitarbeiter von Inland II. Im Juni 1944 bezog Inf. XIV die zugeteilten Büros in der Wilhelmstraße 75, und es setzten wöchentliche Sitzungen ein, an denen ständig Winter, Mahr, Heuchert und Walz teilnahmen. Thadden wurde je nach Lage der Dinge hinzugezogen.

Mahr hatte sich indessen Gedanken um einschlägige Leitlinien der Propaganda gemacht und in einem Dossier dreißig antijüdische Thesen formuliert, die von Schleier über den Staatssekretär Ribbentrop vorgelegt wurden. Inland II A erhielt einen Durchschlag. Mahr hatte eingängige antisemitische Stereotypen in der üblichen Diktion zusammengetragen: Der jüdischen Rasse wären *»parasitäre Raubinstinkte«* immanent, die dazu führten, dass sich Juden als Schmarotzer in die Nationen einnisteten, um diese auszubeuten. Dies gelänge durch eine Infiltration der jeweiligen Führungsschichten. Besonders die USA wären zum *»Wirtsvolk«* der Juden verkommen. Mahr sagte den Juden Hassinstinkte, Rachsucht, Größenwahn und hohe Kriminalität nach. Sie wären in hohem Maße verantwortlich für: *»Vergnügungsgeschäft, Alkoholgeschäft, Rauschgifthandel, Fruchtabtreibung, Mädchenhandel, Unzuchtgeschäft, Paßfälschungen, Menschenschmuggel usw.«*[207] Um schließlich eine destruktive Weltherrschaft zu verwirklichen, hätten sie die Völker in einen Weltkrieg gehetzt, in dem sich gerade das Deutsche Reich den tiefen Hass und Vernichtungswillen der Juden zugezogen habe. Denn Deutschland hätte als *»Heimat der Bakteriologie«* den *»jüdischen*

---
204 Vortragsnotiz Inl. II vom 27.4.1944, in: ebd., Inland IIg 174a. Das Weißbuch wurde nicht mehr publiziert.
205 Drahterlass Steengrachts an die Missionen vom 28.4.1944, in: ebd., Inland IIg 170.
206 Vgl. ebd. Das Archiv ist nicht überliefert.
207 Schreiben Schleiers an RAM vom 28.7.1944, in: ebd., Inland II A/B, R 99337. Das erste Blatt der Anlage fehlt.

Pestbazillus« erkannt und wäre unter Hitlers Führung »*in der Frage der materiellen und seelischen Entjudung den übrigen Völkern vorausgegangen*«. Daraus zog Mahr den Schluss, dass Deutschland und seine Verbündeten die Welt gegen die »*entfesselte Drohung des Untermenschentums*« verteidigen würden.[208] Die AA-Führung hatte keine Bedenken gegen die Thesen des Professors.

Auch Schleier war umtriebig. Im Sommer 1944 entwickelte er ein Konzept für ein »Diplomatisches Jahrbuch zur jüdischen Weltpolitik«, dass unter der Chefredaktion von Klaus Schickert die Weltöffentlichkeit von einem jüdischen, den Erdball umfassenden Verschwörungsplan überzeugen sollte. Das übrige Redaktionsteam sollten Wilfried Euler vom »Reichsinstitut für die Geschichte des neuen Deutschlands«, dazu Mahr, Ballensiefen, Walz und Thadden bilden.[209] Die Publikation solle in deutsch, englisch und französisch erscheinen und sich auf Material des AA, des SD und der verschiedenen antisemitischen Institute stützen. Die Papierbeschaffung sei sichergestellt. Für die Finanzierung schlug Schleier vor, Mittel des AA zu verwenden. Das Konzept ging an den Staatssekretär und Ribbentrop sowie an Rintelen und Inland II.[210] Schleier fügte eine Inhaltsgliederung des geplanten ersten Bandes an, die sich in erster Linie nach Staaten bzw. der Zeit vor und nach 1933 gliederte. Einige Artikelüberschriften lauteten: »*Der Bankrott des Völkerbundes als Folge der jüdischen Politik*«, »*Das bolschewistische Weltrevolutionsprogramm*«, »*Jüdische Kriegshetze und Kriegsschuld*«.[211] Ein jüdisches *Who is Who* – zu dem sich Schleier möglichst Porträtbilder wünschte – sowie eine Chronik und eine aktuelle Bibliografie sollten jeden Band abrunden. Infolge des Kriegsverlaufs wurde freilich kein einziger Band publiziert.

SD-Führer Ballensiefen verfolgte ebenfalls detaillierte Pläne. Die in den neutralen Staaten zu betreibende Agitation sollte besonders auf Probleme eingehen, die jüdische Flüchtlinge verursachen würden. Der Schweiz, Schweden und der Türkei wolle man die jüdische Unterwanderung in Presse und Industrie vor Augen halten. Die anglo-amerikanischen Alliierten standen besonders im Fokus. Dort sollten verschiedene Bevölkerungsschichten angesprochen werden, um sie mit speziell zugeschnittenen Rundfunksendungen antisemitisch anzuheizen. Die gegen Amerika gerichtete Propaganda solle im Hinblick auf die anstehende Präsidentschaftswahlen Roosevelts »*jüdischen Gehirn-Trust*« angreifen und das amerikanische Volk für die schweren Kriegsfolgen sensibilisieren, aus denen nur die opportunistischen Juden einen Nutzen zögen.[212]

Die Kooperation mit den Stellen Rosenbergs verlief weiterhin blendend. Neben den Beziehungen zu Schickert pflegte man engen Kontakt zum Oberstarbeitsführer a. D. Richter, der die Schriften des *Welt-Dienstes* betreute. Im Jahr 1944 richtete der *Welt-Dienst* mit Zustimmung Ribbentrops ein Gästehaus bei Eppenhain im Taunus

---

208 Ebd.
209 Vgl. Schreiben Schleiers vom 29.7.1944, in: ebd., Inland II A/B, R 99363.
210 Vgl. Schreiben Schleiers vom 15.9.1944, in: ebd.
211 Ebd.
212 Aufzeichnung Ballensiefens vom 3.1.1944, in: ebd., Inland II A/B, R 99337.

2 Propaganda-Netzwerke – »Juden-Ausschuß« und »Antijüdische Auslandsaktion«

ein, das Anfang März mit einer Festveranstaltung eröffnet werden sollte. Dazu wurden einschlägig bekannte Franzosen durch die deutsche Botschaft in Paris und den *Welt-Dienst* eingeladen. Rosenberg und der Gauleiter Hessen-Nassau, SA-Obergruppenführer Jakob Sprenger, würden ebenfalls anwesend sein. Wagner schlug vor, Thadden im Auftrag von Inf. XIV und Klassen von der Botschaft Paris zu der Veranstaltung zu entsenden.[213] Letzterer war an der Botschaft unter anderem der Lektor für das gesamte Propagandaschrifttum. Für Thadden sei die Einladung »*eine besondere Freude*«.[214] Er könne wegen der Arbeitsbelastung aber nicht die vollen zehn Tage teilnehmen. Gleichzeitig erinnerte sich der Referent Inland II A des französischen Offiziers, der vor einigen Monaten um antisemitische Publikationen gebeten hatte, und ließ ihn auf die Gästeliste setzen, um ihn »*rechtzeitig mit unseren Anschauungen über die Judenfrage*« vertraut zu machen.[215] Richter zeigte sich erfreut über die Zusage, da er Thadden persönlich für die Förderung danken wolle, die er der Einrichtung des Gästehauses habe zuteil werden lassen.[216] Thadden schrieb zum Charakter der Veranstaltung, es handle sich um »*eine Schulungsveranstaltung für Kreise antijüdisch eingestellter Franzosen und französisch Schweizer* [sic]«.[217]

Die Veranstaltung im Eppenhainer Haus »Bergfrieden« wurde allerdings ein Misserfolg. Kurzfristig hatten neun der dreizehn Franzosen abgesagt; einige von ihnen fürchteten, dass die Invasion kurz bevorstehe. Eine Churchill-Rede im Radio habe zu dieser Vermutung Anlass gegeben.[218] Dennoch konnte Thadden, der sich für die Zeit vom 5. bis 7. März frei gemacht hatte, den Aufenthalt nutzen, um sich mit Gauleiter Sprenger fast zwei Stunden über die »*Judenfrage*« und andere Themen zu unterhalten.[219]

Rosenberg und Hagemeyer waren sehr verärgert und planten eine Neuauflage der Veranstaltung im April. Thadden bemühte sich um ein Sammelvisum für die französischen Gäste, da viele von ihnen Sorge hätten, sich auf der Präfektur bei der Passbeantragung mit dem eigentlichen Zweck der Reise zu kompromittieren.[220] Erneut wurden Thadden und Klassen eingeladen, aber diesmal musste der Referent Inland II A seine Teilnahme absagen, da die Besetzung Ungarns und die anrollenden Deportationen seine volle Arbeitskraft erforderten. Er könne Berlin in absehbarer Zeit nicht verlassen, wünsche aber »*allerbesten Erfolg*«.[221] Auch als die Tagung auf Mai verschoben wurde, sah Thadden keine Möglichkeit, teilzunehmen. Statt seiner repräsentierte Ge-

---

213 Vgl. Schreiben Wagners vom 11.2.1944, in: ebd., Inland II A/B, R 99461.
214 Schreiben Thaddens an Richter vom 24.2.1944, in: ebd., Inland II A/B, R 99344.
215 Schreiben Thaddens an Richter vom 18.2.1944, in: ebd.
216 Vgl. Schreiben Richters an Thadden vom 19.2.1944, in: ebd.
217 Schreiben Thaddens an AA/R V vom 8.3.1944, in: ebd.
218 Vgl. Schreiben Klassens an Thadden vom 16.3. u. 24.3.1944, in: ebd.
219 Vgl. Schreiben Thaddens an Grundherr vom 16.3.1944, in: ebd.
220 Vgl. Schreiben Thaddens an AA/R V vom 6.4.1944, in: ebd.
221 Schreiben Thaddens an Richter vom 18.4.1944, in: ebd.

sandter Schleier das AA. Das siebentägige Programm beinhaltete Vorträge von Richter, Schickert und dem bekannten Antisemiten Erich Schwarzburg. Die beteiligten Stellen werteten die Tagung als Erfolg. Später wandten sich die ausländischen Teilnehmer mit Dankestelegrammen an Rosenberg, der antworten ließ, er freue sich, Verbündete gefunden zu haben, »*um Europa von seinen Parasiten zu befreien*«.[222]

Im Juni plante die Dienststelle Rosenberg einen dritten Zyklus, diesmal für ungarische Gäste. Vorgesehen war wiederum ein mehrtägiges Programm, unter anderem mit Vorträgen von Sprenger, Ballensiefen, Richter und Schickert. Schleier versicherte sich bei Thadden, daß die Gästeliste eng mit der Budapester Gesandtschaft abgestimmt werde. Thadden bat Wagner, ihm wenigstens für zwei Tage die Teilnahme zu ermöglichen, weil die Gelegenheit günstig sei, sich über die weitere Arbeit in Ungarn abzusprechen.[223] Zudem hatte Thadden mit einer Reihe der Gäste bei seinem Besuch in Budapest im Mai 1944 persönlich Kontakt aufgenommen. Aber eine Reise ins Feldquartier Ribbentrops und die Vertretung eines kranken Kollegen verhinderten erneut seine Teilnahme.[224]

Die konkrete Umsetzung der zahlreich erarbeitenden Konzepte und Planungen von Inf. XIV auf die tatsächliche Propagandamaschine lässt sich nur schwer feststellen und müsste aus den Akten der einzelnen Abteilungen erschlossen werden, was allerdings im Rahmen der vorliegenden Studie zu weit führen würde. Aber es lässt sich immerhin sagen, dass es keine Hirngespinste waren, die dort produziert wurden. Eine siebenseitige Anlage zählt 122 antisemitische Radiosendungen auf, die in der Woche vom 1. bis 7. Februar 1944 über den Deutschen Auslandsfunk in den Äther gingen. Die »*antijüdischen Gespräche*« wurden weltweit ausgestrahlt und deckten ein beeindruckendes geografisches Spektrum ab: Großbritannien, Irland, Frankreich, Niederlande, Spanien, Portugal, Italien, Skandinavien, Russland, Ungarn, Slowakei, Kroatien, Serbien, Rumänien, Bulgarien, Griechenland, Indien, Lateinamerika, Brasilien, Naher und Ferner Osten sowie die USA.[225] Die Themen, die stets Regionalbezug aufwiesen, kreisten immer wieder um die angebliche Schuld der Juden am Krieg, die jüdischen Weltherrschaftspläne und die Verbindungen zum Bolschewismus. Daneben wurden die antisemitischen Bewegungen der einzelnen Länder und Regionen als hoffnungsvolle Gegengewichte behandelt.

Einen weiteren Anhaltspunkt dafür, dass die Arbeit von Inf. XIV nicht ohne Resultate war, bietet ein Schreiben, welches auf einen nicht überlieferten Halbjahresrechenschaftsbericht vom 23. September 1944 Bezug nimmt. Schleier schilderte dem RAM im Nachgang des Berichts sieben Einzelfälle, um die Arbeit seiner Stelle zu ver-

---

222 Schreiben HA Überstaatliche Mächte an Einsatzstab Rosenberg vom 4.5.1944, in: BA Berlin, NS 8/239.
223 Vgl. Scheiben Thaddens an Wagner vom 3.6.1944, in: PA AA, Inland II A/B, R 99344.
224 Vgl. Schreiben Thaddens an Richter vom 14.6.1944, in: ebd.
225 Vgl. Anlage A, o.V. o. D., in: ebd., Inland II A/B, R 99461. Die Liste sei unvollständig, da weitere Sendungen gelaufen seien, deren Titel nicht bekannt seien.

deutlichen. Es hätte eine antijüdische Radiosendung eines französischen Hauptmannes in Richtung USA gegeben, ferner seien in einer wallonischen, ukrainischen, französischen und einer in Deutschland erscheinenden spanischen Zeitung antisemitische Artikel lanciert worden. An alle Missionen sei entsprechendes Material gesandt worden, welches auf Veranlassung der deutschen Gesandtschaft in Lissabon in der portugiesischen Presse publiziert worden sei.[226]

Es ist jedoch schwirig, eine wie auch immer geartete Reaktion bei den Zielgruppen der Propaganda im In- und Ausland auszumachen. Dass teilweise Material von den Missionen angefordert wurde, zeigt ein Schreiben des Gesandten Hempel aus Dublin. Schon 1938/39 hatte er mehrfach die Bitte ausgesprochen, ihm Material in englischer Sprache zu senden, welches die »*rein sachliche Darstellung der Judenfrage*« und der deutschen Politik und Erfahrungen beinhalte.[227] Auch im spanischen Santander wandte sich Konsul Hermann Hoppe direkt an den *Welt-Dienst* und bedauerte, dass seit Monaten keine Nummer der spanischen Ausgabe mehr eingetroffen sei. Dabei hätte die Zeitschrift große Interessentenkreise bei Behörden, Privatpersonen und in der Falange, welche vom Konsulat regelmäßig mit Ausgaben versorgt würden.[228] Doch die Kurierwege nach der Iberischen Halbinsel wurden durch den Kriegsverlauf immer stärker eingeschränkt.

2.1 Die Tagung der Judenreferenten in Krummhübel 1944

> »Es ist beabsichtigt, in einer gemeinsamen Arbeitsbesprechung der Judenreferenten und Arisierungsberatern die Notwendigkeit einer verstärkten Arbeit, insbesondere auf dem Gebiet der Auslandsinformation hinsichtlich der Judenfrage, aufzuzeigen [...]«
> Vortragsnotiz Wagners vom 28. Januar 1944[229]

Im Januar 1944 ging Horst Wagner bei der Profilierung von Inf. VI bzw. XIV mit Elan zu Werke. Um eine hohe Effizienz bemüht, schlug er vor, eine Tagung in Berlin einzuberufen, an der die Judenreferenten der Auslandsmissionen und die im Ausland eingesetzten »*Arisierungsberater*« der SS teilnehmen sollten. Das RSHA wäre bereit, letztere dafür abzustellen.[230] Bei den euphemistisch »Arisierungsberatern« genannten Männern handelte es sich um die erste Garnitur von »Endlösern« wie Dannecker, Wisliceny, Alois Brunner oder Franz Novak, die in den vergangenen Jahren die Deportationen aus ganz Europa durchgeführt hatten. Inland II beabsichtige, in einer ge-

---

226 Vgl. Schreiben Schleiers an RAM vom [23.9.1944], in: ebd. Die Anlagen sind nicht erhalten.
227 Schreiben Hempels an AA vom 5.1.1939, in: ebd., Inland II A/B, R 99388.
228 Vgl. Schreiben Hoppes an *Welt-Dienst* vom 17.7.1944, in: ebd.
229 Vortragsnotiz Wagners vom 28.1.1944, in: ebd., Inland II A/B, R 99357.
230 Ebd. Vgl. ferner Steinkühler, »Antijüdische Auslandaktion«; Zeugenaussage Steengrachts am 27.3.1946, in: IMT, X, S. 146 ff. und Dokument PS-3319, in: IMT, XXXII, S. 162 ff.

meinsamen Besprechung die »*Notwendigkeit einer verstärkten Arbeit, insbesondere auf dem Gebiet der Auslandinformation hinsichtlich der Judenfrage*« darzustellen.[231] Der Gruppenleiter erbat die Zustimmung Ribbentrops für das Projekt, die kurz darauf gewährt wurde. Wagner kann damit als Initiator der Tagung gelten, die die Ziele verfolgte, die Arbeit der »Arisierungsberater« mit den Propagandaaktionen zu koordinieren und zu optimieren sowie die neue Einheit als Hilfsinstrument zwischen SS und AA zu etablieren.

Auf einer Arbeitssitzung der Inf. VI am 4. Februar 1944 wies Wagner explizit darauf hin, dass es Hitlers Wunsch sei, die antijüdische Auslandspropaganda zu steigern und dass Ribbentrop deshalb ebenfalls eine Intensivierung der Arbeit fordere. Um dies zu erreichen, kündigte er eine Richtlinien festlegende Tagung mit Beteiligung der im Ausland eingesetzten »*Arisierungsberater des SD*« an, die Richtlinien festlegen werde.[232] In den nächsten Tagen stimmte Wagner die Angelegenheit in persönlichen Sitzungen jeweils mit Himmler und Ribbentrop ab. Der Reichsführer-SS war ebenfalls einverstanden, betonte aber ausdrücklich, dass er eine »*größere Tagung von Spezialkräften in Berlin nicht wünscht, damit in einem Unglücksfall nicht alle Spezialisten auf einem Sektor gleichzeitig verloren gehen*«.[233] Er spielte damit auf die zunehmenden Bombenangriffe auf die Reichshauptstadt an. Es dürfte Wagner gewesen sein, der das Ausweichquartier des AA in Krummhübel als Alternative vorschlug. Nach dem Einwand Himmlers wurde eine Verlegung ins Riesengebirge beschlossen. Unterbringung, Organisation und Verpflegung übernahm das AA.

Schleier informierte zwei Wochen später über Fernschreiben die Missionen in Lissabon, Madrid, Stockholm, Paris, Budapest, Bern, Rom, Ankara, Belgrad, Helsinki und Sofia über die Arbeitstagung und bat, jeweils einen Teilnehmer namhaft zu machen.[234] Die Aktion lief zwar unter der Bezeichnung »Arbeitstagung der Judenreferenten«, aber es gab keine hauptamtlichen Judenreferenten bei den Missionen, weshalb diejenigen abgeordnet werden sollten, die mit der Judenpolitik im Gastland vertraut waren. Zumeist waren dies die Kulturattachés. Später ergänzte Schleier, jeder Referent solle ein bis zwölf Minuten dauerndes Kurzreferat über die Erfolge der bisherigen antijüdischen Auslandspropaganda halten und gegebenenfalls Verbesserungsvorschläge unterbreiten. Zudem sei eine umfassende Schau des Propagandamaterials aus den einzelnen Ländern geplant, welches zuvor an Inf. XIV zu schicken sei. Dies umfasse insbesondere Bücher, Zeitschriften, Broschüren, Plakate, Flugblätter, Klebezettel oder Postkarten.[235] Bezeichnenderweise richtete Schickert sein Teilnahmegesuch an die Zehlendorfer Privatadresse Thaddens in der Kleiststraße 20. Der Bewerber hatte über

---
231 Vortragsnotiz Wagners vom 28.1.1944, in: PA AA, Inland II A/B, R 99357.
232 Bericht der Sitzung vom 4.2.1944, in: ebd., Inland II A/B, R 99337.
233 Schreiben Thaddens an Eichmann vom 10.3.1944, in: ebd., Inland II A/B, R 99357.
234 Vgl. Fernschreiben Schleiers vom 17.2.1944, in: ebd.
235 Vgl. Fernschreiben Schleiers vom 28.2.1944, in: ebd.

2.1 Die Tagung der Judenreferenten in Krummhübel 1944

die Dienststelle Rosenberg von der Tagung erfahren, und Thadden nahm den Interessierten in die Teilnehmerliste auf.[236]

Ursprünglich war das Treffen für Ende Februar vorgesehen, aber bis dahin konnte kein geeigneter Kongressort in Krummhübel hergerichtet werden. Der Termin wurde deshalb zunächst für Anfang März anberaumt, bevor Thadden Eichmann den 3. und 4. April 1944 vorschlug. Die Wünsche der SS genossen Priorität, und erst nach einer Bestätigung würde man den diplomatischen Missionen einen verbindlichen Termin mitteilen. Thadden erbat eine Liste der zu erwartenden SS-Führer.[237] Eichmann sagte noch am selben Tag den Termin telefonisch zu, woraufhin der Referatsleiter Inland II A über Gesandtschaftsrat Herbert Blankenhorn, der in Krummhübel für organisatorische Fragen zuständig war, Quartier für dreißig Personen im Hotel Sanssouci bereitstellen ließ.[238]

Zwischenzeitlich wurde die Kulturpolitische Abteilung unter dem Gesandten I. Klasse und SS-Oberführer Franz Alfred Six eingeschaltet. Die Vorbereitungen waren in einer Morgenbesprechung zur Sprache gekommen, und Botschafter Rintelen hatte betont, dass Informationsstellen generell keine eigenen Tagungen einberufen könnten, weswegen eine Beteiligung der Kulturpolitischen Abteilung unerlässlich sei, um zusammen mit Inland II die Trägerschaft zu bilden.[239] Auch nach Meinung Steengrachts sollte die Kulturpolitische federführend beteiligt sein und mit Inland II gemeinsam die Konferenz durchführen, während Inf. XIV nur hinzugezogen werden solle.[240]

Six und Thadden stimmten sich telefonisch ab. Zudem suchten Hezinger, der noch bis Mai bei Inf. XIV beschäftigt war, und Leithe-Jasper den Gesandten Six zu einer Besprechung auf. Zu diesem Zeitpunkt war die Teilnahme von Eichmanns Garde ungewiss geworden, und man erörterte die Möglichkeiten einer erneuten Verlegung mit Rücksicht auf das RSHA. Six sah den Zweck der Tagung darin, den Anwesenden eine *»zusammenfassende Darstellung des gesamten Problems zu geben«* und von den aus dem Ausland kommenden Kollegen aus erster Hand Verbesserungsvorschläge zu bekommen, um Richtlinien für die weitere Vorgehensweise fassen zu können. Ferner skizzierte Six das Tagungsprogramm.[241] Wenige Tage später sagte das RSHA eine Teilnahme der »Eichmänner« endgültig ab, denn seit dem 19. März besetzten deutsche Truppen Ungarn, und Eichmann und sein Sonderkommando waren in Budapest, um die Besatzungsgebiete »judenfrei« zu machen. Diese Absage ist der wesentliche Grund, warum die Krummhübel-Tagung bisher vonseiten der Forschung wenig Beachtung ge-

---

236 Vgl. Schreiben Schickerts an Thadden vom 9.2.1944, in: ebd.
237 Vgl. Schreiben Thaddens an Eichmann vom 10.3.1944, in: ebd.
238 Vgl. Telegramm Thaddens an Blankenhorn vom 10.3.1944, in: ebd.
239 Vgl. Schreiben Six' an Thadden vom 15.3.1944, in: ebd., Inland II A/B, R 99337.
240 Vgl. Aktennotiz Leithe-Jaspers vom 17.3.1944, in: Inland II A/B, R 99357.
241 Ebd.

funden hat. Hätten Eichmann oder seine »Endlöser« teilgenommen, wäre ihre historische Bedeutung größer gewesen.[242]

Die Vorbereitungen liefen trotz der Absage der SS auf Hochtouren. Eine in Krummhübel stationierte Mitarbeiterin der Kulturpolitischen Abteilung notierte in ihr Tagebuch:

> »Freitag, 31. März: Fieberhafte Tätigkeit in der ganzen Abteilung, da sich Dr. Six für übermorgen angesagt hat und [...] beabsichtigt, sämtliche Chalets und Gasthäuser zu inspizieren. Anläßlich dieses wichtigen Ereignisses ist plötzlich sogar wieder Kohle herbeigezaubert worden; unsere Baracken sind praktisch zum ersten Mal in diesem Winter geheizt. Überdies hat der Tannenhof einen frischen Anstrich erhalten, und man hat sogar Teppiche ausgebreitet. [...] Man könnte glauben, der Papst käme.«[243]

Am 2. April trafen die Teilnehmer schließlich in dem oberschlesischen Wintersportort ein. Insgesamt waren einunddreißig Personen geladen, sechsundzwanzig erschienen. Der Kreis, der sich einfand, setzte sich aus zwei Gruppen zusammen: aus den Abgeordneten der Arbeitseinheiten und Abteilungen der AA-Zentrale: Schleier, Leithe-Jasper, Mahr, Heuchert, Hezinger (Inf. XIV), Kutscher (Beauftragter für das Informationswesen), Thadden (Inland II), Six, Richter und Walz (Kulturpolitische Abteilung), Haußmann (Presseabteilung), Mahr (Rundfunkpolitische Abteilung). Die Abgeordneten von diversen Ausschüssen und der Handelspolitischen Abteilung waren nicht erschienen. Die zweite Gruppe bildeten die Vertreter der Auslandsmissionen. Ihre geringe Anzahl spiegelte das enge Feld wider, auf dem Deutschland im Jahr 1944 noch außenpolitisch agieren konnte. Es kamen Vertreter der Missionen aus Dänemark (Christensen), Frankreich (Klassen), Italien (Meissner), Kroatien (vertreten durch Walz), Schweden (Delbrück), Türkei (Posemann), Schweiz (Janke), Rumänien (Weilinghaus), Slowakei (Korselt), Spanien (Beinert) und Portugal (Matthias). Zudem waren als Gäste Ballensiefen, Hagemeyer und Schickert eingetroffen. Trotz Eichmanns Absage musste die Veranstaltung nicht völlig ohne »Endlöser« der SS auskommen. Als Vertreter der Gesandtschaft in Sofia war Polizei-Attaché SS-Obersturmbannführer Karl Hoffmann erschienen, der 1943 mit Theodor Dannecker in Bulgarien einige der dortigen Juden hatte deportieren lassen.

Die Tagung begann am 3. April um 9 Uhr morgens im Skihotel Sanssouci. An den Wänden waren antisemitische Plakate angebracht. Broschüren gleichen Inhalts lagen aus. Six sprach einige Grußworte und gab den Vorsitz an Schleier ab, der die Tagung

---

242 Hier muss der Auffassung widersprochen werden, nach der Absage Eichmanns habe sich der Schwerpunkt der Tagung auf die Propaganda verlagert, vgl. Gerlach/Aly, Das letzte Kapitel, S. 188. Die Frage, wie agitatorische Mittel *und* Deportationen intensiviert werden könnten, war von Anfang Intention der Tagung.
243 Berliner Tagebücher der Marie »Missie« Wassiltschikow, S. 195 f.

2.1 Die Tagung der Judenreferenten in Krummhübel 1944

eröffnete. Schleier schwor die Anwesenden auf den Kampf gegen das Judentum ein und mahnte der ersten Toten des »*vom internationalen Judentum gegen das deutsche Volk entfesselten Kampfes*«: Wilhelm Gustloff und Ernst vom Rath.[244] Im Rahmen der Tagung stelle sich die Frage, auf welche Art die Auslandsmissionen zu aktivieren seien, um jüdische wie anti-jüdische Aktionen im europäischen Ausland zu dokumentieren und gleichzeitig eine antisemitische Propaganda zu forcieren. Dies sei besonders bei den Neutralen schwierig, aber umso wichtiger, da dort Kontakte zu den USA und Großbritannien bestünden, wodurch die Propaganda zu den Alliierten getragen werden könne. Inf. XIV komme die Aufgabe zu, das Material der Mission zu sammeln und auszuwerten. Die gewonnenen Informationen würden sodann zur Weiterverwendung rückgeleitet werden. Schleier umriss verschiedene geplante Projekte: eine Wanderschau, einen antisemitischen Abreißkalender sowie die Einrichtung des Archivs.

Anschließend hielt Six den ersten Vortrag mit dem Titel »Die politische Struktur des Weltjudentums«. Er markierte das Judentum als treibende Kraft hinter den Alliierten. Die jüdische Infiltration der Führungsschichten der drei gegen Deutschland gerichteten Hauptmächte sei ein wesentlicher Faktor. Das Ostjudentum sei der »*eigentliche Kraftquell*« der Juden in Europa und den USA. Das Judentum habe nun aber in Europa »*seine biologische und gleichzeitig seine politische Rolle ausgespielt*«, denn, so Six, »*die physische Beseitigung des Ostjudentums entziehe dem Judentum die biologischen Reserven*«.

Für den zweiten Vortrag war Thadden eingeteilt mit dem Thema »*Judenpolitische Lage in Europa; Übersicht über den Stand der antijüdischen Exekutivmaßnahmen*«. Es sei an dieser Stelle der vollständige Eintrag des Protokolls angeführt:

> »Leg. Rat v. Thadden spricht über die judenpolitische Lage in Europa und über den Stand der antijüdischen Exekutiv-Maßnahmen. Der Redner gab einen Überblick, aus welchem Grunde die zionistische Palästina-Lösung oder ähnliche Ersatz-Lösungen abgelehnt und die Aussiedlung der Juden in die Ostgebiete durchgeführt werden müsse. Er umriß sodann den derzeitigen Stand der antijüdischen Maßnahmen in sämtlichen europäischen Ländern.
> Der Redner führte dann aus, welche Gegenmaßnahmen das Weltjudentum gegen die deutschen antijüdischen Maßnahmen in Europa durchführt.
> Die Ausführungen wurden mit folgenden Bitten an die Vertreter der Missionen geschlossen:

---

244 Protokoll der Krummhübel-Tagung vom 20.4.1944, zit. nach Steinkühler, »Antijüdische Auslandsaktion«, S. 267. Der NS-Funktionär Gustloff wurde 1936 von einem Juden in der Schweiz getötet, Legationssekretär vom Rath 1938 in Paris von einem Juden erschossen, was schließlich zu den Novemberpogromen 1938 führte. Die weiteren Ausführungen folgen dieser Edition des Protokolls.

1) Unterdrückung jeder, auch antijüdisch getarnter Propaganda, die geeignet ist, die deutschen Exekutiv-Maßnahmen zu hemmen oder zu behindern.
2) Vorbereitung des Verständnisses in allen Völkern für Exekutiv-Maßnahmen gegen das Judentum.
3) Laufende Berichterstattung über die Möglichkeit, auf diplomatischen Wegen verschärfte Maßnahmen gegen das Judentum in den einzelnen Ländern zur Durchführung zu bringen.
4) Laufende Berichterstattung über Anzeichen für Gegenaktionen des Weltjudentums, damit rechtzeitig Gegenminen gelegt werden können.
(Da die von dem Referenten vorgetragenen Einzelheiten über den Stand der Exekutiv-Maßnahmen in den einzelnen Ländern geheim zu halten sind, ist von der Aufnahme ins Protokoll abgesehen worden.)«

Thadden informierte nicht bloß, sondern appellierte auch dafür, die antijüdischen Maßnahmen aktiv zu unterstützen. Der diplomatische Apparat sollte vermehrt genutzt werden, um neuen Enthüllungen der Feindseite über die laufende Vernichtungsmaschinerie rechtzeitig mit »*Gegenminen*« zu begegnen. Die Forderung ging über bloße Propaganda hinaus. Thadden erbat von den Missionen Schützenhilfe: Sie sollten im Ausland für Verständnis der harten deutschen Politik werben und über geeignete Möglichkeiten berichten, wie der Terror gegen die Juden mit möglichst geringen Widerständen weiter getrieben werden könne.

Als dritter Redner kam Ballensiefen zu Wort. Er schilderte die antijüdischen Vorgänge in Ungarn im Zusammenhang mit den aktuellen Ereignissen. Details sind leider nicht überliefert. Der Zuhörer Hans-Otto Meissner erinnerte sich später, Ballensiefen habe über den Arbeitseinsatz der Juden gesprochen, wobei der SS-Führer die Metapher verwendet habe, dass man die Kuh nicht schlachte, die man melken wolle.[246]

Die drei Eröffnungsreferate von Six, Thadden und Ballensiefen gaben den Rahmen vor und informierten über die gegenwärtigen antijüdischen Maßnahmen in Europa. Da Thadden später ausdrücklich darauf verwies, dass aus Gründen der Geheimhaltung sein Beitrag nicht vollständig ins Protokoll aufgenommen werden sollte, ist anzunehmen, dass im Plenum über das Schicksal der Deportierten wenig Zweifel geherrscht haben dürfte. Thaddens Rolle als Redner zu dem Thema zeigt, wie gut er über den Ablauf der »Endlösung« informiert war. Auch Six' Erwähnung der »*physischen Vernichtung*« lässt erkennen, dass die Teilnehmer die Bedeutung der Phrase »Endlösung«.

Nach den Einführungsreferaten kamen die Diplomaten der Berliner Zentrale zu Wort, die über Auffassungen und Vorhaben der einzelnen Arbeitseinheiten berichteten. Gegen 13 Uhr gab es ein gemeinsames Essen, bevor am Nachmittag die Vorträge der europäischen Missionsvertreter folgten, die kurz die judenpolitische Lage des je-

---

245 Ebd., S. 269 f.
246 Vgl. Vernehmung Meissners vom 29.4.1947, in: BA Koblenz, NL Kempner, Bd. 523.

weiligen Landes schilderten. Insbesondere bei den Neutralen sei es schwierig, Sympathien für einen aggressiven Antisemitismus zu erzeugen. Auch bei den Verbündeten Bulgarien und Rumänien wurde Zurückhaltung festgestellt, die im Falle Rumäniens wesentlich mit der ungünstigen Kriegslage zusammenhänge. Zusammenfassend waren sich alle Teilnehmer im Sinn der Propagandafrage einig. Alle machten meist konstruktive Vorschläge und zeigten sich an einer weiteren progressiven Entwicklung interessiert. Daneben warb Dienstleiter Hagemeyer für den antijüdischen Kongress.

Am nächsten Morgen wurde die neuste Wochenschau und der Streifen *Les Corrupteurs* gezeigt. Bei der französischen Produktion handelte es sich um einen Propagandakurzfilm des Regisseurs Pierre Ramlot, der erstmalig 1941 zur Ausstellung *Le Juif et la France* gezeigt worden war. Dem Zuschauer wurde vor Augen geführt, wie Juden in der Unterhaltungsbranche junge Mädchen ausnutzten. Ramlot arbeitete mit Klischees wie der jüdischen Verantwortung für wirtschaftliche Depression, Prostitution und gesellschaftlicher Dekadenz. Am Ende des Films mahnte Vichy-Staatsführer Pétain vor der jüdischen Gefahr.[247] Nach den Vorführungen besichtigte man das mitgebrachte und gesammelte Propagandamaterial der Missionen. Eine allgemeine Diskussionsrunde zu dem am Vortag Gehörten schloss sich an, bevor Schleier die Ergebnisse zusammenfasste und das Schlusswort sprach. Am Nachmittag blieben die Teilnehmer zu persönlichen Gesprächen vor Ort. Die Tagung klang mit einem Abendessen und einem »*kameradschaftlichen Beisammensein*« aus, bei dem Kontakte geknüpft wurden.[248] So sprachen beispielsweise Christensen von der Kopenhagener Gesandtschaft und Schickert eine mehrtägige Reise Schickerts in die dänische Hauptstadt ab, die später im August stattfand.[249]

In den folgenden Tagen unterrichtete Thadden Wagner von den Ergebnissen. Der Vorgesetzte lobte die gute Zusammenarbeit mit dem RSHA und wertete die Zusammenkunft als »*großen Erfolg*«.[250] Sogar Hitler wurde persönlich von Ribbentrop über die Tagung unterrichtet.[251]

Während der Nachbereitung wurde von Inf. XIV ein Protokoll angefertigt und Thadden zum Redigieren zugesandt. Die erste Fassung stieß bei ihm allerdings auf wenig Zustimmung. Mit der Wiedergabe seines Redeteils war er nicht zufrieden: »*Der im Protokoll vorgesehene Text ist nicht nur lückenhaft, sondern z. T. sogar ausgesprochen falsch (z. Bsp. über Dänemark und Griechenland).*«[252] Thadden verfasste deshalb selbst den oben zitierten Text und ließ ihn statt dessen ins Protokoll setzen. Auch der

---

247 Vgl. Le Roy, Eric, »Les Corrupteurs« ou le cinéma français a l'heure nazie, in: Revue d'Histoire de la Shoah 163 (1998), S. 203-226.
248 Protokoll der Krummhübel-Tagung vom 20.4.1944, zit. nach Steinkühler, »Antijüdische Auslandsaktion«, S. 278.
249 Vgl. Telegramm Wagners vom Juli 1944, in: PA AA, Inland II A/B, R 99363.
250 Notiz Wagners [Juli 1944], in: HStA Düsseldorf, Ger.Rep. 192/126.
251 Vgl. Schreiben Hagemeyers an Rosenberg vom 17.4.1944, in: BA Berlin, NS 8/239.
252 Schreiben Thaddens an Leithe-Jasper vom 17.4.1944, in: PA AA, Inland II A/B, R 99357.

Hinweis auf den Verzicht näherer Informationen aus Gründen der Geheimhaltung stammte von ihm. Zusätzlich hielt er den zuständigen Kollegen Leithe-Jasper an, weitere Änderungen bei den übrigen Ausführungen vorzunehmen. Dabei bewies der Judenreferent gute Kenntnisse der jüdischen Geschichte, als er beim Vortrag zu Portugal richtigstellte, dass die Inquisitionszeit nicht eine Zeit der jüdischen Einwanderung, sondern vielmehr eine Epoche der Vertreibung war. Dass Thadden die Tagung aufmerksam verfolgt hatte, zeigen zudem seine Korrekturen der Beiträge zu Rumänien und Kroatien:

> »3. Bei dem Vortrag Weilinghaus' ist der Schlußsatz irreführend. Weilinghaus sagte lediglich, daß er eine Einladung rumänischer Persönlichkeiten z.Zt. im Hinblick auf die derzeitige politische Lage für unangebracht halte. Er ließ also die Möglichkeit von Einladungen bei einer Änderung der politisch-militärischen Lage durchaus zu.
> 4. Bei den Ausführungen von Prof. Walz ist der Satz ›Man sei in Kroatien bereit, die antijüdische Frage konsequent einer Lösung zuzuführen‹, unrichtig. Prof. Walz äußerte sich etwa wie folgt: Weitere antijüdische Maßnahmen in Kroatien seien sehr schwierig durchzuführen, solange nicht das Grundübel, die jüdische Versippung der führenden Kreise in irgendeiner Form zu einer Bereinigung gekommen wäre.«

Neben der neuen Fassung des eigenen Redebeitrages wurden alle anderen geforderten Modifizierungen berücksichtigt, stellenweise sogar wörtlich. Damit ist Thadden für die überlieferte Form des Protokolls wesentlich mitverantwortlich. Nur zu den Beiträgen von Schleier und Six wollte er vermutlich mit Rücksicht auf die Rangfolge keinen Kommentar abgeben.

Das redigierte Protokoll ist in den Beständen der Missionen Zagreb und Bukarest erhalten geblieben, eines ist von Schleier unterschrieben.[254] Six und Meissner bestritten später die Echtheit bzw. die Korrektheit des Dokuments, an dessen Integrität dennoch kein Zweifel bestehen kann. Im Laufe der Zeit ist es an verschiedenen Stellen publiziert worden. Das erste Mal während des Nürnberger Prozesses gegen die Hauptkriegsverbrecher, als man es Ribbentrop als Beweis für die Beteiligung an der »Endlösung« zur vorlegte.[255] In den 1950er-Jahren folgte eine zweite Edition von Léon Poliakov und Josef Wulf in der Anthologie »Das Dritte Reich und seine Diener«, die sich auf die Nürnberger Veröffentlichung stützt.[256] Erst in den 1990er-Jahren folgte eine neue Publikation und erstmalige Kommentierung durch den ehemaligen

---

253 Ebd.
254 Vgl. Steinkühler, Antijüdische Auslandsaktion, S. 258. Ein Durchschlag des Protokolls befindet sich in BA Berlin, SL 476.
255 Vgl. IMT, XXXII, PS-3319.
256 Poliakov/Wulf, Dritte Reich und seine Diener, S. 158 ff.

Diplomaten Manfred Steinkühler. Seiner Wiedergabe des Textes liegen die beiden im Politischen Archiv des Auswärtigen Amtes erhaltenen Exemplare zu Grunde, und die Edition umfasst auch die bis dato nicht publizierte Tagungsfolge und Teilnehmerliste.

Entgegen den recht eindeutigen Aussagen des Dokuments mutierte die Tagung in der Erinnerung der Teilnehmer zur Farce. Für Hans Joachim Korselt, den Repräsentanten der Gesandtschaft in der Slowakei, sei das Ganze eine humoreske Lachnummer gewesen, auf der politische Witze kursierten. Die gehaltenen Referate hätten eher zur Belustigung beigetragen. Als bekannt geworden sei, dass Ungarn gern vermögende Juden zurückhalten wolle, habe man sich die Pointe erzählt, dass es jetzt billige und teure Juden gebe.[257] Für Friederike Haußmann von der Presseabteilung, die einzige Frau unter den Teilnehmern, und auch nach Ansicht Schleiers, habe man mit der Tagung nur das Propagandaministerium aus dem Feld schlagen wollen.[258] Es ist anzumerken, dass Haußmann nicht erst in Krummhübel zum Kreis der »Judenreferenten« stieß, sondern schon früher mit Inf. XIV zusammengearbeitet hatte. Schleier setzte die Unschuldsmiene auf: »*Ich habe in der Judenfrage persönlich ein absolut reines Gewissen.*«[259] Meissner, Kulturattaché in Italien, leugnete schlicht seine im Protokoll festgehaltenen Vorschläge zur Intensivierung der antisemitischen Propaganda. Sein Vortrag hätte einen »*ganz anderen Inhalt*« gehabt.[260]

Einstimmig leugnete man, dass Six oder Thadden in irgendeiner Form ein Wort über die Tötung der Juden verloren hätten.[261] Haußmann habe beispielsweise am Abend zuvor mit Six gezecht, sodass sie sich an nichts Konkretes mehr erinnern könne, mit Ausnahme der Tatsache, dass Six nicht über eine Vernichtung gesprochen habe.[262] Six gab sich ebenfalls harmlos und behauptete einfach, gegen den Inhalt des Protokolls, nicht über eine »*physische Beseitigung*« gesprochen zu haben. Dabei bestritt der ehemalige Leiter der Kulturpolitischen Abteilung nicht, Kenntnis vom Ausmaß der »Endlösung« gehabt zu haben. Er gab zu: »*Im Laufe des Jahres 1943 habe ich im Auswärtigen Amt Berichte der Auslandspresse zur Kenntnis bekommen über Konzentrationslager, Vergasungen und andere Maßnahmen gegen die Juden. Diese Berichte waren so konkret, daß ich ab 1943 keinen Zweifel mehr daran hatte, daß Verfolgungsmaßnahmen gegen die Juden durchgeführt werden.*«[263] Als 1941 an der Ostfront eingesetzter SS-Führer dürfte das Wissen höchstwahrscheinlich wesentlich früher

---

257 Vgl. Aussage Korselts vom 5.2.1952, in: HStA Düsseldorf, Ger.Rep. 192/12.
258 Vgl. Aussage Haußmanns vom 4.2.1952 u. Aussage Schleiers vom 29.2.1952, beide in: ebd.
259 Vernehmung Schleiers vom 26.5.1947, in: BA Koblenz, NL Kempner, Bd. 323.
260 Vernehmung Meissners vom 29.4.1947, in: ebd., Bd. 523.
261 Vgl. Aussage Walz' vom 2.2.1952; Aussage Korselts vom 5.2.1952; Aussage Schleiers vom 29.2.1952 u. Aussage Hezingers vom 22.3.1952, alle in: HStA Düsseldorf, Ger.Rep. 192/12; ebenso Aussage Thaddens vom 11.2.1963, in ebd., Ger.Rep. 192/203 u. Mitteilung Meissners vom 28.9.1979, in: BA Koblenz, Kl. Erwerb., 838/2.
262 Vgl. Aussage Haußmanns vom 4.2.1952, in: HStA Düsseldorf, Ger.Rep. 192/12.
263 Aussage Six' vom 24.5.1961, in: BA Koblenz, B 305/977.

eingesetzt haben, denn dort war die »*physische Beseitigung des Ostjudentums*« tägliche, grausame Realität.²⁶⁴

Als Grundlage für Six' Vortrag diente vermutlich das knapp sechzigseitige Pamphlet »Das Weltjudentum«, welches unter dem Pseudonym des SD (»Dieter Schwarz«) erschienen war.²⁶⁵ SD-Führer Six bediente sich also in der eigenen »Hausapotheke«. Inhalt und Aufbau der Rede und des SD-Textes weisen einen hohen Grad an Kongruenz auf. Das Werk, das es zwischen 1939 und 1944 in fünf, zum Teil aktualisierten Auflagen auf 130.000 Exemplare brachte, versucht eine Unterwanderung der politisch-ökonomischen Führungsschicht der USA und Großbritanniens durch ein ominöses Weltjudentum zu belegen. Die beiden Länder würden eigentlich nur noch jüdische Interessen verfolgen, die in einer angestrebten Weltherrschaft gipfelten. Hierzu analysierte der SD die Strukturen von Regierungs- und Interessenverbänden sowie von internationalen jüdischen Organisationen. Wiederholt weist er darauf hin, dass sich das Judentum aus den Ghettos Osteuropas regeneriere, welches von dort in die westliche Welt wandere.²⁶⁶ Nun befände sich aber die »*Wiege des Ostjudentums*« in deutscher Hand, wodurch es möglich sei, eine nicht näher definierte Regelung zu treffen. Das Judentum in England und den USA sei auf die »*Judenreservoiren des östlichen Europas*« angewiesen, ohne die es auf Dauer nicht zu existieren vermag. Zum Beweis werden Bevölkerungsstatistiken angeführt. Die Publikation schließt mit der Feststellung: »*Könnte man diesen Nachschub in irgendeiner Form zum Versiegen bringen, so wäre damit schon ein wesentlicher Beitrag zur Lösung der Judenfrage geliefert.*«²⁶⁷ Bei aller Kongruenz bleibt festzuhalten, dass der Text an keiner Stelle eine Tötung andeutet. Die »*physische Beseitigung des Ostjudentums*« als unausgesprochene Konsequenz des SD-Textes fügte Six aus eigenem Wissen selbst hinzu.

Wie alle Konferenzteilnehmer wollte sich auch Thadden in der Nachkriegszeit nicht an Six' Terminus erinnern. Er habe dessen Vortrag als »*weltanschauliche Sauce*« empfunden, die »*über den Pudding einer solchen Tagung ständig und geradezu zwangsläufig gegossen werden mußte*«, weshalb man nicht aufmerksam zugehört habe. Der Judenreferent räumte aber ein, dass, wenn der Satz denn gefallen wäre, er gleichzusetzen sei mit der Tötung der Juden; Thadden weiter: »*Ich meine, daß jeder unbefangene Leser dieses Satzes zu keiner anderen Auslegung kommen kann. Ich möchte auch annehmen, daß dies für jeden unbefangenen Leser zutrifft, der diesen*

---

264 Vgl. Hachmeister, Der Gegnerforscher, S. 235 ff. Six wurde wegen Kriegsverbrechen an der Ostfront zu 20 Jahren Freiheitsstrafe verurteilt, später zu 10 Jahren begnadigt und 1952 entlassen, vgl. Fall 9. Das Urteil im SS-Einsatzgruppenprozess gefällt am 10. April 1948 in Nürnberg vom Militärgerichtshof II der Vereinigten Staaten von Amerika, hg. von Kazimierz Leszczynski, Berlin (Ost) 1963, S. 161 ff., 238, 251.
265 Vgl. Aussage Thaddens vom 22.11.1951, in: HStA Düsseldorf, Ger.Rep. 192/12.
266 Vgl. Schwarz, Dieter, Das Weltjudentum. Organisation, Macht und Politik, München ⁵1944, S. 10 f., 24, 26 ff.
267 Ebd., S. 53 f.

2.1 Die Tagung der Judenreferenten in Krummhübel 1944

Satz damals im Jahre 1944 gesehen hätte.« Aber Six habe lediglich eine »*Absonderung*« gemeint. Weder in der Originalfassung noch im korrigierten Protokoll sei ihm der Satz aufgefallen, den er ansonsten sofort beanstandet hätte, da er ihn »*selbstverständlich als eine Aussage über die Tötung der Ostjuden aufgefaßt*« hätte.[268] Bei den ausführlichen Korrekturen, die Thadden 1944 vorgenommen hatte, erscheint es äußerst unwahrscheinlich, dass er den Satz tatsächlich überlesen hat.

In der Tat wäre es für Thadden schwierig gewesen, etwas anderes in der Aussage zu interpretieren. Nur wenige Monate zuvor hatte er dokumentarische Einblicke in die Vernichtungsmaschinerie in Russland nehmen können, als ihn eine abgefangene Reuter-Meldung erreichte, die von einem in Charkow laufenden Kriegsverbrecherprozess berichtete. Die Presseagentur hob hervor, dass sich die Anklage auf »*der ›brutalen Massenvernichtung friedfertiger sowjetischer Bürger‹ mittels Gaswagen und anderer Methoden*« gründete.[269] Dem Vorgang beigegeben war eine transkribierte Radiosendung vom Gerichtsverhör eines angeklagten SS-Mannes, der über die Tötung von Zivilisten in den Gaswagen berichtete. War dies als »Feindpropaganda« vielleicht nicht unbedingt glaubwürdig, konnte Thadden in Kombination mit der Aussage Six' über die »*physische Beseitigung des Ostjudentums*« nur schwerlich zu einem anderen Schluss kommen. Sowohl die Pressemeldung, als auch die Aussage des angeklagten SS-Mannes dürften der Realität entsprochen haben, da Gaswagen zur fraglichen Zeit bei Charkow eingesetzt waren.

Thadden stritt gleichfalls ab, im eigenen Vortrag eine Andeutung über den Massenmord gemacht zu haben. Er hätte nur über den Stand der Judengesetze in den jeweiligen Ländern referiert, sei aber zuvor so unwissend gewesen, dass er sich das Material habe geben lassen müssen. Vor dem Plenum hätte er zugegeben, keine Möglichkeit zur progressiven Entwicklung zu sehen, würde sich die Kriegslage nicht ändern. Da Eichmann oder Angehörige seines Kommandos nicht selbst erschienen waren, habe Eichmann ihn gebeten, als Referent einzuspringen.[270] Er hätte dann aus dem von der SS zur Verfügung gestellten Material die Antijudengesetzgebung und die Zahl der Deportierten dargelegt. Berücksichtigt man dazu das umfangreiche, überlieferte Aktenmaterial der Gruppe Inland II, kann es sich nur um eine Schutzbehauptung handeln. Thadden war sehr gut über Planungen und Durchführungen informiert. Seine eigene, spätere Definition des nebulösen Begriffs »Exekutiv-Maßnahme« lautete: »*Ausdehnung der Judenmaßnahmen der antijüdischen Gesetzgebung auf andere Staaten in Europa und Überführung der Juden für die Dauer des Krieges in Lager.*«[271] Dabei bedeutete die Überführung in die Lager für den Großteil der Betroffenen den

---

268 Aussage Thaddens vom 11.2.1963, in: HStA Düsseldorf, Ger.Rep. 192/203.
269 Mitteilung AA/Pr. vom 19.12.1943, in: PA AA, Inland II g 29. Vgl. ferner Deutsche Greuel in Russland. Gerichtstag in Charkow, Wien o. J. [1945/46].
270 Vgl. Aussage Thaddens vom 11.4.1947, in: IfZ München, ZS 359/1 Eberhard von Thadden.
271 Vernehmung Thaddens vom 11.6.1946, in: SUB Göttingen, HSD, Nürnberger Prozessakten, IMT, Kommissionsprotokolle.

Tod. Im Jahr 1944 hatte Thadden deutlicher formuliert, was er selbst unter jenen »Maßnahmen« verstand: »*die allgemeinen Judenmaßnahmen – Abschiebung in die Ostgebiete.*«[272]

Im Jahr 1951 konkretisierte er den fraglichen Inhalt seines Vortrages. Er will über die Vermeidung eines Judenstaats in Palästina mit Rücksicht auf die Araber, die Judengesetzgebung der europäischen Länder und die dortigen Versuche, den Einfluss des Judentums einzuschränken, referiert haben. Dabei habe er erwähnt, dass man in verschiedenen Ländern zu einer »*rigorosen Ausschaltung*« übergegangen sei, da man Juden als Kriegsgegner betrachtet habe. Die Verbündeten sollten die »Exekutiv-Maßnahmen« als Maßnahmen zur »*Ausschaltung der Juden als Kriegsgegner für Deutschland*« begreifen.[273] Im Widerspruch dazu erinnerte sich Teilnehmer Wilhelm Weilinghaus nach dem Krieg, es seien nur »*Exekutivmaßnahmen gegen die jüdisch gelenkte antideutsche Propaganda*« gemeint gewesen.[274] Die Geheimhaltung des Beitrages, so Thadden 1951, sei auf Wunsch Eichmanns geschehen, der das Zahlenmaterial nicht publiziert sehen wollte; eine Schutzbehauptung, wie das Schreiben an Leithe-Jasper zeigt, in welchem inhaltliche Fragen entscheidend sind und eine Bitte Eichmanns nicht erwähnt wird.

Insgesamt sind Thaddens nachträgliche Angaben zur Krummhübel-Tagung auffallend relativierend. Nachdem ihm als Zeuge in Nürnberg das Tagungsprotokoll vorgelegt worden war, ermittelte Thadden die Adressen ehemaliger Teilnehmer und setzte sich mit ihnen in Verbindung, um sich abzusichern.[275] Zudem nahm er vor seinen Vernehmungen 1951/52 Einblick in unveröffentlichtes Beweismaterial der Nürnberger Prozesse, auf welches er dann detailliert und sogar mit Angabe der Dokumentennummer hinwies. Die alten Kollegen berichteten fast unisono, Thadden habe lediglich Angaben zur Judengesetzgebung gemacht. Dies kann den Tatsachen entsprechen, dürfte aber nur die halbe Wahrheit darstellen. Hezinger zum Beispiel will 1948 keinerlei Erinnerung an Thaddens Referat mehr gehabt haben[276] und beschrieb dann ganz unerwartet ein Jahr später den Inhalt des Referates auf eine Weise, die mit den bekannten Angaben Thaddens auffällig übereinstimmte.[277] Es ist sehr wahrscheinlich, dass sich Hezinger und Thadden abgesprochen hatten. Das gemeinsame Wissen um den Völkermord und die Furcht, der Beihilfe bezichtigt zu werden, schmiedeten eine Allianz des Schweigens.

---

272 Schreiben Thaddens vom 29.3.1944, in: PA AA, Inland IIg 176.
273 Aussage Thaddens vom 22.11.1951, in: HStA Düsseldorf, Ger.Rep. 192/12.
274 Aussage Weilinghaus vom 21.8.1968, in: BA Ludwigsburg, AR 186/65, Bd. 3.
275 Vgl. Aussage Thaddens vom 22.11.1951, in: HStA Düsseldorf, Ger.Rep. 192/12.
276 Vgl. Vernehmung Hezingers vom 16.1.1948, in: IfZ München, ZS 923 Rudolf Bobrik.
277 Vgl. Aussage Hezingers vom 26.1.1949, in: HStA Düsseldorf, Ger.Rep. 192/11.

3 Der Fall der ungarischen Juden

Ungarn war schon seit den 1930er-Jahren ein wichtiger Handelspartner und näherte sich seit 1938 aus opportunistischen Gründen weiter dem Deutschen Reich an. Der Donaustaat wollte im Zuge der deutschen Expansion an den Gebietsannektierungen in der Tschechoslowakei, Rumänien oder Jugoslawien teilhaben und mit Deutschlands Hilfe den Vertrag von Trianon revidieren, bei dem nach Ende des Ersten Weltkrieges durch die Auflösung der österreichisch-ungarischen Doppelmonarchie große Teile des Staatsgebietes verloren gegangen waren. Ungarn trat im November 1940 dem Dreimächtepakt bei und nach dem deutschen Überfall auf die Sowjetunion in den Krieg ein. Dennoch konnte es sich in der Folgezeit unter dem seit 1920 amtierenden, nationalistischen Reichsverweser Miklós Horthy eine relative Unabhängigkeit bewahren. Nach dem Debakel bei Stalingrad, bei welchem auch die ungarische Armee große Verluste hinnehmen musste, arbeiteten Horthy und Ministerpräsident Miklós Kállay verstärkt auf eine Lösung von Deutschland und ein Übertreten ins alliierte Lager hin.

Als im März 1944 die Gefahr größer wurde, dass Ungarn ähnlich wie Italien die Seiten wechseln könnte, zögerte Hitler nicht lange. Wehrmacht und SS-Einheiten besetzten im Handstreich das Land am 19. des Monats. Wenige Tage später wurde eine Marionettenregierung unter Döme Sztójay installiert. Der neue Regierungschef war zuvor Gesandter in Berlin gewesen und ausgesprochen germanophil eingestellt. Zum Bevollmächtigten des Großdeutschen Reiches in Ungarn wurde der Gesandte I. Klasse und SS-Brigadeführer Edmund Veesenmayer eingesetzt. Veesenmayer, seit 1925 NSDAP-Mitglied, war kein Unbekannter, wenn es darum ging, »*Regierungen zu stürzen, einen deutschen Einmarsch oder ein deutsches Protektorat vorzubereiten*«.[278]

Bis dahin hatten die ungarischen Juden eine verhältnismäßig milde Behandlung erfahren, obwohl eine Judengesetzgebung sie aus einflussreichen Positionen in der Gesellschaft drängte und sie zur Zwangsarbeit herangezogen wurden. Die ungarischen Stellen sahen sich außer Stande, die jüdischen Unternehmer ohne volkswirtschaftlichen Schaden vollends auszugrenzen.[279] Wirtschaftliches Denken und die drohende Niederlage Deutschlands hatte die ungarische Führung bisher veranlasst, die Juden in ihrem Machtbereich nicht den Deutschen auszuliefern.[280] Die relativ moderate Politik führte dazu, dass sich ausländische Juden nach Ungarn geflüchtet hatten. Ungefähr 750.000 Juden hatten bis zum März 1944 auf ungarischem Hoheitsgebiet überlebt.

Hitler war nicht zufrieden mit den ungarischen Judenmaßnahmen, musste sie aber tolerieren. Dem AA entging die weiche Haltung Ungarns selbstverständlich nicht.

---

278 Broszat, Staat Hitlers, S. 368.
279 Vgl. Hilberg, Vernichtung der europäischen Juden, S. 866 ff.
280 1941 wurden ca. 20.000 Juden, die durch Gebietserweiterungen nach Ungarn gekommen waren, nach Galizien abgeschoben, wo sie den Deutschen in die Hände fielen, vgl. Hilberg, Vernichtung der europäischen Juden, S. 875.

Der Budapester Gesandte Dietrich Jagow berichtete im April 1943 von jüdischen Mitgliedern in diversen Ausschüssen des ungarischen Parlaments und drahtet an die Zentrale, dass die Regierung nicht daran denke, in der »Judenfrage« einen Kurs ähnlich dem deutschen einzuschlagen.[281] Einen Monat später übermittelte er eine detaillierte Liste von »*Volljuden*«, »*Halbjuden*« und »*Jüdisch Versippten*«, die im ungarischen diplomatischen Dienst angestellt seien. Er bemerkte besonders, die »*ganz erhebliche Verjudung*« in den für einen potenziellen Kontakt zu den Westmächten infrage kommenden Missionen in Vichy und Lissabon.[282] Thadden erhielt von Wagner die Erlaubnis, ein Doppel an die Sipo zu senden und die entsprechenden deutschen Missionen auf die ungarischen Diplomaten hinzuweisen. Er verwies in einem Rundschreiben auf »*die starke Verjudung im ungarischen auswärtigen Dienst*« und forderte Bericht, ob die Zuverlässigkeit dieser Beamten gewährleistet sei.[283] Als ihm die Botschaft in Ankara mitteilte, einer der fraglichen Ungarn sei nach dortiger Kenntnis kein Halbjude, sondern überzeugter Antisemit und loyaler Gefolgsmann, zweifelte Thadden dies an. Er berief sich auf Informationen des SD und wolle die Botschaft nochmals auf den Betreffenden hinweisen.[284]

Im Frühjahr 1943 reiste Veesenmayer in Mission Ribbentrops nach Ungarn, um die Gründe für die zögerliche Einstellung zu eruieren. Etwa zu der Zeit, als Hitler und Ribbentrop in Kleßheim Horthy bearbeiteten, um den Widerstand gegen die Deportationen zu brechen, hörte sich Veesenmayer in Budapest um und kam zu folgenden Schlüssen: Die Ungarn sähen die Anwesenheit der Juden als Schutz vor alliierten Bombardements. Die Regierung glaube nicht an den Sieg und hoffe durch Schonung der Juden die Westmächte nach Kriegsende milde stimmen zu können. Dabei hindere das Judentum die Ungarn daran, Deutschland zu unterstützen, da es die Inflation vorantreibe, Gerüchte verbreite und demoralisierend wirke. Juden und die jüdisch versippte Aristokratie würde der Hass auf den Nationalsozialismus einen.[285] Von dem Bericht erhielten sowohl Ribbentrop wie Himmler Kenntnis. Auch Wagner erhielt eine Durchschrift, die er »*mit großem Interesse gelesen*« habe, weshalb er eine Rücksprache vorschlug. Ferner bat er, die Passagen, die sich mit der Judenfrage befassten, seinem Sachbearbeiter Thadden zur Verfügung zu stellen.[286] Veesenmayer sandte die streng vertraulichen Auszüge zu und verabredete sich mit Wagner zum gemeinsamen Mittagessen.

Eine Woche später empfing Wagner den ungarischen Gesandten zum Gespräch. Sztójay machte auf die Schwierigkeiten aufmerksam, die in der Judenfrage zu über-

---

281 Vgl. Telegramm Jagows vom 15.4.1943, in: PA AA, Inland IIg 209.
282 Schreiben Jagows an AA vom 26.5.1943, in: ebd.
283 Rundschreiben Thaddens vom 3.6.1943, in: ebd.
284 Vgl. Schreiben Thaddens an AA/Prot. vom 2.7.1943, in: ebd.
285 Vgl. Bericht Veesenmayers vom 30.4.1943 [Auszüge], in: ebd. Eine vollständige Kopie des Exemplars für Himmler liegt im HStA Düsseldorf, Ger.Rep. 192/129.
286 Schreiben Wagners an Veesenmayer vom 14.5.1943, in: PA AA, Inland IIg 209.

winden seien, aber Kalláy erwäge nach den Kleßheimer Gesprächen die »*Durchführung von entscheidenden Judenmaßnahmen*«. Kalláy sei bestürzt, bei Hitler und Ribbentrop in einen so schlechten Ruf gekommen zu sein.[287] Gesandter Jagow in Budapest erhielt eine Abschrift von Wagners folgender Aufzeichnung, winkte jedoch resignierend ab. Kalláy habe kürzlich eine Rede gehalten, in der er betonte, die Lösung liege in einer vollkommenen Aussiedlung der Juden, aber es finde sich kein Zielort. Deshalb könne das Problem im Augenblick nicht gelöst werden. Keinesfalls werde er vom »›*Humanum*‹« abweichen.[288]

Mit der deutschen Besetzung waren die Juden in Ungarn dann der Vernichtungsmaschinerie ausgeliefert. Das »Sonderkommando Eichmann« wurde nach Budapest entsandt und begann schnell und radikal mit der Erfassung und ließ die Deportationen in die Tötungslager anrollen. Unterstützt wurde Eichmann durch die Staatssekretäre im Innenministerium László Baky und László Endre sowie den Gendarmerieoffizier László Ferenczy, die bei Erfassung und Deportation tatkräftig Hilfe leisteten. Besonders auf Baky hielt Himmler große Stücke.[289] Am 7. Juli 1944 stoppte Horthy die Judentransporte, und einen Monat später versuchte er durch die Ablösung Sztójays und die Ernennung des General Géza Lakatos zum neuen Ministerpräsidenten, Ungarn langsam aus dem Krieg herauszuziehen.

Als der Reichsverweser sich am 15. Oktober zum endgültigen Kurswechsel entschloss, war die deutsche Führung vorbereitet, denn Horthys Haltung war in den vergangenen Monaten allzu deutlich geworden. Mit dem »Unternehmen Panzerfaust« kam die deutsche Führung Horthy zuvor, und machte am 16. Oktober Ferenc Szálasi zum Regierungschef, den Führer der 1937 gegründeten antisemitisch-faschistischen Pfeilkreuz-Partei.[290] Der von Hitler nach Budapest entsandte SS-Obergruppenführer Erich von dem Bach-Zelewski, der eine wesentliche Rolle bei dem Regierungswechsel spielte, habe sich bei Veesenmayer lobend ausgesprochen. Von dem Bach habe »*zum ersten Mal ein so ideales Zusammenspiel von politischer, militärischer und polizeilicher Seite erlebt.*« Das Unternehmen sei »*reibungslos und fast ohne Blutvergießen*« abgelaufen.[291]

Während ihrer kurzen Herrschaft bis zum Dezember 1944, als Ungarn den Widerstand gegen die Rote Armee aufgab, errichteten die Pfeilkreuzer ein blutiges Regime, das sich bedingungslos auf die deutsche Seite stellte und die Deportationen wieder aufnahm. In der Untergangsstimmung dieser Monate töteten die ungarischen Faschisten zudem etliche Juden bei willkürlichen Massakern.

---

287 Aufzeichnung Wagners vom 21.5.1943, in: ebd. Wagner überbrachte Steengracht die Aufzeichnung persönlich, die auch dem RAM und Thadden zur Kenntnis gelangte.
288 Telegramm Jagows vom 2.6.1943, in: ebd.
289 Vgl. Telegramm Veesenmayers vom 18.10.1944, in: ebd., Inland IIg 211.
290 Vgl. allgemein Szöllösi-Janze, Margit, Die Pfeilkreuzlerbewegung in Ungarn. Historischer Kontext, Entwicklung und Herrschaft, München 1989.
291 Telegramm Veesenmayers vom 18.10.1944, in: PA AA, Inland IIg 209.

Die Vernichtung der Juden in Ungarn ist in einer Vielzahl von Publikationen aufgearbeitet worden[292], insbesondere die Rolle Eichmanns und seines Sonderkommandos ist weidlich untersucht.[293] Deshalb werden sich die folgenden Ausführungen auf die Aktivitäten von Inland II im engeren bzw. des AAs im weiteren Sinne beschränken.

3.1 Im Sonderauftrag – Hezinger und von Thadden in Budapest

»Mittags war ich Gast von Eichmann und seinen Herren.«
Eberhard von Thadden über seinen Besuch in Budapest 1944[294]

Kurz vor dem Start von »Unternehmen Margarethe«, der Besetzung Ungarns, versammelte Eichmann seine Deportationsexperten bei dem Konzentrationslager Mauthausen bei Linz: Dannecker, Wisliceny, Hunsche, Novak, Franz Abromeit und Hermann Krumey. In »hochkarätiger« Besetzung bildeten sie das so genannte »Sondereinsatzkommando Eichmann« oder, wie es teilweise in den Quellen genannt wird: das »Juden-SEK«. Erstmals wurde nicht ein einzelner »Judenberater« entsandt, sondern eine ganze Einheit sollte die Deportationen leiten und in einer konzentrierten Aktion die Juden Ungarns schnell und effizient erfassen und vernichten. Inland II vermerkte in den Akten übrigens, Dannecker befinde sich im »*Fronteinsatz*«.[295] Zusammen mit den deutschen Truppen traf das Einsatzkommando am 19. März in Budapest ein. Kaltenbrunner hatte persönlich die Führung übernommen, bevor er später nach Berlin zurückkehrte. Eichmann richtete sich zuerst im Hotel Astoria ein, bevor er seine Dienststelle ins Hotel Majestic auf den Schwabenberg verlegte. In einem Nachbargebäude amtierte Oberstleutnant Ferenczy von der ungarischen Gendarmerie, sodass ein enger Kontakt gewährleistet war.

---

292 Vgl. in Auswahl Aly/Christian, Das letzte Kapitel; Bigler, Robert M., Heil Hitler und Heil Horthy! The nature of Hungarian racist nationalism and its impact on German-Hungarian relations 1919–1945, in: East European quarterly Bd. 8 (1974), 3, S. 251-272; Biss, Andreas, Wir hielten die Vernichtung an. Der Kampf gegen die »Endlösung« 1944, Herbstein 1985; Braham, Randolph, The Politics of Genocide. The Holocaust in Hungary, Detroit 2000; ders., The Holocaust in Hungary, A selected and annotated Bibliography 1984–2000, New York 2001; Hilberg, Vernichtung der europäischen Juden, S. 884 ff.; Horthy, Nikolaus von, Ein Leben für Ungarn, Bonn 1953; Mayer, Arno J., Der Krieg als Kreuzzug. Das Dritte Reich, Hitlers Wehrmacht und die »Endlösung«, Hamburg 1989; Mikoh, Brigitte, Ungarn und der Holocaust. Kollaboration, Rettung, Trauma, Berlin 2005; Reitlinger, Die Endlösung; Varga, László, Ungarn, in: Benz, Wolfgang (Hg.), Dimension des Völkermord. Die Zahl der jüdischen Opfer des Nationalsozialismus, München 1996, S. 331-351.
293 Vgl. in Auswahl Cesarani, Eichmann, S. 228 ff.; Lang, Eichmann-Protokoll, S. 183 ff.; Lozowick, Hitlers Bürokraten, S. 297 ff.; Kempner, Eichmann, S. 406 ff.; Pätzold/Schwarz, Auschwitz, S. 44 ff.; Safrian, Eichmann, S. 293 ff.; Steur, Dannecker, S. 129 ff.
294 Bericht Thaddens vom 25.5.1944, in: PA AA, Inland IIg 212.
295 Schreiben Geigers vom 5.7.1944, in: ebd., Inland IIg 75.

3.1 Im Sonderauftrag – Hezinger und von Thadden in Budapest

Bei Salzburg hatte sich ein Sonderstab des AA gebildet, um näher an den Geschehnissen zu sein und dem bombengeplagten Berlin zu entkommen. An führender Stelle operierte Botschafter z. b. V. Karl Ritter. Über ihn liefen fast alle Berichte Veesenmayers an den Reichsaußenminister. Ritter, geboren 1883 in Oberfranken, war bereits 1922 ins AA gekommen und Leiter der Referate für Wirtschafts- und Reparationspolitik. Im Jahr 1936 übernahm er für kurze Zeit die Handelspolitische Abteilung, bevor er als Botschafter nach Rio de Janeiro versetzt wurde. Danach wurde er als Botschafter zur besonderen Verwendung (z. b. V.) mit diversen Sonderaufträgen versehen. So hielt er zeitweise die Verbindung mit dem OKW.[296]

Auch Wagner verfolgte von hier aus die Ereignisse, sodass Thadden die Geschäfte in Berlin während der kommenden Monate allein führte. Zwischen dem 29. April und dem 15. August, also während der intensivsten Zeit der Ungarn-Kampagne, traf sich Wagner mindestens sechzehn Mal persönlich mit Himmler. In der Regel fanden die Unterredungen in Himmlers Kommandostelle »Bergwald« bei Berchtesgaden statt. Die Gespräche umfassten auch andere Themen, aber die Vorgänge beim besetzten Verbündeten waren stets ein Punkt auf der Agenda. Wagner informierte den Reichsführer-SS über die politischen Vorgänge dort und besprach auch Einzelheiten der »Judenfrage«.[297]

Bereits am 20. März begannen Eichmann und seine Mitarbeiter mit den Vorbereitungen der Deportationen; detaillierte Pläne dazu waren bereits in Mauthausen ausgearbeitet worden. Zu den ersten Maßnahmen gehörte die Erfassung von jüdischem Eigentum sowie die Erfassung und Kennzeichnung der jüdischen Einwohner. Gleichzeitig wurde die Kooperation mit den ungarischen Behörden und der Polizei sichergestellt, ohne deren Mithilfe eine Operation in dieser Dimension nicht durchführbar gewesen wäre. Bis zum 17. April waren 7.289 Juden festgenommen[298], wobei es sich in erster Linie um Juden handelte, die infolge vorgefertigter Listen verhaftet wurden.

Deutsche und Ungarn verständigten sich darauf, das Land in sechs Zonen einzuteilen, wobei die sechste Zone Budapest und Umgebung darstellte. In diesen Zonen sollten in der Nähe der Bahnstrecken Lager eingerichtet werden, in denen die Juden zu sammeln seien. Eine Zone nach der anderen sollte dann durch Deportationen »judenfrei« gemacht werden. Die Hauptstadt würde als Letztes folgen. Am 16. April begannen die Konzentrierungen im nordöstlichen Karpatenraum. Der Kommandeur der Sipo in Neumarkt meldete, die Bevölkerung hege wegen der nahen Front den *»dringenden Wunsch nach einer schnellen und radikalen Lösung der Judenfrage«*, weil man die Rache der Juden mehr fürchte als die Brutalität der Russen.[299] Aber die unga-

---

296 Zur Biografie vgl. Singer, Donald L., German Diplomats at Nuremberg. A Study of the Foreign Office Defendants of the Ministries Case, Diss., Washington D.C. 1980, S. 66 ff. Ferner Vogel, Diplomat, S. 103, 109.
297 Vgl. Gesprächsnotizen Wagners vom 14.5.1944; 19.5.1944; 29.5.1944; 11.7.1944, 26.7.1944, in: PA AA, Inland IIg 7.
298 Vgl. Telegramm Veesenmayers vom 18.4.1944, in: ebd., Inland IIg 210.
299 Ebd.

rische Komplizenschaft war nicht grenzenlos. Vorsteher und Vizevorsteher des Bezirks Szolnok-Doboka im Bereich Klausenburg, Graf Bethlen und Dr. Jaros Schilling, billigten die Judenaktionen nicht und verweigerten ihre Hilfe, indem sie Krankheitsurlaub nahmen. Der Graf erklärte, er wolle »*nicht zum Massenmörder werden*«.[300] Beide wurden später ihrer Posten enthoben. Ribbentrop legte solche und andere Drahtberichte Hitler vor, der anregte, die Mitarbeit der Ortseinwohner zu fördern, in dem man ihnen Dotationen aus dem jüdischen Vermögen in Aussicht stelle.[301] Als die ungarische Regierung antisemitische Propagandaaktionen der Pfeilkreuzler verbieten wollte, entschied Hitler, man solle den Leuten nicht »*in den Arm fallen*«.[302]

Die Zahl der erfassten Juden stieg rapide: bereits am 21. April meldete die SS 100.038 Personen, am 23. April 150.000 und am 28. April 194.000.[303] Die Furcht der noch freien jüdischen Bevölkerung stieg. Teilweise wurden unbegrenzte Geldbeträge geboten, um den Abtransport der Internierten zu verhindern.[304] Veesenmayer schickte laufend Berichte nach Berlin, die auch Inland II erhielt. Thadden konnte sich daraus ein genaues Bild machen. Am 24. April 1944 informierte er das RSHA Amt IV B 4 über die Berichte des deutschen Bevollmächtigten. Die Aktionen hätten bisher 150.000 Juden erfasst, anvisiert würde eine Zahl um die 600.000. Mit den Deportationen von täglich 3.000 Menschen solle im Mai begonnen werden, als Zielort sei Auschwitz vorgesehen. Veesenmayer halte die Vorgehensweise für richtig, da es sich bei »*der Judenaktion um ein totales Ganzes handele*«.[305] Thadden durfte sich zudem in seiner grundsätzlichen Auffassung bestätigt sehen, Juden seien ein Störfaktor im Rücken der Front, da die Nachrichten aus Ungarn ständig bemerkten, Juden hätten Feindsender gehört und Propaganda gemacht. Dagegen habe sich die Stimmung der nicht-jüdischen Bevölkerung in den Orten, wo die Juden entfernt worden seien, sichtlich gebessert, und die Preise seien gefallen. Veesenmayer offenbarte hierbei eine ähnlich antisemitische Meinung wie Thadden. Für den Gesandten stellte

> »das Judentum in Ungarn eine unerhörte Kraftquelle für gegnerische Aktionen hinter der Front dar. Daß das Judentum in Ungarn Deutschland feindlich gesinnt war und die Kriegsanstrengungen nach Kräften zu sabotieren suchte, war mir von zahlreichen Ungarn schon im Jahre 1943 übereinstimmend bestätigt worden. Die Richtigkeit dieser Informationen lag zudem auch geradezu auf der Hand.«[306]

---

300 Telegramm Veesenmayers vom 8.5.1944, in: ebd.
301 Vgl. Telegramm Altenburgs vom 17.5.1944, in: ebd.
302 Telegramm Altenburgs vom 4.5.1944, in: ebd.
303 Vgl. allgemein PA AA, Inland IIg 210. Ferner Steur, Dannecker, S. 134 ff.
304 Vgl. Telegramm Veesenmayers vom 28.4.1944, in: PA AA, Inland IIg 210.
305 Schreiben Thaddens an Eichmann vom 24.4.1944, in: ebd.
306 Aussage Veesenmayers vom 28.5.1963, in: HStA Düsseldorf, Ger.Rep. 237/28.

Die willentliche Unterstützung erfolgte demnach aus den üblichen präventiven Motiven.

Aufgrund der knappen Logistikressourcen würde es nicht möglich sein, die Internierten in einer Aktion in die Vernichtungslager zu bringen, weshalb man beschloss, die Zonen einzeln nacheinander zu »evakuieren«. Zur Abstimmung des Fahrplanes fand in Wien vom 4. bis 5. Mai 1944 eine Konferenz statt, an der ungarische Behördenvertreter, Reichsbahn und Sipo teilnahmen.[307] Das RSHA favorisierte die Strecke über Lemberg, die aber auch durch die Wehrmacht stark frequentiert wurde. Eine Strecke via Budapest und Wien beunruhige die Budapester Juden sehr[308], sodass schließlich trotz der Einwände des deutschen Gesandten in der Slowakei die Züge teilweise die Route über die Ostslowakei nahmen. Die Fahrplankonferenz legte die Strecke Karpatho-Ukraine – Kaschau – Krakau fest. Mitte Mai wurde mit den Großtransporten der 325.000 internierten Juden aus dem Karpatenraum begonnen. Täglich sollten vier Züge mit je 3.000 Menschen abgefertigt werden. Am 24. Mai, so berichtete der slowakische militärische Geheimdienst, hätte das deutsche Begleitpersonal beim Aufenthalt dreier Züge im Bahnhof Krysak die Juden mit Todesdrohungen gezwungen, Schmuck und andere Wertsachen abzugeben. Danach hätten sich einige der Begleiter von diesem Geld in der Bahnhofsrestauration bewirten lassen, seien betrunken gewesen und hätten gesungen. In einem anderen Fall hätten die Juden bei der Fahrt durch die Slowakei Wertgegenstände und Geld aus dem Zug geworfen, welches von Anwohner aufgesammelt wurde und großes Aufsehen erregte.[309] Thadden hielt solche Zustände für unwahrscheinlich. Hezinger habe ihm aus eigener Anschauung bestätigt, alle Juden müssten ihre Wertsachen vor der Verladung abgeben und würden Leibesvisitationen unterzogen.[310]

Obwohl die Erfassung und Konzentrierung der Juden mit tödlicher Perfektion ablief, stellte sich auch in Ungarn das Problem, dass nicht nur einheimische Juden zu Opfern wurden, sondern auch ausländische. Die neue ungarische Regierung hatte die eigenen Mitbürger zur Deportation frei gegeben, aber bei den Ausländern musste eine gesonderte Regelung gefunden werden. Unter anderem waren angloamerikanische Juden unter den Festgenommenen, die unter keinen Umständen abtransportiert werden durften. Um sich vor Ort mit Eichmann und Veesenmayer abzustimmen, initiierte Thadden die Abordnung eines Sonderbeauftragten in die Donau-Metropole. Seit einem Jahr Judenreferent des AA, hatte Thadden mittlerweile ein Auge für kommende Probleme: »*Bei Lösung Judenfrage ergeben sich erfahrungsgemäß zahlreiche politische und handelspolitische Fragen, die [...] insbesondere Feindstaatjuden und Juden neutraler Staatsangehörigkeit betreffen.*« Er bat deshalb am 6. April Veesenmayer zu

---

307 Vgl. Pätzold/Schwarz, Auschwitz, S. 50.
308 Vgl. Schreiben Thaddens an dt. Ges. Budapest vom 5.5.1944, in: PA AA, Inland IIg 209.
309 Vgl. Telegramm Ludins vom 14.6.1944, in: ebd.
310 Vgl. Schreiben Thaddens an Wagner vom 15.6.1944, in: ebd.

prüfen, ob »*zur Vermeidung späterer Komplikationen*« die Bestellung eines Verbindungsmannes für sechs bis acht Wochen sinnvoll sei. Könne die Gesandtschaft keinen mit »Judenfragen« vertrauten Mann stellen, schlage er Konsulatssekretär I. Klasse und SS-Hauptsturmführer Hezinger vor.[311] Veesenmayers zuständiger Beamter, Franz von Adamovic, war durch Gelenkrheuma und Ischiasleiden nur bedingt einsatzfähig und konnte nur am Schreibtisch arbeiten. Der Generalbevollmächtigte nahm deshalb die Anregung auf und forderte Hezingers Entsendung an, der als Schnittstelle zwischen Gesandtschaft, SS-Stellen und ungarischen Behörden agieren sollte. Thadden rief Hezinger zu sich und eröffnete ihm, er solle in Ungarn ausländische Juden separieren und sicherstellen, dass diese nicht deportiert würden.

Am 20. April 1944 meldete sich Hezinger nach Budapest ab. Dort wurde der Sonderbeauftragte von Inland II bereits von Veesenmayer erwartet, der sich instruieren ließ. Mit Hezingers Informationen ausgestattet, suchte Veesenmayer am 27. April das ungarische Außenministerium auf und besprach sich dort wegen der ausländischen Juden. Der Deutsche erreichte die Zusage, dass Ungarn an die neutralen Missionen herantreten wolle, um sie zu einer Repatriierung ihrer Juden bei Frist aufzufordern. Juden aus feindlichen Staaten sollten grundsätzlich interniert werden. Es sei hier eine gewisse Rücksicht zu nehmen und Härte zu vermeiden.[312] Noch am selben Tag kabelte Veesenmayer nach Berlin, dass sich im Außenministerium der Leiter der Rechtsabteilung, Sebestyén, mit der Frage der ausländischen Juden befasse. Sebestyén und Sztójay wollten die Vorschläge befolgen. Damit entsprach das ungarische Vorgehen ganz dem bisherigen deutschen, und Veesenmayer drahtete, das ungarische Außenministerium habe die deutschen Anregungen dankbar aufgenommen.[313] Nicht ohne stolz reichte Thadden den Drahtbericht an Eichmanns Dienststelle in Berlin weiter. Wagner gegenüber vermerkte er, der Vorgang im ungarischen Außenministerium resultiere aus der Arbeit Hezingers und den »*mitgegebenen Anregungen*«, also letztlich aus seinen eigenen. Der Referatsleiter Inland II A stellte Wagner anheim, »*diesen konkreten Fall der Unterstützung der Bestrebungen des RSHA*« in einer Unterhaltung mit Himmler zu verwerten.[314]

Am 29. April suchte Veesenmayer erneut Sebestyén auf, diesmal in Begleitung Hezingers. Die ungarische Regierung, so Sebestyén, habe beschlossen, in der nächsten Woche die Gesandtschaften der Türkei, Spanien, Portugal, Schweden, Frankreich, Rumänien und der Schweiz zur Repatriierung binnen vier bis sechs Wochen aufzufordern. Andernfalls würden die Juden nach der ungarischen Judengesetzgebung behandelt werden. Deutscherseits wurde darauf hingewiesen, die Ungarn sollten möglichst nur Pässe anerkennen, die vor dem deutschen Einmarsch ausgestellt worden waren. Auf diese Weise könnten die lästigen Schutzpässe ignoriert werden. Im Falle Bulga-

---

311 Telegramm Thaddens vom 6.4.1944, in: ebd.
312 Vgl. Bericht [Veesenmayers] vom 27.4.1944, in: ebd., Inland II A/B, R 99449.
313 Vgl. Telegramm Veesenmayers vom 27.4.1944, in: ebd., Inland IIg 210.
314 Schreiben Thaddens an Wagner vom 29.4.1944, in: ebd., Inland II A/B, R 99449.

3.1 Im Sonderauftrag – Hezinger und von Thadden in Budapest

riens und der Slowakei wolle Sebestyén ein Desinteresse an den jeweiligen Juden erreichen.[315] Einige Tage später konnte Veesenmayer die ersten ungarischen Vorbereitungen nach Berlin melden: Ungarn wolle Lager für feindliche und neutrale Juden schaffen, denen gewisse Erleichterungen gewährt würden.[316] Am 5. Mai seien die ausländischen Missionen aufgefordert worden, ihre jüdischen Bürger zur Rückkehr anzuhalten.[317]

Unterdessen suchte Hezinger den Kontakt zu Eichmann. Mit ihm blieb der Inland II-Sonderbeauftragte anschließend in ständigem Kontakt[318], sodass Thadden dem RSHA melden konnte: »*Da mein in Budapest weilender Mitarbeiter Hezinger auf das engste mit der Dienststelle von Obersturmbannführer Eichmann in Budapest zusammenarbeitet […].*«[319] Für Veesenmayer war Hezinger der »*Verbindungsmann der Gesandtschaft beim Sondereinsatzkommando Eichmann*«.[320]

Wagner wurde schließlich ungeduldig. Er war im Salzburger Büro auf sich allein gestellt und brauche einen Mitarbeiter, der »*auch einmal wichtigste Berichte vom Reichsführer-SS abholen kann*«. Dabei habe er an Hezinger gedacht.[321] Noch am selben Abend telefonierte Thadden mit Hezinger und erfuhr, dass sein Mann in Budapest im Auftrag des Gesandten in nächster Zeit zu einer fünftägigen Rundreise in den Süden und Osten Ungarns aufbreche, um mit den dortigen SS-Stellen wegen der ausländischen Juden zu konferieren. Thadden schlug Wagner vor, Hezinger am 20. Mai nach Berlin zum Bericht zu bestellen und seine weitere Verwendung zu klären.[322]

Mit Zustimmung Veesenmayers hatte Hezinger von der SS die Zusage erhalten, in den Lagern nach ausländischen Juden fahnden zu dürfen. Hezinger ließ sich hierzu auf den Kommandanturen der Lager die Insassenlisten vorlegen und hielt die Leitenden an, Durchsagen zu machen, wonach sich fragliche Ausländer mit ihren Pässen bei Hezinger einzufinden hätten. Auf zwei Reisen will Hezinger etwa hundert bis zweihundert ausländische Juden listenmäßig erfasst haben.[323] Gruppenleiter Wagner unterrichtete Himmler persönlich von der Mission seines Sondergesandten. Am 14. Mai 1944 setzte er dem Reichsführer die Angelegenheit der »*Judenbearbeiter Ballensiefen-Hezinger*« auseinander; nähere Einzelheiten des Gesprächs fehlen leider. Und eine knappe Woche später meldete Wagner dem SS-Chef die »*Sicherstellung von Juden neutraler und feindlicher Staatsangehörigkeit durch besonderen Beamten Inland II*«.[324]

Was Hezinger in den Lagern zu sehen bekam, habe ihn fertig gemacht, die Zustände seien schlimm gewesen, berichtete er später. Die ungarische Polizei habe geschlagen

---

315 Vgl. Bericht [Veesenmayers] vom 29.4.1944, in: ebd.
316 Vgl. Telegramm Veesenmayers vom 3.5.1944, in: ebd., Inland IIg 210.
317 Vgl. Telegramm Veesenmayers vom 6.5.1944, in: ebd., Inland II A/B, R 99449.
318 Vgl. Eidesstattliche Erklärung Hezingers vom 2.6.1948, in: HStA Düsseldorf, Ger.Rep. 192/12.
319 Schreiben Thaddens an Eichmann vom 3.6.1944, in: PA AA, Inland II A/B, R 99449.
320 Telegramm Veesenmayers vom 4.5.1944, in: ebd., Inland IIg 210.
321 Schreiben Wagners an Thadden vom 8.5.1944, in: ebd., Inland IIg 209.
322 Vgl. Schreiben Thaddens an Wagner vom 9.5.1944, in: ebd.
323 Vgl. Eidesstattliche Erklärung Hezingers vom 16.1.1948, in: HStA Düsseldorf, Ger.Rep. 192/12.
324 Gesprächsnotizen Wagners vom 14.5.1944 u. 19.5.1944, beide in: PA AA, Inland IIg 7.

und misshandelt. Er will »*zusammengeklappt*« sein. Bei den Besprechungen sei auch der Name Auschwitz gefallen.[325] Die Ausführungen über das eigene Seelenleben erscheinen glaubhaft. Carl Rekowski, persönlicher Referent Veesenmayers, bestätigte sie. Hezinger sei in sein Büro gekommen und habe unter Tränen von der Trennung der jüdischen Familien erzählt. Er, Hezinger, sei glücklich verheiratet und wisse, was Trennung bedeute. Da er es nicht mehr ertrage, wolle er einen Rat. Rekowski habe empfohlen, sich zum Fronteinsatz zu melden.[326] Sollte Hezinger wirkliche Skrupel besessen haben, so wirkten sich diese allerdings nicht auf seine Arbeit aus. In den Lagern hätten ihm vermeintlich ausländische Juden teilweise »*völlig unzureichende oder zerfetzte Ausweise*« vorgelegt, die er nicht anerkannte.[327] Es bleibt die Frage, warum er sich nicht kulant zeigte und die vage Möglichkeit zur Rettung ergriff, wo ihn doch die Zustände nach eigener Aussage derart erschütterten. Auch Wagner, Thadden, die Gesandtschaft und die SS zeigten sich vollauf zufrieden mit seiner Auftragserfüllung.

Die Internierung bot den ausländischen Juden zwar einen verhältnismäßigen Schutz vor der Deportation, aber sie brachte die Gefangenen auf andere Weise in Lebensgefahr. Hezinger hatte die in den Lagern festgestellten Ausländer nach Budapest in ein Taubstummenheim in der Nähe des Ostbahnhofs bringen lassen. Wegen der Bombengefahr wurden sie auf eigenen Wunsch und durch Intervention der zuständigen Schutzmächte in ein Villenviertel verlegt, wo die Internierten auf einige Häuser in einer Straße verteilt wurden. Bei der Gruppe handelte es sich um ca. 140 Personen, hauptsächlich englische und amerikanische Staatsbürger. Es konnte nicht geklärt werden, ob es ausschließlich Juden waren. Am 2. Juli erfolgte um 10 Uhr vormittags ein Luftangriff, bei dem auch das Villenviertel stark getroffen wurde. Etwa 110 Internierte hatten sich in einen provisorischen Luftschutzkeller eines der Häuser geflüchtet, doch dieses Haus erhielt einen Volltreffer. Von den 110 Menschen überlebten nur etwa zehn. Später war von 89 bzw. 98 Toten die Rede. In einem Nachbargebäude starb ein Mann, der keinen Schutzraum aufgesucht hatte.[328]

Am 9. Mai 1944 verfasste Thadden ein halbamtliches Schreiben an seinen Vorgesetzten, in dem er mitteilte, Unterstaatssekretär Hencke habe ihn auf den Verlauf der Judenaktion angesprochen. Er habe Thadden dringend nahe gelegt, die laufenden Maßnahmen in Budapest vor Ort zu kontrollieren. Daneben hätte Hezinger in einem Telefonat die Frage der Behandlung der französischen, slowakischen und italienischen Juden in Ungarn angeschnitten und zudem angedeutet, dass die Lage für Verhandlungen über das ungarische Vermögen im Reich und den besetzten Gebieten günstig sei. (Damit dürfte das Vermögen der ungarischen Juden gemeint gewesen sein.) Eigentlich halte er eine Fahrt nicht für nötig, zumal Hezinger bereits dort sei, und eine Reise, die

---

325 Vernehmung Hezingers vom 15.12.1947, in: IfZ München, ZS 923 Adolf Hezinger.
326 Vgl. Vernehmung Rekowskis vom 17.9.1947, in: IfZ München, ZS 2355 Carl Rekowski.
327 Aussage Hezingers vom 17.5.1960, in: BA Ludwigsburg, B 162/5350.
328 Vgl. Protokoll der intern. Kommission vom 4.7.1944, in: PA AA, Inland II A/B, R 99450.

3.1 Im Sonderauftrag – Hezinger und von Thadden in Budapest

nicht erforderlich sei, »*unter das unschöne Motto: ›Jeder einmal ...‹ gestellt werden könnte*«. Aber unter den vorbezeichneten Umständen sei eine Fahrt angeraten.[329] So brachte Thadden von sich aus den Wunsch einer Dienstreise in die Donau-Metropole zur Sprache, und Wagner stimmte zu. Am 21. Mai teilte der Gruppenleiter der deutschen Gesandtschaft mit, Thadden werde am Montag eintreffen und sich dort melden, um die Frage des deutschen und ungarischen Judenvermögens zu erörtern. Gleichzeitig stehe der Sonderauftrag Hezingers vor dem Abschluss. Doch vor Hezingers Abreise bat Wagner noch, mit ihm das weitere Vorgehen zu besprechen.[330] Wagner stellte mit der Abberufung Hezingers seine eigenen Interessen über die sachlichen Anliegen von Inland II. Zudem nutzte er die Dienstreise Thaddens auch anderweitig. Wagner versah den Judenreferenten mit dem privaten Zusatzauftrag, Geburtstagsgeschenke für seine Ehefrau zu kaufen.[331]

Einen Tag später, am 22. Mai, traf Thadden in Budapest ein. Sein Terminplan war dicht gedrängt, Besprechungen bei den Dienststellen Eichmann und Ballensiefen standen auf dem Programm.[332] Am Spätnachmittag machte Thadden zunächst der Gesandtschaft seine Aufwartung, wo er zuerst mit Vortragendem Legationsrat Gerhard Feine zusammentraf, dem Stellvertreter Veesenmayers. Feine kam unverzüglich auf Hezinger zu sprechen, der »*schlechterdings unentbehrlich*« sei, und Thadden musste die sofortige Rückbeorderung des Sonderbeauftragten nach Salzburg rechtfertigen. Sodann besprach sich Thadden mit dem Presseverantwortlichen der Gesandtschaft, Kurt H. E. Brunhoff, wegen der Herausgabe einer antijüdischen Zeitung in Budapest. Der kränkliche Adamovic setzte Thadden hernach auseinander, dass er mangels weiterer Mitarbeiter vollkommen auf Hezinger angewiesen sei, um Außentermine und Lagerbesuche wahrzunehmen, die er selbst nicht bewältigen könne. Adamovic sei durch die lange Zeit in Budapest, so habe es Veesenmayer geäußert, derart mit der ungarischen Gesellschaft »*verfilzt*«, dass seine schnellste Abberufung bevorstehe. Als Ersatz für Adamovic und Hezinger sei Legationsrat und SS-Obersturmführer Theodor Horst Grell[333] vorgesehen, der Pfingsten eintreffe. Adamovic kenne sich zwar hervorragend in der ungarisch-antijüdischen Legislative aus, habe aber, so beobachtete Thadden, »*von den tatsächlichen Absichten der Exekutive und der praktischen*

---

329 Schreiben Thaddens an Wagner vom 9.5.1944, in: ebd., Inland IIg 209.
330 Vgl. Telegramm Wagners vom 21.5.1944, in: ebd., Inland IIg 210.
331 Vgl. Aussage Thaddens vom 15.3.1963, in: HStA Düsseldorf, Ger.Rep. 192/203.
332 Vgl. Bericht Thaddens vom 25.5.1944, in: PA AA, Inland IIg 212. Die weiteren Ausführungen folgen, soweit nicht anders gekennzeichnet, diesem Dokument. Der Bericht ist publiziert bei Poliakov/Wulf, Diener, S. 75-78.
333 Grell, Theodor Horst: geb. 19.12.1909; Jurist; AA seit 25.3.1937, Ges. Belgrad 1940, LS 1941, LR 1943, dt. Ges. Budapest Mai 1944; SS seit 1.4.1933, SS-Nr. 64.636, SS-Ustuf. 20.4.1939, SS-Ostuf. 9.11.1940; SA 1930–1932; NSDAP seit 1.5.1929, Parteinummer 131.473; Frontdienst 25.9.1939–Nov. 1940, EK II, vgl. BA Berlin, SSO Theodor Grell u. Aussage Grells vom 14.6.1961, in: BA Koblenz, B 305/977.

Durchführung der Judenmaßnahmen dagegen [...] keine Vorstellung«. Hier darf man zwanglos vermuten, dass Thadden selbst durchaus eine Vorstellung davon hatte.

Am frühen Abend suchte er den Gesandten auf, mit dem sich eine fast einstündige Unterredung entwickelte. Zunächst bestimmte wieder Hezingers Auftrag das Gespräch. Veesenmayer wisse gut, dass Hezinger nur vorübergehend in Budapest arbeiten könne, deutete aber an, die Kooperation mit der SS laufe ohne Hezinger möglicherweise nicht immer glatt:

> »Hezinger habe es nicht nur verstanden, seinen Auftrag hervorragend durchzuführen, sondern auch so kameradschaftliche Beziehungen zu den Dienststellen der Exekutive herzustellen, daß Hezinger der Einzige sei, der ihm, [Veesenmayer], bisher nur Freude bereitet habe und auf dessen Arbeitsgebiet es Schwierigkeiten bisher nicht gegeben habe.«

Die Abberufung würde zu Schwierigkeiten führen, fürchtete der Gesandte, der deshalb bat, Hezinger noch einige Wochen in Ungarn zu belassen. Anschließend trug Thadden einige Fragen der Vermögensbehandlung vor, doch Veesenmayer hielt den Zeitpunkt, dies bei den Ungarn zur Sprache zu bringen, für verfrüht.

Am nächsten Morgen stattete Thadden Eichmann einen Besuch ab, der einen Überblick über den Stand der Dinge in den einzelnen Zonen gab, wonach bisher 116.000 Juden deportiert und weitere 200.000 konzentriert seien. Ende Juni hoffe man, mit der Erfassung in Budapest beginnen zu können. Insgesamt werde man eine Million Juden erfasst haben, von denen ein Drittel arbeitsfähig sein dürfte. Der Zielort der Deportationen sei Oberschlesien. Ein geringer Teil werde in Ungarn verbleiben, um in der Rüstungsindustrie zu arbeiten. Gegen Ende Juli sei die gesamte Aktion abgeschlossen. Eichmann bat »*dringend*« um weitere Unterstützung, wie Hezinger sie geleistet habe. Nur so könne es eine Gewähr dafür geben, dass bei der Brutalität der Ungarn und der »*nicht zu leugnenden Sturheit seiner eigenen Außenkommandos*« bei der Behandlung der ausländischen Juden »*keine zu groben Schnitzer passierten*«. Umso betroffener reagierte Eichmann, als ihm Thadden unterbreitete, Hezinger sei abberufen. In diesem Fall könne Eichmann für nichts garantieren, gerade im Hinblick auf die geplante Aktion in der Hauptstadt. Eichmann bat, Hezinger wenigstens hierfür wieder zu entsenden. Grell sei ein tüchtiger Ersatz, aber Hezinger habe eine »*kameradschaftliche Zusammenarbeit*« erreicht, für die Grell seine Zeit brauchen werde. Eichmann eröffnete Thadden im Übrigen, dass er befohlen habe, die Jüdin Gemma Glück zu verhaften, die als geborene Laguardia die Schwester des New Yorker Oberbürgermeisters war. Nach seiner Rückkehr bat Thadden die Gesandtschaft, einen Transport der Frau in die Vernichtungslager zu unterbinden. Sie solle in einem Sonderlager für »*evtl. politische Zwecke greifbar*« bleiben.[334] Auf Weisung Himmlers

---

334 Schreiben Thaddens an dt. Ges. Budapest vom 6.7.1944, in: PA AA, Inland II A/B, R 99450.

wurde sie nach Mauthausen und dann nach Ravensbrück gebracht, wo sie als »*politische Geisel*« bis Kriegsende blieb.[335]

Nach der Besprechung fuhr Thadden am Nachmittag in den ehemals vorwiegend jüdisch frequentierten Unions-Club, wo das erst vor Kurzem eröffnete ungarische »Institut zur Erforschung der Judenfrage« seinen Sitz hatte. Am 12. Mai 1944 hatte die Einweihungsfeier stattgefunden. Staatssekretär Endre hatte in seinem Grußworte davon gesprochen, dass das Judentum in Ungarn eine beherrschende Stellung innegehabt habe, die es jetzt zu liquidieren gelte. Der Institutsleiter Zoltán Bosnyak hatte anschließend die führende Stellung mit Zahlen zu belegen versucht. Das nationale Ungarn sei von den Juden vollends in den Hintergrund gedrängt worden, und es sei erklärtes Ziel des Instituts, die Fehler der Vergangenheit wieder gutzumachen. Zum Schluss hatte SS-Hauptsturmführer Ballensiefen das »*Problem des Weltjudentums*« erörtert.[336]

Das neue Institut war nichts anderes als eine getarnte Agitationsstelle und kann als ungarischer Ableger des deutschen Rosenberg-Instituts verstanden werden, das im erweiterten Kreis von Inf. XIV agierte. Ballensiefen zog hinter den Kulissen die Fäden, hatte es aber bei der Eröffnung nicht für nötig gehalten, die Gesandtschaft zu informieren bzw. einen Vertreter einzuladen. Veesenmayer reagierte pikiert und war mit Ballensiefen alles andere als zufrieden. Für Thadden war der Zweck der Einrichtung klar: Unterstützung der Judenmaßnahmen durch Propaganda. Wie Thadden bemerkte, sei die »*Stürmer-ähnliche Zeitung*« des Instituts, *Harc* (dt. Kampf), in einer Auflage von 50.000 Exemplaren erschienen und sehr schnell den Verkäufern aus den Händen gerissen worden. In einigen Fällen hätten auch Juden bis zu dreißig Exemplare erstanden: »*Es steht aber zu hoffen, daß das Blatt auch arische Abnehmer gefunden hat*«. Ballensiefen zog Thadden ins Vertrauen, dass er die Zeitung insgeheim in einer höheren Auflage drucken ließ und bereits die Papierzuteilung für die zweite Nummer restlos verbraucht habe.[337]

Am 24. Mai führte Thadden noch ein kurzes Gespräch in der Gesandtschaft, bevor er nach Berlin aufbrach. Dort angekommen schrieb er zwei Berichte, die der höchsten Geheimhaltungsstufe unterlagen: einen offiziell gehaltenen, der den Stand der Judenmaßnahmen wiedergab (26. Mai 1944, Aktenzeichen Inl. II 286 gRs.)[338], und einen halbamtlichen, den er Wagner zustellte (25. Mai 1944, Aktenzeichen Inl. II 283 gRs.). Auf Letzterem beruht wesentlich die obige Darstellung. Der offizielle Bericht ging an den Staatssekretär, Botschafter Ritter, Unterstaatssekretär Hencke und die Abteilungsleiter Presse und Kulturpolitik sowie an Inf. XIV. Auf Anregung Steengrachts trug Wagner Auszüge daraus dem RAM vor. Ferner gab Thadden bei einer der »Mor-

---

335 Schreiben CdS an Thadden vom [Juli] 1944, in: ebd.
336 Schreiben Veesenmayers an AA vom 22.5.1944, in: ebd., Inland II A/B, R 99449.
337 Vgl. Vernehmung Thaddens vom 16.12.1947, in: IfZ München, ZS 359/2 Eberhard von Thadden.
338 Vgl. Bericht Thaddens vom 26.5.1944, in: PA AA, Inland IIg 210. Dieser Bericht ist publiziert in ADAP, Serie E, Bd. VIII, Nr. 39.

genandachten« den Anwesenden eine Schilderung der Reise.[339] Am 13. Juli 1944 ließ sich auch Hencke im Rahmen der morgendlichen Besprechung von Thadden über die Behandlung der Juden in Budapest in Kenntnis setzen.[340] Das AA insgesamt war somit hinlänglich unterrichtet.

Im weniger ausführlichen amtlichen Bericht griff Thadden auf Informationen zurück, die er seinem Besuch sowie der Drahtberichterstattung aus Budapest entnehmen konnte. Er resümierte, dass die Judenfrage in Ungarn durch die große Unterstützung von Endre und Baky »*im Eiltempo*« bearbeitet werde, und entwarf eine Skizze der Deportations- und Internierungsmaßnahmen.[341] Inland II habe mit seinem Sonderbeauftragten ausländische Juden »*aussortieren lassen*«. Da sich in den Lagern viele ausländische Juden aufhielten, »*legt man auf eine weitere Beteiligung von Dienststellen des Auswärtigen Amts [...] besonderen Wert*«. Die antijüdische Gesetzgebung laufe »*trotz der unmittelbar bevorstehenden Radikallösung*« weiter. Durch die Transporte sei unter den Juden in Budapest Unruhe aufgekommen, weshalb der Judenrat beauftragt sei, die Meldung auszugeben, die Deportationen würden sich auf die jüdische Bevölkerung in den Ostprovinzen beschränken. (Thadden wusste, dass es sich um eine Lüge handelte.) Er berichtete weiter, die Erfassung in Budapest solle in einem eintägigen Großunternehmen Ende Juli abgeschlossen werden. Alle ungarischen Polizeikräfte würden dafür zusammengezogen, Budapester Schornsteinfeger und Briefträger sollten als Lotsen fungieren. Der öffentliche Nahverkehr würde eingestellt und nur zum Abtransport der Juden eingesetzt, die zunächst auf einer Donauinsel oberhalb der Hauptstadt konzentriert werden sollten. Die arbeitsfähigen Juden sollten ins »*Sammellager Auschwitz*« gebracht werden und dort zur Zwangsarbeit herangezogen werden. Ferner berichtete Thadden über die Propaganda der Zeitschrift *Harc* und die ungarische Gesetzgebung, welche freilich nicht die Schärfe der Nürnberger Rassegesetze besitze.

Dem halbamtlichen Bericht an den »*lieben Horst*« fügte Thadden ein Anschreiben bei, in welchem er die Befürchtungen Veesenmayers und Eichmanns aufgriff und unterstrich, dass auch er, Thadden, die zukünftige Kooperation zwischen Grell und Eichmann äußerst kritisch beurteile. Grell, der zeitweise in der Abteilung D eingesetzt war, habe es bis jetzt mit seinem »*Befehlshaberton*« immer geschafft, »*Krach zu erzeugen*«, der sich dann auch auf Thaddens Arbeit niederschlagen werde. Einer Rückkehr Hezingers vor Abschluss der Budapester Aktion sehe er deshalb mit großer Sorge entgegen.[342] Der gesonderte Bericht an den Vorgesetzten war zur persönlichen

---

339 Vgl. Aussage Steengrachts vom 25.1.1952 u. Aussage Paul K. Schmidts vom 7.3.1952, beide in: HStA Düsseldorf, Ger.Rep. 192/12.
340 Vgl. Schreiben Thaddens an Wagner vom 13.7.1944, in: ebd., Ger.Rep. 192/126.
341 Vgl. wie im folgenden Bericht Thaddens vom 26.5.1944, in: PA AA, Inland IIg 210. Das 7. Exemplar des Berichts findet sich in Inland IIg 514.
342 Anschreiben Thaddens an Wagner [o. D.], in: ebd., Inland IIg 212.

3.1 Im Sonderauftrag – Hezinger und von Thadden in Budapest

Information verfasst und entsprang vor allem dem Wunsch Thaddens, Hezinger in Budapest weiter für sich arbeiten zu lassen.

Thadden konnte sich im Ringen um Hezinger teilweise durchsetzen. Trotz Wagners Hilferuf aus Salzburg blieb der Mann wegen seines wichtigen Auftrages weiterhin in Budapest. Von Berlin aus betrieben Wagner und Thadden die Beförderung Hezingers zum Vizekonsul und die damit verbundene Übernahme in den Höheren Dienst. Beide hofften auf eine ständige Abordnung des tüchtigen Mitarbeiters, welche die Personallage bei Inland II etwas entspannt hätte. Allerdings spekulierte Wagner darauf, den neuen Mann als Referenten zu verpflichten, wogegen Thadden hoffte, Hezinger werde bei Inland II A eingesetzt. Der Judenreferent schrieb eine sehr wohlwollende Beurteilung für die Personalabteilung:

>»Er [Hezinger] hat dort [Budapest] mit mehr oder weniger formeller Unterstützung der Gesandtschaft in Verhandlungen mit dem ungarischen Außenministerium sichergestellt, daß eine im deutschen Interesse entsprechende Behandlung der in Ungarn lebenden Juden ausländischer Staatsangehörigkeit durchgeführt wurde. [...] Durch Stichproben in den einzelnen Judenlagern überzeugt er sich selbst vor Abtransport der Juden ins Reich von der Durchführung der gegebenen Anordnungen. Die Tätigkeit Hezingers in Budapest wurde nicht nur von Inland II und dem deutschen Gesandten in Budapest anerkennend beurteilt, sondern auch die SS-Dienststellen äußerten sich in so anerkennender Form über seinen Einsatz, daß sie dringendst warten, daß die bereits verfügte Abordnung Hezingers aus Budapest rückgängig gemacht und er weiterhin dort belassen wird.«[343]

Ferner meldete Wagner dem Reichsführer-SS, sein Emissär habe sich »*bei besonders schwierigen Auslandsaufträgen, z. Bsp. bei Lösung der Judenfrage in Ungarn [...] hervorragend bewährt [...].*«[344]

Nach seiner Rückkehr aus Budapest kümmerte sich Thadden auch um die internen Zwistigkeiten der Propagandaarbeit, die ihm auf der Dienstreise nicht entgangen waren. Die Arbeit litt unter den latenten Spannungen zwischen Helmut Triska, dem Kulturreferenten der Gesandtschaft, und Ballensiefen vom antijüdischen Institut, und Thadden regte an, einen weiteren Sonderbeauftragten zu entsenden, der seitens der Gesandtschaft die Kontakte zu Eichmann und Ballensiefen pflegen und intensivieren sollte.[345] In einem halbamtlichen Schreiben an Veesenmayer, in dem Thadden von seiner Sorge schrieb, ob Grell »*auch ausreichend Zeit finden wird, um sich dem mit der Judenfrage zusammenhängenden Komplex in gleicher intensiver Weise anzunehmen,*

---

[343] Aufzeichnung Wagners über Hezinger [8.6.1944], in: ebd. Die Aufzeichnung wurde von Thadden verfasst und von Wagner unterzeichnet. Ein Exemplar befindet sich in Inland II A/B, R 100305.
[344] Schreiben Wagners an Stab RFSS vom 8.9.1944, in: ebd.
[345] Vgl. Schreiben Thaddens an Wagner vom 8.6.1944, in: ebd., Inland IIg 212.

wie Hezinger dies bisher getan hat und wie dies zur Sicherstellung unserer Interessen wohl auch erforderlich sein dürfte«, regte Thadden an, die Verbindung der Gesandtschaft zu Ballensiefen und Eichmann in eine Hand zu legen. Dazu hätte er auch schon einen Mann gefunden. Nun zahlte sich der Kontakt zu Gauleiter Sprenger aus, den Thadden im März 1944 auf der *Welt-Dienst*-Tagung geknüpft hatte. Thadden hatte erfahren, dass es möglich sei, einen früheren persönlichen Referenten Sprengers, der in der »Judenfrage« sehr bewandert sei, für einige Monate »*loszueisen*«. Bei Interesse Veesenmayers werde Thadden Sprenger darauf ansprechen. Die AA-Personalabteilung sei verständigt.[346] Doch Veesenmayer lehnte das Angebot ab. Er dankte für die gute Absicht, aber ein zusätzlicher Mitarbeiter sei nicht erforderlich.[347]

Hezinger arbeitete unterdessen in der ungarischen Hauptstadt weiter an der Selektion der Juden. Am 26. Mai wurden Adamovic und Hezinger von Sebestyén ins Außenministerium geladen. Hezinger berichtete von seiner kürzlichen Inspektionsreise, auf der er fünfzig ausländische Juden ausfindig gemacht und deren Überstellung nach Budapest angeordnet habe. Sebestyén gab alsdann einen Überblick über die Reaktionen der neutralen Gesandtschaften. Unter anderem hätten Schweden und Portugal einer Rückkehr ihrer Juden zugestimmt. Bulgarien und Rumänien sei geraten worden, sich an dem Schicksal ihrer Juden desinteressiert zu zeigen, eine Antwort stehe noch aus. Der slowakische Gesandte erwarte, dass eine Reihe slowakischer Juden die Ausreise gewährt werde. Anschließend übergab Sebestyén Hezinger eine Liste von ausländischen Juden, deren Heimbeförderung von den betreffenden Gesandtschaften gefordert worden war, deren Aufenthalt aber nicht ermittelt werden konnte. Hezinger wolle den Verbleib bei den deutschen Dienststellen klären.[348]

Die Zustimmung der Achsenpartner Rumänien und Slowakei war nicht sonderlich gefestigt. Veesenmayer beschwerte sich beim AA darüber, dass sich die Slowakei für ihre Juden in Ungarn stark mache. Es komme der Eindruck auf, Preßburg wolle nicht nur Einzelfälle freigestellt sehen, sondern habe ein grundsätzliches Interesse an den Juden. Veesenmayer regte daher an, auf die Regierung einzuwirken, sich desinteressiert zu zeigen.[349] Einen Tag später, am 14. Juni, kabelte er nach Berlin, es würde die Aktion in Ungarn außerordentlich erleichtern, »*wenn nunmehr auch in der Slowakei gründlich gegen die Juden vorgegangen würde, umsomehr* [sic] *als diese dort auch aus politischen und wehrwichtigen Gründen ein höchst unerwünschtes Element darstellen*«. Zuvor hätten sich slowakische Juden nach Ungarn geflüchtet, aber jetzt sei »*als Folge unseres Zupackens*« eine umgekehrte Fluchtrichtung festzustellen.[350] Ribbentrop genehmigte ein Treffen Veesenmayers mit dem Gesandten Ludin in Preßburg, um das Thema aus der Welt zu schaffen. Gleichzeitig wies er Ludin an, die slowaki-

---

346 Schreiben Thaddens an Veesenmayers vom 2.6.1944, in: ebd., Inland IIg 209.
347 Vgl. Brief Veesenmayers an Thadden vom 7.6.1944, in: ebd., Inland IIg 210.
348 Vgl. Bericht Adamovic' vom [26.5.1944], in: ebd., Inland II A/B, R 99449.
349 Vgl. Telegramm Veesenmayers vom 13.6.1944, in: ebd., Inland IIg 211.
350 Telegramm Veesenmayers vom 14.6.1944, in: ebd.

3.1 Im Sonderauftrag – Hezinger und von Thadden in Budapest

sche Regierung zur Freigabe ihre Juden in Ungarn zu bringen. Aber das Treffen kam nicht zu Stande. Veesenmayer und Eichmann sahen sich durch ihre Arbeit in Ungarn derart ausgelastet, dass eine Terminierung ständig verschoben wurde.

Das »Problem« blieb freilich bestehen, Ludin spielte es jedoch herunter. Er habe nicht den Eindruck, Preßburg wolle sich für alle seine Juden in Ungarn einsetzen. Als Beweis schickte er die Abschrift eines Briefes des Ministerpräsidenten Sano Mach, der von einem Missverständnis sprach. Man wolle nur die Freilassung der in der Vergangenheit legal nach Ungarn gereisten Juden erwirken. An den sich dort illegal Aufhaltenden zeige sich die Slowakei desinteressiert.[351] Veesenmayer reichte die Aussage nicht. Er prophezeite schwere Komplikationen und kritisierte die Slowakei, die zu human sei. Die Slowaken hätten ihren nach Ungarn geflüchteten Juden wieder die Rückreise gestattet. Überhaupt brachte ihn die Tatsache, dass die Slowakei für ihre Juden interveniere, in Harnisch. Er machte die Haltung der Slowakei und auch die Rumäniens für die abnehmende Kooperationsbereitschaft der Ungarn verantwortlich. Budapest weise berechtigt darauf hin, dass die deutsche Forderung nach der »*Judensäuberung Europas*« in Ungarn total und ohne Rücksicht auf die internationale Stellung des Donaustaates umgesetzt werde, aber andere Verbündete sich dieser Forderung bisher »*erfolgreich entziehen konnten*«.[352]

Mitte Juli schilderte der stellvertretende ungarische Außenminister dem deutschen Gesandten die schwierige Lage. Während Ungarn sich wegen der Deportationen heftiger Kritik von Neutralen und Westalliierten ausgesetzt sehe, würden die Slowakei und Rumänien versuchen, sich durch die milde Behandlung bei den Alliierten Liebkind zu machen.[353] Inland II reagierte umgehend und setzte ein Telegramm nach Preßburg auf, das Ludin anwies, nach Möglichkeiten zu suchen, eine schärfere Handhabe zu veranlassen.[354] Hezinger, der den beurlaubten Thadden vertrat, übernahm es unter Zustimmung des RAM, den Gesandten in Bukarest aufzufordern, auf die peinliche Einhaltung der rumänischen Judengesetze zu drängen.[355] Um die Einwanderung von Juden nach Rumänien zu verhindern, dachte man insbesondere an das kürzlich unter Beteiligung von Polizei-Attaché SS-Sturmbannführer Gustav Richter verabschiedete Gesetz, welches die Todesstrafe für Juden vorsah, welche illegal die Grenze überquerten.

Um den 28. Mai traf Grell in der ungarischen Hauptstadt ein. Missgestimmt bemerkte Thadden, er habe es für unnötig gehalten, sich vor Abreise mit ihm in Verbindung zu setzen. Es komme also auf Hezinger an, Grell einzuarbeiten und die gute Zusammenarbeit mit dem »Juden-SEK« herzustellen.[356] Doch Hezinger hatte keine

---

351 Vgl. Brief Machs vom 1.7.1944, in: ebd.
352 Schreiben Veesenmayers an AA vom 10.8.1944, in: ebd.
353 Vgl. Telegramm Veesenmayers vom 11.7.1944, in: ebd., Inland IIg 209.
354 Vgl. Telegramm Wagners vom [13.7.] 1944, in: ebd. Das Telegramm ist von Thadden aufgesetzt und von Wagner unterzeichnet.
355 Vgl. Schreiben Hezingers vom 8.8.1944, in: ebd.
356 Vgl. Schreiben Thaddens an Wagner vom 8.6.1944, in: ebd., Inland IIg 212.

hohe Meinung von Grell. Dieser sei nach Budapest gekommen, »*um gut zu leben*«, er wolle »*sich erstmal gemütlich einrichten*«.[357]

Der Neue sollte die Rechtsabteilung übernehmen und gleichzeitig als Judenreferent fungieren. Damit verband er die Aufgaben des scheidenden Adamovic mit denen Hezingers. Bei der Bearbeitung der »Judenfrage« hatte Grell nach eigener Aussage keine Skrupel, aber die Leitung der Rechtsabteilung habe er nicht gewollt.[358] Entgegen des Status' von Hezinger als Sonderemissär wurde Grell in die Gesandtschaft integriert und unterstand Veesenmayer. Wohl um die neue Stellung angemessen zu repräsentieren, ließ sich Grell in Budapest zuerst eine neue SS-Uniform schneidern. Wie Hezinger und andere Angehörige deutscher Dienststellen wurde er im Hotel Carlton einquartiert.

Nach Grells Erinnerung habe er von Hezinger eine Liste bekommen, welche die drei möglichen Optionen enthielt, wie mit ausländischen Juden zu verfahren sei: Neutrale und angloamerikanische seien zu erfassen und dürften nicht deportiert werden. Juden aus Staaten, die der Deportation zugestimmt hätten, wie etwa Kroatien, müssten in den Lagern bleiben. Ebenfalls nicht zu separieren seien Juden mit nicht anerkannten Staatsangehörigkeiten.[359] Am 13. Juni berichtete Veesenmayer, Grell und Hezinger hätten gemeinsam vor der Verladung noch eine geringe Anzahl festgestellt, obwohl Ungarn und SD angeblich bereits Ausländer getrennt hätten.[360] Hezinger blieb noch bis Mitte Juni in Budapest, danach ging er nach Salzburg zu Wagner, sodass Grell allein die Lager inspizierte.

Seine Ergebnisse fasste Grell am 24. Juli 1944 in einem Bericht zusammen, der exemplarisch für die Deportationspolitik des AA stehen kann.[361] Jüdische Angehörige der Westalliierten seien grundsätzlich interniert worden, während die ungarische Regierung angehalten worden sei, die Neutralen (Türkei, Spanien, Portugal, Schweden, Schweiz und südamerikanische Staaten) und die Verbündeten (Rumänien und Finnland) innerhalb einer Frist bis zum 1. August, später bis zum 26. August, zu einer Übernahme ihrer jüdischen Staatsbürger aufzufordern. Ansonsten erfolge die vorläufige Internierung. Diese Regelung bezog sich nicht auf die Länder, die unter deutscher Kontrolle standen: Serbien, Griechenland, Norwegen, Dänemark, Niederlande, Belgien, das Generalgouvernement und Böhmen und Mähren sowie die baltischen Staaten. »*Stillschweigend*« seien die kroatischen und slowakischen Juden evakuiert worden. Italien und Bulgarien hätten ihre Juden den deutschen und ungarischen Stellen überantwortet. Einen Spezialfall bilde Frankreich, da Ungarn sich nicht im Krieg mit Frankreich befinde. Die von der französischen Gesandtschaft reklamierten Juden seien zunächst interniert. Eine kleine Gruppe argentinischer Juden sei die Ausreise mit

---

357 Vernehmung Hezingers vom 15.12.1947, in: IfZ München, ZS 923 Adolf Hezinger.
358 Vgl. Aussage Grells vom 22.7.1949, in: BA Ludwigsburg, B 162/5356.
359 Vgl. ebd.
360 Vgl. Telegramm Veesenmayers vom 13.6.1944, in: PA AA, Inland IIg 210.
361 Vgl. Bericht Grells vom 24.7.1944, in: ebd., Inland IIg 209. Ebenso die nachfolgenden Angaben.

dem Diplomatentransport gestattet worden. Illegal nach Ungarn gekommene rumänische Juden und die so genannten Staatenlosen (aus dem ehemaligen Jugoslawien, der Tschechoslowakei, Polen sowie deutsche Flüchtlinge) seien zum Abtransport frei gegeben.

Das besetzte Frankreich, das eigene diplomatische Beziehungen zu Ungarn hielt, hatte diejenigen Juden reklamiert, die freiwillig nach Frankreich zurückkehren wollten. Grell und Sebestyén zeigten Unverständnis, warum Frankreich seine Juden nicht frei gebe.[362] Auch das RSHA war unzufrieden und erbat vom AA, Frankreich dazu zu bewegen, die französischen Juden zum »Arbeitseinsatz« heranziehen zu können. Thadden wandte sich deshalb an die deutsche Botschaft in Paris.[363] Von dort antwortete ihm zwei Wochen später der Geschäftsträger Werner von Bargen, die Franzosen sähen von einer Repatriierung wegen technischer Undurchführbarkeit ab und erbäten die vorläufige Internierung, um später verhandeln zu können.[364] Das RSHA wurde verständigt und beschloss, die französischen Juden nach Bergen-Belsen zu deportieren. Sie sollten zunächst durch die ungarischen Behörden interniert werden, um sie später »*auf die eine oder andere Weise*« ins Reich zu deportieren.[365] Wie diese Aussage gemeint war, bleibt unklar.

In den folgenden Monaten kontrollierte Grell auf insgesamt fünf bis sechs mehrtägigen Reisen die Lager in den Deportationszonen. Nach eigener Erinnerung habe er kurz vor der Räumung die Lager besucht, die teilweise in alten Fabriken und Ziegeleien eingerichtet waren. Die Behandlung der Gefangenen sei »*ziemlich brutal*« gewesen, und die ungarische Gendarmerie habe die Juden nach Geld und Schmuck durchsucht. Moralisch erschüttert hätten ihn die Besuche aber nicht. Für ihn sei das Ganze ein technischer Vorgang. Je nach Anzahl der Insassen will Grell jeweils fünf bis fünfzig Juden separiert haben.[366]

Als Judenreferent war Grell auch für weitere Aspekte der »Judenfrage« zuständig. Zum Beispiel bearbeitete er ungarische Interventionen. Zieht man die Aussagen ehemaliger Missionsangehöriger heran, so waren Thaddens Bedenken, Grell werde seine Schwierigkeiten mit Eichmann haben, unbegründet. Feine erinnerte sich, daß der neue Mann als absoluter Partei- und SS-Exponent aufgetreten sei, und dass »*Grell sehr enge Beziehungen zu Eichmann unterhielt, und daß beide häufig miteinander Trinkgelage abhielten, war in der Gesandtschaft allgemein bekannt.*«[367] Rekowski bestätigte dies: »*Die enge Freundschaft zwischen Grell und Eichmann war aber in der Ge-*

---

362 Vgl. Aktenvermerk Grells vom 12.6.1944, in: ebd.
363 Schreiben Thaddens an dt. Botschaft Paris, in: ebd.
364 Vgl. Schreiben Bargens an AA vom 13.7.1944, in: ebd.
365 Bericht Grells vom 24.7.1944, in: ebd. Im Dezember 1944 erreichten 300 Franzosen die Schweiz. Ob es sich dabei um französische Juden aus Ungarn handelte, konnte nicht sicher recherchiert werden, vgl. Telegramm Köchers vom 8.12.1944, in: ebd.
366 Vgl. Aussage Grells vom 31.8.1949, in: BA Ludwigsburg, B 162/5356.
367 Vernehmung Feines vom 10.11.1949, in: HStA Düsseldorf, Ger.Rep. 192/37.

sandtschaft Tagesgespräch.«³⁶⁸ Er sei dienstlich wie privat fast ständig mit Eichmann zusammen gewesen und habe einen Hang zum Alkohol gehabt. Grell, NSDAP-Mitglied seit 1929 und SS-Obersturmführer, behauptete nach dem Krieg von sich: »*Ich bin gläubiger Nationalsozialist gewesen.*«³⁶⁹ Er habe eine Duz-Freundschaft mit Eichmann gepflegt, um ein freundschaftliches Verhältnis und gutes Arbeitsklima zu schaffen.³⁷⁰ Während eines der Trinkgelage, so erinnerte sich Grell, habe der angetrunkene Eichmann geprahlt, er habe sechs Millionen Juden auf dem Gewissen. Doch Grell will daraus nur geschlossen haben, Eichmann habe sich den Hass von sechs Millionen Juden zugezogen.³⁷¹ An anderer Stelle meinte Grell, er habe geglaubt, Eichmann habe damit nur die »*Entwurzelung der Juden*« gemeint.³⁷² In den kommenden Wochen entstand zwischen den beiden ein Klima der Kumpanei. Grell bewirtete Eichmann und seine Mitarbeiter und will den SS-Leuten »*nicht unhäufig*« Geschenke aus den Beständen der Gesandtschaft, vornehmlich Alkohol und Tabak, gemacht haben.³⁷³ Während die Deportationen nach Auschwitz rollten, ließen es sich die Verantwortlichen nach Feierabend gut gehen.

Von Eichmann dürfte Grell auch die Geschichte erfahren haben, dass aus den Deportierten Seife gemacht werde. Rekowski wurde Zeuge, als der angeheiterte Grell die entsetzten Sekretärinnen darüber aufklärte, dass J 1 dabei die Bezeichnung für jüdische Männer sei, J 2 die für jüdische Frauen und J 3 stehe für jüdische Kinder. Grell gab später zu, dass er das gesagt hatte, er habe aber nur eine ausländische Zeitungsmeldung lächerlich machen wollen.³⁷⁴ Rekowski hielt auch sonst wenig von dem Judenreferenten. Grell habe sich wichtig gegeben, sei aber nicht sehr tüchtig gewesen. Eine menschliche Regung hätte er den Juden nicht entgegengebracht. Im Gegenteil habe er sich damit gebrüstet, was er ihnen alles antun könne. Bei Verhaftungen sei Grell manchmal persönlich anwesend gewesen und habe sich die Taschen vollgestopft. Tatsächlich hatte er Figuren aus jüdischem Besitz in seinem Büro aufgestellt. Grell widersprach später, die Dinge seien ihm von einem Ungarn aus jüdischem Besitz geschenkt worden. Rekowski resümierte: »*Grell gehörte eigentlich ins Irrenhaus.*«³⁷⁵

---

368 Vernehmung Rekowskis vom 11.11.1949, in: ebd. Auch ein anderer Gesandtschaftsangehöriger schilderte Alkoholprobleme, zudem habe sich Grell »*in seiner SS-Haltung recht aggressiv*« gezeigt, vgl. Aussage Johannes E. vom 9.3.1961, in: BA Ludwigsburg, B 162/5351.
369 Vernehmung Grells vom 2.9.1947, in: IfZ München, ZS 720 Horst Grell.
370 Vgl. Aussage Grells vom 3.10.1966, in: BA Ludwigsburg, B 162/5353.
371 Vgl. Vernehmung Grells vom 11.12.1947, in: IfZ München, ZS 720 Horst Grell.
372 Aussage Grells vom 23.6.1949, in: BA Ludwigsburg, B 162/5356.
373 Aussage Grells vom 5.9.1949, in: ebd.
374 Vgl. Vernehmung Grells vom 17.9.1947, in: IfZ München, ZS 2355 Carl Rekowski.
375 Vernehmung Rekowskis vom 11.11.1949, in: HStA Düsseldorf, Ger.Rep. 192/37.

3.2 Stopp und Wiederaufnahme der Deportationen

Während in den letzten ungarischen Zonen die Erfassungen liefen, wurden die in den ersten Zonen konzentrierten Juden bereits nach Auschwitz geschickt. Am 13. Juni 1944 meldete Veesenmayer 289.357 Deportierte, die in 92 Züge zu je 45 Wagons abgegangen seien. Die Zahlen erhöhten sich am 14. Juni auf insgesamt 324.005, am 19. Juni auf 377. 601 und am 9. Juli auf 437.402.[376] Grell erinnerte sich: »*Eichmanns Wunschtraum war, die Millionenziffer zu erreichen.*«[377] Der Großteil der Deportierten wurde nach der Ankunft vergast.

Bei SS und AA liefen Ende Mai 1944 die Vorbereitungen für die Erfassung der Juden in Budapest, der letzten der sechs Zonen. Nicht nur bei Inland II machte man sich Gedanken um einen reibungslosen Ablauf. Der Leiter der Nachrichten- und Presseabteilung, Paul Karl Schmidt, war gut über die Vorgänge in Ungarn informiert und sorgte sich, dass die Verhaftungswelle im Ausland große Beachtung finden würde: »*Die Gegner werden schreien und von Menschenjagd usw. sprechen und unter Verwendung von Greuelberichten die eigene Stimmung und auch die Stimmung bei den Neutralen aufzuputschen versuchen.*« Er wolle deshalb vorbeugen und eine legitimierende Begründung für die Aktion formulieren. Schmidt beherrschte die Klaviatur der Agitation und dachte an »*Sprengstofffunde in jüdischen Vereinshäusern und Synagogen, Sabotageorganisationen, Umsturzpläne, Überfälle auf Polizisten, Devisenverschiebungen großen Stils mit dem Ziele der Untergrabung des ungarischen Währungsgefüges*«. Den Ausschlag müsse ein »*besonders krasser Fall*« geben, der zu einer Großrazzia führe.[378] Der Staatssekretär billigte den Vorschlag und ließ ihn über Inland II an Veesenmayer weiterleiten. Der wollte der Empfehlung jedoch nicht folgen. Bisher hätten die »*Evakuierungsmaßnahmen*« kaum Widerhall im Ausland gefunden. Zudem stünden die jüdischen Einrichtungen unter scharfer Kontrolle und die Bewegungsfreiheit der Juden sei so stark eingeschränkt, dass Waffenfunde oder ähnliches unglaubwürdig wirkten.[379]

Am Morgen des 6. Juni, dem Tag der Invasion in der Normandie, brachte Gesandter Six das Thema auf der Direktorenbesprechung an, worauf Thadden von der Ablehnung Veesenmayers berichtete. Aber der Judenreferent teilte die Sorge und sah in der alliierten Landung eine günstige Gelegenheit, die die mangelnde propagandistische Vorbereitung der Budapester Aktion kompensieren könnte. Er schlug vor, mit Veesenmayer eine Vorverlegung des Termins zu besprechen. Stelle sich die Landung als die erwartete große Invasion heraus, dürfe die Aktion »*in der Weltpropaganda*

---

376 Vgl. allgemein Telegramm Veesenmayers, in: PA AA, Inland IIg 210 u. 211.
377 Aussage Grells vom 6.9.1949, in: BA Ludwigsburg, B 162/5356.
378 Schreiben Paul K. Schmidts an Steengracht und Rintelen vom 27.5.1944, in: PA AA, Inland IIg 210. Vgl. auch Benz, Paul Carell, S. 37 ff. Schmidt machte nach dem Krieg unter dem Pseudonym »Paul Carell« Karriere als Militaria-Autor.
379 Telegramm Veesenmayers vom 8.6.1944, in: PA AA, Inland IIg 210.

über die Invasion untergehen«. Erfolge die Aktion erst nach einem deutschen Sieg an der Kanalfront, sehe Thadden die Gefahr, die Alliierten würden die Sache groß herauskehren, um von der militärischen Niederlage abzulenken.[380] Wagner trug den Vorschlag Ribbentrop vor, der aber ablehnte.

Entgegen Veesenmayers Annahme wurden die Vernichtungsaktionen sehr detailliert im Ausland wahrgenommen. Wagner brachte Kaltenbrunner ein abgefangenes, britisches Telegramm aus Bern zur Vorlage, in dem es hieß, die Hälfte der Juden in Ungarn sei schon deportiert. Die Transporte gingen in »*das Todeslager von Birkenau bei Oswiecim [Auschwitz] in Oberschlesien [...], wo im Laufe der letzten zwei Jahre über 1.500.000 Juden aus allen Teilen Europas getötet worden sind [...] Die vier Krematorien in Birkenau haben Möglichkeiten zur Vergasung und Verbrennung von 60.000 am Tag*«. Die britische Gesandtschaft schlage vor: Repressalien gegen internierte Deutsche, Bombardierung der Eisenbahnlinien nach Auschwitz sowie der Einrichtungen des Todeslagers durch Zielwürfe und Bombardierung der Regierungsgebäude in Budapest.[381] Thadden besaß ebenfalls Kenntnis von dem Inhalt. Die Meldung war wohlgemerkt keine alliierte Zeitungsmeldung, die man als Propaganda rasch abtun konnte, sondern ein internes diplomatisches Telegramm von Bern nach London.

Derlei Meldungen kursierten allerdings nicht nur bei den ausländischen Behörden, sondern auch in der Weltpresse. Um den »*von der feindlichen Propaganda verbreiteten Greuelberichten über die angebliche Behandlung ungarischen Juden*« etwas entgegenzustellen, hatten sich Veesenmayer, Eichmann, der Höhere SS- und Polizeiführer Otto Winkelmann und die ungarische Regierung auf ein Kommuniqué geeinigt. Es solle verlautbaren, dass jüdische Arbeitskräfte aus Ungarn zum Einsatz in Deutsche Reich gebracht würden. Dabei seien Gerüchte in Umlauf gekommen, die diese Aktion in Zusammenhang mit Grausamkeiten und Massenmorden brächten. Das seien reine Erfindungen. Im Gegenteil würde eine humanitäre Behandlung gewährt, die ärztliche Versorgung sei sichergestellt und Familien würden nicht getrennt. Während ausländische Juden vom Abtransport ausdrücklich ausgenommen seien, müssten sie in Budapest Bombenangriffe erleiden, bei dem kürzlich 89 von ihnen zu Tode gekommen seien.[382] Thadden schickte den Entwurf an Wagner in den Sonderzug des RAM. Gesandter Schmidt von der Presseabteilung habe den Vorschlag befürwortet, und auch die Politische Abteilung hege keine Bedenken. Gegen die Meinungen seiner Abteilungen entschied Ribbentrop, die Veröffentlichung zu unterlassen.[383] Der Grund bleibt unklar, aber wahrscheinlich befürchtete er, dass das Kommuniqué im Ausland schnell als wissentliche Falschmeldung identifiziert worden wäre.

---

380 Schreiben Thaddens an Wagner vom 6.6.1944, in: ebd.
381 Schreiben Wagners an Kaltenbrunner vom 5.7.1944, in: ebd., Inland IIg 212.
382 Fernschreiben Veesenmayers vom 17.7.1944, in: ebd., Inland IIg 209.
383 Vgl. Telegramm Wagners vom 23.7.1944, in: ebd.

3.2 Stopp und Wiederaufnahme der Deportationen

Alle Überlegungen, die Razzien in der Hauptstadt zu verschleiern, wurden obsolet, als Horthy am 7. Juli die Deportationen offiziell einstellen ließ. Innenminister Andor Jaross ließ sie zwar noch bis zum 9. Juli weiterlaufen, aber die geplante, schlagartige Aktion wurde ausgesetzt. Schon am 11. Juli bestellte Himmler Wagner ein und besprach mit ihm die weitere Behandlung der Juden.[384] Ribbentrop versorgte Veesenmayer von seinem Sonderzug aus mit einer Reihe von Gesichtspunkten, die er Horthy im Namen Hitlers mündlich vorbringen sollte. Der »Führer« zeige sich sehr befremdet über die Gerüchte einer Absetzung Sztójays, ferner sehe er in der derzeitigen Krise eine Wiederholung der Ereignisse, die ihn schon im März 1944 zum Eingreifen gezwungen hätten. Er müsse jedes »*Abweichen des im März beschrittenen Weges als glatten Verrat an der europäischen Sache betrachten*«. Hitler erwarte, dass die Kampagne gegen die Juden in Budapest ohne weitere Verzögerungen durchgeführt werde. Zum Schluss beschwor Ribbentrop den europäischen Schicksalskampf, in dem Ungarn und Deutschland Seite an Seite stünden. Horthy möge sich dabei nicht von »*irgendwelchen lächerlichen jüdisch-amerikanischen Drohungen*« einschüchtern lassen.[385] Wagner zeigte die Anweisungen an Veesenmayer auch dem Reichsführer-SS.

Angesichts der chaotischen Zustände wurde Ribbentrop immer ungeduldiger. In der deutschen Führung sah man im Deportationsstopp nur eine Pause, aber keine dauerhafte Unterbrechung. Der Außenminister besprach noch am 26. Juli mit Wagner Einzelheiten über die Budapester Aktion und die Behandlung der ausländischen Juden.[386] Einen Tag später ließ Ribbentrop bei Veesenmayer anfragen, ob die Aktion terminiert sei und ob Vorkehrungen für ausreichende Transportkapazitäten getroffen seien.[387] Dagegen sprach Himmler Wagner darauf an, ob bei der »*Behandlung der ungarischen Juden eine Führer-Entscheidung*« vorläge.[388]

Am 24. August bat Horthy Veesenmayer zu sich und setzte ihm die allgemeine Situation auseinander. Dabei schnitt er auch den Stopp der Deportationen an, deren Fortführung er nicht mehr mit seinem Gewissen vereinbaren könne. Er bitte den »Führer« diesbezüglich um Verständnis. In allen Kreisen herrsche eine »*panische Angst*« vor Luftangriffen, und man glaube, die Hauptstadt werde nicht bombardiert, solange die Juden dort untergebracht seien.[389] Schon im April habe Großbritannien über die Schweiz angekündigt, man werde mit der Bombardierung beginnen, wenn die Juden nicht aus den Ghettos bei den Industriestandorten abgezogen würden. Nach Veesenmayer habe die Regierung daraufhin verfügt, Juden auf die Wohnviertel zu verteilen[390], wo sie als menschliche Schutzschilde fungieren sollten.

---

384 Vgl. Besprechungsnotiz Wagners vom 11.7.1944, in: ebd., Inland IIg 7.
385 Telegramm Ribbentrops vom 17.7.1944, in: ebd., Inland II A/B, R 99451.
386 Vgl. Besprechungsnotiz Wagners vom 26.7.1944, in: ebd., Inland IIg 7.
387 Vgl. Telegramm Schulenburgs vom 27.7.1944, in: ebd., Inland IIg 209.
388 Aufzeichnung Wagners vom 24.7.1944, in: ebd. Eine Antwort ist nicht überliefert.
389 Telegramm Veesenmayers vom 24.8.1944, in: ebd.
390 Vgl. Telegramm Veesenmayers vom 28.4.1944, in: ebd., Inland IIg 210.

Auf deutscher Seite hielt sich weiterhin die Auffassung, die Deportationen könnten innerhalb kurzer Zeit wieder aufgenommen werden. Eichmann hatte in jedem Fall die technischen Voraussetzungen geschaffen, um die Budapester Aktion sofort in Angriff nehmen zu können, auch wenn er sogar mit bewaffnetem jüdischem Widerstand rechnete.[391] Um den 15. August wurde die Sonderaktion sowie die Haltung Horthys zwischen Himmler und Wagner erörtert. Dabei stand die konkrete Frage im Raum, ob die Transporte am 20. oder 25. August fortgesetzt würden[392], denn Veesenmayer hatte gedrahtet, der ungarische Ministerrat wolle Horthy den 25. August vorschlagen, während Eichmann vom Innenminister verlangt habe, schon den 20. August als Termin zu setzen.[393]

Doch daraus wurde vorerst nichts. Die ungarische Führung blieb stur. Am 25. August informierte Himmler SS-Obergruppenführer Winkelmann in Budapest um 3 Uhr morgens per Fernschreiben, dass jede Deportation sofort »*strengstens untersagt wird*«.[394] Die ungarischen Behörden setzten zwar die Internierung der Juden in Budapest fort, wollten aber keinem Abtransport nach Deutschland zustimmen. Eichmanns »Juden-SEK« war überflüssig geworden, und die Ungarn forderten den Abzug der RSHA-Truppe. Doch Thadden vermerkte handschriftlich auf einem Telegramm, dass laut Eichmanns Stabschef Günther »*auf jeden Fall Teilkommando zur Beobachtung unten bleiben*« werde.[395] Grell notierte, das SEK sei nach dem Schlussappell am 28. September formell aufgelöst worden, Eichmanns SS-Führer träten zum BdS über. Wisliceny solle nach Preßburg gehen, und Dannecker verbleibe in Budapest als »*selbständiger Verbindungsführer für Judenfragen zu den beteiligten ungarischen Dienststellen*«. Er sei beauftragt, den Kontakt zur Gesandtschaft zu halten.[396] Tatsächlich übernahm Krumey diese Aufgabe.[397]

Die Ungarn ließen die angekündigten Deportationstermine tatenlos verstreichen. Veesenmayer bezifferte die Zahl der noch in Budapest befindlichen Juden auf rund 200.000.[398] Grell verhandelte tagelang ergebnislos mit Gendarmerie und Innenministerium. Veesenmayer forderte von Sztójay »*dringend*« die Wiederaufnahme der Transporte. Ein weiteres Abwarten sei »*untragbar*« und untergrabe die Autorität der ungarischen Regierung. Der Deutsche schlug die sofortige Konzentrierung von 50.000 Juden außerhalb Budapests vor, um sie anschließend außer Landes zu schaffen. Dies sei notwendig, da »*die Juden in Budapest wieder frech würden*«.[399] Doch nichts geschah.

---

391 Vgl. Telegramm Veesenmayers vom 14.8.1944, in: ebd., Inland IIg 211.
392 Vgl. Besprechungsnotizen o. D., in: ebd., Inland IIg 7.
393 Vgl. Telegramm Veesenmayers vom 14.8.1944, in: ebd., Inland IIg 211.
394 Telegramm Veesenmayers vom 25.8.1944, in: ebd.
395 Marginalie Thaddens auf Telegramm Veesenmayers vom 24.8.1944, in: ebd.
396 Notiz Grells vom 29.9.1944, in: ebd., Inland IIg 212.
397 Vgl. Steur, Dannecker, S. 142.
398 Telegramm Veesenmayers vom 28.10.1944, in: PA AA, Inland IIg 209.
399 Telegramm Veesenmayers vom 29.7.1944, in: ebd., Inland IIg 211.

3.2 Stopp und Wiederaufnahme der Deportationen

Anfang September geriet Veesenmayer selbst in die Schusslinie des RSHA, allerdings nicht wegen seiner Judenpolitik. Kaltenbrunner schrieb einen Brief an Ribbentrop und beschwerte sich über die allgemein laxe Haltung Veesenmayers. Je kritischer die politische Lage werde, desto depressiver zeige sich der deutsche Gesandte nach außen. Angeblich habe er sogar Absichten geäußert, sich mit seiner Frau umbringen zu wollen. Veesenmayer verstehe es nicht, den ungarischen Partnern Siegeswillen zu demonstrieren. Von der Niedergeschlagenheit sei auch die Gesandtschaft ergriffen, wo Veesenmayer bei einer Besprechung erklärt haben soll, Deutschland habe »*eben nichts mehr und dürfe daher nicht stark auftreten*«.[400] Zur Stellungnahme aufgefordert, wies Veesenmayer alle Vorwürfe empört von sich. Sie seien »*glatt erfunden*« oder »*eine völlige Verdrehung der Dinge*«. Die Gesandtschaft bestehe »*fast ausschließlich aus anständigen und auch guten Nationalsozialisten. Wer behauptet, daß hier Defätismus gepflegt wird, lügt*«.[401] Ribbentrop schienen die Aussagen zu genügen, und er nahm gegenüber Kaltenbrunner seinen Gesandten in Schutz.

Der Kritisierte arbeitete unterdessen weiter an einer Wiederaufnahme der Deportationen, vielleicht noch etwas energischer als zuvor. Im Oktober 1944 berichtete er dem AA und Inland II, daß nach dem Verzicht auf weitere Deportationen die ungarischen Lösungsansätze »*äußerst uneinheitlich und unbefriedigend verlaufen*«. Erfahrungen hätten gezeigt, dass der Verbleib von Juden im Operationsgebiet deutscher Truppen eine Gefahr darstelle. In der Hauptstadt herrsche eine niedergeschlagene Stimmung, wobei in den geräumten Provinzen die Haltung gut sei, da »*dort kein Jude als Träger antideutscher Propaganda mehr vorhanden ist*«.[402] Inland II griff die Sorgen auf, und Thadden verfasste eine Notiz, in der er Ribbentrop auf die Bedrohung der deutschen Kampfeinheiten aufmerksam machte. Es sei das Gebot der Stunde, entweder energisch die restlichen Juden selbst zu deportieren oder den Druck auf die Ungarn zu erhöhen. Wagner unterschrieb und leitete das Schreiben an Steengracht und Ribbentrop weiter.[403] Unterdessen hatte Horthy Anstalten gemacht, mit den Alliierten über einen Separatfrieden zu verhandeln. Hitler reagierte sofort, setzte Horthy ab und eine neue Regierung aus Szálasi und den faschistischen Pfeilkreuzlern ein. Das Büro des RAM beruhigte daraufhin Inland II, da man mit einem rigiden Kurswechsel der neuen Regierung in der Judenpolitik rechne.[404]

Am 20. Oktober wies Ribbentrop seinen Gesandten an, den neuen Kurs in jeder Form zu unterstützen, »*insbesondere liegt es sehr in unserem Interesse, wenn die Ungarn jetzt auf das allerschärfste gegen die Juden vorgehen*«.[405] Und die AA-Führung wurde nicht enttäuscht. Die neuen Machthaber hatten weit weniger Skrupel als ihre

---
400 Schreiben Kaltenbrunners an Ribbentrop vom 6.9.1944, in: HStA Düsseldorf, Ger.Rep. 192/123.
401 Aktenvermerk Veesenmayers vom 4.10.1944, in: ebd.
402 Bericht Veesenmayers vom [12.10.]1944, in: ebd., Inland IIg 212.
403 Vgl. Vortragsnotiz Wagners vom 12.10.1944, in: ebd.
404 Vgl. Schreiben BRAM an Wagner vom 17.10.1944, in: ebd.
405 Telegramm Ribbentrops vom 20.10.1944, in: ebd.

Vorgänger, wie Veesenmayer drahtete: Nun sei »*die Judenfrage hier in ein neues Stadium getreten*«. Eichmann sei am 18. Oktober nach Budapest zurückgekehrt und habe mit ungarischen Stellen die Verhandlungen aufgenommen, 50.000 Juden im Fußtreck nach Deutschland in Marsch zu setzen: »*Bereits seit gestern sind Einzelaktionen gegen Budapester Juden auch in Form persönlicher Ausschreitungen und Tötungen im Gange [...]*«.[406] Ribbentrop forderte Szálasi auf, trotz aller »*technischen Schwierigkeiten*« die »*Evakuierung*« der Juden aus Budapest energisch zu betreiben, um die Stadt erfolgreich verteidigen zu können. In Rumänien habe sich gezeigt, dass die trotz Hitlers Warnung in Jassy belassenen Juden, beim Nahen der Roten Armee eine kommunistische Revolution ausgerufen hätten.[407] Szálasi antwortete, er wolle durch »*laufende Auskämmung*« der Aufforderung Ribbentrops nachkommen.[408]

Unter dem neuen Regime kam es zu wilden, brutalen Jagdaktionen gegen die verbliebenen Juden in Budapest und dem restlichen Ungarn. Die diplomatische Abschirmung und Unterstützung durch die deutsche Gesandtschaft war hinfällig geworden. Auch Grells Auftrag hatte sich erfüllt. Er war nur noch unbeteiligter Zeuge der willkürlichen Hatz, als er von seinem Hotelfenster aus sah, wie Juden unter vorgehaltener Waffe von der Donaubrücke springen mussten. Er rechnete damit, dass sie den Sturz nicht überlebten.[409] Durch die Fuß-Trecks wurden nochmals 76.209 Juden aus Ungarn verschleppt, viele überlebten die unmenschlichen Bedingungen und die Brutalität ihrer Bewacher nicht.[410]

Abschließend betrachtet hatte die ungarische »Judenaktion« eine völlig neue Qualität. Weil die Juden dort die Letzten im besetzten Europa waren, die von der Vernichtung ergriffen wurden, traf sie die über die Jahre hinweg verbesserte und erfahrene Taktik der Erfassung der deutschen Bürokratie und SS mit voller Härte. Die Zahl der Opfer unter den Deportierten ist nur schwer zu bestimmen. Nach einer Notiz Wagners waren bis zum 10. Juli 1944 über 430.000 in die Vernichtungslager transportiert worden. Da Beamte des AA, vornehmlich Veesenmayer, Wagner und Thadden, für einen glatten Ablauf der Aktion sorgten, waren sie mitverantwortlich für den Tod von mindestens 180.000 Menschen.[411] Zur Zeit der Hochphase der Deportationen unterstützte Hezinger vor Ort die Transporte, während Thadden von Berlin aus und beim Besuch in Budapest die Koordination mit Eichmann intensivierte. Nach Aussage Rekowskis muss »*diesem Personenkreis [...] bekannt gewesen sein, daß der größte Teil der von Ungarn nach Deutschland verschleppten Juden in Auschwitz vergast wurde*«.[412]

---

406 Telegramm Veesenmayers vom 18.10.1944, in: ebd., Inland II A/B, R 99451. Vgl. auch Szöllösi-Janze, Die Pfeilkreuzlerbewegung, S. 426 ff.
407 Telegramm Ribbentrops vom 21.11.1944, in: PA AA, Inland IIg 209.
408 Telegramm Veesenmayers vom 23.11.1944, in: ebd., Inland IIg 212.
409 Vgl. Aussage Grells vom 31.8.1949, in: BA Ludwigsburg, B 162/5356.
410 Vgl. Varga, Ungarn, S. 349.
411 Vgl. Hilberg, Vernichtung der europäischen Juden, S. 1300.
412 Aussage Rekowskis vom 17.12.1945, in: BA Koblenz, NL Rheindorf, Bd. 294.

3.3 Rettungsversuche

Mit dem Deportationsstopp im Juli 1944 war die Funktion von Inland II überflüssig geworden. Auch in der chaotischen Phase der Todesmärsche zwischen Oktober und Dezember 1944 spielte die Referatsgruppe keine Rolle mehr. Dagegen entwickelten sich im Sommer 1944 auf dem Gebiet der ausländischen Interventionen umfangreiche Aktivitäten, die bis zur Besetzung Ungarns durch die Rote Armee anhielten. Als Ende Juni 1944 die »*Bereinigung der Judenfrage in Ungarn in ein akutes Stadium*« getreten war, registrierte Veesenmayer vermehrt Schritte von ausländischer Seite zu Gunsten der Juden.[413] Mit dem Deportationsstopp und der »*zunehmende*[n] *Versteifung*« Ungarns verstärkten sich die Bemühungen noch einmal, Juden durch Ausreise und Schutzpässe zu retten. Besonders die schwedische Gesandtschaft tue sich hierbei hervor, telegraphierte Veesenmayer. Das Ausland rechne nicht damit, so der Gesandte weiter, dass die ungarische Regierung energisch gegen die Juden in Budapest vorgehe. Dies werde erst später durch deutsche Stellen erfolgen, die dann schonungslos losschlagen. Das Ausland wolle deshalb diese Zwischenzeit bestmöglich für Rettungsversuche nutzen.[414] Grell machte die Juden selbst für das bisherige Scheitern der Budapest-Aktion verantwortlich. Mit ihrem angeblichen Widerstand würden sie Zeit gewinnen wollen.[415]

Am Vormittag des 17. Juli 1944 suchte der Schweizer Gesandte Jäger Sztójay auf und ließ ihn wissen, dass sich die Öffentlichkeit in der Schweiz über die Judenpolitik des Donaustaates empöre. Bern spiele sogar mit dem Gedanken, die diplomatischen Beziehungen abzubrechen. Gegenüber Veesenmayer behauptete Sztójay, sich unbeeindruckt gezeigt und entgegnet zu haben, man werde solchem Druck nicht nachgeben.[416]

Am 5. Juli drahtete der deutsche Gesandte in Stockholm, Hans Thomsen, den Text eines Telegramms des schwedischen Königs an Horthy, in welchem Gustaf V. im Namen der Humanität dazu aufrief, möglichst viele Juden in Ungarn zu retten. Horthy habe geantwortet, er wolle alles in seiner Macht stehende dafür tun.[417] Einen Monat später sandte Thomsen einen ausführlichen Bericht über die Haltung Schwedens. Er konstatierte, seit den Maßnahmen gegen »*das jüdische Element*« in Ungarn würden Außenministerium wie Presse versuchen, Juden zu schützen, die Beziehungen zu Schweden hätten. Bis zu 100 Gesuche täglich würden eingehen, denen das Außenministerium möglichst zu entsprechen suche. Die Verteilung von Schutzpässen sei dabei

---

413 Telegramm Veesenmayers vom 29.6.1944, in: PA AA, Inland II A/B, R 99451.
414 Vgl. Telegramm Veesenmayers vom 15.9.1944, in: ebd., Inland IIg 211.
415 Vgl. Notiz Grells vom 27.9.1944, in: ebd., Inland IIg 212.
416 Vgl. Telegramm Veesenmayers vom 17.7.1944, in: ebd., Inland IIg 211.
417 Vgl. Telegramme Thomsens vom 5.7.1944, in: ebd., Inland IIg 209. u. vom 11.8.1944, in: ebd., Inland II A/B, R 99450.

von großem Nutzen.[418] Als Thadden davon erfuhr, beschwerte er sich bei der Politischen Abteilung, dass Inland II A erst nach Abgang informiert worden sei. Man könne »*die Verantwortung in der Judenfrage nur tragen*«, sofern solche Berichte auch zugestellt würden.[419]

Die ausländischen Gesandtschaften wollten die bedrohten Menschen durch Auswanderung in Sicherheit bringen, verkannten dabei aber die realpolitischen Verhältnisse in Ungarn. Während die ungarische Regierung nicht selten der angetragenen Ausreise zustimmte, blockten die deutschen Stellen ab, die die letzte Entscheidungsinstanz darstellten. Bereits im Juni begann die Schweiz nach Erhalt der Zusage der ungarischen Behörden mit der Vorbereitung für eine groß angelegte Ausreiseaktion. Anfang Juli 1944 wies Ribbentrop den Reichsbevollmächtigten an, den Ungarn mitzuteilen, dass es nicht »*opportun*« sei, auf das schweizer Angebot einzugehen.[420]

Die Haltung änderte sich aber ein wenig, als man sich nach dem Deportationsstopp pragmatischen Überlegungen zuwandte. Ribbentrop erwirkte bei Hitler die Entscheidung, Budapest zu gestatten, den Hilfsangeboten in begrenztem Maße nachzukommen, um den Druck abzumildern. Als Gegenleistung verlangte die Reichsregierung die Wiederaufnahme der Deportationen und den Start der Aktion in Budapest. Nur eine Auswanderung in den Nahen Osten solle »*wenn irgend möglich*« vermieden werden.[421] Eichmann, Leiter des »*Judensondereinsatzkommandos SD*«, kritisierte die Entscheidung. Eine Ausreise nach Palästina sei damit nicht rigoros genug ausgeschlossen worden. Nach seiner Meinung lehne Himmler eine solche gänzlich ab, da es sich bei den fraglichen Juden »*ausnahmslos um biologisch wertvolles Material handle*«. Eichmann wolle den Reichsführer bitten, einen neuen Entscheid zu erwirken[422], was aber in der Form nicht geschah. Der Judenreferent des RSHA hatte mittlerweile registriert, dass ausländische Missionen nach der erkennbaren Zustimmung der Reichsregierung bereits dazu übergegangen waren, Auswanderungspapiere auszustellen. In Abstimmung mit der deutschen Gesandtschaft sei aber »*dafür Sorge getragen, daß [...] alles nur Mögliche getan wird, um die Auswanderungsbestrebungen in die Länge zu ziehen und schließlich nach Fortsetzung der Judenevakuierung ganz zu unterbinden*«.[423]

Im Laufe des Sommers kristallisierten sich drei größere Vorhaben ausländischer Stellen heraus, größere Personengruppen aus Ungarn heraus zu bringen:

Erstens bemühte sich die schwedische Gesandtschaft um die Auswanderung von 400 ungarischen Juden nach Schweden, die die schwedische Staatsangehörigkeit erhal-

---

418 Bericht Thomsens vom 19.9.1944, in: ebd.
419 Schreiben Thaddens an AA/Pol. IV vom 6.10.1944, in: ebd.
420 Telegramm Ribbentrops vom 3.7.1944, in: ebd., Inland IIg 212.
421 Telegramm Ribbentrops vom 10.7.1944, in: ebd., Inland IIg 211.
422 Telegramm Veesenmayers vom 25.7.1944, in: ebd. Das Telegramm ist von Grell entworfen.
423 Schreiben Eichmanns an Günther vom 24.7.1944, in: ebd., Inland IIg 212.

ten hatten. Weitere Hilfe wurde für Juden mit Beziehungen zu Schweden gewährt, welche nach Palästina gehen sollten.

Zweitens versuchte die Schweizer Regierung, vier Kontingente nach Palästina auswandern zu lassen: 10.000 Kinder, wöchentlich neun Familien mit 30 bis 40 Personen, 600 Menschen über Rumänien und 1.450 Familien mit 7.000 Personen.

Drittens wollte das amerikanische War Refugee Board die Ausreise von jüdischen Kindern in den Nahen Osten in die Wege leiten.

Horthy wolle unter Würdigung der Verdienste des Schwedischen Roten Kreuzes im Ersten Weltkrieg und mit Rücksicht auf ungarische Bürger in den USA den Vorschlägen, die vom IRK unterstützt wurden, nachkommen.[424] Inland II brachte die zusammengefassten Rettungsversuche zur Vorlage bei Ribbentrop. Dabei stellten sich Wagner und Thadden entschieden gegen jeden der Rettungsversuche: »*Im Hinblick auf die vom Reich bisher konsequent verfolgte Linie in der Judenpolitik, die darauf ausgeht, eine Auswanderung von Juden möglichst zu unterbinden*«, schlage man vor, wie bereits in der Feldscher-Aktion geschehen, unter keinen Umständen einer Auswanderung nach Palästina zuzustimmen. Mit tödlichem Kalkül gingen Wagner und Thadden davon aus, dass sich das Problem von selbst lösen werde, da eine Antwort auf die deutsche Erwiderung erst in zwei bis drei Wochen zu erwarten sei. Bis dahin – Ende Juli 1944 – sei aber »*die Judenaktion in Ungarn im Gros abgeschlossen, so daß die Intervention dann im Wesentlichen gegenstandslos geworden ist.*«[425] Ribbentrop sanktionierte das Vorgehen, als er am 10. Juli die Bedingungen für Auswanderungsanträge festlegte: keine Ausreise nach Palästina und eine Wiederaufnahme der Deportationen.[426]

Eichmann hatte sich deshalb mit Grell und Veesenmayer abgestimmt, bei Wiederaufnahme der Deportationen die Aktion in Budapest »*möglichst schlagartig und so beschleunigt durchzuführen*«, um die Juden schon abtransportiert zu haben, bevor die Ausreiseformalitäten erledigt wären. Ferner zog Eichmann in Erwägung, Auswandererzüge nach Westeuropa, »*etwa auf französischem Gebiet durch geeignete Maßnahmen*« an der Weiterreise zu hindern.[427]

In der deutschen Gesandtschaft in Budapest war Grell erste Instanz für Ausreisefragen und Interventionen. Er fungierte ähnlich wie Inland II in Berlin, und seine Bearbeitungsprinzipien glichen denen Thaddens. Anträge auf eine Rückreise deportierter Juden wurden im Einvernehmen mit dem SD »*ausnahmslos*« zurückgewiesen, da

---

424 Vgl. Telegramm Veesenmayers vom 29.6.1944, in: ebd., Inland II A/B, R 99451. Vgl. ebenso Telegramm Veesenmayers vom 24.10.1944, in: ebd., Inland IIg 212; Bericht Grells vom 24.7.1944, in: ebd., Inland IIg 209; Bauer, Freikauf von Juden?, S. 334 f.
425 Vortragsnotiz Wagners vom 6.7.1944, in: PA AA, Inland IIg 211. Das Schreiben wurde von Thadden aufgesetzt und von Wagner unterzeichnet.
426 Vgl. Telegramm Ribbentrops vom 10.7.1944, in: ebd.
427 Telegramm Veesenmayers vom 25.7.1944, in: ebd. Das Telegramm wurde von Grell entworfen.

es sich um »*Geheimnisträger*« handle.⁴²⁸ In den Einsprüchen, etwa der portugiesischen oder spanischen Gesandtschaft, sah das RSHA nur den Versuch, Präzedenzfälle zu schaffen. Um solche Anträge zu vermeiden, würde es eine Ablehnung begrüßen, ließ Wagner den Reichsaußenminister wissen.⁴²⁹

Im Juli 1944 hatte Grell Einzelinterventionen von der Schweiz (4), Liechtenstein (4), Rumänien (65) und Schweden (4) zur Kenntnis genommen, die später gestattet wurden.⁴³⁰ Auffällig waren ihm die in »*nicht unerheblicher Anzahl*« ausgestellten schwedischen Schutzpässe für ungarische Juden. Erkenne man sie an, müsste man einer Repatriierung zustimmen. Bisher lägen aber nur wenige solcher Anträge vor. Weiterhin registrierte Grell die Auswanderungsinitiativen der Schweiz und Schwedens. Hitler habe ihnen zugestimmt, falls Horthy den Deportationsstopp aufhebe. Ungeachtet der Beschränkung auf 7.000 Palästinaauswanderer habe die Schweiz ein Büro eröffnet, welches zweihundert Anträge täglich entgegennehme. Es lägen bereits Einwanderungszertifikate für 8.700 Familien mit insgesamt 40.000 Menschen vor.⁴³¹

Im Juli 1944 wurde der schwedische Geschäftsträger bei Grell vorstellig und bat um die Ausreise von 186 ungarischen Juden nach Schweden, da sie enge Kontakte zu dem skandinavischen Land hätten. Der Antrag sei vom ungarischen Außenministerium dahingehend beschieden worden, dass man die Zustimmung nur erteile, wenn auch die deutsche Gesandtschaft zustimme. Grell nahm die Anfrage entgegen und gab zu verstehen, dass für ungarische Juden nur die ungarische Regierung zuständig sei.⁴³² Rückblickend äußerte Grell, man habe sich mit derlei dünnen Argumenten bei den ausländischen Missionen »*recht tüchtig blamiert*«.⁴³³

Die deutsche Verzögerungstaktik zeitigte Erfolge. Die Ausreiseanträge für 400 von den Schweden eingebürgerten Juden seien bisher unerledigt geblieben, notierte Thadden im September 1944, da eine Entscheidung erst getroffen werde, wenn die »*Restlösung der Judenfrage in Ungarn in Angriff genommen werden kann*«.⁴³⁴ Wagner legte Ribbentrop eine Vortragsnotiz im selben Sinne vor. Grell kolportierte derweil Gerüchte aus Budapest, wonach in der schwedischen Gesandtschaft derbe Enttäuschung darüber herrsche, dass die Heimatregierung nicht auf die Palästinaauswanderung eines Kontingents von fast 6.000 Juden bestehe, sondern nur die genehmigten 400 durchsetzen wolle.

Die Schweizer Gesandtschaft verfolgte eine Vielzahl von Auswanderungsprojekten parallel. In der ersten Augustwoche wurde Hezinger in Berlin vom Delegierten des IRK, Robert Schirmer, informiert, die ungarische Regierung habe der Auswande-

---

428 Schreiben Grells an AA vom 10.9.1944, in: ebd., Inland IIg 209.
429 Vgl. Schreiben Wagners an RAM vom 20.7.1944, in: ebd., Inland II A/B, R 99451.
430 Vgl. Telegramm Veesenmayers vom 23.7.1944, in: ebd., Inland IIg 211.
431 Bericht Grells vom 24.7.1944, in: ebd., Inland IIg 209.
432 Vgl. Telegramm Veesenmayers vom 7.7.1944, in: ebd.
433 Vernehmung Grells vom 2.9.1947, in: IfZ München, ZS 720 Horst Grell.
434 Schreiben Thaddens an NSDAP-AO vom 21.9.1944, in: PA AA, Inland II A/B, R 99450.

rung von 7.000 ungarischen Juden und 1.000 jüdischen Kindern über Rumänien nach Palästina[435] sowie der Ausreise von 500 Kindern nach der Schweiz zugestimmt. Ferner regte Schirmer an, die Lager, in denen sich bereits deportierte Juden befanden, durch das IRK versorgen zu lassen. Er verwies auf den Besuch von Theresienstadt, wo es gelungen sei, »*den Greuelmeldungen entgegenarbeiten zu können*«.[436] Aber eine Besichtigung oder eine Versorgung der Transporte fand natürlich nicht statt. Die AA-Führung arbeitete weiter auf einen tödlichen Tauschhandel hin, und Wagner telegraphierte nach Budapest, bis zur Wiederaufnahme der Transporte seien alle Anträge kategorisch abzulehnen.[437]

Im August legte die schweizerische Gesandtschaft zwei Kollektivpässe für 2.195 Juden zur Ausreise nach Rumänien vor, aber Thaddens Urlaubsvertretung Hezinger sprach sich dafür aus, den Antrag nicht zu bearbeiten. Denn allen Ausreiseplänen werde nur stattgegeben unter der Bedingung, dass die Deportationen schnellstens wieder anlaufen.[438] Hezinger fertigte im Namen Wagners eine Anweisung für Veesenmayer an, die von Ribbentrop genehmigt wurde: Die Ausreise solle bis zur Wiederaufnahme der Judentransporte abgelehnt werden.[439] Da dies nicht geschah, blieb die Ausreise verwehrt.

Aber die Schweizer blieben flexibel. Am 25. August traten sie an das AA heran und brachten die Ausreise von 2.000 ungarischen Juden nach Palästina in Vorschlag. Ungarn hätte zugestimmt, aber die deutschen Behörden in Budapest hätten ihre Zusage bisher verwehrt.[440] Mündlich fügte der Schweizer Emissär Max König hinzu, dass man bereit sei, im Gegenzug 2.000 Deutsche aus dem Ausland frei zu lassen, womit das Ganze die Züge eines Austausches annahm.[441] Abgesehen davon, dass die deutschen Behörden nicht wussten, welchem der laufenden Verfahren sie die 2.000 Personen zuordnen sollten, zog ein möglicher Austausch weitere Formalitäten nach sich. Thadden kam dies gelegen, denn er war bemüht, die Dinge nach außen in die Länge zu ziehen, während intern eine solche Regelung von vornherein ausgeschlossen wurde. Als König am 11. September den Austausch in Erinnerung brachte, entgegnete der Judenreferent, ob die Angelegenheit nicht überholt sei. Als König als einzige Ausreiseroute die Donau erwähnte, fragte Thadden, ob auch bei den Sowjets Freigeleit erwirkt werden solle. Dadurch hatte er wieder Zeit gewonnen, denn der Schweizer musste dazu erst Rücksprache halten.[442]

---

435 Die Verhandlungen über 1.000 jüdische Kinder gerieten ins Stocken und wurden von den Schweizern erst im November 1944 wieder aufgenommen, vgl. Telegramm Veesenmayers vom 26.11.1944, in: ebd., Inland II A/B, R 99451.
436 Vermerk Hezingers vom 8.8.1944, in: ebd., Inland IIg 211.
437 Vgl. Telegramm Wagners vom 14.8.1944, in: ebd.
438 Vgl. Vermerk Hezingers vom 4.8.1944, in: ebd., Inland II A/B, R 99450.
439 Vgl. Telegramm Wagners vom 14.8.1944, in: ebd.
440 Vgl. Note schweiz. Ges. Berlin vom 25.8.1944, in: ebd., Inland IIg 211.
441 Vgl. Schreiben Thaddens an Eichmann vom 4.9.1944, in: ebd.
442 Vgl. Marginalie Thaddens auf Note schweiz. Ges. Berlin vom 11.9.1944, in: ebd.

In den folgenden Monaten kam die Schweiz fünfmal auf das Angebot zurück, ohne das deutscherseits eine Entscheidung gefallen war. Im Laufe der Zeit modifizierte man das Ausreiseziel. Die 2.000 Juden sollten nun über die Schweiz in die USA gebracht werden.[443] Als Diplomat König die entsprechende Note übergab und monierte, dass man auf diverse Anfragen bisher keine schriftliche Antwort bekommen habe, wurde Thadden mürrisch: »*Muß es denn immer schriftlich sein?*« Darauf entgegnete König, die Schweiz trage als Schutzmacht Verantwortung gegenüber den vertretenden Ländern, weshalb eine schriftliche Fixierung unerlässlich sei. Zudem würde eine schriftliche Note nach den Gepflogenheiten auch schriftlich beantwortet. Thadden gab sich zuversichtlich, in Bälde eine Stellungnahme aufsetzen zu können, und der Schweizer ging in dem Glauben, in den nächsten Tagen endlich eine Antwort zu erhalten.[444]

Hinter den Kulissen schlug Wagner vor, die Intervention dilatorisch zu behandeln.[445] Die Aufzeichnung lag zwar Ribbentrop und Steengracht vor, aber eine Entscheidung blieb aus. Ende Oktober folgte eine zweite Vortragsnotiz Wagners, in der er bekräftigte, Inland II lehne jedes Entgegenkommen über die seinerzeit durch Hitler sanktionierten Zugeständnisse hinaus ab. Die Politische Abteilung hege gegen ein solches Vorgehen keine Bedenken.[446] Ribbentrop griff daraufhin die Anregung Wagners auf und entschied, es würden keine weiteren Konzessionen gemacht.[447] Eine Ausreise käme nur für die im Juni festgelegten Gruppen und bei Wiederaufnahme der Deportationen infrage.

Dennoch riss der Faden nicht ab, denn es tauchte die Frage auf, ob es sich bei den 2.000 Austauschpersonen um ein eigenes Kontingent handle oder um einen Teil der 7.000 Auswanderer nach Palästina. Davon war in den schweizerischen Noten bisher nicht die Rede gewesen, weshalb die Sache als neue Intervention behandelt worden war. Da Inland II seit Mitte November 1944 nicht mehr direkt mit ausländischen Diplomaten verhandeln durfte, musste der Umweg über die Politische Abteilung gehen, der wiederum Zeit kostete. Thadden plauderte bei einem Diplomatenfrühstück im Januar 1945 mit IRK-Vertreter Schirmer über die Frage, und Schirmer bestätigte, dass es sich bei den 2.000 um ein Teilkontingent und keine selbstständige Gruppe handle. Tage nach dem Gespräch meldete Thadden die neue Entwicklung der deutschen Gesandtschaft in Ungarn, die sich schon im Ausweichquartier Hedervar befand. Solle die Auswanderungsfrage noch einmal aufgegriffen werden, bat er, das Angebot anzunehmen.[448] Aber zu diesem Zeitpunkt war die Angelegenheit durch den Kriegsverlauf

---

443 Vgl. Schreiben schweiz. Ges. Berlin an AA vom 23.10.1944, in: ebd., Inland II A/B, R 99451.
444 Aktennotiz Königs vom 24.10.1944, in: SBA Bern, E 2200.56 -/3, Bd. 1.
445 Vgl. Vortragsnotiz Wagners vom 16.9.1944, in: PA AA, Inland IIg 211.
446 Vgl. Vortragsnotiz Wagners vom 31.10.1944, in: ebd., Inland IIg 209.
447 Vgl. Schreiben BRAM an Wagner vom 1.11.1944 u. Telegramm Wagners vom 3.11.1944, beide in: ebd., Inland IIg 211.
448 Vgl. Schreiben Thaddens vom 13.1.1945, in: ebd.

schon überholt, und Inland II hatte mitgeholfen, eine potenzielle Ausreise von 2.000 Menschen zu verhindern.

Bis Ende Oktober 1944 wurde keinem der drei Großprojekte der Schweiz, Schwedens und den USA stattgegeben. Nach Machtübernahme der Pfeilkreuzler schöpfte die deutsche Seite aber berechtigte Hoffnung, die Deportationen würden wieder anrollen, weshalb sie bereit war, den von ihr initiierten teuflischen Tauschhandel in die Tat umzusetzen: Wenige durften gerettet werden, wenn viele andere deportiert würden. Deshalb ermächtigte das AA die deutsche Gesandtschaft, bei Wiederaufnahme der Transporte folgenden Kontingenten Sichtvermerke auszustellen: 400 ungarischen Juden mit schwedischen Schutzpässen (über die übrigen ca. 3.600 Schutzpassinhaber solle neu verhandelt werden), 7.000 ungarischen Juden mit dem über die Schweiz vermittelten Einwanderungszertifikat nach Palästina, 9 ungarischen Juden mit portugiesischen Schutzpässen (weitere Schutzpassinhaber wären neu zu verhandeln). Über die Ausreise von weiteren 1.000 Juden stünden dann Verhandlungen an.[449] Im November erkannte das ungarische Außenministerium die Schutzpässe für 8.800 Palästina-Auswanderer, 4.500 *»Schwedenjuden«*, 300 spanische und 700 portugiesische Schutzjuden an und genehmigte die Ausreise.[450] Die Schweizer kamen deshalb in Berlin auf die Ausreise der 2.000 Palästinaauswanderer zurück, die zunächst nach Marseille oder Lissabon geschleust werden sollten. Doch Ribbentrop wies Wagner an, den Schweizern nicht zu antworten.[451]

Gegen Ende des Jahres 1944 wurde der Ton rauer. Verschiedene Staaten protestierten beim ungarischen Außenministerium wegen der Behandlung der Juden. In Vertretung rumänischer Interessen warf die Schweizer Gesandtschaft Budapest vor, die aus Nordsiebenbürgen deportierten Juden würden vernichtet.[452] Die Ungarn wiesen derartige Anwürfe strikt von sich. Im Rahmen der Landesverteidigung würden Juden zum Arbeitsdienst herangezogen, aber nicht getötet. Budapest wies daraufhin, dass sich Rumänien anfangs an diesen Juden desinteressiert gezeigt hätte.[453]

Mit offenen Drohungen agierten die USA, die versuchten, die ungarische Regierung unter Druck zu setzen. In den neuen antijüdischen Maßnahmen des Szálasi-Regimes sahen die USA *»eine weitere Maßnahme der Massenvernichtung, welche entweder durch Methoden, wie sie in den Vernichtungslagern in Polen ihren Höhepunkt erreicht haben, erzielt werden soll, oder dadurch, daß eine große Anzahl von Leuten schwerer körperlicher Arbeit, Unterernährung und unhygienischen Lebensbedienungen in notdürftigen Lagern unterworfen wird«*. Roosevelt habe in einer Rede denjenigen mit Strafe gedroht, die sich an derlei Verbrechen beteiligten.[454] Erneut wies Buda-

---

449 Vgl. Telegramm Veesenmayers vom 24.10.1944, in: ebd., Inland IIg 212.
450 Telegramm Veesenmayers vom 18.11.1944, in: ebd.
451 Vgl. Schreiben BRAM an Wagner vom 25.11.1944, in: ebd.
452 Vgl. Verbalnote schweiz. Ges. Budapest vom 7.11.1944, in: ebd., Inland II A/B, R 99451.
453 Vgl. ungar. Verbalnote an schweiz. Ges. Budapest vom 15.11.1944, in: ebd.
454 Verbalnote schweiz. Ges. Budapest vom 28.10.1944, in: ebd.

pest die Vorwürfe entschieden zurück. Die Juden würden in Folge der totalen Mobilmachung nur zum Arbeitsdienst herangezogen. Von einer Vernichtung könne keine Rede sein: »*Die Lösung der Judenfrage in Ungarn erfolgt ausschließlich unter Berücksichtigung der Interessen der ungarischen Nation. Drohungen ausländischer Staaten gleich welcher Form vermögen an diesem Grundsatz nichts zu ändern und müssen nachdrücklichst zurückgewiesen werden.*« Zynisch bemerkte die ungarische Regierung, die Juden würden »*gerecht und human*« behandelt, und im Übrigen hänge die weitere Behandlung »*von der Haltung der Juden selbst*« ab. Forsch gab man den Ball zurück: Die feindlichen Luftangriffe würden die Judenfeindschaft in der ungarischen Bevölkerung verstärken.[455]

Mitte Oktober 1944 wurde dem AA durch die Schweizer Schutzmacht eine ähnliche Note der USA übergeben, die besagte, alle Personen, die an den Deportationen in Ungarn und der Slowakei beteiligt seien, würden bestraft.[456] Zwei Wochen später gab der stellvertretende Leiter der Rechtsabteilung, Sethe, die Note den Schweizern zurück. Sethe bestritt grundsätzlich die Legitimation der Amerikaner, da es sich nicht um US-Bürger handle. Außerdem sei der Ton untragbar und eine Drohung unannehmbar. Als Gesandter Feldscher bat, die Kritik schriftlich zu bekommen, lehnte Sethe ab und verlangte die sofortige Rücknahme der Note. Der Schweizer entgegnete, auch die Deutschen seien dazu übergegangen, geharnischte Protestnoten an ausländische Regierungen zu stellen. Er wies zugleich daraufhin, daß man als Schutzmacht nicht befugt sei, den Wortlaut der Noten zu ändern. Er werde auch zukünftig solche Schreiben originalgetreu übergeben.[457]

Eine schlichte Beugung der Realitäten nahm Staatssekretär Steengracht vor, wenn ausländische Diplomaten vorstellig wurden: Ungarn sei ein souveräner Staat, wurde ihnen beschieden, und die »*Lösung der Judenfrage*« sei eine ungarische Angelegenheit, weshalb man sich bitte dorthin wenden möge.[458] Formal entsprach Steengrachts Ansicht dem diplomatischen Procedere, aber ihm musste klar sein, dass das Szálasi-Regime ein Regime von deutschen Gnaden war. Jeder, der Ungarn verlassen wollte, benötigte einen von der deutschen Gesandtschaft ausgestellten Durchlass-Schein.

Schon im Laufe des Sommers war den ausländischen Gesandtschaften immer klarer geworden, dass eine große Flucht in den Nahen Osten utopisch war. Sie verlegten sich gleichfalls auf die Verteilung von Schutzpässen, um die Juden als ausländische Staatsangehörige vor den Deportationen zu schützen. Auch der portugiesische Gesandte Sampayo Garrido bemühte sich um die Juden. Die Gesandtschaft nutzte Räumlichkeiten im Budapester Hotel Ritz und verfügte über ein Landgut. Letzteres sei von dem jüdischen Besitzer frei gegeben worden, um dort Juden unterzubringen

---

455 Ungar. Verbalnote vom 9.11.1944, in: ebd.
456 Vgl. Note Nr. 9619 vom 23.9.1944, in: SBA Bern, E 2200.56 -/3, Bd. 1.
457 Vgl. Schreiben Feldschers an Pury vom 3.11.1944, in: ebd.
458 Telegramm Steengrachts vom 17.11.1944, in: PA AA, Inland II A/B, R 99451.

und sie mit Schutzpässen auszustatten, wie es Thadden in einem Bericht formulierte.[459] Im Mai 1944 wurde Garrido von seiner Regierung abberufen. Er wollte die Rückreise aber nur mit seiner ungarisch-jüdischen Sekretärin antreten, mit der er liiert war, und mit deren Eltern, dem Ehepaar Gabor. Ribbentrop entschied, alle ausreisen zu lassen, »*um den portugiesischen Gesandten loszuwerden*«.[460] Die Entscheidung echauffierte Thadden. Die Gabors stünden im Verdacht, große Werte an Gold und Edelsteinen in das exterritoriale Haus des Gesandten »*verschleppt zu haben*«. Es wurde darüber spekuliert, dass ein erfolgter Überfall auf das Gebäude möglicherweise von ungarischen und deutschen Polizeistellen organisiert worden sei, um »*in anständiger Form* [!] *dieser Juden und ihrer Millionenwerte habhaft zu werden*«. Aus dem *Braunen Freund* sei hinlänglich bekannt, dass Staatschef Salazar nicht viel übrig habe für seinen Gesandten, sodass fraglich sei, ob er den »*jüdischen Anhang*« des Diplomaten decken werde. Gesandter Oswald Baron von Hoyningen-Huene fühle in diese Richtung in Lissabon vor. Nach Auffassung von Inland II A dürfe man höchstens die jüdische Freundin ausreisen lassen, auf keinen Fall aber deren Eltern.[461]

Die Sache wurde auf einer Direktorenbesprechung kurz erörtert, und Altenburg aus dem Büro des RAM bestätigte den Entschluss Ribbentrops. Am wichtigsten sei es, die Ungarn von dem Gesandten zu befreien, was man in Budapest dankbar quittieren werde.[462] Am 10. Juni 1944 meldete Thadden seinem Vorgesetzten, dass der Portugiese mit der Freundin, aber ohne die Eltern nach Portugal gefahren sei. Die SS kolportierte nach der Abreise das Gerücht, wonach der Gesandte für die Ausstellung von Pässen Gegenleistungen genommen habe, aber Grell musste einräumen, dass es dafür keine konkreten Beweise gab.[463]

Sollte Ribbentrop gehofft haben, mit Garrido einen lästigen »Judenfreund« los zu sein, so wurde er enttäuscht. Im November 1944 hatte die portugiesische Gesandtschaft Hunderte von Schutzpässen ausgegeben. Unterstaatssekretär Hencke sprach sich dafür aus, die Zertifikate anzuerkennen, wenn sie sich im vernünftigen Rahmen hielten.[464] In der AA-Führung schien aber keine Einigkeit darüber zu bestehen. Steengracht sagte dem portugiesischen Gesandten in Berlin, dass man sich von deutscher Seite nicht einmischen könne. Er halte die Ausgabe portugiesischer Legitimationen an ungarische Juden für völkerrechtlich bedenklich.[465] Inland II sprach sich für einen Mittelweg aus. Man solle ein gewisses Entgegenkommen zeigen, aber die Ausreisegenehmigungen auf maximal hundert begrenzen, da sich die Zahl der Anträge ohne eine sol-

---

459 Vgl. Schreiben Thaddens an CdS vom 30.1.1945, in: ebd., Inland IIg 209.
460 Telegramm Altenburgs vom 24.5.1944, in: ebd., Inland IIg 210.
461 Schreiben Thaddens an Wagner vom 27.5.1944, in: ebd.
462 Vgl. Schreiben Altenburgs an Wagner vom 30.5.1944, in: ebd.
463 Vgl. Schreiben Grells vom 22.12.1944, in: ebd., Inland IIg 209.
464 Vgl. Schreiben Büro UStS Pol. vom 9.11.1944, in: ebd., Inland IIg 212.
465 Vgl. Schreiben Steengrachts an Hencke vom 10.11.1944, in: ebd.

che Beschränkung im Wochentakt steigern würde.[466] Ribbentrop entschied schließlich, Veesenmayer möge auf die ungarische Regierung einwirken, keine weiteren Pässe anzuerkennen. Die Ungarn hielten sich aber nicht daran und erkannten 700 portugiesische Schutzpässe an.

Gegen Ende des Jahres 1944 wurden die Rettungsbemühungen verzweifelter, da mit einem deutschen Nachgeben nicht mehr zu rechnen war. Schweden quartierte in seinem Auswanderungsamt eine viel größere Anzahl von Juden ein als die erlaubten 120. Das Gebäude wurde schließlich von der Gendarmerie abgesperrt.[467] Als im Spätherbst die Fußkolonnen auf dem Weg zur slowakischen Grenze waren, unternahm die Schweizer Gesandtschaft eine couragierte Aktion. Eine Delegation fuhr der Kolonne nach und verteilte etliche von Schutzpapieren, die von den begleitenden ungarischen Wachmannschaften anerkannt wurden, woraufhin man diese Personen frei ließ. Innerhalb von 24 Stunden hatte sich das Gros der Kolonne aufgelöst. Wagner und Thadden schlugen vor, bei den Schweizern Protest einzulegen, da auf diese Weise dem Reich große Mengen an Arbeitskräften vorenthalten würden. Die Schweizer hätten ihre Neutralität missachtet und sich in deutsch-ungarische Angelegenheiten gemischt. Im Namen Ribbentrops sei Szálasi anzuweisen, den Schweizern sein Befremden über die »*Sabotage*« mitzuteilen.[468] Das Telegramm ging zwar nicht in dieser geharnischten Form ab, aber Veesenmayer protestierte bei den Schweizern und den ungarischen Behörden. Wagner konnte daraufhin Kaltenbrunner melden, die Ungarn beabsichtigten nach dem Protest, die Inhaber von Schutzpässen auszusondern, zu überprüfen und fragliche Fälle den Deutschen zu überstellen.[469]

Dessen ungeachtet hatten die Schutzpässe eine wichtige Rettungsfunktion. Ihre Inhaber waren zunächst von den Judenmaßnahmen ausgenommen, da die ungarischen Behörden die Papiere häufig anerkannten. Die Pässe führten zwar nicht zur Ausreise, aber zum möglichen Überleben, weshalb die Bedeutung der Papiere unter den Verfolgten hoch eingeschätzt wurde. So eröffnete sich als letzte Chance, auf die Ankunft der nahenden Roten Armee zu warten. Bei einer Kontrolle von Schweizer Dokumenten (unter Beteiligung von Angehörigen der Schweizer Gesandtschaft) erwiesen sich um die 30% der Schutzpässe als Fälschungen oder als verfälschte Papiere; in einem Arbeitslager seien es sogar 1.100 von 1.500 gewesen.[470] In der chaotischen Phase des Zusammenbruchs nahmen marodierende Pfeilkreuzler jedoch häufig keine Notiz von den Schutzpässen und töteten deren Inhaber ohne Unterschied.

Die ständigen Interventionen brachten Eichmann und Dannecker zur Weißglut. Wenige Tage vor Heiligabend 1944 suchte der schwedische Gesandte Richert den

---

466 Vgl. Vortragsnotiz [Wagners] vom 10.11.1944, in: ebd. Die Notiz wurde von Thadden abgefasst.
467 Vgl. Telegramm Feines vom 5.12.1944, in: ebd., Inland IIg 209.
468 Vortragsnotiz Wagners vom 9.11.1944 mit Anlage, in: ebd. Die Notiz wurde von Thadden abgefasst. Vgl. auch Schreiben Kaltenbrunners an Wagner vom 11.11.1944, in: ebd.
469 Vgl. Schreiben Wagners an Kaltenbrunner vom 17.11.1944, in: ebd.
470 Vgl. Telegramm Veesenmayers vom 21.11.1944, in: ebd., Inland IIg 212.

deutschen Gesandten Erdmannsdorff in Berlin auf und teilte ihm mit, Eichmann habe einem Angestellten des Schwedischen Roten Kreuzes in Budapest gesagt, dass er die Absicht habe, »*den sogenannten Judenhund Wallenberg zu erschießen*«. Ähnliches habe auch sein Stellvertreter geäußert, ein Mann namens »*Droegger*«. Der Schwede bat, dafür zu sorgen, dass dem Gesandtschaftspersonal in Budapest kein Leid angetan werde.[471] Grell konnte diese Drohungen aus Ungarn teilweise bestätigen. Eichmann und Dannecker hätten in letzter Zeit öfter starke Kritik gegenüber den Angehörigen des »*Judenbüros*« der Schweden geäußert. Dort setze man sich in »*durchaus unüblicher Weise für ungarische Juden*« ein, in dem man mit allen Mitteln versuche, Schutzpässe zu verteilen. Die Äußerung über Wallenberg sei vielleicht aus Unmut darüber gefallen.[472] Um dem schwedischen Gesandten eine Antwort zukommen zu lassen, schlug Wagner der Politischen Abteilung vor, die Äußerung grundsätzlich zu bestreiten und stattdessen das unmögliche Vorgehen Raoul Wallenbergs zur Sprache zu bringen. Erdmannsdorff befolgte Wagners Rat und verwies gegenüber dem schwedischen Gesandten auf das tadelhafte Verhalten Wallenbergs und seines Büros. Damit war die Angelegenheit erledigt.

Resümierend muss gesagt werden, dass die Ausreisepolitik der Alliierten und Neutralen scheiterte. Sicherlich bleiben die humanitäre Intention und der Rettungswille unbenommen, aber die vielen unterschiedlichen Ausreisegruppen führten zu einer Aufsplittung der Möglichkeiten, die dem Erfolg letztlich abträglich war. Von den 400 schwedischen »Schutzjuden«, für die eine mehr oder weniger verbindliche Ausreisezusage gegeben war, lagen der deutschen Gesandtschaft in Budapest Ende November 1944 angeblich erst 125 Pässe zur Visierung vor.[473] Thadden kabelte nach Budapest, dass die Schweizer verfügt hätten, nur christliche Kinder in der Schweiz aufzunehmen.[474] Anscheinend waren weder die Schweiz noch Schweden bereit, die Flüchtlinge bei sich aufzunehmen, sondern bestanden darauf, dass sie in den Nahen Osten gebracht würden.[475] Dies musste mit der deutschen Araberpolitik kollidieren und versprach wenig Aussicht auf Erfolg, wie man bereits bei der Feldscher-Aktion hatte feststellen können. Das RSHA wäre wahrscheinlich sogar bereit gewesen, einer Ausreise nach Schweden oder der Schweiz zuzustimmen, da eine Weiterreise von dort während des Krieges als ausgeschlossen angesehen wurde.[476] Zudem führten die vielen Kontingente zu bürokratischen Konfusionen. Ständig wurde zwischen Politischer Abteilung, Rechtsabteilung, Inland II und der Gesandtschaft in Budapest nachgefragt, wie

---
471 Telegramm Erdmansdorffs vom 17.12.1944, in: ebd., Inland II A/B, R 99401.
472 Telegramm Veesenmayers vom 20.12.1944, in: ebd.
473 Vgl. Verbalnote AA an schwed. Ges. Berlin vom 28.11.1944, in: ebd., Inland II A/B, R 99451.
474 Vgl. Schreiben Thaddens an dt. Ges. Budapest vom 13.10.1944, in: ebd. Die jüdischen Kinder sollten weiter nach Spanien reisen.
475 Vgl. Telegramm Veesenmayers vom 25.7.1944 u. Vermerk Reichels vom 15.8.1944, beide in: ebd., Inland IIg 211.
476 Vgl. Vermerk Reichels vom 15.8.1944, beide in: ebd.

und mit welcher Gruppe eine neue Anfrage in Verbindung stehe und für wen eine mögliche Ausreiseerlaubnis gelte und für wen nicht. Stellvertretend mag eine Passage Thaddens aus einem Schreiben an die Politische Abteilung stehen:

> »Ob die 2.000 Juden ein Teil der 7.000 sind oder nicht, ist nicht klar, denn in Budapest ist von den 2.000 Juden nichts bekannt, während in Berlin von schweizerischer Seite nie über 7.000 Juden, sondern auch bei früheren Vorstellungen nur von 2.000 gesprochen wurde. Aus früheren Besprechungen mit schweizerischen Vertretern ergab sich darüber hinaus, daß auch den Schweizern zu diesem Zeitpunkt die Frage nicht klar war, sondern sie erst eine Klärung anstrebten.«[477]

Alliierte und Neutrale verfolgten kein gemeinsam koordiniertes Programm, sondern verloren sich in Einzelaktionen. Somit bleibt die hypothetische Überlegung, ob die Deutschen bereit gewesen wären, kleineren Kontingenten die Ausreise mit dem Ziel Schweiz oder Schweden zu gestatten. Wahrscheinlich wäre dies möglich gewesen. In der Realität des Jahres 1944 blieb aber nach den erfolglosen Ausreiseversuchen nur noch der vage Schutz der massenhaft verteilten Pässe, um die Menschen zu retten.

Die einzige Aktion, die wirklich in hohen Zahlen Juden ins Ausland und damit in Sicherheit brachte, war ein Menschenhandel der SS. Bereits 1943 hatte sich in der ungarischen Hauptstadt ein so genanntes Hilfs- und Rettungskomitee etabliert, hebräisch kurz Vaadah genannt. Das Komitee unterhielt Beziehungen ins Ausland und war über die »Endlösung« sehr gut informiert. Zu den führenden Köpfen gehörte Reszö Kasztner, der der Meinung war, eine Rettung sei hauptsächlich durch Verhandlungen mit den Deutschen zu erreichen. Im Mai 1944 reiste ein Emissär, Joel Brand, nach Istanbul, von wo aus er über den Austausch »Blut gegen Ware« verhandelte. Unter anderem stand eine Forderung der SS nach 10.000 Lastwagen im Raum. Es folgten weitere komplizierte Verhandlungen, die mitunter Grund für Himmler waren, im August 1944 die Deportationen aus Budapest zu verbieten. Die angloamerikanische Presse nannte das Angebot der Deutschen »*A monstrous ›Offer‹*«, »*Nazis Offer Human Barter*« oder schlicht »*Nazi Blackmail*«.[478]

Das »Geschäft« kam zu Stande: Gegen eine Zahlung von 7,2 Millionen Schweizer Franken gestattete die SS 1.684 Juden die Ausreise in die Schweiz.[479] Der Transport ging zunächst nach Bergen-Belsen, wo die Juden interniert wurden. Erst im August 1944 wurde die Reise fortgesetzt. Am 22. des Monats übergab die Gestapo bei Basel einen Transport mit den ersten 318 Juden. Die Schweiz war nur als Transitland vorgesehen, und die örtlichen Behörden waren nicht informiert und erbaten vom AA nä-

---

477 Schreiben Thaddens an Pol. II vom 9.12.1944, in: ebd.
478 Vgl. Presseausschnitte in: ebd., Inland IIg 212.
479 Vgl. u. a. Müller-Tupath, Reichsführer gehorsamster Becher, S. 153 ff.; Wenck, Bergen-Belsen, S. 292 ff.; Bauer Freikauf von Juden?, S. 312 f. Die Zahlen von Inland II sprechen von 1647 Personen.

3.3 Rettungsversuche

here Angaben. Doch auch das AA war absolut nicht im Bilde. Als eine Woche später Legationssekretär Vischer von der Schweizer Gesandtschaft in Berlin bei Thadden anrief und nachhakte, hielt der Deutsche die Ausreise für völlig unglaubwürdig.[480] Die Unkenntnis des AA ist Indiz dafür, dass die SS hier ihre eigene Politik verfolgte und andere Behörden möglichst nicht beteiligen wollte. Wagner konnte noch Mitte September nur mutmaßen, es handle sich um eine Ausreise im Zusammenhang mit einer in der Türkei in die Wege geleiteten Lieferung an die SS.[481] Damit lag der Gruppenleiter richtig. Thadden erfuhr Wochen später, es handle sich um eine Aktion zur Beschaffung von Kriegsgütern. Aber die SS beruhigte die Diplomaten, eine solche »*Transaktion*« werde sich nicht wiederholen.[482] Es ist nicht ganz klar, wie diese Aussage von Eichmanns Stellvertreter Günther gemeint war, denn der Großteil des Transports wurde noch in Bergen-Belsen gefangen gehalten. Möglicherweise spielte die SS zeitweise mit dem Gedanken, trotz der erhaltenen Zahlungen keine Ausreisen mehr zuzulassen.

Doch schon im November 1944 kam das RSHA telefonisch auf einen neuen Transport von 1.000 Juden zu sprechen, den man als Gegenleistung für Waffen frei geben wollte. Wagner war nun besser informiert und sah die neuerliche Anfrage im Zusammenhang mit der »Blut gegen Ware«-Aktion, bei welcher »*völlig vage Pläne*« zwischen Hitler und Himmler erwogen worden seien, »*Juden in anderer Weise als durch die Verbringung zum Arbeitseinsatz ins Reich für das Rüstungspotential Deutschlands nutzbar zu machen*«.[483] Die Alternative bestand darin, sie wie Geiseln gegen Rüstungsmaterial zu verkaufen. Nach dem Basler Vorfall stand die Frage im Raum, ob man die Schweizer Regierung zuvor informieren sollte. Wagner gab sich konspirativ und schlug vor, es könne mitgeteilt werden, ein zufällig mitgehörtes Gespräch zweier Beamter interner Stellen habe ergeben, dass ein Judentransport zu einem bestimmten Termin die Schweizer Grenze erreiche. Damit erwecke man den Eindruck, das AA habe nichts damit zu tun. Aber Ribbentrop lag nichts an derartigen Agentenspielen und verfügte, die Schweizer seien gar nicht zu benachrichtigen. Im Dezember 1944 sollten nach Thaddens Informationen nicht nur 1.000, sondern weitere 1.329 ungarische Juden von Bergen-Belsen in die Schweiz gebracht werden. Diese bildeten nach den 318 Menschen vom August das zweite Kontingent des »Blut gegen Ware«-Handels. Inland II veranlasste gemäß Ribbentrops Weisung nichts bei den Schweizern[484], aber die Transporte erreichten dennoch sicher die Freiheit.

---

480 Vgl. Schreiben Thaddens an StS vom 11.10.1944, in: PA AA, Inland IIg 212.
481 Vgl. Schreiben Wagners an StS vom 16.9.1944, in: ebd.
482 Schreiben Thaddens an StS vom 5.10.1944, in: ebd. u. Schreiben Günthers an Thadden vom 25.10.1944, in: ebd., Inland IIg 209.
483 Vortragsnotiz Wagners vom 11.11.1944, in: ebd., Inland IIg 212.
484 Vgl. Schreiben Wagners an StS vom 2.12.1944, in: ebd., Inland II A/B, R 99451. In der Sekundärliteratur wird auch die Zahl 1368 genannt, vgl. Bauer, Freikauf von Juden?, S. 361.

Die beiden Züge in die Schweiz waren eine Ausnahme der ansonsten eindeutigen SS-Politik, keine Ausreisen zu gestatten. Doch Himmler war opportunistisch genug, Juden gegen eine »Entschädigung« frei zu geben. Anders als die Alliierten und Neutralen hatte die Vaadah, freilich auf dem Wege moralisch ambivalenter Verhandlungen mit der SS, eine Möglichkeit gefunden, Menschen in Sicherheit zu bringen.

V Anatomie eines Kriegsverbrechens – der Mord an General Maurice Mesny im Januar 1945

Zu Beginn des Jahres 1945 befanden sich fast eine Million französische Kriegsgefangene in deutschem Gewahrsam.[1] Im Rahmen völkerrechtlicher Bestimmungen hatten die USA die Schutzmacht für diese Gefangenen übernommen. Aber bereits Ende Oktober 1940 entschloss sich Hitler, Vichy-Frankreich solle die Kriegsgefangenen selbst vertreten. In der Folge übte das AA Druck auf Pierre Laval, den Ministerpräsidenten der Vichy-Regierung, aus, den USA zu kündigen, was innerhalb von 24 Stunden geschah. Neuer französischer Vertreter für die Kriegsgefangenen im Deutschen Reich wurde der als Soldat im Ersten Weltkrieg erblindete Abgeordnete und Diplomat Georges Scapini.[2] Damit war ein wirksamer Schutz der Kriegsgefangenen erschwert, da Vichy-Frankreich unter dem Einfluss Deutschlands stand und nur begrenzt eigene Initiativen entwickeln konnte. Die deutschen Stellen zeigten wenig Interesse an einer Zusammenarbeit. Das AA versuchte, die französische Dienststelle zu isolieren. Ribbentrop ließ die Reichsführung-SS, die Parteikanzlei, das Goebbels-Ministerium und den Reicharbeitsführer wissen, dass jeder gesellschaftliche Umgang mit Scapini oder dem Personal seiner Dienststelle »*unerwünscht*« sei.[3] Himmler ließ eine entsprechende Weisung innerhalb der SS verteilen.[4]

Die Scapini-Kommission nahm im Dezember 1940 ihre Arbeit auf. Sie konnte die Lager besuchen und versuchte, die Interessen der Gefangenen wahrzunehmen. Bei den Besuchen gab es jedoch Behinderungen. Entgegen dem Genfer Abkommen wurde der Kommission der Zugang zu den Stammlagern (Stalag) und Offizierslagern (Oflag) verwehrt, teilweise monatelang. Im Oktober 1944 hörten die Inspektionen

---

1 Vgl. Durand, Yves, La vie quotidienne des prisonniers de guerre dans les stalags, les oflags et les kommandos 1939–1945, Paris 1987, S. 11. Zu den französischen Kriegsgefangenen allgemein, ders., La Captivité. Historie des prisonniers de guerre français 1939–1945, Paris 1982; ders., Das Schicksal der französischen Kriegsgefangenen in deutschem Gewahrsam (1939–1945), in: Bischof, Günter/Overmans, Rüdiger (Hg.), Kriegsgefangenschaft im Zweiten Weltkrieg. Eine vergleichende Perspektive, Ternitz 1999, S. 71-78; Jäckel, Eberhard, Frankreich in Hitlers Europa. Die deutsche Frankreichpolitik im Zweiten Weltkrieg, Stuttgart 1966, S. 71 ff. Während in den Lagern ca. 3,3 Millionen der 5,6 Millionen russischen Kriegsgefangenen zu Tode kamen, starben von den französischen Gefangenen 14.147 Soldaten, von den britischen 1.851, und von den amerikanischen 136, vgl. Streit, Christian, Keine Kameraden. Die Wehrmacht und die sowjetischen Kriegsgefangenen 1941–1945, Bonn 1991, S. 246 f.
2 Vgl. Scapini, Georges, Mission sans Gloire, o. O. 1946, S. 20 ff.
3 Schreiben Luthers vom 31.7.1942, in: BA Berlin, NS 19/3205.
4 Vgl. Schreiben Brandts vom 13.8.1942, in: ebd.

vollständig auf, da Scapini die neue französische Regierungskommission, die inzwischen von Frankreich nach Sigmaringen verlegt worden war, nicht anerkannte.[5] Am 13. November wurde Inland II davon in Kenntnis gesetzt, dass Scapini »*politisch nicht mehr tragbar sei*« und seine Delegation durch ein Mitglied der Laval-Regierung, General Eugène Bridoux, übernommen werde.

Auch auf deutscher Seite kam es im Herbst 1944 zu Neustrukturierungen. Hitler, der seinen Militärs nach dem Attentat vom 20. Juli nicht mehr traute, hatte noch am Tag des Anschlages den Reichsführer-SS zum Oberbefehlshaber des Ersatzheeres gemacht. In dieser Funktion übertrug Hitler seinem Paladin mit Wirkung zum 1. Oktober 1944 auch das Kriegsgefangenenwesen, das vorher in der Hand der Wehrmacht gewesen war. Himmler ernannte SS-Obergruppenführer Gottlob Berger zum Chef des Kriegsgefangenenwesens (Chef KGW).[6] Die Wehrmacht behielt jedoch Teilzuständigkeiten. Für die Angelegenheiten der Schutzmächte sowie für die Belange des Genfer Abkommens und der in alliierter Hand befindlichen deutschen Kriegsgefangenen blieb das OKW in der Institution des Inspekteurs für das Kriegsgefangenenwesen (IdK) zuständig. Chef war General Adolf Josef Westhoff. Der IdK unterstand General Hermann Reinecke und dem Allgemeinen Wehrmachtsamt (AWA), welches wiederum dem OKW direkt untergeordnet war. Dagegen kontrollierte Bergers Stelle die Lager und den Arbeitseinsatz der Gefangenen.[7]

Als Stabschef forderte Berger einen alten Bekannten an: Friedrich Meurer.[8] Beide waren 1896 geboren, gingen 1914 als Kriegsfreiwillige in den Ersten Weltkrieg, wurden mehrfach verwundet und kehrten 1918 als viel dekorierte Leutnants zurück. Von ihren Zivilberufen nicht ausgefüllt, lernten sie sich in der zweiten Hälfte der 1920er-Jahre in Stuttgart im Umfeld der Reichswehr kennen. Berger war früh begeistert von der nationalsozialistischen Idee und trat 1930 der SA und ein Jahr später der Partei bei. Meurer folgte ihm 1932 in die Partei und 1933 in die SA. Nach der Machtübernahme Hitlers wurde die SA Dachorganisation für alle vor- und paramilitärischen Aktivitäten im Reich. So wurde Meurer Anfang 1934 mit seinen Erfahrungen hauptamtlicher SA-Führer im Ausbildungswesen der Landesgruppe V in Stuttgart, während Berger mit der Führung der Landesgruppe beauftragt war. Meurer wurde schließlich SA-Sturmbannführer und Stabsführer unter Berger. Diese Konstellation sollte sich knapp

---

5   Vgl. Erklärung Scapinis vom 15.4.1946, in: IMT, XL, K-22, S. 414 u. Scapini, Mission sans Gloire, S. 252 ff.
6   Vgl. dazu Vernehmung Bergers am 25.5.1948 vor dem Militärgerichtshof IV, S. 6335 ff., in: StA Nürnberg. Ferner Berger, Chef KGW, S. 16 ff. Die apologetische Darstellung ist quellenkritisch mit Vorsicht zu verwenden.
7   Vgl. Streit, Keine Kameraden, S. 290.
8   Meurer, Friedrich Wilhelm: geb. 30.11.1896; Elektroingenieur u. Offizier; Kriegsteilnahme von 1914 bis 1918, zuletzt Lt. d. Res.; Ingenieursexamen 1921; Zivilangestellter beim Wehrkreiskommando V in Stuttgart; Hauptmann d. Ergänzungswesens 1.8.1935, Major d. E. 31.5.1938, Oberstleutnant 1.9.1941, Oberst 1.6.1944; NSDAP seit 1932; SA seit 1933, zuletzt SA-Stubaf., vgl. BMA Freiburg, Personalakte Fritz Meurer.

zehn Jahre später wiederholen. Im Jahr 1935 schaffte Hitler das Ausbildungswesen endgültig ab. Meurer und Berger mussten sich nach einer neuen Anstellung umsehen. Meurer bemühte sich um eine Stelle als Offizier in der Wehrmacht. Berger unterstützte ihn dabei durch ein hervorragendes Dienstzeugnis.[9] Im August 1935 trat Meurer als Hauptmann bei der Wehrmacht ein. Berger wollte ein Fortkommen im Bereich der NS-Politik und trat 1936 der SS bei, wo er seine Karriere bis zum Rang des Obergruppenführers und Hauptamtschefs fortsetzte.

Abb. 13 Friedrich Meurer

Im Jahre 1944 berief Berger seinen ehemaligen Untergebenen erneut zum Stabschef, weil er ihn »*von früher kannte, und [...] wußte, daß er mit zu den Leuten gehört, die keine schrägen Touren machten, d. h. die Aussprüche oder Maßnahmen* [Bergers]

---

9   Vgl. Dienstleistungszeugnis Meurers vom 15.5.1935, in: ebd.

hinten herum zu Keitel und damit zu Adolf Hitler bringen würden«.[10] Der SS-Obergruppenführer versuchte, beim Heerespersonalamt eine Beförderung Meurers zum Generalmajor zu erwirken.[11] Das Oberkommando des Heeres (OKH) lehnte den Antrag jedoch mit der Begründung ab, Meurer habe noch kein Truppenkommando innegehabt.[12] Hinsichtlich der fachlichen Qualifikation war die Ernennung Meurers nicht unbedingt selbstverständlich, der bisher nur bei Stäben und Wehrersatzinspektionen eingesetzt gewesen war. Im Jahr 1943 war er auf einem Bataillonsführerlehrgang für »noch nicht geeignet« befunden worden.[13] Daraufhin wurde Meurer im Kriegsgefangenenwesen eingesetzt. Nachdem er Erfahrungen in einem Stalag in Russland gesammelt hatte, wurde er 1944 für kurze Zeit Kommandant eines Durchgangslagers. Es ist anzunehmen, dass die persönliche Sympathie, die ihm Berger entgegenbrachte, bei der Besetzung der Stelle den Ausschlag gegeben hatte.

1 Die »Angelegenheit Br.«

Die westalliierten Kriegsgefangenen wurden in der Regel nach den Vorschriften der Haager Landkriegsordnung von 1907 (HLKO) und des Genfer Abkommens (GA) von 1929 behandelt. In der Zeit der militärischen Niederlagen von 1942 bis Kriegsende setzte sich die deutsche Führung aber in mehreren Fällen über die internationalen Abkommen hinweg. Mit dem so genannten »Kommandobefehl« vom Oktober 1942 entzog Hitler den alliierten Kommandoeinheiten den völkerrechtlichen Schutz, unter dem diese als reguläre Kombattanten standen. Sofern sie nicht im Kampf fielen, verlangte der Befehl, sie durch Wehrmacht oder Sicherheitspolizei erschießen zu lassen.[14] Der »Kugel-Erlaß« des OKW von Anfang 1944 sah vor, geflohene und wieder ergriffene Rotarmisten ins KL Mauthausen zu überstellen, um sie hinzurichten.[15] Besonderes Aufsehen erregte der Fall Sagan, bei dem im März 1944 achtzig britischen Luftwaffenoffizieren die Flucht aus dem Stalag Luft III bei Sagan gelungen war. Die meisten konnten wieder ergriffen werden, wonach fünfzig von ihnen der Gestapo überstellt und auf Befehl Hitlers erschossen wurden.[16] Dem Ausland und dritten Stellen sollte der Fall so dargestellt werden, dass die ergriffenen Offiziere einen erneuten Fluchtversuch unternommen hätten, wobei sie erschossen worden wären.[17]

---

10 Vernehmung Bergers am 25.5.1948 vor dem Militärgerichtshof IV, S. 6345 f., in: StA Nürnberg.
11 Vgl. Fernschreiben SS-PHA vom 30.10.1944, in: BMA Freiburg, Personalakte Friedrich Meurer.
12 Vgl. Schreiben OKH vom 7.11.1944, in: ebd.
13 Beurteilung Btl.-Lehrabteilung vom 4.5.1943, in: ebd.
14 Vgl. Befehl Hitlers vom 18.10.1942, in: IMT, XXVI, PS-498, S. 100 ff.
15 Vgl. Fernschreiben Müllers vom 4.3.1944, in: ebd., XXVII, PS-1650, S. 425 ff.
16 Vgl. Das Urteil von Nürnberg 1946, München 1996, S. 100.
17 Vgl. Seeger, »Gestapo-Müller«, S. 155 ff.

Der Schutz der Kriegsgefangenen wies immer mehr Risse auf. Besonders offenkundig wurde dies durch eine Episode, die sich zwischen November 1944 und Januar 1945 ereignete: In der Agonie des »Dritten Reiches« befahl Hitler den Mord an einem gefangenen französischen General, um den Tod eines deutschen Generals von Brodowski in Frankreich zu rächen.

Friedrich von Brodowski[18] entstammte einer alten Offiziersfamilie und wurde im November 1886 im pommerschen Kolberg geboren. Der Vater Fedor von Brodowski war General der Infanterie. Mit achtzehn Jahren trat Friedrich in das Kürassierregiment Nr. 6 ein. Als Kavallerieoffizier nahm er am Ersten Weltkrieg teil und wurde 1918 verwundet. Während der Weimarer Republik war er zeitweise beim Reichswehrministerium beschäftigt. Es folgten nach 1933 die Beförderungen zum Generalmajor (1937) und nach Beginn des Kriegs zum Generalleutnant (1941). Ab 1941 wechselten sich Kommandos von Ersatztruppen und Feldkommandanturen mit Reservestellungen ab. Im Mai 1944 übernahm er den Hauptverbindungsstab 588 in Clermont-Ferrand in Südfrankreich.[19]

Dem Hauptverbindungsstab unterstand der größte Teil des Massif Central. Er umfasste die Départements Indre, Haute-Vienne, Creuse, Allier (mit Vichy), Dordogne, Corrèze, Puy-de-Dôme, Cantal und Haute-Loire sowie Teile von Indre-et-Loire, Cher und Charente. Zusammen war das ein Gebiet von über 65.000 Quadratkilometern, größer als Belgien und die Niederlande zusammen. Allerdings lebten nur ungefähr zweieinhalb Millionen Menschen dort. Um das weite und dünn besiedelte Gebiet zu kontrollieren, standen Brodowski kaum fünftausend Mann zur Verfügung. Vornehmliche Aufgabe war die Bekämpfung der Widerstandsbewegung, mit der es im militärisch schwach besetzten Süden Frankreichs zu heftigen Auseinandersetzungen kam.[20]

Drei Tage vor der alliierten Landung in der Normandie erhielt Brodowski den Befehl, eine »*Befriedungsaktion*« durchzuführen und im Département Cantal und anderen Gebieten die »*Autorität der Besatzungsmacht baldigst wiederherzustellen*« und die »*auftretenden Banden mit allen Mitteln zu bekämpfen und zu zerschlagen*«.[21] Hierfür standen Brodowski unter anderem Teile der SS-Panzerdivision »Das Reich« zur Verfügung. Im Zuge des Unternehmens besetzte am 10. Juni 1944 eine Kompanie der SS-Division aufgrund von Gerüchten über angebliche Waffenlager der Résistance die Ortschaft Oradour-sur-Glane und richtete ein Blutbad an. Die SS-Männer erschossen die männlichen Bewohner und trieben Frauen und Kinder in der Kirche zusammen, die in Brand gesetzt wurde. Jeder, der zu fliehen versuchte, wurde niedergeschossen. 642 Einwohner kamen ums Leben. Im Kriegstagebuch des Hauptverbin-

---

18 In den Quellen finden sich unterschiedliche Schreibweisen, so ist z. B. »Brodowsky« oder »Borodowski« zu lesen. Abweichende Schreibweisen wurden stillschweigend korrigiert.
19 Vgl. BMA Freiburg, Personalakte Friedrich von Brodowski.
20 Vgl. hierzu auch Jäckel, Frankreich in Hitlers Europa, S. 322 ff.
21 Kriegstagebuch Hauptverbindungsstab 588, in: IMT, XXXVII, F-257, S. 9. Vgl. ferner ebd., V, S. 456 f. u. VI, S. 430 ff.

dungsstabes liest sich der Vorfall so: »*Gesamte männliche Bevölkerung von Oradour wurde erschossen. Frauen u. Kinder waren in die Kirche geflüchtet. Kirche fing Feuer. In Kirche lagerte Sprengstoff. Auch Frauen u. Kinder kamen ums Leben.*«[22]

Die Auseinandersetzungen mit der Widerstandsbewegung wurden nach der Beendigung der Cantal-Operation in Zusammenarbeit mit SS und SD mit voller Härte weitergeführt. Am 13. Juni wurden »*70–80 Terroristen umgelegt, darunter 9 Engländer*«.[23] An anderer Stelle vermerkt das Kriegstagebuch: »*Am 8.6. abends Angriff der Terroristen gegen Kaserne, Unterkunft der 13./Sich.Rgt. 95. Wurde beendet durch Eintreffen der Pz.Div. ›Das Reich‹. 120 männliche Einwohner v. Tulle wurden aufgeknüpft, rund 1000 zur Überprüfung zum SD nach Limoges verbracht.*«[24] Wenige Tage später wurden in einer anderen Ortschaft dreiundzwanzig Personen von der Wehrmacht standrechtlich erschossen[25], in der Nacht zum 17. Juli wurden bei Cosnat »*40 Terroristen niedergemacht*«.[26] Brodowski verfolgte die gnadenlose Linie des OKW in der »Bandenbekämpfung« und befahl, dass »*verdächtige Personen*« festzunehmen und »*dem SD zu übergeben, bzw. in Gefangenen-Sammelstellen festzuhalten*« seien.[27] Für die Überstellten kam dies häufig einem Todesurteil gleich. Als sich beispielsweise der Präfekt von Le Puy dafür aussprach, vom Roten Kreuz geborgene, verwundete Widerstandskämpfer als Kriegsgefangene anzusehen, behandelte Brodowski die Verwundeten wie Freischärler und überstellte sie dem SD.[28] Der SD richtete sie kurz danach hin.[29]

Die Lage in Südfrankreich verschärfte sich, als am 15. August die 7. US-Armee zwischen Toulon und Cannes an Land ging. Der Militäroperation hatten die deutschen Kräfte nichts entgegenzusetzen, und sie zogen sich langsam nach Norden zurück. Am 23. August gab Brodowski den Befehl, die Akten zu vernichten, und zwei Tage später wich der Hauptverbindungsstab nach Dijon aus. Um den Rückzug abzusichern, übernahm Brodowski Ende August 1944 den Befehl über eine Kampfgruppe. Es kam zu Gefechten mit den feindlichen Panzerspitzen, in denen die Kampfgruppe am 13. September vollständig zerschlagen wurde. Der General und einige Soldaten versuchten, die deutschen Linien zu Fuß zu erreichen, doch die Gruppe fiel bei Nachtmärschen auseinander. Nach einer Woche geriet Brodowski in französische Kriegsgefangenschaft und wurde auf die Festung Besançon gebracht. Hierhin wurden auch andere Soldaten seiner Kampfgruppe gebracht, von denen er aber getrennt wurde.[30] Die Bewachung übernahmen Einheiten der Freien Französischen Streitkräfte.

---

22 Kriegstagebuch Hauptverbindungsstab 588, in: ebd., XXXVII, F-257, S. 18.
23 Ebd., S. 17.
24 Ebd., S. 54.
25 Vgl. ebd., S. 62.
26 Ebd., S. 62.
27 Ebd., S. 16, vgl. auch ebd., S. 18, 20, 28, 29.
28 Vgl. ebd., S. 20.
29 Vgl. IMT, VI, S. 431.
30 Vgl. Aussage Ludwig M. vom 4.12.1959, in: HStA Düsseldorf, Ger.Rep. 237/11.

1 Die »Angelegenheit Br.«

Der General bezog ein Zimmer, welches nur durch ein Vorzimmer zu erreichen war. Als Türsicherung diente lediglich ein Schemel. Am 28. Oktober 1944 gegen 20 Uhr abends soll der französische Wachposten, der sich kurz aus dem Vorzimmer entfernt hatte, bemerkt haben, dass sich von Brodowski auf dem Flur befand. In der Annahme, der General wolle fliehen, schoss der Wachsoldat auf Brodowski und traf ihn tödlich.[31] Einige Tage später wurde der Tote mit militärischen Ehren bestattet.

Gegen den Wachposten strengten die französischen Behörden ein Untersuchungsverfahren an, welches zu dem Schluss kam, Brodowski habe einen Fluchtversuch unternommen. Trotzdem bleiben Fragen offen. Den Franzosen war Brodowskis harte Linie im Partisanenkrieg bekannt. So erscheint ein aus Rache motivierter Mord ebenso möglich wie ein gescheiterter Fluchtversuch, durch den sich Brodowski einer möglichen Vergeltung oder Strafverfolgung zu entziehen versucht haben mochte. Auch ein schlichtes Fehlverhalten des Wachpostens ist nicht auszuschließen. Gegen einen Mord spricht, dass nach Aussage eines Mitgefangenen Brodowski korrekt behandelt worden sei und es keine weiteren Todesfälle unter den Gefangenen gegeben habe. Der Mitgefangene habe bei Vernehmungen im Zuge des französischen Untersuchungsverfahrens nicht den Eindruck gehabt, dass dem General Kriegsverbrechen vorgeworfen wurden.[32] Erst nach dem Krieg kamen Darstellungen auf, Brodowski sei schwer gefoltert und misshandelt worden. Diese Aussagen sollten in erster Linie den später in Nürnberg angeklagten Beteiligten Verteidigungsargumente liefern.[33] Vor 1945 erwähnen die Akten keine Folter, die zweifelsohne zu einer gewissen Relativierung der Vergeltungstat beigetragen hätte. Die »Agence Centrale des Prisonniers de Guerre« des »Comité International de la Croix-Rouge« in Genf teilte nach dem Krieg mit: »*tué par une sentinelle de garde, alors qu'il cherchait a s'enfuir en profitant de l'obscurité*«.[34] Auch die Witwe Brodowskis hielt die Berichte über Misshandlungen für frei erfunden.[35]

Am Mittwoch, den 8. November 1944 wurde über den britischen Sender folgende Nachricht verbreitet, die einen Tag später auch über die Schweizer Sender ging:

> »Radio London meldet: Der deutsche General von Brodowski, der während der Besetzung Frankreichs einen Kommandoposten innehatte und bei der Befreiung Frankreichs gefangengenommen worden war, ist bei einem Fluchtversuch aus der Zitadelle von Besançon erschossen worden. General von Brodowski wurde für die Massaker von Oradour-sur-Glane verantwortlich betrachtet.«[36]

---

31 Vgl. Anklageschrift gegen Wagner u. a., 29Ks 1/60 vom 18.5.1960, S. 24, in: ebd., Ger.Rep. 237/19.
32 Vgl. Aussage Ludwig M. vom 4.12.1959, in: ebd., Ger.Rep. 237/11.
33 Die Übernahme derartiger Aussagen hat Eingang in die Forschungsliteratur gefunden, vgl. Rempel, Gottlob Berger, S. 55.
34 Auskunft IRK, o. D., in: HStA Düsseldorf, Ger.Rep. 192/69.
35 Vgl. Vermerk Behms 18.12.1959, in: IfZ München, NL Behm, Bd. 37.
36 Auskunft Schweizerische Depeschenagentur vom 20.1.1960, in: HStA Düsseldorf, Ger.Rep. 237/11.

2 »So was können wir auch!« – Reaktionen im Führerhauptquartier und Auswärtigen Amt

> »Ich mache gar keinen Hehl daraus, dass ich für einen Deutschen zwanzig Engländer aufhänge. [...] Kleine Gefangene, das ist ihnen egal, aber ein halbes Dutzend englische Generale aufhängen, das ist ein Einbruch in die englische Gesellschaftsordnung! [...] Bisher haben wir Verbesserungen auf dem Gebiet immer nur erzielt, wenn wir barbarisch zurückgeschlagen haben.«
>
> Adolf Hitler 1942[37]

Die Radiomeldung wurde im Führerhauptquartier bekannt. Höchstwahrscheinlich ist sie Hitler bei einer Besprechung vorgelegt worden, auch wenn sich dies nicht belegen lässt.[38] Der Wortlaut erregte den Verdacht, dass ein Zusammenhang zwischen dem Todesfall und der Verantwortlichkeit für das Massaker von Oradour bestehe und es sich um einen Racheakt gehandelt habe. Daraufhin soll Hitler im Zorn die Erschießung eines französischen Generals angeordnet haben. Generalfeldmarschall Wilhelm Keitel, Chef des OKW, nahm sich der Sache an.

Dennoch bleibt die Entschlussbildung im Hauptquartier diffus. Meist wurde ein solcher »Führerbefehl« nicht schriftlich fixiert. Da es in der Natur des NS-Staates lag, »*dem Führer entgegen zu arbeiten*«[39] und sich durch vorauseilenden Gehorsam zu profilieren, reichten häufig unpräzise Äußerungen Hitlers aus – vielleicht im Plauderton getätigt oder in einem Nebensatz erwähnt – um von seiner Umgebung aufgegriffen und umgesetzt zu werden. Dritte gaben dann Weisungen heraus, die Hitlers Bemerkung entsprachen und als »Führerbefehl« deklariert waren.[40] Unter diesen Voraussetzungen ist es vorstellbar, dass die Initiative nach einer beiläufigen Äußerung Hitlers von anderen Personen ausgegangen sein könnte.

Keitel rief Anfang November 1944 in Torgau beim IdK Generalmajor Westhoff an. Dieser befand sich jedoch auf Dienstreise in Pommern, sodass Keitel mit dem dienstältesten Offizier, Major Theodor Krafft, Chef der Organisationsabteilung, verbunden wurde. Keitel erklärte dem aus dem Mittagsschlaf geschreckten Krafft, dass General Brodowski laut einer ausländischen Rundfunkmeldung in Frankreich getötet worden sei und deutete an, dass »*eine besondere Maßnahme geplant sei, in die ein französischer General einbezogen werden sollte*«. Nach Durchführung dieser »*Maß-*

---

37 Jochmann, Hitler. Monologe, S. 393 f.
38 Die Aussage Kaltenbrunners, der Bericht sei von Reichspressechef Otto Dietrich vorgelegt worden, konnte nicht verifiziert werden, vgl. Plädoyer Kaltenbrunners vom 31.8.1946, in: IMT, XXII, S. 434.
39 Kershaw, Ian, Hitler. 1889–1936, Stuttgart 1998, S. 665.
40 Vgl. zum Entstehen eines »Führerbefehls« Browning, Christopher R., Der Weg zur »Endlösung«. Entscheidungen und Täter, Bonn 1998, S. 25 ff.; vgl. auch François-Poncet: Botschafter in Berlin, S. 335.

2 »So was können wir auch!« – Reaktionen im Führerhauptquartier und Auswärtigen Amt

nahme« solle eine Pressenotiz darüber herausgegeben werden. Keitel forderte »*unverzüglich und mit größter Beschleunigung*« die Nennung eines französischen Generals und bemerkte: »*So was können wir auch!*«[41] Keitel befürwortete den bevorstehenden Mord. Offenbar mit Wut im Bauch drängte er auf schnelles Handeln.

Es scheint unglaubwürdig, dass Krafft die tödliche Konsequenz nicht geahnt haben will. Er rechnete angeblich nur mit einer Verlegung in ein weniger gutes Lager oder in ein Wehrmachtsgefängnis. Krafft stellte seine Bedenken zurück, da er einen Protest durch Westhoff, der am nächsten Tag zurück erwartet wurde, wirkungsvoller vertreten glaubte.

Während die Vorgänge in der Militärbürokratie ihren Lauf nahmen, unterließ man es, die Witwe zu informieren. Im November 1944, so Eleonore von Brodowski, habe sie erst über vertrauliche Kontakte von der Radiomeldung und dem Tod ihres Mannes erfahren.[42] Auf ähnliche Weise erfuhr auch die Tochter davon, als sie als Angestellte einer Militärstelle in Breslau über Radio London die Nachricht hörte.[43]

Im AA wurde die Radiomeldung ebenfalls durch einen Referenten der Presseabteilung auf einer Konferenz bekannt gemacht. In der Erinnerung eines Teilnehmers schienen »*Einzelheiten in dieser Meldung*« darauf hinzudeuten, dass »*Brodowski in Wahrheit nicht bei einem Fluchtversuch getötet wurde*«.[44] Es sei angeblich hinzugefügt worden, dass Brodowski »*in sehr grausamer Weise durch Angehörige des Maquis in Besançon getötet wurde*«.[45] Staatssekretär Steengracht erkundigte sich beim Hausjuristen Albrecht nach der Zulässigkeit einer Repressalie. Albrecht hatte bereits kurze Zeit zuvor ein Gutachten für Ribbentrop erstellt, welches Vergeltungsmaßnahmen gegen französische Zivilisten oder Kriegsgefangene als völkerrechtswidrig zurückwies und verneinte die Anfrage.[46] Hintergrund für dieses Gutachten war der Wunsch Hitlers, auf Todesurteile gegen französische Kollaborateure mit Repressalien zu reagieren. Hitler hatte sich dafür ausgesprochen, einige in deutscher Haft befindliche »*de Gaulle-Generale*« gegen die Verurteilten auszutauschen oder »*sie als Vergeltung zu erschießen*«.[47] Dies könnte ein Hintergrund für Hitlers Befehl im Fall Brodowski gewesen sein, weil sie zeitlich fast genau mit dem Bekanntwerden der Radiomeldung zusammenfällt.

---

41 Affidavit Kraffts vom 6.6.1947 (NO-3878), in: StA Nürnberg.
42 Vgl. Vermerk Behms vom 11.12.1959, in: IfZ München, NL Behm, Bd. 37. Die angebliche Folterung hielt seine Gattin für frei erfunden.
43 Vgl. Vermerk Behms vom 28.12.1959, in: ebd.
44 Affidavit Albrechts vom 10.12.1947 (NG-4167), in: StA Nürnberg.
45 Vernehmung Thaddens vor dem Militärgerichtshof IV am 3.3.1948, S. 2768, in: ebd.
46 Vgl. Affidavit Albrechts vom 10.12.1947 (NG-4167), in: ebd.
47 Aufzeichnung Hewels vom 11.11.1944, in: ADAP, Serie E, Bd. VIII, Nr. 296.

Exkurs: Zum Begriff der Repressalie

Das Repressalienrecht stellt eine komplexe Rechtsmaterie dar, weswegen hier nur die für die weiterführende Darstellung nötigen Aspekte gestreift werden. Im Völkerrecht versteht man unter einer Repressalie die Erwiderung eines erlittenen Unrechts mit einer Vergeltungsmaßnahme, wobei die Vergeltung dem Unrecht angemessen sein muss. Sie gehörte zum gewöhnlichen Instrumentarium, dessen sich die Deutschen zur Machtsicherung bedienten. Um im besetzten Europa den Widerstand zu unterdrücken, wurden Vergeltungsmaßnahmen eingesetzt[48], die mit »militärischer Notwendigkeit« begründet wurden.

Lücken in der Gesetzgebung der HLKO ermöglichten die ausgedehnte Praxis der Repressalie. Die Haager Bestimmungen von 1907 waren dabei von der Realität des Krieges, wie sie sich im globalen Vernichtungskrieg zwischen 1939 und 1945 darbot, längst überholt worden. Größtes Manko war das Fehlen einer übergeordneten, durchsetzungsfähigen Kontroll- und Urteilsinstanz, bei der die Kriegsparteien das erlittene Unrecht anprangern und eine Strafe verlangen konnten. So aber urteilten die Kriegsparteien in eigener Sache.

Im Repressalienrecht waren Geiselnahme und Vergeltungsmaßnahme eng miteinander verzahnt. Im Zweiten Weltkrieg sollten die deutschen Geiselnahmen das Unterlassen von Widerstand und die Fügung der Bevölkerung der okkupierten Gebiete gewährleisten. Bei Zuwiderhandlungen wurde öffentlich gedroht, die Geiseln hinzurichten. Es handelte sich um eine präventive Maßnahme. Dem gegenüber stand die Vergeltungsmaßnahme, die erst einsetzte, wenn Widerstand gegen die Besatzungsmacht bereits stattgefunden hatte. Um diesen Vorfall zu rächen, wurden nachträglich Gefangene genommen, die für die Tat ihr Leben lassen mussten. Die Opfer waren wie die Geiseln meist Unschuldige.

Die Nürnberger Richter unterschieden 1948 zwischen »Geiseln« und »Sühnegefangenen«.[49] Obwohl ihr Urteil beide Formen verdammte, mussten sie das Völkerrecht so auslegen, wie sie es vorfanden. Nach dem Gewohnheitsrecht standen der Besatzungsmacht Geiselnahme und Vergeltungsmaßnahme zu, aber

---

48 Für die besetzte Sowjetunion ließ Keitel 1941 verbreiten, dass als »Sühne« für jeden getöteten deutschen Soldaten 50–100 »Kommunisten« hinzurichten seien. »*Die Art der Vollstreckung*« müsse »*die abschreckende Wirkung noch erhöhen*«, siehe Richtlinien Keitels vom 16.9.1941 über Vergeltungsmaßnahmen, in: IMT, XXV, PS-389, S. 531. Vgl. ferner Fischer, Horst, Schutz der Kriegsgefangenen, in: Fleck, Dieter (Hg.), Handbuch des humanitären Völkerrechts in bewaffneten Konflikten, München 1994, S. 260-300, hier, S. 262 f.

49 Vgl. Fall 7. Das Urteil im Geiselmordprozess gefällt am 19. Februar 1948 vom Militärgerichtshof V der Vereinigten Staaten von Amerika, hg. von Martin Zöller und Kazimierz Leszczynski, Berlin (Ost) 1965, S. 96 ff.

die Richter stellten gleichzeitig fest, dass diese Praxis an bestimmte Bedingungen geknüpft war. Den angeklagten deutschen Offizieren legten sie die Willkür, die jede Norm verletzende Brutalität und die Häufigkeit der Anwendung von Repressalien mit der Folge zahlreicher Toter unter der unschuldigen Zivilbevölkerung zur Last.

Für den vorliegenden Fall stellte das Genfer Abkommen von 1929 zweifelsfrei fest: »*Vergeltungsmaßnahmen an ihnen* [den Kriegsgefangenen] *auszuüben, ist verboten.*«[50] Damit hätte zu Beginn klar sein müssen, dass das geplante Vorgehen nichts anderes war als ein Mord, der unter dem Deckmantel einer Repressalie begangen wurde. Ebenso hätte eine Repressalie öffentlich durchgeführt werden müssen, um die Gegenseite auf ihre Verfehlung hinzuweisen und zu bestrafen. Nur der direkte Bezug zwischen Aktion und Reaktion kann einen Vergeltungsakt völkerrechtlich überhaupt zu einer Repressalie machen. Es war jedoch vorgesehen, dass die Mitteilung an die Gegenseite im Fall Mesny nicht durch die Diplomatie erfolgen sollte, sondern durch eine Zeitungsmeldung, aus deren Wortlaut der Zusammenhang erahnt werden konnte. Dies hätte den Beteiligten als völlig absurd erscheinen müssen, ist aber 1944/45 kaum kritisiert worden.

3 Auf der Suche nach dem Opfer

Gemäß Keitels Anweisung telefonierte Krafft am Nachmittag desselben Tages mit Oberst Hesselmann, dem Kommandanten des Oflag Königstein. Hesselmann nannte die Namen von drei französischen Generälen aus seinem Lager. Da Krafft aber nur einen Namen verlangte, schlug Hesselmann vor, den Erstgenannten, General René de Boisse-Mortemart[51], zu nehmen.[52] Major Krafft meldete den Namen noch am selben Tag der Adjutantur Keitels, die die Zustimmung des OKW-Chefs mitteilte. Krafft solle mit dem Chef KGW Kontakt aufnehmen und ihn über die geplante Aktion unterrichten. In der Angelegenheit sei der Stabschef des Ersatzheeres, SS-Obergruppenführer Jüttner, ebenfalls verständigt, mit dem Berger Rücksprache halten solle. Noch am Abend rief Krafft bei Berger in Berlin an. Seine Meldung soll ungefähr folgenden Inhalt gehabt haben: »*In Frankreich wurde der deutsche General Brodowski erschossen. Der Führer hat zwecks Vergeltungsmaßnahme befohlen, daß hierfür der französische General Duboisse* [sic] *zur Verfügung zu stellen sei. Weiterer Befehl folgt.*«[53] Die

---

50 GA, Art. 2.
51 In verschiedenen Quellen als »*du Bois*« oder »*Duboisse*« angegeben.
52 Vgl. Affidavit Kraffts vom 6.6.1947 (NO-3878), in: StA Nürnberg.
53 Affidavit Meurers vom 6.2.1947 (NO-1835), in: ebd.

Nachricht solle über Meurer so bald wie möglich Berger vorgelegt werden. Noch am selben Abend rief Meurer zurück. Er hatte Berger verständigt, der ungehalten darüber war, dass Keitel ihn nicht persönlich unterrichtet hatte.[54] Für Berger und Meurer bestanden keine Zweifel daran, dass die Ermordung des Betreffenden geplant war.[55]

Meurer hätte nach jahrelanger Tätigkeit im Kriegsgefangenenwesen wissen müssen, dass Repressalien an Kriegsgefangenen nach dem Genfer Abkommen völkerrechtswidrig waren. Der Stabschef war aber der vollen Überzeugung, dass Vergeltungsmaßnahmen an wehrlosen Gefangenen zulässig seien. Dies sei für ihn »*eine ganz klare Sache*« und immer seine »*Ansicht*« gewesen.[56] Der Tod Mesnys sei kein Mord gewesen, sondern durch Führerbefehl sanktionierte Vergeltung. So äußerte Meurer keine Bedenken.

Major Krafft sah sich von der Situation überfordert, da in der Angelegenheit ausschließlich ranghöhere Offiziere und SS-Führer agierten. Er wollte sich deshalb absichern. Weil Westhoff nicht anwesend war, ließ er noch am Abend seinem nächsten Vorgesetzten, dem stellvertretenden Chef des AWA, Generalmajor Kurt Linde, eine Meldung über die Vorgänge zukommen. Am nächsten Morgen traf Westhoff von seiner Dienstreise wieder in Torgau ein und unterrichtete telefonisch Linde von seiner Rückkehr. Bei der Gelegenheit informierte ihn Linde über die Brodowski-Affäre. Westhoff bestellte Krafft zu sich, um Einzelheiten zu erfahren. Nach dessen Rapport nahm Westhoff an, dass »*die Sache bestimmt faul sein mußte*«.[57] Er äußerte seinem Untergebenen gegenüber, dass er mit solchen Dingen nicht einverstanden sei. Doch da Westhoff der Meinung war, dass es eine Angelegenheit »*von oben war*«, an der sich nichts ändern ließe, blieb es bei den bloßen Unmutsäußerungen.

Es bleibt zu bemerken, dass Keitel sich anfangs an die falsche Dienststelle gewandt hatte. Die Lager und die Gefangenen unterstanden dem Chef KGW und nicht dem IdK. Vermutlich fehlte Keitel die Übersicht, da die Umorganisation des Kriegsgefangenenwesens erst einen Monat zurücklag. Vielleicht spielten auch Ressentiments eine Rolle, die Keitel davon abhielten, eine SS-Stelle zu kontaktieren. Die Einschaltung Jüttners war zudem überflüssig, da er keine Funktion im Ablauf der Angelegenheit hatte. Der ganze Vorgang zeichnet ein detailliertes Bild des Kompetenzenchaos. Schritte zur Aufklärung des wahren Sachverhalts der Radiomeldung wurden unterlassen. Weder das AA noch das OKW hatten um eine Untersuchung des Todesfalls des deutschen Generals durch das Rote Kreuz oder die Schutzmacht gebeten.

---

54 Vgl. Affidavit Kraffts vom 6.6.1947 (NO-3878), in: ebd.
55 Vgl. Affidavit Bergers vom 21.6.1947 (NO-3079) u. Affidavit Meurers vom 6.2.1947 (NO-1835), beide in: ebd.
56 Vernehmung Meurers am 28.2.1947, in: BA Koblenz, NL Kempner, Bd. 582.
57 Affidavit Westhoffs vom 22.5.1947 (NO-3713), in: StA Nürnberg.

4 Die Einschaltung des Auswärtigen Amtes

Die Einschaltung des AA erfolgte aus mehreren Gründen. Weil die Angelegenheit als Repressalie klassifiziert wurde, musste das AA als diplomatisches Werkzeug informiert sein. Mit anderen Stellen sollte gegenüber dem Ausland die »*Sprachregelung*« der vorgesehenen Pressenotiz abgestimmt werden. Dabei wurde von Beginn an geflissentlich übersehen, dass die Lancierung einer Pressenotiz keineswegs den traditionellen Gepflogenheiten entsprach und keine offizielle Mitteilung darstellte.

Außerdem sollte das Amt den Mord außenpolitisch abschirmen, d. h. spätere Interventionen zurückweisen können. Es war im Laufe des Jahres 1944 zu einer Reihe von Vorfällen gekommen, bei denen die Kriegsgegner dem Deutschen Reich die Ermordung von Kriegsgefangenen und andere Verstöße gegen die Kriegsgesetze vorgeworfen hatten. Im Einzelnen sind hier das Massaker von Oradour-sur-Glane und die Erschießung gefangener kanadischer Soldaten durch Angehörige der SS-Division »Hitlerjugend« während der Invasion in der Normandie zu nennen. Im letzten Fall ersuchte die Schweiz das AA um eine »*gründliche Untersuchung*«, in der die Verantwortlichen bestraft werden sollten. Es wurden »*strenge Befehle*« gefordert, die »*in Zukunft eine Wiederholung eines derartigen Vorkommnisses verhindern werden*«.[58] Als die Schweizer Gesandtschaft wissen ließ, dass die britische Seite die Ereignisse veröffentlichen wolle, forderte Ribbentrop die Rechtsabteilung auf, die Sache beschleunigt zu bearbeiten, um die Aussagen »*richtigstellen*« und ihnen »*propagandistisch entgegentreten zu können*«.[59] Da das OKW zu keiner schnellen Auskunft in der Lage war, wandte man sich an Inland II in der Hoffnung, dass die Gruppe mit ihrer engen Verbindung zur SS schneller an Informationen kommen würde. Doch Thadden musste enttäuschen, da auch die Reichsführung-SS wegen der Kriegsumstände keine Nachprüfung durchführen könne.[60] So blieb die Antwort unbefriedigend. Auch in der bereits erwähnten Angelegenheit Sagan forderte die britische Schutzmacht Schweiz Aufklärung. Das nicht unterrichtete AA hatte erhebliche Schwierigkeiten, eine zufriedenstellende Erklärung abzugeben.[61] Einer solch peinlichen Situation sollte bei der Vergeltungsmaßnahme von Beginn an vorgebeugt werden. Die völkerrechtliche Kompetenz des AA war gefragt, über die RSHA und Wehrmacht nicht verfügten.

Drei Tage nach den ersten Aktionen informierte man das AA. Wahrscheinlich am Samstag, den 11. November 1944, unterrichtete Botschafter Walther Hewel, der Verbindungsmann von Ribbentrop zu Hitler, den RAM telefonisch davon, das eine Repressalie durchgeführt werden sollte. Kurze Zeit später hatte Botschafter Ritter ein Gespräch mit Ribbentrop. Das Gespräch betraf eigentlich ein anderes Thema, aber

---

58 Schreiben schweiz. Ges. Berlin an AA vom 13.9.1944 (NG-3711), vgl. ebenso Schreiben schweiz. Ges. Berlin an AA vom 4.8.1944 (NG-3711), beide in: ebd.
59 Schreiben BRAM an AA/R. vom 19.9.1944 (NG-3711), in: ebd.
60 Vgl. Schreiben Thaddens vom 1.11.1944 (NG-3711), in: ebd.
61 Vgl. Urteil im »Wilhelmstraßen-Prozeß«, S. 72 ff.

kurz vor Ende der Unterhaltung wies der RAM Ritter auf »*die angeblich beabsichtigten Repressalien für die Ermordung eines deutschen Generals in Frankreich*« hin.[62] Deshalb bat Ribbentrop ihn um den »*Gefallen*«, Horst Wagner, der über das Wochenende verreist und nicht zu erreichen war, nach dessen Rückkehr zu sagen, er solle sich mit Himmler in der Angelegenheit in Verbindung setzen. Ribbentrop wolle sicherstellen, »*daß in der Angelegenheit Br. nichts geschieht, bevor der Reichsführer SS oder der SD nicht mit* [Wagner] *die Modalitäten und die etwaige spätere Sprachregelung abgestimmt hat*«.[63] Ritter solle ihn eindringlich darauf aufmerksam machen, dass Ribbentrop auf eine »*sorgfältige Behandlung dieser Sache Wert lege*«.[64] Ritter erreichte Wagner erst nach mehreren Versuchen und bestellte ihn noch am Sonntag ins Amt, wo er ihm den Auftrag Ribbentrops am späten Nachmittag mitteilte. Nach Wagners Darstellung informierte Ritter ihn über den Tod Brodowskis und die von Hitler veranlasste »*Gegenmaßnahme*«. Um die »*Modalitäten*« und »*Sprachregelungen*« zu erläutern, solle Wagner einen Besprechungstermin zwischen Wagner, Ritter und Kaltenbrunner vereinbaren. Aus Geheimhaltungsgründen solle der weitere Schriftverkehr innerhalb des AA nur in einem verschlossenen Briefumschlag weitergegeben werden.[65] Ritter behielt sich die volle Aufsicht über den Verlauf der Angelegenheit vor.[66]

Die merkwürdige Beauftragung eines Botschafters, eine Instruktion an einen Gruppenleiter zu überbringen, erklärte Ritter 1948 mit der unkonventionellen Arbeitsweise Ribbentrops.[67] Die mündliche Beauftragung Ritters unterstreicht aber ebenso den konspirativen Charakter der Sache. Mit der Einschaltung Wagners übernahm Inland II die Angelegenheit. Die juristische Stellungnahme der Rechtsabteilung sollte erst später angefordert werden. Wagner kontaktierte noch am Sonntag Kaltenbrunner, der aber keine Kenntnis von einem Führerbefehl hatte. Wagner bat Kaltenbrunner, nichts zu unternehmen, bis eine Absprache mit dem AA vorläge.[68]

Am Montag Vormittag unterrichtete Wagner Thadden darüber, dass ein deutscher General in Frankreich ermordet worden sei und dass wegen einer Gegenmaßnahme ein Führerbefehl vorliegen solle. Wagner wusste zu diesem Zeitpunkt selbst nichts

---

62 Vernehmung Ritters vor dem Militärgerichtshof IV am 14.7.1948, S. 12074, in: StA Nürnberg.
63 Schreiben Ritters an Wagner vom 16.11.1944, in: PA AA, Inland IIg 372.
64 Vernehmung Ritters vor dem Militärgerichtshof IV am 14.7.1948, S. 12074, in: StA Nürnberg. Ritter war u. a. wegen Beihilfe am Mord an Mesny angeklagt.
65 Der Briefumschlag stammte eigentlich aus der Presseabteilung PXII Quellendienst, vgl. PA AA, Inland IIg 372.
66 Vgl. Affidavit Wagners vom 26.11.1947 (NG-3658), in: StA Nürnberg. Wagners Affidavit erscheint glaubwürdig, da es sich mit anderen Dokumenten und Aussagen deckt, vgl. u. a. Schreiben Ritters an Wagner vom 16.11.1944, in: PA AA, Inland IIg 372 u. Affidavit Thaddens vom 2.12.1947 (NG-4101), in: StA Nürnberg.
67 Die Bitte sei vom RAM mit »*einer solchen charmanten Freundlichkeit*« vorgetragen worden, dass Ritter es als Unhöflichkeit empfunden habe, sie zurückzuweisen, siehe Vernehmung Ritters vor dem Militärgerichtshof IV am 14.7.1948, S. 12074, in: ebd.
68 Vgl. Vortagsnotiz Wagners vom 18.11.1944, in: PA AA, Inland IIg 372.

Näheres und wollte erfahren, welche Dienststelle die Planungen durchführte und wie der Führerbefehl genau lautete. Wagner erteilte Anweisung, eine Besprechung mit ihm, Ritter und Kaltenbrunner anzuberaumen.[69] Sie sollte nach Möglichkeit noch am selben Tag stattfinden, da Wagner zu einem Termin nach Prag fahren musste. Als Verbindungsführer sollte er der Gründung des »Komitees zur Befreiung der Völker Rußlands« beiwohnen.[70] Nach dem Termin wollte Wagner nach Wien und Preßburg reisen, wo er »dringende Fragen [...] *der Evakuierung der Volksdeutschen, Judenangelegenheiten, Verhältnis zur SS*« mit dem dortigen Gesandten besprechen würde.[71]

Es sind Anzeichen dafür zu vorhanden, dass die Angelegenheit in den ersten Tagen mit großem Nachdruck verfolgt worden ist. Thadden telefonierte mit der Adjutantur Kaltenbrunners, die ihm mitteilte, dass ein Termin erst am nächsten Tag, dem 14. November, um 16 Uhr möglich sei. Thadden verständigte Ritter, der erklärte, Wagner müsse selbst wissen, ob der Zeitpunkt ausreichend sei. Zwangsläufig musste sich Ritter nun ohne Wagner mit Kaltenbrunner treffen. Am Morgen des 14. November rief Thadden erneut bei der Adjutantur Kaltenbrunners an. Dort hatten sich aber bereits Änderungen ergeben, sodass das Treffen verlegt werden sollte. Zudem sei die Sitzung wohl gegenstandslos geworden, da nach den Informationen der Adjutantur der Führerbefehl aufgehoben sei.[72] Thadden informierte Ritter von seinen Telefonaten. Dieser hielt die Aufhebung des Befehls für ausgeschlossen, da Generaloberst Alfred Jodl, Chef des Wehrmachtführungsstabes, ihn in der letzten Nacht angerufen hatte, um den Befehl zu bestätigen.[73] Weiterhin wünschte Ritter zur Überraschung Thaddens, Kaltenbrunner in der Wilhelmstraße zu empfangen. Ritter begründete dies damit, dass er innerhalb der Ministerialbürokratie der Ranghöhere sei.[74] Thadden war davon ausgegangen, dass Ritter den Sipo-Chef im RSHA aufsuchen würde.

---

69 Vgl. Affidavit Thaddens vom 2.12.1947 (NG-4101), in: StA Nürnberg u. Affidavit Thaddens vom 3.5.1948, in: HStA Düsseldorf, Ger.Rep. 237/13.
70 Vgl. Aussage Wagners vom 22.6.1962, in BA Koblenz, NL Kempner, Bd. 577. Dieses Komitee wurde von dem übergelaufenen russischen General Andrei A. Wlassow unter Ägide Himmlers gegründet. Der Reichsführer-SS, durch den Kriegsverlauf realistisch geworden, schob seine Rassenideologie beiseite und genehmigte die Aufstellung russischer Verbände auf deutscher Seite.
71 Notiz Wagners vom 10.11.1944, in: HStA Düsseldorf, Ger.Rep. 192/60. Vermutlich ist die Reise nicht oder nur in verkürzter Form genehmigt worden.
72 Vgl. Affidavit Thaddens vom 2.12.1947 (NG-4101), in: StA Nürnberg u. Affidavit Thaddens vom 3.5.1948, in: HStA Düsseldorf, Ger.Rep. 237/13.
73 Vgl. Vernehmung Ritters vor dem Militärgerichtshof IV am 14.7.1948, S. 12078 f., in: StA Nürnberg. Der ungewöhnliche Zeitpunkt resultierte vermutlich aus den Terminen der Lagebesprechungen im Führerhauptquartier. Die »Abendlage« konnte bis in die späten Abendstunden dauern. Ein Vertreter des AA war in der Regel nur bei der »Mittagslage« anwesend, vgl. Heiber, Helmut (Hg.), Lagebesprechungen im Führerhauptquartier. Protokollfragmente aus Hitlers militärischen Konferenzen 1942–1945, München 1963, S. 7 ff. Es ist denkbar, dass bei der »Abendlage« der Fall zur Sprache gekommen ist und Jodl deshalb Ritter anrief, der zeitweise Verbindungsmann zum OKW gewesen war. Leider sind die Protokolle der Lagebesprechungen vom 10. bis 13.11.1944 nicht erhalten.
74 Vgl. Affidavit Thaddens vom 2.12.1947 (NG-4101) u. Affidavit Wagners vom 26.11.1947 (NG 3658), beide in: StA Nürnberg.

Die Verwirrung steigerte sich, als der persönliche Referent Kaltenbrunners, SS-Sturmbannführer Heinrich Malz, Thadden später erklärte, der Führerbefehl liege nicht Kaltenbrunner, sondern Berger vor. In dem Chaos erreichte Thadden im Büro des Chefs KGW zunächst den persönlichen Referenten Bergers, einen SS-Standartenführer Friedrich Klumm, der aber nicht informiert war. Da »*über den Befehl nur Oberst Meurer wisse*«[75], verwies er Thadden weiter. Meurer war aber unterrichtet, dass der Befehl nicht an den Chef KGW ergangen sei, sondern an Jüttner, der zugleich Stabschef Himmlers in dessen Funktion als Befehlshaber des Ersatzheeres war. Als Meurer am 13. November 1944 in der Sache mit Jüttner sprach, teilte dieser ihm mit, dass der Befehl aufgehoben sei. Berger beschloss, nichts zu unternehmen, bevor nichts Schriftliches vorlag.[76] Nachdem Ritter vom neuen Stand der Sache erfahren hatte, telefonierte Thadden wieder mit SS-Sturmbannführer Malz und sagte, dass Ritter nicht gewillt sei, Kaltenbrunner aufzusuchen. Malz erwiderte, dass vielmehr Kaltenbrunner nicht bereit sei, Ritter aufzusuchen. Um die peinliche Situation zu entschärfen, schlug Thadden vor, ein Ferngespräch zu arrangieren. Malz sagte zu.

Am 16. November bat Ritter Wagner zu sich und machte ihm Vorhaltungen, dass die Angelegenheit keine Fortschritte mache. Ritter habe erneut darauf aufmerksam gemacht, dass er durch den RAM beauftragt sei, die Aufsicht zu führen.[77] Der kritisierte Gruppenleiter rief Thadden an und ließ durchblicken, dass es zu Vorwürfen wegen der langsamen Vorgehensweise gekommen sei, und verlangte eine minutiöse Aufzeichnung der unternommenen Schritte mit Datum und Uhrzeit.[78] Thadden fertigte daraufhin eine solche Notiz an.[79]

In einem mit dem Stempel »Geheime Reichssache« versehenen Schreiben fasste Ritter das Gespräch mit Wagner nochmals zusammen und ließ es ihm zustellen. Dort heißt es: »*Der Auftrag ist also an Sie* [Wagner]*, nicht an mich gerichtet. Mich hat der Herr RAM nur beauftragt, Ihnen den Auftrag weiterzugeben. Außerdem hat der Herr RAM mir gesagt, ich solle darauf achten, daß der Auftrag richtig ausgeführt wird.*«[80] Nach eigener Erklärung begründete Ritter das Schreiben später damit, dass er glaube, Wagner habe intrigiert, um ihn durch ein Treffen mit Kaltenbrunner in die »*Sache hineinzuziehen*«.[81] Mit der Notiz habe Ritter aktenkundig machen wollen, dass Wagner den Fall zu bearbeiten hätte. Ritter strich allerdings heraus, dass er selbst »*darauf achten soll*[te]*, daß der Auftrag richtig ausgeführt wird*«.[82] Der Botschafter postulierte da-

---

75 Aufzeichnung Thaddens, o. D., in: PA AA, Inland IIg 372.
76 Vgl. Aussage Bergers vom 30.9.1947 (NG-4280), in: StA Nürnberg.
77 Vgl. Affidavit Wagners vom 26.11.1947 (NG-3658), in: ebd.
78 Vgl. Affidavit Thaddens vom 2.12.1947 (NG-4101), in: ebd.
79 Vgl. Aufzeichnung Thaddens, o. D., in: PA AA, Inland IIg 372.
80 Schreiben Ritters vom 16.11.1944 an Wagner, in: ebd.
81 Vernehmung Ritters vor dem Militärgerichtshof IV am 14.7.1948, S. 12081, in: StA Nürnberg.
82 Die spätere Aussage Ritters, er habe mit dem Satz nur die korrekte Übermittlung an Wagner und nicht die Repressalie gemeint, ist unglaubwürdig. In dem Schreiben beziehen sich die übrigen Verwendungen des Wortes »Auftrag« eindeutig auf den Mord.

mit seinen Anspruch auf die Aufsichtsführung, weswegen er über die Entwicklung auch weiterhin informiert wurde und sich die Paraphen Ritters auch auf anderen belastenden Dokumenten finden.[83] Das Schreiben an Ritters an Wagner könnte aber auch anders motiviert gewesen sein. Beunruhigt durch den verbrecherischen Charakter der Gegenmaßnahme könnte er versucht haben, die detaillierte Bearbeitung und Verantwortung an Wagner abzuschieben. Der ehemalige Diplomat Georg Vogel bemerkte zu einem solchen Verhalten: »*Für besonders geraten hielten es einzelne Kollegen, ihre Unterschrift oder ihre Paraphe in den Akten der letzten Kriegsmonate so wenig wie möglich in Erscheinung treten zu lassen.*«[84]

5 Die Pläne im RSHA und Auswärtigen Amt

»Es war nicht die Rede davon, daß er ermordet werden sollte, sondern daß er als Repressalie – sagen wir – getötet werden sollte.«
Rudolf Bobrik, Referatsleiter Inland II B, 1948[85]

Am 17. November traf der Befehl, der den Namen de Boisse als Opfer nannte, im RSHA ein. Kaltenbrunner setzte sich daraufhin mit Wagner in Verbindung und bat um eine Besprechung. Bis dahin hatte Inland II drei Tage lang vergeblich versucht festzustellen, wer führend mit der Angelegenheit betraut sei und ob überhaupt ein Befehl vorliege. Der schriftliche Befehl vom OKW soll von Keitel im Auftrag unterschrieben gewesen sein und habe als mögliche Todesarten Erschießen, Vergasen oder Vergiften aufgeführt. Durch das AA sei eine Pressenotiz zu lancieren, die derart abgefasst sein müsste, dass ein Zusammenhang zwischen dem Tod des deutschen und des französischen Generals erkennbar würde.[86] Der Befehl ist nicht überliefert und aus dem Gedächtnis der Beteiligten rekonstruiert. Wahrscheinlich lag er nur dem Chef KGW und RSHA vor.[87]

Kaltenbrunner rief erneut am Morgen des 18. November Wagner an und teilte mit, dass er sofort abreisen müsse. SS-Oberführer Friedrich Panzinger[88] sei mit dem Fall

---

83 Vgl. Vortragsnotiz Wagners vom 18.11.1944; Notiz Bobriks vom 28.11.1944; Notiz Bobriks vom 6.12.1944, alle in: PA AA, Inland IIg 372.
84 Vogel, Diplomat, S. 114.
85 Vernehmung Bobriks am 7.9.1948 vor dem Militärgerichtshof IV, S. 20055, in: StA Nürnberg.
86 Vgl. Affidavit Meurers vom 6.2.1947 (NO-1835). Ebenso Affidavit Bergers vom 21.6.1947 (NO-3079), beide in: ebd. u. Aussage Meurers vom 15.1.1958, in: HStA Düsseldorf, Ger.Rep. 237/36.
87 Vgl. Affidavit Meurers vom 6.2.1947 (NO-1835), in: StA Nürnberg u. Aussage Meurers vom 15.1.1958, in: HStA Düsseldorf, Ger.Rep. 237/35. Ferner Affidavit Bergers vom 21.6.1947 (NO-3079), in: StA Nürnberg. Wagner schrieb: »*Am 17.11. teilte SS-Obergruppenführer Kaltenbrunner mit, daß er soeben den Befehl erhalten habe […]*«, Vortragsnotiz Wagners vom 18.11.1944, in: PA AA, Inland IIg 372.
88 Panzinger, Friedrich: geb. 1.2.1903; Verwaltungsjurist u. SD-Führer im RSHA; Stapoleitstelle Berlin 1.10.1937, Polizeiattaché an dt. Gesandtschaft Sofia 8.8.1940, Gruppenleiter beim Amt IV A im RSHA 26.9.1941, BdS für Ostland u. Riga 4.9.1943, Gruppenleiter IV A im RSHA 21.5.1944; SS seit 20.4.1939, SS-Nr. 322.118, SS-Hstuf. 20.4.1939, SS-Stubaf. 9.11.1939, SS-Ostubaf. 1.1.1941,

betraut und werde an der Besprechung teilnehmen. Panzinger war vertretungsweise Leiter des Amtes V (Kriminalpolizei) im RSHA und wurde hinzugezogen, da im Aufgabenbereich der Kriminalpolizei auch die Fahndung nach entflohenen Kriegsgefangenen lag.

Mit Panzinger schickte Kaltenbrunner einen Mann, der im nationalsozialistischen Sinne »scharf« war. Seit 1937 in der Gestapo, schlug Amtschef Müller ihn 1943 mit einem äußerst positiven Zeugnis zur Beförderung zum SS-Standartenführer vor. Für Panzinger sei »*der Begriff Kameradschaft [...] eine innere Selbstverständlichkeit, die nationalsozialistische Weltanschauung ein inneres Bedürfnis*«.[89] Im September 1943 wurde Panzinger Führer der Einsatzgruppe A und Befehlshaber der Sicherheitspolizei und des SD für das Gebiet »Ostland«, d. h. für das Baltikum und Westweißrussland. Im Mai 1944 kam Panzinger zurück nach Berlin ins RSHA. Am Tag des Attentatsversuchs vom 20. Juli war er im RSHA und »*von Beginn an bei Einleitung und Durchführung der Gegenmaßnahmen in entscheidender Weise tätig*«.[90] Sein Vorgesetzter Kaltenbrunner war von dem Handeln Panzingers während und nach dem Putschversuch derart beeindruckt, dass er ihn für das Deutsche Kreuz in Silber vorschlug.

Panzinger traf sich am Samstag, den 18. November 1944 mit Wagner. Bei dieser Besprechung wurden die Durchführung der Tötung, die Presseveröffentlichung und die Untersuchung durch die Schutzmacht detailliert erörtert. Akribisch wurden der Mord geplant und alle Maßnahmen bedacht, um die Spuren zu verwischen. Von Anfang an war eine heimtückische Tötung des Franzosen beabsichtigt. Sie sollte bei einer Autofahrt anlässlich einer Verlegung einer Gruppe von Generälen aus Königstein in ein anderes Lager erledigt werden. Wagner wollte wissen, wie die Sipo den Befehl auszuführen gedächte. Was dann zur Sprache kam und später schriftlich niedergelegt wurde, ist ein unglaubliches Zeugnis der NS-Bürokratie. Wagner notierte:

»Im Auto befinden sich jeweils der Fahrer und ein deutscher Begleiter. Der Wagen hat Wehrmachtsabzeichen. Die beiden Deutschen tragen Wehrmachtsuniform. Es handelt sich um besonders ausgesuchte Leute. Auf der Fahrt wird der Wagen des Generals Deboisse eine Panne haben, um ihn von den anderen abzusondern. Bei dieser Gelegenheit soll der General durch gezielten Rückenschuss ›auf der Flucht‹ erschossen werden. Als Zeitpunkt ist Dämmerung vorgesehen. Es wird sichergestellt, daß keine Landbewohner in der Nähe sind. Aus Gründen der Nachforschungssicherheit ist geplant, die Leiche zu verbrennen [...].«

SS-Staf. 20.4.1943, SS-Oberf. 24.9.1943; SA 10.7.1933–Okt. 1938; NSDAP seit 1.5.1937, Parteinummer 5.017.341, vgl. BA Berlin, SSO Friedrich Panzinger u. BA Dahlwitz, ZR 58.
89 Vgl. Beförderungsvorschlag vom 30.1.1943, in: BA Berlin, SSO Friedrich Panzinger.
90 Vorschlag für die Verleihung des Deutschen Kreuzes in Silber vom 7.10.1944, in: ebd.

5 Die Pläne im RSHA und Auswärtigen Amt

Eine Pressemitteilung sollte die Gegenseite über den »Fluchtversuch« und dessen tödliches Ende informieren. Damit ein Zusammenhang zwischen dem Tod Brodowskis und des französischen Generals ersichtlich würde, sollte sich »*das Kommuniqué stark an den Text der Reuter-Verlautbarung* [der Brodowski-Meldung] *anlehnen*«. Durch »*ordnungsgemäß*« ausgestellte Dokumente wie Leichenschein und ärztlichen Befund wollten AA und RSHA sicherstellen, dass die Untersuchung durch die Schutzmacht nichts Belastendes ergeben würde und man eine Beschwerde problemlos abweisen könne. Als ungefähren Termin sah man den 27. bis 30. November vor, bis dahin sollten die »*technischen Vorbereitungen*« abgeschlossen sein. Beide Seiten verblieben dahingehend, dass der Reichsführer-SS nichts ohne Zustimmung des AA veranlassen werde. Aus diesem Grunde werde in der nächsten Zeit eine genaue Ausarbeitung des Vorhabens durch den SD dem AA zur Stellungnahme unterbreitet.[91] Die Kriminalpolizei, deren eigentliche Aufgabe die Aufklärung von Verbrechen war, war im Begriff, selbst einen Mord zu planen und auszuführen.

Noch am selben Tag fertigte Wagner eine Vortragsnotiz für Ribbentrop, Steengracht und Ritter an. Steengracht und Ritter zeichneten ab. Dann übergab Wagner das Dokument dem Chef des Ministerbüros, Paul Otto Schmidt, um es dem RAM vorzulegen. Am nächsten Tag erhielt es Wagner mit der handschriftlichen Bemerkung Schmidts zurück: »*Der RAM hat Aufzeichnung selbst gelesen*«.[92]

Nach dem Gespräch mit Panzinger setzte Wagner seinen Mitarbeiter Bobrik über die Angelegenheit in Kenntnis. Der Legationsrat war Leiter des Referats Inland II B, welches für die Verbindung zu den Polizeibehörden und die aus der Polizeiarbeit resultierenden Interventionen dritter Staaten zuständig war. Er sollte den Kontakt zu Panzinger halten. Bobrik war 1936 als promovierter Jurist[93] ins AA gekommen und arbeitete in den Botschaften Madrid und San Sebastian. Im Jahr 1943 wurde er zur Wehrmacht eingezogen und ein Jahr später schwer am Kopf verwundet. Nicht mehr fronttauglich wurde er wieder ins AA gerufen und im November 1944 Inland II B zugeteilt.

Um den Mord gegenüber der Kommission Bridoux abzusichern, informierte sich Bobrik bei der Rechtsabteilung über die Modalitäten des Begräbnisses eines in Kriegsgefangenschaft gestorbenen Generals. Bobrik tat dies in einer neutralen und unverfänglichen Art, sodass die Rechtsabteilung über den konkreten Hintergrund im Unklaren blieb. Am 20. November 1944 teilte ein Wissenschaftlicher Hilfsarbeiter der Rechtsabteilung mit, dass ein kriegsgefangener General mit allen militärischen Ehren bestattet werde. Es sei irrelevant, »*ob der General bei einem Fluchtversuch erschossen worden sei*«.[94] Bobrik setzte Wagner und Panzinger darüber in Kenntnis.

---

91 Vortragsnotiz Wagners vom 18.11.1944, in: PA AA, Inland IIg 372.
92 Ebd.
93 Vgl. Bobrik, Rudolf, Die Bedeutung der Exterritorialität der Gesandten für den Zivilprozeß, Würzburg 1934.
94 Schreiben Bobriks an Wagner vom 20.11.1944, in: PA AA, Inland IIg 372.

6 Die Besprechung am 28. November 1944

In der Zwischenzeit fanden Besprechungen zwischen Panzinger und Meurer statt, deren Ergebnisse nicht dokumentarisch belegt sind. Aufgrund der im AA erhaltenen Dokumente und der Aussagen der Beteiligten lassen sich die Treffen jedoch rekonstruieren. Panzinger begab sich Ende November in die Diensträume Meurers, um eine kurze Rücksprache zu halten. Da Berger nicht anwesend war, vertrat Meurer ihn. Panzinger musste feststellen, dass sein Gegenüber über die Sache bereits im Bilde war. Meurer hatte selbst Pläne zur Durchführung des Mordes geschmiedet. Wie Panzinger und Wagner in ihrer Besprechung zuvor, kam auch Meurer zu dem Schluss, dass ein Fluchtfall konstruiert werden solle.[95] Worüber ansonsten gesprochen wurde, ist unklar. Die späteren Zeugenaussagen sind verwirrend. Es ist davon auszugehen, dass sich die Erinnerungen an das Treffen vom 28. November und dem nachfolgenden am 4. Dezember überschneiden. Noch am selben Tag setzte Panzinger das AA von der Unterredung mit Meurer in Kenntnis. Er wies darauf hin, dass »*in der besprochenen Angelegenheit die Vorbereitungen verschiedentlich abgeändert worden seien*«. Vermutlich bezog sich Panzinger hier auf die interne Diskussion im RSHA über die möglichen Todesarten. Der General solle nicht mehr erschossen, sondern vergast werden. Panzinger wolle bis Anfang Dezember dem AA einen Plan über die »*Ausgestaltung des Vorhabens*« zukommen lassen. Bobrik legte die Notiz Wagner und Ritter zur Abzeichnung vor, was beide taten.[96]

Hintergrund des Treffens Panzinger–Meurer war vermutlich eine Entscheidung Himmlers, der vom Kriminaltechnischen Institut der Sipo Gutachten zu den Tötungsmethoden verlangt hatte. Das Institut war dem Amt V des RSHA angegliedert und wurde von SS-Standartenführer und Regierungs- und Kriminaldirektor Dr. ing. habil. Walter Heeß geführt, der sich seit längerem mit der »*der Frage von Kohlenoxydvergiftungen*« befasst habe.[97] Es scheint glaubwürdig, dass in der frühen Planungsphase das Töten durch Gas favorisiert wurde.

7 Bei einem Glas Cognac – die Besprechung am 4. Dezember 1944

Berger will dem Unternehmen ablehnend gegenübergestanden haben. Meurers Unterrichtung über den geplanten Mord habe er mit der Bemerkung quittiert, dass man sich heraushalten wolle und Keitel seine kriegsgefangenen Generäle selbst erschießen

---

95 Vgl. Aussage Panzingers vom 29.11.1956, in: HStA Düsseldorf, Ger.Rep. 237/35.
96 Schreiben Bobriks an Wagner vom 28.11.1944, in: PA AA, Inland IIg 372.
97 Ebd.

solle.⁹⁸ Da Berger wegen seiner vielfachen Aufgaben nur selten in Berlin war, nahm Meurer an den Besprechungen teil. Nachdem Berger gegen Ende November wieder in Berlin war, informierte ihn Meurer über sein Treffen mit Panzinger. Berger sei nach eigenen Angaben nicht erbaut gewesen.⁹⁹

Panzinger rief wenige Tage später beim Chef KGW an und lud zu einer Vorbesprechung. Berger beauftragte Meurer teilzunehmen, jedoch solle er sich nur über die Fortschritte informieren und keine bindenden Zusagen geben.¹⁰⁰ Meurer tat wie befohlen, entwickelte allerdings entgegen dieser Anweisung eigene Initiativen.

Am Montag, dem 4. Dezember trafen sich im Reichskriminalamt am Werderschen Markt Mitarbeiter des Kriegsgefangenenwesens und des RSHA zur Sitzung. Anwesend waren Panzinger und ein Techniker des RSHA, wahrscheinlich Institutsleiter Heeß. Meurer hatte ebenfalls einen Mitarbeiter mitgebracht, Hauptmann Heinz Cohrs. Auf einen Vertreter des AA war verzichtet worden, denn im Folgenden sollten Details der Tötung erläutert werden, für die das AA nicht zuständig war. Es wurde Cognac gereicht und Panzinger eröffnete die Sitzung. Er bedaure, dass er in einer so »*peinlichen und für [...] alle sehr unangenehmen Angelegenheit habe herbitten müssen*«. Er erläuterte nochmals den Befehl und verwarf den Plan des Erschießens. Jetzt halte er die Tötung durch Gas für die »*praktischste und humanste*«.¹⁰¹ Dies bedeute aber, dass das Opfer innerhalb des Lagers in einem präparierten Raum umgebracht werden müsse. Dagegen erhob Meurer Einwände. Die Tötung dürfe nicht in einem Lager oder im Befehlsbereich des Chefs KGW erfolgen, Berger werde dies nicht zulassen. Auf die Frage Panzingers, wie man zu einer Lösung komme, sagte Meurer, er könne »*sich vorstellen, daß gelegentlich eines Gefangenentransports [...] eine Erschießung denkbar sei*«.¹⁰² Es sei schon länger beabsichtigt, einige Generäle von Königstein nach Colditz zu verlegen. Unter dieser Tarnung könne die Tat ausgeführt werden. Panzinger stimmte zu, rückte aber nicht von der Tötung durch Gas ab, wozu er in eines der Autos eine Gasflasche einbauen lassen wolle.¹⁰³ Meurer verlangte von der Sipo, dass sie die Täter und das Fahrzeug stellten. Angehörige des Chefs KGW seien ihm »*nicht sicher genug*«.¹⁰⁴ Anschließend trennten sich die Teilnehmer, um die neuen Ergebnisse in ihren Dienststellen zu erörtern.

---

98 Vgl. Vernehmung Bergers am 25.5.1948 vor dem Militärgerichtshof IV, S. 6359 u. Vernehmung Bergers vom 21.6.1947 (NG-4280), beide in: StA Nürnberg. Ebenso Vernehmung Meurers vom 28.2.1947, in: BA Koblenz, NL Kempner, Bd. 582 u. Aussage Meurers vom 26.11.1956, in: HStA Düsseldorf, Ger.Rep 237/35.
99 Vgl, Vernehmung Bergers am 25.5.1948 vor dem Militärgerichtshof IV, S. 6359 f., in: StA Nürnberg.
100 Vgl. ebd. u. Aussage Meurers vom 15.1.1958, in: HStA Düsseldorf, Rep. 237/35.
101 Aussage Meurers vom 15.1.1958, in: ebd.
102 Aussage Panzingers vom 29.11.1956 u. Aussage Meurers vom 15.1.1958, beide in: ebd.
103 Vgl. Vernehmung Meurers vom 28.2.1947, in: BA Koblenz, NL Kempner, Bd. 582.
104 Vernehmung Panzingers vom 29.11.1956; ebenso Aussage Meurers vom 15.1.1958, beide in: HStA Düsseldorf, Ger.Rep. 237/35.

Die Sitzung macht die Arbeitsteilung zwischen RSHA und Chef KGW deutlich. Während die konkreten Vorschläge zur Tötung vom RSHA ausgingen, übernahm die Dienststelle KGW die Organisation des Transports. Wessen Idee letztlich das Fluchtszenario war, ist nicht eindeutig festzustellen. Meurer gab später zu, dass er es gewesen sei, der sich den Plan ausgedacht habe. Doch Panzinger hatte bereits in der Unterredung am 18. November, also vor dem Gespräch mit Meurer, mit dem Fluchtszenarium gearbeitet. Vermutlich fassten beide unabhängig voneinander den Plan.

Das AA wurde von Panzinger über die vorläufigen Ergebnisse informiert. Bobrik fertigte am 6. Dezember eine kurze Notiz für seinen Gruppenleiter an, in der es hieß, dass Panzinger »*wegen erneuter Änderungen, insbesondere hinsichtlich der Autofrage vorgestern mit Oberst Meurer im Beisein der von ihm beteiligten Leute nochmals eingehend verhandelt habe*«.[105] Das RSHA wolle noch in dieser Woche einen abschließenden Bericht zusenden. Wagner zeichnete das Schreiben ab und verfügte handschriftlich darauf, dass es auch Botschafter Ritter vorgelegt werden sollte. Dies tat Bobrik; Ritter paraphierte einen Tag später.

Panzinger seinerseits informierte Kaltenbrunner und schlug vor, keine Mitarbeiter der Kriminalpolizei einzusetzen, sondern sich an den Chef des Amtes III (SD-Inland), Otto Ohlendorf, zu wenden. Ohlendorf, der zwischen Mai 1941 und Juni 1942 Führer der Einsatzgruppe D in Südrussland und der Ukraine gewesen war, kenne »*solche Leute [...], die dort Exekutionen ausgeführt haben*«.[106] Kaltenbrunner akzeptierte.

Einige Tage nach der Besprechung benachrichtigte Meurer erstmals das Oflag IV B Königstein über eine geplante »*Auflockerung*« des Lagers und über die Verlegung von Insassen.[107] Da die Dienststelle Chef KGW den Transport leiten musste, suchte Meurer nach einem Begleiter. Er schilderte daher vage und oberflächlich seinem Adjutanten, Hauptmann Theodor Zuelsdorf, die Angelegenheit und versuchte, ihn als Begleiter zu gewinnen.[108] Doch Zuelsdorf sträubte sich, sodass Meurer auf Cohrs verfiel, den er fragte, ob er während der Überführungsfahrt vom Vordersitz aus den Verschluss der

Abb. 14 Rudolf Bobrik (1938)

---

105 Schreiben Bobriks an Wagner vom 6.12.1944, in: PA AA, Inland IIg 372.
106 Aussage Panzingers vom 29.11.1956, in: HStA Düsseldorf, Rep. 237/35. Ohlendorf war seit 1939 Chef des Amtes III im RSHA. 1948 im »Einsatzgruppenprozeß« zum Tode verurteilt, wurde er 1951 hingerichtet.
107 Befehl Meurers an Oflag IV B u. a. vom 15.1.1945, in: ebd., Ger.Rep. 237/36. Das Schreiben vom 9.12.1944 ist nicht erhalten.
108 Vgl. Aussage Zuelsdorf vom 21.3.1961, in: ebd., Ger.Rep. 237/14.

7 Bei einem Glas Cognac – die Besprechung am 4. Dezember 1944

Gasflasche aufdrehen könne. Cohrs weigerte sich und meinte, er sei zu ungeschickt dafür.[109] Das störte Meurer nicht, und er bestimmte Cohrs zum Transportoffizier.

Obwohl im Oktober 1944 noch zum Major befördert, hatte Cohrs den Antrag gestellt, in die Waffen-SS übernommen zu werden.[110] Während er auf die offizielle Freistellung wartete, hielt er sich seit Ende November beim Stab Bergers auf, wohin ihn das SS-PHA abkommandiert hatte. Meurer begrüßte ihn mit den Worten, dass er sich freue, dass er als SS-Mann bei ihm Dienst tue.[111] Doch erst am 20. Dezember 1944 trat Cohrs als SS-Hauptsturmführer der Reserve dienstlich in die Waffen-SS ein.[112] Er führte so in den letzten Monaten des Krieges ein Dienstleben zwischen Waffen-SS und Wehrmacht und trug sowohl die Heeresuniform wie auch die feldgraue SS-Uniform.[113] Die Aussicht, einen Mord zu befehlen, erschreckte ihn. Er erzählte ratlos einer Bekannten und seinem Bruder von der Angelegenheit[114] und äußerte dabei, er glaube, der Mord sei sein »›Gesellenstück‹ als SS-Führer«, um seine Zuverlässigkeit zu beweisen.[115]

Wenige Tage, nachdem Berger von der Repressalie erstmals unterrichtet worden war, wurde er durch einen Bombeneinschlag verschüttet und erlitt später einen Schwächeanfall, weshalb er bis Ende November 1944 nicht im Amt war. Reichsarzt-SS Grawitz attestierte Berger am 10. November 1944 eine Kreislaufschwäche.[116] Als ihm bei seiner Rückkehr Meurer von der Unterredung mit Panzinger vom 28. November berichtete, beschloss Berger, mit Himmler in der Angelegenheit zu sprechen. Er wolle ein Aussetzen des Befehles erwirken.[117] Die Möglichkeit für ein Treffen ergab sich, da Berger nach Triberg im Schwarzwald befohlen war, wo Himmler die Rheinfront befehligte. Trotz mehrerer Gespräche mit dem Reichsführer bestand keine Gelegenheit, das Thema anzusprechen.[118]

Erst am 12. Dezember trafen sich Berger und Himmler erneut. Himmlers Sonderzug stand auf dem Bahnhof in Blaubeuren in der Nähe von Ulm. Dort will Berger die geplante Repressalie zur Sprache gebracht haben. Der wütende Himmler soll aber ab-

---

109 Vgl. Aussage Cohrs vom 12.11.1959, in: ebd., Ger.Rep. 237/9.
110 Cohrs, Heinz Herbert: geb. 18.3.1896; Vertreter/Journalist; SS seit 30.1.1938, SS-Nr. 289.683, SS-Stubaf. 30.1.1938, SS-Ostubaf. 20.4.1940; SA seit 1930, Sturmbannführer; NSDAP seit 1931, Parteinummer 363.179, hauptamtl. Funktionär; Frontdienst 1914–18, Olt.; Wehrmacht/Abwehr 1940–44, Hptm.; Waffen-SS 1944/45, Hstuf., vgl. BA Berlin, SSO und PK Heinz Cohrs.
111 Vgl. Aussage Meurers vom 11.12.1959, in: HStA Düsseldorf, Ger.Rep. 237/10.
112 Vgl. Fernscheiben OKH an SS-PHA vom 17.12.1944, in: BA Berlin, SSO Heinz Cohrs.
113 Angeblich gehörte Cohrs auch dem SD an und trug am Ärmel der SS-Uniform die SD-Raute, vgl. Aussage W. Cohrs vom 20.1.1960, in: HStA Düsseldorf, Ger.Rep. 237/11.
114 Vgl. Aussage Cohrs vom 12.11.1959; ebenso Aussage Herr W. Cohrs vom 20.1.1960, beide in: ebd.
115 Aussage Frau Sigrid M. vom 25.2.1960, in: ebd.
116 Vgl. Schreiben Grawitz vom 10.11.1944, in: BA Berlin, SSO Gottlob Berger, Teil 3.
117 Eine ablehnende Haltung Bergers bestätigte sein Stabschef Meurer an mehreren Stellen, vgl. Aussage Meurers vom 15.1.1958, in: HStA Düsseldorf, Ger.Rep. 237/35 u. Vernehmung Meurers vom 28.2.1947, in: BA Koblenz, NL Kempner, Bd. 582.
118 Vgl. Vernehmung Bergers am 25.5.1948 vor dem Militärgerichtshof IV, S. 6361, in: StA Nürnberg.

gelehnt und ihm einen Brief Fegeleins vorgehalten haben, in dem sich der Verbindungsführer zu Hitler in dessen Namen beschwerte, warum sich die Ausführung so lange hinziehe. Daraufhin sei Himmler erzürnt gegangen.[119] Wieder in Berlin will Berger sein Rücktrittsgesuch eingereicht haben. Zur Begründung habe er vorgebracht, dass er nicht die Waffen-SS-Division »Charlemagne« aus französischen Freiwilligen aufstellen und gleichzeitig helfen könne, einen französischen General zu ermorden.

Himmler erreichte angeblich am 18. Dezember Berger telefonisch und beschwichtigte ihn, dass er mit Hitler reden und eine *»befriedigende Lösung«* finden werde.[120] Einige Tage später habe Berger einen Weihnachtsbrief Himmlers erhalten, in dem der Reichsführer-SS seine Aussage bekräftigte. Er hätte mit Kaltenbrunner gesprochen und man werde die Tat nicht mehr durchführen.[121] Das angeblich zerrüttete Verhältnis muss sich innerhalb weniger Tage normalisiert haben, denn am 21. Dezember verfasste Berger ein persönliches Schreiben, in dem er den RFSS inständig bat, den Oberbefehl am Oberrhein niederzulegen und ins Führerhauptquartier zurückzukehren, da durch dessen Abwesenheit *»unsere politische Arbeit, als die Grundlage von allem, unerhört leidet«*.[122] Himmler ließ für den *»fürsorglichen Hinweis«* danken.[123] Dass ein ernst gemeintes Rücktrittsgesuch im Raume stand, ist deshalb stark zu bezweifeln.

Nach der Rückkehr aus dem Weihnachtsurlaub informierte Berger seinen Stabschef, dass der Befehl sich erledigt hätte. Dennoch rief angeblich einige Tage später Fegelein aus dem Führerhauptquartier an, um sich zu beklagen, dass die Vergeltung noch immer auf sich warten lasse. Hitler wundere sich, dass Befehle *»nunmehr auch von Generälen der Waffen-SS nicht ausgeführt würden«*.[124] Berger habe sich verteidigt, dass Himmler den Befehl rückgängig machen wolle, was Fegelein mit der Bemerkung quittierte: *»Ach, der Reichsführer-SS spricht viel, wenn der Tag lang ist«*.[125] Im Januar 1945 war Berger in Thüringen damit beschäftigt, den Volkssturm mit Waffen auszurüsten. Da Berger erst am 23. Januar wieder in Berlin war, will er erst dann von Meurer von der Ausführung des Mordes erfahren haben.

Abschließend bleibt festzuhalten, dass Berger mit der Angelegenheit offenbar nichts zu tun haben wollte und sich wahrscheinlich bei Himmler gegen den Befehl ausgesprochen hat.[126] Ob dies wirklich in der geschilderten dramatischen Form abgelaufen ist und mit einem Rücktrittsgesuch endete, ist unwahrscheinlich. Vermutlich hat Berger seinen Widerstand nachher überzeichnet. Seine eigentliche Geisteshaltung dürfte sich an einem Ausspruch ablesen lassen, den Berger gemacht haben will, nach-

---

119 Vgl. ebd., S. 6362.
120 Aussage Bergers vom 15.12.1959, in: HStA Düsseldorf, Ger.Rep. 237/11.
121 Vgl. Vernehmung Bergers am 25.5.1948 vor dem Militärgerichtshof IV, S. 6363, in: StA Nürnberg.
122 Schreiben Bergers an Himmler vom 21.12.1944, in: BA Berlin, NS 19/3912.
123 Schreiben Adjutanten Himmlers vom 29.12.1944, in: ebd.
124 Aussage Bergers vom 15.12.1959, in: HStA Düsseldorf, Ger.Rep. 237/11.
125 Vernehmung Bergers am 25.5.1948 vor dem Militärgerichtshof IV, S. 6368, in: StA Nürnberg.
126 Bergers Anwesenheit wird durch Kersten bestätigt, vgl. Kersten, Totenkopf und Treue, S. 222.

dem Meurer ihm von der Tat berichtete: »*Ein Glück, daß wir nicht dabei waren.*«[127] Berger war an einer Rücknahme des Befehls nicht in erster Linie aus moralischen Gründen interessiert, für ihn war »*die Repressalie für den Mord an Gen. v. Brodowski [...] berechtigt, die Durchführung aber auf jeden Fall falsch*«.[128] Berger versuchte nur, nicht darin verwickelt zu werden. Nach dem Krieg behauptete er lapidar: »*Was soll's, das Unglück war nun einmal geschehen und nicht zu ändern*«.[129]

8 Ein »*sehr gut ausgedachter Mordplan*« – die Besprechung im Auswärtigen Amt am 13. Dezember 1944

Am 13. Dezember war Wagner nicht in Berlin. Der Beginn der Ardennenoffensive stand kurz bevor, und der Gruppenleiter hielt sich bei Ribbentrop im Führerhauptquartier auf. Deshalb verständigte er telefonisch Thadden und teilte ihm mit, dass dieser zusammen mit Bobrik Panzinger zu einer Besprechung empfangen solle. Über die Unterredung sei unverzüglich eine Ministervorlage anzufertigen, weshalb Thaddens Anwesenheit erforderlich sei, da Polizeireferent Bobrik aufgrund seiner Kopfverletzung Erinnerungsstörungen habe und »*bei dieser Sache eine Fehlinformation des Reichsaußenministers vermieden werden müsse*«.[130]

Die drei Herren trafen sich in Thaddens Arbeitszimmer. Panzinger unterrichtete die Diplomaten von den verschiedenen Plänen und dass er einen Bericht dem Reichsführer-SS vorlegen wolle. Ein Durchschlag würde dem AA zugestellt werden. Zu diesem Zeitpunkt stand fest, dass die Tat auf einer Verlegungsfahrt begangen werden würde. Thadden erkundigte sich, ob Panzinger über ein umgebautes Fahrzeug mit Gasflasche verfüge, was dieser bejahte. Nachher fassten Thadden und Bobrik das Gespräch zusammen: Der französische General solle entweder an »*geeigneter Stelle [...] auf der Flucht ›durch wohlgezielte von hinten gegebene Schüsse‹ getötet*« werden oder durch Kohlenoxidgas vergiftet werden. Das Schreiben der Diplomaten liest sich wie folgt:

»Zur Vergasung sei ein »besonders gebauter Wagen erforderlich, der bereits fertig konstruiert ist. Der General sitzt allein auf den Rücksitzen. Die Türen sind, um ein Herausspringen während der Fahrt zu verhindern, abgeschlossen. Die Scheiben sind wegen des kalten Winterwetters hochgedreht. Die Scheibe zum

---

127 Aussage Bergers vom 15.12.1959, in: HStA Düsseldorf, Ger.Rep. 237/11. Dies war Bergers subjektives Empfinden, denn seine Dienststelle war sehr wohl an der Tat beteiligt.
128 Berger, Chef KGW, S. 57.
129 Ebd., S. 56.
130 Affidavit Thaddens vom 3.5.1948, in: HStA Düsseldorf, Ger.Rep. 237/13. Bobrik genoss wegen einer Verletzung Vergünstigungen. Auf ärztliches Ersuchen ordnete Wagner täglich eine zweistündige Mittagsruhe für Bobrik an, vgl. Übersicht über die Aufgaben der Gruppe Inland II [Jan. 1945], in: PA AA, Inland IIg 1.

Fahrerplatz [...] ist geschlossen. Etwaige Fugen sind besonders abgedichtet. Durch eine besondere Apparatur, die vom Vordersitz bedient wird, wird geruchloses Kohlenoxidgas während der Fahrt in den Innenraum eingelassen. Ein paar Atemzüge genügen, um ihn sicher zu töten. Da das Gas geruchlos ist, soll der General im fraglichen Augenblick keinen Verdacht schöpfen können, um etwa durch Zerschlagen der Fenster Frischluft hineinzulassen.«

Offiziell würde festgestellt werden, dass durch einen undichten Auspuff Abgase ins Wageninnere eingedrungen seien und unbemerkt zum Tod des Passagiers geführt hätten.[131] Für Bobrik war es ein »*sehr gut ausgedachter Mordplan*«.[132]

Thadden und Bobrik behaupteten später, eine derart drastische Schilderung gewählt zu haben, um einen Protest des RAM auszulösen. Wahrscheinlicher ist jedoch, dass sie der Anweisung Wagners folgten, die »*wichtige Mitteilung [...] vollständig und korrekt*«[133] aufzusetzen und lediglich wiedergaben, was Panzinger an Einzelheiten schilderte. Die Vorlage sollte über Ritter und Steengracht an Ribbentrop gehen. Thadden rief Wagner an und fragte, ob sie zuvor an ihn gesandt werden solle. Wagner verneinte und wies an, den Bericht sofort abgehen zu lassen. Daraufhin setzte Thadden handschriftlich seinen Namen unter das Dokument. Das überlieferte Exemplar ist wahrscheinlich nicht das Original, sondern das Arbeitsexemplar Bobriks. Obwohl es keine Paraphen trägt, gaben Ritter und Steengracht später zu, das Dokument gelesen zu haben.[134]

Steengracht will daraufhin protestiert haben, und Ritter gab an, einen Protest geplant zu haben. Beides hing, wenn man den Aussagen trauen kann, zeitlich eng zusammen. Der genaue Zeitpunkt lässt sich jedoch nicht zweifelsfrei feststellen. Aufgrund der sich teilweise widersprechenden Angaben ist nicht gesichert, ob der Protest bzw. das Protestvorhaben auf die Zeit nach dem Bericht vom 18. November oder erst auf die Zeit nach dem Bericht vom 13. Dezember zu legen ist. Ritter bezog sich auf den Bericht vom 18. November, Steengracht jedoch auf den vom 13. Dezember.[135] Beide Schreiben sind vom Inhalt ähnlich und eine Verwechslung ist nicht ausgeschlossen. Fasst man die Aussagen zusammen, ergibt sich folgendes Bild: Thadden brachte noch am selben Tag eine Kopie des Berichtes vom 13. Dezember in Ritters Büro. Da der Botschafter nicht anwesend war, gab er sie bei der Sekretärin ab, die bei Ritter in dessen Haus in Grunewald anrief und mitteilte, dass ein Schriftstück vorliege, welches nicht am Telefon besprochen werden könne und welches Ritter heute noch sehen müsse. Ritter fuhr daraufhin gegen 19 Uhr in die Wilhelmstraße und las das Dokument selbst. In der Zwischenzeit legte Thadden das Original Steengracht vor. Nachdem dieser es gelesen hatte,

---

131 Vortragsnotiz Inl. II vom 13.12.1944, in: ebd., Inland IIg 372.
132 Affidavit Bobriks vom 19.12.1947 (NG-4285), in: StA Nürnberg.
133 Aussage Thaddens vom 6.1.1960, in: HStA Düsseldorf, Ger.Rep. 237/11.
134 Vgl. Aussage Ritters vom 13.11.1959, in: ebd.; Aussage Ritters vom 17.2.1959, Aussage Steengrachts vom 8.1.1960, Aussage Thaddens vom 6.1.1960, alle in: ebd., Ger.Rep. 237/35.
135 Vgl. Aussage Steengrachts vom 8.1.1960, in: ebd.

8 Ein »sehr gut ausgedachter Mordplan« – die Besprechung im AA am 13. Dezember 1944

weigerte er sich, es abzuzeichnen. Der Staatssekretär sagte zu Thadden, dass er sein »*möglichstes tun werde bei Ribbentrop, damit die beabsichtigten Vergeltungsmaßnahmen nicht durchgeführt würden*«.[136] Steengracht begab sich ins Ministerbüro und trug dem RAM vor, dass eine solche Repressalie rechtswidrig sei. Ribbentrop habe daraufhin zugesagt, den Fall prüfen zu lassen und sicherzustellen, dass nichts geschehe, bevor er nicht mit Himmler gesprochen habe.[137] Ribbentrop soll derart in Wut geraten sein, dass er eine Glastür so heftig ins Schloss schmetterte, dass die Scheibe zerbarst.[138] Es ist unklar, ob Ribbentrop zusagte, dass der Mord nicht durchgeführt werde, oder ob er lediglich versprach, dass nichts geschehe, bis er Himmler kontaktiert habe. Zwischen beiden Varianten besteht ein gravierender Unterschied.

Ritter wollte ebenfalls Bedenken äußern und antichambrierte angeblich vergeblich, da der Minister bereits mit Steengracht sprach. Ribbentrop empfing den Botschafter nicht mehr und verließ gegen 22 Uhr das Amt. Am nächsten Morgen trafen sich Ritter und Steengracht auf der Außentreppe des Amtes. Nach Ritters Erinnerung berichtete der Staatssekretär, wie er in einer »*geradezu dramatischen Auseinandersetzung*« dem RAM das Ehrenwort abgerungen habe, dass der Mord verhindert werde.[139] Thadden sprach später Steengracht auf die Angelegenheit an, der erwidert habe, dass Ribbentrop nochmals mit Himmler reden und eine ablehnende Stellungnahme darlegen werde.[140]

Die beiden Versionen decken sich nicht ganz. Es ist davon auszugehen, dass Steengracht gegen die Repressalie war und Ribbentrop seine Kritik persönlich geschildert hat. Wichtigstes Indiz hierfür ist die Tatsache, dass sich der Informationsweg nach dem Bericht vom 13. Dezember änderte. Ribbentrop veranlasste, Steengracht nicht mehr hinzuzuziehen und Ritter erst nachträglich zu informieren, wohl um Komplikationen zu vermeiden. Wagner berichtete dem RAM von nun an direkt über das Ministerbüro. Daher ist anzunehmen, dass Steengrachts Protest nach dem Bericht des 13. Dezember und nicht nach dem des 18. November erfolgt ist.

Ritters beabsichtigte Intervention ist quellenkritisch vorsichtig zu betrachten. Erst in der Nürnberger Haft sei ihm sein Vorhaben nach Gesprächen mit Steengracht wieder in den Sinn gekommen.[141] Zudem wirken Ritters Angaben stark in die Aussagen Steengrachts »hineinkonstruiert«, und sie erwecken den Eindruck, dass ein Entlastungsargument vor Gericht geschaffen werden sollte.

---

136 Vernehmung Thaddens vom 9.10.1951, in: ebd., Ger.Rep. 237/16 II. Vgl. ferner Aussage Thaddens vom 6.1.1960, in: ebd., Ger.Rep. 237/11.
137 Vgl. Aussage Steengrachts vom 8.1.1960, in: ebd., Ger.Rep. 237/35.
138 Vgl. Vernehmung Steengrachts vor dem Militärgerichtshof IV am 29.6.1948, S. 10432, in: StA Nürnberg.
139 Aussage Ritters vom 13.11.1959, in: HStA Düsseldorf, Ger.Rep. 237/11.
140 Vgl. Vernehmung Thaddens vom 9.10.1951, in: ebd., Ger.Rep. 237/16 II.
141 Vgl. Vernehmung Ritters vor dem Militärgerichtshof IV am 14.7.1948, S. 12089 f., in: StA Nürnberg.

Die Option, den General durch Gas zu töten, war dem AA bisher unbekannt gewesen. Wagner, der sich wieder in Berlin aufhielt, hielt Bobrik an, beim RSHA nachzufragen, was es damit auf sich habe. Bobrik fragte bei Oberregierungs- und Kriminalrat Richard Schulze[142] nach, der inzwischen von Panzinger als Sachbearbeiter eingeschaltet worden war. Schulze leitete im Amt V die Gruppe C, die sich unter anderem mit der Fahndung nach entflohenen Kriegsgefangenen befasste. Seit Oktober 1944 war er Verbindungsführer zum Chef KGW.

Im Jahr 1925 trat Schulze in den Dienst der Kriminalpolizei ein und im Mai 1937 in die NSDAP. Zudem bewarb er sich seit Dezember 1938 auf die Aufnahme in die Schutzstaffel. Kurz vor dem Überfall auf Polen wurde er als Stabsangehöriger der Einsatzgruppe II unter SS-Obersturmbannführer Emanuel Schäfer zugeteilt.[143] Ab Oktober 1939 wechselte er zur Einsatzgruppe z. b. V. unter SS-Obergruppenführer Udo von Woyrsch. Im März 1941 wurde Schulze in Kattowitz als SD-Mitarbeiter vereidigt.[144] Der Inspekteur der Sipo und des SD (IdS) befürwortete eine Blitzbeförderung zum SS-Sturmbannführer.[145] Doch aus unbekannten Gründen wurde dem nicht entsprochen. Schulze wurde lediglich als Staffelmann in die SS aufgenommen. Spätestens seit August 1942 fungierte er als Gruppenleiter im RSHA. Im Amt V führte Schulze die Abteilung C (Fahndung). Im Mai 1944 bat dann das RSHA um eine Blitzbeförderung zum Obersturmbannführer.[146] Dieser Bitte wurde zwischen dem 7. und 16. Juni 1944 entsprochen. Damit hatte es Schulze innerhalb von zehn Tagen vom Staffelmann bis zum SS-Obersturmbannführer gebracht, oder militärisch gesprochen: vom Rekruten bis zum Oberstleutnant.

Schulze bestätigte Bobrik, dass die »*Führerweisung [...] verschiedene Ausführungsarten ausdrücklich*« zuließe. Der Bericht sei vom Chef KGW abgezeichnet und liege zur Zeit Kaltenbrunner vor, bevor er an Himmler gehe. Eine Kopie werde Inland II zur Unterrichtung des RAM zugestellt. Es sei vom RSHA sichergestellt, dass die Entscheidung des Reichsführer-SS erst ausgeführt werde, sobald die Stellungnahme Ribbentrops vorliege.[147] Bobrik fertigte eine Notiz an und schickte sie an Wagner und das Büro des RAM. Ritter und Steengracht wurden nicht mehr informiert.

---

142 Schulze, Richard: geb. 20.9.1898; Oberregierungs- und Kriminalrat sowie prom. Volkswirt; Kriminalpolizei seit 1926, Kripoleitstelle Kattowitz 1940/1941, Kripoleitstelle Königsberg 1941/42, RSHA Amt V (RKPA) seit Aug. 1942; SS-Anwärter seit 19.12.1938, SS-Nummer 413.346, SS-Ustuf. 21.6.1943, SS-Ostuf. 9.11.1943, SS-Hstuf. 30.1.1944, SS-Stubaf. 20.4.1944, SS-Ostubaf. 21.6.1944; SD seit 12.3.1941; NSDAP seit 1.5.1937, Parteinummer 4.705.810, vgl. BA Berlin, SSO Richard Schulze; SL 461 I; Ordner 809.
143 Vgl. Beförderungsvorschlag für Schulze vom 24.7.1944, in: BA Berlin, SSO Richard Schulze.
144 Vgl. SS-Stammkartenabschrift [o. D.], in: ebd.
145 Vgl. Personalbericht für Schulze vom IdS Königsberg vom 4.9.1941, in: ebd.
146 Vgl. Beförderungsvorschlag für Schulze vom 4.5.1944, in: ebd.
147 Schreiben Bobriks an Wagner und BRAM vom 16.12.1944, in: PA AA, Inland IIg 372.

9   Ein neues Opfer und der Bericht an den Reichsführer-SS

In diesen Tagen konkretisierten sich auch die Planungen am Hohenzollerndamm, wo die Dienststelle des Chefs KGW lag. Meurer setzte am 18. Dezember 1944 die Lager Colditz und Königstein erneut über die geplante Verlegung in Kenntnis.[148] Doch in der Dienststelle wurde in der zweiten Hälfte des Dezembers bekannt, dass der Name des zum Tode bestimmten Generals de Boisse öfters unverschlüsselt über das normale Fernsprechnetz genannt worden war. Meurer, der um die Geheimhaltung besorgt war, fragte bei Major Krafft nach. Dieser erklärte, dass er keine Veranlassung gesehen hätte, die Angelegenheit geheim durchzugeben, da die Verständigung durch Keitel ebenfalls offen erfolgt sei.[149] Meurer setzte sich daraufhin mit Keitel in Verbindung, schilderte seine Bedenken und schlug vor, »*einen anderen, aber gleich Beurteilten zu verwenden*«, da die Geheimhaltung nicht gewährleistet sei.[150] Keitel stimmte zu.[151] Meurer legte daraufhin dem OKW eine Liste mit drei Namen vor, auf der anstelle de Boisse der Name Maurice Mesny gestanden habe. Keitel akzeptierte.[152]

Bedingung für eine Benennung war lediglich, dass es sich um einen General handeln und dass dieser als »*deutschfeindlich*« bekannt sei solle.[153] Mesny, der auf der Festung Königstein interniert war, entsprach dieser Bedingung.[154] Er hatte General Henri Giraud 1942 zur Flucht verholfen, und Mitgefangene Mesnys vermuteten deshalb später einen Rachemord der Nazis.[155] Selbstverständlich war Rache das bestimmende *movens*; aber es ging nicht um Rache für die Flucht Girauds, sondern um Rache für den Tod Brodowskis. Eine Verbindung zwischen der Mesnys Fluchthilfe und seiner Wahl zum Opfer geht weder aus dem Aktenmaterial hervor, noch wird es in einer der Aussagen der auf deutscher Seite beteiligten Personen zur Sprache gebracht. Hinzu kommt, dass der zunächst ausgewählte de Boisse nichts mit der Flucht Girauds zu tun hatte, da er erst später auf die Festung verlegt worden war.[156] De Boisse wie Mesny wurden vollkommen willkürlich ausgewählt.

Mitte Dezember trug Panzinger in einem Telefongespräch Meurer Zweifel am Plan des Vergasens vor. Der SS-Führer hatte Bedenken, dass Fahrer und Begleiter ge-

---

148 Vgl. Befehl Meurers an Oflag IV C u. a. vom 15.1.1945, in: HStA Düsseldorf, Ger.Rep. 237/36. Das Schreiben vom 18.12.1944 ist nicht erhalten.
149 Vgl. Affidavit Kraffts vom 6.6.1947 (NO-3878), in: StA Nürnberg.
150 Schnellbrief Kaltenbrunners an Himmler vom 30.12.1944, in: PA AA, Inland IIg 372. Vgl. auch Aussage Meurers vom 8.3.1948, in: HStA Düsseldorf, Ger.Rep. 192/69.
151 Vgl. Aussage Meurers vom 15.1.1958, in: ebd., Ger.Rep. 237/35.
152 Vgl. Aussage Meurers vom 15.1.1960, in: ebd.
153 Affidavit Meurers vom 6.2.1947 (NO-1835), in: StA Nürnberg.
154 Gustave Maurice Mesny, geboren 1886, war im Sommer 1940 als Kommandeur einer nordafrikanischen Division in deutsche Kriegsgefangenschaft geraten.
155 Vgl. Giraud, Mes Evasions, S. 86 u. Aussage Bourrets vom 18.7.1945, in: HStA Düsseldorf, Ger.Rep. 237/16 II.
156 Vgl. Aussage Buissons vom 19.5.1948, in: ebd.

fährdet würden. Ebenfalls machte ihm der Umstand Sorgen, dass sich die Leichen vergaster Menschen verfärbten, was später bei einer Untersuchung im Krankenhaus Skepsis am gestellten Tathergang aufkommen lassen könnte. Die Geheimhaltung sei so nicht mehr gewährleistet.[157] Zu diesem Zeitpunkt lag die Radiomeldung vom Tod Brodowskis schon über anderthalb Monate zurück.

Kaltenbrunner setzte am 30. Dezember 1944 Himmler vom Stand der Planungen in Kenntnis und bat um Anweisung, wie weiter vorzugehen sei. Den Entwurf zeichnete Meurer mit. Der Reichsführer-SS befand sich immer noch als Chef der Heeresgruppe Oberrhein in seiner Feld-Kommandostelle. Kaltenbrunner schrieb ihm, dass »*in der Angelegenheit*« mit »*dem Chef des Kriegsgefangenenwesens und dem Auswärtigen Amt die befohlenen Besprechungen stattgefunden*« und sich daraus folgende Möglichkeiten zur Durchführung ergeben hätten.[158] Entweder trete »*im Zuge einer Verlegung [...] der Fluchtfall ein*« oder Kohlenoxidgas würde in den Fond geleitet. »*Die Apparatur*« sei mit »*einfachsten Mitteln*« anzubringen und wieder zu entfernen. Ein präparierter Wagen sei nach »*erheblichen Schwierigkeiten*« beschafft worden. Dagegen sei die Option, das Opfer zu vergiften, geprüft und als »*zu unsicher verworfen worden*«. Weiter heißt es: »*Transportführer und Fahrer werden vom RSHA gestellt und treten in Wehrmachtsuniform mit zugeteiltem Soldbuch auf.*« Wegen der Pressenotiz sei mit »*Geheimrat Wagner*« Verbindung aufgenommen worden. Dieser habe mitgeteilt, dass Ribbentrop noch mit Himmler über den Fall sprechen wolle. Zum Schluss verwies Kaltenbrunner darauf, dass Chef KGW wegen der offenen Gespräche über das Telefonnetz vorschlage, ein neues Opfer zu benennen. Kaltenbrunner pflichte dem bei, wolle aber die »*Auswahl*« dem Chef KGW überlassen.[159]

Eine Reaktion Himmlers ist nicht überliefert. Aus den Aktivitäten des RSHA lässt sich aber schließen, dass er sich dazu entschieden hatte, den französischen General auf einer fingierten Flucht erschießen zu lassen. Als Berger durch Meurer unterrichtet wurde, dass die Tötung nicht durch Gas, sondern durch Erschießen erfolgen werde, habe er gemeint, die »*Lösung mit dem Erschießen*« sei ihm lieber als eine »*heimtückische Vergasung*«.[160]

Bedingt durch den Jahreswechsel pausierte die Sache ein paar Tage. Erst am 4. Januar wurde der Bericht Kaltenbrunners Inland II zugestellt. Wagner schickte ihn mit einem kurzen Anschreiben weiter. Auffällig ist, dass auf dem Schreiben maschinenschriftlich vermerkt ist: »*Hiermit über Herrn Botschafter Ritter [,] Herrn Staatssekretär [,] zur Vorlage bei dem Herrn Reichsaußenminister*«. Wagner änderte den Berichtsweg und klammerte die Nennung Ritters handschriftlich ein und fügte hinzu: »*n. R. z. Kts.*«, was »nach Rückkehr zur Kenntnis« bedeutet. Ritter sollte damit erst

---

157 Vgl. Vernehmung Meurers vom 28.2.1947, in: BA Koblenz, NL Kempner, Bd. 582.
158 Schnellbrief Kaltenbrunners an Himmler vom 30.12.1944, in: PA AA, Inland IIg 372.
159 Ebd.
160 Aussage Meurers vom 15.1.1959, in: HStA Düsseldorf, Ger.Rep. 237/35.

nach der Rückkehr der Dokumente aus dem Ministerbüro informiert werden. Ferner strich Wagner die Bezeichnung »Staatssekretär« durch und setzte eigenhändig »*Herrn Gesandten Schmidt persönlich*« ein.[161] Inland II berichtete jetzt direkt dem Minister.

Wagner steckte die neuen Dokumente zu den anderen in den Briefumschlag, in welchem der Vorgang im Amt kursierte, und brachte ihn persönlich ins ehemalige Reichspräsidentenpalais zum Vorzimmer Ribbentrops. Dort übergab Wagner den Umschlag an Schmidt mit der Bitte, ihn dem RAM persönlich vorzulegen. Der Gruppenleiter fügte hinzu, der Minister habe die Weisung erlassen, niemand solle die Dokumente sehen, und Schmidt täte gut daran, sich daran zu halten, da der Inhalt ein »*schmutziges Geschäft*« sei.[162] Nach einer solchen Brüskierung durch den rangniederen Wagner konnte es sich Schmidt später nicht verkneifen, einen Blick auf die Papiere zu werfen. Er erkannte oberflächlich, dass es sich um die Erschießung eines ausländischen Generals handelte, und verstand nun Wagners Bemerkung. Schmidt verschloss den Umschlag und legte ihn Ribbentrop auf den Schreibtisch. Der RAM las die Dokumente sorgfältig, noch während Schmidt im Raum war, und diktierte seine Anweisungen. Daraufhin bekräftigte Ribbentrop Schmidt gegenüber, dass niemand außer Wagner vom Inhalt Kenntnis erhalten dürfe. Wieder im Vorzimmer stempelte Schmidt das Anschreiben mit der Bemerkung »*hat dem R.A.M. vorgelegen*« und paraphierte mit eigenem Kürzel.

Zwei Tage später stellte Schmidt dem Gruppenleiter die Anweisungen zu. Der RAM verlangte durch den Hausjuristen Albrecht eine genaue Prüfung, welche »*Rechte der Schutzmacht in dieser Angelegenheit zustehen würden, um das Vorhaben damit abstimmen zu können*«. Er verlangte weiter, dass die Pressemitteilung »*möglichst in den Wendungen abgefaßt werden sollte, wie die Mitteilung über den Vorgang, der den Anlaß zu dem [...] Vorhaben bildet, damit die Verantwortlichen der Gegenseite daraus genau die Antwort auf ihren eigenen Vorstoß erkennen*«.[163] Ribbentrop hatte sich beim Diktat so umständlich ausgedrückt, um Schmidt nicht den wahren Sachverhalt preiszugeben.

---

161 Schreiben Wagners vom 4.1.1945, in: PA AA, Inland IIg 372.
162 Affidavit Paul O. Schmidts vom 20.8.1946 (PS-4075); vgl. ferner Affidavit Wagners vom 26.11.1947 (NG-3658), beide in: StA Nürnberg.
163 Schreiben Paul O. Schmidts an Wagner vom 6.1.1945, in: PA AA, Inland IIg 372.

10 Das Gutachten der Rechtsabteilung des Auswärtigen Amtes

»Ein französischer kriegsgefangener General wird eines unnatürlichen Todes durch Erschießung auf der Flucht oder Vergiftung sterben. Für die ordnungsgemäße Erledigung der Nacharbeiten wie Meldung, Obduktion, Beurkundung, Beisetzung ist vorgesorgt.«
Schreiben Bobriks vom 12. Januar 1945[164]

Wagner beauftragte Bobrik, sich mit der Rechtsabteilung in Verbindung zu setzen. Der Referent von Inland II B suchte Albrecht auf und erklärte den Sachverhalt, woraufhin der Leiter der Rechtsabteilung sich ablehnend äußerte und das Ganze als »*Mord*« bezeichnete.[165] Da Bobrik für den Minister aber eine schriftliche Stellungnahme benötigte, verwies ihn Albrecht an Legationsrat Rudolf Krieger, der für Schutzmachtangelegenheiten zuständig war. Am 12. Januar setzte Bobrik ein Schreiben als »*Persönlich! Streng vertraulich!*« auf, welches klar darlegte, dass ein französischer kriegsgefangener General eines »*unnatürlichen Todes*« sterben werde. Bobrik »*wäre dankbar*«, wenn Krieger in Absprache mit Albrecht eine Aufzeichnung zur Vorlage bei Ribbentrop anfertigen könnte. Das Gutachten sollte insbesondere folgende Punkte klären:

»Rechte der Kommission General Bridoux, des Internationalen Roten Kreuzes oder sonstiger Stellen, z. B. auf Exhumierung, nachträgliche gerichtsärztliche Untersuchung usw., daneben Anzeige an Wehrmachtsauskunftsstelle, Meldung an Bridoux, Ausfüllen von Fragebogen für das Internationale Komitee vom Roten Kreuz unter Übersendung etwaiger Nachlaßgegenstände und dergl.«[166]

Krieger habe daraufhin sofort Bobrik angerufen und seiner »*Empörung Luft gemacht*«.[167] Bobrik sei entsetzt gewesen, dass Krieger offen am Telefon sprach, und habe angekündigt, persönlich vorbeizukommen. Kurz darauf erschien Bobrik in Kriegers Büro und erläuterte die Hintergründe.

Einen Tag später rief Krieger seinen Vorgesetzten an, da er nicht wüsste, was zu tun sei. Albrecht entgegnete, dass die Abteilung damit nichts zu tun habe und lediglich eine allgemein gehaltene Auskunft erteilt werden solle.[168] Das Gutachten wolle Albrecht erst abzeichnen, nachdem er die Vorlage Bobriks an den RAM eingesehen hätte.[169]

---

164 Schreiben Bobriks an Krieger vom 12.1.1945, in: ebd.
165 Affidavit Albrechts vom 10.12.1947 (NG-4167), in: StA Nürnberg. Vgl. ebenso Aussage Bobriks vom 26.10.1961, in: HStA Düsseldorf, Ger.Rep. 237/14.
166 Schreiben Bobriks an Krieger vom 12.1.1945, in: PA AA, Inland IIg 372. Wagner habe Bobrik die Aufzählung diktiert, vgl. Aussage Bobriks vom 26.10.1961, in: HStA Düsseldorf, Ger.Rep. 237/14.
167 Aussage Kriegers vom 13.1.1960, in: ebd., Ger.Rep. 237/11.
168 Vgl. ebd.
169 Vgl. Affidavit Albrechts vom 10.12.1947 (NG-4167), in: StA Nürnberg.

Fast eine Woche später verfasste Krieger eine Aufzeichnung für Bobrik, in der er die Pflichten schilderte, denen im Fall des Todes eines in deutschem Gewahrsam befindlichen Kriegsgefangenen nachzukommen war. In der Tat fasste Krieger seine Stellungnahme sehr allgemein ab. Trocken führte er aus, dass jeder Todesfall der Wehrmachtsauskunftsstelle zu melden sei, welche die Meldung an das IRK weitergebe, welches dann den Heimatstaat unterrichte. Von der Empörung Kriegers oder der ablehnenden Haltung Albrechts war nichts zu spüren. Kriegers Ausführungen gaben im Gegenteil Hinweise an die Hand, wie der Mord am besten zu verschleiern wäre: Die Todesart werde »*ohne Erwähnung der näheren Umstände*« nur weitergegeben, wenn sie in den amtlichen Urkunden erscheine. Es bestehe »*keine Verpflichtung, die Schutzmacht von Fällen gewaltsamen oder unnatürlichen Todes zu unterrichten*«.[170] Die Schutzmacht verfüge über das Recht, eigene Ermittlungen anzustellen, müsse sich aber bei fehlenden Zeugen oder Beweisen mit einem vom AA übermittelten Ergebnis zufriedengeben. Sie habe kein Recht auf eine Exhumierung oder gerichtsärztliche Untersuchung. Im Fall der französischen Gefangenen stelle man der Kommission Bridoux eine Nachricht zu. Die de-Gaulle-Regierung werde nur über das IRK informiert, und man sei bei Rückfragen der freien französischen Regierung nicht zur Antwort verpflichtet.[171]

Anstatt die formalen Rahmenbedingungen für ein Vertuschen der Angelegenheit aufzuzählen, hätte Albrecht die Gelegenheit nutzen können, um seiner grundsätzlichen Ablehnung des Unternehmens Ausdruck zu geben. Doch vergeblich sucht man einen Hinweis auf das grundsätzliche völkerrechtliche Verbot von Repressalien an Kriegsgefangenen. Es bleibt unerklärlich, warum Albrecht, obwohl er das Verbrecherische erkannt haben will, weder bei Ribbentrop noch bei Steengracht vorstellig wurde, um seine Bedenken zu äußern. Statt dessen schob er die Sache an seinen Untergebenen ab.

Doch die Aktivitäten des AA waren mittlerweile obsolet geworden. Das Gutachten – ein wichtiger Grund für die Einschaltung des AA – wurde von den anderen beteiligten Stellen nicht mehr angefordert oder genutzt. Dem vorliegenden Material kann man nicht entnehmen, warum das AA kurz vor Ausführung des Mordes von den anderen Institutionen übergangen wurde, obwohl Ribbentrop sein Mitspracherecht immer wieder durch Wagner hatte einfordern lassen. Aus mehreren Aussagen geht hervor, dass Keitel Anfang Januar 1945 endlich auf eine Durchführung der Vergeltungsmaßnahme drängte.[172] Dieser Befehl Keitels, der an den Chef KGW ging, muss den Ausschlag gegeben haben, die Planungen abzuschließen und schneller zu handeln. Das AA wurde auch später nicht mehr eingeschaltet. Die Veröffentlichung einer Pres-

---

170 Schreiben Kriegers an Bobrik vom 18.1.1945, in: PA AA, Inland IIg 372. (Hervorhebung im Original).
171 Vgl. ebd.
172 Vgl. Aussage Meurers vom 15.1.1960, in: HStA Düsseldorf, Ger.Rep. 237/35; ebenso Aussage Westhoffs vom 14.1.1960, in: ebd., Ger.Rep. 237/11.

semeldung fand nicht statt. Als Krieger sein Gutachten erstellte, war Cohrs bereits in Königstein und bereitete die Verlegung der Generäle vor.

Wagner fertigte die geforderte Ministervorlage, die das Gutachten Kriegers berücksichtigen sollte, nicht mehr an; ein Zeichen dafür, dass er kurze Zeit später von der Ausführung der Tat erfahren haben muss. Am 31. Januar 1945 wurde der Geheimumschlag verschlossen. Bobrik sollte im Februar nach Kopenhagen versetzt werden, als Nachfolger war Legationsrat Luitpold Werz eingeteilt. Bobrik vermerkte deshalb handschriftlich auf dem Kuvert: »*nur von VLR Wagner oder LR Werz / Bobrik zu öffnen*«.[173] Für das AA war der Fall abgeschlossen.

11 »Bonne chance et bon voyage!« – der Mord an Maurice Mesny

> »[...] soll der General im fraglichen Augenblick keinen Verdacht schöpfen können [...].«
> Vortragsnotiz der Gruppe Inland II vom 13. Dezember 1944[174]

Etwa Mitte Januar telefonierte Panzinger mit Meurer und teilte mit, dass ein neuer Führerbefehl vorliege, der bekräftige, dass Hitler auf der beschleunigten Durchführung der Vergeltungsmaßnahme bestehe.[175] Panzinger berichtete weiter, dass Himmler sich gegen das Vergasen entschieden habe und die Tat durch Erschießen ausgeführt würde. Meurer verlangte dafür zwei Männer vom RSHA, die mit Wehrmachtsuniformen auszustatten seien, damit sie »*auch den übrigen mitfahrenden Wehrmachtsangehörigen des zu bildenden Transports als solche erschienen*«.[176] Auch informierte Meurer den SS-Führer davon, dass es zur Auswahl eines anderen Opfers gekommen sei. Das Gespräch schloss damit, dass man sich in den nächsten Tagen zu einer abschließenden Besprechung treffen wolle, um die Einzelheiten des Transports zu erläutern.

Panzinger ließ daraufhin einen SS-Hauptsturmführer von Ohlendorfs Amt III zu sich kommen, der bereits »*im Osten gewesen*« war.[177] Er instruierte den zukünftigen Mörder dahingehend, dass er dem Chef KGW vom Chef Sipo zur Verfügung gestellt werde. Während der Aktion nannte sich der Mann »Schweinitzer«. Gleichzeitig stellte Panzinger einen Wagen mit Fahrer aus der Fahrbereitschaft des RSHA zur Verfügung. Beide SS-Männer wurden in den nächsten Tagen mit Wehrmachtsuniformen und falschen Papieren ausgestattet. Panzinger bestimmte SS-Obersturmbannführer Schulze dazu, am Transport teilzunehmen und die Aktion zu überwachen. Schulze

---

173 Umschlag »Fall Br.«, in: PA AA, Inland IIg 372.
174 Vortragsnotiz Inl. II vom 13.12.1944, ebd.
175 Der Befehl ist nicht überliefert.
176 Aussage Panzingers vom 29.11.1956, in: HStA Düsseldorf, Ger.Rep. 237/35.
177 Ebd. Der wahre Name des Betreffenden konnte nicht ermittelt werden.

war über den wahren Hintergrund der Fahrt mit hoher Wahrscheinlichkeit informiert und telefonierte öfter mit Cohrs darüber.[178]

Am Nachmittag des 14. Januar 1945 kam es zu einem weiteren Treffen. Hierüber existieren keine zuverlässigen Quellen. Vermutlich trafen sich Panzinger, Cohrs und Schulze. Erörtert wurde der Verlauf des Transports, der von Königstein ins Oflag IV C Colditz ging. Die Aktion sollte unter strengster Geheimhaltung erfolgen, daher sah man vor, alle anderen Stellen im Unwissen über den wahren Hintergrund zu lassen, insbesondere die Leitungen von Colditz und Königstein. Als Termin einigte man sich auf Freitag, den 19. Januar 1945.

Meurer rief im Oflag IV B Königstein an und teilte mit, dass in den nächsten Tagen Offiziere kämen, die einen Gefangenentransport nach Colditz organisieren würden. Am 15. Januar schickte er eine schriftliche Anweisung an die Festung, in der es heißt:

»Als erste Rate werden voraussichtlich in Kürze nachstehende Generale in das Oflag IV C, Colditz überführt: 1.) Brig.Gen. Buisson, Louis [...] 2.) Brig.Gen. Mesny, Maurice Gustave [...] 3.) Brig.Gen. Daine, Charles [...] 4.) Brig.Gen. de Boisse-Mortemart, Rene [...] 5.) Brig.Gen. Vauthier, Paul [...] 6.) Korpsgen. Flavigny«.

Die Überführung erfolge mit Gepäck und Ordonanzen im Pkw bzw. Lkw. Einzelheiten, »*insbesondere die Sicherheitsmaßnahmen*« regle »*Major Cohrs*«.[179] In einem weiteren Befehl wies Meurer den Kommandeur der Kriegsgefangenen im Wehrkreis IV, Generalmajor Lothar von Block, an, Lkw und Pkw samt Personal zur Verfügung zu stellen. Er strich heraus, dass ein Automobil mit Fahrer und Beifahrer vom Chef KGW gestellt werde. Der Transportoffizier dieses Wagens, Schweinitzer, werde die weiteren Anweisungen erteilen.[180] Keiner der angeschriebenen Stellen fiel an den normalen, bürokratischen Vorgängen etwas Verdächtiges auf.

Zwei Tage vor dem Mord holten die zwei SD-Männer vom Amt III Cohrs in seiner Wohnung in der SS-Siedlung in Berlin-Zehlendorf ab. Sie fuhren eine viersitzige Limousine des RSHA, die durch Wehrmachtsnummernschilder getarnt war. Alle drei trugen Uniformen des Heeres; Cohrs die eines Majors, Schweinitzer die eines Hauptmanns und der Fahrer die eines Feldwebels oder Unteroffiziers. Von dort ging die Fahrt zur Wohnung Schulzes im Süden Tempelhofs. Er trug die feldgraue Uniform eines SS-Obersturmbannführers. Sie verließen Berlin auf der Autobahn nach Leipzig. In der Nähe der sächsischen Stadt hatte der Wagen eine Panne. Nach Angabe von Cohrs tauschten sie das Fahrzeug beim Polizeipräsidium aus. Es wäre aber auch möglich, dass sie hier ein zusätzliches Fahrzeug besorgten. Diese Option wird später noch von Interesse sein. Von Leipzig fuhr man nach Colditz, wo Cohrs der Lagerleitung die

---

178 Vgl. Aussage Cohrs vom 12.11.1959, in: ebd., Ger.Rep. 237/9.
179 Befehl Meurers vom 15.1.1945 an Oflag IV B u. a., in: ebd., Ger.Rep. 237/36.
180 Vgl. Befehl Meurers vom 16.1.1945, in: ebd.

Ankunft der Generäle für die nächsten Tage ankündigte. An der Autobahn zwischen Colditz und Dresden suchten sie dann nach einer Stelle, an der das Opfer ungesehen erschossen werden konnte, bevor die vier SS-Leute in Dresden in einem Hotel Quartier nahmen.[181]

Am nächsten Morgen, dem 18. Januar, fuhr Cohrs zur Befehlsstelle des Kommandeurs der Kriegsgefangenen und informierte über die Verlegungsfahrt am morgigen Tage. Wahrscheinlich wurde Cohrs bei dieser Gelegenheit ein Funkspruch übergeben, der besagte, dass nicht de Boisse, sondern Mesny das Opfer sei.[182] Gegen 11 Uhr vormittags trafen Schulze, Cohrs, der Fahrer und Schweinitzer bei der Festung Königstein ein. Das Auto musste am Fuß des Berges parken, da es die schmale Rampe zum Tor nicht passieren konnte. Schulze blieb zurück. Die SS-Uniform sollte keinen Verdacht bei Lagerleitung und Gefangenen wecken. Im Büro des Abwehroffiziers trafen sich Cohrs und Schweinitzer mit Oberstleutnant Herbert Freiherr von Friesen, dem stellvertretenden Festungskommandanten, da Oberst Hesselmann sich zur Behandlung im Hospital in Bautzen aufhielt. Ungefähr eine halbe Stunde sprachen sie über die Modalitäten des Transports.[183] Cohrs diktierte die neuen Befehle einem Obergefreiten in der Schreibstube. Er bestätigte darin die Namen der zu verlegenden Generäle aus dem Befehl vom 15. Januar und den Termin des 19. Januars 1945 für die Abwicklung des Transports.

Cohrs legte fest, dass Transportführer Schweinitzer mit seinem Wagen um 5 Uhr 20 morgens mit den übrigen Automobilen auf Königstein eintreffen sollte. Der Lkw mit dem Gepäck und den Ordonanzen sollte bereits um 5 Uhr nach Colditz unterwegs sein. Ihm würden ab 6 Uhr im Viertelstundentakt die drei Pkw mit je zwei Generälen folgen. Im »*Wagen D*«, dem »*Wagen des Transportführers vom Chef Kgf. Berlin*«, seien die Generäle Vauthier und Mesny zu fahren. Sie sollten gegen 6 Uhr 30 als letzte mit »*Transportführer Hauptmann Schweinitzer*« abfahren. Als Sicherheitsbestimmungen legte Cohrs fest:

»[…] 7. Die Türgriffe und Fensterkurbeln auf der rechten Seite sind vor der Abfahrt abzunehmen. 8. Die Begleitoffiziere sind mit Maschinenpistolen ausgerüstet und haben Befehl den Revolver nicht in der Pistolentasche am Koppel zu tragen, sondern in der rechten Manteltasche griffbereit zu tragen. 9. Die Sitzordnung der Pkw.'s ist wie folgt: Auf der linken Seite Fahrer, hinter ihm Begleitoffizier, auf der rechten Seite neben dem Fahrer ein frz. kgf. General, neben dem Begleitoffizier ein frz. kgf. General. Der Begleitoffizier hat die Fahrt mit dem Gesicht zu den beiden Generalen zu machen. Pausen zum Austreten sind auf der Fahrt nicht zu machen. […] 11. […] Bei etwaigen Pannen ist das Verlassen des

---

181 Vgl. Aussage Cohrs vom 12.11.1959, in: ebd., Ger.Rep. 237/9.
182 Vgl. Aussage Cohrs vom 12.11.1959, in: ebd.
183 Vgl. Aussage Friesens vom 20.11.1959, in: ebd., Ger.Rep. 237/11.

Wagens für die beiden frz. Generale verboten, der Begleitoffizier verbleibt ebenfalls im Wagen. [...].«[184]

Wie geplant wurde die Lagerleitung bewusst getäuscht. Meurer hatte die Verlegung von langer Hand vorbereitet, sodass sich für die Dienststellen keinerlei Verdachtsmomente ergaben.

Nach ungefähr einer Stunde verließen Cohrs und Schweinitzer die Festung und fuhren mit Schulze zurück nach Dresden. Gegen Mittag wurde General Victor Bourret, der dienstälteste Kriegsgefangene, von der Lagerleitung darüber in Kenntnis gesetzt, dass am nächsten Morgen eine Verlegung von sechs Generälen zwecks Auflockerung beabsichtigt sei. Mitzunehmen seien das Gepäck und die Lebensmittel. Die Koffer sollten bis zum Abend gepackt und die Konserven von der Paketstelle abgeholt werden. Gegen 19 Uhr werde das Gepäck kontrolliert.[185] Ein Zielort wurde nicht genannt. Bourret machte den für die Verlegung vorgesehenen Generälen keine Meldung. Der zum Transport bestimmte General Robert Flavigny wunderte sich über die Auflockerung, da das Lager nicht überbelegt sei.[186] Auch Bourret hegte solche Zweifel. Im Laufe des Tages versuchte Flavigny vom Dolmetscher zu erfahren, wohin man gebracht würde. Dieser erwiderte, dass die Gefangenen erst bei Antritt der Fahrt darüber unterrichtet würden.

Am nächsten Morgen herrschte Schneewetter. In Dresden formierte sich eine Kolonne aus den Pkw, die für den Transport vorgesehen waren. Cohrs und Schulze fuhren an der Spitze in einem Wagen, den sie entweder in Leipzig oder Dresden übernommen hatten. Der Lkw war bereits vorgefahren. Cohrs behauptete später, nicht an der Fahrt teilgenommen zu haben und in Dresden geblieben zu sein. Schulze hingegen gab zu, die Kolonne begleitet zu haben.[187] Andere Aussagen lassen jedoch darauf schließen, dass Cohrs doch vor Ort war. Meurer, dem Cohrs nach der Fahrt Bericht erstattete, antwortete 1947 auf die Frage Kempners, was Cohrs während der Erschießung getan hätte: »*Der hat das gesehen.*«[188] Theodor Zuelsdorf, dem Cohrs ebenfalls von der Fahrt erzählte, ging noch weiter: »*Aus der Schilderung des Hauptmann Cohrs habe ich entnommen, daß dieser ebenfalls in dem Fahrzeug gesessen hatte, in dem der französische General transportiert worden ist.*«[189] Es muss daher angenommen werden, dass Cohrs den Transport begleitete, vielleicht sogar im Fahrzeug Mesnys.

---

184 Befehl Meurers vom 18.1.1945, in: ebd., Ger.Rep. 237/36.
185 Vgl. Schreiben Bourrets vom 18.1.1945, in: ebd., Ger.Rep. 237/16 II.
186 Vgl. Aussage Flavignys vom 14.4.1945, in: ebd.
187 Vgl. Aussage Schulzes vom 20.12.1959, in: ebd., Ger.Rep. 237/10.
188 Vernehmung Meurers vom 26.2.1947, in: BA Koblenz, NL Kempner, Bd. 582. Vgl. ebenso Affidavit Meurers vom 6.2.1947 (NO-1835), in: StA Nürnberg: »[...] *zu dieser Zeit wurde dann der General Mesny erschossen. Bei der Durchführung war von unserer Dienststelle nur der Abwehroffizier Hauptmann Cohrs anwesend.*«.
189 Aussage Zuelsdorf vom 21.3.1961, in: HStA Düsseldorf, Ger.Rep. 237/14.

Bevor die Kolonne den Parkplatz vor der Rampe zur Festung erreichte, bogen Cohrs und Schulze ab, um die Rückkehr der Fahrzeuge an einer anderen Stelle abzuwarten.[190] Schweinitzer und sein Fahrer fuhren mit den übrigen Fahrzeugen weiter zur Festung. Dort war die Verlegung bereits in vollem Gange. Doch aufgrund zweier (ungeplanter) Zwischenfälle veränderte sich die Reihenfolge.[191] Der Lkw hatte eine Panne, sodass der erste Wagen mit den Generälen Daine und de Boisse erst gegen 6 Uhr 25 abfuhr. Fünf Minuten später folgte der Lkw mit dem Gepäck und zwei Ordonanzen. Inzwischen separierte Schweinitzer das Opfer, indem er der Kommandantur Nachricht gab, dass General Vauthier nicht mitfahren solle.[192] Die Meldung wurde absichtlich in letzter Minute gegeben, um die Gefangenen bis zuletzt in Sicherheit zu wiegen.

Aber auch der zweite Wagen für die Generäle Flavigny und Buisson hatte eine Panne. Der Motor sprang nicht an.[193] Um keine weitere Verzögerung eintreten zu lassen, fuhren Schweinitzer und der Fahrer mit Mesny sodann gegen 6 Uhr 50 an zweiter und nicht wie geplant an letzter Stelle ab.[194] Dem eigentlich zweiten Wagen mit Flavigny und Buisson wurde mitgeteilt, der Reisebeginn verschiebe sich auf 7 Uhr. Fast gleichzeitig sah Buisson, der mit Mesny in einer Kasematte wohnte, jenen zum Ausgang gehen.[195] Dieses deckt sich mit der durch Oberstleutnant von Friesen angegebenen Abfahrtzeit von 6 Uhr 50 für den Mesny-Wagen. Erst als dieser abgefahren war, informierte der Abwehroffizier den auf die Abfahrt wartenden Vauthier, dass seine Verlegung widerrufen sei, da er weiterhin in der Lagerkapelle die Orgel spielen solle. Der Franzose protestierte erfolglos.[196] Den ursprünglich zweiten Wagen mit Flavigny und Buisson schickte man als letzten um 8 Uhr 45 auf den Weg. Die lange Zeitspanne könnte extra ausgemacht worden sein, um dem Wagen mit Mesny einen tödlichen Vorsprung zu verschaffen. Von Friesen hatte noch alle Generäle mit den Worten »*Bonne chance et bon voyage*« verabschiedet.[197]

Der zweite Wagen mit den SS-Männern und dem ahnungslosen Mesny war in der Zwischenzeit auf dem Weg nach Colditz. Der Franzose trug Uniform wie die anderen Generäle auch. Das Auto mit Cohrs und Schulze folgte in einigem Abstand. Die Fahrt ging über Pirna nach Dresden hinein. Noch war die Stadt von alliierten Fliegerangrif-

---

190 Vgl. Aussage Schulzes vom 20.12.1959, in: ebd., Ger.Rep. 237/10.
191 Die Anklageschrift geht davon aus, dass Mesny wie geplant im letzten Wagen gefahren und die Panne vorgetäuscht sei, um Zeit für den Mord zu gewinnen, vgl. Anklageschrift gegen Wagner u. a., 29 Ks 1/60 vom 18.5.1960, S. 57 f., in: ebd., Ger.Rep. 237/19.
192 Vgl. Schreiben Friesens an Wehrkreis IV vom 19.1.1945, in: ebd., Ger.Rep. 237/36.
193 Vgl. Vernehmung Friesens vom 10.9.1946; in: ebd., Ger. Rep. 237/16 II; ebenso Schreiben Friesens an Wehrkreis IV vom 19.1.1945 an den Wehrkreis IV, in: ebd.
194 Vgl. Bericht Flavignys vom 14.4.1945; Vernehmung Bourrets vom 18.7.1945; Vernehmung Friesens vom 10.9.1946; Schreiben Friesens an Wehrkreis IV vom 19.1.1945, alle in: ebd. u. Bericht Buissons vom 29.4.1945 (PS-4069), in: IMT, XXXIV, S. 141 ff.
195 Vgl. Bericht Flavignys vom 14.4.1945, in: HStA Düsseldorf, Ger.Rep. 237/16 II.
196 Vgl. Aussage Vauthiers vom 6.8.1945, in: ebd.
197 Vernehmung Friesens vom 10.9.1946, in: ebd.

fen weitgehend verschont geblieben. Die Wagen überquerten die Elbe über die Augustusbrücke und gelangten über die Neustadt und die Heinrichstraße zum Kaiser-Wilhelm-Platz, von wo aus sie die Stadt über die Leipziger Straße verließen. Von dort bogen sie auf die Reichsautobahn nach Leipzig ein. Vor Nossen täuschten die SS-Männer eine Panne vor und fuhren an den Straßenrand. Cohrs und Schulze hielten entfernt und beobachteten, wie Schweinitzer und der Fahrer den ahnungslosen Franzosen aus dem Fond zerrten. Einer der SS-Führer stellte sich hinter den General und schoss ihm mit einer Pistole in den Kopf. Die Kugel trat an der Stirnseite über dem linken Auge wieder aus.[198] Mesny fiel tot in den Schnee. Wer genau geschossen hat, kann nicht gesagt werden. Angeblich hätten beide gestritten, wer die Tat ausführen dürfe.[199] Die Mörder hoben den Leichnam in den Fond und fuhren nach Dresden zurück.

Die SS-Führer brachten den Toten ins Reservelazarett I in der Marienallee. Schweinitzer informierte die Ärzte darüber, dass der General bei einem Fluchtversuch erschossen worden sei. Danach trafen sie sich wieder mit Cohrs und Schulze und fuhren gemeinsam nach Berlin zurück, wo sie am Abend eintrafen. Am nächsten Morgen meldete sich Cohrs krank, denn er hatte sich eine Erkältung zugezogen. Meurer schickte Adjutant Zuelsdorf zum Bettlägerigen, um Einzelheiten zu erfahren. Dieser berichtete in einer solchen Art und Weise von der Erschießung, dass Zuelsdorf zu der Überzeugung kam, dass Cohrs bei dem Mord anwesend war. Das Ganze habe ihn »*stark mitgenommen*«.[200] Später erhielt der IdK in Torgau vom Chef KGW die Meldung, dass beim Transport Mesnys eine Panne am Wagen aufgetreten sei, die der General für einen Fluchtversuch genutzt habe, bei dem er erschossen worden sei.[201]

Noch am Abend des 19. Januar gegen 9 Uhr rief das Lazarett auf der Festung Königstein an und teilte dem stellvertretenden Kommandanten mit, dass Mesny auf der Flucht erschossen und die Leiche von einem Hauptmann eingeliefert worden sei.[202] Der überlieferte Leichenbestattungsschein des Reservelazaretts ist stellenweise fehlerhaft ausgefüllt: Als Todestag wird der 20. Januar angeben und als Todesursache »*Brustdurchschuß*« und »*Herz- und Lungenverletzung*« genannt. Korrekt sind hingegen die persönlichen Daten, die Daten der Beerdigung und der »*Sterbeort: auf der Autobahn vor Dresden*«.[203] Warum die Todesursache verändert worden ist, bleibt dahingestellt. Vielleicht sollte der verdächtige Schuss in den Hinterkopf vertuscht werden.

---

198 Vgl. Autopsiebericht vom 8.1.1947, in: ebd.
199 Vgl. Aussage Cohrs vom 12.11.1959, in: ebd., Ger.Rep. 237/9; ebenso Vernehmung Meurers am 28.2.1947, in: BA Koblenz, NL Kempner, Bd. 582.
200 Aussage Zuelsdorf vom 21.3.1961, in: HStA Düsseldorf, Ger.Rep. 237/14.
201 Vgl. Aussage Krafts vom 6.6.1947 (NO-3878), in: StA Nürnberg.
202 Vgl. Friesens »Notizen über den Tod des frz. kgf. Generals Mesny« vom 27.1.1945 u. Vernehmung Friesens vom 10.9.1946, beide in: ebd., Ger.Rep. 237/16 II.
203 Leichenbestattungsschein für Mesny, [Jan. 1945], in: StA Dresden, VEB Bestattungseinrichtungen, Akte 10.

In Colditz mussten unterdessen Flavigny und Buisson erstaunt von den zuerst abgefahrenen Daine und de Boisse erfahren, dass Mesny mit dem zweiten Wagen noch nicht eingetroffen war. Am Nachmittag wurde das Gepäck ausgegeben, und da Mesnys Koffer angekommen war, schlossen die Franzosen daraus, dass ihr Kamerad irrtümlich in ein anderes Lager geschickt worden sei. Erst am Montag, den 22. Januar, verständigte Friesen den Doyen des Lagers Königstein, dass Mesny bei einem Fluchtversuch erschossen wurde. Gleiches berichtete am selben Tag auch der Kommandant der Festung Colditz, Oberst Gerhard Prawitt, den übrigen gefangenen Offizieren.

Der Tote wurde am 27. Januar um 10 Uhr auf dem Garnisonsfriedhof in Dresden beigesetzt. In der Kapelle war der mit der Trikolore bedeckte, einfache Holzsarg aufgebahrt, in den man die Leiche vollkommen entkleidet in einem papierenen Leichentuch auf Sägespäne gelegt hatte.[204] Friesen begleitete General Bourret zur Zeremonie, der verlangte, Mesny noch einmal sehen zu dürfen, was ihm versagt wurde. Nach der Messe begann der Trauerzug zu dem für Kriegsgefangene bestimmten Teil des Friedhofs. Am Grab waren eine Formation aus französischen Kriegsgefangenen und eine Ehrenkompanie eines Landesschützenbataillons aufgezogen. Bourret und Friesen sprachen einige Worte. Es wurde angeblich auch ein Kranz mit Schleife vom Chef KGW niedergelegt.[205] Unter vier Augen bat Bourret später Friesen darum, nähere Einzelheiten über den Tod in Erfahrung zu bringen. Aber selbst dem Kommandeur der Kriegsgefangenen, General von Block, waren die näheren Einzelheiten unbekannt.[206]

12 Der vergebliche Protest der Generäle

Die französischen Generäle in Colditz und Königstein äußerten nach Bekanntwerden der Nachricht sofort Zweifel an dem angeblichen Fluchtversuch. Keiner konnte sich vorstellen, dass Mesny bei den Sicherheitsbestimmungen, dem Schneewetter, mit nur geringen Deutschkenntnissen und in voller Uniform einen Fluchtversuch gewagt hätte. Er habe seit Langem vorgehabt, zu entkommen, so Flavigny, aber der Kriegsverlauf ließ ihn auf die baldige Befreiung hoffen. Hinzu kam, dass sich Mesnys ältester Sohn ebenfalls in deutscher Gefangenschaft befand, und der Vater fürchtete, diesem könne etwas angetan werden. Eine Stunde vor seiner Abfahrt soll Mesny diese Bedenken zum wiederholten Male geäußert haben.[207] Louis Mesny, geboren 1914, war im Juni 1944 in Frankreich vom SD wahrscheinlich wegen Spionageverdachts verhaftet und

---

204 Vgl. Autopsiebericht vom 8.1.1947, in: HStA Düsseldorf, Ger.Rep. 237/16 II.
205 Vgl. Aussage Bergers vom 15.12.1959, in: ebd., Ger.Rep 237/11.
206 Vgl. Friesens »Notizen über den Tod des frz. kgf. Generals Mesny« vom 27.1.1945, in: ebd., Ger.Rep. 237/16 II.
207 Vgl. Bericht Buissons vom 29.4.1945 (PS-4069), in: IMT, XXXIV, S. 141 ff.

ins KL Neuengamme gebracht worden, wo er Zwangsarbeit leisten musste.[208] Ob Louis vom Tod seines Vaters erfuhr, darf bezweifelt werden. Einen Monat vor Kriegsende starb auch er in Gefangenschaft.[209]

Am 29. Januar 1945 schrieb der Königsteiner Lagerälteste Bourret einen Brief an Keitel und verlangte die Aufklärung der Todesumstände. Keitel beauftragte den IdK mit der Antwort. Westhoff solle mitteilen, dass an der Aussage des deutschen Hauptmanns – gemeint war Schweinitzer – nicht zu zweifeln und keine Untersuchung nötig sei.[210] Westhoff wählte in seinem Schreiben an Bourret, das erst am 10. März 1945 abging, die Formulierung

> »im Auftrage des Herrn Generalfeldmarschalls Keitel wird zu dem Brief vom 29.1.1945 folgendes mitgeteilt: [...] Der Offizier meldete dienstlich den Vorgang des Fluchtversuches, der zu der Erschießung des Generals Mesny führte. Es liege keinerlei Veranlassung vor, die Glaubhaftigkeit der Meldung des den General Mesny begleitenden Offiziers anzuzweifeln. Im Auftrag [handschriftlich: Westhoff].«[211]

Eine Gelegenheit, auf den Fall aufmerksam zu machen, bot sich den Generälen, als der Attaché Denzler von der Schweizer Gesandtschaft in Berlin die Festung Colditz Anfang Februar 1945 besuchte. Sie trugen dem Diplomaten ihre Sorgen vor. Dieser hielt Rücksprache mit dem Kommandanten, der den Tod Mesnys bestätigte. Denzler informierte das IRK, welches am 5. April 1945 der Witwe Mesny die traurige Nachricht überbrachte.[212] Die französischen Behörden beauftragten das IRK mit der Aufklärung des Falles, aber der Zusammenbruch des »Dritten Reiches« verhinderte dies fürs erste.

Die deutsche Seite hatte es bis dahin versäumt, dem Roten Kreuz den Tod bekannt zu geben.[213] Daraus ist zu schließen, dass auch die Kommission Bridoux nicht benachrichtigt wurde. Mehrere Wochen nach dem Mord rief Keitel bei Generalmajor Linde, dem stellvertretenden Chef des AWA, an und verlangte die Herausgabe einer Presseerklärung. Linde gab vor, nicht zuständig zu sein.[214] Er leitete die Forderung an Westhoff weiter. Die Pressenotiz solle die Namen Brodowski und Mesny nennen, sodass für die Franzosen der Zusammenhang mit dem Tod des Deutschen sichtbar wür-

---

208 Vgl. Mitteilung der Gedenkstätte Neuengamme an den Verfasser vom 2.8.2001.
209 Vgl. Falicon, Michel, Robert Kempner est venu enquêter à Nice sur l'assassinat du général Mesny, in: *L'Espoir de Nice* 257 (1946).
210 Vgl. Aussage Krafts vom 6.6.1947 (NO-3878); ebenso Affidavit Westhoffs vom 2.12.1947 (NO-5747), beide in: StA Nürnberg.
211 Schreiben Westhoffs an Bourret vom 10.3.1945, in: HStA Düsseldorf, Ger.Rep. 237/36. Vgl. ebenso Aussage Westhoffs vom 14.1.1960, in: ebd., Ger.Rep. 237/11.
212 Vgl. Schreiben IRK vom 5.4.1945, in: IMT, XXXIV, PS-4069, S. 140.
213 Vgl. Schreiben IRK an Sta Essen vom 14.10.1959, in: HStA Düsseldorf, Ger.Rep. 237/11.
214 Vgl. Affidavit Lindes vom 3.2.1948 (NO-5880), in: StA Nürnberg.

de. Doch Westhoff entgegnete, das Lancieren von Presseartikeln sei Aufgabe des AA oder des Promi.[215] So unterblieb eine Pressemeldung. Der Hitlerbefehl und die krude Auffassung von Vergeltung waren ad absurdum geführt.

---

215 Vgl. Aussage Westhoffs vom 14.1.1960, in: HStA Düsseldorf, Ger.Rep. 237/11.

Dritter Teil
Nachkriegskarrieren

I Mesny in Nürnberg

Im April 1945 rückte das Kriegsende nahe. Thadden setzte sich Ende des Monats mit einem Tross von ungefähr siebzig Angehörigen des AA aus Berlin ab und fuhr in einer Fahrzeugkolonne zum Führungsstab Süd bei Garmisch-Partenkirchen. Der Konvoi wurde durch Tieffliegerangriffe zerstreut, sodass Thadden schließlich in einem Doppeldeckerbus der Berliner Verkehrsbetriebe in Miesbach in Bayern eintraf. Von dort fuhr Thadden zu Botschafter Rintelen, der den Stab Süd leitete und den Judenreferenten aufforderte, sich in Fuschl vom Staatssekretär neue Instruktionen zu holen. Dort angekommen sprach Thadden telefonisch mit Steengracht, der ihm riet, sich abzusetzen und eine Normalisierung der Verhältnisse abzuwarten. Danach trafen sich Wagner und Thadden das letzte Mal vor der Kapitulation im Sonderzug Ribbentrops bei Fuschl. Wagner kam angeblich gerade von einer Unterredung mit Kaltenbrunner und war voll Siegeszuversicht, da Wunderwaffen noch eine Wende bringen könnten und Friedensverhandlungen in Schweden im Gange seien.[1]

Thadden begab sich nach Halle an der Saale, wo Frau und Kind bei der Schwiegermutter lebten. Im September 1945 ging die Familie nach Köln-Sülz, wo Thadden kurz nach der polizeilichen Anmeldung wegen seines SS-Ranges von den britischen Militärbehörden festgenommen wurde. Bis zum Frühjahr 1946 blieb er im Lager Recklinghausen interniert, bevor er ins Zeugengefängnis des Nürnberger Justizpalastes verlegt wurde, wo der Prozess gegen die Hauptkriegsverbrecher lief.

Wagner wurde mit anderen Diplomaten ins österreichische Bad Gastein verlegt, wo sie von amerikanischen Truppen festgesetzt wurden. Nach einigen Wochen brachte sie ein Sammeltransport in ein Gefängnis nach Salzburg. Wagner wurde von da in die amerikanische Besatzungszone verlegt. Grund war das System des »automatic arrest«. Der automatische Arrest war ein Mittel, mit dem die Alliierten Funktionsträger aus Partei und Staat aus der großen Menge der Kriegsgefangenen filterten. Die auf speziellen Listen geführten Personen, die man anhand ihrer Rangstufe und Funktion als mögliche Täter ansah, sollten nach ihrer Identifizierung für die Strafverfolgung festgehalten werden. Wagners Name fand sich auf diesen Listen.[2] Im Sommer 1946 wurde er ebenfalls nach Nürnberg gebracht.

Während des Internationalen Militärtribunals[3] stießen Rechercheure der amerikanischen Anklagebehörde auf die Dokumente des Mesny-Mordes aus dem AA, die im

---
1   Vgl. Aussage Thaddens vom 6.6.1962, in: HStA Düsseldorf, Ger.Rep. 192/203.
2   Vgl. List of Automatic Arrests des Lagers Hessisch-Lichtenau vom 4.10.1945, in: BA Koblenz, NL Rheindorf, Bd. 294.
3   Vgl. Taylor, Telford, Die Nürnberger Prozesse. Hintergründe, Analysen und Erkenntnisse aus heutiger Sicht, München 1996; ders., Die Nürnberger Prozesse. Kriegsverbrechen und Völker-

Gegensatz zu denen der Wehrmacht und des RSHA das Kriegsende überdauert hatten. Der spätere stellvertretende US-Chefankläger Kempner zeigte besonderes Engagement für den Fall. Für ihn lag eine Eigenheit in dem Aktenfund: »*For the first time in criminal history, a first-degree murder by the government of a state was pictured in the orders and files of that government.*«[4] Der Mord an Mesny sei »*ein Lehrstück über ein Staatsverbrechen*«.[5]

Die alliierte Strafverfolgung bestimmte die ersten Nachkriegsstationen von Wagner und Thadden, da beide als wichtige Zeugen und potenzielle Anzuklagende eingestuft wurden. Sie blieben fast die ganze Zeit bis 1949 in Zeugenhaft. Dabei zeigte sich, dass anfangs nicht ihre Teilnahme an der »Endlösung« im Fokus stand, sondern der Mord an General Mesny. Die nachstehenden Ausführungen orientieren sich hauptsächlich an der juristischen Behandlung der Fälle Wagner und Thadden. Da gegen die beiden Diplomaten fast ununterbrochen bis zu deren Tod 1977 bzw. 1964 Verfahren liefen, bietet sich eine chronologische Darstellung an, die auch die äußeren Umstände von Justiz, Politik und Gesellschaft mit in den Blick nehmen soll. Der folgende Teil hat dabei mitunter dokumentarischen Charakter, da über die Verfahren und Lebenswege nach 1945 bisher wenige bis gar keine Angaben vorliegen. Er dient somit auch als Basis der späteren Analyse.

1   Der Prozess gegen die Hauptkriegsverbrecher

> »Verteidiger und Zuhörer finden diese Dokumente fast so schlimm
> und niederdrückend wie seinerzeit die Zeugenaussage eines Höß.«
> Tagebuchnotiz Viktor Freiherr von der Lippes vom 1. August 1946[6]

Der Krieg war noch nicht vorbei, als General Buisson, der im Januar ebenfalls mit dem fraglichen Transport verlegt worden war, dem Kriegsminister der de-Gaulle-Regierung einen Brief schrieb. Buisson war aus dem Lager Colditz befreit worden und am 20. April 1945 nach Frankreich zurückgekehrt. Er wollte eine Untersuchung des Mordes an seinem Kameraden. Für Buisson war klar, »*que le Général Mesny a été fusillé au cours du transport de Koenigstein à Colditz, ce ne peut-être pour tentative d'évasion.*« Deshalb gehe er davon aus, dass »*préméditation ou acte affolé d'un Officier allemand*« die Gründe für den Tod Mesnys seien.[7] Mit der ersten Möglichkeit sollte er Recht be-

---
recht, Zürich 1950; Das Urteil im Wilhelmstraßen-Prozeß; Blasius, Rainer A., Fall 11. Der Wilhelmstraßen-Prozeß gegen das Auswärtige Amt und andere Ministerien; in Ueberschär, Gerd R. (Hg.), Der Nationalsozialismus vor Gericht. Die alliierten Prozesse gegen Kriegsverbrecher und Soldaten 1943-1952, Frankfurt/Main 1999, S. 187-198.
4   Kempner, Murder by Government, S. 235.
5   Kempner, Geschichte des Falles Mesny, S. 125.
6   Lippe, Viktor Freiherr von der, Nürnberger Tagebuchnotizen. November 1945 bis Oktober 1946, Frankfurt/Main 1951, S. 418 f.

halten, es war eine vorsätzliche Tat. Damit war die französische Besatzungsmacht zwar über die ungewöhnlichen Todesumstände informiert, aber die Hintergründe blieben unbekannt.

Unabhängig davon fragte Ende 1945 die »Division Personnes Déplacés im Commandement en Chef français en Allemagne«, die sich bemühte, den Verbleib französischer Kriegsgefangener in Deutschland festzustellen, in Dresden wegen der Grabstätte Mesnys nach. Das Friedhofsamt antwortete: »*Die Grabstätte liegt in der Abteilung N 4, 1. Reihe Grab Nr. 2, inmitten eines Kiefernwäldchens und ist ein sauber gesetzter Hügel mit Sedum acre als Dauerbepflanzung, inmitten französischer, belgischer und englischer Kriegskameraden. Der Gesamteindruck ist einfach, aber sauber und gepflegt.*«[8]

Licht ins Dunkel des Falles sollte erst der Nürnberger Prozess bringen, der seit November 1945 verhandelt wurde. Unter den angeklagten NS-Größen waren auch drei maßgeblich am Tod Mesnys beteiligte Personen: Ribbentrop, Keitel und Kaltenbrunner. Doch die Vorgänge des 19. Januar 1945 lagen noch nicht lange genug zurück, um sie zum Bestandteil der Anklage zu machen. Die Akten der deutschen Behörden wurden von den Alliierten in Berlin systematisch gesammelt und unter Hochdruck ausgewertet. Kempner arbeitete zu diesem Zeitpunkt für die Anklagebehörde der USA als »Chief of Research and Investigation«. In seiner Abteilung fand man gegen Ende des Prozesses unter den nicht vernichteten Geheimsachen der Gruppe Inland II den Briefumschlag mit den Dokumenten zum Mesny-Mord. Für eine detaillierte Berücksichtigung bestand wegen des fortgeschrittenen Prozessverlaufs keine Möglichkeit. Aber aufgrund ihrer Einzigartigkeit baute die Anklagebehörde die Dokumente am 1. August 1946 in die Verhandlung ein. An diesem Tag wurde die Rolle der Gestapo als verbrecherische Organisation erörtert. Während der Befragung des SS-Obergruppenführers Werner Best legte US-Hilfsankläger Whitney R. Harris die Dokumente dem Gericht und der Öffentlichkeit vor. Wegen der Eile konnte Harris nur Fotokopien als Beweise übergeben. Sie dienten zunächst als Beleg der mörderischen Aktivitäten der Gestapo, weil der Name Panzingers in den Unterlagen auftauchte.[9] Darüber, dass Panzinger 1944/45 nicht mehr zur Gestapo gehörte, sondern zum Reichskriminalpolizeiamt, ging die Anklage hinweg, indem sie annahm, dass er Befugnisse für Sonderfälle beibehalten habe. Diese Nachlässigkeit mag dem Umstand geschuldet sein, dass die Anklage die Dokumente unbedingt noch in den laufenden Prozess einbringen wollte.

---

7   Bericht Buissons vom 29.4.1945 (PS-4069), in: IMT, XXXIV, S. 141 ff.
8   Schreiben des Friedhofsamtes vom 26.10.1945, in: StA Dresden, VEB Bestattungseinrichtungen, Akte 10. Erstaunlicherweise hätten die Franzosen mitgeteilt, Mesny sei durch einen »*Hauptsturmführer der SS*« umgebracht worden, vgl. Schreiben des Standesamtes 4 vom 3.1.1946, in: ebd. Bei der Friedhofsverwaltung wurden Dokumente gefunden, die besagten, Mesny sei von einem »*SS-Hauptsturmführer auf der Flucht erschossen*« worden, vgl. Bericht des Kriminalamtes Dresden vom 18.9.1946, in: ebd.
9   Vgl. IMT, XX, S. 168 ff.

Der Fall Mesny hinterließ einen tiefen Eindruck. Viktor Freiherr von der Lippe, Mitarbeiter der Verteidigung des Marineoberbefehlshabers Erich Raeder, notierte in sein Tagebuch:

> »Einen sehr üblen Eindruck ruft der ebenfalls in diesem Kreuzverhör vorgelegte Schriftwechsel [...] über die Ermordung eines kriegsgefangenen französischen Generals hervor. Man muß die Papiere zwei- oder dreimal lesen, um ihren Inhalt überhaupt fassen zu können! Mehrere oberste Reichsbehörden verhandelten in dienstlicher Nüchternheit die Frage, ob der General [...] ›auf der Flucht‹ erschossen oder in dem Auto ›vergast‹ oder sonst irgend wie umgebracht werden solle, und wie man dann seinen Tod der Schutzmacht gegenüber so harmlos schildern könne, daß sich daraus keine Komplikationen ergeben würden. [...] Um eine Repressalie kann es sich wegen der Heimlichkeit der ganzen Prozedur nicht gut handeln, obwohl in den Dokumenten von Repressalien gesprochen wird. Beteiligt oder genannt sind bei dem Schriftwechsel [...] nicht weniger als sechs Funktionäre des Auswärtigen Amtes, darunter der Verbindungsmann zum OKW, der Ministerialdirigent der Rechtsabteilung und der Leiter der famosen von Ribbentrop eingerichteten Abteilung [sic] Inland.«[10]

Obwohl gegen die SS, den SD und die Gestapo verwendet, belastete das Material Ribbentrop, Keitel und Kaltenbrunner ebenfalls schwer. Die Verteidiger seien »*tremendously shocked*« gewesen, schrieb Kempner 1947 rückblickend.[11] Den Angeklagten, besonders Ribbentrop und Kaltenbrunner, die bis jetzt strikt geleugnet hatten, in kriminelle Machenschaften verwickelt gewesen zu sein, konnte nun das Gegenteil bewiesen werden.

Am 9. August 1946 übergab Harris dem Gericht die Originaldokumente, die aus Berlin eingetroffen waren. Danach führte er aus, dass sich der Mord tatsächlich so ereignet habe, wie es aus den Dokumenten hervorging. Hierzu stützte er sich auf Beweismittel, welches die französische Anklagevertretung beschafft hatte. Harris verlas die Benachrichtigung der Witwe Mesny durch das IRK und den Bericht Buissons.[12]

Die Plädoyers der Verteidiger Ribbentrops, Keitels und Kaltenbrunners waren bereits im Juli gehalten worden, weshalb sie den Fall Mesny nicht berücksichtigt hatten. Anders war es bei der Verteidigung der Gestapo. Rudolf Merkel wies in seiner Abschlussansprache zu Recht darauf hin, dass Panzinger zum Zeitpunkt des Mesny-Mordes nicht mehr der Gestapo angehört habe. In der Hektik behauptete er versehentlich, »*eines der schändlichsten Einzelverbrechen*« sei die »*Ermordung des französischen Generals de Boisse*« gewesen.[13] Er meinte natürlich die Ermordung Mesnys. Dem hielt

---

10 Lippe, Nürnberger Tagebuchnotizen, S. 417 f.
11 Kempner, Murder by Government, S. 238.
12 Vgl. IMT, XX, S. 614 ff.

US-Ankläger Thomas G. Dodd in seinem Plädoyer entgegen, dass es keinen Beweis dafür gebe, dass Panzinger seinen Posten bei der Gestapo für »*Sonderaktionen und Ermordungen*« aufgegeben habe. Da der Mord ein politischer war, gehöre er ins Ressort der Gestapo und nicht der Kriminalpolizei.[14] Mit der Einschätzung lag Dodd falsch. Richtig lag er hingegen mit den Verbindungen, die er zwischen SS und Reichsregierung ausmachte:

> »Die Kabinettsmitglieder Ribbentrop und Neurath waren SS-Generale. […] Die volle Bedeutung dieser Verschmelzung tritt bei der gemeinen Ermordung des französischen Generals Mesny an den Tag. Dieser Mord wurde von SS-Obergruppenführer Kaltenbrunner als Leiter der Gestapo und des SD und von SS-Obergruppenführer Ribbentrop als Mitglied des Reichskabinetts geplant und geleitet. Kaltenbrunner übernahm die technische Ausführung des Mordes und Ribbentrop die Ausarbeitung des Täuschungsplanes.«[15]

Vor dem Richterspruch hatten die Angeklagten das letzte Wort. Kaltenbrunner leugnete alle Anklagepunkte.[16] Im Fall Mesny log der Ex-Chef des RSHA, er habe nur den Bericht über den Tod Brodowskis prüfen sollen. Er versuchte die Schuld auf Panzinger zu schieben, der als »*Chef der Kriegsfahndungsabteilung*« Himmler unterstanden habe, was nicht stimmte. Er, Kaltenbrunner, könne das Fernschreiben vom 30. Dezember 1944 nicht unterzeichnet haben, da er angeblich in Österreich gewesen sei.[17] Das Gericht glaubte ihm kein Wort. Am 1. Oktober 1946 verurteilte es Kaltenbrunner zum Tode. In der Begründung hieß es unter anderem, dass er an der Ermordung Mesnys teilgenommen habe.[18] Auch Ribbentrop wurde zum Tode verurteilt. In der Urteilsbegründung wurde erwähnt, dass der RAM Anweisungen erteilt habe, Einzelheiten auszuarbeiten, damit der geplante Mord an Mesny nicht durch die Schutzmacht entdeckt würde.[19] Ribbentrop bezeichnete sich, wie Kaltenbrunner, als unschuldig. Er notierte in seiner Zelle, er habe im Fall Mesny bei Hitler protestiert, die Rechtsabteilung eingeschaltet und sich »*stets unter allen Umständen für die Einhaltung der Genfer Konvention eingesetzt*«.[20] In der Nacht zum 16. Oktober 1946 wurden alle Todesurteile vollstreckt. Mit Keitel, Kaltenbrunner und Ribbentrop starben drei Befehlsgeber des Mordes.

---

13 Plädoyer Merkels vom 23.8.1946, in: ebd., XXI, S. 554.
14 Vgl. Plädoyer Dodds vom 29.8.1946, in: ebd., XXII, S. 304 f.
15 Ebd., S. 304.
16 Vgl. Black, Kaltenbrunner, S. 288 ff.
17 Vgl. Plädoyer Kaltenbrunners vom 31.8.1946, in: IMT, XXII, S. 434.
18 Vgl. Urteilsverkündung gegen Kaltenbrunner am 1.10.1946, in: ebd., S. 611.
19 Vgl. Urteilsverkündung gegen Ribbentrop am 1.10.1946, in: ebd., S. 605.
20 Ribbentrop, Zwischen London und Moskau, S. 296.

Die belastenden Dokumente waren im Verfahren gegen die Gestapo eigentlich fehl am Platz. Die Gestapo hat sich vieler Verbrechen schuldig gemacht, aber der Mesny-Mord zählt nicht dazu. Auch für die Verfahren gegen Ribbentrop, Kaltenbrunner oder Keitel waren die Dokumente zum Mesny-Mord eigentlich zu spät aufgetaucht. Deshalb ist es bemerkenswert, dass der Mord im Urteil gegen Ribbentrop und Kaltenbrunner trotzdem erwähnt wurde. Die Richter zogen so zwei der Hauptverantwortlichen explizit zur Verantwortung. Die Hintergründe der Tat waren aber nur zum Teil bekannt geworden. Man wollte gegen die obersten Reichsbehörden weitere Prozesse anstrengen, und dabei sollte der Mord an dem französischen General als eigenständiger Anklagepunkt behandelt werden.

Für die juristische Aufbereitung des Mesny-Mordes stellt das unter dem Namen OKW-Prozeß[21] bekannt gewordene Verfahren gegen führende Militärs der Wehrmacht eine Randepisode dar. In diesem 12. Nürnberger Nachfolgeprozess war u. a. auch der ehemalige AWA-Chef Reinecke ins Visier der Anklage gerückt. Reinecke wurde wegen seiner treuen Gefolgschaft zu Hitler »kleiner Keitel« genannt.[22] In der im Februar 1948 beginnenden Verhandlung legten die amerikanischen Ankläger ihm eine umfangreiche Liste an Verbrechen gegen Kriegsgefangene und Zivilisten zur Last. Ein Punkt war die Beihilfe zur Ermordung des französischen Generals Mesny.[23] Doch es war abzusehen, dass andere Vergehen wie der Massenmord an den sowjetischen Kriegsgefangenen wesentlich mehr Gewicht erlangen würden. Zudem war Reinecke nur peripher mit dem Mord befasst gewesen. Eine Anklage gegen den ehemaligen Untergebenen Westhoff wäre vermutlich aussichtsreicher gewesen.

Da aus dem militärischen Bereich keine Schriftstücke vorhanden waren, die den Anklagepunkt erhärteten, war man auf mündliche Aussagen angewiesen. Für den Zeugen Krafft oder den Angeklagten Reinecke war es ein Leichtes, in den Vernehmungen Gedächtnislücken vorzuschützen.[24] Erwartungsgemäß blieb eine Verurteilung Reineckes im Mesny-Punkt aus, obwohl die Richter den AWA-Chef für die Liquidierung von Kriegsgefangenen als schuldig ansahen.[25] In zwei Hauptanklagepunkten schuldiggesprochen, wurde er zu lebenslanger Haft verurteilt. Doch bereits 1954 kam Reinecke wieder frei.

---

21 Vgl. allgemein Wette, Wolfram, Fall 12 (gegen Wilhelm Ritter von Leeb und andere), in: Ueberschär, Gerd R. (Hg.), Der Nationalsozialismus vor Gericht. Die alliierten Prozesse gegen Kriegsverbrecher und Soldaten 1943–1952, Frankfurt/Main 1999, S. 199-212.
22 Vgl. Streit, Christian, General der Infanterie Hermann Reinecke, in: Ueberschär, Gerd R. (Hg.), Hitlers militärischer Elite. Bd. 1. Von den Anfängen des Regimes bis Kriegsbeginn, Darmstadt 1998, S. 203-209, hier, S. 205 f.
23 Vgl. Anklageschrift gegen v. Leeb u. a., S. 35, in: StA Nürnberg.
24 Vgl. Vernehmung Kraffts vor dem Militärgerichtshof V am 8.4.1948, S. 1649 f. u. Vernehmung Reineckes vor dem Militärgerichtshof V am 8.7.1948, S. 7220, in: ebd.
25 Vgl. Fall 12. Das Urteil gegen das Oberkommando der Wehrmacht gefällt am 28. Oktober 1948 in Nürnberg vom Militärgerichtshof V der Vereinigten Staaten von Amerika, Berlin (Ost) 1960, S. 237 ff., 250 u. Streit, General Reinecke, S. 204 f.

2 Die Fälle Wagner und von Thadden als Konkursmasse Nürnbergs

Auf der Grundlage des Kontrollratsgesetzes Nr. 10 bereiteten die Amerikaner seit Mai 1946 die Nürnberger Nachfolgeprozesse vor.[26] Kempner übernahm die Abteilung »Politische Ministerien«.[27] Als stellvertretender Hauptankläger unter Telford Taylor interessierte er sich schon lange für den Fall Mesny und arbeitete noch während des IMT mit Hochdruck an der Aufklärung. Kurz nach dem Aktenfund hatte er eine Liste mit allen beteiligten Personen zusammengestellt und verlangte, diese in den Internierungslagern ausfindig zu machen und nicht zu entlassen.[28] Thadden und Ritter hielten sich im Internierungslager Nürnberg-Langwasser auf, und ohne darauf zu warten, dass sie in den Zeugenflügel des Justizgebäudes gebracht wurden, verhörte der umtriebige Kempner sie am 19. August gleich dort. Einen Tag später hatte er auch eine eidesstattliche Erklärung von Paul Otto Schmidt. Wagner wurde nach einer Odyssee durch alliierte Lager am 28. August 1946 nach Nürnberg gebracht und ebenfalls von Kempner vernommen. Innerhalb von einer Woche waren die Aussagen der wichtigsten Beteiligten aus dem AA gesammelt.

Einige Monate später veröffentlichte Kempner einen großen Zeitungsartikel in der in New York erscheinenden deutschsprachigen *N. Y. Staats-Zeitung und Herold*, in dem er den Inhalt der Dokumente wiedergab und herausstrich, dass seine Abteilung den Fall aufgeklärt habe. Diese Feststellung war allerdings verfrüht. So ging Kempner davon aus, ein Pressebericht über den Widerstand der französischen Bevölkerung sei das Initial für den Mordbefehl gewesen, mit dem Hitler die Auflehnung brechen wollte. In überzeichneter Weise gab er einen Vorgeschmack auf den Prozess:

> »Die an dem Mord beteiligten Diplomaten und Juristen des Auswärtigen Amtes, die wegen dieses Falles noch ihre Mordanklage zu erwarten haben, versuchten gleichfalls in ihrer Todesangst jegliche Beteiligung abzustreiten und brachen erst zusammen, als ich ihnen die von ihnen selbst unterzeichneten Mordbefehle und Memoranden vorlegte.«[29]

Kempners Worte lassen sein Selbstverständnis als schonungsloser Ankläger durchblicken. In seinem ausgeprägten Gerechtigkeitssinn bezeichnete er das AA als »*Mörderbande*« und »*Verbrecherhöhle*«.[30] Bei allem moralischen Engagement sollte er jedoch ein historisch ungenauer Chronist des Falls Mesny bleiben.

---

26 Vgl. allgemein Taylor, Nürnberger Prozesse, S. 44 ff. Kontrollratsgesetz Nr. 10 abgedruckt in Ueberschär, Gerd R. (Hg.), Der Nationalsozialismus vor Gericht. Die alliierten Prozesse gegen Kriegsverbrecher und Soldaten 1943–1952, Frankfurt/Main 1999, S. 295 ff.
27 Vgl. Kempner, Ankläger einer Epoche, S. 278 f.
28 Vgl. Schreiben Kempners vom 21.8.1946, in: BA Koblenz, NL Kempner, Bd. 1107.
29 Kempner, Ermordung französischen Generals enthüllt.
30 Kempner, Ankläger, S. 316 bzw. 325.

Folgt man den Memoiren Kempners, so hatte er sich zuvor kaum mit dem AA beschäftigt. Erst im März 1947, als seine Mitarbeiter das »Wannsee-Protokoll« fanden, begann er sich näher mit dem Amt auseinanderzusetzen.[31] Zwei Tage vor Silvester 1947 fand ein Treffen statt, an dem unter anderem Benjamin B. Ferencz teilnahm, der Chefankläger im Einsatzgruppen-Prozess. Bei dieser Unterredung wurde über die Zukunft verschiedener deutscher Häftlinge und Zeugen diskutiert. So war vorgesehen, Meurer weiterhin als Zeugen in Haft zu halten und später den Franzosen zu übergeben. Wagner sollte, wie der erste Judenreferent des AA, Emil Schumburg, in einen kommenden »*final solution case*« einbezogen werden.[32]

Der erst kurz vorher aus dem Zeugengefängnis entlassene Paul Otto Schmidt wurde von den Amerikanern erneut festgesetzt. Schmidt will erst von einem deutschen Angestellten über die Umstände aufgeklärt worden sein: »*Am deutschen Rundfunk wurde gestern abend mitgeteilt, Sie hätten einen französischen General ermordet.*«[33] Kempner ließ ihn jedoch kurze Zeit später wieder gehen, da er keine tragende Rolle gespielt hatte. Außerhalb Kempners Reichweite blieb auch Rudolf Bobrik, der mittlerweile in Heidelberg wohnte. Die amerikanischen Behörden wollten ihn nicht selbst verhaften und gaben seinen Aufenthaltsort an die französische Delegation weiter, damit die Franzosen seiner im Bedarfsfall habhaft werden konnten.[34] Aber die Franzosen schienen wenig Interesse zu zeigen, und Bobrik blieb auf freiem Fuß.

Währenddessen arbeitete Kempner eine Anklage ausschließlich gegen Angehörige des AA aus. In einer Arbeitskopie sind als Angeschuldigte Ernst von Weizsäcker, Baron Steengracht, Wilhelm Keppler, Ernst Wilhelm Bohle, Ernst Woermann, Andor Hencke, Karl Ritter, Edmund Veesenmayer, Paul K. Schmidt, Otto von Erdmannsdorff, Erich Albrecht, Rudolf Schleier, Horst Wagner, Eberhard von Thadden, Franz Rademacher und Rudolf Bobrik genannt.[35] Die Ermordung Mesnys war ein Anklagepunkt gegen Wagner, Thadden und Bobrik. Darüber hinaus wollte man Wagner und Thadden wegen des Völkermordes den Prozess machen.[36]

Kempner bekam aber Weisung, zusätzlich noch Personen aus anderen Ministerien in die Anklage aufzunehmen. So landeten schließlich folgende Namen auf der Anklageliste: Ex-Staatssekretär Weizsäcker, die Minister Hans-Heinrich Lammers, Richard

---

31 Vgl. ebd., S. 310 ff.
32 Memorandum vom 30.12.1947, in: BA Koblenz, OMGUS, Z 45 F 7/70-3/14.
33 Schmidt, Paul O., Der Statist auf der Galerie 1945–1950. Erlebnisse, Kommentare, Vergleiche, Bonn 1951, S. 143. Schmidt will aber keine genaue Kenntnis gehabt haben, da alle Dokumente geheim gehalten worden seien.
34 Vgl. Schreiben SP-DIVISION an French Delegation vom 4.2.1948, in: BA Koblenz, OMGUS, Z 45 F 7/10-2/7.
35 Vgl. Arbeitskopie der Anklageschrift im »Wilhelmstraßenprozeß«, o. D., in: HStA Düsseldorf, Ger.Rep. 192/72. Vgl. auch Schreiben Kempners an Behm vom 28.8.1959, in: BA Koblenz, NL Kempner, Bd. 1107.
36 Vgl. Arbeitskopie der Anklageschrift im »Wilhelmstraßenprozeß«, o. D., in: HStA Düsseldorf, Ger.Rep. 192/72.

2 Die Fälle Wagner und von Thadden als Konkursmasse Nürnbergs

Walter Darré, Otto Leberecht Meissner und Lutz Graf Schwerin von Krosigk. Zusätzlich rückten noch Vertreter aus Bankwesen, Industrie und Vier-Jahres-Plan auf die Anklagebank: Paul Körner, Paul Pleiger, Hans Kehrl, Emil Puhl und Karl Rasche sowie die Staatssekretäre Wilhelm Stuckart und Otto Dietrich und zuletzt Gottlob Berger und Walter Schellenberg. Kempner schrieb über diese Angeklagten: »*Moralisch standen sie, mit Ausnahmen [...] unter den SS-Verbrechern, die Mord und Raub schon in ihrer Jugend gelernt hatten. Die ›feinen‹ Herren waren teilweise besonders verlogen*«.[37]

Die Diplomaten machten die größte Gruppe aus. Acht der einundzwanzig Angeklagten waren leitende Beamte des AA gewesen. Zwei Jahre nach Ende des Krieges waren jedoch die finanziellen Mittel für Kriegsverbrecherprozesse geschrumpft, und einige amerikanische Abgeordnete hatten »*für solche Unternehmen aus politischen und sonst welchen Gründen kein großes Interesse*«.[38] Deswegen fielen auf Kempners Anklageliste einige weniger bedeutende Beschuldigte weg. Hencke, Paul K. Schmidt, Albrecht, Schleier, Wagner, Rademacher, Thadden und Bobrik entkamen so der Anklage und sollten nur als Zeugen vernommen werden. – Schließlich saßen als Vertreter des Auswärtigen Dienstes neben Weizsäcker im einzelnen Bohle, Erdmannsdorff, Keppler, Ritter, Steengracht, Veesenmayer und Woermann auf der Anklagebank. Sie waren angeklagt, der Judenvernichtung Vorschub geleistet zu haben.[39] Daneben sahen Berger, Ritter und Steengracht auch einer Anklage wegen des Mordes an Mesny entgegen. Der französische Vertreter Charles Gerthoffer unterstützte Kempner dabei.

Am 15. November 1947 reichte die Anklagevertretung ihre Schrift ein. Das Verfahren »Vereinigte Staaten von Amerika gegen Ernst von Weizsäcker und andere« wurde daraufhin am 6. Januar 1948 eröffnet. Es sollte von allen Nürnberger Prozessen der umfangreichste und längste werden. Er dauerte siebzehn Monate und das Verhandlungsprotokoll umfasst fast 29.000 Seiten, wozu über 9.000 Dokumente Beweismaterial kamen. Auch war die Zahl der Zeugen die höchste. Zu ihnen gehörten Wagner und Thadden.

Wagner befand sich immer noch im automatischen Arrest. Während des IMT wurde er im Sommer 1946 wegen des Mesny-Mordes ins Justizgefängnis nach Nürnberg gebracht, wo er zunächst im Angeklagtenflügel einsaß. Seine erste Aussage in Haft vom 28. August 1946 schildert jene Vorgänge von November 1944 bis Januar 1945. Das Affidavit ist allerdings aufgrund des apologetischen Vorsatzes Wagners ohne Wert. Wagner wälzte die Schuld auf Himmler, Hitler und Ribbentrop ab und spielte seine ei-

---

37 Kempner, Robert M. W., »Die feinen Herren waren besonders verlogen«. Erinnerungen an die Nürnberger Prozesse, 40 Jahre danach, in: Blätter für deutsche und internationale Politik 30 (9/1985), S. 1387-1391, hier S. 1389.
38 Kempner, Ankläger, S. 334. Vgl. ebenso Schreiben Kempners vom 9.2.1973, in: BA Koblenz, NL Kempner, Bd. 579.
39 Vgl. Singer, German Diplomats, S. 150 ff. In diesem Punkt wurden Weizsäcker, Steengracht, Veesenmayer und Woermann schuldiggesprochen.

gene Rolle herunter.[40] Diese Taktik sollte er bis zu seinem Tode beibehalten. Wagner blieb bis Ende 1947 im Gerichtsgefängnis, lange Zeit sogar in Einzelhaft, und wurde einem Vernehmungsmarathon unterzogen. Nicht nur der Fall Mesny wurde zum Thema gemacht, sondern auch Wagners Vita, seine Stellung im AA und besonders die Zuständigkeiten der Gruppe Inland II in Judenangelegenheiten. Wagners Verhalten blieb stets dasselbe. Schon in den ersten Befragungen charakterisierte er sich selbst als Postbote, der nur Mitteilungen überbracht habe. Von den eigentlichen Vorgängen habe er kaum etwas mitbekommen, da er oft nicht in Berlin gewesen sei, da er sich angeblich um das Gestüt im Rheinland zu kümmern hatte.[41] Er stellte Inland II als technische Verbindungsstelle zur SS und sich persönlich als untergeordneten Beamten dar.[42] Die unglaubwürdige Darstellung konnte Kempner und seine Mitarbeiter nicht täuschen. Sie stellten im Verhör ironisch fest: »*So wie Sie [Wagner] es erklären, ist es, als wenn Sie Briefbote gespielt haben.*«[43] und hakten nach: »*Dann erklären Sie mir mal, was Sie außer Hin- und Hergeben von Schriften noch gemacht haben, dazu brauchen wir keinen Standartenführer, nicht wahr?*«[44] Durch immer neue Aktenfunde wussten sie über Wagners Position sehr gut Bescheid; einen Vorteil, den sie nicht nur gegenüber Wagner ausspielen konnten. Einmal ließ Kempner den ehemaligen Gruppenleiter zu sich kommen, um ihn über die Befugnisse von Inland II bei der »Endlösung« zu befragen. Als Wagner wieder entgegnete, man habe »*überhaupt keine selbständigen Möglichkeiten gehabt*«[45], hielt Kempner ihm ein Schreiben vor, welches das Gegenteil besagte. Der wütende Kempner schickte ihn mit den Worten »*Das ist wieder ein anderes Mal, wo sie die Unwahrheit gesagt haben unter Eid*« in die Zelle zurück.[46]

Nicht nur durch die Einzelhaft, sondern auch in den Verhören versuchte man, Wagner unter Druck zu setzen. Der Vernehmungsbeamte teilte ihm mit, dass niemand der anderen Inhaftierten ihn mit Aussagen schützen würde, dass man ihn vielmehr »*abzuschieben*« versuchte.[47] Kempner wollte Wagner im Prozess für die Anklage ins Rennen schicken, denn seine Rolle im Mesny-Fall prädestinierte ihn als erstklassigen Belastungszeugen. Wagner zeigte sich kooperativ und erhielt Haftvergünstigungen.. Fortan konnte er sich relativ frei im Gebäude bewegen und er gab an, Kempner habe ihn mehrmals auf Ehrenwort auf Freigang entlassen. Dies erscheint glaubwürdig.[48]

Inwieweit der auf ihn ausgeübte Druck, die Aussicht auf Hafterleichterungen und die Hoffnung auf einen Schulderlass ineinandergriffen, lässt sich schwerlich feststel-

---

40 Vgl. Affidavit Wagners vom 28.8.1946 (PS-4078), in: BA Koblenz, NL Kempner, Bd. 1107.
41 Vgl. Vernehmung Wagners vom 31.12.1946, in: IfZ München, ZS 1574 Horst Wagner.
42 Vgl. ebd.
43 Vernehmung Wagners vom 15.4.1947, in: ebd.
44 Vernehmung Wagners vom 31.12.1946, in: ebd.
45 Vernehmung Wagners vom 28.5.1947, in: BA Koblenz, NL Kempner, Bd. 1107.
46 Ebd.
47 Vernehmung Wagners vom 15.4.1947, in: IfZ München, ZS 1574 Horst Wagner.
48 Vgl. Heidenreich, Sieben Jahre Ewigkeit; ferner Döscher, SS und Auswärtiges Amt, S. 303.

len. Aus ähnlichen Motiven dürfte sich aber auch Thadden als Zeuge der Anklage zur Verfügung gestellt haben. Ihm sei angeblich gedroht worden, ihn an die Franzosen auszuliefern.[49]

Am 3. März 1948 trat Wagner in den Zeugenstand. Im November 1947 hatte Wagner ein Affidavit zum Mesny-Fall abgegeben, welches dazu dienen sollte, Ritter zu belasten. Doch die Anklage hatte mit Wagner keine gute Wahl getroffen. Der Ex-Gruppenleiter, viel zu ängstlich, sich selbst zu belasten, konnte dem geschickt fragenden Verteidiger Erich Schmidt-Leichner im Kreuzverhör nichts entgegensetzen. Zum wiederholten Male versuchte Wagner glauben zu machen, er habe seine Verbindungsführerschaft zur SS nur im Sinne eines Ordonanzoffiziers erfüllt.[50] Er legte im Gegensatz zur Zeit vor 1945 Wert darauf, keine Abteilung geführt zu haben, sondern nur eine Zusammenfassung von Referaten.[51] Interessant ist die Aussage, er sei so unbedeutend gewesen, dass er nicht einmal die Möglichkeit gehabt habe, Berufskollegen vor dem Regime zu retten.[52] Insgesamt wirkte Wagner labil. Unsicher lavierte er mit ungenauen Aussagen um die Fragen des Verteidigers herum. Immer wieder leitete er Antworten mit Sätzen ein wie »*Da kann ich nur antworten, teils, teils*«[53], »*Es kommt immer auf die Situation an*«[54] oder »*Ich will nur erklären, daß ich nicht so präzise antworten kann [...]*«.[55] Seine Glaubwürdigkeit war zweifelhaft, und er schien schlecht vorbereitet zu sein. Dies kann aber auch an einer mangelnden Unterstützung seitens der Anklage gelegen haben. So konnte er Daten nur anhand von Dokumenten wiedergeben, und als ihm das Dokumentenbuch gereicht wurde, versuchte er, durch rasches Überfliegen der Texte soviel Informationen aufzunehmen, wie in der Kürze möglich war.[56] Dies untergrub seine Glaubwürdigkeit erneut. Schließlich musste er sogar Angaben seines Affidavits zurücknehmen und revidieren.[57]

Schmidt-Leichner zielte darauf ab, seinen Mandanten Ritter als jemanden darzustellen, der lediglich eine Übermittlerfunktion gehabt habe. Zu diesem Zweck musste er den Satz Ritters im Schreiben vom 16. November 1944 entkräften: »*Außerdem hat der Herr RAM mir gesagt, ich solle darauf achten, daß der Auftrag richtig ausgeführt wird.*«[58] Es gelang dem Verteidiger, von Wagner die Aussage zu erhalten, mit »*Auftrag*« sei gemeint gewesen, Ritter habe nur darauf achten sollen, dass der Befehl von

---

49 Vgl. Vernehmung Thaddens vor dem Militärgerichtshof IV am 3.3.1948, S. 2763, in: StA Nürnberg.
50 Vgl. Vernehmung Wagners vor dem Militärgerichtshof Nr. IV am 3.3.1948, S. 2695 f., in: ebd.
51 Vgl. ebd.
52 Ebd., S. 2698.
53 Ebd., S. 2697.
54 Ebd., S. 2698.
55 Ebd., S. 2699.
56 Vgl. ebd., S. 2712.
57 Vgl. ebd., S. 2718 ff. u. S. 2742.
58 Schreiben Ritters vom 16.11.1944 an Wagner, in: PA AA, Inland IIg, Bd. 372.

ihm richtig an Wagner übermittelt werde.⁵⁹ Wie oben beschrieben, ist aufgrund der Einbeziehung Ritters in den Fall Mesny bis Mitte Dezember 1944 aber klar, dass nicht bloß eine korrekte Befehlsübergabe gemeint war, sondern die Überwachung der Ausführung des Mordauftrages. Wagners Aussage bedeutete somit ein Fiasko für die Anklage.

Am Nachmittag desselben Tages wurde Thadden in den Zeugenstand gerufen. Als Zeuge der Anklage wurde er zunächst von Verteidiger Schmidt-Leichner in die Mangel genommen. Um Ritter zu entlasten, versuchte Schmidt-Leichner, Wagner als den eigentlich Verantwortlichen darzustellen. Anschließend wollte Verteidiger Carl Haensel den Eindruck untermauern, sein Mandant Steengracht habe sich gegen den Mord ausgesprochen. Thadden machte einen gefassten Eindruck und antwortete präzise. Soweit es heute zu beurteilen ist, waren seine Äußerungen wahrheitsgetreu und sachlich.⁶⁰ Aber als untergeordneter Beteiligter kam seiner Aussage weniger Bedeutung zu als der Wagners.

In der Mesny-Sache fanden weitere Vernehmungen vor Gericht statt. Meurer hatte bereits zuvor ausgesagt, und einen Tag nach Wagner und Thadden tat dies auch Albrecht. Bobrik, der inzwischen entnazifiziert und ins Zivilleben zurückgekehrt war, ging als Zeuge für die Verteidigung ins Kreuzverhör. Berger, Steengracht und Ritter sagten in eigener Sache aus. Ritter machte sich zuerst daran, die Glaubwürdigkeit seines Belastungszeugens weiter zu unterminieren. Wagner sei ein *agent provocateur* der SS gewesen und habe versucht, ihn zu kompromittieren. Dessen Affidavit sei vollkommen falsch.⁶¹ Noch Jahre später empörte sich Ritter über Wagner und mutmaßte, dessen Flucht aus der Nürnberger Haft sei mithilfe der amerikanischen Anklagevertretung als Lohn bewerkstelligt worden.⁶² Ritter baute seine Verteidigung darauf auf, den Befehl Ribbentrops lediglich an Wagner übermittelt zu haben. Er sei entrüstet gewesen, dass Wagner und Thadden ihn weiterhin informierten. Bei Ribbentrop habe er versucht, zu protestieren, aber der RAM habe ihn nicht empfangen. Am nächsten Tag habe ihm Steengracht mitgeteilt, Ribbentrop werde für die Aufhebung der Repressalie sorgen. Dass er habe protestieren wollen, sei ihm allerdings erst wieder in den Sinn gekommen, als er mit Steengracht in der Haft gesprochen habe.⁶³ Für Ritters »Protestwillen« gibt es außer seiner Aussage keine anderen schriftlichen oder mündlichen Belege.

Angeklagter Berger führte seine Aussprache bei Himmler an, in der er versucht habe, den Reichsführer von der Gegenmaßnahme abzubringen, was jener dann in ei-

---

59 Vgl. Vernehmung Wagners vor dem Militärgerichtshof Nr. IV am 3.3.1948, S. 2717, in: StA Nürnberg.
60 Vgl. allgemein Vernehmung Thaddens vom 3.3.1948, in: ebd.
61 Vgl. Vernehmung Ritters vor dem Militärgerichtshof Nr. IV am 14.7.1948, S. 12077 ff., in: ebd.
62 Vgl. Aussage Ritters vom 13.11.1959, in: HStA Düsseldorf, Ger.Rep. 237/11.
63 Vgl. Vernehmung Ritters vor dem Militärgerichtshof Nr. IV am 14.7.1948, S. 12089 f., in: StA Nürnberg.

nem Weihnachtsbrief 1944 zugesichert habe. Meurer habe die entsprechenden Befehle ohne sein Wissen gegeben und die Namensänderung des Opfers eigenständig vorgenommen.[64]

Im April 1949 wurde das Urteil gesprochen. Ritter und Steengracht wurden vom Vorwurf, an der Ermordung beteiligt gewesen zu sein, freigesprochen. Das Gericht sah es als erwiesen an, dass Ritter nur der Überbringer des Befehls gewesen sei, und billigte ihm zu, dass er protestieren wollte. Steengracht sei mit der Sache nur peripher befasst gewesen, und die Richter hielten seinen Protest für glaubhaft.[65] Wegen anderer Vergehen wurden Ritter und Steengracht jedoch zu vier bzw. sieben Jahren Haft verurteilt. Bei einer Revision im Dezember wurde Steengrachts Strafe auf fünf Jahre verkürzt.[66] Ritters Haft war durch die Zeit in alliiertem Gewahrsam abgegolten.

Berger jedoch wurde der Beteiligung am Mesny-Mord für schuldig befunden. Hierbei fiel nach Ansicht der Richter besonders ins Gewicht, dass seine Dienststelle maßgeblich für Planung und Ausführung verantwortlich war. Bergers Version, er habe bei Himmler intervenieren wollen, hinderte die Richter nicht daran, festzuhalten, er habe die Begehung des Verbrechens gestattet und auch daran teilgenommen.[67] In einer abweichenden Stellungnahme bemerkte Richter Leon W. Powers jedoch, er halte Berger in diesem Punkt für unschuldig. Der ehemalige SS-Obergruppenführer habe nichts getan, um die Tat zu fördern und alles in seiner Macht Stehende versucht, um den Mord zu verhindern und sich dabei selbst in Gefahr gebracht.[68] Am Schuldspruch änderte diese einzelne Stellungnahme nichts. Insgesamt wurde Berger zu fünfundzwanzig Jahren Haft verurteilt. Im »*Gnadenfieber zu Anfang der fünfziger Jahre*«[69] wurde das Strafmaß 1951 auf zehn Jahre gesenkt. Ein so genanntes Clemency-Board-Verfahren sprach Berger von seiner Beteiligung am Mesny-Mord frei.[70] Der amerikanische Hochkommissar John J. McCloy sah »*gewichtige Beweisgründe*« dafür, dass Berger versucht habe, zu protestieren und den Mord zu verhindern.[71] Nach der Herabsetzung des Strafmaßes im Januar 1951 wurde Berger im Dezember des Jahres entlassen. Er saß nur zweieinhalb Jahre ab.

Schon Mitte 1948 war ein Ende der Prozesse unter alliierter Hoheit absehbar. Durch den heraufziehenden Kalten Krieg und die bevorstehende Gründung der Bundesrepublik schien es nicht opportun, weitere Verfahren gegen Deutsche unter alliier-

---

64 Vgl. Vernehmung Bergers vor dem Militärgerichtshof Nr. IV am 25.5.1948, S. 6374 f., in: ebd.
65 Vgl. Urteil im »Wilhelmstraßen-Prozeß«, S. 71.
66 Vgl. ebd., S. XXV.
67 Vgl. ebd., S. 67 ff.
68 Vgl. ebd., S. 299 f.
69 Kempner, Geschichte des Falls Mesny, S. 126.
70 Vgl. allgemein Schwartz, Thomas Alan, Die Begnadigung deutscher Kriegsverbrecher. John J. McCloy und die Häftlinge von Landsberg, in: VfZ 38 (1990), S. 375-414.
71 Landsberg. Ein dokumentarischer Bericht. Hg. von der Information Services Division Office of the US High Commissioner for Germany, München [1951], S. 17.

ter Regie abzuhalten.⁷² Die Amerikaner gründeten daher im »Office of Chief of Counsel For War Crimes« (OCCWC) eine Überleitungsabteilung, die »Special Projects Division«, mit der die Amerikaner mit deutscher Hilfe noch ausstehende Verfahren in deutsche Zuständigkeiten überleiten wollten. Dabei hatten die Amerikaner auch ein Augenmerk auf Wagner, den sie als zukünftigen Angeklagten in der höchsten Gruppe A kategorisierten.⁷³

Bis dahin war vom AA nur Joachim von Ribbentrop für den Mesny-Mord zur Rechenschaft gezogen worden. Im Nürnberger Prozess Nr. 11 wurde die Ebene der Staatssekretäre und Botschafter angeklagt. Er endete aber diesbezüglich mit Freisprüchen. OCCWC und SP-DIVISION planten nun, die nächste ministerielle Ebene vor Gericht zu stellen. Hermann Lang, Assistent des Direktors der DIVISION, fasste im März 1948 eine lange Liste mit Überleitungsverfahren zusammen. Auf dieser Liste wurden die beiden Tatbestände – Mesny und »Endlösung« – berücksichtigt. Es sollten durch deutsche Gerichte zwei Prozesse geführt werden: einer gegen Wagner, Thadden und Bobrik wegen der Beihilfe zum Mord an Mesny. Dazu vermerkte Lang zwar, dass die Anzuklagenden nur wenig in die Sache verwickelt seien, aber die Behörden glaubten dennoch, sie verurteilen zu können. Ein zweiter Prozess sollte gegen Rademacher, Albrecht, Schumburg, Thadden und Wagner wegen ihrer Beteiligung an der Judenvernichtung geführt werden. Es schien aber zweifelhaft, ob es zu einer Verurteilung kommen würde. Die Unterstützung der Deportationen sei nach deutschem Strafrecht, so befand Lang, nicht illegal gewesen.⁷⁴ Die Zusammensetzung der Liste der Anzuklagenden änderte sich in den kommenden Monaten. OCCWC und SP-DIVISION bereiteten schließlich einen Prozess gegen das Personal der Abteilung D und Inland II vor, mit Ausnahme Schumburgs und Albrechts. Da Luther 1945 in russischer Haft gestorben war, fungierte sein Stellvertreter Rademacher als Hauptbeschuldigter. Daneben wurde gegen Klingenfuß, Wagner und Thadden ermittelt. Man könnte dieses Verfahren daher geradezu als »Judenreferenten-Prozeß« apostrophieren.

Um Weihnachten 1947 wurde Wagner in das Internierungslager Nürnberg-Langwasser verlegt. Hier und im Nürnberger Gerichtsgefängnis wurden Zeugen oder Angeschuldigte einquartiert. Thadden und Ritter hatten dort schon Monate zugebracht.⁷⁵ In Langwasser wurden auch Personen festgehalten, die später der deutschen Justiz übergeben werden sollten. Es wurde verfügt, dass Wagner nicht ohne Erlaubnis der deutschen Verfolgungsbehörden entlassen werde dürfe. Er solle in Langwasser festgehalten werden, während die Behörden ein Anklagedossier zusammenstellen.⁷⁶

---

72 Vgl. u. a. Bower, Tom, Blind eye to Murder. Britain, America and the Purging of Nazi Germany – A Pledge betrayed, London 1981.
73 Vgl. Schreiben Kempners an Behm vom 28.8.1959 und 6.9.1959, beide in: BA Koblenz, NL Kempner, Bd. 1107.
74 Vgl. Memorandum Langs vom 12.3.1948, in: BA Koblenz, OMGUS, Z 45 F 7/70-3/14.
75 Vgl. Kroll, Lebenserinnerungen, S. 162.
76 Vgl. Memorandum Langs vom 31.12.1947, in: BA Koblenz, OMGUS, Z 45 F 7/70-2/25.

2 Die Fälle Wagner und von Thadden als Konkursmasse Nürnbergs

Ein im Juli 1948 vorgelegter Bericht der Special Projects Division fasst die Ermittlungen gegen die Diplomaten Rademacher, Klingenfuß, Wagner und Thadden wegen der Deportation von Juden aus Europa zusammen. Der Verfasser, Staatsanwalt Heinke, urteilte dazu, Inland II habe die Linien der Judenpolitik Luthers und der Abteilung D konsequent fortgeführt. Im Falle der Deportationen aus der Slowakei, Kroatien, Bulgarien, Ungarn, Rumänien und den Niederlanden stellte er fest, dass sich Wagner und Thadden strafbar gemacht hätten. Sie hätten die SS-Maßnahmen vollauf gebilligt. Heinke widerlegte Wagners Taktik, Inland II sei letztlich nur eine Sekretariatsstelle gewesen, und das AA hätten keine Kompetenzen auf dem Gebiet gehabt. Er wies dabei auf entsprechende Dokumente und Vernehmungen hin und kam zu dem Schluss, Wagner habe vom tödlichen Schicksal der Deportierten gewusst. Der Staatsanwalt verwarf die Schutzbehauptung der Beschuldigten, ihnen habe das Konzentrationslager gedroht, falls sie den Weisungen nicht nachgekommen wären. Ihre Intentionen seien vielmehr in ihren beruflichen Ambitionen zu suchen: »*Nicht Angst und Furcht, sondern ein brennender Ehrgeiz und der Wunsch, als politisch zuverlässige und geeignete Beamte angesehen und als solche gefördert und befördert zu werden, war die Triebfeder ihres Handelns.*«[77] Rademacher und Wagner wurden als Mittäter eingestuft, Klingenfuß und Thadden als Gehilfen.

---

77 »Schluß-Bericht über die Judendeportierung aus Europa mit Hilfe des Auswärtigen Amtes – Ermittlungsverfahren gegen Rademacher und andere wegen Mordes, Menschenraub und Freiheitsberaubung« (Überleitungsabteilung) vom 26.7.1948, in: HStA Düsseldorf, Ger.Rep. 192/220.

II Flucht und Etablierung – Wege in die Nachkriegsgesellschaft

Am 21. Juli 1948 erfuhr Wagner von dem bevorstehenden Verfahren.[1] Zunächst wollte er sich dem Prozess stellen und engagierte den Rechtsanwalt Rudolf Aschenauer, der als Verteidiger von SS- und Wehrmachtsangehörigen, darunter Otto Ohlendorf, über einschlägige Erfahrung verfügte. Wagner war überzeugt: »*Er ist für meinen Fall der beste, sehr politisch interessiert, Verbindungen u. s. w.*«[2] Aber die Bezahlung wurde zu einem Problem, und Wagner schätzte allein die Kosten und Spesen auf 2.500 RM. Eine solche Summe konnte er im Augenblick nicht aufbringen. Zudem ängstigte ihn das kommende Verfahren, sodass er sich zur Flucht entschloss.

In Nürnberg trennten sich die Wege von Wagner und Thadden. Während Letzterer gewillt war, den kommenden Prozess zu überstehen, wollte sich Wagner nach Italien absetzen. Am 1. September 1948 erging vom Amtsgericht Nürnberg Haftbefehl. Doch der ehemalige Gruppenleiter war kurz zuvor, wahrscheinlich am 25. August nachts, aus dem schwach bewachten Lager entkommen. Für den pflichtbewussten, obrigkeitstreuen Beamten und Familienvater Thadden stellte sich die Frage der Flucht vermutlich gar nicht. Dagegen war Wagner in erster Linie an sich selbst interessiert und ließ Frau und zwei Töchter in Deutschland zurück.

1 »Aus den Nürnberger Klauen« – Wagners Flucht 1948 nach Italien und Südamerika

> »Er hatte zur Endlösung beigetragen. Er hatte einen Führerbefehl erfüllt. Das war gut. Und nun mußte er sich verstecken.«
> Wolfgang Koeppen, »Der Tod in Rom«

In den Nürnberger Zeugengefängnissen waren etliche führende und subalterne Funktionäre des »Dritten Reiches« zusammen interniert. Im Klima der fortwährenden Prozesse und in der gemeinsamen Abwehrhaltung gegenüber der alliierten Strafverfolgung festigten sich unter ihnen alte Kontakte und bildeten sich neue Allianzen. Auch Wagner beteiligte sich an solchen Netzwerken. So knüpfte er beispielsweise Verbindung zum mitinternierten, ehemaligen SS-Sturmbannführer Luitpold Schallermeyer, der zeitweise im Stab Himmlers tätig gewesen war. Vielleicht kannte Wagner ihn schon aus der Zeit vor 1945, aber spätestens in der Nürnberger Haft intensivierte

---

1 Vgl. Heidenreich, Sieben Jahre Ewigkeit, S. 314.
2 Ebd., S. 333.

sich die Beziehung. Schallermeyer und dessen Gewährsleute waren für Wagner eine wichtige Verbindung zur Außenwelt.³ Von gleichfalls hoher Bedeutung war eine Liebschaft, die Wagner 1947 mit einer Frau begann, welche im Zuge des Prozesses gegen das SS-Rasse- und Siedlungshauptamt in Zeugenhaft war. Die Geliebte leistete nach ihrer Freilassung wichtige Kurierdienste, verwaltete Gelder und hielt Kontakt zu Gruppen ehemaliger Diplomaten, zu denen unter anderem Sonnleithner, Altenburg und Hans Limpert zählten, der ehemalige Chefadjutant des RAM. Sehr wahrscheinlich gehörte auch der ehemalige Legationssekretär Kutscher dazu, der 1944 an der Krummhübler Tagung teilgenommen hatte.⁴

Wagner konnte sich so bei der Flucht auf ein hilfsbereites Netz von Anlaufstellen und Kontaktpersonen stützen, auch wenn es dazu nur wenige Details gibt. Seine Angaben zum Verlauf der Flucht lassen sich nur fragmentarisch verifizieren, sodass sie größtenteils unkommentiert bleiben müssen. Von Nürnberg machte sich Wagner über Bad Tölz auf den Weg nach Süden.⁵ Er kampierte in Scheunen und Ställen und folgte dabei dem später unter dem Namen »Rattenlinie« bekannt gewordenen Fluchtweg vieler ehemaliger Nazis und SS-Männer über Österreich nach Italien.⁶ Dieselbe Route wählten unter anderem der ehemalige KL-Kommandant von Treblinka, Franz Stangl⁷ sowie Adolf Eichmann und der Arzt von Auschwitz, Josef Mengele. In der Nähe von Salzburg überschritt Wagner heimlich die Grenze nach Österreich und kam in der Stadt bei Bekannten unter. Sie gaben ihm Geld für eine Fahrkarte nach Innsbruck, von wo aus Wagner nach Italien reiste. In Mailand traf er deutsche Freunde, die ihm zu einer weiteren Zugfahrt nach Rom verhalfen.⁸

Die italienische Hauptstadt war Dreh- und Angelpunkt vieler europäischer Flüchtlingsströme.⁹ Von hier aus bestand eine günstige Möglichkeit, nach Südamerika zu gelangen. In der Ewigen Stadt, so behauptete Wagner, habe er als Filmkomparse und Fremdenführer gearbeitet. Zudem wandte er sich an den Vatikan, um Hilfe zu erhalten, weshalb er sich vorsorglich als Katholik ausgab. Um unterzutauchen, benötigte Wagner neue Papiere: »*Mit vieler Mühe und unter Mithilfe eines Herrn aus dem Vatikan gelang es mir schließlich auch, einen Paß des Internationalen Roten Kreuzes auf den Namen ›Peter Ludwig‹ zu erhalten, der zwar nicht in Italien gültig war, aber eine Ausreise nach Südamerika ermöglichte.*«¹⁰ Wer dieser Herr war, verriet der ehemalige SS-Standartenführer nicht, aber es liegt nahe, dass es Bischof Alois Hudal war oder einer

---

3 Vgl. ebd., S. 173 f.
4 Vgl. ebd., S. 251 ff.
5 Vgl. Heidenreich, Sieben Jahre Ewigkeit, S. 100 f.
6 Vgl. allgemein Meding, Holger M., Flucht vor Nürnberg? Deutsche und österreichische Einwanderung in Argentinien 1945–1955, Köln 1992, S. 72 ff.; Schneppen, Odessa.
7 Vgl. Sereny, Am Abgrund, S. 326 ff.
8 Vgl. Aussage Wagners vom 4.10.1962, in: BA Koblenz, NL Kempner, Bd. 578.
9 Vgl. Giefer, Rena & Thomas, Die Rattenlinie. Fluchtwege der Nazis. Eine Dokumentation, Frankfurt/Main 1991, S. 103 ff.
10 Aussage Wagners vom 4.10.1962, in: BA Koblenz, NL Kempner, Bd. 578.

1 »Aus den Nürnberger Klauen« – Wagners Flucht 1948 nach Italien und Südamerika

seiner Mitarbeiter. Der Österreicher Hudal war von einem starken Antikommunismus geprägt und tendenziell nationalsozialistisch eingestellt. Die Judenmorde waren für ihn lediglich »*betrübenswerte Begleiterscheinungen*« der NS-Bewegung.[11] Er unterhielt in Rom Anlaufstellen für flüchtige NS-Täter.[12] Zusammen mit einem kroatischen Priester in Genua beschaffte Hudal neue Ausweise über das IRK, die zwar nur als Ersatz der offiziellen Papiere dienen konnten, doch oftmals Grundlage für eine neue Biografie wurden. Eigentlich war Hudal nur bevollmächtigt, neue Papiere für Österreicher anzufertigen, er habe »*aber weitherzig nicht wenige Reichsdeutsche miteinbezogen, um sie in diesen schwierigen Monaten vor KZ und Gefängnis zu bewahren*«.[13] Darüber hinaus organisierte er die Ausreise nach Südamerika. Das Ganze geschah vermutlich mit Wissen des Papstes.[14]

Stellen des Vatikans brachten Wagner auch mit wohlhabenden und entsprechend gesinnten Italienern in Kontakt, unter anderem mit einer Marchesa Marignoli, die ihn fortan unterstützte. Die Verbindung Wagners zur Heimat war währenddessen immer noch eng. In Italien bekam er Besuch von seiner Mutter und später auch öfter von seiner Geliebten. Beide versorgten ihn mit Dokumenten und anderen Dingen, die Wagner von Rom aus anwies.[15]

Kaum dokumentierbare Netzwerke von Helfern und Helfershelfern verhalfen Wagner zur Weiterreise nach Südamerika. Wieder mit »*Hilfe von Freunden und Bekannten*« gelang es ihm, ein Einreisevisum für Peru zu bekommen. Im Februar 1951 bestieg er mit einem Rot-Kreuz-Pass ein Schiff von Genua nach Lima. Von seiner Zeit dort gibt es – außer Wagners eigenen Aussagen – kaum Zeugnisse. Demnach behauptete er, zunächst in Peru in einer Konservenfabrik gearbeitet zu haben und ein halbes Jahr später mit dem Schiff nach Chile gereist zu sein. Die Passage hätten ihm »*peruanische Bekannte*« verschafft. Dort habe er im Süden des Landes auf einem Gestüt als *working guest* gelebt. Um die Jahreswende 1951/52 fuhr Wagner weiter nach Argentinien. Mittellos habe er sich in Buenos Aires nach »*Bekannten aus früherer Zeit umgesehen*«.[16] Nach ungesicherten Quellen soll es sich um Schleier und Bobrik gehandelt haben. Den Lebensunterhalt will er sich wieder auf Ranches verdient haben.

---

11 Während des Zweiten Weltkriegs habe er »*immer für den Sieg Deutschlands und Italiens gebetet, unbekümmert um manche höchst betrübenswerte und schärfstens zu verurteilende Begleiterscheinungen der beiden großen politischen Bewegungen* [...]«, siehe Hudal, Alois, Römische Tagebücher. Lebensbeichte eines alten Bischofs, Graz / Stuttgart 1976, S. 209.
12 Vgl. Hudal, Römische Tagebücher, S. 298 f. u. Klee, Ernst, Persilscheine und falsche Pässe. Wie die Kirchen den Nazis halfen, Frankfurt/Main 1992, S. 25 ff. u. Heidenreich, Sieben Jahre Ewigkeit, S. 177.
13 Hudal, Römische Tagebücher, S. 229. Vgl. ferner S. 200, 214.
14 Vgl. Giefer/Giefer, Rattenlinie, S. 98 ff. Eine eingehende Arbeit zur Flucht von NS-Tätern mithilfe des Vatikans und des IRK liegt bis jetzt nicht vor.
15 Vgl. Heidenreich, Sieben Jahre Ewigkeit, S. 194 u. 211. Wagner nennt die Geliebte öfter den »*Pagen*« und erteilt »*Schulaufgaben*«, die sie auszuführen hat, ebd., S. 210.
16 Aussage Wagners vom 4.10.1962, in: BA Koblenz, NL Kempner, Bd. 578.

Mittlerweile war ihm die Justiz aber auf den Fersen. Ungeachtet der Flucht leitete das Landgericht (LG) Nürnberg-Fürth eine Untersuchung wegen Teilnahme an der Durchführung der »Endlösung« ein. Im November 1952 erging Haftbefehl. Im Frühjahr 1954 erklärte sich das Landgericht für unzuständig. Es hatte die Angelegenheit übernommen, da die Nürnberger Haftanstalt Wagners letzter »Wohnsitz« gewesen war, und gab die Sache an den Generalstaatsanwalt beim Landgericht Berlin ab, von wo aus die Verbrechen verübt worden waren. Die deutschen Stellen vermuteten Wagner zu Recht in Südamerika, und das Bundesjustizministerium ersuchte im Januar 1953 das AA, es möge ein Auslieferungsersuchen an Argentinien stellen. Doch die deutsche Botschaft in Buenos Aires berichtete einen Monat später, Wagner sei bereits wieder nach Europa gereist. Nachforschungen zufolge habe er sich unter dem Namen »Peter Ludwig« einige Monate im Land aufgehalten und sich dann als Korrespondent der mittlerweile nicht mehr erscheinenden Zeitschrift *La Demana Sudamericana Illustrada* nach Italien schicken lassen.[17]

2 Exil und Rückkehr

> »Seit 8 Jahren führe ich das Leben eines politischen Flüchtlings.«
> Horst Wagner 1953[18]

Die dürftigen Lebensumstände hatten Wagner wieder nach Europa zurückgetrieben, und auch seine Geliebte war nicht bereit gewesen, ihm nach Südamerika zu folgen. Er habe »*ohnehin die Absicht*« gehabt, sich »*nicht endgültig im Ausland niederzulassen, sondern eine gewisse Konsolidierung der Verhältnisse in Deutschland abzuwarten, um danach wieder in die Heimat zurückzukehren*«.[19] Im März 1952 besorgte er sich in Buenos Aires einen falschen Pass auf den Namen »Dr. Peter Ludwig«, mit dem er am 13. Mai nach Rom zurückkehrte.[20] Er versuchte, als Journalist zu arbeiten, wozu er sich bei der Vereinigung der Auslandspresse »Associazone della Stampa Estera in Italia« akkreditieren musste. Doch da es an nötigen Papieren fehlte, zog sich das Verfahren hin.

In der Zwischenzeit knüpfte er Kontakte zur deutschen Kolonie und ließ sich herumreichen. Ein Zahnarztehepaar hatte den Eindruck gewonnen, »*daß er sich in recht beengten wirtschaftlichen Verhältnissen befände, sie nahmen sich deshalb seiner öfter an*«.[21] Auf einem Empfang des neuen Freundes lernte Wagner eine Mitarbeiterin der

---

17 Schreiben dt. Bot. Buenos Aires an AA vom 5.2.1953, in: PA AA, B 83/19. Vgl. ferner Schneppen, Odessa, S. 177 ff.
18 Schreiben Wagners an Ehlers vom 22.10.1953, in: HStA Düsseldorf, Ger.Rep. 237/32.
19 Ebd.
20 Vgl. Heidenreich, Sieben Jahre Ewigkeit, S. 393 u. Anklageschrift gegen Wagner, 29 Ks 4/67 vom 22.2.1967, S. 21, in: ebd., Ger.Rep. 192/19.
21 Schreiben Alix v. F. an LG Essen vom 29.12.1959, in: ebd., Ger.Rep. 237/8. Vgl. auch Vernehmung Wagners vom 11.2.1960, in: ebd., Ger.Rep. 192/8.

deutschen Botschaft kennen. Durch sie bekam er Verbindung zu deren Stiefvater, dem Archäologen Ludwig Curtius. Gleichfalls suchte Wagner Anschluss an deutsche Journalisten. Doch hier stieß er auf weniger Sympathien. Die Kollegen begegneten ihm mit Misstrauen. Wagners Angaben, für welche Blätter er arbeite, waren vage und niemand hatte seinen – falschen – Namen zuvor in Journalistenkreisen gehört. Für sie war er »*keinesfalls ein ›echter‹ Journalist*«.[22] Hinzu kamen weitere Verdachtsmomente: Allein das Auftauchen eines so kurz nach dem Krieg aus Südamerika kommenden Deutschen sorgte für Skepsis. Wagner log deshalb, er habe alles verloren und würde von Kommunisten verfolgt. Eigentlich sei er ein Königsberger Pferdezüchter, doch seine Kollegen vermissten jeglichen Akzent.[23]

Ein folgenschwerer *faux pas* diskreditierte Wagner endgültig. Auf einer Party bei Curtius, zu der auch zahlreiche Journalisten geladen waren, traf Wagner dessen Stieftochter wieder. Vor versammeltem Kreis duzte er sie ostentativ, was im gesellschaftlichen Umgang allgemeines Erstaunen auslöste. Wagner wollte den Eindruck erwecken, er sei mit dem honorablen Gastgeber gut befreundet. Aber dieser Versuch, Zweifel an seiner Person zu beseitigen und neue Bekanntschaften zu schließen, schlug gründlich fehl. Auf Nachfrage der neugierigen Journalisten erwiderte die Stieftochter, dass sie Herrn Ludwig nur kurz kenne und kein engerer Kontakt bestehe.[24] Den Aplomb verziehen ihm weder Kollegen noch Bekannte.

Dennoch gelang es Wagner, in die Korrespondentenvereinigung aufgenommen zu werden. Er nutzte dabei die Urlaubszeiten der Journalisten aus, die in ihrer Abwesenheit keinen Widerspruch einlegen konnten. Danach wurde Wagner von seinen Kollegen deutlich geschnitten, die sich daran machten, die wahre Identität Peter Ludwigs zu klären. Sie fragten bei dem Presseattaché der deutschen Botschaft nach, und Wagners Schwindel flog auf. Die deutsche Vertretung war bereits im Januar 1953 von der Rückkehr Wagners nach Italien in Kenntnis gesetzt worden, nachdem die Behörden ihn in Argentinien verpasst hatten. Nachforschungen brachten schließlich zu Tage, dass sich ein Journalist namens Peter Ludwig, der sich als ostpreußischer Pferdezüchter ausgab und kein Interesse an einem Kontakt zur deutschen Vertretung hatte, in Rom aufhielt.

Kurz darauf stellte die deutsche Justiz ein Auslieferungsersuchen, woraufhin Wagner im März 1953 im Haus der Marchesa festgenommen wurde und seine wahre Identität aufdeckte. Drei Monate blieb er in Auslieferungshaft, und seine Mutter reiste in die italienische Hauptstadt, um dem Sohn beizustehen. Doch nicht nur die Familie, sondern auch andere gesellschaftliche Kreise unterstützten den gefassten NS-Verbrecher weiterhin. Ein Mitarbeiter der deutschen Botschaft mutmaßte, er verfüge über einflussreiche Beziehungen, die Druck auf die italienischen Behörden ausübten.[25] Botschafter

---

22 Schreiben Julius K. an LG Essen vom 10.8.1959, in: ebd., Ger.Rep. 237/8.
23 Vgl. Schreiben Kurt K. an LG Essen vom 29.12.1959, in: ebd.
24 Vgl. Schreiben Alix v. F. an LG Essen vom 29.12.1959, in: ebd.
25 Vgl. Schreiben S. an AA vom 27.8.1953, in: ebd., Ger.Rep. 192/31.

Clemens von Brentano drahtete nach Bonn, Wagner könne nach wie vor auf die Hilfe der Marchesa bauen und verfüge über einen erstklassigen Anwalt, der sich mit politischen Verfahren auskenne.[26] Dieser Anwalt war Vittorio Marotti, dem es gelang, dass die Auslieferung abgelehnt wurde. Der engagierte Brentano wurde vergeblich bei den Italienern vorstellig und machte auf die schlechte Presse aufmerksam, die ein solcher Beschluss besonders in Großbritannien und den USA haben werde. Er notierte später, er habe »*damals schon den Eindruck, daß die Möglichkeit nicht ausgeschlossen erschien, daß die faschistischen und pronationalsozialistischen Hintermänner des Wagners irgendwie* [auf] *die Entscheidung des Gerichts* […] *Einfluß genommen haben*«.[27] Wagner kam wieder auf freien Fuß, doch in Italien war er wirtschaftlich und sozial ruiniert.

Im August 1953 beauftragte Wagner den ehemaligen Göttinger Professor Karl Siegert, den Brentano zu Recht als alten »*nationalsozialistischen Aktivist*« bezeichnete, mit der Wahrung seiner Interessen.[28] Aus opportunistischen Gründen war Siegert am 1. Mai 1933 in Münster der NSDAP beigetreten[29], wo er als Privatdozent an der Universität lehrte und als Landgerichtsrat tätig war. Einen Monat später wurde er Schulungsleiter der NSDAP. Ende 1933 ging Siegert als Ordinarius nach Göttingen. Ohne auf eine offizielle Übergabe der roten NSDAP-Mitgliedskarte zu warten, drängte er den Leiter der zuständigen Ortsgruppe, ihm die Karte privat auszuhändigen. Bei der Göttinger Parteileitung registrierte man »*das Drängen des Professors nach Abzeichen und Mitgliedskarte*«[30]. Siegert gebe sich »*krampfhaft Mühe*«, einen Funktionärsposten zu bekommen, um »*persönliche Vorteile einzuheimsen*«. Man halte ihn für einen »*Reaktionär (Stahlhelmer) übelster Sorte*«.[31] In den Querelen konnte Siegert sich schließlich durchsetzen. Übergeordnete Stellen bescheinigten ihm, er sei »*als rigoroser Anhänger des rassischen Prinzips und des rassisch bestimmten Strafrechts*« aufgetreten.[32] Dem ließ Siegert publizistische Taten folgen. Im Jahr 1934 veröffentlichte er die »Grundzüge des Strafrechts im neuen Staate«, in welchen er ein zukünftiges, rassisch begründetes NS-Strafrecht skizzierte.[33] Zwei Jahre später verfasste er den Beitrag »Das Judentum im Strafverfahrensrecht« in der Reihe »Das Judentum in der Rechtswissenschaft«. Darin feierte er die Ausschaltung der jüdischen Juristen aus Lehre und Wissenschaft und hoffte, bald auch die »*Entfernung des letzten jüdischen Anwalts aus der deutschen Strafrechtspflege*« erleben zu dürfen.[34] Mitte der 1930er-Jahre betrieb Siegert in Göttingen mit großer Verve den Umbau der juristischen Fa-

---

26 Vgl. Schreiben Brentanos an AA vom 22.5.1953, in: PA AA, B 83/19.
27 Schreiben Brentanos vom 15.7.1955, in: HStA Düsseldorf, Ger.Rep. 237/1.
28 Ebd.
29 Vgl. Parteistatistische Erhebung 1939, in: BA Berlin, PK Karl Siegert.
30 Schreiben NSDAP-Kreispersonalamt Göttingen vom 3.8.1934, in: ebd.
31 Schreiben NSDAP-Kreispersonalamt Göttingen vom 27.6.1934, in: ebd.
32 Schreiben BNSDJ vom 24.8.1934, in: ebd.
33 Vgl. Siegert, Karl, Grundzüge des Strafrechts im neuen Staate, Tübingen 1934.
34 Siegert, Karl, Das Judentum im Strafverfahrensrecht, in: Das Judentum in der Rechtswissenschaft, Bd. 4: Judentum und Strafrecht, hg. vom Deutschen Rechtsverlag, Berlin 1936, S. 19-38, hier S. 38.

kultät zur NS-Mustereinrichtung. Dabei verfolgte er insbesondere das Prinzip der »negativen Auslese«, was bedeutete, dass er nicht genehme Kollegen aus dem Amt drängte, darunter übrigens auch Thaddens ehemaligen Doktorvater Herbert Kraus.[35]

Im Krieg tat Siegert bei der Wehrmacht als Kriegsgerichtsrat Dienst. Nach seinem Abgang aus Göttingen wurde an der Universität und im NS-Dozentenbund ein anderer Ton bei seiner Beurteilung Siegerts angeschlagen. Entgegen den Lobeshymnen der 1930er-Jahre schien Siegerts Ruf nun nicht mehr der beste gewesen zu sein.[36] Auch die Studenten hätten massive Kritik geübt: Siegert sei der *»dümmste von den dummen Professoren an deutschen Hochschulen«*.[37] Nach dem Krieg erhielt Siegert Lehrverbot, doch schon 1952 wurde er nach dem Gesetz zum Artikel 131 Grundgesetz (GG) Professor zur Wiederverwendung mit Anspruch auf einen Lehrstuhl. Nach demselben Gesetz wurde Siegert 1957 emeritiert.

Auf welche Weise Wagner an seinen Verteidiger geriet, kann nur vermutet werden. Siegert befasste sich nach dem Krieg mit Repressalienrecht sowie Requisition und arbeitete Anfang der 1950er-Jahre mit Anwälten von deutschen Kriegsgefangenen in Italien zusammen, die sich dort wegen Kriegsverbrechen verantworten mussten.[38]

Mit allen Mitteln versuchte Wagner jetzt, den *»Nürnberger Klauen«* zu entkommen, wie er einmal den permanenten Verfolgungsdruck bezeichnete.[39] Dabei schlüpfte er wie viele Täter nach 1945 schnell in die Opferrolle. Noch in Rom entwarf er ein zehnseitiges Schreiben an Bundestagspräsident Hermann Ehlers, welches Siegert übermittelte. Wagner wollte Fürsprecher finden, da für ihn absehbar war, dass eine Rückkehr schon aus finanziellen Gründen immer unausweichlicher wurde. So schilderte der *»ehemalige Geheimrat«* seinen Fall: Er habe nur seine Pflicht erfüllt und sei deswegen jetzt ein *»politischer Flüchtling«*. Dabei habe er versucht, *»alles zu vermeiden, zu verhindern, abzumildern«*. Er leugnete seine Zuständigkeiten in der »Judenfrage« und schob vor, viele Berufskollegen vor dem Regime beschützt und das Leben vieler Juden gerettet zu haben. Durch die Presse und das drohende Gerichtsverfahren widerfahre ihm Unrecht. Nun aber, so schrieb Wagner, wolle er den *»Kampf um Ruf und Ehre als Beamter«* beginnen. Deshalb erbitte er von Ehlers, *»als einen der Hüter unserer Verfassung«*, den Rat, ob sein Fall durch diplomatische, juristische oder *»beamtete Persönlichkeiten«* geprüft werden könne. Insgeheim fürchtete Wagner, in eines der Länder ab-

---

35 Vgl. Szabó, Anikó, Vertreibung, Rückkehr, Wiedergutmachung. Göttinger Hochschullehrer im Schatten des Nationalsozialismus. Mit einer biographischen Dokumentation der entlassenen und verfolgten Hochschullehrer: Universität Göttingen – TH Braunschweig – TH Hannover – Tierärztliche Hochschule Hannover, Göttingen 2000, S. 146 ff. u. allgemein Halfmann, Eine »Pflanzstätte bester nationalsozialistischer Rechtsgelehrter«.
36 Vgl. Schreiben Prof. D. an NSDB vom 30.1.1943 u. Schreiben Hans D. vom 23.5.1943, beide in: BA Berlin, PK Karl Siegert.
37 Schreiben Prof. P. an NSDB vom 29.1.1943, in: ebd.
38 Vgl. Siegert, Karl, Repressalie, Requisition und Höherer Befehl. Ein Beitrag zur Rechtfertigung der Kriegsverurteilten, Göttingen 1953, S. 5.
39 Heidenreich, Sieben Jahre Ewigkeit, S. 416.

geschoben zu werden, aus denen er die Deportationen unterstützt hatte. Ein Gerichtsverfahren in Osteuropa hätte wahrscheinlich ein Todesurteil oder eine lange Haftstrafe bedeutet. Um die öffentliche Meinung für sich einzunehmen, wolle er selbst oder durch einen »*befreundeten Journalist*[en]« die Angelegenheit publizieren.[40] Doch Ehlers ließ sich nicht vor Wagners Karren spannen und gab eine hinhaltende Antwort.

Der Kontakt mit Deutschland blieb eng. Insbesondere die Geliebte und die Mutter bildeten wichtige Bezugspunkte, über die viele Korrespondenzen liefen. Unter anderem soll die Mutter den Sohn zu Weihnachten 1952 in Rom besucht haben. Durch sie nahm Wagner auch Ende 1953 Kontakt zum AA auf, um sich seines Status' als Beamter auf Lebenszeit zu versichern.[41] Denn als solcher war es möglich, Versorgungsansprüche gemäß Artikel 131 GG anzumelden. Der Artikel besagte, dass die Rechtsverhältnisse von Beamten, die vor dem 8. Mai 1945 im öffentlichen Dienst standen und im neuen Staat nicht wieder eingesetzt wurden, durch Gesetz besonders zu regeln sei, welches der Bundestag im Mai 1951 verabschiedete.[42] Es regelte Wiederverwendung, Versorgung und Abfindung dieses Personenkreises.[43] Das AA machte umgehend die Strafverfolgungsbehörden auf den Antragsteller aufmerksam. Ein Konsulatssekretär rief am 5. Dezember 1953 bei der Bonner Kriminalpolizei an und teilte mit, Wagner korrespondiere wegen seiner Dienstbezüge über die Adresse seiner Mutter in Rheydt mit dem AA. Aber der Anruf löste falschen Alarm aus. Die Beamten, die hofften, Wagner verhaften zu können, mussten die Wohnung der Mutter unverrichteter Dinge wieder verlassen. Der Sohn war immer noch in Italien.

Da er in Rom diskreditiert war, beschloss Wagner etwa im Mai 1954, ins faschistische Spanien auszureisen, wo er sich die beiden folgenden Jahre aufhielt. Bei seinen Kontakten mit der deutschen Botschaft in Madrid lernte er eine Angestellte kennen, die er 1957 nach seiner Rückkehr nach Deutschland heiraten sollte. Wirtschaftlich hielt seine Talfahrt allerdings an. Es sei ihm in Spanien »*so schlecht gegangen wie in den ganzen voraufgegangenen* [sic] *Jahren nicht*«.[44] Aber es gab wieder Netzwerke, die Wagner im Ausland halfen. Mitleidig klagte er 1954, dass er »*die Tatsache zu leben ausschließlich der Hilfsbereitschaft und dem Verständnis von Freunden und Fremden verdanke, zeitweise auch von Flüchtlingsorganisationen, die in der Lage sind, für die Lage eines politischen Flüchtlings in der Emigration das notwendige menschliche Verständnis aufzubringen.*«[45]

---

40 Schreiben Wagners an Ehlers vom 22.10.1953, in: HStA Düsseldorf, Ger.Rep. 237/32.
41 Vgl. Schreiben Wagners an AA vom 1.12.1953, in: PA AA, B 83/19.
42 Vgl. allgemein Frei, Norbert, Vergangenheitspolitik. Die Anfänge der Bundesrepublik und die NS-Vergangenheit, München 1999, S. 70 ff.
43 Vgl. Gesetz zur Regelung der Rechtsverhältnisse der unter Artikel 131 des Grundgesetzes fallenden Personen vom 11. Mai 1951, in: Bundesgesetzblatt (BGBl.) 1951 I, 307-320 u. Neufassung des Gesetzes zur Regelung der Rechtsverhältnisse der unter Artikel 131 des Grundgesetzes fallenden Personen vom 23. Oktober 1965, in: BGBl. 1965 I, 1685-1718.
44 Aussage Wagners vom 4.10.1962, in: BA Koblenz, NL Kempner, Bd. 578.
45 Schreiben Wagners an LG Lübeck [1954], in: HStA Düsseldorf, Ger.Rep. 192/218.

Sein früherer Kollege Eberhard von Thadden gehörte nach eigener Aussage nicht dazu. Etwa im Jahr 1955 war er bei einem größeren Mittagessen in Krefeld zugegen, an dem unter anderem auch der ehemalige Reichsbankpräsident Hjalmar Schacht und der ehemalige SS-Führer Otto Skorzeny teilgenommen hätten. Thadden erfuhr, dass eine gewisse Clarita Stauffer Wagner ihre Madrider Wohnung zur Verfügung stelle, wenn sie nicht in Spanien sei. Skorzeny, der in Spanien arbeitete, habe Thadden zur Seite genommen und gebeten, Wagner durch laufende Geldzuwendungen zu unterstützen. Es ginge ihm finanziell sehr schlecht. Thadden weigerte sich zunächst, da ihm die Flucht Wagners eine Menge Scherereien bereitet hätte: »*Ich habe Skorzeny schließlich 100,– DM für Wagner gegeben mit der Bemerkung, in Zukunft wolle ich über dieses Thema nichts mehr hören.*«[46]

Auch durch das familiäre Umfeld wurde der ehemalige Gruppenleiter aus Deutschland weiterhin unterstützt. Beispielsweise erreichten ihn Pakete, die Bekannten, die in Spanien Urlaub machten, mitgegeben wurden. Einer dieser Kuriere wandte sich später sogar an den Bundespräsidenten mit der Bitte, die Strafverfolgung aufzuheben. Der Brief des Hans S. mag einen Einblick in die Stimmungslage des Vertrauenskreises um Wagner geben. Er schrieb dem Staatsoberhaupt in blumigen Worten von den Leiden der Mutter, die sich selbstlos für den Sohn einsetze. Beide hätten nur Sehnsucht nach Heimat, Familie und Frieden. Während Wagner von »*edel denkenden Menschen*« im In- und Ausland hoch geschätzt werde, werde ihm in Deutschland mit »*Lieblosigkeit*« und Unrecht begegnet. Dabei sei er ein »*Vorbild*«, welches sein Dasein in der »*Verbannung*« fristen müsse. Ohne die genauen Hintergründe zu kennen, kam Hans S. nach dem Treffen mit Wagner zu dem Schluss: »*Aber soviel habe ich während unserer Begegnung empfunden, daß, wenn ein Mensch Mutter und Heimat so ehrt wie er, niemals etwas gefährlich Böses, niemals etwas Unehrenhaftes tun kann!*«[47]

Die mehr als achtjährige Flucht näherte sich dem Ende. Wagner hatte weder in Südamerika noch in Italien oder Spanien Fuß fassen können. Er hatte seine falsche Identität verloren, besaß keine ausreichenden Papiere und sein Aufenthaltsort war in Deutschland bekannt. Die Verhaftung in Rom hatte ein größeres Medienecho ausgelöst.[48] Durch Siegert versuchte er, die Rückkehr vorzubereiten. Seine größte Sorge war dabei, an andere Länder ausgeliefert zu werden. So teilte Siegert im Mai 1955 mit, dass Wagner bereit sei, sich zu stellen, für den Fall, dass ihm Haftverschonung gewährt und sein Fall nur vor einem deutschen Gericht verhandelt werde.[49] Eine solche Zusage ließ aber auf sich warten.

Gleichzeitig wuchs der wirtschaftliche Druck. Wagners erste Gattin reichte 1954 von Deutschland aus die Scheidung ein, weil sie dem Gatten aufgrund von Briefen aus

---

46 Aussage Thaddens vom 15.3.1963, in: ebd., Ger.Rep. 192/203.
47 Brief Hans S. vom 26.10.1954, in: PA AA, B 83/19.
48 Vgl. u. a. »Sensationelle Verhaftung in Rom«, in: *Süddeutsche Zeitung* (74) vom 30.3.1953.
49 Vgl. Schreiben Siegerts vom 16.5.1955, in: HStA Düsseldorf, Ger.Rep. 237/1.

der Zeit vor 1945 eine jahrelange intime Beziehung zum Kindermädchen unterstellte.[50] Die fälligen Unterhaltszahlungen für seine Kinder konnte Wagner nicht aufbringen. Vergebens versuchte er, das Grundstück in Berlin-Frohnau an die Vorbesitzerin zurückzuverkaufen.

Im April 1955 beantragte Wagner bei der Madrider Botschaft einen vollgültigen Reisepass. Die Botschaft lehnte in der Annahme ab, dass er sich mithilfe des Dokuments dem »*schwebenden Verfahren wegen Beihilfe zum Mord und Freiheitsberaubung mit Todesfolge in vielen tausend tateinheitlich zusammenhängenden Fällen entziehen*« wolle.[51] Ihm wurde ein Reisepass ausgestellt, der nur gültig für die Rückkehr nach Deutschland war. Doch Wagner zögerte noch über ein Jahr und holte den Pass erst im September 1956 ab.[52] Sein Zögern hatte Gründe. Zum einen entfiel ab August 1956 der Passzwang für einige westeuropäische Länder, was bedeutete, dass er sich aus Deutschland ohne Probleme wieder hätte absetzen können. Interessanter für Wagners Situation war aber der Ausgang des Thadden-Prozesses in Köln. Der ehemalige Referatsleiter Inland II A musste sich dort seit 1950 wegen der Beihilfe zur Judenvernichtung verantworten. Im November 1956 wurde das Verfahren wegen Mangel an Beweisen außer Verfolgung gesetzt. Erst danach kehrte Wagner nach Deutschland zurück, in der Annahme, er hätte mit Verweis auf das Thadden-Verfahren leichtes Spiel vor Gericht. Doch diese Hoffnung sollte sich nicht bewahrheiten.

Im November oder Dezember 1956 traf Wagner in Deutschland ein. Er kam zunächst bei seiner Mutter und seiner Schwester in der Nähe von Pinneberg unter. Seine Ankunft blieb von der Justiz zunächst unbemerkt, obwohl er durch Verteidiger Siegert hatte mitteilen lassen, dass er sich bei den Behörden melden würde. Siegert verschleierte die Abreise aus Spanien dadurch, dass er in Wagners Namen weiter mit den Berliner Gerichten korrespondierte, sodass der Generalstaatsanwalt noch im Oktober 1957 – fast ein Jahr nach Wagners Rückkehr – eine internationale Fahndung erwog.[53] Der Gesuchte lebte jedoch bis Anfang 1958 unbehelligt in Deutschland und nahm sich einen neuen Anwalt: Ernst Achenbach.

Achenbach war AA-Angehöriger gewesen und hatte sich als Leiter der Politischen Abteilung der Pariser Botschaft mit Dannecker koordiniert und an den Judendeportationen aus Frankreich mitgewirkt.[54] Angeblich habe Achenbach den Mitarbeiter Eichmanns mit den Worten begrüßt: »*Sie sind also der berühmte Judenschlächter.*«[55] Das Ausscheiden aus dem Dienst 1944 baute der Ex-Diplomat zur Legende

---

50 Vgl. Schreiben des Anwalts von Irmgard Wagner vom 29.9.1954, in: ebd., Ger.Rep. 192/218.
51 Schreiben dt. Botschaft Madrid an Wagner vom 18.4.1955, in: ebd., Ger.Rep. 237/32.
52 Vgl. Haftbefehl gegen Wagner vom 8.1.1960, in: ebd., Ger.Rep. 237/3.
53 Vgl. ebd.
54 Vgl. Klarsfeld, Serge, Vichy – Auschwitz. Die Zusammenarbeit der deutschen und französischen Behörden bei der »Endlösung der Judenfrage« in Frankreich, Nördlingen 1989, S. 24, 32. Ebenfalls Herbert, Best, S. 308, 315 ff.; Hilberg, Vernichtung der europäischen Juden, S. 646, 1148 u. Vernehmung Achenbachs vom 3.12.1947, in: BA Koblenz, NL Kempner, Bd. 323.

vom Regimegegner aus.⁵⁶ Bei Kriegsende in russische Gefangenschaft gekommen, zeigten die Russen kein Interesse an seiner Person und ließen ihn bereits Anfang 1946 wieder frei. Achenbach wurde in der britischen Zone entnazifiziert und ging nach Nürnberg, wo er als Anwalt im IG-Farben- und Wilhelmstraßen-Prozess arbeitete. Im Januar 1948 nahm die Spruchkammer Nürnberg Ermittlungen wegen der Deportationen aus Frankreich auf, aber Achenbach verstand es, diese mit dem Hinweis auf seine anwaltliche Tätigkeit zu unterlaufen.⁵⁷ Zu der Zeit hatte er sich bereits in Essen niedergelassen, und seine Kanzlei bestritt in den Folgejahren Entnazifizierungsverfahren für viele Industrielle. Gleichzeitig begann Achenbach, sich in der nordrhein-westfälischen FDP zu engagieren. Auf diese Weise mit besten Kontakten zu Behörden, Industrie und Politik ausgestattet, war Achenbachs rechtlicher Beistand für Wagner unschätzbar wertvoll. Daran änderte auch Achenbachs Anteil an den Bestrebungen zu Beginn der 1950er-Jahre nichts, die nordrhein-westfälische Landesgruppe der FDP mit ehemaligen Nationalsozialisten zu unterwandern. (Diese Bestrebungen wurden erst durch die britische Militärpolizei zerschlagen.⁵⁸) Der Ex-Diplomat egalisierte den folgenden Bedeutungsverlust in der Partei und baute alte Kontakte neu auf.⁵⁹ Seine Bedeutung wuchs, als er von 1957 bis 1976 für die FDP Mitglied des Bundestages war.

Achenbach griff Wagner in jeder Hinsicht unter die Arme. Der Staatsanwaltschaft gegenüber habe er geäußert, es sei seine »*Ehrenpflicht*«, die alten AA-Kollegen zu verteidigen, weshalb die Tätigkeit ohne Honorar erfolge.⁶⁰ Der Anwalt räumte seinem mittellosen Mandanten ab Dezember 1957 eine Wohnung in seinem Essener Bürohaus ein und stellte Wagners zweite Ehefrau in seiner Kanzlei an. Höchstwahrscheinlich verschaffte er Wagner im Januar 1958 eine Stelle als freier Mitarbeiter beim »Stifterverband für die deutsche Wissenschaft« in Essen, wo Wagner Sekretärsarbeiten leistete. Von November 1960 bis zum September 1961 schloss sich eine untergeordnete Stellung in der Verwaltung der August-Thyssen-Hütte an. Schließlich kam Wagner bei der Firma Erwepa unter, die in Essen Papiermaschinen fertigte. Sein Aufgabengebiet dort scheint unbestimmt gewesen zu sein. Nach Angaben der Anwaltskanzlei fungierte er als »*rechte Hand*« des Alleingesellschafters und pflegte den Kontakt zu Auslandskunden.⁶¹ Zeitweilig wurde ihm in der Erkrather Gerberstraße eine Werks-

---

55 Aussage Feihls vom 19.4.1961, in: HStA Düsseldorf, Ger.Rep. 237/26. Vgl. ebenso Aussage Feihls vom 18.6.1963, in: BA Ludwigsburg, B 162/3374.
56 Vgl. Vernehmungen Achenbachs vom 19.8.1947 u. 3.12.1947, beide in: BA Koblenz, NL Kempner, Bd. 323.
57 Vgl. Schreiben Achenbachs vom 26.1.1948, in: BA Koblenz, OMGUS, Z 45 F 7/57-1/27.
58 Vgl. Frei, Vergangenheitspolitik, S. 361 ff.
59 Vgl. Herbert, Best, S. 462 ff., 469 ff. Mit alten Weggefährten wie Six oder Best arbeitete Achenbach für eine Generalamnestie für Kriegsverbrecher, vgl. ebd., S. 451 ff. Ebenso Frei, Vergangenheitspolitik, S. 106 ff., 165 f. u. Hachmeister, Gegnerforscher, S. 310 ff.
60 Vermerk Sta Essen [Nov. 1958], in: HStA Düsseldorf, Ger.Rep. 214.
61 Schreiben Schlottmanns an LG Essen vom 9.3.1962, in: ebd., Ger.Rep. 192/10.

wohnung zur Verfügung gestellt. Zum 1. Januar 1964 verlor er jedoch die Stellung angeblich aus gesundheitlichen Gründen, vor allem aber, weil er wegen der Auflagen der Justizbehörden keine Auslandsreisen unternehmen durfte. Achenbach fing den ehemaligen Gruppenchef erneut auf: Er beschäftigte ihn seit Anfang 1965 zeitweise als freien Mitarbeiter und quartierte das Paar wieder in die Wohnung im Bürohaus ein. Nebenher verdiente sich Wagner etwas bei Wirtschaftsbefragungen des Meinungsforschungsinstituts Emnid dazu.

Relativ bald nach seiner Rückkehr versuchte Wagner, Geldquellen zu erschließen. Der ehemalige SS-Standartenführer war fest entschlossen, die Bundesrepublik für seinen Lebensunterhalt zahlen zu lassen; entweder durch eine Pension oder eine Wiedereinstellung. Er bemühte sich vergeblich, einen Besitzanspruch auf das Gut Tanneck geltend zu machen und stellte darüber hinaus die Forderung über einen steuerfreien Betrag von mindestens 317.000 DM, der ihm noch für seine Tätigkeit als Gestütsverwalter zu zahlen sei.[62] Wagner nahm Einsicht in seine Personalpapiere im AA und stellte 1957 einen Antrag gemäß Art. 131.[63] Er täuschte einen Wohnsitz in Deutschland bis 1951 vor, um den Paragrafen 4 zu erfüllen[64], der besagte, dass wieder Einzustellende bis 1949 ihren dauernden Aufenthalt im Bundesgebiet haben müssten.[65]

Als Anlage verfasste er ein fast zwanzigseitiges Memorandum, in welchem er seine Sicht der Vergangenheit darlegte.[66] Um seinem Antrag Nachdruck zu verschaffen, war Wagner bemüht, sich als Retter von Widerstandskämpfern darzustellen. Dabei hatte er in Nürnberg noch angegeben, er sei zu unbedeutend gewesen, um jemanden vor Verfolgung zu retten. Nun legte er eine Reihe von entlastenden Aussagen ehemaliger Kollegen vor, die er schon früh zu sammeln begonnen hatte. Bereits im Sommer 1948 hatte sich Wagner angesichts des drohenden Prozesses darauf verlegt, aus vermeintlichen Hilfsaktionen das entscheidende Verteidigungsargument zu konstruieren. Er schrieb damals seiner Geliebten: »*Ich bin hier in einem Dilemma: schlage ich hart zurück, werde ich in Jahren viel ehrende Achtung finden. Tue ich es weich, mehr auf die Hilfe, die ich leistete, komme ich besser weg, – das ist für uns beide besser.*«[67] Die früheren Diplomaten Hencke[68], Altenburg[69], Schroeder[70] und Sonnleithner[71] stellten Wagner als Unschuldigen hin und verwiesen darauf, dass er Amtsangehörige vor der SS bewahrt habe oder versucht habe, dieses zu tun. Wagner selbst will nach dem 20. Juli 1944 in ständiger

---

62 Vgl. Haftbefehl gegen Wagner vom 8.1.1959, in: ebd., Ger.Rep. 192/3.
63 Vgl. Auskunft PA AA an den Verfasser vom 3.1.2001.
64 Vgl. Schreiben Wagners an AA vom 11.6.1957, in: HStA Düsseldorf, Ger.Rep. 192/64.
65 Vgl. BGBl. 1951 I, S. 309, § 11 ff.
66 Vgl. Memorandum Wagners [1957], in: HStA Düsseldorf, Ger.Rep. 237/32. Verzögert durch Verhaftung und U-Haft überreichte erst zwei Jahre später Wagners Gattin dem AA das Schreiben.
67 Heidenreich, Sieben Jahre Ewigkeit, S. 329.
68 Vgl. Schreiben Henckes an Schlottmann vom 16.12.1958, in: IfZ München, NL Behm, Bd. 35.
69 Vgl. Aussage Altenburgs vom 21.7.1947, in: HStA Düsseldorf, Ger.Rep. 237/3.
70 Vgl. Aussage Schröders vom 26.8.1946, in: ebd.
71 Vgl. Aussage Sonnleithners vom 10.1.1947, in: ebd.

Sorge gelebt haben, wegen seiner Rettungsversuche angezeigt zu werden.[72] Der wirkliche Wert dieser Aussagen muss bezweifelt werden. Sonnleithner, der selbst »*eine große Menge von ›Persilscheinen‹*« sein Eigen nannte, beschrieb in seinen Memoiren später das gegenseitige freimütige Ausstellen solcher Zeugnisse.[73] Zudem liegt in dem überhöhten Rettungstopos ein gravierender Widerspruch: Wie konnte eine schlichte Verbindungsstelle, als welche Inland II verharmlosend dargestellt wurde, Einfluss nehmen? Bisher hatte sich Wagner jegliche Wirkungsmöglichkeiten abgesprochen. Nun schien er dazu doch in der Lage gewesen zu sein. Wenn es aber Einflussmöglichkeiten gab, stellt sich natürlich die Frage, warum er diese nicht auch zu Gunsten der bedrohten Juden ausgenutzt hat. Man kann folgern: Inland II hätte die Chance gehabt, mit mehr oder weniger Erfolg die »Endlösung« wenigstens in Teilen zu sabotieren. Weil daran aber kein Interesse bestand und Wagner und Thadden dem Schicksal der Juden indifferent gegenüberstanden, unterließen sie es. Ferner könnte bei den Aussagen der Ex-Diplomaten sowohl die Intention mitgespielt haben, einem »alten Kameraden« zu helfen, als auch der Wunsch, sich indirekt selbst zu exkulpieren, wenn man dem inkriminierten Kollegen Wagner eine Mitschuld an den Verbrechen absprach. In Wagners Augen bewiesen diese Schreiben dagegen seine aufrichtige Gesinnung.

Auch ein »Persilschein« von Theodor Auer findet sich. Auer hatte den Wiedereintritt in den diplomatischen Dienst der jungen Bundesrepublik geschafft und amtierte als Gesandter in Colombo. Von dort schrieb er Wagner, dass er sich nach einem Gespräch mit dem ehemaligen Referenten Inland II B, Sonnenhol, wieder daran erinnern könne, wie Wagner durch eine Intervention verhindert habe, dass ihm der Prozess vor dem Volksgerichtshof gemacht worden sei. »*Da kein Grund zu Zweifeln an der Mitteilung von Herrn Sonnenhol über* [Wagners] *Intervention* […] *besteht*«, so schrieb Auer, habe er »*unter anderem auch* [Wagner] *zu danken*«, dass er noch am Leben sei.[74] Auer vermochte aber nicht zu sagen, welcher Art die Intervention genau gewesen war. Dagegen schmückt sich Sonnenhol in seinen Memoiren mit den Lorbeeren, die Initiative für Auers Rettung ergriffen zu haben; Wagner habe die Sache erst nach seiner (Sonnenhols) Bitte unterstützt.[75] In welcher Form »unterstützt«, bleibt auch hier ungeklärt.

Die Bemühungen Wagners auf Pensionsansprüche waren vergebens. Nach einer Gesetzesänderung von 1965 wurden Personen von der Wiedereinstellung ausgeschlossen, die während der Herrschaft der Nationalsozialisten gegen die Grundsätze der Menschlichkeit verstoßen hatten.[76] Dass Wagner sich solcher Verstöße schuldig gemacht habe, stellten die Anklageschriften von 1962 und 1967 fest. Und in der Begründung für die Ablehnung von Entschädigungszahlungen hieß es noch 1971, dass

---

72 Vgl. Erklärung Wagners vom 23.3.1959, in: ebd., Ger.Rep. 237/5 I.
73 Sonnleithner, Diplomat im »Führer-Hauptquartier«, S. 288.
74 Schreiben Auer an Wagner vom 12.1.1957, in: HStA Düsseldorf, Ger.Rep. 237/3.
75 Vgl. Sonnenhol, Untergang oder Übergang?, S. 106 f.
76 Vgl. BGBl. 1965 I, S. 1687, § 3a.

»Herr Wagner sich nach dem Zusammenbruch im Jahre 1945 etwa 10 Jahre lang im Ausland (Argentinien, Italien, Spanien) aufgehalten hat und daher wegen Nichterfüllung der Wohnsitzvoraussetzungen des § 4 G 131 bisher keine Rechte nach diesem Regelungsgesetz geltend machen konnte«.[77] Wagner wurde weder in den Dienst der Bundesrepublik übernommen, noch erhielt er irgendwelche Zahlungen.

Die Bemühungen Wagners um Entschädigung vom Ende des Jahres 1957 blieben den Strafverfolgungsbehörden nicht verborgen. In Berlin war immer noch ein Verfahren anhängig, und das Amtsgericht Tiergarten erwirkte am 30. Dezember 1957 einen Haftbefehl. Die Fahndung nach dem Rückkehrer lief. Wagners erste Ehegattin lebte zu dieser Zeit in bescheidenen Verhältnissen in Mölln und arbeitete in einer Eisdiele und einem Schuhgeschäft. Bei ihr lebten die beiden Töchter, die gegen den Willen der Mutter brieflichen Kontakt zum Vater hielten. Aber die Polizei konnte Wagner dort nicht aufspüren.[78] Über seine Mutter führte die Spur zur Kanzlei Achenbach, wo Wagners zweite Gattin arbeitete. So konnte die Polizei den Gesuchten am Vormittag des 5. Februar 1958 in seiner Wohnung in Achenbachs Essener Immobilie verhaften.[79] Die Festnahme erregte Aufsehen, und sogar die Berliner Zeitung *Der Abend* brachte die Meldung auf der Titelseite.[80]

Wagner hatte nicht unbedingt freiwillig in Essen gewohnt. Er war von Norddeutschland hierhin gezogen, da Achenbachs Kanzlei ansonsten nicht ohne Weiteres das Mandat hätte übernehmen können. Der Anwalt verhandelte nun mit den Justizbehörden Nordrhein-Westfalens und Berlins über eine Übernahme des Falls an das Landgericht Essen.[81] Zur Unterstützung zog Achenbach seinen Sozius Henning Schlottmann heran, der ehemaliger AA-Angehöriger und SS-Mitglied war.[82] (Den Dienst bei der Schutzstaffel hatte Schlottmann sehr ernst genommen, unter anderem war er als Schulungsmann eingesetzt.[83] Sein Vorgesetzter Rühle von der Rundfunkabteilung des AA hatte ihn 1940 als einen seiner »*weitaus besten*« Mitarbeiter bezeichnet.[84] Im Kriege hatte Schlottmann zeitweise an der deutschen Botschaft in Paris gearbeitet.)

---

77 Auskunft des AA an den Verfasser vom 3.1.2001.
78 Vgl. Funkspruch Kripo Ratzeburg [vom 1.2.1958], in: HStA Düsseldorf, Ger.Rep. 192/1.
79 Vgl. Einlieferungsanzeige vom 5.2.1958, in: ebd. Vgl. dagegen die leicht abweichende Darstellung Brunners, Frankreich-Komplex, S. 217 f. Er geht davon aus, Wagner sei erst zurückgekehrt, nachdem Achenbach den »juristischen« Boden dafür bereitet habe und der Haftbefehl außer Kraft gesetzt worden sei.
80 Vgl. »Ex-Diplomat unter Mordverdacht – Nach jahrelanger Flucht verhaftet«, in: *Der Abend* vom 15.2.1958, 13. Jg. (39).
81 Vgl. Schreiben Achenbachs vom 6.2.1958, in: HStA Düsseldorf, Ger.Rep. 192/1.
82 Schlottmann, Henning Rudolf E.: geb. 7.3.1914; Jurist; AA seit 1939, WHA Rundfunkabteilung; SS seit 21.9.1934, SS-Nr. 276.558, vgl. RS Henning Schlottmann. Behm gab an, Schlottmann habe dem SD angehört, vgl. Schreiben Behms an Kempner vom 16.10.1961, in: BA Koblenz, NL Kempner, Bd. 1107.
83 Vgl. Dienstleistungszeugnis Schlottmanns vom 13.1.1938, in: IfZ München, NL Behm, Bd. 21.
84 Schreiben Rühles an Likus vom 2.4.1940, in: ebd.

Schon einen Tag nach der Verhaftung setzte Achenbach ein langes Schreiben an das Amtsgericht Essen auf. Er machte darauf aufmerksam, dass gegen Wagner dieselben Vorwürfe wie gegen Thadden erhoben würden. Dessen Verfahren sei aber nach einer »*besonders eingehenden und sorgfältigen Untersuchung*« außer Verfolgung gesetzt worden.[85] Eine Inhaftnahme sei in keinem Fall gerechtfertigt, da Wagner nach Deutschland zurückgekommen sei, um sich eine bürgerliche Existenz aufzubauen und die Vorwürfe zu klären. Achenbach sei als Ex-AAler in die Materie genau eingearbeitet und habe bereits den Fall Thadden behandelt, weswegen er sich zuversichtlich zeigt, dass der Staatsanwalt den Fall von Berlin nach Essen übernehmen werde. Noch am selben Tag wurde Haftverschonung angeordnet, und wenig später übernahm das LG Essen den Fall, indem es Ermittlungen wegen Wagners Rolle bei der Judenvernichtung einleitete.

3 In die Arme der Bundesrepublik – von Thaddens Neuanfang 1949

Von Nürnberg wurde Eberhard von Thadden im Sommer 1948 ins Lager Staumühle bei Paderborn verlegt. Der Internationale Militärgerichtshof hatte 1946 vier NS-Organisationen für verbrecherisch erklärt: das Korps der Politischen Leiter, die Gestapo, den SD und die SS (Allgemeine SS, Waffen-SS, Totenkopfverbände). Die Frage der Schuld ihrer Mitglieder sollte individuell geklärt werden. Zu diesem Zweck erließ die britische Militärverwaltung für ihre Besatzungszone die Verordnung, dass einzeln zu prüfen sei, ob sich Angehörige dieser Organisationen in den Punkten Kriegsverbrechen, Verbrechen gegen die Menschheit oder Verbrechen gegen den Frieden schuldig gemacht hätten. Daraufhin wurden deutsche Spruchgerichte installiert, die nicht zu verwechseln sind mit den Spruchkammern der amerikanischen Zone, die der Entnazifizierung dienten. In Abstimmung mit den obersten Justizverwaltungen richtete man sechs solche Gerichte in Recklinghausen, Bergedorf, Bielefeld, Hiddesen, Benefeld-Bomlitz und Stade ein. Den Angeklagten musste nachgewiesen werden, dass sie Kenntnis davon hatten, dass die Organisationen zu verbrecherischen Zwecken gebraucht wurden. Das Spektrum der Strafen reichte von Geldstrafen bis zu zehnjährigen Gefängnisstrafen. Entgegen der Entnazifizierung, die in der britischen Zone per Fragebogen durchgeführt wurde und jede Person betraf, wurden die Angeklagten der Spruchgerichte interniert und im Falle schwerer Vergehen an die Militärgerichte übergeben.[86] Noch im Juni 1946 hatte sich Thadden während des IMT im Verfahren gegen

---

85 Schreiben Achenbachs an Amtsgericht (AG) Essen vom 6.2.1958, in: HStA Düsseldorf, Ger.Rep. 192/1.
86 Vgl. Minninger, Monika, Bankier Schröder finanziert Spruchgericht. Zur Geschichte einer langen vergessenen Institution, in: Ravensberger Blätter 2 (1995), S. 43-55. Ebenso Zimmermann, Volker, NS-Täter vor Gericht. Düsseldorf und die Strafprozesse wegen nationalsozialistischer Gewaltverbrechen, Düsseldorf 2001, S. 22 ff.

die SS freiwillig als Zeuge der Verteidigung zur Verfügung gestellt.[87] Im Mai 1948 wurde nun in Bielefeld ein Ermittlungsverfahren gegen ihn selbst wegen seiner Zugehörigkeit zur SS eröffnet.

Im Lager Staumühle gab Thadden an, von der Existenz der Konzentrationslager gewusst zu haben. Auch sei ihm bekannt gewesen, dass dort politische Oppositionelle inhaftiert waren. Von den Zuständigkeiten der SS für die Lager und den Zuständen darin will er hingegen nichts gewusst haben. Aus heutiger Sicht muss diese Aussage als wissentliche Falschaussage angesehen werden. Als Leumundszeugen gab Thadden die Diplomaten Werner von Grundherr und Erich Albrecht an[88], doch die von ihnen abgegebenen Aussagen waren indifferent. Wie wertlos insbesondere Albrechts Zeugnis war, kann man daran sehen, dass er den oben geschilderten Fall der Katharina Wach als eine Angelegenheit anführte, bei der Thadden besonderes Entgegenkommen und Hilfsbereitschaft gezeigt hätte.[89] Zur Erinnerung: Thadden hatte sich im Fall der deutschen Jüdin gegen eine Aufnahme in ein Austauschprogramm oder eine Freilassung ausgesprochen, da er davon ausging, ihr kubanischer Pass sei manipuliert.

Am 17. Juni 1948 wurde Thadden vorerst aus der Internierung entlassen und ging nach Köln-Sülz, wo sich seine Familie aufhielt. Später zeigte sich ein OCCWC-Mitarbeiter erstaunt, dass Thadden überhaupt entlassen worden war. Er mutmaßte, persönliche Beziehungen hätten eine Rolle gespielt. Das Verfahren lief aber weiter, und der Ankläger am Spruchgericht zog weitere Ermittlungen zu Thadden ein. Der Berliner Polizeiposten, in dessen Zuständigkeitsbereich Thadden damals gewohnt hatte, gab an, Hausbewohner hätten Thadden als reserviert, aber ausgesprochen höflich beschrieben. Er sei besonders während der Zeit der Luftangriffe sehr hilfsbereit gewesen. Uniform hätte er nie getragen und politisch habe er sich nicht betätigt.[90] Im August 1948 traf im Zentral-Justizamt, der vorgesetzten Stelle der Spruchgerichte, das in Nürnberg gesammelte Material zu Thadden ein, nebst dem bereits erwähnten Abschlussbericht der Special Projects Division vom 26. Juli 1948. Das Material belaste Thadden »*außerordentlich schwer*«. Auch erhielten die norddeutschen Behörden den Hinweis, dass in Bayern der Judenreferenten-Prozess vorbereitet werde. Der Generalinspekteur verfügte deshalb, dass das Spruchgerichtsverfahren vorerst einzustellen sei.[91] Er war der Ansicht, dass das zu erwartende geringe Strafmaß eines Spruchgerichtsverfahrens im Gegensatz zu den in Nürnberg zu verhandelnden Anklagepunkten »*kaum ins Gewicht fällt*«.[92] Das Verfahren in Bielefeld sollte später nicht mehr wieder aufgenommen werden.

---

87 Vgl. Aussage Thaddens vom 18.5.1961, in: BA Koblenz, B 305/977.
88 Vgl. Aussage Thaddens vom 25.5.1948, in: BA Koblenz, Z 42 IV/7200.
89 Vgl. Aussage Albrechts vom 16.6.1948, in: ebd.
90 Vgl. Schreiben Polizeiinspektion Zehlendorf vom 4.6.1948, in: BA Koblenz, Z 42 IV/7200.
91 Schreiben Zentral-Justizamt an Anklagebehörde Spruchgericht Bielefeld vom 23.8.1948, in: ebd.
92 Schreiben Zentral-Justizamt an Heinke vom 16.6.1949, in: HStA Düsseldorf, Ger.Rep. 192/11.

3 In die Arme der Bundesrepublik – von Thaddens Neuanfang 1949

Am 11. August erteilte die amerikanische Militärregierung die nötige Zustimmung zu einem Prozess gegen Rademacher, Klingenfuß, Wagner und Thadden, woraufhin am 1. September 1948 Haftbefehl gegen Thadden vom Amtsgericht Nürnberg erging. Nur wusste niemand, wer die Verhaftung und Überführung des in der britischen Zone Weilenden durchführen würde. Die deutschen Stellen nahmen an, die Amerikaner seien zuständig, und die Briten sagten, es sei eine deutsche Angelegenheit. Wie es scheint, blieb Thadden auf freiem Fuß. Am 5. Oktober wurde das Ermittlungsverfahren beim Landgericht Nürnberg-Fürth I offiziell eröffnet. Aber bereits zwei Wochen später erhoben sich Zweifel an der Zuständigkeit des Landgerichts. Rademacher und sein Verteidiger hatten geltend gemacht, dass Rademacher seinen Wohnsitz in Hamburg habe und sich nur vorübergehend in Zeugenhaft in Nürnberg aufhielt. Doch das Landgericht verwarf auf Beschwerde der Staatsanwaltschaft hin den Einwand.[93] Wenig später kam die Justizmaschine erneut ins Stottern. Der bayrische Justizminister hatte verfügt, dass das Verfahren gegen Thadden vom Verfahren Rademacher getrennt werden sollte.[94] Die Juristen in den Justizverwaltungen in Düsseldorf und München argumentierten, Thadden habe zeitlich und sachlich nicht mit Rademacher zusammengearbeitet. Eine Beschwerde des Oberstaatsanwalts in Nürnberg-Fürth, der das Verfahren zusammenhalten wollte, wurde abgewiesen. Er hatte vorgebracht, Rademacher und Thadden hätten an einem einheitlichen Tatkomplex, der »Endlösung der Judenfrage in Europa« gearbeitet.[95] Da Wagner und Klingenfuß bereits im Ausland untergetaucht waren, platzte damit der Judenreferenten-Prozess, bevor er überhaupt richtig begonnen hatte.[96]

Die Justizbehörden hatten unterdessen Schwierigkeiten, den Aufenthaltsort Thaddens festzustellen, der beim Start ins neue Leben von alten Seilschaften profitierte. Nach polizeilichen Ermittlungen war er ab Dezember 1949 in einer obskuren Phantom-Wohngemeinschaft in Essen-Bredeney bei Achenbach gemeldet. In der Wohnung waren zeitweise auch Albrecht sowie der Schriftsteller Rudolf Hahn und ein zukünftiger Sozius Achenbachs gemeldet. Weitere vertrauliche Recherchen hatten jedoch ergeben, dass Thadden in dem Neubau im Narzissenweg nur gemeldet sei, dort aber nicht wohne. Lediglich seine Familie nutze die gut ausgestatteten Räume. Der ständige Aufenthaltsort Thaddens konnte nicht in Erfahrung gebracht werden, und ein Besuch bei der Kanzlei Achenbachs erwies sich als Fehlschlag. Die Ermittlungen des Kriminalbeamten hatten ferner zu Tage gebracht, dass Achenbach gegen hohe Geldsummen politisch belastete Persönlichkeiten in Entnazifizierungsverfahren entlaste. Für das lukra-

---
93 Vgl. Beschluss LG Nürnberg-Fürth vom 3.11.1948, in: BA Koblenz, Z 42 IV/7200.
94 Vgl. Schreiben SP-DIVISION (Heinke) vom 31.3.1949, in: ebd.
95 Vgl. Beschluss LG Nürnberg-Fürth vom 27.9.1949, in: HStA Düsseldorf, Ger.Rep. 192/11.
96 Gegen Rademacher wurde getrennt weiter prozessiert. 1952 verurteilte ihn das LG Nürnberg-Fürth zu drei Jahren u. fünf Monaten Haft. Er floh mithilfe von Sympathisanten nach Syrien und wurde 1966 nach seiner Rückkehr zu fünfeinhalb Jahren Haft verurteilt, die aber als verbüßt galt. Klingenfuß setzte sich 1949 über die Schweiz nach Argentinien ab.

tive Geschäft reise er auch ins Ausland.[97] Abwegig erscheint dies nicht, denn auch Sonnleithner, einst Ribbentrops ständiger Mann im Führerhauptquartier, profitierte von Achenbachs Umtrieben. Problemlos wurde der Blutordensträger der NSDAP durch das Entnazifizierungsverfahren gebracht.[98]

Silvester 1949 legte Thadden den Kölner Behörden ein Schreiben vor, dass er den Wohnort wechsle und bei Achenbach angestellt sei. Dies bestätigte Frau von Thadden, die immer noch in Köln wohnte: Ihr Mann arbeite jetzt für Achenbach und sei viel unterwegs.[99] Die Kriminalpolizei folgerte, dass Thadden weiterhin in Köln wohne und nur pro forma in Essen gemeldet sei. Die Kriminalpolizei Krefeld meldete kurz darauf, Thadden sei als kaufmännischer Angestellter und juristischer Berater bei der Maschinenfabrik Becker und van Hüllen angestellt und wohne unter der Woche in Krefeld. Dies entsprach den Tatsachen. Thadden hatte begonnen, sich in der Nachkriegsgesellschaft einzurichten und war auf dem Weg in ein bürgerliches Leben. Sein Verdienst reichte aus, eine Familie zu ernähren, und die Eheleute bekamen ein zweites Kind, eine Tochter.

Der Fall Thadden wurde inzwischen von der Staatsanwaltschaft Nürnberg an den Oberstaatsanwalt in Köln abgegeben. Kempner hatte die Entwicklung genau beobachtet und wollte eine Anklageerhebung gegen den ehemaligen Judenreferenten.[100] Das Justizministerium Nordrhein-Westfalens hielt zu nachdrücklichen Ermittlungen an, sodass im Dezember 1950 die Voruntersuchung (Ermittlungsverfahren) eröffnet wurde. Aber die Arbeit frustrierte den zuständigen Untersuchungsrichter. Er klagte, er bekomme keine Akten aus dem Rademacher-Prozess, und wichtige Zeugen könnten in alliierter Haft nicht vernommen werden, da die nötigen Genehmigungen verzögert würden. Das Aktenmaterial sei bereits einen dreiviertel Meter hoch und mit den entsprechenden Reisen benötige er noch mindestens drei bis vier Monate.[101] Erst am 20. November 1951 begannen die Vernehmungen, in denen Thadden den Vorwurf zu entkräften suchte, ihm sei das tödliche Schicksal der Deportierten bekannt gewesen. Entsprechende Meldungen habe er damals für alliierte Propaganda gehalten. Ferner stellte er die Tätigkeit bei Inland II derart dar, dass sich durch die ausländischen Interventionen Möglichkeiten ergeben hätten, Juden zu retten. Er sei bemüht gewesen, diese Möglichkeiten zu nutzen. Allerdings gab er auch an, die Deportationen als Sicherungsmaßnahme innerlich gebilligt zu haben, da er die Juden als Gegner Deutschlands wertete.[102]

Auffallend ist, dass Thadden bei seinen Aussagen über die Aufenthaltsorte ehemaliger Kollegen gut unterrichtet war oder zumindest hoffte, bisher unbekannte Adres-

---

97 Vgl. Bericht Kripo Essen vom 6.1.1950, in: ebd.
98 Vgl. Sonnleithner, Diplomat im »Führerhauptquartier«, S. 276.
99 Vgl. Bericht Kripo Köln vom 20.1.1950, in: HStA Düsseldorf, Ger.Rep. 192/11.
100 Vgl. Schreiben Kempners an OSta Köln vom 1.3.1950, in: ebd., Ger.Rep. 192/29.
101 Vgl. Schreiben U-Richter an LG Köln vom 1.10.1951, in: ebd.
102 Vgl. Aussage Thaddens vom 22.11.1951, in: ebd., Ger.Rep. 192/12.

3 In die Arme der Bundesrepublik – von Thaddens Neuanfang 1949

sen in nächster Zeit nennen zu können. Es bestanden noch Verbindungen zu alten Amtsangehörigen. So hatte Thadden nach eigenem Bekunden bis Anfang der 1950er-Jahre Kontakt zu Steengracht, dem er während des Nürnberger Prozesses eine eidesstattliche Erklärung zur Verteidigung hatte zukommen lassen. Um 1952 war Thadden noch mit Gattin auf Schloss Moyland zum Dinner eingeladen gewesen. Ebenso habe Kontakt zu Bobrik bestanden, bis dieser nach Südamerika ausgewandert sei. Aber die Beziehungen waren ambivalent. Im Jahr 1948 hatte Thadden von einem Stammtisch alter Diplomaten in Düsseldorf gehört. Er hegte die Absicht, sich an den Treffen zu beteiligen, aber ein früherer Kollege habe ihn angerufen und erklärt, er sei als Judenreferent nicht erwünscht. Sollte er kommen, würden die Übrigen den Zusammenkünften fern bleiben. Der Anrufer war nach Thaddens Erinnerung Theo oder Erich Kordt. Thadden empörte sich darüber umso mehr, als einer der Stammtischbrüder seinerzeit verlangt habe, Unterstaatssekretär Friedrich Gaus wegen dessen Gattin, die angeblich »*jüdischer Mischling*« gewesen sein soll, »*abzuschießen*«.[103]

Die Ermittlungen zogen sich hin, da die Staatsanwaltschaft den Ausgang des Rademacher-Prozesses in Nürnberg abwarten wollte, der die gleiche Materie betraf.[104] Die entsandten Beobachter waren mit dem Urteil im März 1952 nicht zufrieden, da es ungenügend hinsichtlich Strafmaß und Begründung sei. Auch müssten die Aussagen der ehemaligen AA-Angehörigen kritischer bewertet werden, weil sie letztlich »*Verteidiger in eigener Sache*« seien.[105] Im Dezember 1952 war die Voruntersuchung für den Prozess gegen Thadden zwar abgeschlossen, aber das vorliegende Beweismaterial, so die resignierenden Ermittler, sei lückenhaft und aus dem Zusammenhang gerissen. Zu wichtigen Punkten fehlten Dokumente, und die Originalakten seien nicht zu sichten gewesen, weil sie in Großbritannien lagerten. Die Zeugenaussagen ehemaliger Diplomaten hätten keine belastenden Hinweise erbracht. Ein Hauptverfahren könne auf dieser Basis nicht eröffnet werden, da dem Angeschuldigten keine ausreichende Mitwirkung bei den Deportationen nachzuweisen sei, und die Kölner Staatsanwaltschaft sah sich in der Folge gezwungen, den Fall bald einzustellen.[106] Bei den Kollegen in Nürnberg schlug die Nachricht »*wie eine Bombe*« ein, da jetzt Konsequenzen für die Revision des Rademacher-Falls zu befürchteten waren.[107] Um einem Fehlschlag zu entgehen, beschloss man in Köln, wenigstens die Originalakten einzusehen, die in Oxford lagerten. Im Juli 1953 wurde eine entsprechende Bitte an die Alliierte Hohe Kommission auf den Weg gebracht.

So mahlten die Mühlen der Justiz trotz häufiger Verweise auf die Eilbedürftigkeit des Verfahrens weiterhin langsam. Im März 1954 wartete der Oberstaatsanwalt in

---

103 Aussage Thaddens vom 26.4.1962, in: ebd., Ger.Rep. 192/203.
104 Vgl. Schreiben OSta Köln an Anklagebehörde Spruchgericht Bielefeld vom 12.10.1951, in: BA Koblenz, Z 42 IV/7200.
105 Bericht OSta Köln vom 25.3.1952, in: HStA Düsseldorf, Ger.Rep. 192/29.
106 Vgl. Bericht OSta Köln vom 12.12.1952, in: ebd.
107 Schreiben Sta Nürnberg-Fürth an OSta Köln vom 30.12.1952, in: ebd.

Köln auf das Ergebnis der deutsch-britischen Verhandlungen, und erst im September gab Großbritannien der Bitte um Akteneinsicht statt. Die Akten waren mittlerweile nach London verbracht worden, wo sie zur Einsicht bereitlagen. Im November konnte ein deutscher Staatsanwalt für anderthalb Monate in die britische Hauptstadt reisen, um Nachforschungen anzustellen. Ab März 1955 trafen 1.192 Kopien in Deutschland ein. Das Material wurde geprüft, aber auch auf dieser Basis konnte die Anklagebehörde zu den Komplexen Dänemark, Norwegen, Niederlande, Slowakei, Kroatien, Italien, Griechenland, Bulgarien und Rumänien sowie in der Feldscher-Aktion keine strafbare Handlung Thaddens erkennen. Dabei gingen die Justizbehörden nicht von einer Handlungseinheit aller Fälle aus, sondern betrachteten die Deportationen aus jedem Land einzeln. Der Oberstaatsanwalt verfügte, das Verfahren sei »*aus dem tatsächlichen Grunde des mangelnden Beweises*« außer Verfolgung zu setzen, was am 19. November 1956 erfolgte.[108]

Damit waren Thaddens strafrechtliche Probleme fürs erste erledigt und er konnte das deutsche Wirtschaftswunder unbeschwert und in vollen Zügen genießen. Er machte eine steile Karriere in der Wirtschaft. Ende 1951 war Thadden noch kaufmännischer Angestellter einer Maschinenbaufabrik mit 1.100 DM Monatsverdienst gewesen. Spätestens Anfang 1958 war er bereits Vorstandsmitglied der Gollnow-Werke AG in Düsseldorf. In den folgenden Jahren bezog er mit seiner Familie eine neue Villa im noblen Düsseldorfer Vorort Büderich und leistete sich große Autos. Den Quellen ist nicht genau zu entnehmen, woher der Reichtum kam, aber es ist zu vermuten, dass Beziehungen und geschäftliche Großunternehmungen vonseiten der Familie seiner Frau die Grundlage bildeten. Dass seine finanzielle Absicherung mehr als ausreichend war, zeigt auch der Umstand, dass Thadden sich nicht um Wiedereinstellung in den Staatsdienst bemühte oder Bezüge nach Art. 131 GG geltend machte. Thadden suchte kein Fortkommen im Dunstkreis alter AA-Kontakte. Die schlechten Erfahrungen mit den Kollegen hatten ihr Übriges dazu getan, dass er sich auf die freie Wirtschaft konzentrierte.

Thadden engagierte sich in der Altherrenschaft und dem Finanzbeirat der wiedergegründeten Turnerschaft Markomanno-Albertia. Im Jahr 1962 fand der Pfingstkongress des Coburger Convents, des Dachverbandes der Studentenverbindungen, unter dem Präsidium der Markomanno-Albertia in Coburg statt, bei dem Thadden eine Rede hielt, in welcher er in melancholischer Rückwärtsgewandtheit seine Teilnahme am Convent in Blankenburg 1932 mit der von Coburg 1962 verglich. Während ersterer unter den Vorzeichen des politischen Umbruchs gestanden hätte, wirkten auf letzteren die »*Geburtswehen des europäischen Zusammenschlusses*« ein.[109]

---

108 Schreiben Justizminister NRW an Bundesjustizminister vom 10.12.1956, in: BA Koblenz, B 141/17044. Allgemein auch HStA Düsseldorf, Ger.Rep. 192/238.
109 Thadden, Eberhard von, Rede vor dem Coburger Pfingstkongreß, S. 221.

Im Kreise der Familie war die Tätigkeit des Vaters als Diplomat in Ribbentrops Ministerium offenbar ein Tabuthema. Nach Auskunft des Sohnes wurde darüber nicht gesprochen.[110] Daran änderten anscheinend selbst die vorangegangene Strafverfolgung und die häufigen Vernehmungen in diversen anderen Verfahren nichts. Thadden und seine Familie schienen die Nazizeit einfach verdrängt zu haben. Anzeichen für innere Zweifel oder Selbstkritik finden sich in den umfangreichen Aussagen Thaddens nicht. Der ehemalige Judenreferent war im Reinen mit sich und der Vergangenheit. Ende der 1950er-Jahre hatte Thadden sich in der jungen Bundesrepublik vollkommen etabliert, und es hatte den Anschein, als ob die Vergangenheit weit hinter ihm lag.

4 Freundschaftsdienste – Wagners Prozesse

> »Zudem durfte der Angeschuldigte glauben, bei einer Sozietät besonders gut aufgehoben zu sein, deren Mitglied Dr. Ernst Achenbach als ehemaliger Beamter des Auswärtigen Amtes über sachverständige Kenntnis des Funktionierens des Auswärtigen Amtes sowie außenpolitischer Vorgänge verfügt.«
> Ernst Johann Achenbach, März 1968[111]

Von Wagners Beihilfe beim Mord an Mesny hatte die Justiz bisher wenig Notiz genommen, doch dies änderte sich. Der hochmotivierte Ankläger Kempner hatte den Verlauf des Falles Wagner bis zu dessen Verhaftung im Februar 1958 aufmerksam verfolgt. Nun schrieb er einen Brief an den Generalstaatsanwalt in Berlin und teilte mit, er habe umfangreiche Ermittlungen zu Inland II und Wagner im Wilhelmstraßen-Prozess geführt.[112] Berlin war zwar nicht mehr zuständig, aber man übermittelte die Unterlagen nach Essen. In der Folge stieß die Staatsanwaltschaft auf die Ermordung des französischen Generals und fragte einen Monat später beim Politischen Archiv des AA nach den Unterlagen zum Mesny-Fall, aber die Akten waren noch in Großbritannien. Das LG Essen überprüfte nun, ob »*Wagner sich in strafbarer Weise an der Ermordung des franz. Generals Mesny im Januar 1945 beteiligt hat*«.[113] Dass der Mord nicht in justizielle Vergessenheit geriet, war vor allem Kempners Verdienst.

Am 13. November 1958 verfügte der Oberstaatsanwalt, die Ermittlung gegen Wagner sowohl wegen Beihilfe bei der Judenvernichtung als auch im Mesny-Fall zu eröffnen.[114] Zum Untersuchungsrichter wurde der bereits stark mit Arbeit belastete Landgerichtsrat Ulrich Behm bestimmt. Dieser erwirkte fünf Tage später einen neuen

---

110 Vgl. Schrift. Mitteilung M. von Thaddens an den Verfasser vom 4.6.2004.
111 Schreiben Ernst Johann Achenbachs vom 27.3.1968, in: HStA Düsseldorf, Ger.Rep. 299/799.
112 Vgl. Schreiben Kempners an LG Berlin vom 8.4.1958, in: ebd., Ger.Rep. 237/2.
113 Schreiben OSta Essen vom 6.8.1958, in: ebd.
114 Vgl. Verfügung OSta Essen vom 13.11.1958, in: ebd.

Haftbefehl gegen Wagner in der Mesny-Sache.[115] Behm und der Oberstaatsanwalt hielten die erneute Inhaftierung für notwendig, da Wagner nichts von dem neuen Verfahren bezüglich des Mesny-Mordes wisse. Zudem gehe er davon aus, wie Thadden straflos zu bleiben, ohne sich bewusst zu sein, dass das vorliegende Urkundenmaterial ihn stark belaste. Wagner wurde daraufhin wieder in seiner Essener Wohnung festgenommen und in die Untersuchungshaftanstalt gebracht, wo dem 52-Jährigen im Krankenrevier der Haftbefehl eröffnet wurde. Man befürchtete offenbar gesundheitliche Komplikationen, sodass der Anstaltsarzt im Nebenzimmer bereitstand.[116] Wagner brach in Tränen aus.

Achenbach protestierte sofort wieder bei Behm gegen die Verhaftung, und Schlottmann schickte ein umfangreiches Schreiben, in welchem er die Leumundsaussagen ehemaliger Diplomaten aufzählte, darunter Schroeder, Altenburg, Rahn, Sonnleithner, Himmler-Adjutant Wolff und SS-Führer Best. Sie bekundeten unisono, Wagner habe Diplomaten vor der Verfolgung beschützt und Inland II sei ein harmloses Verbindungsreferat ohne Kompetenzen gewesen.[117] Die Anklagebehörde maß den Papieren keinen Wert zu und bezeichnete sie als »*formlose Gefälligkeitsbescheinigungen*«, die nicht den geringsten Bezug zum Prozess-Stoff hätten.[118] Doch das Landgericht Essen gewährte Haftverschonung. Es folgte ein juristischer »Kleinkrieg« zwischen Verteidigung und Staatsanwaltschaft um die Inhaftierung. Im Januar 1959 erließ Behm einen zusätzlichen Haftbefehl, der die Anschuldigung im »Judenkomplex« enthielt[119], sodass mitunter gegen Wagner drei Haftbefehle vorlagen: einer des Berliner Gerichts Tiergarten und zwei von Essener Gerichten, die wegen Beihilfe im Zusammenhang mit der »Endlösung« und im Fall Mesny ergangen waren. Zur Haftverschonung zahlten die Verteidiger zwischenzeitlich eine Kaution in Höhe von 10.000 DM.[120] Wagner blieb insgesamt von Februar 1959 bis März 1960 in Untersuchungshaft. Dann setzte das Oberlandesgericht Hamm eine Kautionssumme von 80.000 DM fest, die Achenbach hinterlegte.[121] Die Summe wurde durch Familienangehörige und Freunde rückverbürgt.[122]

Die Taktik der Anwälte sah vor, den Prozess möglichst zu verzögern, und sie legten erst einmal Befangenheitsbeschwerde gegen Behm ein.[123] Unter anderem verwiesen sie darauf, dass er 1947/48 bei der Anklagebehörde der Spruchgerichte gearbeitet

---

115 Vgl. Haftbefehl gegen Wagner vom 18.11.1958, in: ebd.
116 Vgl. Dienstliche Äußerung Behms vom 6.3.1959, in: ebd., Ger.Rep. 237/4.
117 Vgl. Schreiben Schlottmanns an LG Essen vom 11.12.1958, in: ebd., Ger.Rep. 192/3. Später wurden weitere Leumundsaussagen von Hencke und Gustav Hilger eingereicht.
118 Beschluss LG Essen vom 23.3.1959, in: BA Koblenz, B 141/25629, 1.
119 Vgl. Haftbefehl gegen Wagner vom 8.1.1959, in: HStA Düsseldorf, Ger.Rep. 237/3.
120 Vgl. zusammenfassend Bericht OSta Essen vom 20.2.1959 u. Bericht GSta Hamm vom 26.2.1959, beide in: BA Koblenz, B 141/25629, 1.
121 Vgl. Dienstliche Äußerung Behms vom 6.3.1959, in HStA Düsseldorf, Ger.Rep. 237/4.
122 Vgl. Schreiben Kanzlei Achenbach an LG Essen vom 11.10.1961, in: HStA Düsseldorf, Ger.Rep. 237/14.

hatte. Die Beschwerde wurde zwar im Mai 1959 abgewiesen, aber das Procedere hatte über drei Monate gedauert.

Die Verfahren zu Mesny und der »Endlösung« liefen parallel, aber aus Gründen der Übersichtlichkeit seien hier beide Komplexe nacheinander dargestellt.[124]

4.1 Komplex »Mesny«

Wagner führte noch aus der Untersuchungshaft einen persönlichen Kreuzzug gegen die aus seiner Sicht verleumderischen, öffentlichen Anfeindungen, denen er sich ausgesetzt sah. Auf einen Artikel der *Frankfurter Rundschau*, der sich mit Wagners Verantwortung für den Mesny-Mord und die Judenvernichtung befasste[125], stellte er Strafantrag gegen den Journalisten wegen übler Nachrede. Die Redaktion der Zeitung sah »*die Tatsache, daß ein Mann wie Wagner es heute schon wagen kann, dieserhalb Strafantrag aus dem Gefängnis heraus zu stellen, als ein bedenkliches Zeichen der Zeit*«.[126] Die deutsch-amerikanische Zeitung *Aufbau* sprach daraufhin über die »*naive Frechheit bestimmter Nazis*«.[127]

Behms Untersuchungen konzentrierten sich nicht allein auf Wagner. Die Befehlsgeber wie Ribbentrop, Kaltenbrunner, Ritter, Berger, Steengracht und Keitel waren bereits hingerichtet oder abgeurteilt. Deshalb verlegte sich Behm darauf, nun die Ausführenden zur Strecke zu bringen. Im November 1959 stellte er Haftbefehle gegen Meurer und Cohrs, einen Monat später gegen Schulze. Meurer und Schulze blieben bis April nächsten Jahres in U-Haft, Cohrs bis Februar. Alle drei waren nach dem Krieg in ein normales Leben zurückgekehrt. Meurer hatte drei erwachsene Kinder und lebte verheiratet in Waiblingen. Er bezog das Ruhegehalt eines Obersten a. D. und arbeitete als »*Vertrauensperson*« einer Ludwigsburger Möbelfirma.[128] Cohrs hatte mittlerweile zum vierten Male geheiratet und arbeitete als kaufmännischer Angestellter bei einer Handwerksfirma in Lübeck. Er erhielt zudem die Versorgungsbezüge eines Heeresmajors.

Einzig Schulze hatte wegen seiner Kriegsverbrechen schon Erfahrungen mit der Justiz. Aus der russischen Gefangenschaft geflohen, hielt er sich unter falschem Na-

---

123 Vgl. Dienstliche Äußerung Behms vom 6.3.1959, in: HStA Düsseldorf, Ger.Rep. 237/4 u. Erklärung Wagners vom 23.3.1959, in: ebd., Ger.Rep. 237/5 I.
124 Einen Überblick der NS-Strafverfolgung bietet Zimmermann, NS-Täter vor Gericht, S. 17 ff. bzw. 27 ff.
125 Fritze, Walter, Der Fall des Herrn Legationsrat Wagner, in: *Frankfurter Rundschau* (FR) vom 12.12.1958.
126 Schreiben FR an Kempner vom 30.12.1958, in: BA Koblenz, NL Kempner, Bd. 1107.
127 *Aufbau* vom 16.1.1959.
128 Haftbefehl gegen Meurer vom 30.11.1959, in: HStA Düsseldorf, Ger.Rep. 237/19 II. Die Firma unterhielt Geschäftsbeziehungen in den Nahen Osten, und Behm vermutete eine Beteiligung bei Waffengeschäften, vgl. Handaktenvermerk Behms vom 9.2.1960, in: ebd., Ger.Rep. 192/215.

men in Berlin auf und wurde im Mai 1946 von den Amerikanern verhaftet. In Dachau machte man ihm den Prozess wegen der Aufforderung zur Tötung von Kriegsgefangenen und der Beteiligung an der Ermordung eines alliierten Piloten im März 1945. Er wurde zum Tode verurteilt, doch im Januar 1951 wurde die Strafe auf dem Gnadenwege in lebenslängliche Haft umgewandelt. Ende 1956 erfolgte seine Entlassung. Das Bundesinnenministerium prüfte, ob wegen des amerikanischen Verfahrens ein Disziplinarverfahren gegen ihn eingeleitet werden müsste, kam aber zu dem Schluss, dass dazu kein Anlass bestehe. Die deutschen Behörden erkannten ihn als Spätheimkehrer an und zahlten eine Entschädigung. Schulze zog nach Buxtehude und lebte von den Ruhestandsbezügen als Oberregierungs- und Kriminalrat. Nebenbei arbeitete er für französische Presseagenturen und die *Frankfurter Allgemeine Zeitung*.[129]

Ähnlich wie Wagner ließ sich auch Meurer von einem alten Bekannten verteidigen. Sein Anwalt war der Ex-SS-Sturmbannführer Walter Hennings[130], der im SS-Hauptamt zeitweise als Jurist gearbeitet hatte. Das bundesdeutsche Gericht sah diese Liaison allerdings mit Skepsis und beschloss vor Beginn der Hauptverhandlung, Hennings nicht zuzulassen. Begründet wurde die Entscheidung damit, dass er wegen der Tätigkeit in Bergers Stab von der Staatsanwaltschaft als »*für die Wahrheitsfindung wichtiger Zeuge*« geladen war, der mit seiner Aussage den eigenen Mandanten belasten könnte. Zudem war Hennings im Begnadigungsverfahren für Berger Anfang der 1950er-Jahre als Anwalt tätig gewesen. Da auch Berger als Zeuge geladen war und Meurer bereits belastet hatte, ging die Justiz davon aus, dass Hennings »*die Verteidigung nicht mit jener inneren Freiheit und Unvoreingenommenheit führen kann, wies es für einen Rechtsanwalt erforderlich ist*«.[131]

Das Verhältnis zwischen Berger und Hennings war auch vor 1945 eng. Infolge institutioneller Grabenkämpfe zwischen dem Stab RFSS und Bergers SS-HA wünscht Himmler im Oktober 1943, dass Hennings zur Waffen-SS versetzt werde, »*wobei aber sichergestellt sein muß, daß er nicht im Stabe Verwendung findet, sondern regelrecht als Mann der kämpfenden Truppe*«.[132] Berger sah sich als Opfer einer Intrige und drohte trotzig dem persönlichen Referenten Himmlers mit Rücktritt: »*Reichsführer-SS kann mich ja eines Tages absetzen, warum auch nicht, es ist sein gutes Recht. Jedenfalls scheide ich an diesem Tage aus. [....] Ich habe mir eine Reihe von Aktenvorgängen in meine Wohnung schaffen lassen und bin mit tiefem Groll im Herzen gegen diese Art des Abschusses des Dr. Hennings gegen 2,55 Uhr zu Bett gegangen.*«[133] Berger konnte so seinen Untergebenen vor einer Zwangsversetzung bewahren. Doch die Ruhe währte nur kurz. Im Mai 1944 erfolgte ein neuer Angriff gegen Hennings. Das Hauptamt

---

129 Vgl. allgemein BA Koblenz, B 305/803.
130 Vgl. DAL vom 1.10.1944, S. 95 u. Dienstaltersliste der Waffen-SS. SS-Obergruppenführer bis SS-Hauptsturmführer. Stand vom 1. Juli 1944. Neu hg. von Brün Meyer, Osnabrück 1987, S. 114.
131 Beschluss LG Essens vom 24.4.1961, in: HStA Düsseldorf, Ger.Rep. 237/19 II.
132 Schreiben Stab RFSS an Berger vom 4.10.1943, in: BA Berlin, NS 19/1219.
133 Schreiben Bergers an Stab RFSS vom 22.10.1943, in: ebd.

SS-Gericht sprach sich gegen seine weitere Tätigkeit aus und Referent Brandt vermerkte handschriftlich: »*H muß abgelöst werden*«.[134] Die zweite Attacke konnte Berger nicht mehr abwehren und Hennings wurde zum SS-WVHA versetzt.[135] Ähnlich wie die Diplomaten leisteten sich auch die SS-Kreise gegenseitige Schützenhilfe. Nachdem Berger Hennings vor einem Kriegseinsatz bei der Waffen-SS bewahrt hatte, stand Hennings dem ehemaligen Chef im späteren Entnazifizierungsverfahren bei und versuchte gleichfalls Bergers Vertrauten Meurer zu unterstützen. Dem Geist des Nationalsozialismus hatte Hennings dabei nicht abgeschworen. Untersuchungsrichter Behm gegenüber sagte er, der SD sei eine hervorragende Sache gewesen und die Angehörigen der Spruchgerichte bezeichnete er als »*Quislinge*«, als Kollaborateure der Alliierten.[136] Die Äußerung war ein Affront gegen Behm, der beim Spruchgericht Hiddesen gewesen war.

Ungeachtet dessen trieb Behm die Ermittlung voran. Er konnte sich auf das Material des IMT, des Wilhelmstraßen-Prozesses und die Anklage gegen Panzinger[137] stützen und dabei umfangreiche Zeugenaussagen aus den frühen Jahren nach dem Krieg heranziehen. Dieses Material gewann an Bedeutung, als Wagner zunächst eine Einlassung zum Mesny-Fall ablehnte und keine Angaben machte. Etwa zwanzig Zeugen vernahm Behm im Laufe der Voruntersuchung.[138] Die Angeschuldigten Wagner, Meurer und Schulze stritten jede Mitschuld ab, während Cohrs seine Beteiligung zugab, sich aber auf Befehlsnotstand berief. Trotz intensiver Ermittlungen gelang es Behm nicht, Schweinitzer und den Fahrer zu identifizieren.

Die Voruntersuchung dauerte fast neunzehn Monate. Behm schloss den Mesny-Komplex im Februar 1960 ab, und das Ermittlungsergebnis alarmierte den nordrhein-westfälischen Justizminister Otto Flehinghaus. In einer persönlichen Besprechung mit dem Staatssekretär des AA, Hilger van Scherpenberg, prognostizierte er erhebliche Rückwirkungen, die die Anklageschrift auf das AA haben werde. Das belastende Dokumentenmaterial schildere den Mordplan in erschreckenden Details und die Rechtsabteilung habe sich äußerst passiv verhalten, anstatt auf den Rechtsbruch aufmerksam zu machen. So könne der Prozess eine Gefahr für die deutsch-französischen Beziehungen darstellen. Scherpenberg begrüßte allgemein die Durchführung von NS-Verfahren, wobei man aber zuweilen mit Rücksicht auf die öffentliche Meinung die Publizistik darüber »*entsprechend steuern*« sollte. Um einen Skandal abzuwenden,

---

134 Schreiben des SS-Richters beim RFSS vom 7.5.1944, in: ebd.
135 Vgl. DAL vom 1.10.1944, S. 95.
136 Vermerk Behms vom 26.1.1960, in: HStA Düsseldorf, Ger.Rep. 192/214.
137 Vgl. Weitkamp, »Mord mit reiner Weste«, S. 38 f. Panzinger wurde im Juni 1959 wegen Beihilfe in München angeklagt. Bei seiner Verhaftung nahm er sich das Leben.
138 Behm ließ Bobrik in Santiago de Chile vernehmen, vgl. Aussage Bobriks vom 26.10.1961, in: HStA Düsseldorf, Ger.Rep. 237/14. Im November 1961 erließ das Amtsgericht Berlin/Tiergarten Haftbefehl gegen Bobrik, der selbstverständlich nicht vollstreckt werden konnte. Die Ermittlungen wurden 1964 aus Mangel an Beweisen eingestellt.

verfiel Scherpenberg auf die Ausrede, Wagner und die NS-Parvenüs seien für die Verbrechen verantwortlich: »*Herr Wagner und seine Kumpanen in der ›Deutschland-Abteilung‹* [sic] *hätten mit dem eigentlichen Auswärtigen Amt überhaupt nichts zu tun gehabt und seien als völlige Fremdkörper von der Partei in die Organisation des Amtes hineingepflanzt worden.*« Er halte es für wünschenswert, dass die Anklage diese Umstände gebührend berücksichtige.[139]

Die Justiz war überaus gewillt, sich an diese Lesart der Geschichte zu halten. Bei einer Besprechung im Landesjustizministerium legten sich die Juristen darauf fest, den Mord ganz auf Ribbentrop und dessen Entourage zu schieben. Nach Auffassung eines Ministerialrats habe der alte Stamm des AA nichts damit zu tun.[140] Flehinghaus sandte Scherpenberg persönlich ein Exemplar der Anklageschrift mit der Bitte um Prüfung zu. Innerhalb kurzer Zeit hatte Scherpenberg den Text gelesen und schlug vorsichtige Umformulierungen vor, um Inland II von vornherein vom übrigen AA zu separieren. So legte der Diplomat Wert auf die Charakterisierung, Inland II hätte »*im wesentlichen aus besonders linientreuen und sorgfältig ausgewählten Parteigenossen*« bestanden.[141] Flehinghaus sagte der Änderungswunsch zu, den er an den Generalstaatsanwalt in Hamm weitergeben wolle. Und tatsächlich wurde der Satz genau so in die Anklageschrift übernommen.[142] Derselbe Satz findet sich übrigens auch in der Anklageschrift gegen Wagner wegen Beihilfe zur Judenvernichtung aus dem Jahre 1967 in kaum modifizierter Form.[143] Der Staatssekretär hatte auf diese Weise sein Anliegen, die Meinungsbildung müsse entsprechend gesteuert werden, umgesetzt.

Knapp zwei Wochen später, im Mai 1960, legte der Oberstaatsanwalt in Essen die Anklage gegen Wagner, Schulze, Meurer und Cohrs vor. Wagner und seine Anwälte nahmen die Anklage wie zu erwarten mit Ablehnung auf und forderten, den Antrag auf Eröffnung des Hauptverfahrens zurückzuweisen und Wagner außer Verfolgung zu setzen. Als Gründe führten sie an, Wagner sei nur am Rande mit dem Fall befasst gewesen und habe nichts zur Durchführung des Führerbefehls getan. Sie strickten die alte Legende weiter, dass Wagner nur Leiter eines Verbindungsreferats gewesen sei, und machten sich hierbei den Umstand zu Nutze, dass Wagner im Auftrage Ribbentrops bei der SS erwirkt habe, dass nichts geschehen solle, bis nicht die Zustimmung des AA vorliege. Die Anwälte konstruierten weiter, Wagner habe die Durchführung des Befehls verhindern wollen und »*hemmend*« gewirkt. Er sei davon ausgegangen, dass Ribbentrop den Mord nicht zulassen werde.[144]

---

139 Schreiben Scherpenbergs an Bundesaußenminister (BAM) vom 31.3.1960, in: PA AA, B 83/404.
140 Vgl. Vermerk Sta Essen vom 25.4.1960, in: HStA Düsseldorf Ger.Rep. 237/21.
141 Schreiben Scherpenbergs an Flehinghaus vom 28.4.1960, in: PA AA, B 83/404.
142 Vgl. Anklageschrift gegen Wagner u. a., 29 Ks 1/60 vom 18.5.1960, S. 30, in: HStA Düsseldorf, Ger.Rep. 237/19. Lediglich aus »ausgewählten« wurde »ausgesuchten«.
143 Vgl. Anklageschrift gegen Wagner, 29 Ks 4/67 vom 22.2.1967, S. 37, in: ebd., Ger.Rep. 192/19.
144 Stellungnahme Kanzlei Achenbach vom 14.10.1960 [Behrendt], in: ebd., Ger.Rep. 237/13.

Daneben sah die Verteidigungsstrategie vor, das Alter der Angeklagten zur »juristischen Waffe« zu machen. Wagner war 1961 mit fünfundfünfzig Jahren der jüngste der Angeklagten, Meurer und Cohrs zählten fünfundsechzig Jahre, Schulze dreiundsechzig. Man versuchte, den Prozess in die Länge zu ziehen, um schließlich Verhandlungsunfähigkeit geltend machen zu können. »*Die Verteidiger sind wenig bemüht, den Termin nicht hinausgeschoben zu bekommen*«, bemerkte Behm gegenüber Kempner.[145] Aber die Argumente der Anwälte hatten keinen Erfolg, im September 1960 beschloss das Landgericht Essen das Hauptverfahren. Im November sollte nach zweijähriger Ermittlungszeit die Gerichtsverhandlung vor dem Schwurgericht Essen stattfinden. Vorgesehen waren fünfzehn Verhandlungstage.

Kurz vor Prozessbeginn hatte Achenbach jedoch eine folgenschwere Überraschung parat. Gegen Wagner war durch französische Behörden in Abwesenheit wegen des Mesny-Mordes verhandelt worden. Jetzt legte Achenbach den Beschluss des Ständigen Militärgerichts Paris vor, welches die Strafverfolgung gegen seinen Mandaten eingestellt hatte. Damit war fraglich, ob das Verfahren weitergeführt werden konnte. Für die unvorbereitete Anklage war das ein Schock. Behm sprach von einem »*deus ex machina*«.[146]

Was war geschehen? Kurz nach Kriegsende hatte das Ständige Militärgericht die Ermittlungen im Mordfall Mesny aufgenommen. Im Januar 1947 wurde der Leichnam Mesnys unter Aufsicht eines französischen Offiziers exhumiert und im Auftrag der französischen Untersuchungsbehörden für Kriegsverbrechen in Berlin einer Autopsie unterzogen, die die Todesursache durch Schuss in den Hinterkopf feststellte.[147] Neben den französischen Generälen vernahm man auch deutsche Beteiligte, so zum Beispiel Oberstleutnant Friesen. Doch die Ermittlungen zogen sich hin, da man die Ergebnisse der Nürnberger Prozesse abwartete. Anschließend ermittelten die Franzosen in Eigenregie gegen eine Reihe von Personen, darunter Ritter, Wagner, Thadden, Cohrs, Bobrik, Westhoff, Panzinger, Friesen und Hesselmann.[148] Unter anderem wurde Thadden 1951 in Bonn von der französischen Sicherheitspolizei vernommen. Weil aber die Beschuldigten entweder flüchtig waren oder von der Bundesrepublik nicht ausgeliefert wurden, stellten die Franzosen die Strafverfolgung im November 1952 teilweise ein.[149] Im Fall Wagner, Ritter, Thadden und Bobrik geschah dies, weil die Anschuldigung aufgrund der dünnen Ergebnisse nicht begründet erschien. Auf ähnliche Weise entkamen auch Westhoff und Panzinger der französischen Justiz. Gegen Cohrs wurde die Ermittlung ausgesetzt, weil er nicht einwandfrei identifiziert

---

145 Schreiben Behms an Kempner vom 3.9.1961, in: BA Koblenz, NL Kempner, Bd. 1107.
146 Schreiben Behms an Kempner vom 1.3.1964, in: ebd.
147 Vgl. Autopsiebericht vom 8.1.1947, in: HStA Düsseldorf, Ger.Rep. 237/15.
148 Vgl. Schreiben Depot Central d'Archives vom 23.11.1961, in: ebd.
149 Vgl. Einstellungsbeschluss Ständiges Militärgericht Paris vom 18.11.1952, in: ebd. Ger.Rep. 237/36. Die Unterlagen der Justice Militaire (Depot Central d'Archives in Meaux) liegen ebd.

werden konnte. Die Franzosen suchten vergeblich nach einem »*Joachim Corhs*«.[150] Dagegen wurde Meurer 1953 in Abwesenheit zum Tode verurteilt.

Die Untersuchungen waren anscheinend nur flüchtig geführt worden. Ein Ermittlungsergebnis hätte im Falle Wagners schon aufgrund der in Nürnberg vorgelegten Dokumente eine Mitschuld feststellen können. Warum das Militärgericht zu dem Schluss kam, eine Anschuldigung sei nicht begründet, ist kaum nachzuvollziehen. Andererseits wurde sogar SS-Führer Hans Jüttner, der mit dem Fall nichts zu tun hatte, zum Tode verurteilt. Die konfus wirkenden französischen Entscheidungen sollten weit reichende Konsequenzen haben. Achenbach hatte herausgefunden, dass gegen Wagner bereits in Abwesenheit verhandelt worden war. Er wählte daraufhin den kurzen Dienstweg und telefonierte mit dem zuständigen Sachbearbeiter Johann Georg Schätzler im Bundesjustizministerium und erläuterte den Sachverhalt. Beide kannten sich als Verteidiger von den Nürnberger Prozessen. Gemäß Artikel 3 des Überleitungsvertrages von 1955 war eine Neuaufnahme des Verfahrens blockiert.[151] Der Artikel besagte, dass die deutsche Gerichtsbarkeit in einigen Fällen nicht gegeben sei, da es ihr nicht zustand, Verfahren der Besatzungsmächte wieder aufzurollen oder Personen wieder anzuklagen, gegen die bereits vor alliierten Gerichten ein Verfahren »*abgeschlossen*« worden war. Nach Achenbachs Ansicht handelte es sich bei dem französischen Verfahren gegen Wagners um ein abgeschlossenes Verfahren.

Auch Dr. Fischinger, der neue Verteidiger Meurers, machte für seinen Mandanten Druck, obwohl er von der Neuigkeit der französischen Verfahren noch keine Kenntnis hatte. Er wandte sich an das AA und das Justizministerium. Solle es zum Prozess kommen, werde die Verteidigung französische Verstöße gegen das Völkerrecht bekannt machen, um zu zeigen, dass die Tötung Mesnys eine zulässige Repressalie gewesen sei. Dann werde das Verfahren zum »*politischen Sprengstoff*«.[152] Dem Außenminister Gerhard Schröder schrieb Fischinger im November 1961, das Mesny-Verfahren stelle eine Gefahr der deutsch-französischen Beziehungen dar und sei tunlichst einzustellen, ehe »*unnötig Porzellan zerschlagen wird*«.[153] Die Rechtsabteilung wunderte sich daraufhin, wie Fischinger auf die Idee käme, ohne juristische Handhabe einen ordnungsgemäß angesetzten Prozess einfach stornieren zu wollen.

In den deutschen Ministerien entfachte sich wenig später die Diskussion, was nach dem Artikel 3 des Überleitungsvertrages unter einem »abgeschlossenen Verfahren« zu verstehen sei. Die Besatzungsmächte hatten diesen Passus ursprünglich in das Vertragswerk, das die juristische Souveränität der Bundesrepublik mit begründete, aufgenommen, um zu verhindern, dass eine bundesdeutsche Gesetzgebung später alliierte Urteile aufheben konnte. Nun wurde die Wortwahl zum juristischen Eigentor. Der

---

150 Schreiben Depot Central d'Archives vom 23.11.1961, in: HStA Düsseldorf, Ger.Rep. 237/15.
151 Vgl. Vermerk BMJ vom 8.12.1961, in: BA Koblenz, B 141/25629, 2. Vgl. zu den französischen Kriegsverbrecher-Prozessen Brochhagen, Nach Nürnberg, S. 147 ff.
152 Vermerk BMJ vom 8.12.1961, in: BA Koblenz, B 141/25629, 2.
153 Schreiben Fischingers an Schröder vom 14.11.1961, in: PA AA, B 83/809.

Artikel berührte den neuralgischen Punkt, wie mit den vielen in Abwesenheit Verurteilten generell zu verfahren sei. Durfte man diese Verfahren wieder aufnehmen? Schließlich setzte sich Achenbachs Meinung durch, dass dies nicht der Fall sein könne, auch nicht bei denjenigen, deren Ermittlungen mangels Beweises eingestellt worden waren. Diese Entscheidung hatte nicht nur Folgen für das Mesny-Verfahren.[154]

Das Landgericht Essen beschloss deshalb im Januar 1962, das Verfahren gegen Wagner einzustellen. Es läge ein Prozesshindernis gemäß Strafprozessordnung vor.[155] Mit Wagner wurde auch Meurer ausgenommen, den das Militärgericht zum Tode verurteilt hatte. So tat ausgerechnet die französische Seite den beiden einen unschätzbaren Gefallen, für die der Prozess jetzt zu Ende war.

Gegen Schulze war in Frankreich nicht ermittelt worden, weshalb die Anklage gegen ihn weiterlief. Die Verteidiger Cohrs' versuchten vergeblich, das Gericht davon zu überzeugen, dass der in den französischen Akten auftauchende »Joachim Corhs« mit ihrem Mandanten identisch sei, doch das Gericht sah das nicht so. Der neue Prozess benötigte eine neu zu fassende Anklage, und das kostete wieder Zeit. Die französischen Behörden zeigten sich dabei nicht gerade kooperativ und verweigerten zunächst die Überlassung ihrer Akten.[156] Diese kamen erst im April 1963.

Die Anwälte Cohrs' und Schulzes setzen nun ganz auf das Alter ihrer Mandanten. Die Angeklagten waren fast siebzig Jahre alt und an Arteriosklerose erkrankt. Frustriert schrieb Behm im März 1964 an Kempner: »*Warum es nicht zur Schwurgerichtsverhandlung kommt, ahne ich nicht.*«[157] Der nächste Verhandlungstermin war erst für Juli vorgesehen und wurde schließlich auf Oktober verschoben. Wegen Verhandlungsunfähigkeit wurde auch dieser wieder abgesagt. Im Mai 1965 wurde das Verfahren vorläufig eingestellt, »*weil die Krankheit der Angeklagten einer Hauptverhandlung für längere Zeit entgegensteht*«.[158] Es sei zweifelhaft, ob überhaupt wieder eine Verhandlungsfähigkeit eintreten werde. Doch die Anklagevertretung war noch nicht bereit, das Verfahren endgültig einzustellen. Der Leitende Oberstaatsanwalt zeigte Zuversicht, dass nach Einleitung des Hauptverfahrens »*mit hoher Wahrscheinlichkeit mit [Schulzes] Verurteilung zu rechnen sei*«.[159] Dazu kam es aber nicht mehr. Am 29. Dezember 1969 starb Schulze, und im Juni 1970 wurde das Verfahren dann endgültig eingestellt, da Cohrs dauerhaft verhandlungsunfähig geworden war.[160]

Keiner der vier Angeklagten war somit gerichtlich verurteilt oder entlastet worden. Über fünfundzwanzig Jahre nach der Tat und zehn Jahre nach der Anklageerhe-

---

154 Vgl. Brunner, Frankreich-Komplex, S. 206 ff. u. S. 218 ff.
155 Vgl. Beschluss LG Essen vom 18.1.1962, in: HStA Düsseldorf, Ger.Rep. 237/19 II. u. Verfügung Sta Berlin vom 28.2.1964, in: BA Ludwigsburg, AR 563/60, Bd. 2.
156 Vgl. Schreiben Ministre des Affaires Etrangères vom 4.12.1962, in: BA Koblenz, B 141/25629, 3.
157 Schreiben Behms vom 1.3.1964 an Kempner, in: BA Koblenz, NL Kempner, Bd. 1107.
158 Schreiben OSta Essen vom 19.4.1966, in: HStA Düsseldorf, Ger.Rep. 237/19 II.
159 Schreiben OSta Essen vom 23.10.1968, in: ebd., Ger.Rep. 237/20.
160 Vgl. Beschluss LG Essen vom 24.6.1970, in: ebd., Ger.Rep. 237/17.

bung fand der Mesny-Prozess, der nie eröffnet worden war, ein unrühmliches Ende. Meurer allerdings verlor aufgrund der Anklage seine Ansprüche gemäß des 131er-Gesetzes, welches keine Versorgung für Personen vorsah, die »*durch ihr Verhalten während der Herrschaft des Nationalsozialismus gegen die Grundsätze der Menschlichkeit oder Rechtsstaatlichkeit verstoßen haben*«.[161] Meurer klagte sich durch alle Instanzen und unterlag schließlich vor dem Bundesverwaltungsgericht, welches Meurers Initiativen im Fall Mesny als verbrecherisch ansah. Als Berufsoffizier hätte er sich der Rechtsverletzung bewusst sein müssen.[162]

Im Jahr 1971 wurde das »Deutsch-französische Abkommen über die Erweiterung der deutschen Strafgerichtsbarkeit auf gewisse Kriegs- und Menschlichkeitsverbrechen« abgeschlossen.[163] Damit entstand eine neue Rechtslage, da es nun möglich wurde, Wagner und Meurer trotz ihres Verfahrens in Frankreich erneut anzuklagen.[164] Doch das nötige Gesetz hierzu erschien erst 1975[165], und Achenbach hatte nichts unversucht gelassen, es ganz zu torpedieren. Wichtige Jahre waren wieder verstrichen. Trotzdem schien es für einen Moment, als sollte sich das Blatt noch einmal wenden, als der Generalstaatsanwalt im August 1975 anwies, das Verfahren neu zu eröffnen, und die Staatsanwaltschaft Essen im Dezember die Wiederaufnahme gegen Wagner und Meurer beantragte.[166] Doch großes Engagement zeigte die Strafverfolgung nicht, und Behm bemerkte gegenüber Kempner, die »*Staatsanwaltschaft ist immer wenig entzückt, wenn sie danach gefragt wird!*«.[167]

Die Verhandlungsfähigkeit der Beschuldigten musste neu geklärt werden. Meurer war inzwischen achtzig Jahre alt, Wagner siebzig. Im Juli 1976 wurde Meurer als nicht verhandlungsfähig eingestuft. Im Falle Wagner sah das Landgericht Essen 1976 die Wiederaufnahme nach den Statuten des neuen, deutsch-französischen Abkommens (Artikel 1) rechtlich doch nicht für gegeben an.[168] Damit war der letzte Versuch gescheitert, den Fall Mesny vor ein deutsches Gericht zu bringen.

---

161 BGBl. 1965 I, S. 1687, § 3a. Diese Klausel wurde erst 1965 hinzugefügt.
162 Vgl. Dolph, Werner, Auf der Flucht erschossen, in: *Die Zeit* 33 (1969).
163 Vgl. Brunner, Frankreich-Komplex, S. 262 ff.
164 Vgl. Kempner, Der Mord an General Mesny, in: Die Mahnung, 1. April 1975.
165 Vgl. Gesetz zu dem Abkommen vom 2. Februar 1971 zwischen der Regierung der Bundesrepublik Deutschland und der Regierung der Französischen Republik über die deutsche Gerichtsbarkeit für die Verfolgung bestimmter Verbrechen vom 9. April 1975, in: BGBl. 1975 I, 431-435. Vgl. besonders Art. 1.
166 Vgl. allgemein BA Ludwigsburg, AR 563/60, Bd. 2.
167 Schreiben Behms an Kempner vom 27.3.1976, in: BA Koblenz, NL Kempner, Bd. 1486.
168 Vgl. Verfügung Sta Essen vom 9.7.1976, in: BA Ludwigsburg, AR 563/60, Bd. 2.

4.2 Komplex »Endlösung«

> »Es wäre sehr zu wünschen, daß das [...] Verfahren gegen Wagner bald eröffnet wird, damit endlich nach so vielen Jahren Verzögerung die Gerechtigkeit ihren Lauf nehmen kann.«
> Frankfurter Rundschau vom 12. Dezember 1958[169]

> »Die Akten Horst Wagner sind eine Fibel für Jurastudenten. Wie kann man bewußt oder unbewußt einen Prozeß hinauszögern?«
> Robert Kempner[170]

Horst Wagner hatte über die Vergangenheit eigene Legenden gestrickt. Er selbst spielte in ihnen nur eine untergeordnete Rolle, die des »Briefträgers« zwischen Auswärtigem Amt und SS. Von allem – Judenvernichtung, tödlicher NS-Machtpolitik und Mord – will er keine Ahnung gehabt haben. Für die Verbrechen machte er seinen toten Mentor Ribbentrop verantwortlich[171], und Verteidiger Schlottmann verstieg sich sogar zu der Annahme: »*Wagner ist seiner sehr schwierigen, undankbaren Aufgabe in bewundernswerter Weise gerecht geworden und er kann als Fazit seiner Arbeit mit Stolz sagen: ›Ich habe niemanden [sic] geschadet, aber ungezählten Menschen zu helfen mich bemüht, und ich bin glücklich, daß ich helfen konnte‹.*«[172]

Die Strafkammer I des LG Essen fiel jedoch nicht auf diese Geschichtsklitterung herein. Die Originaldokumente bewiesen zweifellos Wagners Stellung im AA und seine Einflussnahme auf die Abläufe der Judenmaßnahmen: »*Wie man bei dieser Sachlage von mangelndem Einfluß sprechen kann, ist unerfindlich.*« Zugleich wunderte sich die Kammer über einen offenkundigen Widerspruch: »*Einerseits soll der Angeschuldigte ein zu ›kleiner Mann‹ gewesen sein, um judengünstige Entscheidungen getroffen haben zu können. Er war jedoch so ›stark‹, daß er sich für Juden einzusetzen vermochte. Daß hier nur mit Worten gespielt wird, bedarf keiner weiteren Begründung.*«[173] Damit war der Rahmen der konträren Auffassungen von Verteidigung und Anklage abgesteckt.

Behm war in beiden Anklagekomplexen mit der Voruntersuchung beauftragt. Die Untersuchung im »Endlösung«-Verfahren erwies sich jedoch als wesentlich komplizierter als die zum Fall Mesny. Dass sie vierzehn Jahre brauchen sollte, sollte noch niemand ahnen. Zunächst wurden die Ermittlungen stark behindert durch personelle und logistische Probleme. Behm musste den Mesny-Fall und weitere Verfahren gleichzeitig bearbeiten und wurde häufig als Beisitzer für andere Verhandlungen bestellt. Die Akten des AA kehrten erst im Laufe des Jahres 1959 aus Großbritannien in die Bundesre-

---

169 Fritze, Walter, Der Fall des Herrn Legationsrat Wagner, in: FR vom 12.12.1958.
170 Kempner, Ankläger, S. 414.
171 Vgl. Dienstliche Äußerung Behms vom 6.3.1959, in: HStA Düsseldorf, Ger.Rep. 237/4.
172 Schreiben Schlottmanns an LG Essen vom 12.9.1959, in: IfZ München, NL Behm, Bd. 15.
173 Beschluss LG Essen vom 16.3.1959, in: BA Ludwigsburg, B 141/25629, 1.

publik zurück, sodass die Vorlage von beweiskräftigen Originalen zu Anfang unterblieb. Doch Behm machte sich motiviert an die Arbeit und trat mit Kempner in schriftlichen und persönlichen Kontakt, der ihn mit Ratschlägen und Material unterstützte. Die Briefwechsel lassen darauf schließen, dass ein freundschaftliches Verhältnis zwischen ihnen bestanden hat, welches sich nicht zuletzt auf das gemeinsame Engagement bei der Verfolgung von NS-Verbrechen gründete.

Ende 1959 hatte der Untersuchungsrichter erst ca. 100 der 460 bis 480 jeweils etwa 250 Blatt starken Aktenbände von Inland II durchgearbeitet (nach Zählung Behms). Die Durchsicht sei umso schwieriger, als dass die Akten nach Rückkehr aus Großbritannien noch nicht wieder sachlich geordnet seien. Bei den für die juristische Arbeit wichtigen Ablichtungen scheitere es an technischen Schwierigkeiten. Die Akten dürften das AA nicht verlassen, und es stehe nur ein Kopiergerät zur Verfügung. Die Kopien müssten über das Politische Archiv bestellt werden. Zwar wurde die Möglichkeit eingeräumt, vonseiten der Justiz ein eigenes Gerät zu installieren, aber es fehle sowohl an einem Apparat wie an einer Hilfskraft zur Bedienung. Zudem untersage das AA während der dreimonatigen Deutschland-Konferenz der Vier Mächte in Genf Mitte 1959 das Anfertigen von Kopien für dritte Stellen.[174] Zudem mussten noch andere Archive wie das Nürnberger Staatsarchiv, der Internationale Suchdienst Arolsen und das Institut für Zeitgeschichte in München gesichtet werden, und auch die Zahl der Zeugen stand noch nicht fest. Behm hatte avisiert, bis Pfingsten 1960 an die 100 von ihnen vernehmen zu wollen; wie sich zeigen sollte, ein utopisches Unternehmen.

Die Leitung des Landgerichts wurde wegen der langwierigen Ermittlungen zusehends ungeduldiger und verlangte Rechenschaft. Der Untersuchungsrichter erklärte im Oktober 1960, Haftbefehle und -beschwerden hätten zunächst viel Zeit gekostet.[175] Zu Beginn der Voruntersuchung hätten bereits 6.406 Seiten an Akten und Beiakten vorgelegen, die zunächst zu ordnen und durchzuarbeiten gewesen seien. Zudem habe er eine Personenkartei angelegt, die mittlerweile 832 Namen umfasse, und eine Kartei zur Erschließung der Nürnberger Beweismittel beinhalte 1.206 Karten. Insgesamt lägen 7.501 Dokumente aus verschiedenen Archiven vor. Während des Urlaubs besuche er das Centre Juive Documentaire Contemporaine in Paris und das Rijksinstituut voor Oorlogsdocumentatie in Amsterdam, um weiteres Material zu sammeln. Das seinerzeit in London beschaffte Dokumentenmaterial beziehe sich nur auf Thadden und müsste zu Wagner ergänzt werden. Die Archivstudien seien zu diesem Zeitpunkt noch längst nicht abgeschlossen. Alleine für die Recherche im AA rechnete Behm mit 65 Arbeitstagen, von denen er 40 absolviert habe.

Neben der Erfassung von Aktenmaterial stand die »*Ermittlung des Persönlichkeitshintergrundes*« Wagners im Vordergrund. Der unstete Lebensweg von einer »*gescheiterten Existenz*« zum Diplomaten und Verbindungsführer zwischen Ribbentrop und

---

174 Vgl. Verfügung [Sta Grimm] vom 16.11.1959, in: HStA Düsseldorf, Ger.Rep. 192/22.
175 Vgl. wie im folgenden Bericht Behms an LG-Präsidenten vom 26.10.1960, in: ebd.

Himmler erweckte Behms Aufmerksamkeit. Zur Auslotung von Wagners Kompetenzen hielt er es für erforderlich, die persönlichen Verhältnisse heranzuziehen, zumal Wagner kaum richtige Angaben über sich selbst gemacht hatte. In diesem Kontext mühte sich Behm, das komplexe Verhältnis von AA und SS/RSHA aufzurollen, welches das Arbeitsgebiet von Inland II bestimmt hatte. Hierzu, berichtete Behm dem LG-Präsidenten, habe er unter anderem an die siebzig Titel Forschungsliteratur bearbeitet und bis dato 25 Zeugen vernommen, wobei die Aussagen von mindestens weiteren 89 Zeugen noch ausstünden. Behm wollte alle Vernehmungen selbst führen, da er eingearbeitet sei und sich Spezialkenntnisse erworben habe, über die andere Vernehmungsbeamten nicht verfügten. Ende 1960 veranschlagte er noch vier bis sechs Monate Arbeit.

Behm wollte Wagner als NS-Exponenten im AA darstellen, um ihn von vornherein als Emporkömmling und Nazi zu belasten. Die umfangreiche Recherche zu Wagners Vorleben war dadurch motiviert, dass Behm beweisen wollte, dass der Beschuldigte persönliche Vorteile aus seiner mörderischen Tätigkeit gezogen hatte. Behm verwandte nicht unerheblich viel Zeit darauf, die Geschichte des AA zu erforschen, um die Transformation des Amtes unter der Herrschaft des Nationalsozialismus darzustellen. Ihm ging es um eine Einordnung Wagners in das Regime, weshalb sich Behm erst mal ein »*Gefühl für die Zeit- und Milieuverhältnisse verschaffen*« wollte.[176] Der Untersuchungsrichter verfolgte dabei die Theorie des Dualismus' zwischen »alten Berufsdiplomaten« und ideologischen Neueinsteigern nach 1933/38.[177] Letztere hätten eine Nazi-Fraktion innerhalb des AA gebildet und seien für die Verbrechen wesentlich verantwortlich. Behms Nachfolger Grimm folgte später ebenfalls dieser Linie. Wie bereits geschildert, korrespondierte dieses Ansinnen mit der exkulpierenden Geschichtsinterpretation des Bonner AA. Wagner wollte sich hingegen nicht zum Sündenbock machen lassen und bemerkte, »*daß die gegen mich erhobenen Vorwürfe nicht nur mich, sondern auch alle deutschen Diplomaten, sowohl die der Wilhelmstraße als auch die heutigen [...] treffen*«.[178] Im Kontext des anstehenden Prozesses konnte man diese Aussage durchaus als Drohung verstehen.

Auch Achenbach war an einer Darstellung des Milieus im AA zur NS-Zeit interessiert. Im April 1959 wurde er zusammen mit Sozius Schlottmann beim Staatssekretär des AA, Karl Heinrich Knappstein, vorstellig. Sie baten um Einsicht in die Akten und regten an, Botschafter Peter Pfeiffer als Gutachter im Prozess auftreten zu lassen, um die Verhältnisse im alten AA darzulegen. Doch die Bitte wurde abgelehnt. Das Amt könne nicht in solcher Form in einem Strafverfahren auftreten.[179] Welche Umstände gerade Pfeiffer, der zeitweise im Bonner AA die Personalabteilung leitete, in den Augen Achenbachs zum Gutachter prädestinierten, ist aus den Akten nicht ersichtlich.

---

176 Dienstliche Äußerung Behms vom 6.3.1959, in: ebd., Ger.Rep. 237/4.
177 Vgl. Monatsbericht Behms vom 30.12.1961, in: ebd., Ger.Rep. 192/214.
178 Erklärung Wagners vom 23.3.1959, in: ebd., Ger.Rep. 237/5 I.
179 Vgl. Schreiben Knappsteins an BAM vom 24.4.1959, in: PA AA, B 83/19.

Behm hatte sich mit der Zeit in den Fall immer stärker regelrecht »verbissen«, er wollte Wagner unbedingt zur Verurteilung bringen. Dies war ein hehres Ziel, aber seine zeitraubenden und allumfassenden Nachforschungen waren der Sache letztlich abträglich. Sie spielten der Verteidigung in die Karten, die ohnehin bemüht war, das Verfahren in die Länge zu ziehen, um angesichts des fortschreitenden Alters Wagners für Verhandlungsunfähigkeit zu plädieren. Der Prozess drohte zu einer nicht endenden Geschichte zu werden. Für Behm war es aber ein »*politisches Verfahren von besonderem Ausmaß*«.[180]

Der Untersuchungsrichter weigerte sich, die Ermittlungen abzuschließen, ohne vorher Eichmann vernommen zu haben, der in Jerusalem vor Gericht stand. Von der Aussage Eichmanns, dem Konterpart des RSHA zu Inland II, versprach sich Behm ein wichtiges Belastungsmoment.[181] Seit Januar 1961 bemühte er sich um eine Dienstreise nach Israel. Die dortigen Behörden waren bereit, den deutschen Kollegen persönlich zur Befragung zuzulassen, für die Behm einen elfseitigen Fragenkatalog erstellt hatte. Auch andere deutsche Strafverfolgungsbehörden waren an einer Aussage des prominenten Angeklagten interessiert, so die Ermittler gegen den ehemaligen Polizei-Attaché Gustav Richter, den ehemaligen Reichskommissar Hinrich Lohse und die Eichmann-Mitarbeiter Hunsche und Krumey. Doch Eichmann äußerte, er wolle vor Prozessende keine Angaben machen. Später verweigert er jegliche Aussagen, da sie nur gegen ihn verwendet würden.[182]

Mittlerweile belasteten die Ermittlungen die Personalsituation des Landgerichts, da Behm fast ausschließlich am Fall Wagner arbeitete und seine anderen Aufgaben brachlagen oder umgeschichtet werden mussten. Die Geduld der Vorgesetzten schwand. Ab Mai 1961 musste Behm wieder verstärkt als Beisitzer tätig werden. Der Vorsitzende der Strafkammer machte den unmutigen Behm darauf aufmerksam, dass diese Arbeit auf Anweisung der Gerichtsleitung gegenüber der Ermittlungsarbeit Vorrang habe. Der Untersuchungsrichter protestierte erfolglos beim Präsidenten des Landgerichtes, welcher erwiderte, er erwarte den Abschluss bis Jahresende, wogegen Behm auf die ausstehende Vernehmung Eichmanns verwies. Der Vorgesetzte entgegnete barsch, es könne nicht angehen, dass »*jeder kleine Untersuchungsrichter nach Israel fahre*«.[183] Die Arbeit in den Kammern gehe vor. Resignierend machte Behm etwas später noch einmal auf die Verantwortung aufmerksam, die er »*für eine dem deutschen Ansehen schädliche Bearbeitung der Sache Wagner*« trage. Er verwies auf die »*internationale Kritik*« bei der Einstellung des Verfahrens gegen Thadden.[184] Gleichzeitig betonte er nicht ohne Stolz, dass seine gründlichen Ermittlungen jedem Vergleich, auch dem mit dem israeli-

---
180 Dienstliche Äußerung Behms vom 6.3.1959, in: HStA Düsseldorf, Ger.Rep. 237/4.
181 Vgl. Bericht Behms an LG-Präsidenten vom 26.10.1960, in: ebd., Ger.Rep. 192/22.
182 Vgl. allgemein BA Koblenz, B 141/12751.
183 Vermerk Behms vom 2.5.1961, in: HStA Düsseldorf, Ger.Rep. 192/22.
184 Schreiben Behms an Vorsitzenden Strafkammer VII vom 10.5.1961, in: IfZ München, NL Behm, Bd. 15.

schen Eichmann-Verfahren, standhalten würden. Die von ihm erschlossenen Materialien hätten Anerkennung gefunden und würden in zahlreichen weiteren Verfahren benutzt.[185] Die Relevanz des Verfahrens konnten die Justizbehörden in der Tat nicht leugnen. Das Landesjustizministerium machte beim Bundesjustizministerium explizit auf seine politische Bedeutung aufmerksam.[186]

Behm war ein selbstbewusster Jurist, der sich in einer Zeit für die Aufarbeitung von NS-Verbrechen einsetzte, als dies keineswegs en vogue war. Gegenüber einem Kollegen verschaffte er seinem Ärger über die mangelnde Unterstützung Luft. Die Justizverwaltung hätte andere Möglichkeiten gehabt, die schwache Stellenbesetzung auszugleichen, und Behm spekulierte, die Justizverwaltung habe kein Interesse an dem Verfahren. Auch aus dem Kollegenkreis käme kaum Anerkennung. Man verstehe nicht, warum er sich »*mit einer solchen Sache ›die Sporen verdienen‹ wolle, warum* [er] *sich deswegen so sehr ins Zeug lege* […]«. Ein anderer Untersuchungsrichter hätte behauptet, den Fall in drei Wochen abschließen zu können. Der Hohn der Kollegen, das Auf-sich-allein-gestellt-sein und die Frustration über die Hindernisse bei den Ermittlungen führten dazu, dass sich Behm nach einer neuen Stellung umsah, wie er dem Adressaten vertraulich mitteilte.[187]

Schließlich entband man Behm von den Ermittlungen. Am 31. Dezember 1961 gab er den Fall an Landgerichtsrat Grimm ab. Behm fühlte sich »*dienstlich kaltgestellt*«, er sei nur noch ein »*gehobener Referendar*«.[188] Mit dem Fall Wagner hatte er keine dienstliche Berührung mehr. Im Jahr 1973 wechselte er als Richter an das Amtsgericht Essen-Steele, bevor er 1976 in den Ruhestand ging. Er hatte seinem Nachfolger dringend ans Herz gelegt, das Rechtshilfeersuchen zu forcieren und nach Jerusalem zur Vernehmung Eichmanns zu fahren. Ferner solle er die Verhandlungsprotokolle und Unterlagen aus diesem Prozess durcharbeiten, wovon sich Behm wichtige Hinweise auf die intensive Zusammenarbeit zwischen RSHA und AA versprach. Dem Landgerichtspräsidenten gegenüber bemängelte Behm die noch fehlenden historischen Kenntnisse des Nachfolgers, der sich wohl oder übel aus den Akten sein Bild von den zeitgenössischen Verhältnissen machen müsse, da Spezialliteratur im Bezug auf das AA fast vollkommen fehle.[189] In seinem letzten Bericht machte Behm auf die letzten wichtigen Zeugen aufmerksam, die noch zu vernehmen seien. Darunter waren der ehemalige Kollege Thadden, Staatssekretär a. D. Steengracht, Gesandter I. Klasse a. D. Altenburg, der ehemalige SS-Führer Gottlob Berger, die Botschafter a. D. Rintelen und Rahn sowie der damalige Ministerpräsident von Baden-Württemberg, Kurt Georg Kiesinger.

Grimm fand bei der Übergabe 176 Aktenbände, Hefter und Ordner mit Prozessmaterial vor. Er sah sich gezwungen, die Ordnung seines Vorgängers über den Haufen

---

185 Vgl. Schreiben Behms an Präsident LG Essen vom 30.6.1961, in: ebd., Bd. 28.
186 Vgl. Schreiben LMJ an BMJ vom 25.4.1963, in: HStA Düsseldorf, Ger.Rep. 192/27.
187 Halbamtliches Schreiben Behms vom 10.5.1961, in: IfZ München, NL Behm, Bd. 15.
188 Schreiben Behms an Kempner vom 1.3.1964, in: BA Koblenz, NL Kempner, Bd. 1107.
189 Vgl. Monatsbericht Behms vom 30.12.1961, in: HStA Düsseldorf, Ger.Rep. 192/214.

zu werfen und eine neue anzulegen. Unter anderem schien es ihm folgerichtig, die Dokumente nach sachlichen Gesichtspunkten zu sortieren.[190] Auch Grimm wandte sich mit Fragen an Kempner, einen Auftritt als Zeuge lehnte der ehemalige US-Ankläger aber ab.[191]

Wagner hatte aus strategischen Gründen anfangs jegliche Aussage in eigener Sache verweigert. Erst 1962 setzten die Vernehmungen ein, die sich vom März bis zum April 1963 hinzogen. Es ging um seine Biografie, Inland II und die Rolle bei der Judenvernichtung. Wagner stritt wie bisher jede Verantwortung und jedes Wissen um den Massenmord konsequent ab. Behm und später Grimm mussten daher viel Zeit auf ein genaues Aktenstudium verwenden, weil sie Wagners mitunter ausschweifende Angaben selbstverständlich kritisch aufnahmen und nur auf einer soliden Basis bewerten wollten.

In anderen Prozessen war Wagner eher bereit, Aussagen zu machen. Im Januar 1961 machte er eine schriftliche Aussage im Verfahren gegen Hunsche und Krumey, in der er vorgab, dass das AA »*in Judensachen keinerlei Kompetenz*« und »*nicht den geringsten Einfluß*« besessen hätte. Auschwitz sei ihm »*kein Begriff gewesen*«.[192] Auch bei einer schriftlichen Aussage für den Berliner Prozess gegen Friedrich Boßhammer spielte Wagner den Ahnungslosen.[193]

Achenbach hatte unterdessen ehemalige Diplomaten »reaktiviert«, die mit den erwähnten Entlastungszeugnissen für Wagner Partei ergriffen. Die Kontaktpflege dürfte nicht allzu schwierig gewesen sein, denn bereits seit den 1950er-Jahren arbeitete Achenbach mit Werner Best zusammen, um ein Ende der alliierten wie deutschen NS-Prozesse zu erreichen. Der Kontakt zu national gesinnten Kreisen war dementsprechend eng.[194] Nach Informationen Behms wurde er auch von Ex-Staatssekretär Steengracht unterstützt.[195] Eine Episode am Rande gewährt Einblick in die innere Einstellung der Kanzlei. Am 12. Juni 1962 suchte Achenbachs Mitarbeiterin Frau Dr. K. Untersuchungsrichter Grimm auf und entschuldigte den Mandanten Wagner für einen Vernehmungstermin. Grimm wollte sich damit nur abfinden, wenn Wagner im Hinblick auf einen raschen Abschluss der Vernehmungen in der nächsten Woche zweimal erscheine. K. äußerte sich verwundert, warum man sich denn so beeile.[196] Im Anschluss entspann sich eine kurze Unterhaltung, in der K. bemerkte, das schwebende Verfahren sei eine »*schreckliche Sache*«; sie würde sich anstelle Grimms ja versetzen lassen.[197] Nach ihrer Auffassung solle man siebzehn Jahre nach dem Krieg solche Sa-

---

190 Vgl. Monatsbericht Grimms vom 2.2.1962, in: IfZ München, NL Behm, Bd. 38.
191 Vgl. Schreiben Kempner an Grimm vom 13.3.1963, in: BA Koblenz, NL Kempner, Bd. 1107.
192 Aussage Wagners vom 6.1.1961, in: ebd., NL Kempner, Bd. 581.
193 Vgl. Aussage Wagners vom 22.5.1967, in: HStA Düsseldorf, Ger.Rep. 299/799.
194 Vgl. Herbert, Best, S. 491 ff.
195 Vgl. Monatsbericht Behms vom 30.12.1961, in: HStA Düsseldorf, Ger.Rep. 192/214.
196 Vgl. Äußerung Grimms vom 6.7.1962, in: ebd., Ger.Rep. 192/26.
197 Vermerk Grimms vom 12.6.1962, in: ebd.

chen nicht mehr betreiben. Wegen des Eichmann-Prozesses müsse man sich im Ausland als Deutscher einiges gefallen lassen. Dagegen verwies Grimm darauf, dass es dem Ansehen Deutschlands noch abträglicher sei, wenn schuldige NS-Funktionäre straffrei blieben oder wieder Ämter bekleiden würden.[198] Er notierte über das weitere Gespräch:

> »Einige Zeit später bemerkte sie, man müsse bedenken, daß sich die politischen Verhältnisse ändern könnten. Heute würden die Beamten des 3. Reiches verfolgt, es könne aber auch eine Zeit kommen, in der die heutigen Beamten, also ich, in gleicher Weise verfolgt würden. Ich erklärte, daß mich derartige Überlegungen nicht beeinflussen würden […]. Wenn mich dafür Nachteile treffen sollten, müsse ich das als mein Schicksal tragen. Darauf entgegnete Frau Dr. K. nach meiner Erinnerung wörtlich: ›Sie ja, aber denken Sie auch an ihre Familie?‹ Darauf sagte ich, auch das müsse mir gleich sein, sonst hätte ich mich nicht für den Richterberuf entscheiden dürfen. Frau Dr. [K.] brach daraufhin das Gespräch ab mit dem Hinweis auf einen dringenden Termin.«[199]

Damit lag die Äußerung der Angestellten nicht weit von der ihres Chefs, der zu Beginn des Wagner-Verfahrens im November 1958 einem Staatsanwalt gegenüber gesagt haben soll, wenn er, Achenbach, erst einmal Justizminister sei, würden solche Prozesse aufhören.[200] Die drohenden Andeutungen der Rechtsanwältin zogen ein Ermittlungsverfahren nach sich, in welchem sich die Kanzlei darauf berief, K. habe nur eine Nachricht überbringen sollen und sei nicht befugt gewesen, über den Prozess-Stoff inhaltlich zu reden. Grimm wies dies zurück, ihm gegenüber habe die Anwältin betont, Achenbach und Schlottmann seien stark beansprucht, sodass man sich den Fall teile. Der Untersuchungsrichter habe sich in dem Gespräch nicht unter Druck gesetzt gefühlt. Ihn habe vielmehr abgestoßen, dass K. zwischen seiner und der Tätigkeit Wagners keinen Unterschied mache.[201]

Die Justiz ermittelte weiterhin geduldig wegen Beihilfe zum Mord an Juden aus sieben verschiedenen Ländern Europas. Anstatt Wagner zunächst die Deportationen aus einem Land zur Last zu legen, was Zeitersparnis und schnellere Resultate bedeutet hätte, erforschte die Staatsanwaltschaft den gesamten Komplex. Am 5. Mai 1964 schloss Grimm die Voruntersuchung ab, doch die Anklageerhebung verzögerte sich. Achenbach wollte von der Möglichkeit eines Schlussgehörs Gebrauch machen und sich dazu die Akten ansehen. Die Fristen verlängerte er mehrfach, bis das Schlussgehör im Juni 1966 stattfand.

---

198 Vgl. Äußerung Grimms vom 6.7.1962, in: ebd.
199 Vermerk Grimms vom 12.6.1962, in: ebd.
200 Vgl. Vermerk Sta [Nov. 1958], in: ebd., Ger.Rep. 192/214.
201 Vgl. Äußerung Grimms vom 6.7.1962, in: ebd., Ger.Rep. 192/26.

Im August reichte das Bundesjustizministerium den Entwurf vertraulich an das AA weiter, da man sich keinen Lapsus erlauben wollte. Wie schon beim Mesny-Komplex wurde dem Außenamt anheimgestellt, die Anklageschrift bezüglich der zeitgenössischen Verhältnisse und des Geschäftsbetriebes zu prüfen. Die entsprechende Stellungnahme wurde von Heinz Günther Sasse, dem Leiter des Historischen Referats und Politischen Archivs, ausgearbeitet. Er hatte nur Kleinigkeiten zu bemängeln und kritisierte die vereinfachende Darstellung der Zuständigkeiten, die sich fast nur am Rahmen von Geschäftsverteilungsplänen orientiere. Auch der Strukturwandel der Jahre von 1933 bis 1945 bliebe leider unberücksichtigt. Sasse nahm zufrieden zur Kenntnis, dass die Anklage darauf verweise, dass die NS-Kräfte, die durch Ribbentrop ins Amt gekommen waren, nicht den »*klassischen Abteilungen*« zugeteilt worden wären. So sei die Abteilung D zur »*nationalsozialistischen Domäne*« im AA geworden. Die neuen Beamten hätten die zuvor nur beobachtende Tätigkeit auf dem Gebiet der Judenpolitik in eine aktive Teilnahme transformiert, und weite Teile des AA hätten keine Kenntnis gehabt von dem, was in der Gruppe Inland II geschehe. Abteilung D und Inland II hätten ja auch abseits der eigentlichen Adresse des Amtes in der Rauchstraße gearbeitet[202]; eine Behauptung, die, wie gesehen, schon ab dem Winter 1943 nicht mehr ganz zutraf.

Und erneut wurden Versatzstücke der Selbstbeurteilung des AA sinngemäß und teilweise wörtlich in die Anklageschrift übernommen. Oberstaatsanwalt Franke stellte den Sachkapiteln ein die Interna des AA erörterndes Kapitel voran, worin die Entwicklung der Abteilung D und Inland II geschildert wurde. Dabei ging er ausgiebig auf die besondere Nähe Wagners zu Ribbentrop und Himmler ein. Ganz nach den Vorstellungen Sasses verwies Franke darauf, dass die aus der NSDAP und ihren Gliederungen kommenden Kräfte in die durch Ribbentrop 1938 neu gegründeten Stellen eingewiesen wurden. Dazu hätte auch die Abteilung D gehört, die sich so zur »*nationalsozialistischen Domäne*« im Amt entwickelt habe.[203] Wiederum Sasse folgend, betonte Frankes Text, dass durch die Abteilung D bzw. Inland II die passive, referierende Rolle des AA in der Judenfrage in eine aktive umgewandelt worden sei. Damit war erneut eine strikte Trennlinie zwischen Wagner, Abteilung D und Inland II und dem »anderen« AA gezogen.

Der Vorgang zeigt, wie wenig die Juristen mit der Materie vertraut waren bzw. wie wenig das AA bisher im Fokus der Ermittlungen zur »Endlösung« stand. Er wirft ein Licht auf das Selbstverständnis des Bonner AA, welches zwar – historisch nicht unkorrekt – auf die Nazifizierung seines Ressorts hinwies, dabei aber geflissentlich übersah, dass auch solche Beamte, die *vor* 1933/1938 ins AA gekommen waren, an den nationalsozialistischen Verbrechen partizipierten bzw. diese tolerierten; dass auch die

---

202 Schnellbrief AA an BMJ vom 27.1.1967 und Anlage, in: BA Koblenz, B 141/25629, 3.
203 Anklageschrift gegen Wagner, 29 Ks 4/67 vom 22.2.1967, S. 39, in: HStA Düsseldorf, Ger.Rep. 192/19.

traditionellen Abteilungen in die Verbrechen involviert waren. Dieses simplifizierende und gleichsam exkulpierende Geschichtsverständnis ist zwar nicht sachlich falsch, es greift aber in jeder Hinsicht zu kurz.

Kempner, der das Verfahren genau beobachtete, war durch die langsame Prozessentwicklung mittlerweile ungehalten und wandte sich Anfang 1967 an seinen alten Bekannten Josef Neuberger, den Justizminister des Landes Nordrhein-Westfalen. Neuberger verwies darauf, dass die Anklageerhebung kurz bevorstehe. Er wolle dem Verfahren seine *»besondere Aufmerksamkeit«* widmen und auf einen schnellen Abschluss wirken.[204] In gleicher Weise wolle er den Fortgang des Mesny-Verfahrens gegen Cohrs und Schulze verfolgen. Der Minister hatte nicht ganz Unrecht: Im Februar 1967 reichte die Staatsanwaltschaft die Anklage ein. Doch auf lange Sicht sollten sich die Ankündigungen als leere Versprechungen entpuppen.

Bis hierhin hatte das Verfahren insgesamt neun Jahre gedauert. Abgesehen von einem Monat Untersuchungshaft im Jahr 1965 und kurzen Inhaftierungen in den Jahren 1958, 1960 und 1964 befand sich Wagner die ganze Zeit über in Freiheit. Die nun vorgelegte Anklageschrift umfasste 332 Seiten, die im Grunde auf dem Bericht der Special Projects Division von 1948 aufbauten. Wagner wurde Beihilfe zum Mord in 356.624 Fällen und Beihilfe zur Freiheitsberaubung in 158.310 Fällen zur Last gelegt. Er soll dabei ferner die Deportation von 514.934 Menschen unterstützt haben.[205] Die Anklage folgte der gängigen Einschätzung jener Jahre, nach welcher Hitler, Goebbels, Himmler und Konsorten als Haupttäter der Judenvernichtung galten, wohingegen subalterne Beteiligte wie Wagner nur wegen Beihilfe zur Rechenschaft gezogen wurden.[206] Die Anklage spiegelt damit die zeitgenössische Auffassung wider, die Verbrechen seien eigentlich nur von der Führung des Regimes begangen worden, wogegen den unteren Chargen weniger oder gar keine direkte Verantwortung zukäme.

Behm und Grimm hatten für die Anklage fast sechzig Zeugenaussagen gesammelt, darunter solche von ehemaligen Diplomaten (u. a. Altenburg, Gaus, Hencke, Rintelen, Sonnleithner, Ritter, Steengracht, Veesenmayer), SS-Führern (u. a. Berger, Best, Höttl) oder Eichmann-Mitarbeitern (Hunsche und Krumey). Darüber hinaus wurden an die zwanzigtausend Dokumente zusammengetragen. Die intensiven Ermittlungen gegen Wagner brachten auch neue Verdachtsmomente und neues Belastungsmaterial gegen seinen früheren Untergebenen Thadden, der sich bis dahin mit den bundesdeutschen Verhältnissen bestens arrangiert hatte. Und auch das AA geriet ins Fadenkreuz der Justiz – als Institution der Judenvernichtung.

---

204 Schreiben Neubergers an Kempner vom 24.1.1967, in: BA Koblenz, NL Kempner, Bd. 580.
205 Vgl. Anklageschrift gegen Wagner, 29 Ks 4/67 vom 22.2.1967, S. 3, in: HStA Düsseldorf, Ger.Rep. 192/19.
206 Vgl. Freudiger, Aufarbeitung von NS-Verbrechen, S. 216 ff., 408.

4.3 Rückkehr der Vergangenheit – von Thadden als Zeuge und Beschuldigter

> »Ich habe fast den Eindruck, daß, wenn irgendwo ein neues Verfahren in Judensachen anläuft, ich in diesem Verfahren der 1. Zeuge sein muß.«
>
> Eberhard von Thadden, 1962[207]

Die Vergangenheit holte Eberhard von Thadden erstmals 1957 wieder ein. Im Büro Achenbachs traf er auf Horst Wagner, der vor Kurzem aus Spanien zurückgekehrt war. In einem nahen Café plauderte der ehemalige Gruppenleiter anschließend von seinen Auslandserlebnissen. Etwas später besuchte Wagner den früheren Untergebenen in dessen Büro bei den Gollnow-Werken und bat ihn, ihm eine Stelle zu verschaffen. Er könne sich die Aufgabe einer Art Protokollchefs bei einem Großunternehmen vorstellen, aber Thadden wiegelte ab. Danach sei der Kontakt abgebrochen.[208]

Es dauerte einige Jahre, bis Thadden wieder mit seiner Geschichte konfrontiert wurde. Im Mai 1960 war Eichmann in Südamerika vom israelischen Geheimdienst entführt und nach Jerusalem gebracht worden, wo im Februar 1961 der Prozess gegen ihn begann. Die Medienwelt griff den Fall groß auf, und in der Berichterstattung fiel auch Thaddens Name. Ein Dr. Otto W. beschwerte sich bei der Staatsanwaltschaft Köln, es sei »*untragbar für die deutsche Öffentlichkeit, daß eine derartig belastete Persönlichkeit unangefochten als Mitglied des Vorstandes einer bedeutenden Aktiengesellschaft, der Gollnow Werke AG, Düsseldorf, seine Tätigkeit ausüben kann*«.[209]

Während des Eichmann-Prozesses warf es ein schlechtes Licht auf die Justiz der Bundesrepublik, dass das Verfahren gegen Thadden 1956 eingestellt worden war. Eichmanns deutscher Verteidiger Robert Servatius, der Thadden als Entlastungszeugen bringen wollte, erklärte am 26. April im Gerichtssaal, der ehemalige Judenreferent des AA sei »*in zahlreichen Verfahren freigesprochen worden*«. Der israelische Generalstaatsanwalt Gideon Hausner trat dieser Auffassung sofort vehement entgegen und bezeichnete Thadden als einen »*NS-Gewaltverbrecher*«, den er unverzüglich verhaften lassen würde, sollte er israelischen Boden betreten. Der Mann gehöre unter allen Umständen vor Gericht gestellt.[210] Dieser Ausspruch Hausners ging einen Tag später auch durch die bundesdeutsche Presse.[211]

Im Mai 1961 wandte sich das Bezirksgericht Jerusalem an das Landgericht Düsseldorf und bat um die Vernehmung Thaddens.[212] Am 18. Mai erschien dieser im Amts-

---

207 Vgl. Aussage Thaddens vom 12.4.1962, in: HStA Düsseldorf, Ger.Rep. 192/203.
208 Vgl. Aussage Thaddens vom 15.3.1962, in: ebd.
209 Schreiben von W. an Staatsanwaltschaft Köln vom 31.1.1961, in: ebd., Ger.Rep. 192/14.
210 Bericht Sta Zeug (Auszug), o. D., in: BA Koblenz, B 141/17044.
211 Vgl. u. a. Bonner *General-Anzeiger* vom 27.4.1961.
212 Vgl. Schreiben Bezirksgericht Jerusalem an LG Düsseldorf vom 7.5.1961, in: HStA Düsseldorf, Ger.Rep. 192/14.

4.3 Rückkehr der Vergangenheit – von Thadden als Zeuge und Beschuldigter

gericht Neuß, wo er eine lange Aussage machte.[213] Der ehemalige Judenreferent antwortete sachlich, und seine Ausführungen wirkten etwas freier als seine früheren Aussagen, da er sich diesmal nicht als Beschuldigter äußern musste. Selbstverständlich verneinte Thadden, von der Ermordung der Deportierten gewusst zu haben. Wie die ehemaligen SS-Führer Novak, Six und Kurt Becher oder die Diplomaten Grell und Veesenmayer fungierte auch Thadden in diesem Prozess als Zeuge der Verteidigung. Für Hausner bewegte sich Thadden – »*dieser pedantisch genaue Nazi*«, wie er ihn nannte – mit seiner Aussage jedoch zwischen Verteidigung und Anklage.[214] Die Aussage floss in der 85. Sitzung in den Prozess ein.

Zweieinhalb Monate nach seiner Aussage war Thadden nicht mehr Vorstandsmitglied der Gollnow-Werke. Seit August 1961 beschäftigte er sich ausschließlich mit der Vermögensverwaltung seiner Schwiegermutter. In dieser Eigenschaft war er Mitgesellschafter und Aufsichtsratsmitglied in drei Unternehmen, unter anderem bei der Firma Schlingmann & Co. KG in Brake. Daneben betreute er die Gelder seiner Frau, eines Neffen und einer Nichte. Untersuchungsrichter Behm hielt fest, Thadden sei wegen seiner Benennung im Eichmann-Prozess zum Ausscheiden aus dem Gollnow-Vorstand veranlasst worden.[215] Dem hielt der Sohn M. von Thadden entgegen, das Ausscheiden habe geschäftspolitische Gründe gehabt, da sein Vater sich in Führungsfragen mit dem zweiten Geschäftsführer uneins gewesen sei.[216]

Dessen ungeachtet war Eberhard von Thadden stärker ins Licht der Öffentlichkeit gerückt. Ein Pressefoto der ostdeutschen Agentur Zentralbild zeigte ihn nach seiner Aussage beim Verlassen des Amtsgerichts Neuß.[217] Da Thadden nicht in den Dienst der Bundesrepublik übernommen wurde, blieb er allerdings für die DDR-Propagandisten eher uninteressant. Sie waren auf die Fälle von Diplomaten erpicht, die später wieder im AA tätig waren, um den westdeutschen Staat als pseudodemokratische Kulisse anklagen zu können, hinter der eine faschistische Elite kontinuierlich die Fäden ziehe.[218] Der Fall Wagner wurde 1961 kurz von der Ostberliner Anschuldigungsmaschinerie aufgegriffen, indem man auf die Diskrepanz zwischen seiner Beteiligung an der Vernichtung der ungarischen Juden und dem Mord an Mesny und seiner bisherigen Straffreiheit und der geringen Kaution aufmerksam machte.[219] In Westdeutschland erkundigte sich im Januar 1962 die Journalistin Inge Deutschkron beim Bundesjustizministerium, was in Sachen Thadden veranlasst worden sei.[220] Dabei verwies sie

---

213 Vgl. Aussage Thaddens vom 18.5.1961, in: BA Koblenz, B 305/977.
214 Hausner, Gideon, Gerechtigkeit in Jerusalem, München 1967, S. 582.
215 Vgl. Monatsbericht Behms vom 30.12.1961, in: HStA Düsseldorf, Ger.Rep. 192/214.
216 Vgl. Schrift. Mitteilung M. von Thaddens an den Verfasser vom 13.7.2004.
217 Vgl. BA Dahlwitz, ZD 7774, A 7.
218 Vgl. Braunbuch, S. 203 ff.; Eichmann. Henker, Handlanger Hintermänner. Eine Dokumentation, hg. vom Ausschuß für deutsche Einheit, Berlin (Ost) [1961], S. 33 ff. u. 86 ff. u. allgemein Von Ribbentrop zu Adenauer.
219 Vgl. Eichmann. Henker, Handlanger, Hintermänner, S. 74.
220 Vgl. Schreiben Deutschkrons vom Jan. 1962, in: BA Koblenz, B 141/17044.

auf Passagen von Kempners Buch »Eichmann und Komplizen«. Man hielt im Ministerium aber eine Antwort nicht für angebracht.

Abb. 15 Eberhard von Thadden nach seiner Zeugenaussage zum Eichmann-Prozess im Amtsgericht Neuß (1961)

Thadden wurde nun immer häufiger als wichtiger Zeuge zu den laufenden NS-Verfahren hinzugezogen. Zwischen April 1962 und September 1964 sagte er im Ermittlungsverfahren gegen Boßhammer aus, der im Referat Eichmanns für die politische Vorbereitung der »Endlösung« zuständig gewesen war.[221] Zwischenzeitlich erschien Thadden am 22. Juni 1962 in Frankfurt am Main vor Gericht, um als Entlastungszeuge im Prozess gegen Krumey und Hunsche auszusagen, denen die Mitwir-

---

221 Vgl. HStA Düsseldorf, Ger.Rep. 192/175.

4.3 Rückkehr der Vergangenheit – von Thadden als Zeuge und Beschuldigter

kung an der Deportation der ungarischen Juden zur Last gelegt wurde. Doch der Verteidiger Hunsches, Hans Laternser, hatte es sich plötzlich anders überlegt und wollte auf die Vernehmung Thaddens doch lieber verzichten. Es kann nur vermutet werden, dass er Belastendes fürchtete. Als die Staatsanwaltschaft den Zeugen vernehmen wollte, versuchte Laternser vergeblich, auf das Zeugenverweigerungsrecht zu pochen, aber Thadden war zur Aussage bereit. Der Ex-Diplomat nahm erneut für sich in Anspruch, vor Kriegsende 1945 keine Ahnung von der Judenvernichtung gehabt zu haben. Dann begann die Vernehmung aus dem Ruder zu laufen. Laternser suchte die Befragung zu »*torpedieren*«, erinnerte sich Untersuchungsrichter Grimm, der als Beobachter angereist war. Laternser griff Gericht, Nebenklage und Staatsanwaltschaft an und bestritt die Echtheit vorgelegter Dokumente, da sie nur Kopien seien. Überdies habe das Gericht keine Ahnung von den Strukturen der SS und des AA. Grimm nahm sich daraufhin vor, ein entsprechendes Kapitel der Wagner-Anklageschrift voranzustellen.[222]

Am 12. April 1962 wurde Thadden erstmals als Zeuge in der Ermittlungssache gegen Wagner vernommen. Säuerlich bemerkte er: »Ich habe fast den Eindruck, daß, wenn irgendwo ein neues Verfahren in Judensachen anläuft, ich in diesem Verfahren der 1. Zeuge sein muß.«[223] Die Vernehmungen zogen sich bis Mitte 1963 hin und umfassten schließlich 27 Sitzungen. Dabei war er zu diesem Zeitpunkt schon wieder selbst ins Visier der Justiz geraten. Im Juli 1961 empfing Behm einen Sachbearbeiter der Kölner Staatsanwaltschaft, wo man die Schlappe der Verfahrenseinstellung gegen Thadden 1956 offenbar noch nicht verwunden hatte. Der Kollege aus der Domstadt machte darauf aufmerksam, dass die Anklagepunkte gegen Wagner auch auf Thadden zuträfen. Während damals nur etwa 1.500 Kopien aus AA-Akten im Verfahren gegen Thadden vorlagen, verfüge Behm über fast den gesamten Aktenbestand von Inland II, insgesamt ca. 20.000 Kopien. Damals sei dem Referat Inland II A »nur eine reichsinterne Beratungsfunktion in Judenfragen ohne ursächliche Auswirkungen« beigemessen worden. Auf Grundlage des neuen Materials und der seinerzeit nicht verfügbaren Zeugenaussagen müsse konstatiert werden, dass Inland II A »planmäßig in die ›Endlösung‹ eingebaut worden ist«. Die neuen Erkenntnisse zeigten, dass Thadden die Judenmaßnahmen außenpolitisch gedeckt und von der Vernichtung gewusst habe. Da Köln aber nicht zuständig war, wurde die Sache zur Prüfung an die Behörden in Essen abgegeben, um eventuell ans Verfahren gegen Wagner angehängt zu werden.[224] Dort ergaben sich anschließend weitere Verdachtsmomente aus den relativ freimütigen Aussagen Thaddens im Wagner-Verfahren, die die Ermittler aufhorchen ließen. Unter anderem meinte Thadden: »*Daß in den Ostgebieten Übergriffe gegen Juden vorgekommen sind, war uns aus verschiedenen Meldungen geläufig und mußte auch Wag-*

---

222 Bericht Grimms vom 26.6.1962, in: ebd., Ger.Rep. 192/23.
223 Aussage Thaddens vom 12.4.1962, in: ebd., Ger.Rep. 192/203.
224 Verfügung OSta Köln vom 13.7.1961, in: HStA Düsseldorf, Ger.Rep. 192/14.

ner bekannt sein. [...] Ich bin natürlich davon ausgegangen, daß auch in diesen Meldungen aus der jüdischen Presse ein wahrer Kern zugrunde lag.«[225]

Und tatsächlich übernahm die Staatsanwaltschaft Essen im Sommer 1964 den Fall. Im Juni beantragte der Untersuchungsrichter ein Ermittlungsverfahren wegen Beihilfe zur Judenvernichtung.[226] Die Vorgehensweise von 1956, jede Deportation einzeln für sich zu bewerten, trage nicht der *»natürlichen Handlungseinheit«* Rechnung, die das Aufgabengebiet von Inland II A als ganzes gebildet habe.[227]

Thadden war nicht der Einzige, der die Justiz mit den eigenen Aussagen auf sich aufmerksam machte. Kurz zuvor hatte sich bereits Judenreferent Fritz-Gebhardt von Hahn selbst belastet, als er ebenfalls im Zuge des Wagner-Verfahrens stundenlang offenherzig über seine Tätigkeit bei der Abteilung D und Inland II A geplaudert hatte. Gegen ihn wurde das Verfahren eingeleitet, das mit dem Verfahren gegen den ehemaligen Gesandten in Sofia, Adolf Heinz Beckerle, zusammengelegt wurde. In Frankfurt am Main kam es Ende 1967 nach einer mehr als zehnjährigen Vorbereitung zum so genannten »Diplomaten-Prozeß«, in welchem Hahn schließlich zu acht Jahren Haft wegen Beihilfe zur Ermordung der griechischen und bulgarischen Juden verurteilt wurde.[228]

Am 11. Juni 1964 wurde Thadden mitgeteilt, daß eine Anzeige gegen ihn wegen der Beteiligung an den NS-Judenmaßnahmen vorliege, und eine Woche später fand er sich zur Vernehmung im Landgericht Essen ein. Thadden erklärte zum Schluss der Befragung, er müsse in einigen Tagen geschäftlich nach Portugal reisen, doch aus der Reise wurde nichts. Die beiden anwesenden Staatsanwälte ließen ihn sofort wegen Fluchtgefahr festnehmen. Noch am selben Tag wurde das Ermittlungsverfahren beantragt und eröffnet.[229] Nur wenige Stunden nach der Festnahme wurde auch Wagner im Clubheim eines Tennisvereins verhaftet. Die Justizbehörden hatten befürchtet, er würde nach dem Bekanntwerden von Thaddens Verhaftung untertauchen. Wagner war jedoch schon am nächsten Tag wieder auf freiem Fuß, und der gegen Thadden ergangene Haftbefehl wurde gegen eine Kaution von 300.000 DM ausgesetzt. Die Staatsanwaltschaft protestierte, da diese Summe nicht geeignet sei, die Fluchtgefahr zu mindern. Thadden verfüge über geschäftliche Auslandsbeziehungen und habe einen Teil seines Referendariats in Ägypten absolviert, wo jetzt sein ehemaliger akademischer Lehrer Johann von Leers an der Universität Kairo lehre.[230] Nach Thaddens Angaben betrage das eigene Vermögen 250.000 DM, das seiner Gattin 7 Millionen DM, das der Schwiegermutter an die 50 Millionen DM.[231] Auf Druck der Staatsanwalt-

---

225 Aussage Thaddens vom 19.7.1962, in: ebd., Ger.Rep. 192/203.
226 Vgl. allgemein ebd., Ger.Rep. 192/239.
227 Strafsache gegen Thadden [1961], S. 66 ff., in: ebd., Ger.Rep. 192/15.
228 Vgl. Weinke, Verfolgung von NS-Tätern, S. 258 ff.
229 Vgl. Bericht Frankes vom 26.6.1964, in: BA Koblenz, B 141/25629, 3.
230 Vgl. Vermerk OSta LG Essen vom 10.7.1964, in: HStA Düsseldorf, Ger.Rep. 192/10.
231 Vgl. Notiz Sta vom 9.7.1964, in: ebd., Ger.Rep, 192/16.

schaft wurde daraufhin die Kaution auf 2 Millionen DM angehoben.[232] Die Gattin hinterlegte die Summe durch eine Bankbürgschaft. Thaddens Anwalt war zu dieser Zeit Erich Schmidt-Leichner, der in Nürnberg schon Ritter und später Hahn und Beckerle verteidigt hatte. Auch Achenbach wurde informiert, der Kontakte zu Schmidt-Leichner unterhielt. Thaddens Verteidigung verhandelte mit dem Gericht darüber, dass die enorme Kautionssumme in Aktien erbracht werden könnte, denn die Bankbürgschaft hätte die Gattin um beträchtliche jährliche Zinsen gebracht.[233] Die Justiz ging auf den Vorschlag ein. Die Meldepflichten jedoch blieben ein Hindernis für Thadden, und die geplanten Auslandsreisen für eine Maschinenfabrik wurden abgelehnt.

Gleichzeitig strengten die Justizbehörden ein Meineidverfahren an. Sie warfen Thadden vor, bei seiner Aussage im Eichmann-Prozess im Mai 1961 unter Eid die Unwahrheit gesagt zu haben. Da hatte er behauptet, von der »*systematischen Vernichtung der Juden*« bis April 1945 keine Ahnung gehabt zu haben.[234] Dagegen hatte er als Zeuge gegen Wagner angegeben, bereits im Oktober/November 1944 »*mit der Möglichkeit einer massenweisen Vernichtung der Juden im Osten*« gerechnet zu haben.[235] Zu seiner Verteidigung machte Thadden geltend, es bestehe ein Unterschied zwischen »massenweise« und »systematisch«. Die eingegangenen Meldungen über Judentötungen habe er nur für Einzelfälle gehalten.[236]

Doch die neuen Initiativen der Justizbehörden zeitigten keine Ergebnisse. Am 8. November 1964 fuhr Thadden bei nasskaltem Herbstwetter auf dem nördlichen Zubringer bei Düsseldorf mit überhöhter Geschwindigkeit. Nach Auskunft seines Sohnes kam er von einem Krankenhausbesuch bei seiner Frau in Essen.[237] Er verlor die Kontrolle über den Wagen und prallte auf der Gegenfahrbahn in ein entgegenkommendes Fahrzeug. Der ehemalige Diplomat wurde schwer verletzt, die beiden Insassen des anderen Autos – Vater und Tochter – starben noch an der Unfallstelle. Mit Knochenbrüchen und einem Schock brachte ein Krankenwagen den Schwerverletzten in ein Krankenhaus nach Ratingen. Dort erlag Eberhard von Thadden eine Woche vor seinem fünfundfünfzigsten Geburtstag am 11. November gegen 14 Uhr 30 seinen Verletzungen.

Das Umfeld bewahrte dem Toten ein ehrendes Andenken. In einer Anzeige betrauerte die Geschäftsleitung der Firma Schlingmann & Co. »*tief den Verlust dieser großen Persönlichkeit*«.[238] Und die Markomanno-Albertia »*verneigte*« sich im Jubi-

---

232 Vgl. Beschluss OLG Hamm vom 24.7.1964, in: ebd. Vgl. allgemein auch HStA Düsseldorf, Ger.Rep. 192/240.
233 Vgl. Schreiben Schmidt-Leichners an LG Essen vom 25.8.1964, in: ebd.
234 Aussage Thaddens vom 18.5.1961, in: BA Koblenz, B 305/977.
235 Aussage Thaddens vom 25.3.1963, in: HStA Düsseldorf, Ger.Rep. 192/203.
236 Vgl. Vernehmung Thaddens vom 21.9.1964, in: ebd.
237 Vgl. Schrift. Mitteilung M. von Thaddens an den Verfasser vom 13.7.2004.
238 BA Koblenz, NL Rheindorf, Bd. 414.

läumsband zum 100-jährigen Bestehen »*in Ehrfurcht*« vor Eberhard von Thadden und den anderen verstorbenen Korpsbrüdern. Sie hätten nach dem Wahlspruch gelebt: »*Mit Ernst zum Ziel*«.[239]

4.4 Medizinische Verjährung

Im Fall Wagner spielte Achenbach nach der Anklageerhebung im Februar 1967 weiter auf Zeit. Sein Mandant war zweiundsechzig Jahre alt. Der Anwalt beauftragte seinen Sohn Ernst Johann, der sich bereits 1966 in die Materie eingearbeitet hatte, mit der weiteren Wahrnehmung des Mandats, während er selbst als *Spiritus Rector* im Hintergrund blieb. Die Verteidigungsstrategie blieb indes dieselbe. Sie zielte darauf ab, die durch Inland II durchgeführten Separierungen der ausländischen Juden und die »Heimschaffungsaktionen« als Rettungstaten hinzustellen. Der Sohn schickte Anfang 1968 eine umfangreiche Stellungnahme zur Anklage ans Landgericht Essen, in der er die strafrechtlichen Vorwürfe in keinem Fall für gerechtfertigt hielt. Mit Blick auf die Feldscher-Aktion schrieb er, Wagner hätte den Kindern »*auf diese Weise wenigstens für ein paar Monate das Leben gerettet*«.[240] Dieser Satz liest sich zynisch. Das Gericht ließ die Anklage im Februar 1968 in vollem Umfang zu, und der Prozess sollte im Mai endlich beginnen. Ein weiteres Jahr war vergangen.

Ernst Johann Achenbach beantragte die Verschiebung des Termins, da nicht genügend Zeit zur Verfügung stehe, die Verteidigung angemessen vorzubereiten. Das umfangreiche Prozessmaterial (ca. 200 Ordner und Hefte) sei in der gegebenen Zeitspanne nicht durchzusehen, die Verteidigung müsse aber alle Unterlagen kennen. Im Herbst 1965 hätten Auszüge aus den Originaldokumenten zur Verfügung gestanden, mit deren Durchsicht Ernst Johann Achenbach, zu der Zeit Referendar, beauftragt gewesen sei. Es seien aber nur etwa 1.000 Auszüge erfasst worden, aus deren Inhalt nach Ansicht der Verteidigung kein strafrechtlicher Vorwurf erhoben werden könne. Nach Zustellung der Anklageschrift sei der mittlerweile als Rechtsanwalt in der Kanzlei seines Vaters tätige Sohn zu dem Ergebnis gekommen, dass eine Beihilfehandlung nicht vorliege. Die Verteidigung sei davon ausgegangen, dass es nicht zum Hauptverfahren kommen werde, weshalb man keine Vorkehrungen für einen Prozess getroffen habe. Auch hätte der mittellose Wagner eine Vorbereitung gar nicht finanzieren können. Eher hätte man angenommen, dass die Vorwürfe eingegrenzt und nicht in Gänze zur Anklage kommen würden.[241] Mit den Argumenten beschönigte Achenbach junior die schlichte Tatsache, dass die Verteidigung bisher weitgehend untätig gewesen war, ob-

---

239 Steckeweh, Carl (Hg.), 100 Jahre Markomanno-Albertia 1879–1979. Geschichte der Turnerschaft Markomanno-Albertia, Freiburg 1979, S. 288.
240 Stellungnahme Ernst Johann Achenbachs vom 12.1.1968, in: HStA Düsseldorf, Ger.Rep. 299/799.
241 Vgl. Schreiben Ernst Johann Achenbachs an LG Essen vom 27.3.1968, in: ebd.

wohl sie wusste, dass die Staatsanwaltschaft eine Anklage auf Basis einer erheblichen Fülle von Material erarbeitete. Es scheint, dass die Unterstützung Wagners durch die Kanzlei bei dem immer umfangreicher werdenden Verfahren langsam an ihre Grenzen stieß. Der Mandant hatte bis 1970 insgesamt 1.300 Meldungen bei der Polizei infolge der Auflagen hinter sich, und die Anwaltskosten beliefen sich auf 20.000 DM.[242]

Der junge Achenbach schlug einen Termin im September vor, da er den Fall übernommen habe, aber auf die Hilfe seines sachkundigen Vaters angewiesen sei. Wegen dessen parlamentarischer Verpflichtungen, die den alten Achenbach hinderten, die Verteidigung selbst zu führen, könne dieser nur in den Parlamentsferien assistieren.[243] Die Staatsanwaltschaft protestierte und hob hervor, die Verteidigung sei seit Herbst 1965 vom Ende der Ermittlungen unterrichtet gewesen und hätte handeln können.[244] Dagegen erneuerte Ernst Johann Achenbach die Erklärung, er habe nicht mit einer so umfassenden Anklage gerechnet. Vielmehr habe er geglaubt, die Anklageschrift reiche zum Beweis der Unschuld aus.[245] Aber die Justizbehörden machten nun Druck, und die dünne Argumentation des jungen Achenbachs überzeugte das Gericht nicht. Die Eröffnung wurde nicht verschoben. Daraufhin zog die Kanzlei Achenbach eine einkalkulierte Notbremse: Am 8. Mai 1968 legte sie das Mandat nieder. Prophetisch hatte Ernst Johann Achenbach bereits im März darauf verwiesen, dass eine weitere Terminaufschiebung unumgänglich würde, wenn sich Wagner einen neuen Verteidiger suche. Dies trat jetzt ein.

Die neuen Verteidiger Hans Laternser und Fritz Steinacker mussten sich erst in die dicken Akten einarbeiten. Das kostete wieder Zeit. Beide Anwälte waren erfahren in der Verteidigung von NS-Tätern. So hatte Laternser unter anderem während des IMT zeitweise den Generalstab und das OKW vertreten sowie den Generalfeldmarschall Albert Kesselring. Laternser und Steinacker hatten auch Hunsche, den Mitarbeiter Eichmanns und eine weitere Reihe von Angeklagten im Frankfurter Auschwitz-Prozess 1963–65 verteidigt. Laternser starb jedoch im Juli 1968, und Steinacker war in einem anderen NS-Prozess unabkömmlich. Ein für Januar 1969 avisierter Termin für die Hauptverhandlung erwies sich als illusorisch. Das Gericht musste dem tatenlos zusehen, da jeder Angeklagte ein Recht auf einen Verteidiger eigener Wahl hat. Es versuchte, Wagner zur Beschleunigung des Verfahrens einen zusätzlichen Pflichtverteidiger zu oktroyieren, aber das Oberlandesgericht Hamm widerrief die entsprechende Verfügung.

Kempner, der das Verfahren nach wie vor aufmerksam verfolgte, wurde 1969 als Nebenkläger zugelassen.[246] Er vertrat Angehörige französischer und ungarischer Opfer und hoffte so, Druck auf den Fortgang ausüben zu können. Steinacker tat dagegen

---

242 Vgl. Schreiben Steinackers an LG Essen vom 25.9.1970, in: ebd., Ger.Rep. 299/801.
243 Vgl. Schreiben Ernst Johann Achenbachs an LG Essen vom 27.3.1968, in: ebd., Ger.Rep. 299/799.
244 Vgl. Schreiben OSta Essen vom 1.4.1968, in: ebd.
245 Vgl. Schreiben Ernst Johann Achenbach von 3.4.1968, in: ebd.
246 Vgl. Kempner, Ankläger, S. 415.

alles, was er tun konnte, um das Verfahren zu verlangsamen. Inhaltlich befasste er sich nicht mit der Prozessmaterie, er begann vielmehr Wagners Krankheiten zu »verwalten«. Schließlich plädierte Steinacker auf Verhandlungsunfähigkeit. Die ärztlichen und psychologischen Untersuchungen hatten zur Folge, dass der Prozess wieder verschoben werden musste.[247]

Das körperliche Befinden Wagners war schon früher von Interesse gewesen, und Wagner kränkelte bereits 1959 sehr offensiv. Nach der ersten Verhaftung war seine Gesundheit noch verhältnismäßig stabil. Der Anstaltsarzt befand, Wagner sei organisch gesund und habe lediglich ein psychisch bedingtes, schlechtes Allgemeinbefinden, hervorgerufen durch die Haft und die schweren Tatvorwürfe. Einmal habe Wagner einen kleinen Kollaps erlitten, der aber folgenlos geblieben war. Ein früheres Leiden am Hüftgelenk werde beobachtet und untersucht.[248] Im Krankenhaus für innere Krankheiten in Bochum konnte man im selben Jahr keinen krankhaften Organbefund feststellen. Allerdings sei Wagner ein Mann »*von stärkerer emotionaler Erregbarkeit*«, der »*seine Beschwerden mit besonderer Aufmerksamkeit*« verfolge.[249] In den folgenden Jahren verbrachte der frühere Gruppenleiter mehrere Kuraufenthalte in Badenweiler. Sein Prozess sollte im Dezember 1969 beginnen, wurde aber nach Attesten immer wieder verschoben. Im Jahr 1970 folgten internistische, orthopädische und augenfachärztliche Gutachten, die zwar Beschwerden feststellten, aber dennoch Verhandlungsfähigkeit attestierten.

Im Jahr 1971 ersuchte das Landgericht Essen um ein psychiatrisch-neurologisches Gutachten, welches durch den bekannten Hamburger Psychiater Prof. Hans Bürger-Prinz erstellt wurde. Wagner klagte bei der Untersuchung über Kopfschmerzen, Sehstörungen, Hüftbeschwerden, Depressionen, Angstzustände und Schlafstörungen. Nach fast zwei Wochen stationärer Beobachtung hielt der Psychiater fest, der Patient sei vollkommen fixiert auf seine aktuelle Situation, er stecke voller Anklagen und Vorwürfe und zeige ein »*starkes subjektives Unrechtsbewußtsein*«. Bei den körperlichen Beschwerden gebe er sich »*ausgesprochen weinerlich*«. Charakterlich handle es sich um eine »*ausgesprochen extravertierte* [sic]*, antriebsreiche Persönlichkeit mit Ehrgeiz, Geltungsstreben und einer guten Fähigkeit* [,] *sich darzustellen und durchzusetzen* […]«. Der Angeklagte fühle sich durch das Schicksal schwer getroffen und ungerecht behandelt. So strahle die seelische Belastung auf den Körper aus. Im momentanen Zustand sei die Verhandlungsfähigkeit gegeben, doch es sei ungewiss, wie Wagner sich der Belastung eines längeren Prozesses stellen werde.[250]

---

247 Er beklagte sich in einem kurzen Artikel darüber, vgl. Kempner, Robert M.W., Sie sind alle leider so krank!! Immer wieder Einstellung von Verfahren und Haftverschonung für NS-Verbrecher, in: Freiheit und Recht, Juni 1971, S. 8.
248 Vgl. Verfügung [Sta Grimms] vom 16.11.1959, in: HStA Düsseldorf, Ger.Rep. 192/22.
249 Gutachten Bürger-Prinz' vom 25.3.1971, in: BA Koblenz, NL Kempner, Bd. 580.
250 Ebd.

4.4 Medizinische Verjährung

Für Anwalt Steinacker waren die Gutachten kaum verwertbar, stellten sie doch immer wieder die Verhandlungsfähigkeit seines Mandanten fest. Im April 1972 zweifelte er deshalb die Ergebnisse aus dem Jahr 1970 an, da inzwischen eine Verschlechterung des Zustandes eingetreten sei und Wagners Seh- und Hüftbeschwerden einen operativen Eingriff erforderten. Steinacker beantragte ein weiteres Gutachten durch Bürger-Prinz[251], was abgelehnt wurde. Das Gericht sah die Verhandlungsfähigkeit für gegeben an, sodass für Mai 1972 der nächste Termin der Prozesseröffnung angesetzt wurde. Sechzig Verhandlungstage waren vorgesehen. Steinacker versuchte vergeblich, eine Aufschiebung durchzusetzen. Nun machte Wagner den Behörden einen Strich durch die Rechnung, indem er sich im Mai in Essen am Auge operieren ließ. Kempner fürchtete eine »*medizinische ›Verjährung‹*«[252] und sprach am Tag der geplatzten Hauptverhandlung von dem Versuch, den Prozess »*auf den St. Nimmerleinstag zu verzögern*«. Er machte in einem Schreiben an das Gericht auf das Recht der Opfer auf eine rasche Prozessführung aufmerksam und hob hervor, dass allein zwischen der Anklageerhebung 1967 und der eigentlichen Hauptverhandlung im Mai 1972 bereits wichtige Zeugen verstorben seien, so etwa der Ex-Personalchef Schroeder oder der ehemalige Staatssekretär Steengracht.[253]

Die Verzögerung des Prozesses bekam mittlerweile eine politische Dimension. Am 20. Juni 1972 stellte der SPD-Abgeordnete Heinz Nehrling im Landtag Nordrhein-Westfalens die Frage an Justizminister Neuberger, wann der Prozess nunmehr stattfinde. Nehrling, dessen Vater als Sozialdemokrat durch die Nationalsozialisten 1943 hingerichtet worden war, wollte Aufmerksamkeit erregen, da ehemalige Verfolgte die schleppende Aufarbeitung von NS-Verbrechen durch die Justiz zunehmend kritisierten. Nach Nehrlings Meinung hätte die Mehrheit der Bundesbürger dem Thema zu uninteressiert gegenübergestanden.[254] Neuberger gab im Plenum einen Überblick über die Geschichte des Verfahrens. Er habe den Eindruck, dass das Gericht den Prozess trotz aller Hindernisse so schnell wie möglich abzuwickeln gedenke. Ein neuer Termin sei für Juli anberaumt.[255]

Am 3. Juli 1972 wurde der Prozess dann tatsächlich eröffnet, und Wagner erschien vor Gericht; 14 Jahre nach Beginn der Voruntersuchung und fünf Jahre nach der Anklage. Der Saal war gut gefüllt, Journalisten und Bildreporter der deutschen und internationalen Medien waren anwesend. Auf Krücken gestützt, übergewichtig und in Begleitung seiner zweiten Frau nahm er im Blitzlichtgewitter der Fotografen »*mit Tränen in den Augen und schmerzverzerrtem Gesicht auf einem riesigen Ledersessel vor der*

---

251 Vgl. Scheiben Steinackers an LG Essen vom 18.4.1972, in: HStA Düsseldorf, Ger.Rep. 299/801.
252 Schreiben Kempners an Sta Essen vom 12.11.1970, in: BA Koblenz, NL Kempner, Bd. 580.
253 Schreiben Kempners an LG Essen vom 29.5.1972, in: HStA Düsseldorf, Ger.Rep. 299/801.
254 Vgl. Schrift. Mitteilung Nehrlings an den Verfasser vom 10.6.2003.
255 Vgl. Archiv des Landtag NRW, 7. Wahlperiode, Protokoll der 51. Sitzung vom 20.6.1972.

*Anklagebank Platz«.*²⁵⁶ Erschienen waren ebenfalls Nebenkläger Kempner und der als Sachverständige hinzugezogene Münchner Historiker Helmut Krausnick. Sachlich verhandelt wurde aber nichts. Rechtsanwalt Steinacker machte auf den schlechten Gesundheitszustand des Mandanten aufmerksam – Wagner leide an einer schmerzvollen Hüftarthrose – und verlangte das Aussetzen der Hauptverhandlung bis August 1972. In der Zwischenzeit wolle sich Wagner einer Operation unterziehen. Staatsanwaltschaft und Nebenklage verlangten daraufhin eine sofortige Untersuchung des Gesundheitszustandes. Kempner votierte sogar für eine neue Untersuchungshaft und eine Anhebung der Kaution auf eine halbe Million Mark.²⁵⁷ Beides wurde abgelehnt. Das Gericht unterbrach die Sitzung und machte Wagner zur Auflage, sich in einem Krankenhaus untersuchen zu lassen. (☛ siehe *Abb. 16*, S. 437)

Am 11. Juli kam es zur zweiten Sitzung des Schwurgerichts. Als Sachverständige wurden diesmal zwei Ärzte hinzugezogen. Wiederum war Krausnick erschienen, aber auch diesmal vergebens. Oberstaatsanwalt Hölting stellte fest, dass Wagner sich bei der obligatorischen Meldung auf dem Polizeirevier keiner Krücken bedient habe. Auch habe er bei einem Krankenhausaufenthalt nur einen Stock gebraucht. Anschließend trugen die beiden Mediziner vor. Der eine kam zu dem Schluss: »*Der Schmerz ist wissenschaftlich nicht meßbar.*« Deshalb könne nicht ausgeschlossen werden, dass Wagner der Verhandlung nicht richtig folgen könne. Der andere hielt dagegen Wagners Teilnahme zu zwei Terminen pro Woche für eine Dauer von jeweils einigen Stunden für vertretbar.²⁵⁸ So sah die Staatsanwaltschaft die Verhandlungsfähigkeit für gegeben an. Nun führte jedoch Steinacker aus, er könne Wagner nicht sachlich verteidigen und habe kein Verteidigungskonzept, da bisher keine Gelegenheit bestand, mit dem Mandanten über den Prozess-Stoff zu reden. Wagner habe nur über seine Leiden gesprochen.²⁵⁹ Der Vorsitzende stellte erstaunt fest, dass das Mandantenverhältnis aber seit über vier Jahren bestehe, woraufhin Steinacker entgegnete, Laternser habe zuvor die Verteidigung geführt, er selbst sei erst später damit betraut worden. Der Richter setzte daraufhin die Hauptverhandlung aus. Dem Angeklagten wurde bis zum Oktober Zeit gegeben, sich wegen des Hüftleidens untersuchen zu lassen, und Kempner äußerte frustriert: »*Der Angeklagte ist nicht verhandlungsunfähig, er ist vielmehr verhandlungsunwillig. Es gibt eben Angeklagte, die sind stärker als die Justiz.*«²⁶⁰

Begünstigt durch die Kürze der beiden Verhandlungstage, an denen nicht sachlich verhandelt wurde, ebbte das öffentliche Interesse stark ab. Auch die Aufmerksamkeit des Auslandes war eher mäßig, erinnerte sich Prozessbeobachter Heiner Lichten-

---

256 »Judenmord in Essen erneut vertagt«, in: *Kölnische Rundschau* 152 (1972). Vgl. auch »Schmerzen nicht meßbar«, in: *Der Spiegel* 42 (1972).
257 Vgl. Protokoll der Hauptverhandlung vom 3.7.1972, in: HStA Düsseldorf, Ger.Rep. 192/20.
258 Protokoll der Hauptverhandlung vom 11.7.1972, in: ebd.
259 Vgl. ebd. u. Schreiben Behms an Kempner vom 15.7.1972, in: BA Koblenz, NL Kempner, Bd. 1460.
260 Zit. nach »Judenmord in Essen erneut vertagt«, in: *Kölnische Rundschau* 152 (1972).

4.4 Medizinische Verjährung

Abb. 16 Erster Prozesstag – Horst Wagner kommt an Krücken in den Gerichtssaal (1972)

stein.²⁶¹ Er hielt den Angeklagten für einen »*Simulanten*«, der außerhalb des Gerichtssaales keine Beschwerden gezeigt habe. Steinacker sei »*gewiefter*« als die Staatsanwälte gewesen und habe genau gewusst, wie man den Prozess »*vor die Wand fährt*«. Resigniert bemerkte Lichtenstein, dass in Politik und Justiz kein Wille zur Ahndung vorhanden sei, da ein solcher NS-Fall kein Renommee bringe.²⁶²

Ende 1972 lagen inzwischen fünf Gutachten verschiedener Ärzte vor, und Kempner beklagte sich beim Gericht über die Verzögerungstaktik. Ohne Erfolg. Wagner

---

261 Mündliche Mitteilung Heiner Lichtensteins an den Verfasser vom 30.9.2003.
262 Ebd.

drücke sich seit neun Monaten um die Hüftoperation, obwohl sie in seinem gesundheitlichen Interesse liege.²⁶³ An Simon Wiesenthal schrieb er im September 1973: »*Um diese nicht schwere Operation hat sich Horst Wagner seit Jahren gedrückt!!!!!!!!!!* [sic]«²⁶⁴ Der mittlerweile nicht mehr amtierende Justizminister Neuberger fürchtete eine »*Persiflage des Rechtsstaates*«. Er sagte: »*Hier wird nach meiner Meinung mit der Justiz Katz und Maus gespielt. [...] Das ganze ist der Justiz abträglich. Das Ausland schüttelt nur den Kopf.*«²⁶⁵ Im Januar 1973 äußerte die Opferorganisation des Internationalen Auschwitz-Komitees bei einer Tagung in Düsseldorf ihr Unverständnis darüber, dass NS-Täter wie Wagner noch auf freiem Fuß seien. Daraufhin beschäftigte sich der Landtag erneut mit dem Fall, denn der CDU-Abgeordnete Hans-Ulrich Klose nahm die Klage der Opfer als Anlass, die Frage zu stellen, ob das Verfahren verschleppt werde.²⁶⁶ Justizminister Diether Posser musste sich verantworten und nahm seine Staatsanwälte in Schutz. Es gebe keine Anhaltspunkte für eine Verschleppung des Verfahrens. Er selbst habe auf eine Beschleunigung gewirkt.²⁶⁷

Im März 1973 wollte Wagner sich endlich in Bonn an der Hüfte operieren lassen, aber eine OP wegen des inzwischen kritischen Gallenleidens war vordringlicher geworden. Im Dezember drängte Kempner auf die Weiterverhandlung, damit das Verfahren keine »*biologische Erledigung findet*«.²⁶⁸ Doch darauf lief es hinaus. Wagner war mittlerweile fast achtundsechzig Jahre alt, und Gerüchte sickerten durch, er leide an Krebs.²⁶⁹ Nachdem Wagner im Januar 1974 wegen eines Tumors ein künstlicher Darmausgang gelegt worden war, verhinderte die erhöhte Infektionsgefahr die nötige Hüftoperation. Deshalb wurde im Juli 1974 das Verfahren vorläufig eingestellt.²⁷⁰ Für den deprimierten Nebenkläger Kempner bedeutete diese Wendung in gewisser Weise eine stille Genugtuung. Er nahm an, das Krebsleiden sei durch den Stress der jahrelangen Verfahren gefördert worden. Es sei keine höhere Gerechtigkeit, aber die Flucht in die Krankheit, die ihn der Gerechtigkeit entzog, war am Ende »*keine gute Flucht*«.²⁷¹

Damit war das Verfahren aber noch nicht endgültig erledigt, und Wagner geriet auch nicht völlig in Vergessenheit. Im April 1975 titelte die Pariser *Le Monde* »*Un ›comité d'action résistance-déportation‹ s'engage à exécuter des criminels nazis*«. Der Arti-

---

263 Vgl. Schreiben Kempners an LG Essen vom 18.1.1973, in: BA Koblenz, NL Kempner, Bd. 579.
264 Schreiben Kempners an Wiesenthal vom 10.9.1973, in: ebd.
265 Zit. nach Lichtenstein, Heiner, Im Namen des Volkes? Eine persönliche Bilanz der NS-Prozesse, Köln 1984, S. 97 f.
266 Vgl. Archiv des Landtag NRW, 7. Wahlperiode, Drucksache 7/2403 vom 7.2.1973 u. Drucksache 7/2524 vom 12.3.1973. Ebenfalls abgedruckt in: Paul, Johann, Debatten über Nationalsozialismus und Rechtsextremismus im Landtag Nordrhein-Westfalen von 1946 bis 2000, Düsseldorf 2003, S. 293 ff. Ferner Schrift. Mitteilung Hans-Ulrich Kloses an den Verfasser vom 18.7.2003.
267 Vgl. Archiv des Landtag NRW, 7. Wahlperiode, Drucksache 7/2524 vom 12.3.1973.
268 Schreiben Kempners an LG Essen vom 4.12.1973, in: BA Koblenz, NL Kempner, Bd. 579.
269 Vgl. Kempner, Ankläger, S. 416.
270 Vgl. Beschluss LG Essen vom 1.7.1974, in: HStA Düsseldorf, Ger.Rep. 192/20.
271 Ebd.

kel berichtete über eine Untergrundorganisation, die damit drohe, unbestrafte Nazis, darunter Kurt Lischka und Horst Wagner, zu ermorden.[272] Wie sich später herausstellte, verbargen sich die Nazijäger Beate und Serge Klarsfeld hinter der PR-Aktion.[273]

Steinacker bemühte sich nun um die rasche und endgültige Einstellung und machte den Behörden Vorhaltungen, warum das Verfahren nicht seine Erledigung finde. Mittlerweile war Wagner bettlägerig, und 1976 lautete die Diagnose Darmkrebs. Doch nun wurde die Verteidigung von der Justiz hingehalten, welche den Antrag mehrfach zurückwies, unter anderem mit dem Hinweis, die Krebsforschung bringe immer neue Erkenntnisse.[274] Mit demselben Eifer, mit dem er den Prozess über Jahre in die Länge gezogen hatte, betrieb Steinacker nun dessen schnellstmögliche Einstellung. Sein Mandant wurde indes zweimal in der Universitätsklinik Hamburg operiert, aber sein Zustand verschlechterte sich zusehends. Am 13. März 1977 starb Horst Wagner um 5 Uhr morgens in der Klinik. Noch am selben Tag schrieb Steinacker an das Landgericht Essen und empörte sich:

»Das bisherige Verhalten der zuständigen Richter – Hinauszögern der Entscheidung über die gestellten Anträge bei einem todkranken Mann – halte ich mit den Grundsätzen unseres Rechtsstaats für unvereinbar und für unerträglich. Als Verteidiger in so genannten NSG-Verfahren habe ich zwar schon öfter erlebt, dass sich Widersprüche zwischen politischer Opportunität und Rechtsstaatlichkeit ergaben, ich habe es aber noch nicht erlebt, dass anstehende sachlich gerechtfertigte Anträge solange nicht beschieden werden, bis der Betroffene das Zeitliche gesegnet hat. Ich stehe nicht an, den Vorgang als Skandal zu bezeichnen.«[275]

Ein ums andere Mal stellte die Verteidigung den Angeklagten als Opfer dar. Mit seinem Tod war der Fall nach neunzehn Jahren für die Justiz abgeschlossen. Rückblickend schrieb Kempner 1978 an Bundesjustizminister Jochen Vogel: »*Diese Akte ist geradezu ein Lehrbuch dafür, wie durch jahrelange Eingaben ein Verfahren hingehalten werden kann, um dann mit einem Krankheitsattest zu enden.*«[276]

---

272 *Le Monde* vom 20./21.4.1975.
273 Vgl. Brunner, Frankreich-Komplex, S. 325.
274 Vgl. Schreiben Sta Essen vom 16.10.1975, in: BA Koblenz, NL Kempner, Bd. 579.
275 Schreiben Steinackers an LG Essen vom 15.3.1977, in: HStA Düsseldorf, Ger.Rep. 192/20.
276 Schreiben Kempners an Vogel vom 9.3.1978, in: BA Koblenz, NL Kempner, Bd. 343.

Exkurs: Der AA-Komplex

An deutschen Gerichten liefen ab Mitte der 1960er-Jahre bereits zehn Verfahren gegen Ex-Diplomaten wegen Beteiligung an NS-Massenverbrechen. Neben Wagner und Thadden waren dies die früheren AA-Angehörigen Rademacher, Klingenfuß und Curt Heinburg (»Endlösung« Balkan), Hahn, Pausch und Beckerle (»Endlösung« Bulgarien) sowie Hezinger und Grell (»Endlösung« Ungarn). Die Ermittlungen entstammten zumeist noch dem Umkreis der Nürnberger Prozesse, aus denen sie nach 1949 an deutsche Zuständigkeiten übergeleitet wurden. So waren etwa die Namen von Rademacher und Klingenfuß aus dem erwähnten Judenreferenten-Prozess übriggeblieben, und auf Grell und Hezinger waren die Ermittler anlässlich der Anklage gegen Veesenmayer aufmerksam geworden.

Die akribische Recherche der Staatsanwaltschaft im Wagner-Verfahren löste dann eine regelrechte Ermittlungslawine gegen ehemalige Diplomaten aus. Aus den zusammengetragenen Akten in Essen ergab sich eine ganze Reihe weiterer Personen, die im AA mit der »Endlösung« befasst gewesen waren. Spätestens seit Ende 1962 untersuchte der Oberstaatsanwalt die Verquickung von Diplomaten anderer Abteilungen in die Judenpolitik. Doch nach außen hielt man sich bedeckt. Eine Information an das AA sollte noch nicht erfolgen, da »*eine Übermittlung des Berichts selbst an das AA dazu führen könnte, daß Personen, die als Beschuldigte in Betracht zu kommen befürchten, ihre Aussagen aufeinander abstimmen oder sonstige Verdunkelungsmaßnahmen ergreifen*«.[277]

Im Dezember 1964 erkundigte sich die Staatsanwaltschaft Essen bei der »Zentralen Stelle der Landesjustizverwaltungen zur Aufklärung nationalsozialistischer Verbrechen« in Ludwigsburg nach einigen Diplomaten und ihrem Verbleib. Die Staatsanwaltschaft hatte unter dem Anklagepunkt »Verbrechen gegen die Menschheit« 45 Personen ermittelt, die aufgrund des Wagner-Materials als Beschuldigte in Betracht kamen. Darunter waren nicht nur hohe Diplomaten wie Altenburg, Bargen, Bene, Benzler, Heberlein, Hencke, Megerle, Paul Karl und Paul Otto Schmidt, sondern auch Vertreter von Polizei, SS, SD und Wehrmacht wie Best, Otto von Stülpnagel, Klaus Barbie, Otto Winkelmann, Heinz Röthke oder die »Eichmänner« Otto Suhr, Rolf Günther, Werner Kryschak und Theodor Dannecker.[278] Den ehemaligen Angehörigen der deutschen Botschaft in Paris, Rudolf Rahn, Carltheo Zeitschel, Heinz Gossmann und Eugen Feihl warf man die Mitwirkung bei der Deportation von 50.000 Juden in den Jahren 1942/

---

277 Vermerk BMJ vom 6.12.1962, in: BA Koblenz, B 141/25629, 3.
278 Vgl. Aktennotiz [Mitte 1965], in: BA Ludwigsburg, AR 186/65, Bd. I.

/43 vor.²⁷⁹ Die Ermittlungen wurden von Essen an andere Staatsanwaltschaften abgegeben bzw. an laufende Verfahren angehängt.

Im Januar 1965 reiste ein Mitarbeiter der Ludwigsburger Zentralstelle in die Berliner Archive, um anlässlich des Verfahrens gegen das RSHA Dokumente zu sammeln, die auf die Beteiligung anderer Reichsbehörden an der Judenvernichtung schließen ließen. Im Mai unternahm ein Kollege eine Dienstreise ins Politische Archiv des AA nach Bonn. Obwohl die Archivare und Diplomaten dort hilfsbereit und zuvorkommend waren, zeigte sich der Jurist von dem Material enttäuscht. Die Akten seien juristisch eher belanglos, Interessanteres lagere bereits in Ludwigsburg oder befinde sich bei den durch die Nürnberger Prozesse erschlossenen Dokumenten.²⁸⁰ Dennoch eröffnete die Zentralstelle im Sommer 1965 den »AA-Komplex«, in dem sich die Ludwigsburger Juristen zunächst darauf verlegten, Material aus Forschung, Presse und dem Politischen Archiv zu sammeln und sich darin einzuarbeiten. Daneben prüfte die Zentralstelle im Berliner Document-Center die SS- und NSDAP-Unterlagen von insgesamt 142 Amtsangehörigen; von der Sekretärin bis zum Botschafter.

Im Mai 1965 wurde ein Zwischenbericht aufgestellt, in dem man die Deportationsvorgänge aus verschiedenen europäischen Ländern zusammenfasste und einen Organisationsplan des AA erstellte, um sich überhaupt eine Übersicht über die diplomatischen Strukturen zu verschaffen.²⁸¹ Zudem skizzierte man die Grundlinien der Vernichtungspolitik und die Rolle des AAs. Schon im August lag ein zweiter Zwischenbericht vor, der wesentlich umfangreicher war. Die Korrespondenzen, die in den Kriegsjahren zwischen der Zentrale und den Missionen geführt wurden, seien ausgewertet worden sowie die Akten der Abteilung D und Inland II. Es wurden Anhaltspunkte gesucht, inwieweit den Verdächtigen Strafbares nachzuweisen sei. Zu dem Kreis wurden nun auch Sonnleithner, Altenburg, Rintelen und Dietrich von Mirbach gezählt. Durch ihre Funktion im Büro RAM oder Büro Staatssekretär bzw. als Abteilungsleiter seien sie über das Vernichtungsprogramm unterrichtet gewesen: »*Es ist schwer vorstellbar, daß jemand, der die Vortagsnotizen Wagner's und Thadden's* [sic] *gelesen hat, über das Schicksal der Juden im Unklaren war.*« Dennoch waren sich die Ludwigsburger bewusst, dass es sehr schwierig werden würde, eine konkrete Straftat nachzuweisen. Ferner wurde festgestellt, dass den Verfahren gegen Wagner, Beckerle/Hahn und Rademacher nur wenig Beachtung seitens der Öffentlichkeit geschenkt worden sei.²⁸²

---

279 Vgl. PA AA, B 83/977.
280 Vgl. Vermerk Sta Rath vom 27.5.1965, in: BA Ludwigsburg, AR 186/65, Bd. II. Es ist nicht genau ersichtlich, welche Bestände Rath gesichtet hat.
281 Vgl. Vorläufiger Zwischenbericht vom 5.5.1965, in: ebd.
282 Zweiter vorläufiger Bericht vom 25.8.1965, in: ebd.

Für die Zentralstelle war es bereits kurz nach Eröffnung des AA-Komplexes offensichtlich geworden, dass das Amt von Beginn an in die »Endlösung« verstrickt gewesen war und reibungslos mit dem RSHA kooperiert hatte. Aber der Täterkreis war sehr groß, da sowohl die Zentrale wie die Missionen zu berücksichtigen waren. Bis zum September 1966, so vermerkte man, seien 28 Verfahren gegen insgesamt 54 Beteiligte eingeleitet worden, wobei allerdings die bereits vor 1965 laufenden Verfahren mitberücksichtigt worden sein dürften. 27 Verdächtige waren bereits gestorben.[283] Doch die aufwändige Arbeit der Staatsanwälte war in allen Fällen vergebens. In keinem der durch den Wagner-Prozess angestoßenen Ermittlungsverfahren des AA-Komplexes kam es zu einer Anklage. Die Ermittlungen wurden nach und nach eingestellt.

Das Hauptproblem war, den Beschuldigten nachzuweisen, dass sie wissentlich geholfen hatten, Menschen in den Tod zu schicken. Vor diesem Problem hatten bereits die alliierten Ermittler gestanden. Als beispielsweise Hezinger in Nürnberg wiederholt sein Unwissen über die Judenvernichtung in Ungarn beteuerte, reagierte ein Vernehmungsbeamter mit Unverständnis: »*Das ist ein Laden, den ich überhaupt nicht verstehe. Es ist genauso, wenn mich einer fragt: Sie sind bei CCC [OCCWC], was tun sie dort? Ich sage: Wir versuchen, die Schuldigen zu verurteilen. Wenn er dann fragt: Wissen Sie, daß da Leute auch aufgehängt werden? Und ich sage dann: Nein.*«[284] Nun lag es an den Justizorganen der Bundesrepublik, den Nachweis der Mitwisserschaft zu führen. Nur dann war eine Anklage wegen Beihilfe zum Mord berechtigt, andernfalls musste es beim Vorwurf des Totschlags bleiben, womit alle Straftaten Mitte der 1960er-Jahre verjährt gewesen wären. So lief es tatsächlich im Falle Henckes, dem vorgeworfen wurde, als Unterstaatssekretär und Leiter der Politischen Abteilung die Maßnahmen und Entscheidungen der Judenpolitik von Inland II mitgetragen zu haben.[285]

Alle Beschuldigten stritten eine Kenntnis des Völkermordes unisono ab; entweder wollten sie erst nach Kriegsende davon erfahren haben oder kurz davor. In diesem Kontext kann von einem regelrechten »Maidanek-Erlebnis« gesprochen werden. Nachdem das Vernichtungslager im Juli 1944 befreit worden war, drangen verhältnismäßig detaillierte Schilderungen der Morde über die alliierte und neutrale Presse in die Kreise des AA. Im Oktober und November 1944 vermehrten sich die Informationen noch, als sechs Angehörigen der Wachmannschaft des KL der Prozess in Lublin gemacht wurde. Nach dem Krieg beriefen sich beschuldigte und nicht beschuldigte Diplomaten auf diese Maidanek-Berichte, um

---

283 Vgl. Vermerk Sta Rath vom 5.9.1966, in: ebd.
284 Vernehmung Hezingers vom 16.1.1948, in: IfZ München, ZS 923 Adolf Hezinger.
285 Vgl. Schreiben OSta Essen an LMJ NRW vom 6.5.1966, in: PA AA, B 83/977.

zu betonen, dass sie erst Ende 1944 die Realität der Judenvernichtung begriffen hätten.[286] Es gelang der Justiz nicht, das Gegenteil zu beweisen. So erfolgte in fast allen Fällen die Einstellung des Verfahrens aus Mangel an Beweisen und nicht aus erwiesener Unschuld. Dabei hat die jüngste Forschung gezeigt, dass bei Deportationsverbrechen die Berufung darauf, nichts gewusst zu haben, meist wenig erfolgreich war – *wenn* der Fall tatsächlich vor Gericht verhandelt wurde.[287] So schenkten etwa die Gerichte in den Prozessen gegen Boßhammer, Krumey oder Fritz Wöhrn den Unkenntnisbeteuerungen der Angeklagten angesichts ihrer Stellung im RSHA keinen Glauben. Und auch in den Fällen Wagner und Thadden glaubte die Justiz, trotz der Unkenntnisbeteuerungen eine Anklageerhebung vertreten zu können, wozu sie sich bei anderen angeblich unwissenden Diplomaten außer Stande sah. Eine Anklageerhebung hätte also auch bei den anderen Angehörigen des AA Aussichten auf eine Verurteilung gehabt.

Immerhin konstatierte man bei Männern wie Pausch eine »*krasse antisemitische Haltung*«, doch reichte dies allein nicht für eine Anklage aus.[288] Wie Pausch hatte auch Grell seine antisemitische Haltung übrigens nicht verschwiegen: »*Ich bin von Anfang an als Nationalsozialist auch Antisemit gewesen. […] Meine antisemitische Einstellung hat sich praktisch auf eine Reinhaltung des deutschen Volkes vom jüdischen Einfluß erstreckt, der unverhältnismäßig war.*« Grell will eine Judendiskriminierung befürwortet haben, aber nicht die Tötung der Juden. Sein Antisemitismus war noch lange nach dem Krieg virulent: »*Von dieser Auffassung mache ich heute nur insofern Abstriche, als die Schlußperiode des Nationalsozialismus mich gelehrt hat, wohin ein solchermaßen beschränkter Antisemitismus in der Praxis führen kann.*«[289] Im Jahr 1977 wurden die Verfahren gegen Grell und Hezinger mangels Beweises eingestellt.

Einer der spektakulärsten Fälle des AA-Komplexes war das Verfahren gegen den ehemaligen Botschafter der Bundesrepublik in Portugal, Herbert Müller-Roschach. Dieser hatte, allerdings noch als Herbert Müller, zwischen November 1941 und März 1942 im Referat D III die Ausreiseanträge für jüdische Personen bearbeitet, d. h. meist abgelehnt. Dadurch wurden diese Menschen häufig Opfer der Vernichtungsmaschinerie. Das Verfahren wurde 1969 in Köln eröffnet und erregte insbesondere deshalb Aufsehen, weil es einen hohen aktiven Diplomaten betraf. Müller-Roschach war 1951 in den Dienst zurückgekehrt und hatte es

---

286 Vgl. Aussage Rintelens vom 8.10.1964, in HStA, Ger.Rep. 237/27; Aussage Haußmanns vom 4.2.1952, in: ebd. 192/12; Aussage Thaddens vom 2.10.1962, in: ebd., 192/203, Aussage Sonnenhols vom 11.9.1962, in: ebd., 237/28; Vogel, Diplomat, S. 96.
287 Vgl. Freudiger, Aufarbeitung von NS-Verbrechen, S. 332 ff., 408.
288 Verfügung GSta Frankfurt/Main vom 30.10.1963, in: BA Ludwigsburg, AR-Z 938/65.
289 Aussage Grells vom 7.9.1949, in: ebd., B 162/5356.

1966 bis zum Botschafter in Lissabon gebracht. Das Medienecho war dementsprechend groß, und das AA stellte sich noch vor Abschluss der Ermittlungen schützend vor seinen Beamten. Vorsorglich hatte es aber Müller-Roschach im Sommer 1968 aus Portugal abberufen, als ruchbar wurde, dass es zu einer juristischen Untersuchung kommen würde. Der Beschuldigte beteuerte, er sei kein Schreibtischmörder und habe von der Vernichtung nichts gewusst.[290] Der Justiz war es nicht möglich, die angebliche Unkenntnis zu widerlegen und ihm eine Tatförderung nachzuweisen, sodass die Ermittlungen im September 1972 eingestellt wurden. Die Staatsanwaltschaft sprach in diesem Zusammenhang von einem regelrechten »*Aussagekartell*« unter den Zeugen.[291]

Im Sommer 1977 konstatierten die Ludwigsburger Juristen, dass alle aufgenommenen Ermittlungen hinsichtlich des AA und der »Endlösung« abgeschlossen seien. Die Akte AA-Komplex wurde geschlossen.

---

290 Vgl. Einstellungsverfügung vom 27.9.1972, in: ebd., AR 186/65, 24 Js 3/69.
291 Ebd.

Unparallele Leben – eine Schlussbetrachtung

Die Schlussbetrachtung besteht aus zwei Teilen, die sich um jene Zäsur gruppieren, die das Jahr 1945 in den Biografien Wagners und Thaddens darstellt: Der erste Teil resümiert das Handeln Wagners und Thaddens im »Dritten Reich«, während der zweite Teil die Konsequenzen nach 1945 reflektiert.

Horst Wagner, Eberhard von Thadden und die »Endlösung«

Die Referatsgruppe Inland II wurde von zwei Männern geleitet: einem unpolitischen, aber skrupellos ehrgeizigen NS-Aufsteiger ohne angemessene Vorbildung und einem gut qualifizierten Karrierediplomaten mit preußischem Beamtenhabitus und antisemitischen Ansichten. Wagners Karrierismus auf der einen und Thaddens Antisemitismus auf der anderen Seite haben beide zu willigen und auch wissentlichen Mittätern am Mord an den europäischen Juden gemacht. Der eine agierte dabei eher willfährig, der andere eher willentlich.

Wagner war ein Parvenü der nationalsozialistischen Gesellschaft. Er gehörte zu denen, die sich für eine verbrecherische Politik benutzen ließen und im Austausch dafür Meriten und Donationen bekamen. Dabei verfolgte er noch Anfang der 1930er-Jahre mit seinen phantasievollen Ambitionen kein konkretes Berufsziel. Die zukünftige Stellung musste nur hohes Ansehen versprechen und ihn aus den kleinbürgerlichen Verhältnissen des Elternhauses katapultieren. Sein tatsächlicher Bildungsgang stand in keiner Relation dazu. Von drei begonnenen Studiengängen schloss er nicht einen erfolgreich ab. Sein Diplom der Deutschen Hochschule für Leibesübungen ist eine Fälschung.

Wagner versuchte sich erfolglos als Tennisprofi und Journalist. Später arbeitete er als Hilfsreferent im Luftfahrtministerium. Bezeichnenderweise war es die SA, die dem fast Dreißigjährigen als Reitlehrer das erste regelmäßige Gehalt zahlte, und damit zeichnete sich eine Wende ab. Nach dem Januar 1933 ergaben sich neue Chancen für beruflichen Erfolg. Engagement und Linientreue konnten den Mangel an fachlicher Befähigung ersetzen. Wagner nutzte diese Gelegenheit, als ihn 1936 die DR aufnahm und er sich zum Protegé Ribbentrops entwickelte. Seinen mangelhaften Werdegang kaschierte er mit »Tauglichkeitsnachweisen« des Führerstaates: Im Jahr 1936 trat er der Schutzstaffel und 1938 der NSDAP bei.

Als Ribbentrop 1938 zum Reichsaußenminister ernannt wurde, konnte ihm Wagner ins Auswärtige Amt folgen, ohne die übliche konsularisch-diplomatische Prüfung abzulegen. Die völlig unzureichende Vorbildung hätte ihm keinesfalls während der

Weimarer Republik oder in den ersten Jahren des »Dritten Reiches« Zugang zum Auswärtigen Dienst ermöglicht, doch mit der verstärkten Durchlässigkeit der Einstellungskriterien unter nationalsozialistischem Einfluss war eine Diplomatenlaufbahn für ihn jetzt im Bereich des Möglichen. Zunächst arbeitete er unauffällig im Stab des RAM und übernahm in seinem »Büro Wagner« Sonderaufträge für Ribbentrop wie die Beschaffung von Geschenken für die SS und die Leitung eines Gestüts.

Erst im Jahr 1943 begann der eigentliche Aufstieg, als Wagner mit der Leitung der neuen Gruppe Inland II betraut wurde, die die Arbeit der Abteilung D fortsetzen sollte. Wagner nutzte die Referatsgruppe hauptsächlich als Vehikel der persönlichen Karriere und machte dabei ständig auf seine Kompetenzen aufmerksam.

Himmler gab der Bedeutung des neuen Gruppenleiters Ausdruck, indem er trotz Bedenken aus den eigenen Reihen Wagner in nur einem Jahr vom SS-Sturmbannführer bis zum SS-Standartenführer befördern ließ. Gleichzeitig verstand es Wagner, sich auf eigene Initiative zum persönlichen Verbindungsmann zwischen Ribbentrop und Himmler zu machen, und infolge seiner Willfährigkeit konnte die SS ihren Einfluss im AA weiter stärken. Selbstverständlich nahm Wagner die Mitgliedschaft in der Eliteorganisation sehr ernst, aber die SS-Führerschaft war immer auch ein willkommenes Mittel, um Widerstände zu überwinden und Erlangtes abzusichern. In letzter Instanz war er aber ein treuer Gefolgsmann des Reichsaußenministers, welcher der eigentliche Garant für seinen Erfolg war. Im Gegensatz zu seinem Vorgänger Luther blieb Wagner stets ein vollkommener Diener seines Herrn, wenn man vielleicht auch nicht so weit gehen sollte wie Martin Broszat, der ihn den »*persönlichen Hausfreund Ribbentrops*«[1] nannte. Diese Charakterisierung geht zu weit. Sie ist zu intim und privat. Eine solche Qualität hatte die Beziehung nie. Wagner war für Ribbentrop ein Laufbursche und privilegierter Lakai, aber niemals ein Freund oder Vertrauter.

Dafür wurde Wagner mit Beförderungen und Geldgeschenken belohnt. Die Motivation für die Beteiligung an der verbrecherischen Politik ist daher nicht in seiner ideologischen Überzeugung zu suchen. Das Regime sorgte für Prestige und ein mondänes Leben, in dem Wagner seine Eitelkeiten befriedigen konnte. Den Preis dafür zahlte er gerne. Profilierungsstreben und Geltungssucht wischten mögliche Zweifel fort. Deshalb ist die Frage, ob Wagner ein Weltanschauungstäter war, eindeutig zu verneinen. Ein Kontakt zu nationalsozialistischen Ideen lässt sich erst frühestens 1936 mit dem Beitritt zur SS belegen. Der Eintritt in die NSDAP erfolgte erst 1938 und war ein äußerer Akt, kein inneres Bekenntnis. Er war jung, ehrgeizig und ohne echte Qualifikation, Mitglied der SS, loyal zu Ribbentrop und über die DR ins AA gekommen. Wagner war kein ideologischer Nationalsozialist und dennoch ein herausragender Vertreter der neuen nationalsozialistischen Diplomaten-Elite. Diese Elite begann ab 1938, Schlüsselpositionen im AA zu besetzen. Dazu gehörten neben Wagner auch Leute wie Walther Hewel, Martin Luther und Gustav Adolf Baron Steengracht von

---

1 Broszat, Staat Hitlers, S. 366.

Moyland. Später erweiterte sich dieser Kreis durch Werner Best, den Reichsbevollmächtigten in Dänemark, und Franz-Alfred Six, den Leiter der Kulturpolitischen Abteilung. Beide kamen aus den Reihen der SS und waren seit 1942 mit eindeutig weltanschaulicher Prägung auf außenpolitischem Gebiet tätig.

Zusammenfassend betrachtet war Horst Wagner nicht mehr und nicht weniger als ein hemmungsloser Karrierist. Er verfolgte keine weltanschaulichen Ziele, war weitgehend entpolitisiert und in erster Linie an persönlichem Erfolg interessiert. Es muss konstatiert werden, dass er fast völlig ideologiefrei zum Täter wurde. Die Leitung von Inland II war für ihn eine Karrierechance, die er ohne moralische Skrupel ergriff. Eine derart monokausale Erklärung erscheint zu einfach, aber es lassen sich keinerlei andere Motivationen feststellen. Browning beschreibt Wagners Vorgänger als »*type of modern manager*« und »*amoral technican of power*«.[2] Dies trifft zum Teil auch auf Wagner zu, aber während Luther seine machtpolitischen Ambitionen von Berlin aus und unabhängig von Ribbentrop durchzusetzen versuchte, wich Wagner seinem Mentor Ribbentrop kaum von der Seite.

Der einfachen Person Wagners steht die wesentlich vielschichtigere des Eberhard von Thadden gegenüber. Die Familie von Thadden gehörte zur angestammten Funktionselite des Kaiserreiches und erlebte nach 1918 einen sozialen Abstieg und mentalen Bruch. Nach dem Abitur drängte der Vater auf eine solide Kaufmannslehre, doch der Sohn hegte bereits früh den Wunsch, in den Auswärtigen Dienst zu gehen und begann parallel ein Jurastudium.

Anders als Wagner war Thadden früh und ernsthaft politisch interessiert, und der Konservatismus des Elternhauses spiegelte sich in der parteilichen Orientierung wider: Als Heranwachsender war er 1924 Mitglied der Bismarckjugend und kurz darauf der DNVP. Nach dem Januar 1933 führte die seine national-konservative Einstellung in die NSDAP.

Während des Referendariats studierte der mittlerweile promovierte Jurist zusätzlich an der Berliner Hochschule für Politik, einer NS-Kaderschmiede. Er belegte Veranstaltungen bei dem bekannten Antisemiten Johann von Leers, aber auch bei dem Geopolitiker Albrecht Haushofer. Durch ihn gelangte Thadden im Sommer 1936 in die DR, wo er der SS beitrat. Er musste aber bald feststellen, dass er als jemand, der in festen Ordnungskategorien dachte, mit dem unsteten Laisser-faire einer NSDAP-Stelle nicht zurechtkam. Als Leiter der Deutsch-Englischen Gesellschaft geriet er zwischen die Fronten von Ribbentrop und dessen Kontrahenten Alfred Rosenberg. Ende 1937 wechselte er deshalb ins traditionelle AA, wo er den regulären Ausbildungsdienst erfolgreich absolvierte. Im Gegensatz zu Wagner ist Thadden deshalb als konventioneller Karrierediplomat einzuschätzen: Er erfüllte alle Anforderungen und kam nicht durch nationalsozialistische Kontakte und noch vor dem Amtsantritt Ribbentrops in den Auswärtigen Dienst. Er gehörte zu dem klassischen Reservoir, aus dem

---

2   Browning, Final Solution, S. 27 u. 181.

das Auswärtige Amt seine Diplomaten rekrutierte: protestantisch, preußisch, adelig und juristisch vorgebildet. Doch die national-konservative Prägung, die die Angehörigen dieses Reservoirs überwiegend auszeichnete, führte bei Thadden dazu, dass er den nationalsozialistischen Ideen adaptiv gegenüberstand. Gleiches ist auch bei anderen jungen Diplomaten wie Rademacher, Bobrik, Grell oder Pausch zu konstatieren.

Im Jahr 1942 erhielt Thadden einen Auslandsposten in Griechenland, und in Friedenszeiten hätte er wohl eine Karriere gemacht, die ihn in verschiedene Missionen und leitende Funktionen gebracht hätte. Aber als Wagner im März 1943 einen kompetenten Mann suchte, fiel seine Wahl auf den alten Bekannten. Wagner wusste, dass er mit seinen mangelnden Kenntnissen Schwierigkeiten bekommen würde, eine abteilungsähnliche Referatsgruppe zu führen, und so wurde Thadden bis Kriegsende Judenreferent des AA, wobei er ständig persönlichen Kontakt zu Eichmann und dem RSHA hatte.

Dabei hatte die SS bei Thadden einen jüdischen Urahn festgestellt. In einem langwierigen Verfahren gelang es dem SS-Führer, den »Makel« von sich zu weisen. Aber selbst als AA und SS keinerlei Zweifel mehr an der arischen Abstammung hegten, beantragte er noch ein Gutachten, welches die einwandfreie Herkunft zertifizierte. Eine Notwendigkeit dazu bestand nicht: Thadden war inzwischen zum Legationssekretär befördert worden und die Ernennung zum SS-Obersturmführer lief. Diese Episode spielte allerdings für Thaddens Bereitwilligkeit bei der Unterstützung der Judenvernichtung kaum eine Rolle. Es gibt keinen aktenkundigen Hinweis darauf, dass die arische Abstammung später im Entferntesten angezweifelt wurde. Thadden nutzte den Fall nach dem Krieg auch nicht in dem Sinne als Entlastungsargument aus, er habe sich wegen der Herkunft profilieren müssen, um sich zu schützen. Er schien vielmehr persönlich getroffen zu sein.

Obwohl Wagner und Thadden niemals zugaben, vom tödlichen Schicksal der Juden vor Ende 1944 erfahren zu haben, muss angenommen werden, dass ihnen das Vernichtungsprogramm spätestens im Laufe des Jahres 1943 bekannt wurde. Und dennoch befand sich ihre Amtsführung im Allgemeinen auf der harten Linie der SS; auch bei den vielen Gelegenheiten, bei denen sie womöglich anders hätten votieren können. Es existiert eine Reihe von Fällen, wo Thadden eine milde Behandlung einzelner Juden gegenüber dem RSHA erfolgreich durchsetzte, insbesondere wenn diese Personen gute Kontakte ins Ausland hatten. Dies erfolgte aber nicht aus einer humanitären, sondern aus einer utilitaristischen Haltung heraus, um nicht unnötige Aufmerksamkeit auf die »Endlösung« zu lenken. Sein Einsatz für Einzelpersonen beweist aber, dass es Thadden möglich war, mit einer außenpolitisch orientierten Argumentation jüdischen Personen zu helfen. Der Judenreferent war jedoch stärker daran interessiert, möglichst viele Juden zu erfassen.

Nach dem Krieg äußerte sich Thadden verhältnismäßig offen über seine persönliche Einstellung. Unter anderem sagte er 1963: »*Wie ich bereits mehrfach erwähnt habe, betrachtete ich während des Krieges die Juden in ihrer Gesamtheit als ein Element des Widerstandes gegen Deutschland. Es entsprach daher meiner Überzeugung, dass die Juden während des Krieges in Lagern untergebracht und unter Bewachung gehalten werden müssten.«*[3] Vielleicht wollte Thadden dabei übersehen, dass es von der befürworteten Internierung bis zum Mord an den Internierten nur ein kleiner Schritt war. Die Aussage beschreibt ferner, wie mit dem rationalen Argument der Sicherheit das ansonsten schwer nachzuvollziehende, gedankliche Dogma des Antisemitismus in konkrete Realpolitik umgesetzt wurde. Ulrich Herbert prägte für einen ähnlichen Fall das Wort vom »Vernunftsantisemitismus«[4]. Dieses Wort passt auch auf Thadden, der kein exponierter oder pathologischer Judenhasser war, sondern als nüchterner Akademiker die angebliche Schädlichkeit des Judentums für wissenschaftlich erwiesen ansah.

Wagner hatte Thadden auch nicht wegen eines scharfen Antisemitismus ausgewählt. Tatsächlich wurde er durch Zufall zum Judenreferenten. Aber er hegte antisemitische Ressentiments, und das innere moralische Marschgepäck, mit dem er seine Stelle antrat, war inhaltlich deutlich gegen jüdische Menschen ausgelegt und führte dazu, dass er seinen Posten anschließend pflichtbewusst und engagiert wahrnahm. Der Ursprung seiner rassistisch geprägten Judenfeindlichkeit lag dabei nicht in der nationalsozialistischen Weltanschauung, sondern in den tradierten national-konservativen Milieus der Familie und des rechten Spektrums der Weimarer Republik. Thadden ging als »fertiger« Antisemit ins »Dritte Reich«. Unter dem Hitler-Regime radikalisierte sich die Einstellung dahingehend, dass er sich dem von den Nationalsozialisten beschworenem Abwehrkampf gegen eine ominöse jüdische Weltverschwörung anschloss und aus diesem Grund die Deportationen förderte. Aus Erziehung, Umfeld und persönlicher Einstellung resultierte, wenn schon kein Vernichtungswille, so doch eine innere Akklamation der Vernichtungspolitik und eine völlige Indolenz dem Schicksal der Juden gegenüber. Thaddens obige Aussage ist also nicht für sich allein zu bewerten, sondern steht im Kontext seines politisch-sozialen Werdeganges.

Erwähnenswert dabei ist die Tatsache, dass er bereits 1933 in seiner Dissertationsschrift die »Judenfrage« ohne inhaltlichen Grund aufgegriffen hatte und sie als ausschließliches Problem Deutschlands begriff, bei welchem dem Ausland kein Mitspracherecht zustünde. In modifizierter Weise kehrte diese Haltung ab 1943 wieder, als Thadden ausländische Interventionen oft mit dem Hinweis abwies, es handle sich um eine innere Angelegenheit und eine Legitimation dritter Stellen sei nicht gegeben.

Die Stilisierung als »Schreibtischtäter« wird dabei der Person Thaddens nicht ganz gerecht. Wagner würde dem wesentlich näher kommen. Selbstverständlich hatte Thadden keinen Finger am Abzug und arbeitete die meiste Zeit an seinem Schreibtisch in Berlin, und doch hatte er sich durch Dienstreisen und Auslandsaufenthalte ein Gesamtbild der Vernichtung machen können. Bereits Ende 1942 dürfte er in Athen von der Konzentrierung und Deportationen der Juden erfahren haben, hatte man ihn doch

---

3   Aussage Thaddens vom 26.4.1963, in: HStA Düsseldorf, Ger.Rep. 192/203.
4   Vgl. Herbert, Best, S. 526 ff.

immerhin in einem Lokal auf den SS-Spezialisten Wisliceny aufmerksam gemacht. Später besichtigte er das Lager Bergen-Belsen und dreimal das Ghetto Theresienstadt. Im Sommer 1944 fuhr er für mehrere Tage nach Budapest, um sich mit Eichmann hinsichtlich der rollenden Deportationen zu koordinieren. Auf diese Weise konnte er sich von den Konsequenzen seiner Schreibtischarbeit einen detaillierten Eindruck verschaffen. Eberhard von Thadden war ein mobiler und kompetenter Funktionär der »Endlösung«.

Die AA-Führung plädierte für eine harte Judenpolitik und fand in Wagner und Thadden Beamte, die motiviert waren, dies umzusetzen. Zu ernsthaften Konflikten mit Eichmann und dem RSHA kam es nicht. Selbstverständlich suchte Inland II die Kompetenzen des AA gegenüber der SS durchzusetzen und mahnte mitunter die Einhaltung gemeinsam gefasster Richtlinien an. In der Judenpolitik trug dabei eigentlich nicht Wagner als Gruppenleiter die Hauptverantwortung, sondern Thadden als Judenreferent. Wagner war häufig nicht in Berlin oder als Verbindungsführer zu Himmler mit anderen Dingen befasst, sodass die inhaltliche Umsetzung maßgeblich von Thadden betrieben wurde. Kleinere Vorgänge konnte er eigenverantwortlich bearbeiten, bedeutendere wurden in der Regel von Wagner genehmigt und bei Ribbentrop vorgebracht, wobei sich Wagner fast immer die Linienführung seines Stellvertreters zu eigen machte. Als kreativer Mann und Hauptakteur muss deshalb Thadden gelten. Anders als sein Vorgänger Rademacher, dessen anfänglicher Enthusiasmus bei der Erstellung des Madagaskar-Plans schnell erlahmte, da er unter seinem Vorgesetzten nicht selbstständig arbeiten durfte[5], hatte Thadden unter Wagner weitgehend freie Hand. Anders als einige Mitarbeiter des Judenreferats D III, die schon nach wenigen Monaten nach einer Versetzungsmöglichkeit suchten, hatte Thadden bei Inland II A kaum Motivationsschwierigkeiten, seine Aufgabe akkurat und engagiert wahrzunehmen. Nach anfänglichem Unbehagen verblieb er aus unkritischem Pflichtbewusstsein und persönlichem Antisemitismus auf dem Posten und versuchte später, das Referat weiter auszubauen, um die hohe Arbeitsbelastung zu bewältigen.

Es konnte nicht festgestellt werden, dass Inland II versucht hätte, mäßigend auf die Vorgänge einzuwirken. Im Gegenteil: Thadden behauptete nach dem Krieg, er habe sich einer Deportation der Juden aus Rumänien nicht widersetzt, da er sie als feindliche Elemente betrachtet habe. Eine solche Aussage erweist Thadden als willigen Zuarbeiter der »Endlösung«. Die Führung von Inland II registrierte die Rettungsbemühungen des Auslandes mit Sorge, sodass sie alles daran setzte, die Freilassung oder potenzielle Emigration zu unterbinden. Die Interventionen wurden häufig dilatorisch behandelt oder mit unterschiedlichen Argumenten abgewiesen. Anhand der Feldscher-Angelegenheit wird besonders deutlich, dass nicht eine Ausreise der jüdischen Kinder im Vordergrund stand, sondern nur deren propagandistische Verwertung. Gleichzeitig wurde eine Antwort auf die britische Anfrage bewusst verzögert, um sie

---

5 Vgl. Browning, Final Solution, S. 82.

ins Leere laufen zu lassen. Dabei hätte hier eine Möglichkeit bestanden, im Einzelnen humanitär zu handeln. Aber Ribbentrop und Inland II waren daran nicht interessiert.

Eichmann sagte von sich selbst, er habe »*bei den dunklen Aufgaben*« gearbeitet.[6] Er war dort nicht allein.

Inland II kann zwischen 1943–45 als die »neunte« Abteilung des AA angesehen werden. Obwohl nur als Referatsgruppe klassifiziert, setzte Wagner durch, dass sie weitgehend wie eine Abteilung behandelt wurde. Trotzdem führte die offizielle Bezeichnung dazu, dass Wagner lange Zeit nicht in den Kanon der Abteilungsleiter eingereiht und vernachlässigt wurde.

Die Referatsgruppe bildete ein Amalgam aus traditioneller Diplomatie und nationalsozialistischer Politikführung und stellt so einen Prototyp dar, der womöglich nach einiger Zeit die klassischen Abteilungen in ihrer Form abgelöst hätte, da Ribbentrop sein Ressort auf Dauer nationalsozialistisch zu reformieren gedachte. Dort arbeiteten ideologisierte, junge, gut ausgebildete Diplomaten, die in der Mehrzahl vor 1938 ins AA gekommen waren. Dominierte bei den Mitarbeitern der Abteilung D die Mitgliedschaft zur NSDAP, verschob sich dieser Akzent bei Inland II zu Gunsten der vorrangigen Zugehörigkeit zu SS und SD. An der Spitze stand mit Wagner ein diplomatischer Amateur, der auf fähige Untergebene angewiesen war. Ähnlich verhielt es sich in der Abteilung D, wo Aufsteiger Luther auf die Unterstützung und Bereitschaft traditioneller Diplomaten wie Rademacher bauen konnte. Thadden muss hierbei den traditionellen Berufsdiplomaten zugerechnet werden, da er in jeder Hinsicht die Voraussetzungen des diplomatischen Dienstes erfüllte, sehr gut ausgebildet war und vor dem Amtsantritt Ribbentrops ins AA kam. Er wurde ferner nicht von NS-Funktionären protegiert wie Wagner durch Ribbentrop. Eher genoss er das Wohlwollen älterer Diplomaten wie Bergmann. Dies erklärt, warum in den Aussagen ehemaliger Kollegen fast einhellig positiv über Thadden geurteilt wird.

Inland II war integrativer Bestandteil des AA und keine an den Rand gedrängte Einheit. Sie arbeitete ständig mit fast allen Abteilungen zusammen, die so unmittelbar mit der vielfältig verbrecherischen Materie konfrontiert wurden. Ohne die Mithilfe des übrigen AA hätte Inland II nicht funktionieren können. Nennenswert abweichend verhielt sich die Rechtsabteilung, die möglichste viele Juden als Austauschobjekte gegen Deutsche im Ausland nutzen wollte und sich deshalb oft gegen Deportationen aussprach. Mehr oder weniger auf der Linie von Inland II bewegte sich hingegen die Politische Abteilung. Ihr Leiter Andor Hencke, seit 1922 im diplomatischen Dienst, trug die Entscheidungen Wagners und Thaddens mit und applanierte sie. Sogar Gesandter Erich Heberlein, Diplomat seit 1919, der sich später oppositionellen Kreisen zuwandte, befürwortete noch 1943 die Unterbindung der Emigration der jüdischen Schwestern Arié. Dies alles führt vor Augen, wie wenig man zwischen dem

---

6   Zit. nach Nellesen, Bernd, Der Prozeß von Jerusalem. Ein Dokument, Düsseldorf 1964, S. 304.

immer wieder beschworenen »alten«, widersetzlichen AA und den NS-geprägten Neuerungen unterscheiden kann, und wie fließend die Grenzen von Resistenz und Teilnahme an den Verbrechen waren.

NS-Quereinsteiger Wagner konnte sich nahezu widerstandslos der tragfähigen Strukturen des AA bedienen, denn die folgende Ebene der Referatsleiter war bereits mit jungen Beamten besetzt, die neben einer fachlichen Qualifikation auch einen gewissen Grad an Ideologisierung einbrachten, was bei Inland II und am Beispiel Thaddens besonders deutlich wird. Dies ist ein wichtiges Ergebnis der Analyse von Inland II und wäre für andere Abteilungen noch genauer zu untersuchen. Besonders die Kulturpolitische Abteilung unter Six oder die Rundfunkpolitische Abteilung unter Rühle würden sich hierzu anbieten. Beide Abteilungsleiter waren eindeutige SS-Exponenten, die über den Umweg nationalsozialistischer Organisationen ins AA gekommen waren.

Die Intensivierung der antisemitischen Auslandspropaganda, die ab 1943 von Inland II bzw. der Informationsstelle XIV betrieben wurde, verdient in diesem Zusammenhang ein besonderes Augenmerk, denn neben Inland II beteiligten sich drei weitere Abteilungen an dem Unternehmen, welches ohne die Experten von Presse- und Rundfunkabteilung nur schwierig hätte durchgeführt werden können. Gerade die Lancierung und das Rückzitieren von Zeitungsartikeln, also das »Hauptkampfmittel« von Inf. XIV, oblag der Presseabteilung. Das AA wollte den Protesten entgegentreten, die durch die wachsende Kenntnis des Massenmordes im Ausland entstanden waren. Die eigene Propaganda sollte die antijüdische Politik international legitimieren, die Realität der »Endlösung« verschleiern und im Zuge dessen die Zurückhaltung einiger Bundesgenossen des Deutschen Reichs im Hinblick auf die Deportationen unterminieren. In diesem Kontext ist auch die gemeinsam von RSHA und AA veranstaltete Vorführung Theresienstadts als Musterghetto zu werten, die das Ziel hatte, Deutschland Alibis zu verschaffen.

Bisher unbekannt war die Vorgeschichte der Informationsstelle XIV, die auf Inland II zurückzuführen ist. Wagner bewies organisatorisches Geschick, als er innerhalb kurzer Zeit aus dem »Juden-Ausschuß«, der bis dato ein Schattendasein geführt hatte, eine funktionsfähige Arbeitseinheit schuf, die an Schleier übergeben werden konnte. Die Kooperation mit der SS führte dazu, dass zwei hauptamtliche SS- bzw. SD-Führer bei Inf. XIV arbeiteten, und dass Ribbentrop wie Himmler bereit waren, die eigenen Apparate der gemeinsamen Sache dienstbar zu machen. Das AA konnte die Ressourcen des RSHA nutzen, während der SS die Informationen zugingen, die der diplomatische Dienst sammelte. Aber auch schon vor Einrichtung von Inf. XIV liefen die Verbindungen des AA und Inland II zu den einschlägigen Organen *Welt-Dienst* und *Weltkampf* aus dem Rosenberg-Imperium zu aller Zufriedenheit. Zudem partizipierte der SD an dem antijüdischen Informationsbasar. Für die vom Ämterpluralismus geprägte NS-Führung war dies sicherlich kein selbstverständlicher Vorgang.

Dagegen blockierten die Streitereien mit dem Propagandaministerium eine größere Entfaltung der Rundfunkkampagnen.

Wagner war auch Initiator der Krummhübler Tagung, deren historischer Stellenwert allerdings dadurch geschmälert wurde, dass die Deportationsexperten Eichmanns in letzter Sekunde wegen der Besetzung Ungarns absagten. Aber sie kann dennoch als Willensbekenntnis einer möglichst engen Kooperation zwischen AA und SS bei der Ausführung der Vernichtungspolitik gelten. Immerhin nahmen noch zwei hauptamtliche SS-Führer teil. Die Tagung diente der Koordination und verfolgte die Intention, die antisemitische Stimmung in den besetzten oder verbündeten Staaten zu schüren, um die deutschen Maßnahmen zu rechtfertigen und vorantreiben zu können. Die überlieferte Fassung des Protokolls geht nicht unwesentlich auf die Änderungen Thaddens zurück. Seine Äußerungen während der Arbeitstagung belegen, dass er gewillt war, die antijüdischen Maßnahmen zu unterstützen. Er warb für ein möglichst weit reichendes Verständnis der deutschen Judenpolitik in Europa. Er war bestens über die Lage unterrichtet, und sein Terminus »*Exekutiv-Maßnahme*« kann als Euphemismus für die Vernichtung gelesen werden. Auch bestehen wenig Zweifel am Gehalt der Phrase Six' von der »*physischen Beseitigung des Ostjudentums*«. Das nachträgliche Leugnen der Teilnehmer, dass diese Redewendung gefallen sei, muss als Schutzbehauptung angesehen werden. Im Nürnberger Prozess gehörte das Protokoll zu den zentralen Dokumenten, die Ribbentrop und das AA wegen der Beteiligung an der »Endlösung« belasteten und schließlich dazu führten, dass Ribbentrop wegen Verbrechen gegen die Menschheit schuldiggesprochen wurde.

Einen Erfolg oder Misserfolg der Propagandaarbeit von Inf. XIV zu konstatieren, gestaltet sich schwierig, da Details der Operationen häufig fehlen und die Wirkung der Meinungsbeeinflussung schwer messbar ist. Fakt bleibt, dass die Stelle regelmäßig den diplomatischen Dienst mit antisemitischen Informationen versorgte und es schaffte, eine Propaganda durch Presse und Rundfunk im neutralen, besetzten und in wenigen Fällen sogar im feindlichen Ausland zu entwickeln. Schleier, Wagner oder Thadden skizzierten hierfür unverdrossen neue Projekte. Wenn die Konzepte von Geheimsendern, Rundfunkkampagnen und antisemitischen Jahrbüchern nicht realisiert wurden, lag dies an dem für Deutschland ungünstigen Kriegsverlauf, Rivalitäten mit dem Goebbels-Ministerium und an einem zunehmenden Mangel an Personal und technischen Ressourcen. Der politische Wille war zweifellos da, und Reichsaußenminister und Staatssekretär genehmigten fast alle Planungen. Je länger der Krieg dauerte, desto stärker spielte Ribbentrop die antisemitische Karte. Erst angesichts der Niederlage mäßigte er im Winter 1944/45 die Linie wieder.

Die Deportationen aus Ungarn 1944 waren die erste eigene Aktion von Inland II, die nicht aus übernommenen Vorgängen der Abteilung D resultierte. Es bot sich die Gelegenheit, von Beginn an bei der Erfassung und Deportation eingeschaltet zu sein. Schon einen Monat nach dem deutschen Einmarsch installierte Thadden in der Person

Hezingers einen Emissär in Budapest, der die Nationalitätenprüfung der gefangenen Juden vornahm. Dadurch wollte Thadden potenziellen außenpolitischen Angriffen präventiv begegnen und langwierigen Interventionen die Basis nehmen. Zudem beschleunigte die Separierung der ausländischen Juden die Deportation der übrigen. Mit Grell übernahm später ein Diplomat und SS-Führer die Aufgaben von Inland II vor Ort, der ausgesprochen antisemitisch eingestellt war und dessen Amtsführung darauf zielte, möglichst viele Juden deportieren zu lassen. Thadden reiste auch persönlich in die Donaumetropole, um sich mit Gesandtschaft und SS zu koordinieren. Etwas Gleichartiges war vorher nicht geschehen. Zwar war Rademacher 1941 in ähnlicher Mission ins besetzte Serbien gereist, aber die Ungarn-Aktion hatte eine ganze andere Qualität. Zu keinem Zeitpunkt zuvor war die Zusammenarbeit mit der SS intensiver und direkter gewesen. Die sehr effektive Aktion in Ungarn zeigt, auf welch hohen Standard die tödliche Politik von AA und SS hinausgelaufen war.

Die Vorgänge in dem besetzten Land zeigen ferner, dass eine wirkliche Rettung durch das Ausland die Möglichkeiten der internationalen Apparate überforderte. Dies lag zum einen daran, dass die Art und Weise, wie die Nazis den Genozid betrieben, eine völlige Novität war. Zum anderen lag es daran, dass die deutsche Seite keinerlei Interesse daran hatte, auf die Angebote der Alliierten einzugehen. Zudem stand die Rettung von Juden nicht auf der Charta der wichtigen alliierten Kriegsziele, und die durch die britische Regierung initiierte Feldscher-Aktion war eher ein halbherziges, aktionistisches Goodwill-Unternehmen, um sich angesichts des wachsenden öffentlichen Drucks als tatkräftig zu präsentieren. Die Oberflächlichkeit der Feldscher-Offerte erleichterte es der deutschen Seite, sie zum diplomatischen Spielball zu machen und die Emigration zu unterbinden. Die Neutralen wie die Schweiz und Schweden waren in der Regel auf sich gestellt und fühlten sich erst in den späten Kriegsjahren stärker humanitär gefordert. Leider operierten sie oft unkoordiniert, was dazu führte, dass ihre Demarchen und Noten meist ergebnislos blieben.

Hinter dem Massenmord steht der Mord an dem französischen General Mesny zurück, doch an ihm lässt sich exemplarisch aufzeigen, wie Wehrmacht, SS und AA bei der Ausführung eines Verbrechens kooperierten. Mit Himmler, Kaltenbrunner, Keitel und Ribbentrop waren höchste Vertreter daran beteiligt. Doch entgegen der noch im Jahr 2000 vertretenen Sicht, AA, RSHA und Wehrmacht hätten nach einem »*praktischen Ausweg*« gesucht, sich vor dem mörderischen Befehl Hitlers zu drücken[7], gab es tatsächlich keinen nennenswerten Widerstand. Auch die These, der deutsche General Brodowski sei grausam gefoltert worden, weshalb einige der Beteiligten von der Rechtmäßigkeit der »Vergeltungsaktion« an Mesny überzeugt gewesen sein mochten, ist nicht belegbar und entstammt primär den Rechtfertigungen der Nürnberger Ange-

---

7 Rempel, Gottlob Berger, S. 55.

klagten. Alle Beteiligten haben versucht, das Ganze glatt über die Bühne gehen zu lassen oder möglichst nicht damit befasst zu werden.

Wagner und seine Mitarbeiter führten Gespräche mit dem RSHA und informierten Ribbentrop über die Ergebnisse. Die Immediatstellung, die Wagner zwischen SS und AA einnahm, verstärkte dabei den konspirativen Charakter der Aktion. Der anfangs eingeschaltete Staatssekretär, der Skrupel zu besitzen schien, wurde schließlich übergangen. Das AA ließ sich für verbrecherische Ziele ausnutzen und bearbeitete den Fall mit gleichmütiger Akkuratesse. Selbst die Rechtsabteilung unterließ es, darauf hinzuweisen, dass Repressalien an Kriegsgefangenen durch das Genfer Abkommen grundsätzlich verboten waren, und protestierte nicht. Angesichts des Funktionsverlustes der Diplomatie wurde das AA zum folgsamen Instrument im Kanon der NS-Politik.

Der Mesny-Mord wirft zugleich ein Schlaglicht auf das organisatorische Chaos der NS-Bürokratie, die von wirklichen oder vermeintlichen »Führerbefehlen« durcheinandergebracht werden konnte. Zu Beginn waren sechs Stellen eingeschaltet: OKW, Inspekteur des Kriegsgefangenenwesens, Chef des Kriegsgefangenenwesens, Befehlshaber des Ersatzheeres, AA und RSHA. Inland II brauchte Tage, um sich überhaupt erst einmal eine Übersicht zu verschaffen und festzustellen, ob und wo der Befehl vorlag. Zeitweilig hieß es sogar, der Befehl sei widerrufen. Keitel hatte anfangs eine rasche Bearbeitung gefordert, aber die Ausführung versandete in zahlreichen Besprechungen und Korrespondenzen. Der Führerbefehl wirkte eher retardierend, anstatt für Effizienz zu sorgen.

Unter den drei letztlich beteiligten Stellen kristallisierte sich eine Arbeitsteilung heraus: Die SS führte den Mord aus, der Chef KGW bereitete ihn vor und das AA sollte den Fall – ähnlich wie bei der Judenvernichtung – gegenüber dem Ausland absichern. Die Aufgabenteilung funktionierte, verzögerte den Vorgang aber weiter; zwischen dem Tod des Deutschen und dem Mord an Mesny lagen schließlich fast drei Monate. Panzinger bemerkte später dazu: *»Hätte man den französischen General aus irgend welchen Gründen [...] beseitigen wollen, so hätte man ja nicht des Aufwandes dreier Behörden bedurft, das hätte Himmler als Chef Kriegsgefangenenwesen [...] viel einfacher durchführen können [...].«*[8] Konterkariert wurde die Einschaltung des AA zuletzt dadurch, dass es kurz vor der Tat stillschweigend übergangen wurde. Aber gegen Kriegsende wurden alle Täuschungsmanöver obsolet. Nur zwei der ursprünglich sechs Dienststellen führten die Tat zum Schluss durch.

Das Verbrechen führt eine Pervertierung des Völkerrechts vor Augen, an welches sich das NS-Regime auf merkwürdige Weise gebunden fühlte. Die Existenz des Völkerrechts wurde nach außen offiziell anerkannt, weshalb alles präpariert werden sollte, um eine Untersuchung ausländischer Stellen gewährleisten zu können. Es wurde aber in seiner Auslegung so deformiert, bis es in die Schablone des verbrecherischen Führerbefehls passte. Tatsächlich war das Völkerrecht innerhalb der deutschen Stellen

---

8   Aussage Panzingers vom 29.11.1956, in: HStA Düsseldorf, Ger.Rep. 237/35.

nur noch eine sinnleere Hülse. Es erfüllte den Zweck, den Vorgang als Repressalie mit dem Anstrich völkerrechtlicher Konformität zu »legalisieren«. Wagner bezeichnete den Plan dennoch als »*schmutziges Geschäft*«. So bildete sich ein wirres, zweckgebundenes und opportunistisches Nebeneinander von NS-Maßnahmen und formaler Beachtung traditioneller Rechtsnormen, womit eine absurde Situation entstand: Eine Tötung, so wie sie schließlich durchgeführt wurde, musste das Ziel einer Repressalie, nämlich den Gegner von einer Wiederholung seiner Taten abzuhalten, völlig verfehlen. Wahrscheinlich war sich Hitler der völkerrechtlichen Umstände gar nicht bewusst, für ihn war eine Repressalie gleichbedeutend mit Vergeltung. Der Mesny-Mord offenbart so, wie die NS-Staatsorgane ernsthaft das kriminalistische Paradox realisierten, ein Verbrechen zu begehen, es perfekt zu vertuschen, aber gleichzeitig zu planen, der Feindseite Kenntnis darüber zukommen zu lassen. Der Nürnberger US-Ankläger Thomas J. Dodd bemerkte pointiert: »*Das war Mord mit reiner Weste, Täuschung auf Bestellung, aufgemacht mit allen Formalitäten des Auswärtigen Amtes, schimmernd im eisigen Glanz von Kaltenbrunners SD und Gestapo und unterstützt und gefördert von dem nach außen hin soliden Gerüst des Berufsheeres.*«[9]

Rechtfertigungen – der Umgang mit Schuld

Nach Kriegsende waren die Alliierten daran interessiert, Wagner und Thadden wegen Verbrechen gegen die Menschheit zur Rechenschaft zu ziehen. Ihnen sollte im Rahmen des elften Nürnberger Nachfolgeprozesses die Unterstützung des Völkermordes an den Juden zur Last gelegt werden, wobei Wagner zusätzlich wegen Beihilfe bei der Ermordung Mesnys angeklagt werden sollte. Doch der heraufziehende Kalte Krieg und die wachsende Souveränität Deutschlands ließen die Zustimmung zu großen Verfahren auf amerikanischer Seite schwinden, weshalb sich die Anklagebehörde gezwungen sah, das Volumen des Prozesses zu reduzieren. Es ist eine Ironie der Geschichte, dass, wenn beide verurteilt worden wären, sie wahrscheinlich spätestens 1955 wie viele andere auf freien Fuß gekommen wären und sich ohne weitere Strafverfolgung in der Bundesrepublik hätten arrivieren können.

Wie reagierte die Gesellschaft der Bundesrepublik auf NS-Täter wie Wagner und Thadden? Wie lebten diese sich umgekehrt in der Gesellschaft ein? Wie wurde mit der Schuld umgegangen? Zur Beantwortung dieser Fragen sollen vier Personengruppen in den Blick genommen werden:
1. Die *Täter* Wagner und Thadden. Sie stehen nicht allein, sondern auch stellvertretend für andere Diplomaten im Vernichtungsprogramm. Gleichfalls sind der Gruppe die Verteidiger wie AA-Generalverteidiger Achenbach zuzurechnen, die versuchten, die Anliegen der Täter juristisch zu vertreten.

---

9   Plädoyer Dodds vom 29.8.1946, in: IMT, XXII, S. 305.

2. Die *Justiz*. Sie unternahm den Versuch, die Verbrechen zu ahnden und dem neuen demokratischen Rechtsstaat Geltung zu verschaffen.
3. Die *Politik*. Die gewählten Parlamente und die Ministerien repräsentieren den politischen Willen zur Aufarbeitung der Nazi-Vergangenheit. Zur Politik sind ebenfalls das Auswärtige Amt und das Justizministerium zu rechnen.
4. Die *Öffentlichkeit*. Sie stellt eine abstrakte Ebene der Beobachtung, des Protests oder der Zustimmung dar. Sichtbarer Ausdruck der Öffentlichkeit sind die Medien, d. h. in diesem Fall hauptsächlich Zeitungen und Zeitschriften.

Die Täter Wagner und Thadden gingen sehr bald nach Kriegsende getrennte Wege. Wagner floh aus Furcht vor der Justiz ins Ausland. Ohne sich dort eine Existenz aufbauen zu können, kehrte er Ende 1956 nach Deutschland zurück. Belastet durch seine Rolle im NS-Regime konnte er die Karriere, die er im »Dritten Reich« gemacht hatte, nicht in der Bundesrepublik fortsetzen. Er musste sich mit unregelmäßigen Einkünften aus niederen Tätigkeiten begnügen. Erfolglos versuchte er, Versorgungsbezüge als ehemaliger Staatsbediensteter zu erwirken oder angeblich ausstehende Zahlungen als Gestütsverwalter zu erhalten. Gleichzeitig setzte ihn die juristische Strafverfolgung bis an sein Lebensende unter Druck.

Anders erging es Thadden, der begünstigt durch die Geschäftsbeziehungen der Familie seiner Gattin in der freien Wirtschaft Fuß fasste. Er konnte sich etablieren und wurde erfolgreicher Geschäftsmann, wobei er auf die Kenntnisse der einst verordneten Kaufmannslehre zurückgreifen konnte. Versorgungsbezüge als ehemaliger Beamter brauchte er nicht zu beantragen. Ein Untersuchungsverfahren wurde 1956 eingestellt, und seitdem blieb der ehemalige Judenreferent von der Vergangenheit unbehelligt. Nur als Zeuge war er oft gefragt.

Damit kehrte sich eine Entwicklung um, die 1936 in der Dienststelle Ribbentrop begonnen hatte. Damals war Wagner durch seine servile und opportunistische Art schneller aufgestiegen als der formelle Thadden, der sich Wagner unterordnen musste. Nach 1945 kehrte sich die Konstellation um. Nun war es Thadden, der dank seines Könnens und seiner Beziehungen erfolgreicher war, wogegen Wagner gerade wegen seiner Zeit vor 1945 zum Außenseiter wurde. In einer Unparallelität der Lebensläufe hatten sich die Verhältnisse von vor 1936 wieder hergestellt: Thadden kam zu einem beachtlichen Fortkommen; Wagner lebte in bescheidenen Verhältnissen.

Wagners und Thaddens persönliche Sicht auf die Vergangenheit war von den üblichen Stereotypen von Relativierung und Apologie getrübt. Und dennoch unterschieden sie sich fundamental voneinander. Wagners Auseinandersetzung war durch Flucht charakterisiert. Er floh vor einer von ihm als ungerecht empfundenen Strafverfolgung ins Ausland, weil es seine feste Überzeugung war, nicht falsch oder verbrecherisch gehandelt zu haben. Zur Kompensation der Vorwürfe kreierte er die Legende, er habe versucht, Juden und Kollegen vor dem Regime zu bewahren. Wann immer Vorwürfe aufkamen, flüchtete er sich auf diese Gegenposition und kolportierte seine Helfer-Version; wie etwa im Fall Mesny, wo er alles versucht haben wollte, um den Mord zu verhindern. Wagner zeigte überhaupt kein Verantwortungsbewusstsein, sondern schob die Schuld auf Ribbentrop ab, wogegen er sich selbst nur als kleines Rädchen begriff, welches sich zwischen Ribbentrop und Himmler hin und her gedreht habe. Bis zum Schluss leugnete er stur jedwede Verantwortung, und angesichts der steigenden Vehemenz, mit der er dies tat, ist anzunehmen, dass es keine Phrasen waren, sondern dass er es tatsächlich glaubte. Gefördert wurde dies durch das Umfeld von Familie und Freunden, die in gleicher Manier argumentierten und ihn entschuldigten. Besonders die Apologetik und revisionistische Geschichtsinterpretation der Achenbach-Kanzlei dürften Wagners Unschuldsbewusstsein bestärkt haben. Im Klima von Verdrängung und Realitätsbeugung schlüpfte Wagner wie viele NS-Verbrecher in die Opferrolle. Er begriff sich als juristisch Verfolgten und erging sich in Selbstmitleid. Die durch den Stress verstärkten Krankheitsbilder zeigen, wie überzeugt er diese Rolle ausfüllte.

Thadden ging differenzierter vor. Er war sich als Jurist im Klaren darüber, dass ein stupides Abstreiten im Hinblick auf die überlieferten Dokumente unglaubwürdig, ja geradezu albern erscheinen musste. Deshalb minimalisierte er seine Verantwortung und Schuld, womit er ebenfalls wie viele NS-Täter handelte.[10] Im Allgemeinen sei das AA bestrebt gewesen, ausländische Juden zu schützen, aber nach Lage der Dinge, so Thadden, hätte man kaum mehr für die Juden tun können. Sein Mephisto sei Eichmann gewesen, der kaum Zugeständnisse habe machen wollen und ihn über die Wahrheit der »Endlösung« belogen habe. Thadden unterließ es, eine Gegenkonstruktion aufzubauen wie Wagner. Nur in wenigen Einzelfällen habe er helfen können, ansonsten wären Eichmann und das RSHA misstrauisch geworden. Ging im Laufe einer Vernehmung hervor, dass jüdische Personen eine milde Behandlung erfahren hatten, heftete sich Thadden dies manchmal als Verdienst ans eigene Revers.

Während Wagner eine absolut starre Haltung einnahm, agierte Thadden raffinierter. Vermutlich mithilfe Achenbachs organisierte Thadden ein »Aussagekartell« unter den Teilnehmern der Krummhübler Tagung, um sich darin abzustimmen, den belastenden Inhalt der Tagung zu leugnen. Es gelang so, ein wichtiges Beweisdokument zu entkräften, was zur Einstellung des Ermittlungsverfahrens gegen Thadden 1956 beitrug. In seinen Aussagen blieb der ehemalige Judenreferent ansonsten flexibel und reagierte mit variablen Gegenargumenten. Zuerst hatte er etwa behauptet, erst nach Kriegsende von der Judenvernichtung erfahren zu haben. Die vorgelegten Dokumente zeigten ihm jedoch, dass diese Version auf Dauer unglaubwürdig werden würde, und so räumte er später ein, bereits Ende 1944 die Wahrheit geahnt zu haben. Ein konkretes Wissen stritt er aber mit teilweise haarsträubenden Begründungen bis zu seinem Tode ab. Er verschanzte sich nicht einfach dahinter, Weisungen von oben befolgt zu haben, sondern er gab bereits kurz nach Kriegsende zu, mit der Internierung und Erfassung der Juden vollkommen einverstanden gewesen zu sein. Diese Aussage ent-

---

10 Vgl. Grabitz, Helge, NS-Prozesse, Psychogramme der Beteiligten, Heidelberg ²1986, S. 23.

kräftete er gleichzeitig dadurch, dass er nichts vom Schicksal der Deportierten gewusst haben wollte. Einen Mordvorwurf könne ihm deshalb nicht unterstellt werden. Er antwortete in der Regel bis zu dem Punkt wahrheitsgetreu und offen, an dem er sich ernsthaft hätte belasten können. Auf diese Weise gegenüber den Strafverfolgungsbehörden kooperativ, versuchte er, die eigene Glaubwürdigkeit zu erhöhen.

Eine kritische Selbstreflexion fand aber auch bei Thadden nicht statt. Im Jahr 1947 sagte er, er habe keinen einzigen Schritt unternommen, den er nicht heute noch vertreten könne.[11] Laut Aussage des Sohnes war die Vergangenheit in der Familie kein Thema. Das anscheinende Desinteresse des privaten Umfelds und die weitgehende Nichtbeachtung seines Falles in der Öffentlichkeit förderten im Zusammenhang mit dem eingestellten Ermittlungsverfahren und dem beruflichen Erfolg die reibungslose Reintegration Thaddens in die bundesrepublikanische Gesellschaft.

Gemeinsam war Wagner und Thadden das stete Leugnen der Kenntnis der Judenmorde. Sie hätten nur an einen harten Arbeitseinsatz im Osten geglaubt. Beide behielten ihre Indolenz gegenüber den Opfern bei und verloren auf den Hunderten Seiten protokollierter Vernehmungen kaum ein Wort über sie. Es gab kein Mitleid, kein Bedauern. Sie fühlten sich weder juristisch noch moralisch schuldig.

Die Justiz stand vor dem Dilemma, Verbrechen des 20. Jahrhunderts mit einem Gesetzeswerk ahnden zu müssen, welches aus dem 19. Jahrhundert stammte. Die fatale Modernität der Menschheitsverbrechen überforderte die Strafprozessordnung. Aber abgesehen von den legislativen Schwächen forcierten die Justizorgane den Fortgang der Verfahren zu wenig. Gerade die Nicht-Prozesse von Wagner und Thadden zeichnen im Kontext der bundesrepublikanischen Verarbeitung der NS-Vergangenheit ein charakteristisches Bild der Vergangenheitspolitik. Sie sind Element des Gegenteils, Segment der Nicht-Aufarbeitung des NS-Erbes.

Seit 1958 ermittelte die Staatsanwaltschaft Essen gegen Wagner wegen des Mesny-Mordes und der Judenvernichtung. Zur Verteidigung stand ihm die Kanzlei der ehemaligen Diplomaten Ernst Achenbach und Gert Schlottmann zur Seite. Achenbach verfügte als FDP-Bundestagsabgeordneter über beste Kontakte zu alten Kollegen in Politik und Wirtschaft. Er nahm das Mandat nicht nur vor Gericht wahr, sondern auch privat und beschaffte Wagner Wohnung und Arbeit. Zuvor hatte sich Achenbach auch um Thadden und sein Verfahren gekümmert. Die Kameradschaften bestanden nicht nur unter Diplomaten fort, auch Berger und Meurer ließen sich von ihrem alten Gerichtsführer Hennings verteidigen. Welch nationalsozialistisch geprägtes Klima in diesen Netzwerken herrschte, belegen die Auftritte von Hennings und einer Achenbach-Anwältin bei den Untersuchungsrichtern Behm und Grimm.

Als Erstes scheiterte 1962 das Mesny-Verfahren, als Wagner seiner Verantwortung durch eine juristische Formalität und den Einfluss Achenbachs entging: Ein Verfahren war bereits in Wagners Abwesenheit in Frankreich aus Mangel an Beweisen eingestellt

---

11 Vgl. Vernehmung Thaddens vom 21.7.1947, in: IfZ München, ZS 359/2 Eberhard von Thadden.

worden, und die deutsche Justiz sah sich aufgrund des Überleitungsvertrages nicht berechtigt, es erneut anzustrengen. Diese Entscheidung hatte Achenbach wesentlich forciert.

Alle Urteile im Fall Mesny wurden so von alliierten Gerichten gesprochen, ein Deutsches war dazu nicht in der Lage. Dies fügt sich nahtlos in die Grundtendenz der alliierten wie bundesrepublikanischen Rechtsprechung von NS-Verbrechen ein. Ribbentrop und Kaltenbrunner wurden in Nürnberg unter anderem wegen der Beihilfe zum Mord an Mesny zum Tode verurteilt. Bereits im Wilhelmstraßen-Prozess folgten für Ritter und Steengracht Freisprüche, wobei Ritters Entlastung auch auf die desolate Vorstellung Wagners als Zeuge der Anklage zurückzuführen ist und historisch zweifelhaft bleibt. Lediglich Berger erfuhr einen Schuldspruch, der aber kaum Auswirkungen hatte. Anfang der 1950er-Jahre wurde er zurückgenommen und Berger amnestiert. In stringenter Linie fand bei der letzten Reihe von Tathelfern – Wagner, Schulze, Cohrs und Meurer – keine Verurteilung mehr statt.

Der zweite Prozess wegen Beihilfe zur Judenvernichtung zog sich über Jahre hin. Anstatt Wagner zunächst nur die Deportation aus einem Staat zur Last zu legen, versuchte die Staatsanwaltschaft die Gesamttätigkeit zwischen 1943 und 1945 aufzuarbeiten. So dauerte die Voruntersuchung zu der komplexen Materie neun Jahre, und weitere fünf Jahre vergingen von der Anklageerhebung bis zur Prozesseröffnung. Insgesamt lagen vierzehn Jahre zwischen Beginn der Ermittlungen und dem ersten Prozesstag. Geschickt verstanden es die Anwälte, den Verlauf mit Blick auf das fortgeschrittene Alter des Angeklagten zu retardieren und für einen Aufschubmarathon zu sorgen, der beispiellos in der deutschen Justizgeschichte ist. Nach Prozesseröffnung 1972 hielt Wagner das Gericht fünf weitere Jahre hin, bis das Verfahren 1977 aufgrund seines Todes eingestellt wurde. Diese langen Zeitspannen lassen den Schluss zu, dass die Strafverfolgung nicht den unbedingten Willen hatte, der geschickt taktierenden Gegenseite entschlossen entgegenzutreten. Die Justiz war immer wieder zu Zugeständnissen bereit. Die von der Verteidigung weidlich ausgenutzten Fristen und Regeln der Strafprozessordnung taten das Übrige zur Verlängerung des Verfahrens.

Dabei hätte gerade dem Verfahren zur Beteiligung an der »Endlösung« eine historische und politische Bedeutung zukommen können. Aber die Justiz arbeitete einen Tatbestand wie die Beihilfe zum Mord an 356.624 Menschen nicht auf und ließ ihn ungesühnt. Die langen Mühen und »*harten Arbeitsjahre*«, wie Behm die Ermittlungen nannte[12], waren umsonst. Ein Signal für das In- und Ausland wurde verpasst, dass man auch dreißig Jahre nach Kriegsende verantwortungsvoll die Täter verfolgt. Der fehlende Abschluss in beiden Prozessen ließ sie in Vergessenheit geraten. Dass es anders gehen konnte, zeigt der Prozess gegen den RSHA-Angehörigen Friedrich Boßhammer. Der Angeklagte, der kaum jünger als Wagner war, wurde nur ein Jahr nach Einreichen der Anklageschrift wegen der Unterstützung der Deportationen aus Italien,

---

12 Schreiben Behms an Kempner vom 15.7.1972, in: BA Koblenz, NL Kempner, Bd. 1460.

Rumänien, Bulgarien und der Slowakei zu einer lebenslangen Haftstrafe verurteilt. Dabei war Boßhammers Anklageschrift mit 593 Seiten sogar noch umfangreicher als Wagners, und auch sonst bewegte sich das ausgewertete Material in ähnlichen Dimensionen: 120 Ordner Dokumente und 150 Zeugenaussagen.

Zweifelsohne gab es tatkräftige Juristen in der Zentralstelle in Ludwigsburg oder in der Person Behms, die sich der Verbrechen der Diplomaten bzw. Wagners und Thaddens bewusst waren. Aber Behm war am Landgericht Essen isoliert und mit Arbeit überlastet. Die Gerichtsleitung zeigte wenig Verständnis für seine intensiven Nachforschungen, und der Landgerichtspräsident war durch die langwierigen Ermittlungen entnervt und sah Personalressourcen gebunden. Wenn man Behm glauben darf, hatten auch Kollegen wenig Verständnis und Verve, sich mit NS-Verbrechen zu beschäftigen. Für das Landgericht war das Wagner-Verfahren eine ungeliebte Pflicht. Andererseits muss festgehalten werden, dass das Verfahren, so wie Behm es führte, die Ressourcen des Gerichts überforderte. Die jahrelangen Ermittlungen brachten so das Gegenteil dessen, was Behm erreichen wollte: nämlich keine Verurteilung Wagners. Der große Umfang des Prozess-Stoffes und Behms Akribie spielten der Verteidigung in die Karten, die das Verfahren in die Länge ziehen wollte. Beispielsweise vergingen Monate, als Behm auf den Ausgang des Eichmann-Prozesses wartete, um Eichmann als Zeugen zu befragen und das Urteil auszuwerten. Die dann unter Landgerichtsrat Grimm fertig gestellte Anklage gegen Wagner hätte wahrscheinlich zu einer Verurteilung geführt, hatte aber insgesamt zu lange gebraucht.

Im Grunde verfolgte die Justiz mit Wagner auch den falschen Mann. Thadden war zwar der Untergebene gewesen, hatte aber im Rahmen seiner Kompetenzen die Umsetzung der Judenpolitik gelenkt. Wagner sanktionierte als Vorgesetzter das Vorgehen, was ihn gleichfalls verantwortlich machte, aber Thadden war der eigentliche Initiator und Gestaltende gewesen. Doch für Behm hatte Thadden nur die Anweisungen Wagners ausgeführt, dabei war es eher umgekehrt gewesen. Begünstigt durch das 1956 eingestellte Verfahren wurde Thadden kaum beachtet, außer als Zeuge. Die Justiz hatte es ihm leicht gemacht, relativ ungestört ins alltägliche Leben zu wechseln. Gefördert wurde die eindimensionale, auf Wagner fixierte Sicht durch die gemeinsame Geschichtspolitik von Justiz und Auswärtigem Amt, welche fast ausschließlich die nationalsozialistischen Aufsteiger für die Verbrechen verantwortlich machte, aber traditionelle Berufsdiplomaten wie Thadden als Täter ausklammerte. Erst im Sommer 1964 wurde ein neues Ermittlungsverfahren eingeleitet, nachdem Thadden durch eigene Aussagen und neue Dokumente wieder verdächtig geworden war. Die Justizbehörden ahnten, dass der Judenreferent inkriminierter war als angenommen, und sie mussten schließlich feststellen, dass er »*willig und maßgeblich*« sowie »*mit Eifer*« und Einfluss die Judenvernichtung forciert hatte.[13] Dagegen hatte Israel schon im Frühjahr 1961 Thadden einen Prozess angedroht, falls er das Land betrete.

---

13 Ermittlungsbericht o. D., in: HStA Düsseldorf, Ger.Rep. 192/15.

Das Wagner-Verfahren rückte auch das Auswärtige Amt stärker in den Fokus der Justiz. Die Beteiligung der Reichsbehörde an der Judenvernichtung war bisher eher unberücksichtigt geblieben. Der aufgrund des Wagner-Prozesses durch die Zentralstelle eröffnete AA-Komplex führte zwar zu umfangreichen Ermittlungen, aber es zeigte sich, dass die Strafverfolgung und das zur Verfügung stehende Gesetzeswerk die diplomatische Beihilfe zur »Endlösung« nur schwer ahnden konnten. Die Angeschuldigten bauten die kaum zu durchdringende Verteidigungslinie auf, sie hätten vom Mord an den Juden nichts gewusst. Der Vorwurf konnte so nur auf Totschlag lauten, welcher aber mittlerweile verjährt war. Die Staatsanwälte sahen sich außer Stande, auch nur einen Fall zur Anklage zu bringen. So kam es zu Schuldsprüchen gegen Diplomaten nur in jenen Prozessen, die entweder durch die Alliierten geführt worden waren (Ribbentrop, Weizsäcker, Steengracht, Veesenmayer, Ritter, Woermann, Keppler) oder als Überleitungsverfahren zur Konkursmasse Nürnbergs zählten (Rademacher, Beckerle/Hahn).

Ähnlich wie die Justiz war auch *die Politik* überfordert. Sie tat wenig, um Abhilfe zu schaffen und das Wagner-Verfahren zu beschleunigen. Die Eingaben von SPD und CDU im nordrhein-westfälischen Landtag von 1972 bzw. 1973 waren engagiert, kamen aber sehr spät und änderten nichts am weiteren Verlauf. Die Parlamentarier gaben sich mit den Auskünften der Minister zufrieden und verfolgten die Angelegenheit danach nicht weiter öffentlich. Die politische Rezeption war gering, und der Skandal, den das Verfahren darstellte, wurde nicht als solcher wahrgenommen.

Über die beiden Anklagen gegen Wagner wurde das Außenministerium jeweils vorab um Stellungnahme gebeten. Bei der Mesny-Anklage wandte sich Landesjustizminister Otto Flehinghaus sogar persönlich an AA-Staatssekretär Hilger van Scherpenberg und machte besonders auf das Fehlverhalten der damaligen Rechtsabteilung aufmerksam, weil er schwere Konsequenzen für das AA und die deutsch-französischen Beziehungen prognostizierte. Gemeinsam legten sie die Linie fest, Wagner und Inland II als *»völlige Fremdkörper«* abzustempeln. Zuvor hatte bereits Behm eine ähnliche Strategie verfolgt, in der er Wagner als SS-Exponenten und NS-Renegaten schilderte. Die Taktik von Justiz und AA wurde im »Endlösungs«-Prozess gegen Wagner beibehalten, wo das AA etwa versuchte, die belastende Aussage einer Inland II A-Sekretärin, die zugab, von der Vernichtung gewusst zu haben, mit dem Argument zu entkräften, es sei unberechtigt, von der Kenntnis einer Person auf die Kenntnis weiterer Kreise zu schließen. Aber wenn selbst eine Schreibkraft davon wusste, erscheint es unglaubwürdig, dass leitende Beamte nichts geahnt haben wollen.

Justiz und AA betrieben so eine kongruente Geschichtspolitik, die vorsah, dass das AA eigentlich unschuldig gewesen sei. Das Bonner Außenamt resümierte 1967: *»Erst Luther und Rademacher sind es gewesen, die die Behandlung der Judenfrage im Auswärtigen Amt zu einem Instrument nationalsozialistischer Rasse- und <u>Judenpoli-</u>*

tik gemacht haben.«[14] Das AA erschien so als passives, durch äußere Kräfte kriminalisiertes Werkzeug der neuen Machthaber. Diese Sicht ist zwar nicht ganz falsch, greift aber zu kurz. Ungeachtet dessen zementierte 1970 Heinz Günther Sasse, Archivar im Politischen Archiv, in der Festschrift zum 100-jährigen Bestehen des AA die »Minimalschuld-These«. Die NS-Kräfte seien hauptsächlich in den neuen Abteilungen eingesetzt gewesen, die sich nicht im klassischen Sinne mit Außenpolitik beschäftigt hätten. Die Abteilung D sei der »*eigentliche Eiterherd im Amt*« gewesen.[15] Ehemalige Diplomaten aller Couleur schlossen sich der apologetischen Meinung nur zu gerne an. So urteilte NS-Aufsteiger Franz von Sonnleithner, das AA habe »*stets versuchte, mäßigend, verzögernd ja überhaupt verhindernd zu wirken.*«[16] Und Ex-Staatssekretär Ernst von Weizsäcker hatte schon 1950 rückblickend das Amt nur »*am Rande*« mit der Judenvernichtung befasst gesehen.[17] Diese Vergangenheitssicht hatte im Fall Wagner Erfolg. Der ehemalige Gruppenleiter wurde als Außenseiter begriffen und lenkte vom übrigen AA und dessen Beamtenschaft ab.

Die Öffentlichkeit ist für die Betrachtung der Fälle Wagner und Thadden eine fast außer Acht zu lassende Komponente. Schon die allgemeine Wahrnehmung von Diplomaten als Tätern blieb auf wenige exponierte wie Rademacher beschränkt, was rasch dazu führte, sie als Einzelfälle abzutun. Die traditionellen Karrierediplomaten nahmen die Vorlage gefällig auf und nutzten in ihrer Memoirenliteratur die inkriminierten Kollegen, vor allem den verstorbenen Martin Luther, als Objekte für die eigene Exkulpation. Den wenigen Verfahren wurde nur punktuelle Aufmerksamkeit geschenkt, wie zum Beispiel dem Frankfurter Diplomaten-Prozess. Aber es bleibt fraglich, ob die mediale Wirkung dieses Prozesses ohne den aufsehenerregenden Auftritt von Bundeskanzler Kiesinger hätte erzielt werden können, der als Zeuge zum Wissen um den Völkermord aussagte, was von den Angeklagten eher ablenkte.

Der Wagner-Prozess wurde zwar in Israel, Frankreich und den USA aufgegriffen, aber nicht im Stile großer Berichterstattung. Die deutschen Medien, insbesondere die Zeitungen Nordrhein-Westfalens verfolgten das Verfahren durchgängig, aber die lange Dauer der Ermittlungen entkräftete die anfängliche Empörung und ließ das Interesse schwinden. Zur Prozesseröffnung war noch einmal internationale Presse erschienen, aber auch hier ebbte die Anteilnahme rasch ab, da nicht sachliche Dinge im Vordergrund standen, sondern die Krankengeschichte des Angeklagten. Thadden stand dagegen kaum im Fokus der Öffentlichkeit, was größtenteils daran lag, dass die Ermittlungen gegen ihn nicht in einer Anklage mündeten. Erst bei seiner Aussage im Eichmann-Prozess gab es eine kurze Reaktion der Medien.

---

14 Schnellbrief AA an BMJ vom 27.1.1967 und Anlage, in: BA Koblenz, B 141/25629, Bd. 3. (Hervorhebung im Original).
15 Sasse, Zur Geschichte des Auswärtigen Amtes, S. 45.
16 Sonnleithner, Diplomat im »Führerhauptquartier, S. 110.
17 Weizsäcker, Ernst, Erinnerungen, München 1950, S. 337.

Das relative Desinteresse der Öffentlichkeit mag auch daran gelegen haben, dass die Beteiligung des AA an den Nazi-Verbrechen reichlich abstrakt war. Die Vernichtungslager lagen Hunderte Kilometer von den Schreibtischen der Diplomaten entfernt. Auflagensteigernder waren Schlagzeilen und Berichte über grauenvolle KL-Verbrechen und üble Exzesstäter. An solchen Prozessen mangelte es zu der Zeit nicht. Zu nennen wären der Auschwitz-Prozess in Frankfurt am Main oder der Maidanek-Prozess in Düsseldorf, die große Aufmerksamkeit auf sich zogen. Die Wahrnehmung der Wagner/Thadden-Verfahren blieb folglich flüchtig, da Diplomaten nicht recht zum Täterbild passten. Für Heiner Lichtenstein, Beobachter vieler NS-Prozesse, war die »*Attraktivität*« von KL- oder SS-Einsatzgruppen-Prozessen in der gesellschaftlichen Wahrnehmung wesentlich höher. Gerade hier habe Kempner mit dem Wagner-Prozess ansetzen wollen, um auf die Verstrickung der Diplomatie in die »Endlösung« hinzuweisen.[18] So fiel die Gesellschaft als moralische Instanz aus.

Bilanzierend ist festzuhalten, dass sich die fast konfliktfreie Kooperation zwischen AA und SS auf dem Gebiet der »Endlösung« auf unterschiedliche, miteinander korrespondierende Faktoren stützte. Die SS fand in der AA-Führung einen Partner, bei welchem ein Konsens über die Vernichtungspolitik herrschte, der sich auf der Ebene der Referenten und Sachbearbeiter fortsetzte. Mit Wagner und Thadden waren die zuständigen Akteure aus unterschiedlichen Gründen – Karrierismus und Antisemitismus – motiviert, der SS bei der Judenvernichtung zuzuarbeiten. Sie taten dies nicht nur, indem sie Weisungen befolgten, sondern sie gingen darüber hinaus, in dem Willen, die Judenmaßnahmen im Rahmen ihrer Möglichkeiten zu fördern und eigene Initiativen zu entwickeln. Dafür stand ihnen mit Inland II ein Instrument zur Verfügung, welches mit ideologisierten und qualifizierten Berufsdiplomaten besetzt war, bei denen es sich mehrheitlich eben nicht um NS-Aufsteiger handelte. Da sie sich mit den Zielen des Nationalsozialismus identifizierten, waren auch die Referenten auf den anderen Gebieten wie der Volkstumspolitik, Polizei- oder Geheimdienstarbeit dem Regime treu zu Diensten. Die übrigen Abteilungen leisteten der Vernichtungspolitik kaum nennenswerten Widerstand und arbeiteten so gut wie reibungslos mit Inland II zusammen. Auf diese Weise wurden die Verbrechen vom gesamten Apparat des AA getragen. Nicht alle Diplomaten waren damit einverstanden, aber an den entscheidenden Stellen arbeiteten Kollegen, die die NS-Politik förderten, kaum Bedenken dagegen hatten oder sich damit arrangieren konnten. Ideologiekonsens und Eigenmotivation der handelnden Personen sowie die Strukturen von Inland II erhöhten seitens des AA die tödliche Effizienz der »Endlösung«.

Die spätere Reaktion der bundesrepublikanischen Öffentlichkeit auf die Täter Wagner und Thadden war überwiegend von Desinteresse geprägt. Die Justiz reagierte auf die Herausforderung der Verbrechen mit Unvermögen und die Politik mit Ober-

---

18 Mündliche Mitteilung Heiner Lichtensteins an den Verfasser vom 30.9.2003.

flächlichkeit. Die persönlichen Antworten der beiden Täter waren schlichte Selbstgerechtigkeiten.

Mit Blick auf die direkt am Genozid Beteiligten sind von der Forschung vier Täterkategorien benannt worden: der Weltanschauungstäter, der utilitaristisch Motivierte, der Exzesstäter und der einfache Befehlsempfänger. In diese Klassen lassen sich weder Wagner noch Thadden eindeutig einordnen. Besonders Thadden würde eine solche Einordnung angesichts der Facetten seiner Motivationen und Handlungen nicht in jeder Weise gerecht. Man müsste neue Täterkategorien formulieren, in denen die Besonderheiten der nicht direkt an der Vernichtung Beteiligten auf den einzelnen Verwaltungsebenen berücksichtigen. Immerhin ist eine frappierende Ähnlichkeit zwischen dem Judenreferenten des AA und den Funktionären von Polizei und SS auszumachen. Die Beamten des Judenreferats der Düsseldorfer Gestapo beispielsweise erfüllten nach Ansicht einer neueren Studie ebenfalls engagiert ihre Aufgabe, und zwar in einer ihnen eigenen Mischung aus peniblem Beamtentum und antisemitischen Ansichten.[19] Hier ist durchaus eine Parallele zu Inland II A zu ziehen, obwohl das Klima innerhalb der Gestapo ein ganz anderes war. Und auch der Chef der Einsatzgruppe D, Otto Ohlendorf, welcher für den Tod von 90.000 Menschen in Südrussland verantwortlich war, versicherte nach dem Krieg durchaus glaubhaft, er habe in der jüdischen Bevölkerung ein »Sicherheitsproblem« gesehen. Gerade hierin besteht die weltanschauliche Klammer zwischen dem Direkttäter Ohlendorf und dem der Vernichtung zuarbeitenden Eberhard von Thadden.

---

19 Vgl. Berschel, Holger, Bürokratie und Terror. Das Judenreferat der Gestapo Düsseldorf 1935–1945, Essen, 2001, S. 116 ff.

Anhang

Abkürzungsverzeichnis

AA	Auswärtiges Amt
ADAP	Akten zur deutschen Auswärtigen Politik
AFI	Abteilung Fremde Interessen
AG	Amtsgericht
AO	Auslandsorganisation
APB	Allgemeines Pressebüro
AW	Ausbildungswesen
AWA	Allgemeines Wehrmachtsamt
BA	Bundesarchiv
BAM	Bundesaußenminister
BBC	British Broadcasting Company
BdS	Befehlshaber der Sicherheitspolizei
BGBl	Bundesgesetzblatt
BMA	Bundesmilitärarchiv
BMJ	Bundesministerium der Justiz
Bot	Botschaft/Botschafter
BRAM	Büro Reichsaußenminister
Brif	Brigadeführer
BrigGen	Brigadegeneral
BStS	Büro Staatssekretär
Btl	Bataillon
CdS	Chef der Sicherheitspolizei und des Sicherheitsdienstes
DAL	Dienstalterliste (der SS)
DDS	Diplomatische Dokumente der Schweiz
d. E.	des Ergänzungswesens
DEG	Deutsch-Englische Gesellschaft
Dg	Dirigent
DHfL	Deutsche Hochschule für Leibesübungen
DHP	Deutsche Hochschule für Politik
Diss	Dissertation
DNB	Deutsches Nachrichtenbüro
DNVP	Deutschnationale Volkspartei
DR	Dienststelle Ribbentrop
DRK	Deutsches Rotes Kreuz
Dulag	Durchgangslager
EK	Eisernes Kreuz
EPD	Eidgenössisches Politisches Departement
GA	Genfer Abkommen
Gen	General
Ges	Gesandtschaft/Gesandter
Gestapo	Geheime Staatspolizei
gez	gezeichnet
GG	Grundgesetz
GK	Generalkonsul
GR	Gesandtschaftsrat
Gruf	Gruppenführer
Gsta	Generalstaatsanwalt
GVPl	Geschäftsverteilungsplan
HA	Hauptamt
Ha Pol	Handelspolitische Abteilung
HJ	Hitlerjugend
HLKO	Haager Landkriegsordnung
Hptm	Hauptmann

Abkürzungsverzeichnis

HStA	Hauptstaatsarchiv
Hstuf	Hauptsturmführer
IdS	Inspekteur der Sicherheitspolizei und des SD
IfZ	Institut für Zeitgeschichte
IKRK	Internationales Komitee des Roten Kreuzes
IMT	Internationales Militärtribunal
Inf	Informationsstelle
IRK	Internationales Rotes Kreuz
K	Konsul
kgf	Kriegsgefangenen
KGW	Kriegsgefangenenwesen
KL	Konzentrationslager
Kons	Konsulat
KorpsGen	Korpsgeneral
KS	Konsulatssekretär
Kult Pol	Kulturpolitische Abteilung
LG	Landgericht
LMJ	Landesministerium der Justiz
LR (I. Kl)	Legationsrat (I. Klasse)
LS	Legationssekretär
Lt. d. Res.	Leutnant der Reserve
MinDir	Ministerialdirektor
NL	Nachlass
NSDB	Nationalsozialistischer Dozentenbund
NSFo	Nationalsozialistischer Führungsoffizier
NSKK	Nationalsozialistisches Kraftfahrkorps
Oberf.	Oberführer
Oflag	Offizierslager
OCCWC	Office of Chief of Counsel For War Crimes
Ogruf.	Obergruppenführer
OKH	Oberkommando des Heeres
OKW	Oberkommando der Wehrmacht
OLG	Oberlandesgericht
Olt.	Oberleutnant
o. O.	ohne Ort
OPG	Oberstes Parteigericht
o. J.	ohne Jahr
OSta	Oberstaatsanwalt
Ostubaf.	Obersturmbannführer
Ostuf.	Obersturmführer
PA AA	Politisches Archiv (des Auswärtiges Amt, Berlin)
Pers. Stab	Persönlicher Stab
Pers	Personalabteilung
Pol	Politische Abteilung
Pr	Presseabteilung
prom.	promoviert
Promi	Propagandaministerium
Prot	Protokollabteilung
PzDiv	Panzerdivision
R	Rechtsabteilung
RAM	Reichsaußenminister
Ref.	Referent
RFSSuChdDtPol	Reichsführer-SS und Chef der Deutschen Polizei
RfS	Reichsstelle für Sippenforschung

Anhang

RKPA	Reichskriminalpolizeiamt
RLM	Reichsluftfahrtministerium
RSHA	Reichssicherheitshauptamt
Ru	Rundfunkpolitische Abteilung
SA	Sturmabteilung
SBA	Schweizer Bundesarchiv
SD	Sicherheitsdienst
SEK	Sondereinsatzkommando
SichRgt	Sicherungsregiment
Sipo	Sicherheitspolizei
SL	Sammelliste
SMV	Schutzmachtvertretung
SP-DIVISION	SPECIAL PROJECTS DIVISION
StA	Staatsarchiv
Sta	Staatsanwaltschaft/Staatsanwalt
Staf.	Standartenführer
Stalag	Stammlager
Stapo	Staatspolizei
Strm	Sturmmann
StS	Staatssekretär
Stubaf	Sturmbannführer
SS	Schutzstaffel/Sommersemester
SS-FHA	SS-Führungshauptamt
SS-HA	SS-Hauptamt
SSHO	SS-Hängeordner
SS-PHA	SS-Personalhauptamt
SS-RuSHA	SS-Rasse- und Siedlungshauptamt
SS-WVHA	SS-Wirtschafts- und Verwaltungshauptamt
SUB	Staats- und Universitätsbibliothek
UA	Universitätsarchiv
Uffz.	Unteroffizier
uk	unabkömmlich
UStS	Unterstaatssekretär
Ustuf.	Untersturmführer
VAA	Vertreter des AA
VfZ	Vierteljahrshefte für Zeitgeschichte
VK	Vizekonsul
VLR	Vortragender Legationsrat
WHA	Wissenschaftlicher Hilfsarbeiter
WS	Wintersemester
z.(b.)V.	zur (besonderen) Verwendung
ZS	Zeugenschriftum
ZStl	Zentralstelle

Dienstgerade der SS mit Äquivalenzen der Wehrmacht (Heer)

SS	Wehrmacht
Oberstgruppenführer	Generaloberst
Obergruppenführer	General der Infanterie
Gruppenführer	Generalleutnant
Brigadeführer	Generalmajor
Oberführer	–
Standartenführer	Oberst
Obersturmbannführer	Oberstleutnant
Sturmbannführer	Major
Hauptsturmführer	Hauptmann
Obersturmführer	Oberleutnant
Untersturmführer	Leutnant
Sturmscharführer	Stabsfeldwebel
Hauptscharführer	Oberfeldwebel
Oberscharführer	Feldwebel
Scharführer	Unterfeldwebel
Unterscharführer	Unteroffizier

Amtsbezeichnungen im Auswärtigen Dienst mit Äquivalenzen der allgemeinen Verwaltung[1]

Auswärtiger Dienst	Allgemeine Verwaltung
(höherer Dienst)	
Staatssekretär	Staatssekretär
Chef der AO im AA	
Botschafter	Chef Orpo, Sipo
Ministerialdirektor	Ministerialdirektor
Gesandter I. Klasse	Ministerialdirigent
Generalkonsul I Klasse	
Vortragender Legationsrat	Ministerialrat
Gesandter, Botschaftsrat	
Generalkonsul	
Legationsrat I. Klasse	Oberregierungsrat
Gesandtschaftsrat I. Klasse	
Konsul I. Klasse	
Legationsrat, Konsul	Regierungsrat
Gesandtschaftsrat	

---

1 Nach Döscher, SS und Auswärtiges Amt, S. 315.

Anhang

Amtsbezeichnungen im Auswärtigen Dienst (Forts.)	
Auswärtiger Dienst	**Allgemeine Verwaltung**
Vizekonsul	
Legationssekretär	Regierungsassessor
(Gehobener Dienst)	
Kanzler I. Klasse	Amtsrat
Kanzler	Amtmann
Konsulatssekretär I. Klasse	Oberinspektor
Konsulatssekretär	Inspektor

Geschäftsverteilungsplan des Auswärtigen Amtes Herbst 1943

Reichsaußenminister: Joachim von Ribbentrop
Ministerbüro: Ges. I. Kl. Paul Otto Schmidt
Pers. Stab RAM: Baron Steengracht von Moyland,
mit der Führung beauftragt: Ges. I. Kl. Franz von Sonnleithner

Staatssekretär des AA: Baron Steengracht von Moyland
Staatssekretär z. b. V.: Wilhelm Keppler
Ständiger Beauftragter des RAM beim »Führer«: Bot. Walther Hewel
Botschafter z. b. V.: Bot. Karl Ritter · Bot. Friedrich Gaus · Bot. Emil von Rintelen

Gruppe Inland I	Gruppe Inland II
SA-Brif. Ernst Frenzel	VLR Horst Wagner
	Stellv.: LR Eberhard von Thadden
Abteilung Protokoll	**Abteilung Personal**
Ges. I. Kl. Alexander Freiherr von Dörnberg	MinDir. Hans Schroeder
Stellv.: LR I. Kl. Heinrich Adolf Ruhe	Stellv.: Ges. I. Kl. Helmut Bergmann
Politische Abteilung	**Handelspolitische Abteilung**
UStS Andor Hencke	MinDir. Emil Wiehl
Stellv.: Ges. I. Kl. Otto von Erdmannsdorff	Stellv.: Ges. I. Kl. Karl Schnurre
Rechtsabteilung	**Kulturpolitische Abteilung**
Ges. I. Kl. Erich Albrecht	Ges. I. Kl. Franz A. Six
Stellv.: VLR Eduard C.G. Sethe	Stellv.: LR I. Kl. Hans-Bernd von Haeften
Nachrichten- und Presseabteilung	**Rundfunkpolitische Abteilung**
Ges. I. Kl. Paul Karl Schmidt	Ges. I. Kl. Gerd Rühle
Stellv.: Ges. Gustav Braun von Stumm	Stellv.: WHA Kurt Georg Kiesinger

---

2 Nach Jahrbuch für Auswärtige Politik, 9 (1943), S. 176 f. u. GVPl. vom September 1943, in: ADAP, Serie E, Bd. VI, S. 615 ff.

Abbildungsnachweis · Quellen- und Literaturverzeichnis

Abbildungsnachweis

Abb. 1	Bundesarchiv Berlin	55
Abb. 2	[Zugleich Titelbild] – Rechteinhaber nicht ermittelbar	60
Abb. 3	Rechteinhaber nicht ermittelbar	62
Abb. 4	Bundesarchiv Berlin	84
Abb. 5	Rechteinhaber nicht ermittelbar	88
Abb. 6	Politisches Archiv des Auswärtigen Amts	108
Abb. 7	Bundesarchiv Berlin	126
Abb. 8	Politisches Archiv des Auswärtigen Amts	136
Abb. 9	dpa Picture-Alliance GmbH	163
Abb. 10	Internationales Komitee vom Roten Kreuz	197
	...euz	197
	...euz	197
	...	329
	...nts	348
	...egarten	428
	...	437

[...kigen Klammern angegeben.]

[...es Auswärtigen Amtes und SS-Führern [Parteikorrespon-
...hauptamt (RS)] · SS-Sammellisten (SL) · Ordner 809 · NS 8
...für die Überwachung der gesamten geistigen und weltan-
...Persönlicher Stab Reichsführer-SS · R 58 Reichssicherheits-

Bundesarchiv (BA) Koblenz

B 141 Bundesjustizministerium · B 305 Zentrale Rechtsschutzstelle · Z 42 IV Spruchgerichte in der Britischen Zone (Bielefeld) · Z 45 F OMGUS · Kleine Erwerbungen 838 (Hans-Jürgen Döscher) · Nachlass Kempner · Nachlass Rheindorf · Nachlass Ribbentrop

Bundesarchiv (BA) Ludwigsburg

B 162 · diverse AR-Verfahrensakten

Bundesmilitärarchiv (BMA) Freiburg

Personalunterlagen zu Friedrich von Brodowski · Personalunterlagen zu Fritz Meurer · Personalunterlagen zu Arnold von Thadden

Politisches Archiv des Auswärtigen Amtes (PA AA)

Inland IIg · Inland II A/B · B 83 Rechtsabteilung · Personal- und Geldakte Eberhard von Thadden · Personal- und Geldakte Horst Wagner

Anhang

Schweizer Bundesarchiv (SBA) Bern
E 2001 (D) 02/11/29 · E 2001 (D) 02/11/12 · E 2200.56 -/3, Bd. 1 [Auswanderung von Juden (Kindern) ins Britische Reich] · E 2001-02 -/15, Bd. 12 (Questions juives, Grande Bretagne–Allemagne 1942–45)

Hauptstaatsarchiv (HStA) Düsseldorf, Zweigarchiv Schloß Kalkum
Gerichte Rep. 192 – Verfahren gegen Horst Wagner wegen Beihilfe zum Mord (Judenkomplex) · Gerichte Rep. 237 – Verfahren gegen Wagner, Meurer, Schulze und Cohrs wegen Beihilfe zum Mord (Mesny-Komplex) · Gerichte Rep. 299 – Verfahren gegen Horst Wagner wegen Beihilfe zum Mord (Judenkomplex)

Staatsarchiv (StA) Dresden
Bestand VEB Bestattungseinrichtungen

Staatsarchiv (StA)Nürnberg
unveröffentlichte Dokumenten der Reihen NG, PS u. NO · Sitzungsprotokolle des Nürnberger Prozeß Nr. 11

Institut für Zeitgeschichte (IfZ) München
Nachlass Behm · Nachlass Himmler · Zeugenschrifttum ZS 359/1-2 Eberhard von Thadden · Zeugenschrifttum ZS 720 Horst Grell · Zeugenschrifttum ZS 832 Rudolf Bobrik · Zeugenschrifttum ZS 923 Adolf Hezinger · Zeugenschrifttum ZS 1574 Horst Wagner · Zeugenschrifttum ZS 2355 Carl Rekowski

Archiv des Landtages Nordrhein-Westfalen
Drucksachen und Sitzungsprotokolle

Staats- und Universitätsbibliothek (SUB) Göttingen
Handschriften und seltene Drucke, Nürnberger Prozeßakten, IMT, Kommissionsprotokolle

Universitätsarchiv (UA) Göttingen
Promotionsakte Eberhard von Thadden

Gedruckte Quellen
Veröffentlichungen aus der Zeit vor 1945

Aufbau 27 (1942) vom 3.7.1942
Aufbau 30 (1942) vom 24.7.1942
Bobrik, Rudolf, Die Bedeutung der Exterritorialität der Gesandten für den Zivilprozeß, Würzburg 1934
Diem, Carl, Der Deutsche Reichsausschuß für Leibesübungen und seine Hochschule, in: Stadion. Das Buch von Sport und Turnen. Gymnastik und Spiel, hg. von C. Diem, H. Sippel, F. Breithaupt, Berlin 1928, S. 457-467
Die Dienstalterslisten der Schutzstaffel der NSDAP, bearbeitet und herausgegeben von der Personalkanzlei des Reichsführers-SS (seit 1942 vom SS-Personalhauptamt), Stand vom 1.12.38 u. 1.10.1944 [DAL, Datum, S.]
Deutsch-Englische Hefte (1) 1938
Die Flüchtlingsfrage im Unterhaus, in: Neue Zürcher Zeitung vom 20.5.1943
Genfer Abkommen über die Behandlung der Kriegsgefangenen [Stand vom 27. Juli 1929], in: Reichsgesetzblatt 1934, Teil II, Nr. 21, S. 227-262 [GA, Art.]
Grau, Wilhelm, Geleitwort, in: Weltkampf 1/2 (1941), S. 1-2
Jahrbuch für Auswärtige Politik 9 (1943), hg. von Friedrich Berber, Berlin 1943
Kühlmann, Richard von, Die Diplomaten, Berlin 1939
Leers, Johann von, 14 Jahre Judenrepublik. Die Geschichte eines Rassenkampfes, Berlin 1933
ders., Juden sehen Dich an, Berlin [1933/34]
ders., Die Verbrechernatur der Juden, Berlin 1944
Politisches Handwörterbuch (Führer-ABC) [der DNVP], hg. von M. Weiß, Berlin 1928
Rosenberg, Alfred, Mythus des 20. Jahrhunderts. Eine Wertung der seelisch-geistigen Gestaltenkämpfe unserer Zeit, München 1933
ders., Nationalsozialismus und Wissenschaft, in: Weltkampf 1/2 (1941), S. 3-6

Schickert, Klaus, Die Judenfrage in Ungarn. Jüdische Assimilation und antisemitische Bewegung im 19. und 20. Jahrhundert, Essen 1943
Schiff, Alfred (Hg.), Die deutsche Hochschule für Leibesübungen 1920–1930, Magdeburg 1930
Schwarz, Dieter, Das Weltjudentum. Organisation, Macht und Politik, München 1944
Schirmer, August, Die politische Entwicklung der Judenfrage in Deutschland, in: Weltkampf 1/2 (1941), S. 73-77
Siegert, Karl, Grundzüge des Strafrechts im neuen Staate, Tübingen 1934
ders., Das Judentum im Strafverfahrensrecht, in: Das Judentum in der Rechtswissenschaft, Bd. 4: Judentum und Strafrecht, hg. vom Deutschen Rechtsverlag, Berlin 1936
Thadden, Eberhard von, Der vorbehaltene Betätigungsbereich der Staaten (domaine réservé). Eine völkerrechtliche Untersuchung, Göttingen 1934
Trott zu Solz, Adam von, Hegels Staatsphilosophie und das Internationale Recht, Göttingen 1932
Wagner, Horst, Um das Reichsjugendabzeichen, in: Die Leibesübungen 1 (1927), S. 19-20
ders., Fragen des Sportlehrerberufes, in: Die Leibesübungen 3 (1931), S. 73-75
ders., Lehren einer Tennis-Spielzeit, in: Die Leibesübungen 9 (1931), S. 241-242
ders., Staat und Körpergefühl in der Weltgeschichte, in: Die Leibesübungen 12 (1929) [1. Teil], S. 285-287 u. 10 (1931) [2. Teil], S. 263-265
ders., Arbeitslied vom Olympischen Feld, in: Berliner Illustrierte Zeitung 42 (1935)
Weltkampf 2 (1925)

Nach 1945 publizierte Dokumente und Dokumentensammlungen

Akten zur Deutschen Auswärtigen Politik. Aus dem Archiv des Auswärtigem Amtes. Serie E, Baden-Baden 1950–1956, Frankfurt/Main 1961-1964, Bonn 1965, Göttingen 1969–1979 [ADAP, Serie, Band, Dokument-Nr. bzw. Seite]
Braunbuch. Kriegs- und Naziverbrecher in der Bundesrepublik. Staat, Wirtschaft, Armee, Verwaltung, Justiz, Wissenschaft, hg. vom Nationalrat der Nationalen Front des demokratischen Deutschland. Dokumentationszentrum der staatlichen Archivverwaltung der DDR, Berlin (Ost) 1965
Dienstaltersliste der Waffen-SS. SS-Obergruppenführer bis SS-Hauptsturmführer. Stand vom 1. Juli 1944. Neu hg. von Brün Meyer, Osnabrück 1987
Der Dienstkalender Heinrich Himmlers 1941/42, hg. von der Forschungsstelle für Zeitgeschichte in Hamburg, Hamburg 1999
Diplomatische Dokumente der Schweiz 1848–1945. Bd. 14-15, Bern 1992 [DDS, Bd., Dokument-Nr. bzw. Seite]
Deutsche Greuel in Russland. Gerichtstag in Charkow, Wien o. J. [1945/46]
Documents Du Comité International de La Croix-Rouge Concernant Le Ghetto De Theresienstadt, hg. vom Komitee des Internationalen Roten Kreuzes (Archiv), Genf 1990
Domarus, Max, Hitler. Reden 1932–1945. Kommentiert von einem deutschen Zeitgenossen, Wiesbaden 1973
Eichmann. Henker, Handlanger, Hintermänner. Eine Dokumentation, hg. vom Ausschuß für deutsche Einheit, Berlin (Ost) [1961]
Das Eichmann-Protokoll. Tonbandaufzeichnungen der israelischen Verhöre, hg. von Jochen von Lang, Wien 1991
Fall 7. Das Urteil im Geiselmordprozeß gefällt am 19. Februar 1948 vom Militärgerichtshof V der Vereinigten Staaten von Amerika, hg. von Martin Zöller und Kazimierz Leszczynski, Berlin (Ost) 1965
Fall 9. Das Urteil im SS-Einsatzgruppenprozeß gefällt am 10. April 1948 in Nürnberg vom Militärgerichtshof II der Vereinigten Staaten von Amerika, hg. von Kazimierz Leszczynski, Berlin (Ost) 1963
Fall 12. Das Urteil gegen das Oberkommando der Wehrmacht gefällt am 28. Oktober in Nürnberg vom Militärgerichtshof V der Vereinigten Staaten von Amerika, Berlin (Ost) 1960
Fischer, Joschka, Rede am 19. Juli 2000, in: Auswärtiges Amt (Hg.), Zum Gedenken an die Widerstandskämpfer gegen den Nationalsozialismus aus den Reihen des Auswärtigen Dienstes und an die Kollegen, die nach 1945 in Ausübung ihres Dienstes ihr Leben verloren haben, Berlin 2005
Gesetz zu dem Abkommen vom 2. Februar 1971 zwischen der Regierung der Bundesrepublik Deutschland und der Regierung der Französischen Republik über die deutsche Gerichtsbarkeit für die Verfolgung bestimmter Verbrechen vom 9. April 1975, in: Bundesgesetzblatt 1975 (1), 431-435 [BGBl. 1975 I, Art.]
Gesetz zur Regelung der Rechtsverhältnisse der unter Artikel 131 des Grundgesetzesfallenden Personen vom 11. Mai 1951, in: Bundesgesetzblatt 1951 (1), 307-320 [BGBl. 1951 I, §, S.]
Goebbels. Reden 1932–1945, hg. von Helmut Heiber, Bindlach 1991

Anhang

Heiber, Helmut (Hg.), Lagebesprechungen im Führerhauptquartier. Protokollfragmente aus Hitlers militärischen Konferenzen 1942–1945, München 1963

Heinrich Himmler. Geheimreden 1933–1945 und andere Ansprachen, hg. von Bradley F. Smith und Agnes Peterson, Frankfurt/Main 1974

Internationales Komitee vom Roten Kreuz (Hg.), Die Tätigkeit des IKRK zugunsten der in den deutschen Konzentrationslagern inhaftierten Zivilpersonen (1939–1945), o. O. 1985

Jochmann, Werner (Hg.), Adolf Hitler. Monologe im Führerhauptquartier 1941–1944. Aufgezeichnet von Heinrich Heim, München 2000

Kárný, Miroslav, Als Maurice Rossel zu sprechen begann, in: Theresienstädter Studien und Dokumente, hg. von Kárný/Kemper/Niklas, Prag 2000, S. 164-191

ders., Maurice Rossels Bericht über seine Besichtigung des Theresienstädter Ghettos am 23. Juni 1943, in: Theresienstädter Studien und Dokumente, hg. von Kárný/Kemper/Kárná, Prag 1996, S. 276-320

Landsberg. Ein dokumentarischer Bericht. Hg. von der Information Services Division Office of the US High Commissioner for Germany, München [1951]

Mufti-Papiere. Briefe, Memoranden, Reden und Aufrufe Amin al-Husainis aus dem Exil, 1940–1945, hg. von Gerhard Höpp, Berlin 2001

Neufassung des Gesetzes zur Regelung der Rechtsverhältnisse der unter Artikel 131 des Grundgesetz fallenden Personen vom 23. Oktober 1965, in: Bundesgesetzblatt 1965 (I), 1685–1718 [BGBl. 1965 I, S., §]

Orwell, George, Von Pearl Harbour bis Stalingrad. Die Kommentare zum Krieg, hg. von W.J. West, Zürich 1993

Picker, Henry, Hitlers Tischgespräche im Führerhauptquartier, Frankfurt/Main / Berlin 1993

Poliakov, Léon/Wulf, Josef (Hg.), Das Dritte Reich und seine Diener. Dokumente, Berlin 1956

Der Prozeß gegen die Hauptkriegsverbrecher vor dem Internationalen Militärgerichtshof Nürnberg. 14. November 1945 bis 1. Oktober 1946, 42 Bände. Nürnberg 1947–1949 [IMT, Band, Dokumentennummer, Seite]

Speer, Albert, »Alles, was ich weiß«. Aus unbekannten Geheimdienstprotokollen vom Sommer 1945. Mit einem Bericht »Frauen um Hitler« von Karl Brandt, hg. von Ulrich Schlie, München 2000

Die Tagebücher von Joseph Goebbels, hg. von Elke Fröhlich, München 1987 ff.

Thadden, Eberhard von, Rede vor dem Coburger Pfingstkongreß studentischer Korporationen 1962, abgedruckt in: Steckeweh, Carl (Hg.), 100 Jahre Markomanno-Albertia 1879–1979. Geschichte der Turnerschaft Markomanno-Albertia, Freiburg 1979, S. 219-222

Das Urteil von Nürnberg 1946, München 1996

Das Urteil im »Wilhelmstraßen-Prozeß«. Der amtliche Wortlaut der Entscheidung im Fall Nr. 11 des Nürnberger Militärtribunals gegen von Weizsäcker und andere, mit abweichender Urteilsbegründung, Berichtigungsbeschlüssen, den grundlegenden Gesetzesbestimmungen, einem Verzeichnis der Gerichtspersonen und Zeugen, und Einführungen von Robert M.W. Kempner und Carl Haensel, Schwäbisch-Gmünd 1950

Von Ribbentrop zu Adenauer. Eine Dokumentation über das Bonner Auswärtige Amt, hg. vom Ministerium für Auswärtige Angelegenheiten der Deutschen Demokratischen Republik, [Berlin Ost] 1961

Memoiren und Tagebücher

Chef KGW, Das Kriegsgefangenenwesen unter Gottlob Berger. Aus dem Nachlaß hg. v. Robert Kühler, Lindhorst 1984

François-Poncet, André, Botschafter in Berlin 1931–1938, Mainz 1962

Frölicher, Hans, Meine Aufgabe in Berlin, Privatdruck Bern 1962

Giraud, Henri H., Mes Evasions, Paris 1946

Haffner, Sebastian, Geschichte eines Deutschen. Die Erinnerungen 1914–1933, München 2003

Hassell, Ulrich von, Die Hassell-Tagebücher 1938–1944. Aufzeichnungen vom anderen Deutschland, hg. von Friedrich Freiherr Hiller von Gaertingen, Berlin 1988

Hesse, Fritz, Das Spiel um Deutschland, München 1953

Horthy, Nikolaus von, Ein Leben für Ungarn, Bonn 1953

Hudal, Alois, Römische Tagebücher. Lebensbeichte eines alten Bischofs, Graz / Stuttgart 1976

Kempner, Robert M. W., Ankläger einer Epoche. Lebenserinnerungen, Frankfurt/Main Berlin 1986

Kersten, Felix, Totenkopf und Treue. Heinrich Himmler ohne Uniform. Aus den Tagebuchblättern des finnischen Medizinalrats Felix Kersten, Hamburg [1952]

Kordt, Erich, Nicht aus den Akten. Die Wilhelmstraße in Frieden und Krieg. Erlebnisse, Begegnungen und Eindrücke 1928–1945, Stuttgart 1950

Kroll, Hans, Lebenserinnerungen eines Botschafters, Köln 1967
Lichtenstein, Heiner, Im Namen des Volkes? Eine persönliche Bilanz der NS-Prozesse, Köln 1984
Lippe, Viktor Frh. von der, Nürnberger Tagebuchnotizen. November 1945 bis Oktober 1946, Frankfurt/Main 1951
Ribbentrop, Joachim von, Zwischen London und Moskau. Erinnerungen und letzte Aufzeichnungen. Aus dem Nachlaß hg. von Anneliese von Ribbentrop, Leoni am Starnberger See 1953
Scapini, Georges, Mission sans Gloire, o. O. 1960
Schellenberg, Walter, Hitlers letzter Geheimdienstchef, Berlin 1986
Schmidt, Paul, Der Statist auf der Galerie 1945–1950. Erlebnisse, Kommentare, Vergleiche, Bonn 1951
Sonnenhol, Gustav Adolf, Untergang oder Übergang? Wider die deutsche Angst, Stuttgart 1984
Sonnleithner, Franz von, Als Diplomat im »Führerhauptquartier«, München 1989
Vogel, Georg, Diplomat unter Hitler und Adenauer, Düsseldorf 1969
Die Berliner Tagebücher der Marie ›Missie‹ Wassiltschikow 1940–1945, hg. von George Vassiltchikov, o. O. 1996
Weizsäcker, Ernst, Erinnerungen, hg. von Richard von Weizsäcker, München 1950

Literatur

Ackermann, Josef, Himmler als Ideologe. Nach Tagebüchern, stenographischen Notizen, Briefen und Reden, Göttingen 1970
Adler, H. G., Theresienstadt 1941–1945. Das Antlitz einer Zwangsgemeinschaft. Geschichte, Soziologie, Psychologie, Tübingen 1960
ders., Der verwaltete Mensch. Studien zur Deportation der Juden aus Deutschland, Tübingen 1974
Adorno, Theodor W., Negative Dialektik, Gesammelte Schriften Bd. 6, Frankfurt/Main 1966
Aly, Götz, Hitlers Volksstaat. Raub, Rassenkrieg und nationaler Sozialismus, Bonn 2005
ders., /**Gerlach, Christian**, Das letzte Kapitel. Der Mord an den ungarischen Juden 1944–1945, Frankfurt/Main 2004
Arendt, Hannah, Eichmann in Jerusalem. Ein Bericht von der Banalität des Bösen, München 1964
Aufbau vom 16.1.1959
Auswärtiges Amt (Hg.), 100 Jahre Auswärtiges Amt 1870–1970, Bonn 1970
Banach, Jens, Heydrichs Elite. Das Führerkorps der Sicherheitspolizei und des SD 1936–1945, Paderborn 1998
Bauer, Fritz, Im Namen des Volkes. Die strafrechtliche Bewältigung der Vergangenheit, in: Hammerschmidt, Helmut (Hg.), Zwanzig Jahre danach. Eine deutsche Bilanz 1945–1965, München 1965, S. 301-314
Bauer, Yehuda, Freikauf von Juden? Verhandlungen zwischen dem nationalsozialistischen Deutschland und jüdischen Repräsentanten von 1933 bis 1945, Frankfurt/Main 1996
Benz, Wigbert, Paul Carell. Ribbentrops Pressechef Paul Karl Schmidt vor und nach 1945, Berlin 2005
Berschel, Holger, Bürokratie und Terror. Das Judenreferat der Gestapo Düsseldorf 1935–1945, Essen, 2001
Bierce, Ambrose, Des Teufels Wörterbuch, o. O. 1996, 1911
Biewer, Ludwig, 125 Jahre Auswärtiges Amt. Ein Überblick, in: Auswärtiges Amt (Hg.), 125 Jahre Auswärtiges Amt, Bonn 1995, S. 87-103
Bigler, Robert M., Heil Hitler und Heil Horthy! The nature of Hungarian racist nationalism and its impact on German-Hungarian relations 1919–1945, in: East European quarterly Bd. 8 (1974), 3, S. 251-272
Biss, Andreas, Wir hielten die Vernichtung an. Der Kampf gegen die »Endlösung« 1944, Herbststein 1985
Black, Peter, Ernst Kaltenbrunner. Vasall Himmlers: Eine SS-Karriere, Paderborn 1991
Blasius, Rainer A., Fall 11. Der Wilhelmstraßen-Prozeß gegen das Auswärtige Amt und andere Ministerien, in: Ueberschär, Gerd R. (Hg.), Der Nationalsozialismus vor Gericht. Die alliierten Prozesse gegen Kriegsverbrecher und Soldaten 1943–1952, Frankfurt/Main 1999, S. 187-198
Bloch, Michael, Ribbentrop, London 2003
Bollmus, Reinhard, Das Amt Rosenberg und seine Gegner. Studien zum Machtkampf im nationalsozialistischen Herrschaftssystem, Stuttgart 1970
Bornschein, Joachim, Gestapochef Heinrich Müller. Technokrat des Terror, Leipzig 2004
Bower, Tom, Blind eye to Murder. Britain, America and the Purging of Nazi Germany. A Pledge betrayed, London 1981
Braham, Randolph L., The Politics of Genocide. The Holocaust in Hungary, Detroit 2000
ders., The Holocaust in Hungary, A selected and annotated Bibliography 1984–2000, New York 2001
Breitman, Richard, Himmler und die Vernichtung der europäischen Juden. Der Architekt der »Endlösung«, Paderborn 1996

ders., Staatsgeheimnisse. Die Verbrechen der Nazis – von den Alliierten toleriert, München 1999
Broszat, Martin, Der Staat Hitlers, München 1995
Brochhagen, Ulrich, Nach Nürnberg. Vergangenheitsbewältigung und Westintegration in der Ära Adenauer, Berlin 1999
Browning, Christopher, Unterstaatssekretaer Martin Luther and the Ribbentrop Foreign Office, in: Journal of Contemporary History 12 (1977), S. 313-344
ders., Ganz normale Männer. Das Reserve-Polizeibataillon 101 und die »Endlösung« in Polen, Hamburg 1996
ders., The Final Solution and the German Foreign Office. A Study of Referat D III of Abteilung Deutschland 1940–43, New York / London 1978
ders., Der Weg zur »Endlösung«. Entscheidungen und Täter, Bonn 1998
ders., Die Entfesselung der »Endlösung«. Nationalsozialistische Judenpolitik 1939–1942, München 2003
Brunner, Bernhard, Der Frankreich-Komplex. Die nationalsozialistischen Verbrechen in Frankreich und die Justiz der Bundesrepublik Deutschland, Göttingen 2004
Buchheim, Hans, Befehl und Gehorsam, in: Buchheim/Broszat/Jacobsen/Krausnick (Hg.) Anatomie des SS-Staates, München 1997, S. 215-320
Bundesjustizministerium (Hg.), Die Verfolgung nationalsozialistischer Straftaten im Gebiet der Bundesrepublik Deutschland seit 1945, Bonn 1964
Cesarani, David, Adolf Eichmann. Bürokrat und Massenmörder, Berlin 2004
Cüppers, Martin, Wegbereiter der Shoa. Die Waffen-SS, der Kommandostab Reichsführer-SS und die Judenvernichtung 1939–1945, Darmstadt 2005
Dolph, Werner, Auf der Flucht erschossen. Der Mord an einem französischen General, in: Die Zeit 33 (1969)
Döscher, Hans-Jürgen, SS und Auswärtiges Amt im Dritten Reich. Diplomatie im Schatten der Endlösung, Frankfurt/Main / Berlin 1991
ders., Martin Luther. Aufstieg und Fall eines Unterstaatssekretärs, in: Smelser/Syring/Zitelmann (Hg.), Die braune Elite II. 21 weitere Biographische Skizzen, Darmstadt 1993, S. 179-192
ders., Verschworene Gesellschaft. Das Auswärtige Amt unter Adenauer zwischen Neubeginn und Restauration, Berlin 1995
ders., Seilschaften. Die verdrängte Vergangenheit des Auswärtigen Amtes, Berlin 2005
Durand, Yves, La vie quotidienne des prisonniers de guerre dans les stalags, les oflags et les kommandos 1939–1945, Paris 1987
ders., Das Schicksal der französischen Kriegsgefangenen in deutschen Gewahrsam (1939–1945), in: Bischof, Günter/ Overmans, Rüdiger (Hg.), Kriegsgefangenschaft im Zweiten Weltkrieg. Eine vergleichende Perspektive, Ternitz 1999, S. 71-78
ders., La Captivité. Historie des prisonniers de guerre français 1939–1945, Paris 1982
Eisfeld, Rainer, Ausgebürgert und doch angebräunt. Deutsche Politikwissenschaft 1920–1945, Baden-Baden 1991
Enzyklopädie des Holocaust. Die Verfolgung und Ermordung der europäischen Juden, hg. von Gutman/Jäckel/Longerich u. a., München 1998
Enzyklopädie des Nationalsozialismus, hg. von Benz/Graml/Weiß, München 1997
»**Ex-Diplomat** unter Mordverdacht – Nach jahrelanger Flucht verhaftet«, in: Der Abend vom 15.2.1958, 13. Jhg. (39)
Falicon, Michel, Robert Kempner est venu enquêter à Nice sur l'assassinat du général Mesny, in: L'Espoir de Nice 257 (1946)
Favez, Jean-Claude, Warum schwieg das Rote Kreuz? Eine internationale Organisation und das Dritte Reich, München 1994
Fischer, Horst, Schutz der Kriegsgefangenen, in: Fleck, Dieter (Hg.), Handbuch des humanitären Völkerrechts in bewaffneten Konflikten, München 1994, S. 260-300
Frei, Norbert, Vergangenheitspolitik. Die Anfänge der Bundesrepublik und die NS-Vergangenheit, München 1999
Freudiger, Kerstin, Die juristische Aufarbeitung von NS-Verbrechen, Tübingen 2002
Frey, Dominique, Zwischen »Briefträger« und »Vermittler«. Die Schweizer Schutzmacht-tätigkeit für Großbritannien und Deutschland im Zweiten Weltkrieg, Lizentiatsarbeit Universität Bern, 2004
Fritze, Walter, Der Fall des Herrn Legationsrat Wagner, in: Frankfurter Rundschau vom 12.12.1958
Gensicke, Klaus, Der Mufti von Jerusalem, Amin el-Husseini und die Nationalsozialisten, Frankfurt/Main 1988
Giefer, Rena & Thomas, Die Rattenlinie. Fluchtwege der Nazis. Eine Dokumentation, Frankfurt/Main 1991
Gisevius, Hans-Bernd, Bis zum bitteren Ende, Zürich 1954
Goldhagen, Daniel Jonah, Hitlers willige Vollstrecker. Ganz gewöhnliche Deutsche und der Holocaust, Berlin 1996

Götz, Albrecht, Bilanz der Verfolgung von NS-Straftaten, Köln 1986
Grabitz, Helge, NS-Prozesse: Psychogramme der Beteiligten, Heidelberg 1986
Gribbohm, Günter, Die Flucht des Generals – Der Fall Giraud und die Folgen, in: Zeitschrift für neuere Rechtsgeschichte, 3./4. 20 (1998), S. 256-276
Hachmeister, Lutz, Der Gegnerforscher. Die Karriere des SS-Führers Franz Alfred Six, München 1998
Halfmann, Frank, Eine »Pflanzstätte bester nationalsozialistischer Rechtsgelehrter« Die Juristische Abteilung der Rechts- und Staatswissenschaftlichen Fakultät, in: Becker/Dahms/Wegeler (Hg.), Die Universität Göttingen unter dem Nationalsozialismus. Das verdrängte Kapitel ihrer 250jährigen Geschichte, München 1987, S. 88-141
Hausner, Gideon, Gerechtigkeit in Jerusalem, München 1967
Hecker, Manfred, Der Mord an General Mesny, in: Mitteilungsblatt der Arbeitsgemeinschaft ehemaliger Offiziere 3 (1971), S. 9-11, 4 (1971) S. 4-7
Heidenreich, Giesela, Sieben Jahre Ewigkeit. Eine deutsche Liebe, München 2007
Herbert, Ulrich, Best. Biographische Studien über Radikalismus, Weltanschauung und Vernunft 1903–1989, Bonn 1996
Heydecker, Joe J./Leeb, Johannes, Der Nürnberger Prozeß, Köln 1995
Hilberg, Raul, Die Vernichtung der europäischen Juden. 3 Bde., Frankfurt/Main 1990
ders., Täter, Opfer, Zuschauer. Die Vernichtung der Juden 1933–1945, Frankfurt/Main 1997
Hirschfeld, Gerhard/Jersak, Tobias (Hg.), Karrieren im Nationalsozialismus. Funktionseliten zwischen Mitwirkung und Distanz, Frankfurt/Main 2004
Höhne, Heinz, Der Orden unter dem Totenkopf. Die Geschichte der SS, Augsburg 1997
Hollmann, Michael, Das »NS-Archiv« des Ministeriums für Staatssicherheit der DDR und seine archivische Bewältigung durch das Bundesarchiv, in: Mitteilungen aus dem Bundesarchiv 3 (2001), S. 53-62
Hördler, Stefan, Aspekte der Täterforschung. Eine kritische Bilanz, in: Frank, Petra/ Hördler, Stefan (Hg.), Der Nationalsozialismus im Spiegel des öffentlichen Gedächtnisses. Formen der Aufarbeitung und des Gedenkens, Berlin 2005, S. 23-46
Jacobsen, Hans-Adolf, Zur Rolle der Diplomatie im Dritten Reich, in: Schwabe, Klaus (Hg.), Das diplomatische Korps 1871–1945, Boppard am Rhein 1982, S. 171-199
ders., Nationalsozialistische Außenpolitik 1933–1938, Frankfurt/Main 1968
Jäckel, Eberhard, Frankreich in Hitlers Europa. Die deutsche Frankreichpolitik im Zweiten Weltkrieg, Stuttgart 1966
Jansen, Hans, Der Madagaskar-Plan. Die beabsichtigte Deportation der europäischen Juden nach Madagaskar, München 1997
»**Judenmord** in Essen erneut vertagt«, in: Kölnische Rundschau 152 (1972)
Kaiser, Wolf (Hg.), Täter im Vernichtungskrieg. Der Überfall auf die Sowjetunion und der Völkermord an den Juden, Berlin 2002
Kárný, Miroslav, Besuch im Ghetto, Die Geschichte eines fatalen Berichts, in: Linne, Karsten u. a.(Hg.), Patient Geschichte, Frankfurt/Main 1993, S. 280-296
Kempner, Robert M. W., Eichmann und Komplizen, Zürich 1961
ders., Die Geschichte des Falles Mesny – ein Lehrstück über ein Staatsverbrechen, in: Recht und Politik 21 (1985), S. 125-126
ders., Ermordung französischen Generals in Akten des Nazi-Aussenamtes enthüllt, in: N.Y. Staats-Zeitung und Herold, 5.12.1946
ders., Der Mord an dem kriegsgefangenen französischen Generals Mesny. Interessantes Strafverfahren nach dem deutsch-französischen Abkommen, in: Die Mahnung vom 1. April 1975
ders., Sie sind alle leider so krank!! Immer wieder Einstellung von Verfahren und Haftverschonung für NS-Verbrecher, in: Freiheit und Recht, Juni 1971, S. 8
ders., Murder by Government, in: Journal of Criminal and Criminology 38,3 (1947), S. 235-238
ders., »Die feinen Herren waren besonders verlogen«. Erinnerungen an die Nürnberger Prozesse, 40 Jahre danach, in: Blätter für deutsche und internationale Politik, 30 (9/1985), S. 1387-1391
Kershaw, Ian, Hitlers Macht. Das Profil der NS-Herrschaft, München 1992
ders., Hitler. 1889–1936, Stuttgart 1998
Klarsfeld, Serge, Vichy – Auschwitz. Die Zusammenarbeit der deutschen und französischen Behörden bei der »Endlösung der Judenfrage« in Frankreich, Nördlingen 1989

Anhang

Klee, Ernst, Persilscheine und falsche Pässe. Wie die Kirchen den Nazis halfen, Frankfurt/Main 1992

Kogon, Eugen, Der SS-Staat, Das System der deutschen Konzentrationslager, München 1995

Kolb, Eberhard, Bergen-Belsen. Vom »Aufenthaltslager« zum Konzentrationslager 1943–1945, Göttingen 1996

Krabbe, Wolfgang, Die gescheiterte Zukunft der ersten Republik. Jugendorganisationen bürgerlicher Parteien im Weimarer Staat (1918–1933), Opladen 1995

Krausnick, Helmut, Hitlers Einsatzgruppen. Die Truppe des Weltanschauungskrieges 1938–1942, Frankfurt/Main 1998

Krüger, Peter, »Man lässt sein Land nicht im Stich, weil es eine schlechte Regierung hat« – Die Diplomaten und die Eskalation der Gewalt, in: Martin Broszat/Klaus Schwabe (Hg.), Die deutschen Eliten und der Weg in den Zweiten Weltkrieg, München 1989, S. 180-225

Kube, Alfred, Pour le mérite und Hakenkreuz. Hermann Göring im Dritten Reich, München 1987

Lambauer, Barbara, Opportunistischer Antisemitismus. Der deutsche Botschafter Otto Abetz und die Judenverfolgung in Frankreich (1940–1942), in: VfZ 53 (2006), S. 241-273

Laqueur, Walter/Breitman, Richard, Der Mann, der das Schweigen brach. Wie die Welt vom Holocaust erfuhr, Frankfurt/Main 1987

ders., Was niemand wissen wollte. Die Unterdrückung der Nachrichten über Hitlers »Endlösung«, Frankfurt/Main 1981

Le Monde vom 20./21. April 1974

Le Roy, Eric, »Les Corrupteurs« ou le cinema français a l'heure nazie, Revue d'Histoire de la Shoah 163 (1998), S. 203-226

Lexikon des Holocaust, hg. von Wolfgang Benz, München 2002

Longerich, Peter, Propagandisten im Krieg. Die Presseabteilung des Auswärtigen Amtes unter Ribbentrop, München 1987

ders., »Davon haben wir nichts gewußt!«. Die Deutschen und die Judenverfolgung 1933–1945, München 2006

ders., Politik der Vernichtung. Eine Gesamtdarstellung der nationalsozialistischen Judenverfolgung, München 1998

Lozowick, Yaacov, Hitlers Bürokraten. Eichmann, seine willigen Vollstrecker und die Banalität des Bösen, Zürich 2000

Lüdtke, Alf, Funktionseliten: Täter, Mit-Täter, Opfer? Zu den Bedingungen des deutschen Faschismus, in: ders. (Hg.), Herrschaft als soziale Praxis, Historische und sozial-anthropologische Studien, Göttingen 1991, S. 559-590

Mallmann, Klaus-Michael/Paul, Gerhard (Hg.), Karrieren der Gewalt. Nationalsozialistische Täterbiographien, Darmstadt 2004

Mannheim, Karl, Wissenssoziologie. Auswahl aus dem Werk, eingeleitet und herausgegeben von Kurt H. Wolff, Neuwied 1970

Margry, Karel, Der Nazi-Film über Theresienstadt, in: Kárný/Blodig/Kárná (Hg.), Theresienstadt in der »Endlösung der Judenfrage«, Prag 1992, S. 285-306

Mayer, Arno J., Der Krieg als Kreuzzug. Das Deutsche Reich, Hitlers Wehrmacht und die »Endlösung« Hamburg 1989

Meding, Holger M., Flucht vor Nürnberg? Deutsche und österreichische Einwanderung in Argentinien 1945–1955, Köln 1992

Michalka, Wolfgang, »Vom Motor zum Getriebe«. Das Auswärtige Amt und die Degradierung einer traditionsreichen Behörde 1933–1945, in: ders. (Hg.), Der Zweite Weltkrieg. Analysen Grundzüge Forschungsbilanz, München 1990, S. 249-259

Mikoh, Brigitte, Ungarn und der Holocaust. Kollaboration, Rettung, Trauma, Berlin 2005

Minninger, Monika, Bankier Schröder finanziert Spruchgericht. Zur Geschichte einer lange vergessenen Institution, in: Ravensberger Blätter 2 (1995), S. 43-55

Müller, Ingo, Furchtbare Juristen. Die unbewältigte Vergangenheit unserer Justiz, München 1989

Müller-Tupath, Karla, Reichsführers gehorsamster Becher. Eine deutsche Karriere, Berlin 1999

Nellesen, Bernd, Der Prozeß von Jerusalem. Ein Dokument, Düsseldorf 1964

O'Donoghue, David, Hitler's Irish Voices. The Story of German Radio's Wartime Irish Service, Dublin 1998

Papen, Patricia von, Schützenhilfe nationalsozialistischer Judenpolitik. Die »Juden-Forschung« des »Reichsinstituts für Geschichte des neuen Deutschlands« 1935–1945, in: Fritz Bauer Institut (Hg.), »Beseitigung des jüdischen Einflusses ...«. Antisemitische Forschung, Eliten und Karrieren im Nationalsozialismus, Frankfurt/Main 1999, S. 17-42

Pätzold, Kurt/Schwarz, Erika, »Auschwitz war für mich nur ein Bahnhof«. Franz Novak – der Transportoffizier Adolf Eichmanns, Berlin 1994
Paul, Gerhard, Von Psychopathen, Technokraten des Terrors und »ganz gewöhnlichen« Deutschen. Die Täter der Shoah im Spiegel der Forschung, in: ders. (Hg.), Die Täter der Shoah. Fanatische Nationalsozialisten oder ganz normale Deutsche?, Göttingen 2003, S. 13-90
ders., (Hg.), Die Täter der Shoah. Fanatische Nationalsozialisten oder ganz normale Deutsche?, Göttingen 2003
ders., /Mallmann, Klaus-Michael, Sozialisation, Milieu und Gewalt. Fortschritte und Probleme der neueren Täterforschung, in: Mallmann, Klaus-Michael/Paul, Gerhard (Hg.), Karrieren der Gewalt. Nationalsozialistische Täterbiographien, Darmstadt 2004, S. 1-32
Paul, Johann, Debatten über Nationalsozialismus und Rechtsextremismus im Landtag Nordrhein-Westfalen von 1946 bis 2000, Düsseldorf 2003
Perels, Joachim/Pohl, Rolf (Hg.), NS-Täter in der deutschen Gesellschaft, Hannover 2002
Piper, Ernst, Alfred Rosenberg, Hitlers Chefideologe, München 2005
Potthast, Jan Björn, Das jüdische Zentralmuseum der SS in Prag, Gegnerforschung und Völkermord im Nationalsozialismus, Frankfurt/Main 2002
Reitlinger, Gerald, Die Endlösung. Hitlers Versuch der Ausrottung der Juden Europas 1939–1945, Berlin 1979
Rempel, Gerhard, Gottlob Berger – »Ein Schwabengeneral der Tat«, in: Smelser, Ronald/Syring, Enrico (Hg.), Die SS. Elite unter dem Totenkopf. 30 Lebensläufe, Paderborn 2000, S. 45-59
Rohwer, Jürgen, Jüdische Flüchtlingsschiffe im Schwarzen Meer (1934–1944), in: Büttner, Ursula (Hg.), Das Unrechtsregime, Bd. 2, Hamburg 1986, S. 197-248
Roseman, Mark, Die Wannsee-Konferenz. Wie die NS-Bürokratie den Holocaust organisierte, München 2002
Rudolph, Jörg, »Sämtliche Sendungen sind zu richten zu: ...« Das RSHA-Amt VII: »Weltanschauliche Forschung und Auswertung« als Sammelstelle erbeuteter Archive und Bibliotheken, in: Wildt, Michael (Hg.), Nachrichtendienst, politische Elite und Mordeinheit. Der Sicherheitsdienst des Reichsführer SS, Hamburg 2003, S. 204-240
Safrian, Hans, Eichmann und seine Gehilfen, Frankfurt/Main 1995
Sasse, Heinz Günther, Zur Geschichte des Auswärtigen Amtes, in: Auswärtiges Amt (Hg.), Auswärtiges Amt 1870–1970, Bonn 1970, S. 23-46
Schiefelbein, Dieter, Das »Institut zur Erforschung der Judenfrage Frankfurt am Main«. Antisemitismus als Karrieresprungbrett im NS-Staat, in: Fritz Bauer Institut (Hg.), »Beseitigung des jüdischen Einflusses ...«. Antisemitische Forschung, Eliten und Karrieren im Nationalsozialismus, Frankfurt/Main 1999, S. 43-72
»Schmerzen nicht meßbar«, in: Der Spiegel 42 (1972)
Schneppen, Heinz, Odessa und das Vierte Reich. Mythen der Zeitgeschichte, Berlin 2007
Schubert, Günter, Der Fleck auf Uncle Sams weißer Weste. Amerika und die jüdischen Flüchtlinge 1938–1945, Frankfurt/Main 2003
Schulz, Andreas, Individuum und Generation. Identitätsbildung im 19. und 20. Jahrhundert, in: Geschichte in Wissenschaft und Unterricht 52 (2001), S. 406-414
Schulze, Rainer, »Keeping very clear of any Kuh-Handel«. The British Foreign Office and and the Rescue of Jews from Bergen-Belsen, in: Holocaust and Genocide Studies, V19 N2, Fall 2005, S. 226-251
Schwartz, Thomas Alan, Die Begnadigung deutscher Kriegsverbrecher. John J. McCloy und die Häftlinge von Landsberg, in: VfZ 38 (1990), S. 375-414
Seabury, Paul, Die Wilhelmstraße. Die Geschichte der deutschen Diplomatie 1930–1945, Frankfurt/Main 1956
Seeger, Andreas, »Gestapo-Müller«. Die Karriere eines Schreibtischtäters, Berlin 1996
Segev, Tom, Die Soldaten des Bösen. Zur Geschichte der KZ-Kommandanten, Hamburg 1992
»Sensationelle Verhaftung in Rom«, in: Süddeutsche Zeitung (74) vom 30. März 1953
Sereny, Gitta, Am Abgrund: Gespräche mit dem Henker. Franz Stangl und die Morde von Treblinka, München 1997
Shirer, Wiliam L., The Rise and Fall of the Third Reich. A History of Nazi Germany, New York 1990
Siegert, Karl, Repressalie, Requisition und Höherer Befehl. Ein Beitrag zur Rechtfertigung der Kriegsverurteilten, Göttingen 1953
Singer, Donald L., German Diplomats at Nuremberg: A Study of the Foreign Office Defendants of the Ministries Case, Diss., Washington D.C. 1980
Smelser/Syring/Zitelmann (Hg.), Die braune Elite II. 21 weitere Biographische Skizzen, Darmstadt 1993
Sontheimer, Kurt, Antidemokratisches Denken in der Weimarer Republik, München 1994
Steckeweh, Carl (Hg.), 100 Jahre Markomanno-Albertia 1879–1979. Geschichte der Turnerschaft Markomanno-Albertia, Freiburg 1979

Anhang

Steinbach, Peter, Nationalsozialistische Gewaltverbrechen in der deutschen Öffentlichkeit nach 1945. Einige Bemerkungen, Fragen und Akzente, in: Steinbach, Peter/Weber, Jürgen (Hg.), Vergangenheitsbewältigung durch Strafverfahren? NS-Prozesse in der Bundesrepublik Deutschland, München 1984, S. 13-39

Steinkühler, Manfred, »Antijüdische Auslandsaktion«. Die Arbeitstagung der Judenreferenten der deutschen Missionen am 3. und 4. April 1944, in: Linne, Karsten u. a. (Hg.), Patient Geschichte, Frankfurt/Main 1993, S. 256-279

Steur, Claudia, Theodor Dannecker. Ein Funktionär der »Endlösung«, Essen 1997

Streit, Christian, Keine Kameraden. Die Wehrmacht und die sowjetischen Kriegsgefangenen 1941–1945, Bonn 1991

ders., General der Infanterie Hermann Reinecke, in: Ueberschär, Gerd R. (Hg.), Hitlers militärischer Elite. Bd. 1. Von den Anfängen des Regimes bis Kriegsbeginn, Darmstadt 1998, S. 203-209

Szabó, Anikó, Vertreibung, Rückkehr, Wiedergutmachung. Göttinger Hochschullehrer im Schatten des Nationalsozialismus. Mit einer biographischen Dokumentation der entlassenen und verfolgten Hochschullehrer: Universität Göttingen – TH Braunschweig – TH Hannover – Tierärztliche Hochschule Hannover, Göttingen 2000

Szöllösi-Janze, Margit, Horthy-Ungarn und die Pfeilkreuzlerbewegung, in: Geschichte und Gesellschaft 12 (1986) 2, S. 163-182

Taylor, Telford, Die Nürnberger Prozesse. Hintergründe, Analysen und Erkenntnisse aus heutiger Sicht, München 1996

ders., Die Nürnberger Prozesse. Kriegsverbrechen und Völkerrecht, Zürich 1950

Tuchel, Johannes, Am großen Wannsee 56-58. Von der Villa Minoux zum Haus der Wannsee-Konferenz, Berlin 1992

Varga, László, Ungarn, in: Benz, Wolfgang (Hg.), Dimension des Völkermord. Die Zahl der jüdischen Opfer des Nationalsozialismus, München 1996, S. 331-351

Wasserstein, Bernard, Britain and the Jews of Europe 1939–1945, Oxford 1979

Weber, Dieter, Festung Königstein, Leipzig 1974

Weinke, Annette, Die Verfolgung von NS-Tätern im geteilten Deutschland. Vergangenheitsbewältigung 1949–1969 oder: Eine deutsch-deutsche Beziehungsgeschichte im Kalten Krieg, Paderborn 2002

Weitkamp, Sebastian, SS-Diplomaten. Die Polizei-Attachés und SD-Beauftragten an den deutschen Auslandsmissionen, in: Braun/Mayer/Weitkamp (Hg.), Deformation der Gesellschaft? Neue Forschungen zum Nationalsozialismus, Berlin 2008, S. 49-74

ders., Der Besuch des Judenreferenten. Die Besichtigung des Lagers Bergen-Belsen durch den deutschen Diplomaten Eberhard von Thadden im Juli 1943, in: Hilfe oder Handel? Rettungsbemühungen für NS-Verfolgte, Bremen 2007, S. 50-67

ders., »Mord mit reiner Weste«. Die Ermordung des Generals Maurice Mesny im Januar 1945, in: Richter, Timm C. (Hg.), Krieg und Verbrechen. Situation und Intention: Fallbeispiele, München 2006, S. 31-40

Weitz, John, Hitler's Diplomat. Joachim von Ribbentrop, London 1992

Welzer, Harald, Wie aus ganz normalen Menschen Massenmörder werden, Frankfurt/Main 2005

Wenck, Alexandra Eileen, Zwischen Menschenhandel und »Endlösung«: Das Konzentrationslager Bergen-Belsen, Paderborn 2000

Wette, Wolfram, Fall 12 (gegen Wilhelm Ritter von Leeb und andere), in: Ueberschär, Gerd R. (Hg.), Der Nationalsozialismus vor Gericht. Die alliierten Prozesse gegen Kriegsverbrecher und Soldaten 1943–1952, Frankfurt/Main 1999, S. 199-212

Widmer, Paul, Die Schweizer Gesandtschaft in Berlin. Geschichte eines schwierigen diplomatischen Postens, Zürich 1998

Wildt, Michael, Generation des Unbedingten. Das Führungskorps des Reichssicherheitshauptamtes, Hamburg 2002

Wodtke, Heinz/Hofmann, Berthold, Die Turnerschaft Markomanno-Albertia in den Jahren 1919–1935, in: Steckeweh, Carl (Hg.), 100 Jahre Markomanno-Albertia 1879–1979. Geschichte der Turnerschaft Markomanno-Albertia, Freiburg 1979, S. 113-151

Zimmermann, Volker, NS-Täter vor Gericht. Düsseldorf und die Strafprozesse wegen nationalsozialistischer Gewaltverbrechen, Düsseldorf 2001

Persönliche Auskünfte schriftlich (s) oder mündlich (m)

Hans-Ulrich Klose 18.7.2003 (s) · Heiner Lichtenstein 30.9.2003 (m) · Heinz Nehrling 10.6.2003 (s) · Rudolf von Ribbentrop 19.2.2004 (s) · M. von Thadden 4.6.2004, 13.7.04 (s)

Personenregister

A

Abetz, Otto 24
Abromeit, Franz 290
Achenbach, Ernst 21 396 397 398 400
    401 403 404 408 413 414 415 416 419 422 423
    426 431 456 458 459 460
Achenbach, Ernst Johann 407 432 433
Adamovic, Franz von 294 297 302 304
Adorno, Theodor W. 15
Albrecht, Erich . . 139 215 223 224 225 226 228
    335 357 359 378 379 382 384 402 403 472
Altenburg, Günter   143 237 239 321 388 398 408
    421 425 440 441
Antonescu, Ion 123 152 153 154 213 217
    225 226
Arendt, Hannah 15 35
Arié, Klodi Léon 186 187 451
Arié, Léon 186
Arié, Renée Léon 186 187 451
Aschenauer, Rudolf 387
Ashton, Georg 69
Auer, Theodor 71 74 139 399

B

B., Heinz v. d. 64 65 66 67
Bach-Zelewski, Erich von dem 289
Badoglio, Pietro 243 244
Baky, László 289 300
Ballensiefen, Heinz . . 254 264 268 272 274 278
    280 295 297 299 301 302
Barbie, Klaus 440
Bargen, Werner von 305 440
Bauersfeld, Dr. 267
Beaverbrook, Maxwell 54
Becher, Kurt 427
Beckerle, Adolf Heinz . . . 186 187 221 225 430
    431 440 441 462
Behm, Ulrich . . 69 407 408 409 411 413 415 416
    417 418 419 420 421 422 425 427 429 459 460
    461 462
Beinert, Berthold 278
Bene, Otto 161 440
Benzler, Felix 24 440

Berber, Friedrich 84 114
Berger, Gottlob . . . 34 121 122 125 128 328 329
    330 337 338 342 346 347 349 350 351 356 379
    382 383 409 410 411 421 425 459 460
Bergmann, Helmut 98 140 451 472
Bernheim, Franz 79
Best, Werner 189 190 191 373 408 422 425
    440 447
Bethlen, Béla Graf 292
Bierce, Ambrose 157
Blankenburg, Werner 189
Blankenhorn, Herbert 277
Bloch, Michael 151
Block, Lothar von 361 366
Bobrik, Rudolf 73 106 110 111 112 118 119
    343 345 346 348 351 352 354 358 359 360 378
    379 382 384 389 405 413 448
Boehm, Reinhold 183 184
Bohle, Ernst Wilhelm 55 72 134 378 379
Bondy, Alexander 162 164 165 166 167
Bondy, Heinrich 162 164 165 166 167
Boris III. (König von Bulgarien) . . 153 154 155
Bormann, Martin 59
Bosnyak, Zoltán 299
Boßhammer, Friedrich . . . 235 246 422 428 443
    460 461
Bourret, Victor 363 366 367
Brand, Joel 324
Brandt, Rudolf 411
Braun, Karl Otto 145 146
Braun von Stumm, Gustav 263 472
Brentano, Clemens von 392
Bridoux, Eugène 328 345 358 359 367
Brodowski, Eleonore von 333 335
Brodowski, Fedor von 331
Brodowski, Friedrich von 21 331 332 333
    334 335 337 338 340 345 351 355 367 375 454
Broszat, Martin 446
Browning, Christopher 15 31 32 36 447
Brücklmeier, Eduard 59
Brunhoff, Kurt Heinrich Eduard 297
Brunner, Alois 173 275
Buisson, Louis 361 364 366 372 374

Bürger-Prinz, Hans 434 435
Büttner, Walter 124

C

Carlsson, Hedwig 235 236
Cesarani, David 20
Chamberlain, Neville 59
Christensen (deutscher Diplomat) . . . 278 281
Churchill, Winston 149 273
Cohen, Israel 268
Cohrs, Heinz 347 348 349 361 362 363 364
    365 409 411 412 413 415 425 460
Cossato, Graf (italienischer Diplomat) . . . 239
Cremin (irischer Diplomat) 177
Curtius, Ludwig 391

D

Daine, Charles 361 364 366
Daluege, Kurt 129
Dannecker, Theodor 246 275 278 290 310
    322 323 396 440
Darré, Richard Walter 378 379
de Boisse-Mortemart, René . . 337 343 344 355
    361 362 364 366 374
de Gaulle, Charles 335 359 372
Dedering, Carl 256
Degrelle, Léon 260
Delbrück, Heinz 278
Denzler (schweizerischer Diplomat) 367
Deutschkron, Inge 427
Dieckhoff, Hans Heinrich 242
Diem, Carl 44 46 51
Dienstmann, Carl 160
Dietl, Eduard 65
Dietrich, Otto 263 379
Dittel, Paul 260
Dodd, Thomas J. 375 456
Dörnberg, Alexander Freiherr von . 59 231 472
Döscher, Hans-Jürgen 11 31 32 70 250
Dovifat, Emil 52
Dunant, Paul 198
Dürckheim, Karlfried Graf von 54

E

Eden, Anthony 149 210 212
Ehlers, Hermann 68 393 394
Eichmann, Adolf . . 15 17 20 26 35 95 96 97 138
    139 144 145 146 159 160 162 163 165 166 167
    168 171 176 183 188 189 190 192 193 194 195
    198 199 200 205 207 208 209 212 214 215 217
    226 231 232 233 234 235 236 237 238 244 245
    246 277 278 285 286 289 290 291 293 294 295
    297 298 300 301 302 303 305 306 307 308 310
    312 314 315 322 323 325 388 396 420 421 423
    425 426 427 428 431 433 448 450 451 453 458
    461 463
el-Husseini, Amin 201 214
Elis, Hermann 159
Elis, Oscar 159
Endre, László 260 289 299 300
Epenstein, Hermann 92 93 96
Epenstein, Margarethe Marie Louise 75
Eppstein, Paul 96 194 199
Erdmannsdorff, Otto von 177 323 378
    379 472
Eriksson, Elof 267
Euler, Wilfried 272

F

Fegelein, Hermann 61 62 130 350
Feihl, Eugen 440
Feine, Gerhard 297 305
Feldscher, Peter Anton 20 172 175 178 179
    183 184 185 201 209 210 211 214 215 216 217
    218 219 220 221 222 223 224 225 226 228 229
    230 270 315 320 323 406 432 450 454
Ferencz, Benjamin B. 378
Ferenczy, László 289 290
Fiala, Fritz 207 208
Fildermann, Ronetti 235
Fildermann, Wilhelm 235
Fischer, Joschka
    (eigtl. Joseph Martin) 13 14
Fischinger (Rechtsanwalt) 414
Flavigny, Robert 361 363 364 366
Flehinghaus, Otto 411 412 462
Florian, Karl Friedrich 253
Frank, Hans 259
Frank, Karl Hermann 195
Franke (Oberstaatsanwalt) 424
Frenzel, Ernst 30 472
Friesen, Herbert Freiherr von 362 364 366
    413
Fritsch, Theodor 255 268
Frölicher, Hans 112 177 206 210
Furtwängler, Wilhelm 260

G

G., Ferdinand 134 144
Galvánek, Bohdan 248
Garrido, Sampayo 320 321
Gasser, Hans Wilhelm 171 172
Gaus, Friedrich 405 425 472
Geiger, Emil 99 106 109 110 111 113 146
Geldern-Crispendorf, Werner von 133
Gerthoffer, Charles 379
Giraud, Henri 34 355
Glück, Gemma 298
Gmelin, Hans 70 132
Goebbels, Joseph ... 25 59 149 227 250 259 327 425 453
Goerdeler, Carl Friedrich 72
Goldhagen, Daniel 36
Göring, Hermann 92 93 94 95
Gossmann, Heinz 440
Gottfriedsen, Bernd 54 59 69 70
Granow, Ulrich 264 268
Grau, Wilhelm 253
Grawitz, Ernst 50 349
Grell, Theodor Horst 297 298 300 301 303 304 305 306 307 310 312 313 315 316 321 323 427 440 443 448 454
Grimm (Landgerichtsrat) 419 421 422 423 425 429 459 461
Grundherr zu Altenthann und Weyershaus, Werner von 139 402
Günnel, Gerhard 193
Günther, Hans 193
Günther, Rolf 138 144 159 193 195 199 207 226 237 240 243 310 325 440
Gustaf V. (König von Schweden) 313
Gustloff, Wilhelm 279

H

Haas, Adolf 204 205
Haeften, Hans-Bernd von 218 472
Haensel, Carl 382
Hagemeyer, Hans 258 259 260 265 273 278 281
Hahn, Fritz-Gebhardt von 26 69 134 135 144 162 163 164 165 167 430 431 440 441 462
Hahn, Rudolf 403
Halifax, Edward F. Viscount (Lord Halifax) 211
Hammerschmidt, Erna 168 170
Harris, Whitney R. 373 374
Hartmann, Walther 189
Hassell, Ulrich von 30 72 73 111
Haushofer, Albrecht 16 82 84 85 86 447
Haushofer, Karl 84
Hausner, Gideon 426 427
Haußmann, Friederike 278 283
Heberlein, Erich 186 187 440 451
Hecker, Manfred 33
Heeß, Walter 346 347
Heinburg, Curt 139 440
Heinke (Staatsanwalt) 385
Hempel, Eduard 172 275
Hencke, Andor 69 99 118 127 139 190 191 192 193 219 232 238 239 240 245 246 296 299 300 321 378 379 398 425 440 442 451 472
Hennings, Walter 410 411 459
Henningsen, Eigil Juel 193 195
Herbert, Ulrich 20 449
Heß, Benno 160 161
Heß, Rudolf 84
Hesse, Fritz 70
Hesselmann (deutscher Oberst) 337 362
Heuchert, Georg 264 265 268 269 270 271 278
Hewel, Walther 59 339 446 472
Heydekampf (Deutsches Rotes Kreuz) ... 193 196
Heydrich, Reinhard 15 25 26 155 187
Hezinger, Adolf ... 99 100 106 118 135 140 268 269 277 278 286 290 293 294 295 296 297 298 300 301 302 303 304 312 316 317 440 442 443 453 454
Hilberg, Raul 14 15 31 35
Himmler, Heinrich 16 17 21 29 30 48 50 56 59 62 65 66 68 70 71 73 93 94 95 105 111 114 115 117 120 121 122 123 124 125 127 128 130 131 132 140 141 144 153 161 168 180 183 187 188 191 192 199 200 201 202 206 213 214 215 218 219 220 223 226 228 229 230 240 241 259 262 263 264 276 288 289 291 294 295 298 309 310 314 324 325 326 327 328 340 342 346 349 350 353 354 356 360 375 379 382 383 387 408 410 419 424 425 446 450 452 454 455 458
Hitler, Adolf 16 21 23 28 29 31 36 53 56 59 60 62 72 79 81 85 86 111 115 120 122 130 133 146 151 152 153 249 253 259 269 272 276 281

485

287 288 289 292 309 311 312 314 316 318 325
327 328 329 330 331 334 335 339 340 350 360
368 375 376 377 379 425 449 454 456
Hoffmann, Karl 278
Hölting (Oberstaatsanwalt) 436
Hoppe, Hermann 275
Horthy von Nagybánya, Miklós 152 153
287 288 289 309 310 311 313 315 316
Höß, Rudolf 372
Höttl, Wilhelm 59 125 425
Hoyningen-Huene,
   Oswald Baron von 321
Hudal, Alois 388 389
Hudeczek, Karl 139
Hull, Cordell 220
Hunsche, Otto ... 138 233 290 420 422 425 428
429 433
Hvass, Frants 191 192 193 195

J

Jäger (schweizerischer Gesandter) 313
Jagow, Dietrich 288 289
Janke, Willi 278
Jaross, Andor 309
Jodl, Alfred 341
Junker, Werner 139
Jüttner, Hans 66 125 337 338 342 414

K

Kalláy, Miklós 287 289
Kaltenbrunner, Ernst ... 70 72 105 125 126 128
129 130 155 193 233 234 246 258 262 264 290
308 311 322 340 341 342 343 344 348 350 354
356 371 373 374 375 376 409 454 456 460
Kasztner, Reszö 324
Kehrl, Hans 379
Keitel, Wilhelm 59 96 330 334 335 337
338 343 346 355 359 367 373 374 375 376 409
454 455
Kempner, Robert M. W. 21 33 35 38 69 363
372 373 374 377 378 379 380 404 407 413 415
416 417 418 422 425 428 433 435 436 437 438
439 464
Keppler, Wilhelm 378 379 462 472
Kessel, Albrecht von 69 70 145
Kesselring, Albert 433
Kieser, Walther 28
Kiesinger, Kurt Georg ... 260 261 421 463 472

Killinger, Manfred von 212 215 217 221
225 226
Klarsfeld, Beate 439
Klarsfeld, Serge 439
Klassen, Peter 256 273 278
Klingenfuß, Kurt Otto ... 167 384 385 403 440
Klose, Hans-Ulrich 438
Klumm, Friedrich 342
Knappstein, Karl Heinrich 419
Koeppen, Wolfgang 387
König, Max 178 179 206 317 318
Kordt, Erich 59 405
Körner, Paul 379
Korselt, Hans Joachim 278 283
Krafft, Theodor 334 335 337 338 355 376
Kramer, Josef 202
Krapf, Franz 13
Kraus, Herbert 78 82 393
Krausnick, Helmut 436
Krieger, Rudolf 358 359 360
Kröning, Rudolf 189 202 203 204 205
Krüger, Friedrich W. 50
Krumey, Hermann 290 310 420 422 425
428 443
Kryschak, Werner 440
Kutscher, Ernst 278 388

L

Lahn, Abel Nils 158
Lakatos, Géza 289
Lammers, Hans-Heinrich 378
Lang, Hermann 384
Lanza (italienischer Diplomat) 240
Laternser, Hans 429 433 436
Laval, Pierre 327 328
Lecca, Radu 212
Leers, Johann von ... 82 83 85 100 268 430 447
Lehner, Otto 198
Leimann, Martha 162
Leithe-Jasper, Harald 59 269 270 277 278
282 286
Lewin, Ursula 168 169 170 171
Lichtenstein, Heiner 436 437 464
Likus, Rudolf 24 65 68 94 124
Limpert, Hans 388
Linde, Kurt 338 367
Lippe, Viktor Freiherr von der 372 374
Lischka, Kurt 439

Personenregister

Lohse, Hinrich 420
Lucas, Dina 159
Lucas, Jakob 159
Ludin, Hanns Elard . . 132 207 208 209 248 249 302 303
Luther, Martin . . . 23 24 25 26 28 29 30 31 65 67 68 69 106 113 120 121 123 124 135 147 155 162 164 167 212 213 266 384 385 446 447 451 462 463

M

M., Heinrich 247
Mach, Sano 208 303
Mackensen, Hans Georg von 241
Mahr, Adolf 251 257 260 261 270 27 272 278
Mallmann, Klaus-Michael 18
Malz, Heinrich 342
Mannheim, Karl 19
Marignoli, Marchesa (italienische Adelige) 389
Marotti, Vittorio 392
Marti, Roland 188 193
Matthias, Hubert 278
McCloy, John J. 383
Megerle, Karl 227 228 230 270 440
Meissner, Hans-Otto 278 280 282 283
Meissner, Otto Leberecht 60 379
Melchers, Wilhelm 139 168 169 217
Mengele, Josef 388
Merkel, Rudolf 374
Mesny, Louis 366 367
Mesny, Maurice 21 22 33 34 38 329 330 332 334 336 337 338 340 342 344 346 348 350 352 354 355 356 358 360 361 362 363 364 365 366 367 368 371 372 373 374 375 376 377 378 379 380 381 382 383 384 407 408 409 411 413 414 415 416 417 424 425 427 454 455 456 457 459 460 462
Meurer, Friedrich 328 329 330 338 342 346 347 348 349 350 351 355 356 360 361 363 365 378 382 383 409 410 411 412 413 414 415 416 459 460
Mirbach, Dietrich von 441
Mirow, Eduard 106
Moes, Ernst 138 192 193
Müller(-Roschach), Herbert 443 444
Müller, Hans 260

Müller, Heinrich (»Gestapo-Müller«) 138 166 167 192 198 219 243 244 344
Mussert, Anton Adrian 253 259 260
Mussolini, Benito 152 240 241 246
Musy, Jean-Marie 260

N

Nehrling, Heinz 435
Neubacher, Hermann 96 97 245
Neuberger, Josef 425 435 438
Neurath, Konstantin Freiherr von 375
Niehaus, Heinrich 189 192 193
Novak, Franz 275 290 427

O

Ohlendorf, Otto 348 360 387 465
Oliveira Salazar, Antonio de 321
Orwell, George 147 149
Otter, Göran von 165 196

P

Palencia (spanischer Diplomat) 186 187
Pancke, Günther 95
Panzinger, Friedrich 343 344 345 346 347 348 349 351 352 354 355 360 361 373 374 375 411 413 455
Papen, Franz von 72 130
Paul, Gerhard 14 18
Pausch, Walter 135 214 440 443 448
Pavelic, Ante 152
Pétain, Philippe 281
Pfeiffer, Peter 419
Picot, Werner 124
Pilet-Golaz, Marcel 215
Pleiger, Paul 379
Pohl, Oswald 66
Poliakov, Léon 282
Posemann, Konrad 278
Posser, Diether 438
Powers, Leon W. 383
Prawitt, Gerhard 366
Preziosi, Giovanni 260 264
Puhl, Emil 379
Pury, Arthur de 215 226

Q

Quisling, Vidkun 253 411

487

R

Rademacher, Franz ... 24 28 29 31 110 134 155 164 165 212 234 251 266 267 378 379 384 385 403 404 405 440 441 448 450 451 454 462 463
Raeder, Erich 374
Rahm, Karl 193 194
Rahn, Rudolf 74 246 408 421 440
Ramlot, Pierre 281
Rasche, Karl 379
Rath, Ernst vom 279
Reichel, Eberhard . 98 106 107 108 109 110 141
Reiffer, Emil 254
Reinebeck, Otto 139
Reinecke, Hermann 253 328 376
Rekowski, Carl 296 305 306 312
Ribbentrop, Joachim von ... 13 16 17 18 21 23 24 25 28 29 30 31 43 44 46 48 50 52 53 54 55 56 57 58 59 60 61 62 63 64 65 66 67 68 70 71 72 73 74 84 85 86 87 88 89 90 99 106 107 110 111 113 114 115 116 117 120 122 123 124 126 127 128 129 130 131 132 133 135 141 151 152 153 154 155 161 170 175 177 183 185 186 201 213 214 216 217 218 219 220 221 222 223 225 226 229 230 235 237 240 244 245 246 248 249 250 259 262 263 265 269 271 272 274 276 281 282 288 289 292 302 308 309 311 312 314 315 316 317 318 319 321 322 325 327 335 339 340 345 351 352 353 354 356 357 358 359 371 373 374 375 376 379 382 384 404 407 409 412 417 418 424 445 446 447 450 451 452 453 454 455 457 458 460 462 472
Richert (schwedischer Diplomat) 322
Richter (Oberstarbeitsführer a. D.) ... 272 273 274 278
Richter, Gustav 303 420
Richter, K. 254
Rintelen, Emil von ... 116 127 270 272 277 371 421 425 441 472
Ripken, Georg 169 170 171
Ritter, Karl 70 71 291 299 339 340 341 342 343 345 346 348 352 353 354 356 377 378 379 381 382 383 384 409 413 425 431 460 462 472
Roediger, Conrad 139
Roediger, Gustav 139 181
Roosevelt, Franklin D. ... 146 149 220 272 319
Rosenberg, Alfred .. 18 55 56 80 81 88 251 252 253 254 255 256 258 259 260 265 267 272 273 274 277 299 447 452
Rossel, Maurice 193 195 196 198
Rosting, Helmer 191 193
Röthke, Heinz 440
Ruhe, Heinrich Adolf 472
Rühle, Gerd .. 129 219 251 260 262 400 452 472
Rupprecht, Philipp 267

S

S., Emil 65
S., Hans 395
S., Irmgard 51
Sabath, Hermann Friedrich 139
Sachsen-Coburg und Gotha, Herzog von 88
Sakowsky, Gustav Adolf 181 182
Sasse, Heinz Günther 424 463
Sauckel, Fritz 253
Saussure, Jacques de 226
Scapini, Georges 327
Schacht, Hjalmar 395
Schäfer, Emanuel 354
Schallermeyer, Luitpold 387 388
Schätzler, Johann Georg 414
Scheel, Walter 13
Schellenberg, Walter 29 72 379
Scherpenberg, Hilger von 411 412 462
Schickert, Klaus .. 254 256 257 265 266 272 274 276 278 281
Schiffner, Erhard 139
Schilling, Jaros 292
Schirmer, August 253 254
Schirmer, Robert 316 317 318
Schleier, Rudolf 198 236 265 269 270 271 272 274 276 278 279 281 282 283 378 379 389 452 453
Schlottmann, Gert H. 89 90 459
Schlottmann, Henning ... 400 408 417 419 423
Schmidt, Paul Karl ... 110 115 218 262 307 308 357 378 379 440 472
Schmidt, Paul Otto 70 219 345 377 378 440 472
Schmidt-Leichner, Erich 381 382 431
Schnurre, Karl 472
Schröder, Gerhard 414
Schroeder, Hans .. 72 73 74 98 119 133 398 408 435 472
Schulenburg, Friedrich Werner Graf von der 29 72 73 267

Schulze, Richard 354 360 361 362 363 364 365 409 410 411 412 413 415 425 460
Schumburg, Emil 110 123 124 139 378 384
Schwarz, Dieter 268 284
Schwarzburg, Erich 254 274
Schwerin von Krosigk, Lutz Graf von 63 379
Seabury, Paul 31
Sebestyén (ungarischer Diplomat) ... 294 295 302 305
Seraphim, Peter-Heinz 253 254 268
Servatius, Robert 426
Sethe, Eduard C. G. .. 172 178 181 185 188 228 320 472
Seyss-Inquart, Arthur 87
Siegert, Karl 392 393 395 396
Silberschein, Alfred 184
Sillei, Reszö 137 138
Six, Franz Alfred 110 125 129 260 262 277 278 279 280 282 283 284 285 307 427 447 452 453 472
Skorzeny, Otto 395
Soldati (schweizerischer Diplomat) 228
Sonnenhol, (Gustav) Adolf .. 32 70 71 72 73 74 106 107 109 110 111 112 118 399
Sonnleithner, Franz von ... 32 117 388 398 399 404 408 425 441 463 472
Sowa, Friedrich 189
Spitzy, Reinhard 59
Sprenger, Jakob 253 273 274 302
Stangl, Franz 388
Stanley, Oliver 211
Stauffer, Clarita 395
Steengracht von Moyland, Gustav Adolf Baron von ... 29 30 63 67 68 69 71 72 110 112 113 116 122 123 128 173 177 185 193 206 207 220 230 238 239 245 246 258 259 260 269 271 277 299 311 318 320 321 335 345 352 353 354 359 371 378 379 382 383 405 409 421 422 425 435 446 460 462 472
Steinacker, Fritz 433 434 435 436 437 439
Steinkühler, Manfred 33 283
Streicher, Julius 266
Strohm, Gustav 71
Stuckart, Wilhelm 379
Stülpnagel, Otto von 440
Suhr, Otto 440

Szálasi, Ferenc 289 311 312 319 320 322
Sztójay, Döme ... 287 288 289 294 309 310 313

T

Taubert, Siegfried 50 54
Taylor, Telford 377
Thadden, Arnold Hermann von 75 96
Thadden, Brigitte von (geb. W.) 92
Thadden, J. A. M. von 78 93
Thadden, M. von 427
Theiss, Johann Gottfried Ivo 181
Thomsen, Hans 313
Thorner, Heinz 255 267
Tippelskirch, Werner von 139
Tiso, Jozef 152 153 248
Triska, Helmut 301
Trott zu Solz, Adam von 82
Tuka, Vojtech 207 208
Twardowski, Fritz von 72 130

V

Valera, Eamon de 176 177
Vauthier, Paul 361 362 364
Veesenmayer, Edmund ... 115 116 248 257 287 288 289 291 292 293 294 295 296 297 298 299 300 301 302 303 304 307 308 309 310 311 312 313 315 317 322 378 379 425 427 440 462
Vermehren, Kurt 129 130 131
Vischer (schweizerischer Diplomat) 325
Vogel, Georg 32 343
Vogel, Jochen 439

W

W., Brigitte 92
W., Otto 426
Wach, Katharina 185 186 402
Wagner, Irmgard (geb. S.) 51
Wagner, Johannes Fritz Ludwig 43
Wallenberg (schwedischer Großindustrieller) 263 264 323
Wallenberg, Raoul 323
Walz, Kurt 227 271 272 278 282
Weilinghaus, Wilhelm 278 282 286
Weinmann, Erwin 193 199 200
Weizsäcker, Carl Friedrich von 160
Weizsäcker, Ernst von ... 13 30 31 145 160 378 379 462 463

Werz, Luitpold 106 110 111 360
Westhoff, Adolf Josef 328 334 335 338 367
    368 376 413
Wiehl, Emil 139 472
Wiesenthal, Simon 438
Windecker, Adolf 201 234
Windels, Erich 150
Winkelmann, Otto 308 310 440
Winter, Hans von 232 264 270 271
Winzer, Paul 187
Wisliceny, Dieter 97 207 208 209 275 29
    310 450

Woermann, Ernst 162 378 379 462
Wöhrn, Fritz 138 443
Wolf, Konrad 266
Wolff, Karl 29 93 94 408
Woyrsch, Udo von 354
Wulf, Josef 282
Wurm, Paul 266 267

Z

Zeitschel, Carltheo 440
Zuelsdorf, Theodor 348 363 365
Zurawin, Adam 183 184

Angaben zum Autor

Sebastian Weitkamp, geb. 1973, Dr. phil., Studium der Geschichte und Germanistik an den Universitäten Osnabrück und Münster (Westf.).